Segredos do Império da Ilusitânia:
a Censura na Metrópole e em Angola

Segredos do Império da Ilusitânia: a Censura na Metrópole e em Angola

José Filipe Pinto

SEGREDOS DO IMPÉRIO DA ILUSITÂNIA:
A CENSURA NA METRÓPOLE E EM ANGOLA

AUTOR
José Filipe Pinto
Professor Associado e Investigador da Universidade Lusófona de Humanidades e Tecnologias

EDITOR
EDIÇÕES ALMEDINA, S.A.
Av. Fernão de Magalhães, nº 584. 5º Andar
3000-174 Coimbra
Tel.: 239 851 904 · Fax: 239 851 901
www.almedina.net · editora@almedina.net

DESIGN DE CAPA
FBA.

PRÉ-IMPRESSÃO
EDIÇÕES ALMEDINA, S.A.

IMPRESSÃO E ACABAMENTO
PAPELMUNDE, SMG, LDA.
V. N. de Famalicão

Setembro, 2011
DEPÓSITO LEGAL
333205/11

Apesar do cuidado e rigor colocados na elaboração da presente obra, devem os diplomas legais dela constantes ser sempre objecto de confirmação com as publicações oficiais.

Toda a reprodução desta obra, por fotocópia ou outro qualquer processo, sem prévia autorização escrita do Editor, é ilícita e passível de procedimento judicial contra o infractor.

 GRUPOALMEDINA

BIBLIOTECA NACIONAL DE PORTUGAL – CATALOGAÇÃO NA PUBLICAÇÃO

PINTO, JOSÉ FILIPE

SEGREDOS DO IMPÉRIO DA ILUSITÂNIA : A CENSURA NA METRÓPOLE E EM ANGOLA
ISBN 978-972-40-4612-9

CDU   94(469)
      351

"Afinal, esta negação da livre e honesta actividade política é também uma política; apenas má política".

Dom António Ferreira Gomes
Bispo do Porto

Àqueles que recusam a ditadura do pensamento único.

A todas as vítimas dos carcereiros das ideias.

PREFÁCIO

Este livro dá-nos conta de um estudo profundo e muito intensivo sobre um dos pilares de sustentação do Estado Novo – a Censura.

Efectivamente o regime que nos dominou durante quase meio século conseguiu manter-se porque se envolveu num nevoeiro "facilitador da ocultação da realidade".

À liberdade de imprensa seria uma cortina aberta sobre a dolorosa situação que foi a nossa e que tantos sobressaltos, angústias e sofrimentos causou a grande parte dos cidadãos portugueses.

O autor refere que Lenine e Hitler suprimiram, no seu tempo, a liberdade de imprensa que seria, inevitavelmente, um obstáculo aos seus terríveis desígnios de afirmar a superioridade da sua visão da sociedade que quiseram e conseguiram dominar durante alguns obscuros e muito dolorosos anos.

Todas as tentativas de rompimento do nevoeiro envolvente que criaram nos seus respectivos países foram esmagadas brutalmente.

Em Portugal muitas vezes se ergueram contra os controladores de uma livre e clara opinião pública que desse conta do que verdadeiramente se passava no país e se alastrava aos países africanos de expressão portuguesa e muito especialmente Angola.

Egas Moniz – o primeiro Prémio Nobel Português – dizia, segundo citação do nosso autor, "os censores representam figuras menores ou executores de políticas pensadas para limitar a expressão do pensamento e destinadas a reduzir a realidade aos parâmetros oficiais".

"Ora esses parâmetros oficiais deram origem a uma República da Lusitânia ou a um Império imaginado tal a falta de autenticidade de informação num país onde a ilusão e o disfarce constituíam o modelo favorito dos detentores do poder". Isto nas palavras extremamente expressivas e impressivas do autor.

José Filipe Pinto, é um ilustre académico, correspondente da Academia Internacional da Cultura Portuguesa, integrando a linha de investigação nas áreas da

Ciência, Política, Sociologia e Socioeconomia e também a linha de Investigação em Africanologia e Lusofonia.

Dai a sua grande autoridade e capacidade de investigação nestes sectores e a importância destes seus trabalhos. Neste tão interessante livro ele debruça-se sobre os documentos que vai encontrar, entre muitos outros, nos arquivos dos períodos que corresponderam à Real Mesa Censória e à Mesa da Comissão Geral sobre o Exame e Censura dos livros. Aliás até à actualidade.

É um trabalho exaustivo mas muito importante porque nos dá a conhecer documentos que foi rebuscar, pacientemente, nos arquivos existentes em Portugal. Ele pensava – e bem – que "o conhecimento do passado se constitui como uma ferramenta indispensável – embora não única – para construção do presente e do futuro." Diz ele que "o passado representa a memória, o presente é vivência e o futuro assume a condição de projecto".

Afinal o que ele faz é uma história muito bem fundamentada do que foi a censura em Portugal e nos países dele dependentes durante muitos anos.

Diz o autor que "a história da censura em Portugal obriga à inventariação de, pelo menos, oito fases: a censura da responsabilidade da Inquisição ou do Tribunal do Santo Ofício, o período relativo à Real Mesa Censória, a fase da Mesa da Comissão Geral sobre o Exame e Censura dos Livros, a atitude do liberalismo e da Monarquia Constitucional face à censura, a fase posterior à aprovação da Constituição de 1911 e que se estendeu até à ditadura militar, ou seja a I República, o período da ditadura militar, o Estado Novo que mediou desde a aprovação – por plebiscito – da Constituição de 1933 até ao 25 de Abril de 1974 e, finalmente, a fase que seguiu ao golpe de estado militar que terminou com o regime da Constituição de 1933 e se estende até à actualidade e que já não faz parte do Portugal colonial, mas merece um breve estudo para provar a verdade de algumas das afirmações feitas na introdução."

É pois um livro que se lê com um imenso interesse e curiosidade visto o tema ser da maior importância para a compreensão do que foi o regime que nos dominou durante quase meio século.

São escusados muitos comentários à obra porque a leitura dela nos transmite uma informação importantíssima – muito inteligente e muito exaustivamente feita – que nos prende desde o início até ao fim.

Maria de Jesus Barroso Soares
Presidente da Pro Dignitate, Fundação de Direitos Humanos

INTRODUÇÃO

"O anúncio do fim da censura foi acompanhado da compra dos jornais ou por organismos dependentes do Estado ou por grupos que apoiavam o governo, e pela instauração do exame prévio que ninguém distinguia da censura"
(Adriano Moreira, 1977, p. 89)

Como decorre da História do século XX, houve «primaveras» que, mesmo quando pareciam geladas por ventos invasores provenientes do frio da desesperança, resistiram na alma do povo e teimaram em manter acesa a chama que mandava confiar na esperança trabalhada.

Assim, como acreditavam que o verbo não se quedava pelo princípio, recusaram o genocídio espiritual e guardaram as 2000 palavras que não podiam ser feitas prisioneiras[1] e lhes permitiam continuar a ter voz, ainda que sussurrada, enquanto submetidos a um sistema de tutela opressora e ofensiva.

Por isso, quando em 9 de Novembro de 1989 foi desmantelado o símbolo físico dessa humilhação, o calendário podia indicar o Outono, mas o coração desses povos sabia bem que era chegado o tempo de celebrar o regresso da Primavera interrompida e convocar ao esforço – colectivo e indispensável – para alcançar a plenitude. O Verão.

Em contraponto, outras «primaveras», apesar de inícios prometedores – muito por força de um desejo quase colectivo que concedia o benefício da dúvida às medidas anunciadas –, acabaram, afinal, por apresentar muitas semelhanças com um Outono teimosamente prolongado e que fingia desconhecer a existência de um tempo «cairológico».

---

[1] O «Manifesto das 2000 Palavras» foi escrito por Ludvik Vaculik e entre os seus inspiradores estiveram nomes como Emil Zatopek, Věra Čáslavská e Jiří Raška. Moreira (2005a, p. 11) considera que também a revolta de Budapeste "que teve no Cardeal Mindszenty um símbolo de sacrifício" comungou do mesmo espírito.

A frase transcrita exemplifica o segundo caso, pois refere-se à fase final do Império português, a denominada «Primavera marcelista», um período durante o qual as alterações verificadas ao nível das designações não pareceram ser acompanhadas por uma mudança no que concerne aos conteúdos.

Para desalento da Nação, esta evolução na continuidade adiaria a esperança e prolongaria penosamente um modelo a que apetece chamar «improvisório», tal a quantidade de improvisações e indefinições, elementos próprios de uma estrutura de carácter provisório. Com a agravante da mesma já não estar em fase de estruturação mas de decrepitude e denotar, interna e externamente, as marcas resultantes da fadiga dos metais.

Como Pessoa poetisara em relação a um período anterior, na conjuntura de então, voltava a ser a hora para a mudança porque " tudo é disperso, nada é inteiro/ Ó Portugal, hoje és nevoeiro...".

Porém, na perspectiva do regime, o nevoeiro também podia ser útil porque facilitador da ocultação da realidade, que, na falta do tecido de confiança, era escondida sob um manto espesso de ilusão, razão pela qual era importante vigiar o pensamento de forma a evitar a mínima aragem susceptível de destapar a imagem que o Poder fazia questão de preservar e transmitir.

Bem podia Paulo Cardoso[2] inventar o «slogan» para avisar que «se não quer que noticie, não deixe que aconteça» porque o regime vigiava atentamente de forma a garantir que só a «verdade oficial» teria direito a entrar nas casas e a circular nas ruas de um Império desfasado no tempo.

Porém, como a conclusão corresponde à súmula final da investigação e a introdução deve seguir o método da pirâmide invertida e caminhar do geral para o particular ou estudo de caso, respeite-se essa regra metodológica, deixe-se para mais tarde a explicação dos parágrafos anteriores e proceda-se à necessária contextualização teórica da problemática.

Ora, nas Ciências Sociais, muitos conceitos não são objecto de uma definição consensual, não só porque evolucionam ao longo do tempo, mas também, porque numa mesma conjuntura temporal são vistos de forma diferente de acordo com as comunidades e as culturas, sendo que estes conceitos já estão igualmente algo afastados da utilização inicial de Ferdinand Tönnies[3], no primeiro caso, ou,

---

[2] Paulo Cardoso foi um nome importante para o aumento de qualidade da rádio em Angola. Tal como Fernando Curado Ribeiro, Sebastião Coelho, Emídio Rangel, José Manuel Frota, Maria Dinah, Norberto Franco, Mesquita Lemos, Maria do Carmo Mascarenhas, Cecília Victor e tantos outros que deram corpo a um projecto iniciado por Álvaro Nunes de Carvalho em 28 de Fevereiro de 1931.

[3] Ferdinand Tönnies criou o conceito de comunidade em oposição ao de sociedade. A sua obra *Gemeinschaft und Gesselschaft* teve a primeira edição em 1887.

no que à cultura diz respeito, da criação de Gustav Klemm[4] e da definição clássica de Edward Tylor[5].

No que se refere ao primeiro aspecto, ou seja, à alteração do sentido dos conceitos, Adriano Moreira (2005b, p. 140) ensina que alguns conceitos deixam de ser orientadores e passam a nominais quando se verifica uma alteração conjuntural "porque a incerteza lhes dissolveu os conteúdos", como aconteceu, por exemplo, na sequência da queda do Muro de Berlim e da implosão do Bloco de Leste.

Relativamente ao segundo aspecto, mesmo num Mundo globalizado, o peso cultural continua a ser enorme e a dar razão a David Easton quando defende que um facto não passa de um ordenamento da realidade em função de um interesse teorizador.

As constatações anteriores também se aplicam à liberdade, um conceito que, para os pensadores antigos e medievais, não passava de "um valor secundário relacionado com concepções de vida boa ou com os requisitos das noções religiosas de virtude" (Morrow, 2007, p. 84).

Aliás, no mundo grego, Moreira (2001, p. 385) faz questão de separar a liberdade de participação – vista mais como "um dever do que uma faculdade" – da liberdade de autonomia – "o núcleo central da temática do que hoje chamamos de Direitos do Homem" e que se assume como uma limitação ao campo de acção do Poder.

Trata-se, assim, de um conceito resultante do relacionamento entre o Estado e a sociedade civil e materializável em várias modalidades de liberdades públicas – designadamente liberdade de associação, de manifestação e de expressão – e que assume características diferentes em função da sociedade porque "l'État ne montre pas partout une disposition égale vis-à-vis des initives privées d'action collective" (Grossman & Saurugger, 2006, p. 105), mas também numa mesma sociedade ao longo do tempo.

Por isso, o tempo constitui o grande mestre no que concerne ao estudo de uma das manifestações da liberdade – a liberdade de expressão –, pois faz questão de mostrar como, quase desde os primórdios, numa fase em que ainda não existia o Estado com as características que o Renascimento lhe viria a atribuir, a Humanidade tem convivido com o fenómeno.

Ora, no que diz respeito a essa modalidade de liberdade, o século actual não parece muito afastado daquele que foi o seu antecessor, porque como Benoist (2005, p. 302) denuncia, "ahora se habla comúnmente de «pensamiento único», de «nueva inquisición», de «políticamente correcto», o incluso de «policía del pensamiento", expressões que não podem ser consideradas recentes, uma vez que precederam a segunda

---

[4] Klemm utilizou pela primeira vez o termo entre 1843 e 1855.
[5] Tylor deu essa definição em 1871.

globalização, aceitando que a expansão dos povos europeus da vertente ocidental atlântica constituiu o primeiro movimento de âmbito global e globalizante.

Aliás, o século XX foi um tempo durante o qual diferentes regimes e sistemas recorreram a medidas tomadas no sentido de garantir a efectiva materialização das expressões referidas como forma de justificar as suas políticas, sempre em nome – embora frequentemente ao arrepio – daquilo que identificavam como o bem ou interesse nacional.

A constatação de que durante o século XX regimes ideologicamente muito diferentes tiveram uma mesma atitude relativamente à criação de uma polícia de pensamento parece constituir uma prova inequívoca de que a unicidade de pensamento tomou o lugar que deveria caber à unidade resultante de uma convergência de múltiplas perspectivas ou posições.

Embora não pretendendo descer a escada de tempo degrau a degrau, talvez valha a pena referir que o século XX também já trazia em si a herança de séculos anteriores, designadamente do final do século XVII, tempo em que Descartes e Bacon idealizaram um espírito geométrico e uma concepção mecanicista do universo[6].

Se o sentido cronológico do estudo for invertido, constatar-se-á que no Livro II de *A república* de Platão, quando Sócrates procurou construir a sua cidade ideal como estratégia para chegar à definição de justiça, a questão da censura foi abordada e a sua necessidade justificada ao afirmar-se que se devia "censurar antes e acima de tudo, a mentira sem nobreza" [377d]. Depois, quando desceu ao pormenor e exemplificou uma das situações de censura necessária, a escolha recaiu sobre quem "delineia, erradamente, numa obra literária, a maneira de ser de deuses e heróis" [377e], afirmação que traduz uma manifesta intenção de controlo da liberdade de expressão.

Mais tarde, no «Século das Luzes», marcado pela trilogia «Liberdade-Igualdade-Fraternidade», valores que a conjuntura de então colocou no lugar que a Bíblia quisera pertença do amor, da paz e da justiça, a lenda atribui a Voltaire a frase «je ne suis pas d' accord avec ce que vous dites, mais je me battrai jusqu'à la mort pour que vous ayez le droit de le dire», situação que, no entanto, não corresponde à realidade[7], tal como é destituída de autenticidade uma outra frase de sentido idêntico também atribuída ao filósofo iluminista, que teria escrito ao abade Le Riche para lhe dizer que detestava o que ele escrevia mas que daria a vida para que o prelado pudesse continuar a escrever.

---

[6] Benoist (2005, p. 303) afirma que foi a partir de então que "van surgiendo las teorías que reinterpretan la política a la luz del espíritu técnico".

[7] Na verdade, como a própria reconheceu, a frase que surge na obra *The friends of Voltaire* é da autoria de Evelyn Beatrice Hall, embora a versão inicial do livro, datada de 1906, tivesse sido assinada com o pseudónimo de S.G. Tallentyre.

INTRODUÇÃO

Na verdade, Voltaire escreveu a Le Riche a partir de Amiens mas para lhe dar conta do estado de saúde e, ao mesmo tempo que lhe agradecia a amizade, mostrar o seu lado crítico sobre a situação da época ao afirmar que «le nombre des sages sera toujours petit», um indício precoce de que a coexistência entre a liberdade e a igualdade – as revoluções dificilmente serão motivadas pela fraternidade devido à existência de campos adversários – não parecia de fácil consecução, como as várias fases da revolução francesa não demorariam a provar.

Aliás, sobre a ideia de liberdade defendida por Voltaire, convém não esquecer as suas *Cartas inglesas* de 1734, nas quais o autor se referia à política inglesa e falava "sobretudo da liberdade e do comércio que enriqueceram o país" (Moreira, 2007, p. 89), uma posição muito mais elitista do que democrática.

No caso português, na segunda metade do século XX – mais exactamente em 1969 – Marcello Caetano, serodiamente chegado ao cargo de Presidente do Conselho, quase elevou a censura à categoria de instituição consuetudinária ao justificar a necessidade da sua manutenção em Portugal porque "nem jornalistas, nem empresas editoriais, nem governo nem o público, estão preparados para o regime de responsabilidade, perante os tribunais". Por isso, era necessário "ir criando condições mais próprias" e, nesse sentido, "a Censura foi muito aliviada e reduzida a certos pontos essenciais"[8].

Que esses "pontos essenciais" acabassem por impedir a mudança do sistema instalado eram contas de outro rosário de justificações que os jornalistas iam quotidianamente desfiando perante uma Comissão de Censura, que nem sempre compreendia o significado de termos que cortava.

Talvez convenha recordar que Lord Acton alertara, no final do século XIX, numa carta dirigida a Mary Gladstone, filha do Primeiro-Ministro britânico, para o perigo que representava entregar o Poder a "smart, educated people" porque esses governantes partiam do princípio "that the ignorant classes cannot understand affairs of state", constatação que parece dar razão ao provérbio que indica que cada povo tem o governo que merece, embora a inversão da ordem do provérbio proposta por Agostinho da Silva também não pareça despropositada.

Como é sabido, Platão viveu no séc. V a. C., o denominado século de Péricles e da imperfeita e incompleta democracia ateniense, Voltaire foi precursor e influenciador das revoluções americana e francesa, Lord Acton mal conheceu o século XX, pois viveu na fase em que a rainha inglesa reinou não sobre uma mas sobre duas nações[9], e

---

[8] Afirmações feitas em entrevista conduzida pelo jornalista João Alves das Neves do jornal *Estado de São Paulo*. As citações foram feitas a partir da versão censurada do *ABC*, onde o subtítulo "Vivemos 42 anos em regime de censura prévia", mesmo correspondendo a uma afirmação de Caetano, foi cortado. A versão censurada do *ABC* pode ser consultada em MU/GNP/ Sr. 119, 7.ª pasta.

[9] Frase da autoria do Primeiro-Ministro que antecedeu e precedeu Gladstone, ou seja, Benjamin Disrael,

Marcello Caetano protagonizou a queda do último Império colonial do Euromundo, um sistema disfuncionado na sequência da conjuntura saída da II Grande Guerra – um conflito europeu pelas motivações e mundial pelos efeitos – e que se viu substituído por um Mundo bipolar, coordenador da política mundial até à implosão do bloco de leste.

Na verdade, se no passado distante houve conflitos que pareceram eternizar-se – como a guerra dos 100 anos – as consequências e o preço dos grandes conflitos do século XX foram ainda mais pesados e arrastaram-se no tempo, como se depreende do facto de apenas há alguns meses[10] a Alemanha ter liquidado a última parte – 59,5 milhões de libras segundo *The Telegraph* – das reparações que lhe foram exigidas pelos vencedores da I Grande Guerra e que vieram a ser objecto de renegociações e suspensões em função das diferentes conjunturas.

Retomando a questão da censura, fácil se torna constatar que a mesma é, não apenas quase tão antiga quanto a existência do homem, mas também, um fenómeno actual e que está longe de constituir um exclusivo – ou um monopólio, para usar a palavra mais adequada – dos regimes autoritários e totalitários, sendo certo que estes, independentemente das ideologias, constituem um campo fértil para a tentativa do Poder no sentido de encarcerar o pensamento socorrendo-se como operacional de uma polícia da mente ou do espírito.

Não é certamente por acaso que os ditadores – de esquerda ou de direita, mas sempre considerando-se representantes do povo – revelam dificuldades no seu relacionamento com os intelectuais e que estes, descontando – a escolha da palavra não é inocente – uma franja reduzida que calcorreia os corredores e se senta à mesa do e com o Poder, raramente se revêem nas políticas ditadas apenas por uma cabeça, por mais iluminada ou superior que esta se considere ou que os «arautos oficiais» o proclamem.

A História mostrou que Lenine, mal chegado ao Poder, se apressou a decretar sobre a Liberdade de Imprensa para que uma arma tão poderosa não servisse os interesses daqueles que identificava como a burguesia – razão pela qual na URSS, em 1922, já tinham sido proibidos, embora recorrendo a um critério identificado como de interesse nacional, todos os «jornais burgueses» – e que Hitler, ao mesmo tempo que suprimiu a Liberdade de Imprensa, tivesse encarregado Joseph Goebbels de se servir dessa mesma imprensa para propagandear a superioridade de um regime fundado na raça.

---

e que serviu para retratar o agudizar do fosso entre os ricos e os pobres em Inglaterra durante o reinado da rainha Vitória.

[10] Em Outubro de 2010.

INTRODUÇÃO

Também Salazar, para proceder àquilo que é costume designar como a «revolução mental»[11], e embora não tendo chegado a uma perseguição tão desenfreada como aquela que foi levada a cabo pelos dois exemplos anteriores – no caso soviético, muito intensificada sob Estaline – começou por recorrer ao Secretariado de Propaganda Nacional (SPN)[12] e à Comissão da Censura, até decidir que a complementaridade de funções dos dois serviços exigia a sua junção no Secretariado Nacional de Informação[13].

Face à conhecida falta de unidade do elemento opositor – a hortodoxa dificuldade do Partido Comunista Português para aceitar uma estratégia partilhada, mais a mais numa conjuntura de «guerra fria» – não se tratou de dividir para reinar, mas de uma centralização potencializadora de um controlo mais eficiente por parte do Poder Central, situação muito mais do agrado de António Ferro do que de Álvaro Salvação Barreto, que ajudara a montar a máquina censória, mas sempre pugnara pela autonomia da Comissão de Censura em relação ao SPN.

Retomando a questão dos intelectuais, importa salientar que os mesmos fazem questão de justificar essa designação e tendem a desagradar ao Poder tanto mais que este leva a mal sempre que alguém ousa pôr em causa ou recusar as decisões vindas de cima.

Ora, aqueles que gostam de pensar começam logo por questionar a razão de ser, a legitimidade e os limites da expressão «de cima» na parte relativa à origem das ordens.

Aliás, foi por considerar que «de cima» só vinha a voz de Deus e que essa voz mandava dar ouvidos e voz aos mais desfavorecidos, escutando e fazendo eco das suas queixas, que o bispo do Porto, D. António Ferreira Gomes, na sequência do *pro memoria* enviado a Salazar em 13 de Julho de 1958[14] e do qual foi retirada a frase que serve de epígrafe a esta obra, foi forçado ao exílio em 1959, no dia 24 de Julho, e proibido

---

[11] Sobre esta questão, impõe-se uma clarificação porque, como Crato (1992, p. 207) afirma, "a política de informação do fascismo, de forma mais passiva e «moralizadora» com Salazar e mais ofensiva e política com Marcelo, propunha-se não apenas reprimir, mas também moldar as mentalidades". Ora, mesmo descontando a confusão entre «fascismo» e «Estado Novo», a citação evidencia a diferença de estratégia entre Salazar e Caetano.

[12] O Secretariado da Propaganda Nacional (SPN) foi criado junto da Presidência do Conselho pelo Decreto n.º 23 054 de 25 de Setembro de 1933.

[13] O Gabinete de Coordenação dos Serviços de Propaganda e Informação foi estabelecido, junto da Presidência do Conselho, pelo Decreto n.º 30.320 de 19 de Março de 1940, inserto no *Diário do Governo* n.º 65. Depois, em 23 de Fevereiro de 1944, o Decreto-Lei n.º 33.545, publicado no *Diário do governo* n.º 37, procederia a nova concentração no Secretariado Nacional da Informação, Cultura Popular e Turismo e, em 24 de Novembro de 1944, o Decreto-Lei n.º 34.133 organizaria os serviços daquele que passava a ser designado abreviadamente por Secretariado Nacional da Informação – *Diário do governo* n.º 260.

[14] Na verdade, esta foi a forma como D. António designou a missiva que se destinava a preparar a entrevista que Salazar aceitara conceder ao bispo e que nunca viria a ter lugar. Essa entrevista estava relacionada com o facto de D. António ter sido dado como apoiante do candidato do regime nas eleições presidenciais de 1958.

de entrar em todo o território nacional, ordem só anulada em 10 de Junho de 1969 pelo Ministro do Interior com a indicação de que o prelado "iria residir em Fátima"[15].

A referência a Fátima justificava-se porque este sistema transitório de «residência fixa» num lugar que os católicos consideram santificado, talvez convidasse o bispo a uma maior vivência espiritual, a um maior recolhimento introspectivo e a um menor contacto com as realidades injustas cuja denúncia lhe valera a expulsão do país. Na óptica do regime, em Fátima, D. António poderia continuar atento à «voz vinda de cima», desde que não se mostrasse demasiado atento às «vozes vindas de baixo».

No entanto, Marcello Caetano, acabaria por permitir que o bispo retomasse o seu lugar na diocese, situação que, como decorre da História, representa uma daquelas excepções com as quais a regra admite condescender. Excepção, aliás, incompleta porque, como se verá mais à frente, nessa mesma altura o Tenente-Coronel Koch Fritz, chefe do gabinete do Governador-Geral e membro da Comissão de Censura de Angola, proibiu a publicação num jornal de Luanda – *ABC*, edição de 17 de Abril de 1969 – da notícia que dava conta do regresso do Bispo do Porto a Portugal.

Devido à ligação com a temática desta obra, importa dizer que D. António acabaria por receber a Grã-Cruz da Ordem da Liberdade em 1976, numa fase em que o país parecia, finalmente, ter acesso à mesma, depois de um longo regime de partido único e de um Verão bem mais quente que o habitual e que ameaçou levar o país a importar outro modelo único só que vindo do frio.

Felizmente, a unidade – mesmo que incompleta ou parcelar por força da incompatibilidade de interesses entre algumas das forças partidárias – impôs-se à unicidade, sendo que esta representa uma forma ainda mais condenável do que a dispersão, pois, enquanto a dispersão, segundo Chardin (1969, p. 107), leva ao "ser-menos" porque "o verdadeiro crescimento se efectua no sentido da unidade", a unicidade priva o ser da sua essência, ou seja, da liberdade.

A História também ensina que o desconforto do Poder nos diferentes sistemas e regimes face à crítica leva os detentores do mesmo a tomarem decisões drásticas em nome de algo identificado, através de uma confusão intencional, por uma designação que não colhe – o interesse nacional – conseguida à custa da manipulação dos meios de comunicação e da impossibilidade de formação de uma opinião pública.

---

[15] Documento confidencial n.º 80/69 – CI (1), constante no volume V de *O arquivo da PIDE/DGS na Torre do Tombo*. No que se refere às personalidades da igreja que tiveram problemas com o Poder não devem ser esquecidos D. Sebastião de Resende, bispo da Beira, e D. Manuel Martins, bispo de Setúbal. A circunstância de o primeiro ter sido vítima do Estado Novo e dos problemas do segundo terem ocorrido depois do 25 de Abril não deixa de apontar no sentido da exposição. Sobre a questão relativa ao bispo de Setúbal, confronte-se Duarte, A.S. (2009). *D. Manuel Martins – o bispo de todos.* Lisboa: Âncora.

INTRODUÇÃO

O exemplo recente da Hungria onde os detentores do Poder, numa fase em que o país se preparava para assumir a presidência do Conselho Europeu, resolveram aprovar uma lei de imprensa que obrigava os jornalistas a serem politicamente equilibrados e a revelarem obrigatoriamente as suas fontes sempre que os assuntos fossem de interesse para a segurança nacional e para a ordem pública, mostrou que a memória dos povos, sobretudo em épocas de crise económica, é curta e propensa a amnésias selectivas.

A promulgação de leis especiais, sobretudo quando está em causa a História contemporânea, é uma prática inquietante, como o manifesto publicado em 17 de Maio de 1996 por cem escritores, intelectuais e jornalistas no *Frankfurter Allgemeine Zeitung* se encarregou de denunciar[16].

Ainda no que à opinião pública diz respeito, Moreira (2005a, p. 94) defende que "como é difícil admitir que existe opinião pública nos países onde vigoram políticas excludentes de pluralismo e que assumem o controlo dos «media», também nas sociedades abertas surge o problema dos meios de comunicação e da influência relativa que tem nos conteúdos", situação que impossibilitará, igualmente, o surgimento de uma verdadeira opinião pública.

Na realidade, importa referir o papel desempenhado pela «opinião publicada», ou seja, o papel desempenhado pelos denominados «opinion makers», uma vez que essa acção acaba por influenciar a forma de pensar de uma parte considerável da população.

Assim, é dentro dessa lógica de unicidade de pensamento que se devem enquadrar os constantes apelos feitos pelos detentores do Poder ao patriotismo, visto apenas como o respeito pelas leis – a lei do mais forte a fazer lembrar Trasímaco –, ou seja, diminuído das características que o deveriam identificar: a lealdade às terras e ao grupo e o respeito pelas instituições representativas da comunidade.

A manutenção deste «status quo» exige o controlo possível do pensamento através de uma limitação da sua expressão porque se é poético considerar que não há machado que corte a raiz ao pensamento já é possível – e desejável na óptica do Poder – arranjar um lápis azul suficientemente atento e afiado para impedir a difusão do mesmo.

Talvez por isso, um dos dois até agora únicos portugueses agraciado com o prémio Nobel – Egas Moniz – definiu os censores como os carcereiros da ideia, déspotas do pensamento alheio, embora convenha ter presente que, como se pode comprovar pelo caso português[17], os censores representam figuras menores ou executores

---

[16] Esse manifesto tinha como título "A liberdade de opinião está em perigo".

[17] Azevedo (1999, p. 70) indica que os censores durante o Estado Novo eram "de um modo geral, oficiais de baixa patente e sargentos do Exército", situação que a presente investigação permitiu confirmar. Aliás, o testemunho oral e informal de um antigo Chefe de Repartição do GNP permitiu saber que o último dirigente da censura na Metrópole lhe pediu para não utilizar a palavra «conjuntura», pois não sabia o seu significado, O mesmo, aliás, se passava com o tema «telúrico». No entanto, essa não foi a constante de todos os períodos ou fases da censura em Portugal, designadamente dos períodos que corresponderam à Real Mesa Censória e à Mesa da Comissão Geral sobre o Exame e Censura dos Livros.

de políticas pensadas para limitar a expressão do pensamento e destinadas a reduzir a realidade aos parâmetros oficiais.

Ora, esses parâmetros oficiais deram origem a uma "República da Ilusitânia"[18] ou a um "Império imaginado"[19], tal a falta de autenticidade de informação num país onde a ilusão e o disfarce constituíam o modelo favorito dos detentores do Poder, pois Salazar tinha lido e apreciado Maurras – embora Carlyle pudesse ter representado uma opção igualmente válida – e, em defesa do integrismo, aplicava o princípio segundo o qual «o que parece é».

Por isso, quando no início da década de setenta, um jornalista de *A Província de Angola*, Rola da Silva, se queixava da falta de informação sobre a vida nacional porque os relatos da imprensa eram "anões de tamanho «subnutridos» visto o conteúdo"[20], a Comissão de Censura de Luanda encarregou-se de não dar voz às suas queixas.

Vivia-se, então, um tempo durante o qual "os poetas tiveram mais do que nunca razão para ensinar que por dentro das coisas é que as coisas são" (Moreira, 2001, p. 13).

Porém, numa conjuntura marcada pela falta de liberdade, os poetas tiveram de se contentar com a posse sem partilha da razão ou, em alguns casos, pela aceitação do elevado preço a pagar – tortura física e psicológica, anos de exílio ou de prisão – pela ousadia de desafiar o Poder.

Por outro lado e em complemento ao princípio atrás enunciado, quando se escondia do país a dimensão das catástrofes naturais, como as cheias de finais de Novembro de 1967 que assolaram as zonas limítrofes de Lisboa e provocaram um número desconhecido de mortos porque o governo proibiu a continuação da contagem[21], ou

---

[18] Expressão criada por Hipólito Raposo, monárquico e um dos fundadores do integralismo lusitano e que conheceu a censura *a posteriori*, pois, depois de ter sido exilado para Angola em 1922, foi deportado para os Açores devido à publicação de *Amar e servir*, uma crítica à forma como o Estado Novo estava organizado – a Salazarquia.

[19] Expressão criada – e demonstrada com recurso a um elemento empírico centrado na realidade angolana das primeiras décadas do século XX – por Adelino Torres, um intelectual que, em Angola, também passou pelo jornal *ABC* e pela revista *Notícia* onde assegurava a «Página 15!», assim baptizada por Charrula de Azevedo e destinada a «combates culturais» contra os «colaboradores» do Estado Novo.

[20] Citação a partir de um artigo proibido pela Comissão de Censura de Luanda na edição de 9 de Fevereiro de 1970 do jornal *A Província de Angola*. O artigo intitula-se «A casa da Mariquinhas» e está em MU/GNP/ Sr. 119, caixa 9.

[21] *O Diário de Notícias* de 29 de Novembro de 1967 indicava que as mortes confirmadas até então já ascendiam a 427. Na edição de 28 de Novembro do jornal *República* a capa indicava os números oficiais "316 mortos" e no dia 30 de Novembro, também na capa, informava que "o número subiu para 436" porque continuavam "a aparecer cadáveres". Por isso, a capa de 3 de Dezembro indicava "quase quinhentos". Como o *República* também noticiou, nem sempre era possível a identificação dos cadáveres e, por isso, houve corpos que foram enterrados sem ser conhecida a respectiva identificação. A leitura dos jornais da época permite conhecer vários dramas pessoais e familiares, bem como as manifestações de solidariedade e os donativos pessoais e institucionais.

INTRODUÇÃO

quando se encobria até ao limite o assalto ao Santa Maria[22], tratava-se de aplicar um outro princípio – «só existe o que se sabe que existe».

A conjugação destes dois princípios serviu ao regime para distorcer a realidade, uma clara manifestação de que não estava preparado para admitir a evolução da circunstância, ou seja, não admitia que os ventos da História sopravam em sentido oposto à versão oficial, sendo certo que a sabedoria popular está repleta de adágios que permitem enquadrar esta atitude de recusa face à realidade.

Em Agosto de 1963, Salazar ainda afirmava que "não somos nós que temos de desviar-nos do caminho. São os outros".

Como o tempo se encarregou de provar, esta obstinação em não proceder a uma leitura realística da conjuntura por força de condicionantes ideológicas não representou uma opção válida e não acautelou os interesses da Nação, entidade em nome da qual tudo era oficialmente justificado, como se Nação e Estado fossem noções sinónimas.

Moreira (2005a, p. 92) afirma que "a opinião pública, com centros que lhe animam o desenvolvimento, defende a sua existência e eficácia combatendo o segredo de Estado, a censura, os chamados *arcana imperii*".

O Estado Novo resolveu esta questão com uma estratégia de sentido inverso, ou seja, usou a censura para obstar à formação de uma opinião pública.

Aliás, essa é uma das razões que leva a considerar que o Estado Novo não representou uma forma de corporativismo. Na realidade, o Estado corporativista deveria ser "doutrinariamente um Estado plural ordenado, que embora reconhecendo os grupos sociais como centros autónomos de poder, consegue uni-los naturalmente na obediência a uma autoridade política que a todos é comum" (Amaral, 1987, p. 88).

Ora, como a História mostrou, o Estado Novo, na sua visão monista, não revelou qualquer pressa no estabelecimento das corporações, mas fez questão de garantir o cumprimento da parte final da frase citada, mesmo descontando a confusão entre a autoridade – reconhecida pelo outro – e o Poder – sempre imposto num relacionamento desigual.

Voltando a Egas Moniz, para além de ter visto o lápis azul atrever-se a entrar em terreno que dificilmente compreenderia – os trabalhos científicos denominados *Confidências de um investigador científico* – viu ser proibida a venda de uma das suas obras – *A vida sexual* – trinta anos depois da sua primeira aparição autorizada.

Não sendo de prever que o autor, apesar de ter reunido num único livro os dois volumes anteriores, tenha composto um prefácio especial para esta edição, a proibição

---

[22] Quando deixou de ser possível esconder a notícia, o Governo exigiu que a divulgação da mesma fosse acompanhada de uma nota condenatória da acção, como Raul Rego afirmou no II Congresso Republicano de Aveiro.

de uma obra que já ia na 19.ª edição não abona em favor do critério usado pela censura ou, o que não seria menos grave na óptica do regime, da rapidez da sua actuação[23].

A entrevista concedida por Egas Moniz ao jornal *República* permite ficar com uma ideia clara sobre o facto, pois, nesse depoimento, o autor explicou que a obra tinha, originalmente, dois volumes, sendo o primeiro a dissertação que lhe valera o capelo da Universidade de Coimbra e o segundo a sua tese de concurso ao professorado.

Por isso, Egas Moniz considerava que a intromissão da censura em livros científicos fazia reviver "as velhas usanças da Mesa Censória", com a diferença que "há dois séculos era uma única entidade que revia livros e publicações. Seguia mau critério, mas era pouco sujeita a flutuações. Hoje com a expansão da Imprensa, há censores em todos os distritos e províncias ultramarinas".

Mais grave, ainda, segundo Egas Moniz, era o facto de os censores pretenderem ascender na hierarquia do regime e por isso, trabalharem " à compita, com severidade desigual, mas no propósito de cotarem, dia a dia, e de cada vez mais alto, os seus méritos".

Aliás, os jornalistas estavam conscientes deste facto e, sempre que podiam, «armadilhavam» esse percurso ascensional.

Assim, por exemplo, quando o Ministro do Ultramar foi a Angola, o Director da revista *Notícia*, João Fernandes[24], recebeu o beneplácito do Director da PIDE, São José Lopes, do Governador-Geral e do Ministro para a escrita de uma crónica sobre os cubanos que, em Angola, apoiavam os terroristas, incitando-os a regressarem a Cuba e a deixarem que Portugal resolvesse um problema que não lhes dizia respeito. Só que este artigo viria a ser proibido pelo Chefe de Gabinete do Governador – o último elemento da hierarquia que se encarregava da censura à *Notícia* – porque não sabia dessa permissão. Como parece lógico, Fernandes queixou-se e o Ministro repreendeu o Chefe de Gabinete, sendo que essa reprimenda representava um rombo na nau que conduzia às promoções.

Era a revolta possível de quem passava o tempo a telefonar para o Chefe de Gabinete a apresentar reclamações e a inventar explicações.

Também o outro português que recebeu o prémio Nobel, José Saramago, teve uma relação conflituosa com a censura, antes e depois do 25 de Abril de 1974.

---

[23] Sobre esta temática consulte-se a entrevista concedida por Egas Moniz ao n.º 8216, II Série do jornal *República* em 28 de Outubro de 1953. Nesse depoimento, que o próprio jornal considerou "esmagador", a capa do jornal tem ao centro uma fotografia de Egas Moniz e o título "A comédia vai repetir-se" e o subtítulo "Eleições sem fiscalização da Oposição não merecem esse nome: são nomeações que podiam ser feitas no Ministério do Interior", elementos que não permitem dúvidas sobre a ideia que Egas Moniz tinha do regime. A entrevista ocupa toda a capa e remete para as páginas centrais, embora, só venha a merecer parte da coluna da direita da página 7.

[24] João Fernandes aceitou fornecer um depoimento telefónico para a obra em 20 de Maio de 2011.

INTRODUÇÃO

No primeiro caso, devido à sua colaboração em *A Capital*, no *Diário de Lisboa*, no *Jornal do Fundão* e na editorial Estúdios Cor, embora, no que concerne ao segundo período considerado, também surjam vozes a queixarem-se de terem sido vítimas da sua actuação censória enquanto Director-Adjunto do *Diário de Notícias*, na fase da revolução social que se seguiu ao golpe de estado militar que encerrou o Estado Novo[25].

Ainda no segundo momento considerado, Saramago sentiu-se perseguido pela nova censura quando viu um Subsecretário de Estado da Cultura, Sousa Lara, vetar a candidatura da obra *O evangelho segundo Jesus Cristo* ao Prémio Literário Europeu, acção que levou o escritor a deixar Portugal e a passar a viver em Espanha, em Lanzarote, a partir de 1993, deixando a reconciliação com a Pátria para o momento em que as suas cinzas vieram repousar na terra mãe.

Talvez seja de lembrar que o próprio Saramago reconheceria que "a censura existiu sempre e provavelmente vai existir sempre", pois esta é uma das situações em que os factos parecem apontar no sentido de consagrar a profecia ainda que probabilística. Já no que concerne à afirmação de que a censura se faz sentir "de todas as maneiras, porque todas as pessoas, nos diferentes níveis de intervenção em que se encontram, por boas ou mais razões, seleccionam, escolhem, apagam, fazem sobressair" (Reis, 1998, p. 39), a mesma parece menos consensual devido à referência a possíveis boas intenções dos censores.

A censura oficial, com o seu arbítrio que frequentemente é adjectivado como livre[26], acabou por conduzir, como foi denunciado no II Congresso Republicano de Aveiro[27], a uma autocensura dos escritores, a qual afectaria não apenas o conteúdo, mas também, o estilo ou a forma de expressão.

Na verdade a criatividade e originalidade ligadas ao acto de escrever eram substituídas pelo cuidado reflexivo que levava a pesar as palavras na tentativa de adivinhar ou antecipar a reacção dos censores.

Haverá, certamente, quem veja neste cuidado por parte dos jornalistas e dos escritores uma forma de aperfeiçoamento do estilo e até um aumento ao nível da criatividade.

No entanto, não recusando a ideia de que a necessidade pode ter contribuído para aguçar o engenho, talvez valha a pena reflectir sobre o que se teria passado ao nível da originalidade se uma fatia considerável da mesma não tivesse sido mobilizada oficialmente, numa espécie de conscrição do pensamento.

---

[25] O período do exercício dessas funções foi de Abril a Novembro de 1975.

[26] Santos (2007, p. 46) afirma que, nos aeroportos, "a escolha dos volumes apreendidos era feita sem critério – tratava-se quase só de chatear, de desmoralizar, de mostrar quem manda. Assim, Sartre passava, porque sim, e Malraux ficava sem se saber porquê". Como se verá ao longo da obra, em muitas ocasiões Sartre também não passava pelo crivo da Comissão de Leitura de Luanda.

[27] Denúncia feita por Óscar Lopes, Maria Cristina Araújo e Egito Gonçalves.

Aliás, a questão da censura só parece passível de uma cabal explicação se a questão da liberdade for correlacionada com outros dois conceitos: o bem e a justiça.

De facto, se o justo prevalecer sobre o bem – posição defendida pelas doutrinas deontológicas – pois "as exigências do primeiro têm um peso infinito e, assim, não se pode subtrair-se-lhe em nome do bem colectivo" (Dupuy, 2001, p. 37), qualquer acção que viole os direitos fundamentais de alguém só poderá ser legitimada pela razão se as medidas tomadas tiverem consequências ao nível do interesse geral.

Por outro lado, as doutrinas teleológicas ou consequencialistas, ao preconizarem a submissão do justo ao bem, "visto que o bem está prévia e independentemente definido" (Dupuy, 2001, p. 37), acabam por defender que uma acção só é justa se contribuir para a maximização do bem.

Não sendo um dado adquirido que os mentores da censura em Portugal dispusessem de um conhecimento profundo sobre estas duas doutrinas morais, parece possível constatar que a solução encontrada foi fácil e dispensou grande suporte teórico. Tratou-se, simplesmente, de proibir tudo aquilo que fosse potencial ou efectivamente perigoso para a manutenção do regime e aí o arbítrio foi chamado a marcar – muitas vezes livremente ou sem critério – o seu terreno.

É nesta perspectiva que deverão ser tidas as palavras de Egas Moniz quando lançou a ideia de alguém "publicar o catálogo dos censores que tem havido em Portugal, nesta época de penitência mental, com sucintas notas biográficas" como forma de se ficar a conhecer "a que mentalidade esteve subordinado o pensamento português durante esta longa ditadura"[28].

No depoimento para esta obra, o livreiro Joaquim Carneiro[29] forneceu uma informação que corrobora a ideia de Egas Moniz.

De facto, os agentes da PIDE, na sequência das «visitas informais» às estantes das livrarias, sobretudo quando encontravam livros estrangeiros de Filosofia e de Política, tomavam notas e depois o chefe, se considerasse que se justificava, mandava apreender.

No entanto, houve várias situações em que a PIDE, depois de algum agente mais letrado ler as obras, informava a livraria que as poderia ir buscar e que as mesmas poderiam ser postas à venda.

Porém, importa referir que esta a visão sobre o livre arbítrio da censura, que leva alguns estudiosos e vítimas da sua acção a caracterizarem a mesma como irracional, não é partilhada por José Cardoso Pires ao considerar que a actuação da censura, afinal, apresentava uma racionalidade sinistra e bem racional, "um trabalho muito bem feito" onde também se incluía a "bestialização empreendida pela RTP"[30].

---

[28] Entrevista concedida por Egas Moniz ao n.º 8216, II Série do jornal *República* em 28 de Outubro de 1953

[29] Joaquim Carneiro é sócio da Livraria Portugal, local onde foi efectuada a entrevista em 24 de Maio de 2011.

[30] As citações foram feitas a partir de uma entrevista censurada com três cortes pela Comissão de Censura de Angola e que foi publicada na revista *Notícia*. A censura foi efectuada em 6 de Maio de 1969 e o

INTRODUÇÃO

Como a falta de liberdade de expressão é acompanhada pela dificuldade de acesso às produções de leitura desaconselhada, há, ainda, um elemento que não deve ser esquecido – o destinatário da mensagem, ou seja, o leitor – também ele chamado a um esforço duplo para ler aquilo que desejava.

Na verdade, para além dos riscos inerentes à posse ou procura de livros proibidos, havia a dificuldade de descodificar as mensagens, ou, como Sottomayor Cardia escreveu na *Seara Nova*, "se há coisas que devem ser ditas onde mais ninguém as diz, então vale a pena fazê-lo, mesmo impondo aos leitores o trabalho de quebrar, com uma segunda leitura, a couraça de uma prosa enevoada e prolixa"[31].

Os casos indicados servem como ponte para a explicação da motivação que presidiu à concepção e escrita deste livro, sobretudo no que concerne a voltar a remexer no passado português, numa conjuntura que parece aconselhar uma concentração de esforços e atenção no presente e no futuro imediato.

Na realidade, embora recusando a tese da liberdade absoluta de Sartre, também não partilho a posição incompatibilista ou determinista radical apresentada por Blackburn (2001, p. 91) e que defende uma argumentação assente em três premissas, segundo a qual o passado controla o futuro, mas nós não podemos controlar o passado, nem o modo como o passado controla o presente e o futuro. Logo, não poderemos controlar nem o presente nem o futuro.

Mesmo descontando que a palavra «controlar» talvez devesse ser substituída por «prever» ou, ainda mais criteriosamente, por «preparar», continuo a seguir Agostinho da Silva no que concerne à não-aceitação de uma visão dicotómica da procura de soluções[32] e a acreditar que o conhecimento do passado se constitui como uma ferramenta indispensável – embora não única – para a construção do presente e do futuro.

Convém, no entanto, frisar que "a capacidade humana de inventar os futuros não vem acompanhada de igual liberdade de recriar o passado ou de ignorar a circunstância do presente (Moreira, 2005b, p. 22).

Afinal, no jogo das temporalidades, o passado representa a memória, o presente é vivência e o futuro assume a condição de projecto. Por isso, a vivência e o projecto não podem dispensar a memória colectiva, o conhecimento dos passos já andados, mesmo – ou sobretudo – se a direcção não correspondeu a uma escolha assertiva.

Em nome desse desejo de conhecimento, o projecto inicialmente pensado pretendia traçar um retrato sobre a censura no Império Português na fase do Estado Novo.

---

documento consta em MU/GNP/Sr. 119/ caixa 8. O entrevistador foi Fernando Dacosta e, estranhamente, um subtítulo onde surgia um desabafo de Cardoso Pires sobre a facilidade de um escritor poder ser denegrido e apelidado de "comunista" não foi cortado.

[31] Citação feita a partir do artigo «Estilos» que o jornal *A Província de Angola* viu totalmente cortado em 27 de Janeiro de 1969. O artigo assinado com as iniciais H.F.R. consta em MU/GNP/ S. 119, pasta 7.

[32] Agostinho da Silva defendia que quando havia apenas dois caminhos era importante descobrir um terceiro. Cf. Silva, A. (2001). *Ensaios sobre cultura e literatura portuguesa e brasileira II*. Lisboa: Âncora.

No entanto, a investigação desde cedo apontou para a impossibilidade dessa ideia, uma vez que as fontes relativamente a certas possessões ultramarinas e a alguns períodos eram escassas ou quase inexistentes e, como tal, não se revelavam suficientes para a abordagem pretendida.

Esta constatação não significa, no entanto, que nas províncias ultramarinas portuguesas não circulassem jornais e revistas, algumas de assinalável qualidade literária e onde escreviam personalidades que não tinham uma opinião favorável à política colonial do Estado Novo[33].

Por isso, o não envio de cortes terá de ser explicado a partir de outros factores, designadamente o deficiente funcionamento dos serviços locais de censura ou o pouco interesse que os Governadores viam neste processo.

Como se constatará ao longo deste livro, por várias vezes o Gabinete dos Negócios Políticos (GNP) – órgão criado pelo Decreto-Lei nº 42 671, de 23 de Novembro de 1959 e que na Metrópole preparava a resenha ou a súmula que servia para manter o Ministro do Ultramar informado – se queixou do facto de os Governadores não cumprirem o despacho que os obrigava a enviar para esse organismo os cortes feitos nas províncias ultramarinas.

Convém frisar que no caso em estudo não se trata, ao contrário do que se passa com alguns exemplos actuais relativos a outros povos, da destruição de elementos da História de Portugal, mas sim, da inexistência desses mesmos documentos[34].

Ora, sem esses cortes, não se revelou possível o estudo da acção da censura junto das publicações periódicas – jornais e revistas – e, como tal, houve necessidade de reformular o projecto e circunscrever o objecto de estudo a uma das possessões do Império português – Angola, a jóia da coroa e da República – na fase final da ligação colonial a Portugal, pois essa era a única província ultramarina que procedia a um envio sistemático dos cortes feitos pela Comissão de Censura.

Porém, a forma centralizada como Lisboa dirigiu ou administrou esse Império conduziu à necessidade de proceder ao estudo diacrónico dos órgãos responsáveis pela censura, das modalidades que esta assumiu e dos instrumentos a que recorreu na Metrópole.

---

[33] A mais notável destas publicações talvez tenha sido a cabo-verdiana *Claridade*, fundada por Manuel Lopes, Baltasar Lopes da Silva e Jorge Barbosa, e que, entre 1936 e 1960, publicou nove números.

[34] De facto, o fumo que sai das chaminés nem sempre se refere ao aquecimento ou, no caso da igreja católica, para anunciar se já foi escolhido o novo Papa, como se pode comprovar pelo que se passou na sede da PIDE/DGS quando a polícia política percebeu que a queda do regime do Estado Novo era irreversível. Mais recentemente, no Brasil, esteve em discussão ou em processo de averiguações a possível queima de documentação oficial das Forças Armadas e dos órgãos de segurança do período 1964-1985.

INTRODUÇÃO

Na realidade, depois de ter publicado uma obra sobre a forma de administração do Império[35], não fazia sentido partir do princípio – que se sabia falso – de que a acção da censura em Angola gozava de autonomia em relação ao poder decisor de Lisboa.

Como a História se encarregou de mostrar, a nível da vertente ocidental europeia, a justificação para uma actuação diferente na Metrópole e nas possessões assentou por norma na excepcionalidade, ou seja, na impossibilidade de transferir integralmente para as colónias o modelo administrativo vigente na Metrópole.

Aliás, essa foi também a razão invocada para a não transferência para as possessões ultramarinas da democracia vivida nas metrópoles.

No entanto, essa não foi a regra portuguesa, como se comprova pela inexistência de um estatuto para o mulato e pela curta duração que a clarividência de Adriano Moreira consentiu ao Estatuto do Indigenato, aliás usado de uma forma que contrariava o espírito que presidira à sua elaboração.

Quanto à exportação de um modelo democrático, é da mais elementar justiça reconhecer que nenhum país pode exportar aquilo de que carece.

Face ao exposto, aquele que se constitui como o estudo de caso – a censura em Angola na parte final do Império, mais exactamente até ao fim da Primavera de 1972 para permitir constatar se a censura terminou em 5 de Maio de 1972 com a criação do exame prévio – é analisado em dois níveis, ou seja, a partir das informações enviadas mensalmente pelo Governador-Geral para o Gabinete dos Negócios Políticos, órgão do Ministério do Ultramar, mas também, a partir das informações que Lisboa solicitava a Luanda sobre aspectos que considerava pertinentes – ou perigosos – para a vida nacional.

Aliás, o controlo ia ao ponto de os serviços produzirem e colocarem em circulação panfletos pretensamente subversivos para testar a capacidade de que os serviços de censura dispunham para os interceptar.

De entre os documentos enviados pelo Governador-Geral este estudo privilegia dois: os relatórios elaborados pelo Conselho de Leitura desde a sua formação e até ao momento em que os mesmos, a exemplo dos manuscritos de uma obra de Gilberto Freyre, pareceram sumir[36] e os cortes feitos pela Comissão de Censura nas publicações periódicas que circulavam na Província. No que se refere aos cortes, a investigação tem por base os artigos e as notícias que foram objecto de proibição, embora

---

[35] *O ultramar secreto e confidencial*, editado pela Almedina em 2010.

[36] A obra em causa é *Jazigos e covas rasas*, que, conforme testemunho oral dado pela sobrinha de Gilberto Freyre, Sónia Maria Freyre Pimentel, ao autor, em 31 de Março de 2011, na Universidade Lusófona de Humanidades e Tecnologias, no decurso do Colóquio "Identidades, hibridismos e tropicalismos: leituras pós-coloniais de Gilberto Freyre", estava embrulhada, segundo afirmava Freyre, num pano vermelho. Certamente que não foi a cor do pano a responsável pelas buscas infrutíferas na tentativa de descoberta do manuscrito.

também considere vários elementos que foram publicados depois de sofrerem cortes ou de 'beneficiarem' de sugestões.

Assim sendo, a investigação recorreu, sobretudo, a fontes escritas, embora também tivesse utilizado fontes orais, sendo que, nesse âmbito, foram considerados os três níveis, pois foi ouvido um antigo Chefe de Repartição do Gabinete de Negócios Políticos, João Pereira Neto[37], um *cartoonista* da revista *Notícia* Carlos Barradas[38], um jornalista de *O Comércio* que chegaria a Director da *Notícia*, João Fernandes, um jornalista que foi sub-chefe da redacção do *Diário de Luanda* e seria o co-fundador da Televisão Popular de Angola, Manuel Rodrigues Vaz[39], e um sócio com 47 anos de casa de uma livraria que sofreu inúmeras apreensões de livros, Joaquim Carneiro, da Livraria Portugal, localizada a meio da Rua do Carmo.

Os depoimentos destes intervenientes directos no processo ocorreram na fase final da obra e destinaram-se a esclarecer dúvidas e preencher pequenas lacunas resultantes da investigação, sendo que cada uma destas personalidades procedeu à revisão dos respectivos depoimentos.

A indicação das fontes impunha-se não só como garantia de fidedignidade da obra, mas também como justificação para a estrutura escolhida para este livro, uma obra que, a exemplo da anterior, não se destina a julgar pessoas e privilegia as fontes outrora secretas ou confidenciais e que, na conjuntura presente, já foram desclassificadas e podem ser consultadas no valioso acervo guardado no Arquivo Histórico Ultramarino e na Torre do Tombo e que convém digitalizar integralmente de forma a acautelar os testemunhos escritos da História que não é apenas de Portugal.

Na verdade, como Fernando Cristóvão não se cansa de dizer, a Lusofonia não se resume apenas à soma de territórios e populações ligados pela língua. É também um património de ideias, sentimentos, monumentos e documentação.

Por isso, tão grave como assistir, de uma forma passiva ou irresponsável, ao desmoronar dos monumentos, é pactuar com o esbater dos sentimentos e das ideias ou o desaparecimento, ainda que não físico, da documentação.

---

[37] João Pereira Neto começou por ser Chefe de Secção da 4.ª Repartição com equivalência a Intendente e depois foi promovido, por distinção, a Inspector. Os cargos mais elevados, com equivalência a Governador de Distrito para efeitos de promoção, que exerceu foram os de Chefe da 4.ª e 5.ª Repartições da Associação Política e Civil da Direcção-Geral da Administração Política e Civil do Ministério do Ultramar, sendo que ambas integravam o GNP, a primeira na Administração Interna e a segunda nas Relações Internacionais. O depoimento foi recolhido na Sociedade de Geografia de Lisboa.

[38] O contacto com Carlos Barradas, em Maio de 2011 em Carcavelos, revelou-se de uma enorme importância porque, através da sua rede de conhecimentos, foi possível entrar em contacto com personalidades que conhecem bem vários aspectos desta temática, nomeadamente, João Fernandes, Manuel Rodrigues Vaz e Manuel Ferreira.

[39] Depoimento recolhido presencialmente em Telheiras, em 24 de Maio de 2011, e completado através de vários contactos telefónicos e por email.

INTRODUÇÃO

Santos Neves gosta de insistir na diferença entre o «tempo cronológico» e o «tempo cairológico», circunscrevendo o primeiro aos ponteiros do relógio e o segundo à circunstância do tempo certo.

Ora, se foi necessário acautelar um tempo para desclassificar os documentos, parece absurdo que muitos desses documentos possam ser manuseados pelos investigadores sem antes terem sido digitalizados.

De facto, várias caixas do arquivo MU/GNP/SR 119 existentes no Arquivo Histórico Ultramarino só contêm recortes de jornais e os ofícios confidenciais dos Governadores-Gerais, os quais estão numa espécie de papel vegetal, situação que desaconselha o seu manuseamento face ao perigo de deterioração. Aliás, o mesmo se passa com os recortes, uma vez que a qualidade do papel leva a que alguns elementos já sejam de difícil leitura até pelas marcas que as sucessivas dobras vão deixando nos documentos mais extensos.

A título de exemplo, importa referir que alguns cortes da revista *Actualidade Económica* já estão praticamente ilegíveis devido à utilização de um tipo de papel de onde a tinta se vai sumindo, situação que inviabiliza a fotocópia dos mesmos.

O exagerado número de documentos guardado em algumas caixas e a colocação de agrafes mais contribui para que a deterioração dos documentos, uma vez que as dobras, os rasgões e a ferrugem vão invadindo folhas que pertencem ao património de vários povos[40].

No que diz respeito à referência PT/AHD/MU/GM/GNP/RNP/0110, consultada no Arquivo Histórico-Diplomático, alguns documentos estiveram em contacto com água, situação que conduziu a uma inevitável degradação dos mesmos.

A actual crise económica terá certamente contornos muito preocupantes e profundos, mas não pode ter as costas de tal forma largas que lhe permitam carregar com todas as culpas. Não pode, no caso presente, justificar uma atitude de marasmo muito consentânea com aquela que foi apanágio – com raras e notáveis excepções – do sistema e do regime que os documentos permitem descodificar – coisa diferente de compreender.

Retomando a questão das intenções que presidiram à feitura desta investigação, no que concerne à primeira motivação, talvez valha a pena recordar que um dos comentários sobre a obra acabada de referir[41] estranhava que sendo eu "nitidamente um discípulo de Adriano Moreira" que tinha "nos factos e apenas neles o seu prin-

---

[40] Sobre esta questão, interessa referir que a mesma está longe de constituir um caso isolado. Na verdade, durante uma investigação anterior encontrei na Biblioteca Nacional, para consulta na sala de leitura geral, uma obra de Bartolomé de Las Casas impressa em 1552 e que, como é natural, acusava as marcas do tempo e das consultas e, por isso, já se apresentava bastante acidulada. A «descoberta» permitiu que a obra subisse alguns andares e passasse para a secção de reservados da mesma biblioteca.

[41] Comentário assinado por Manuel Rodrigues Vaz e que consta na revista *África 21*, n.º 45 - 88-89.

cipal móbil", tivesse manifestado "o cuidado de não hostilizar os partidários do irrealista Portugal imperial".

Sem deixar de agradecer o tom elogioso do comentário – uma marca da vaidade que me convém considerar inerente à condição humana – talvez interesse esclarecer que o reconhecimento da condição inicial implicava, necessariamente, a segunda atitude. De facto, Adriano Moreira nunca usou "a palavra ou a caneta para atacar pessoalmente fosse quem fosse" (Pinto, 1997, p. 19) porque não se deve confundir a pessoa com o erro, ou seja, com as acções que não se materializaram em actos.

Foi essa a ideia – sem dúvida resultante de uma influência tomista que mais aconselha a perceber do que a julgar – que voltou a presidir a esta investigação.

No que se refere ao segundo elemento, ou seja, às fontes utilizadas, não se tratou de um uso ilícito, uma vez que o acesso às mesmas não resultou de um acto ilegal ou de uma infiltração nos ficheiros das organizações, uma forma de pirataria dos tempos modernos e que se pode revelar ainda mais perigosa e mortífera do que a pirataria clássica, pois é susceptível de originar uma ciber-guerra.

De facto, colocar à disposição de organizações terroristas um manancial de informações secretas e confidenciais é uma acção que apetece classificar como gratuita, mas o preço que esta acção irresponsável e passível de pôr em causa a segurança do Mundo pode vir a exigir, desaconselha o uso dessa qualificação.

Ainda recentemente, em Novembro de 2010, a WikiLeaks facultou ao conhecimento público 251.288 documentos enviados por 274 embaixadas e que estavam guardados no Departamento de Estado dos EUA. Trata-se de segredos diplomáticos e de segredos militares, uma vez que a informação divulgada nos meios de comunicação social era classificada, embora o valor desses segredos seja muito heterogéneo.

Os documentos diziam respeito à política externa – 145.451 – a assuntos internos de diferentes governos – 122.896 – aos direitos humanos – 55.211 – a condições económicas – 49.044 – ao terrorismo – 28.801 – e ao Conselho de Segurança da ONU – 6.532.

Sendo conhecida a importância norte-americana no que concerne à política global, é fácil concluir que não serão apenas os Estados Unidos que poderão vir a sofrer consequências nefastas devido a esta divulgação de segredos de estado.

Sobre este assunto importa questionar as razões de um tão baixo nível de protecção documental por parte dos Estados Unidos e, pela evidente ligação ao tema da obra, se a Liberdade de Imprensa é compatível com a colocação à disposição de forças terroristas de informação privilegiada e capaz de vir a colocar em causa a segurança de todos, inclusivamente daqueles que a adquirem bem como daqueles que a divulgam.

Referindo-se a esta situação em concreto, a Alta-Comissária para os Direitos Humanos da ONU, Navi Pillay, numa conferência em Genebra, mostrou-se muito preocupada com as notícias que davam conta de "pressões exercidas sobre empresas privadas, incluindo bancos, empresas emissoras de cartões de crédito e fornecedores de sítios Web, para que fechem as suas linhas de crédito para donativos destinados à WikiLeaks"[42].

Na sua opinião, estas pressões podiam "ser interpretadas como uma tentativa de censura contra a publicação de informações e poderiam constituir uma violação do direito da WikiLeaks à liberdade de expressão".

Também o Relator sobre a Liberdade de Opinião e de Expressão, Frank La Rue, deu uma entrevista à estação televisiva ABC na qual afirmou que "se há responsabilidade pela difusão das fugas é exclusivamente da pessoa que é responsável pelas fugas e não do meio de comunicação que toma a iniciativa de as difundir".

Por esclarecer completamente permanece, pelo menos por enquanto, a forma como as fontes usadas pela WikiLeaks tiveram acesso a uma informação confidencial, elemento fundamental para tecer um juízo de valor sobre todo o processo.

Para reflexão – actual e futura –, ficam as palavras de Pillay, segundo as quais esta questão levantava "questões complexas de direitos humanos, sobre o equilíbrio entre a liberdade de informação e o direito das pessoas a serem informadas e a necessidade de proteger a segurança nacional e a ordem pública".

Voltando às motivações que conduziram a este livro, interessa dizer que um povo nunca recebe a sua História a benefício de inventário[43] porque a mesma transporta um activo e um passivo que as gerações devem conhecer, não para julgar as antecessoras, mas para perceberem os homens e as suas circunstâncias e para disporem de um conhecimento que lhes permita um espírito crítico susceptível de minimizar o erro na hora de tomar decisões que afectam o todo nacional.

Assim, esta investigação recuperou, ainda que parcialmente, a razão que levou Maquiavel a escrever *O príncipe* e a oferecer a obra a Lourenço de Médicis, ou seja, a possível utilidade – presente e futura – de um conhecimento alicerçado na prolongada e metódica observação das realidades passadas.

No mundo físico é sabido que a mesma água não passa duas vezes debaixo da mesma ponte. No entanto, o leito por onde a água corre mantém-se, ainda que com alterações decorrentes da acção – nem sempre combinada ou articulada – do homem e da natureza.

No mundo social, sabe-se que a História não responde a hipóteses e que os factos não se repetem. Porém, na novidade existe sempre uma componente, mesmo que diminuta, já conhecida ou vivenciada.

É por isso que, na actualidade, o Mundo se inquieta com a quase repetição a nível mundial de fenómenos que aconteceram na Europa, como o êxodo rural e o culto de um nacionalismo derivado de rivalidades económicas, ao ponto de Cohen (2009,

---

[42] Esta citação e as seguintes foram feitas a partir do *Boletim do Centro de Informação Regional das Nações Unidas – UNRIC* n.º 60, Novembro/Dezembro de 2010.

[43] Esta frase representa mais uma das sínteses felizes de Adriano Moreira.

p. 11) ousar pôr em causa os defensores do choque de civilizações ao afirmar que "o principal risco do século XXI não é tanto o de um confronto de culturas ou de religiões, mas o de uma repetição, ao nível planetário, da história do próprio Ocidente".

Esta investigação procurou dar mais um pequeno contributo para o conhecimento de um tempo que já foi o nosso e durante o qual o Estado Novo levou à criação de duas espécies de bibliotecas itinerantes: a carrinha da Fundação Calouste Gulbenkian que, a um ritmo devidamente anunciado no cartão do registo dos empréstimos, percorria as aldeias isoladas do interior, e um acervo oficialmente proibido, escondido nos lugares mais recônditos de casas particulares e livrarias, que só saía de casa devidamente disfarçado e que passava de mão em mão, numa partilha julgada cúmplice, situação que nem sempre correspondia à realidade devido aos infiltrados que o Poder conseguia arregimentar para se manter informado.

Afinal, a preservação e a quebra de confiança representaram as duas faces de uma mesma estratégia[44].

A descoberta de que só no Arquivo Histórico Ultramarino existem 2 caixas ou pastas em MU/GNP/ S.R. 100 – Publicações Proibidas em Portugal (1963-1969) –, 11 pastas em S.R. 146 – Resenhas de Imprensa (1960-1973) –, 13 pastas em S.R. 166 – Informações da PIDE/DGS (1959-1973) –, 17 pastas em S.R. 163 – Informações Confidenciais (1961-1971) e 4 pastas em S.R. 090 – Penetração Comunista em África (1949-1970) – não permite dúvidas sobre o elevado nível de informação de que o Estado Novo dispôs.

São constatações como esta que levam a concluir que não parecem andar longe da verdade aqueles que afirmam que Salazar teve a oposição que quis e permitiu ou, de acordo com Maquiavel, desejou, como justificação para se manter ou perpetuar no Poder e evitar a decadência do Estado Novo.

Como Moreira (2005a, p. 482) teorizou, decadência e declínio não são sinónimos porque enquanto a primeira noção cobre "a deterioração dos factores internos do Poder", a segunda tem a ver com "a alteração da balança de poderes pelo aparecimento de novos intervenientes desafiantes".

Assim, foi graças ao controlo da oposição e à centralização ou personalização do Poder que Salazar conseguiu evitar a decadência do regime – coisa diferente seria dizer a decadência do país – sendo que a censura foi um dos instrumentos utilizados para a consecução desses objectivos.

Já no que ao declínio diz respeito, a leitura terá de ser outra, pois Salazar não captou ou não quis captar totalmente a conjuntura saída da II Guerra Mundial – talvez

---

[44] É à luz desta estratégia que deverá ser vista a prisão de muitos opositores ao Estado Novo, bem como as represálias – inclusivamente o assassinato, eufemisticamente designado como o esfriar o céu-da-boca – sofridas por alguns denunciantes ou agentes duplos. Sobre este ajuste de contas existem vários casos narrados em Madeira, J. (Coord.) (2007). *Vítimas de Salazar – Estado Novo e a violência política*. Lisboa: A esfera dos livros.

INTRODUÇÃO

porque a mesma não correspondesse ao seu desejo – e, por isso, não aceitou o disfuncionamento do sistema à luz do qual continuou – erradamente – a orientar a sua política, ou seja, do Euromundo.

Ora, os ventos da História quando sopram no sentido da mudança são incontroláveis, mais a mais por parte de um país que nunca fez parte do centro devido a uma condição exógena que remonta à fase da emancipação do condado e que obrigou o reino a caminhar, entre avanços e recuos, para Sul e, mais tarde, a deitar-se ao largo como forma de garantir a parte da sua responsabilidade no processo de sobrevivência e afirmação.

Na conjuntura actual, face aos perigos reais de uma censura mais dissimulada e erudita – não é por acaso que os serviços de informação são identificados com a palavra «inteligência», embora sobre a origem e o significado de «intelligentsia» se aconselhe a consulta de Isaiah Berlin –, talvez esta obra possa dar um pequeno contributo para que, voltando a quase parafrasear Adriano Moreira, o passado não se atreva a bater à porta do presente e com a intenção de hipotecar o futuro.

Lord Acton escreveu que a liberdade não era um meio para atingir um fim político mais elevado. Ela era o fim político mais elevado. Porém, até atingir esse fim há um percurso que raramente, se alguma vez, se revela fácil e linear.

No artigo intitulado «A festa», que a Comissão de Censura de Angola cortou e que se destinava a publicação na revista *Notícia* de 26 de Setembro de 1969, o jornalista justificava a participação nas eleições – mesmo sabendo que não eram livres –, argumentando que da participação no acto "alguma coisa ficou. Por exemplo: o gosto de frequentarmos as festas onde fingimos que somos livres. Porque convém não esquecer que os actores não raro se transformam nas personagens que acreditam ser. Aquilo em que os homens acreditam acaba por ser verdade".

O censor proibiu a publicação porque sabia que o Estado Novo interpretava a frase final da citação no sentido de poder mascarar a realidade e não no sentido que emanava do texto – aquele que aponta para a esperança concreta de Adriano Moreira ou a esperança trabalhada de Barata Moura – e que leva a nunca desistir porque a vida, que começa por ser criação, não dispensa o esforço e a escolha próprios de uma construção.

No decurso dessa construção, talvez a liberdade de expressão não ande muito longe do conceito que aconselha a não dispensar – nunca – o dever de pensar aquilo que se diz, para reivindicar o direito a dizer – sempre – aquilo que se pensa, pois, nas palavras frequentemente desafiadoras de Agostinho da Silva (2001, p. 271), ao autor "é sempre lícito escrever o que entenda mais certo, seja sobre o que for, seja sobre quem for".

Como os bons exemplos são para imitar, esse foi o espírito que presidiu à elaboração da obra.

Capítulo I
A Censura em Portugal

Na obra *O ultramar secreto e confidencial* defendi a ideia que a existência de censura em Portugal era um fenómeno antigo e que servira a mais do que um regime. Aliás, embora não fazendo parte do objecto de estudo, essa temática foi chamada para nota de rodapé e mereceu um breve – e necessariamente incompleto – estudo cronológico.

É, agora, chegado o momento de proceder a uma caracterização mais minuciosa do fenómeno, esperando que a mesma se possa integrar naquilo que é designado como o método dos círculos concêntricos, isto é, que nenhum dos novos elementos venha colocar em causa a referência inicial mas, pelo contrário, sirva para lhe dar mais profundidade ou amplitude.

Ora, uma primeira constatação que importa fazer prende-se com o facto de a censura ter "uma área de actuação vastíssima – abarcava, praticamente, todas as formas de manifestação intelectual, no domínio público, nas mais diversas áreas" (Azevedo, 1999, p. 66), situação que conduziu à necessidade de circunscrever o objecto de estudo à «censura sobre as produções escritas», expressão que parece mais adequada do que a habitual «censura literária».

Assim, e mesmo descontando um período inicial durante o qual a censura existiu mas não assumiu um aspecto sistemático e não dispôs de uma estrutura organizativa de carácter permanente[45], a história da censura em Portugal obriga à inventariação de, pelo menos, oito fases: a censura da responsabilidade da Inquisição ou do Tribunal do Santo Ofício, o período relativo à Real Mesa Censória, a fase da Mesa da Comissão Geral sobre o Exame e Censura dos Livros, a atitude do liberalismo e da

---

[45] Na obra citada na nota anterior referi essa fase, nomeadamente, a censura episcopal solicitada por D. Fernando ao Papa Gregório XI e a queima das obras Wycliffe e Hus por alvará de D. Afonso V em 18 de Agosto de 1451. Essa foi a fase da censura do ordinário ou do bispo.

Monarquia Constitucional face à censura, a fase posterior à aprovação da Constituição de 1911 e que se estendeu até à ditadura militar, ou seja a I República, o período da ditadura militar, o Estado Novo que mediou desde a aprovação – por plebiscito – da Constituição de 1933 até ao 25 de Abril de 1974 e, finalmente, a fase que seguiu ao golpe de estado militar que terminou com o regime da Constituição de 1933 e se estende até à actualidade e que já não faz parte do Portugal colonial, mas merece um breve estudo para provar a verdade de algumas das afirmações feitas na introdução.

Como a tipologia da censura pode variar em função do critério, neste estudo procede-se ao estudo não apenas da forma preventiva ou prévia, ou seja, anterior à publicação dos escritos[46], mas também de outra modalidade de censura, aquela que incide sobre elementos já publicados, ou seja, a censura *a posteriori*. Privilegia-se, igualmente, o estudo em função do acervo censurado, o qual engloba não apenas os livros, as revistas e os jornais, mas também os «papéis volantes».

De fora – da investigação mas não da acção da censura – ficaram os telegramas e telefonemas de e para o estrangeiro, desde que o assunto fosse de cariz político ou social, "o noticiário estrangeiro, fornecido pelas agências de informação internacional, estabelecidas em Portugal" (Azevedo, 1999, p. 69) e a censura estatal sobre a rádio, a televisão e os espectáculos.

Aliás, convirá notar que, no que aos livros diz respeito, houve períodos, designadamente no Estado Novo, em que os mesmos eram dispensados da censura prévia, desde que não versassem matéria de índole política ou social, mas essa regra não se aplicava a todos os escritores porque a censura partia do princípio que os autores conhecidos por serem opositores do regime produziriam sempre textos atentatórios da estabilidade do mesmo.

Assim, no caso de autores como Aquilino Ribeiro[47] ou Alves Redol poder-se-á falar de uma censura tripla, uma vez que a juntar à censura *a posteriori* se verificava uma censura prévia e, por força da vigilância dos censores e num esforço criativo para a iludir, uma auto-censura, embora e em boa verdade, estes autores tivessem dispensado com mais frequência do que parecia aconselhável a terceira modalidade de censura.

---

[46] Na realidade, quando se fala de censura prévia em relação a publicações periódicas, sobretudo aos jornais, dever-se-ia falar de uma censura dupla, pois antes de os jornais serem presentes à Comissão de Censura eram objecto de uma censura interna de malha muito apertada e da responsabilidade dos órgãos directivos dos periódicos. Como havia uma grande continuidade ou ligação entre os grupos representativos dos interesses económicos e os proprietários dessas publicações pode afirmar-se que os jornais falavam de um país e de um Império que, na realidade, não existiam.

[47] No seu depoimento, o sócio da Livraria Portugal afirmou que Aquilino Ribeiro era sempre um autor vigiado pela PIDE.

Se assim não fosse, Aquilino não teria respondido em tribunal e os «lobos» poderiam continuar a uivar sem que o público tomasse conhecimento de tal[48]. Só que, como decorre da História, há quem não consiga calar a revolta face à injustiça.

Esta investigação debruça-se, igualmente, sobre as várias leis da imprensa, para tentar compreender se as mesmas respeitaram e traduziram aqueles que deverão ser os três direitos básicos da liberdade de informação: direito de informar, direito de se informar e direito de ser informado.

No que respeita à apresentação do estudo, considerou-se que a ordem cronológica seria aquela que *a priori* se revelaria susceptível de uma melhor compreensão e, por isso, o elemento inicial diz respeito à censura relativa ao Tribunal do Santo Ofício.

1.1. A Censura da Responsabilidade da Inquisição ou do tribunal do Santo Ofício

A Inquisição foi criada no Concílio de Verona de 1184 como resposta à seita dos albigenses, mas o seu estabelecimento em Portugal não é objecto de consenso porque há autores que indicam datas diferentes para esse acto e um mesmo autor referencia mais do que uma data.

Assim, para Mattoso (1995, p. 1515) "a I. pontifícia existiu em Portugal pelo menos desde o séc. XIV", embora refira que foi em 26 de Agosto de 1515 que D. Manuel I pediu ao Papa que lhe concedesse uma Inquisição semelhante à de Castela, pedido que, no entanto, não seria acompanhado das necessárias negociações, as quais só seriam levadas a cabo pelo seu sucessor, D. João III.

A parte final da afirmação está de acordo com a posição defendida por Mendonça & Moreira (1980, p. 12), pois defendem que a Inquisição foi estabelecida em Portugal na sequência do pedido feito por D. João III, rei desde 1521[49], e ao qual o Papa respondeu afirmativamente em 17 de Dezembro de 1531 pela bula *Cum ad nihil magis*.

Porém, o Santo Ofício não foi estabelecido nesse ano, "vindo somente a sê-lo em 1536[50] e por virtude do breve do Papa Paulo III", até porque o Papa anterior, Clemente

---

[48] Foi a publicação da obra *Quando os lobos uivam* que levou Aquilino Ribeiro a comparecer no tribunal.

[49] O pedido de D. Manuel I não tinha sido ouvido pela Santa Sé. A posição de D. Manuel I derivava do contrato do seu casamento com D. Isabel de Castela, filha dos reis católicos Fernando e Isabel, os quais, por lei de 31 de Março de 1492, tinham dado quatro meses aos judeus espanhóis para abandonarem o país. A acção dos inquisidores em Espanha era tão violenta que o Papa teve de chamar a atenção a Fernando e Isabel – breve de 29 de Janeiro de 1482 – sobre as injustiças de que os judeus estavam a ser vítimas e a ameaçar que se os inquisidores não tivessem "sido nomeados por carta régia, os teria destituído" (Herculano, s.d. p. 46). Mais tarde, um breve do Papa Sisto IV retirou aos reis católicos o direito de nomearem inquisidores.

[50] A bula foi aplicada a partir de 23 de Maio de 1536 e a cidade que ficou ligada ao acto foi Évora, uma vez que, como o local das representações dos autos de Gil Vicente deixa claro, Évora rivalizava na altura com Lisboa no que dizia respeito à permanência da corte. A bula chegou a Évora trazida por Álvaro Mendes

SEGREDOS DO IMPÉRIO DA ILUSITÂNIA: A CENSURA NA METRÓPOLE E EM ANGOLA

VII, anulara a bula por si concedida e destinada à criação da Inquisição em Portugal, através do breve *Venerabilis frater* dirigido ao bispo de Sinigaglia em 17 de Outubro de 1532, depois de, em 13 de Janeiro de 1532, ter nomeado como Inquisidor "nestes reynos" Diogo da Silva, da ordem de São Francisco de Paula[51].

Os autores citados recusam, assim, que "no ano de 1498 se praticara, no claustro do Convento de São Domingos de Lisboa, um julgamento de dois judeus, presidido por Frei Jorge Vogado, na qualidade de inquisidor-geral" (Mendonça & Moreira, 1980, p. 11) porque esse pretenso julgamento não poderia ter acontecido 38 anos antes do estabelecimento da Inquisição em Portugal e não há registo do "documento da formação do tribunal [...] da nomeação de Frei Jorge Vogado para inquisidor-geral [...] dos juízes adjuntos [...] do sítio onde se faziam as sessões" (Mendonça & Moreira, 1980, p. 110).

No entanto, outro pode parecer o entendimento de Alexandre Herculano que, em Dezembro de 1852, falava de "Portugal exemplo dela [inquisição] nos séculos XIII e XIV, e tendo-a só nominalmente no século XV" (Herculano, s.d. p.19).

Para fazer valer a parte inicial da sua argumentação, Herculano (s.d. p. 37) indicou que "em 1376 uma bula de Gregório XI a Agapito Colonna, bispo de Lisboa, pela qual o papa o encarregava, visto não haver inquisidores neste país, de escolher um franciscano, dotado dos requisitos necessários para o mister de inquisidor", tendo a escolha recaído em "Frei Martim Vasques", a que se seguiram outras nomeações sem "valor algum histórico".

Esta posição é parcialmente corroborada por Mattoso (1995, p. 1515) ao afirmar que "Conhecemos o nome de dois inquisidores nomeados por Gregório XI e Bonifácio IX, Frei Martinho Velasques (1376) e Frei Vicente de Lisboa (1399) e ainda Frei Afonso de Alprão (1413)".

Voltando a Herculano, este faz questão de mencionar que, ao contrário de Torquemada, o primeiro inquisidor-mor de Castela, e do seu em tudo sucessor, D. Diogo Deza, "esses inquisidores, franciscanos ou dominicanos, com autoridade legítima ou sem ela, revestidos, perpétua ou acidentalmente, de um poder fatal, não usaram ou abusaram dele para verter sangue humano, ou, se praticaram alguma atrocidade, a memória de tais factos não chegou até nós".

Ora, como é sabido, o tempo pode tornar menos nítidas as atrocidades, mas não se revela capaz de as apagar totalmente da memória dos povos.

---

de Vasconcelos. Aliás, a importância de Évora no processo da Inquisição não se ficaria por aqui, pois seria nessa cidade que "o estandarte do Santo Ofício apareceu em público pela primeira vez no auto-de-fé celebrado em Évora a 14 de Maio de 1623" (Mendonça & Moreira, 1980, p. 134).

[51] Documento que consta no Maço 2.º, n.º 18 e disponível em http://ttonline.dgarq.gov.pt/PDF/ID/1/5/PT-TT-ID-1-5_47v_c0100.pdf.

No que se refere à segunda parte, Herculano (s.d., p. 38) afirma que "se, no século XIV, a Inquisição era em Portugal uma coisa, a bem dizer, nula, no século XV, se achava reduzida a uma ridicularia fradesca".

No entanto, no terceiro livro da obra que vem sendo referida[52], Herculano situa a criação da Inquisição, muito por acção do embaixador Brás Neto, em 17 de Dezembro de 1531, numa bula "dirigida ao mínimo Frei Diogo da Silva, pela qual o papa o nomeava comissário da sé apostólica e inquisidor no Reino de Portugal e seus domínios" (Herculano, s.d. p. 130).

A parte final da transcrição aponta para um dado muito importante porque a Inquisição não abrangia apenas a parte metropolitana de Portugal mas todas as suas possessões e, por isso, nos documentos oficiais se falava do reino e dos domínios.

Ainda no que concerne a esta questão, Bethencourt (2000, p. 447) reconhece a complexidade da mesma e considera que "o estabelecimento da Inquisição em Portugal conheceu um processo longo, marcado por diversos pedidos da Coroa ao Papa (em 1515, 1525 e 1531) e por vários diplomas pontifícios (emitidos em 1531, 1536 e 1547)". Na sua leitura, "embora se tenham organizado processos desde a primeira nomeação de um inquisidor por Clemente VII, é a bula *Cum ad nihil magis* de 1536 que define o quadro legal de funcionamento da Inquisição portuguesa, completado pela bula *Mediatio Cordis* de 1547".

Com a instituição da Inquisição passaram a existir três entidades censoras: o Santo Ofício, a censura régia ou do Desembargo do Paço[53] e a censura do ordinário. Por isso, em Leis, no Livro 1, fls. 7, consta um alvará de 4 de Dezembro de 1576, que ordena que nenhum livro ou escrito poderia ser impresso sem que fosse "visto e examinado" pelo Desembargo do Paço e pela Inquisição.

De acordo com Tengarrinha (1993, p. 15), o mais antigo documento censurado pelo Desembargo Real foi a alvará de 22-2-1537 "pelo qual se concedeu a Baltasar Dias «privilégio para as suas obras» e obrigatoriedade de apresentá-las à censura de

---

[52] De facto trata-se apenas de uma obra, embora dividida por três livros, os quais, pela narrativa cronológica a que procedem, podem ser considerados como capítulos de um mesmo livro.

[53] O Desembargo do Paço foi criado por D. João II e oficializado como tribunal superior do reino por D. Manuel I com a publicação do seu regimento especial, em 1521, na 2ª edição das Ordenações Manuelinas, Liv I, tit.3, adquirindo, desde então, verdadeira autonomia face às Casas da Suplicação, Cível e Relação da Casa do Porto. Os magistrados ou desembargadores do Paço tinham como função despachar as petições de graça dirigidas ao rei e presidente do tribunal em questões de justiça. No reinado de D. João III, "a competência destes magistrados, geralmente recrutados entre teólogos, eclesiásticos e juristas experientes, foi substancialmente alargada - na sequência de revisão do seu regimento -, pelas leis de 10 de Outubro de 1534 e de 30 de Maio de 1553, que tentam limitar e definir as atribuições do tribunal, de forma a obviar a eventuais conflitos de jurisdição com outros tribunais superiores". Ainda teria outros regimentos dados por D. Sebastião em 2 de Novembro de 1564 e D. Filipe I, em 27 de Julho de 1582, acabando por ser extinto em 3 de Agosto de 1833. Cf.http://ttonline.dgarq.gov.pt.

Pedro Margalho" e o primeiro documento censurado pela Inquisição foi "o *Insino Christão*, impresso em 1539".

No que concerne à estrutura do Tribunal do Santo Ofício, Portugal seguiu de perto o modelo implantado por Frei Tomás de Torquemada no país vizinho, até porque o embaixador português Brás Neto tudo fizera para que a criação do Tribunal do Santo Ofício em Portugal seguisse o modelo das bulas que para o efeito tinham sido concedidas aos reis católicos[54], embora, em nome da soberania nacional, se pretendesse que a Inquisição portuguesa não estivesse subordinada a qualquer outra, apesar de ter sido encontrada correspondência recebida dos inquisidores gerais de Castela para os de Portugal, por exemplo, no período de 1576-1633, como consta no livro 443.

Afinal, a união dinástica ocorrida em 1580 ainda não fazia parte da visão prospectiva portuguesa.

De facto, em Espanha havia o cargo de Inquisidor-Geral, auxiliado por assessores por si escolhidos, um Conselho Real da Inquisição para representar o Poder Civil e quatro tribunais subalternos – Sevilha, Córdova, Jaén e Ciudad Real, depois mudado para Toledo – cada um dispondo de um inquisidor.

Em Portugal, a primeira Inquisição foi estabelecida em Évora e, para além do Inquisidor-mor – D. Frei Diogo da Silva –, foi constituído um conselho para as causas da Fé, "composto de quatro deputados nomeados pelo Inquisidor-mor" (Mendonça & Moreira, 1980, p. 117), um promotor e um notário. Mais tarde, em 3 de Julho de 1539, o cardeal D. Henrique passou a ser o Inquisidor-mor e foi ele que criou a Inquisição de Lisboa – 16 de Julho de 1539 –, de Coimbra – 15 de Outubro de 1541 –, do Porto – 1541 – e de Goa – 15 de Março de 1560.

Também foram criadas as inquisições de Lamego e de Tomar, sendo que Mendonça e Magalhães (1980, p. 120) afirmam que ambas, tal como a Inquisição do Porto, apenas duraram "até 1546 ou 1547".

Mais demorada foi a vida do tribunal de Goa que só foi extinto em 1812, como consta no maço 356, n.º 1 do *Ministério do reino* do ANTT.

Ainda no que às inquisições portuguesas diz respeito importa saber os limites geográficos da actuação de cada uma delas.

Assim, a Inquisição de Lisboa exercia a sua influência não apenas sobre Lisboa e toda a província da então Estremadura, mas também, sobre uma parte da Beira e, no que respeitava à expansão, nas zonas até ao Cabo da Boa Esperança. A Inquisição de Évora ficava-se pela Metrópole, mais exactamente pela província do Alentejo e

---

[54] Talvez interesse referir que essas bulas de Sisto IV e Inocêncio VIII não se encontravam entre os registos pontifícios, situação que aponta para a permeabilidade desses registos aos interesses em jogo e que, no caso português, encontravam adversário em Diogo Pires "que fora escrivão dos ouvidores da Casa da Suplicação e que saíra de Portugal para a Turquia a abjurar o baptismo que lhe havia sido imposto [mas] tinha entrada com o papa e cardeais" (Herculano, s.d. p. 128).

pelo reino do Algarve. A Inquisição de Coimbra superintendia na zona da Beira não dependente de Lisboa e nas províncias do Norte: Entre Douro e Minho e Trás-os-Montes. Quanto à Inquisição de Goa tinha como domínios os territórios sob dominação portuguesa para lá do Cabo da Boa Esperança, ou seja, as possessões fora do Oceano Atlântico.

Tendo a Inquisição sido criada para combater uma heresia, em Portugal foram sobretudo os judeus as vítimas dos autos de fé celebrados nesta fase, sendo que nem sempre as pessoas que "saiam" nos autos estavam efectivamente presentes, uma vez que era possível o julgamento "em estátua" por oposição ao auto "em carne". A ausência não significava necessariamente que tivesse havido fuga e podia significar um julgamento depois da morte pois o número de mortos no cárcere enquanto aguardavam julgamento não era baixo.

No entanto, os autos de fé – cujo cortejo era de um rigor organizativo notável – não se destinavam apenas aos judeus. Entre os participantes e descontando aqueles que faziam parte obrigatoriamente do acto, como os procuradores, os frades de São Domingos, a irmandade de São Jorge e o alcaide dos cárceres secretos, iam os réus que não tinham abjurado, como os acusados de sodomia[55], depois os que tinham abjurado de leve suspeita na fé, à frente daqueles que tinham abjurado de veemente suspeita na fé, embora negassem e não houvesse prova suficiente para os condenar à fogueira, e, finalmente, vestidos de sambenito, os que tinham abjurado em forma por judaísmo[56].

O quadro que se segue mostra os autos celebrados nas diferentes Inquisições, bem como o número de pessoas que saíram nos mesmos em função do sexo e da sua presença ou ausência, sendo que os autos celebrados ocorreram a partir das datas indicadas e até 5 de Abril de 1768, ou seja, até à criação da Real Mesa Censória.

No que diz respeito às datas iniciais, em Lisboa, o primeiro auto ocorreu em 20 de Setembro de 1540; em Évora, aconteceu em 22 de Outubro de 1536; Coimbra deu início aos autos de fé em 5 de Outubro de 1541 e Goa em 1600.

---

[55] Este crime era habitual porque, por exemplo, as leis de 18 de Janeiro de 1597 – Livro 2 fls 33 v – e de 12 de Outubro de 1606 – Livro 2 fls. 131 – estipulavam os castigos a aplicar às pessoas que "cometerem o pecado da sodomia". A utilização da palavra «pecado» e não «crime» releva para o aspecto da imoralidade do acto.

[56] A descrição pormenorizada de um auto de fé pode ser consultada em Mendonça & Moreira (1980, pp. 135-136).

Relativamente aos valores numéricos, assumiram a seguinte distribuição:

Inquisição	Número de autos	Penitenciados		Relaxados em carne		Relaxados em estátua		Total
		Homens	Mulheres	Homens	Mulheres	Homens	Mulheres	
Lisboa	246	3777	3236	284	177	119	62	7655
Évora	163	3084	3637	186	158	104	58	9965
Coimbra	276	4210	4774	142	171	113	117	9527
Goa	67	2762	937	38	13	40	7	3797

Fonte: Quadro construído pelo autor a partir de dados por si trabalhados e recolhidos em Mendonça & Moreira (1980). Os totais indicados são os que constam no original.

Os números apresentados parecem dar maior destaque a Coimbra e Lisboa no que concerne ao número de autos de fé e a Évora e Coimbra no que se refere ao número de pessoas saídas. Porém, era habitual a «troca» de réus entre os vários centros da Inquisição para garantir que os autos tivessem a visibilidade pretendida. Assim, das masmorras de Évora foram, várias vezes, enviados detidos para Lisboa com a finalidade de as cerimónias na capital não desmerecessem por escassez de participantes.

No que a esta obra diz respeito, importa referir que a censura sobre as produções literárias teve início logo que a Inquisição foi estabelecida – 1536 – uma vez que os primeiros livros portugueses censurados depois dessa data o foram em 1539.

A melhor forma de caracterizar esta fase e de perceber a razão que levou à criação da Real Mesa Censória talvez seja dizer que o poder da Inquisição era tal que chegou ao ponto de conseguir excomungar um rei de Portugal, D. João IV, o qual ousara fazer um édito a proibir que a Inquisição expropriasse os bens dos condenados, depois do «rei menino» D. Sebastião ter decidido, em 18 de Junho de 1571 que os infractores que possuíssem obras proibidas seriam, também, objecto de sanções civis, as quais acarretavam a perda desde a quarta parte até à metade dos seus bens.

Aliás, o problema já era antigo e prendia-se com o facto de os judeus terem sido expulsos de Espanha, mas, em Portugal, lhes ter sido reconhecida a possibilidade de se converterem ao cristianismo como forma de permanecerem no reino.

Assim, em 5 de Junho de 1577, um alvará real estabeleceu as disposições relativas aos bens pertencentes aos cristãos-novos[57] e, em 19 de Dezembro de 1579, uma carta

---

[57] Livro 1, fls.19, com apostilha de 20 de Setembro.

de lei revogou o perdão que tinha sido concedido aos cristãos-novos no que dizia respeito à confiscação dos seus bens "autorizando-se com o breve de 6 de Outubro"[58].

Como se constata, este relacionamento esteve longe de ser pacífico e os cristãos-novos, que tinham recebido uma licença para saírem do reino, mas podendo vender as suas fazendas, acabaram por ver essa licença ser restringida em 18 de Janeiro de 1580 por alvará real[59].

Ainda sobre esta questão, talvez valha a pena recordar que a exigência da exibição pública da condição de judeu não foi uma invenção do regime nazi, pois, durante a união ibérica, o rei Filipe I, em 12 de Agosto de 1583, fez uma carta de lei determinando que os judeus usassem "gôrro ou barrête amarelo para se não confundirem com os cristãos"[60].

Voltando ao édito de D. João IV, de Roma veio a anulação do édito real, decisão aceite por D. João IV, mas que o levou a recusar ficar na posse definitiva dos bens retirados e a decidir que os mesmos, logo que fossem transferidos para a sua posse, seriam devolvidos aos familiares dos condenados.

Esta decisão desinteresseira de D. João IV não agradou à Inquisição que esperou pela morte do rei – 6 de Dezembro de 1656 – para o excomungar numa cerimónia a que a rainha viúva e os filhos foram obrigados a assistir e da qual me abstenho de fazer a descrição tal a intensidade do elemento macabro[61].

Durante a fase da Inquisição, o prior da Ordem de São Domingos teve o monopólio da censura sobre as obras já publicadas ou a publicar[62], daí se dizer que a censura inquisitória era da responsabilidade dos dominicanos, até 1598 porque, devido ao aumento de edições, o inquisidor-geral, D. António de Matos Noronha, viu-se obrigado a nomear outros de diversas ordens.

No que se refere ao Índex, ou seja, à lista de livros cuja aquisição, circulação e leitura estavam proibidas, nesta fase houve vários, sendo que a sua identificação é

---

[58] Livro 1 fls. 67 v.

[59] Livro 1, fls. 70. Mais tarde, Filipe I, em 26 de Janeiro de 1587, confirmou, através de carta de lei, esta proibição e impôs sanções aos cristãos-novos que tentassem sair do reino e a quem ajudasse - Livro 1, fls. 137 v. Esta proibição foi confirmada por alvará régio de 31 de Agosto de 1587, especificando-se, neste caso, que a proibição era válida durante o tempo e mais seis meses depois da visitação do Santo Ofício aos bispados em que residissem – Livro 1, fls. 157 v. Em 4 de Abril de 1601 e 31 de Julho de 1601 o assunto foi objecto de novas cartas de lei, sendo que a última lhes permitia ir livremente para o Brasil, Índia e Ilhas – Livro 2, fls. 48 v. Só em 24 de Novembro de 1601 foi promulgada a lei que proibia dar o nome de cristãos-novos aos descendentes dos convertidos e aqueles que se viessem a converter – Livro 2 fls. 53 v. Porém, em 13 de Março de 1610, uma carta de lei voltou a proibir a venda das fazendas e a livre saída do reino – Livro 2 fls. 183.

[60] Livro 1, fls. 85 v.

[61] Os interessados na descrição deste cerimonial podem consultar, por exemplo, Mendonça & Moreira (1980, pp. 131-132).

[62] Decisão do Cardeal D. Henrique, o Inquisidor-mor, em 2 de Novembro de 1540.

SEGREDOS DO IMPÉRIO DA ILUSITÂNIA: A CENSURA NA METRÓPOLE E EM ANGOLA

feita pela data da sua promulgação ou entrada em vigor, embora surjam, por vezes, pequenos desfasamentos temporais no que diz respeito às datas originais e de publicação em Portugal.

Dessas listas convém reter as seguintes: o Índex de 15 de Julho de 1547, resultante, ainda que com algum atraso, do quinto Concílio de Latrão de 1515; o Índex de 4 de Junho de 1551, onde constam sete autos de Gil Vicente e que, de facto, foi o primeiro Índex português a ser impresso e divulgado em todo o território nacional através de inquisidores que percorreram o país publicando editais a exigirem a entrega de livros proibidos e a denúncia daqueles que os possuíam; o Índex muito severo ordenado por Paulo IV em 1557, embora impresso em 1558, e que foi reeditado em Coimbra em 1559 e que incluía três classes de livros proibidos; o Índex de 1561, assinado pelo dominicano Frei Francisco Foreiro, que secretariou o Concílio de Trento para rever o Índex anterior e de cuja acção resultou o Índex de 1564 de Paulo V, o denominado Índex Tridentino; o Índex de 1581 de D. Jorge de Almeida e que contém "uma lista elaborada por Fr. Bartolomeu Ferreira de «Avisos e Lembranças» que esclareciam ou ampliavam as regulamentações do Concílio de Trento" (Rodrigues, 1980, p. 103); o Índex de 1596 de Clemente VIII – reimpresso em Portugal em 1597 – e aquele que ficou conhecido como o índex de ouro da censura portuguesa, o Índex Expurgatório de 1624 de D. Fernando Martins Mascarenhas, mas subscrito por um jesuíta – Baltasar Álvares – e que irá ser uma das causas que levará o rei D. José I à criação da Real Mesa Censória.

Face ao exposto, parece possível incluir a censura portuguesa nesta fase entre as mais activas na Europa, como se comprova pelo papel reservado a Foreiro no Concílio que constituiu uma das três respostas da Igreja de Roma à Reforma Protestante.

Um outro aspecto que convém clarificar, até pela sua ligação ao estudo de caso que é feito nesta obra, prende-se com a acção da Inquisição no Ultramar. De facto, numa época em que as comunicações eram difíceis e lentas e na qual o estado de desenvolvimento das possessões portuguesas no que concerne não apenas à educação era muito baixo, poder-se-ia pensar que a Inquisição, mesmo que tal não constasse nos elementos escritos, se ficaria pela Metrópole e se limitaria, quanto muito, a vigiar os navios que saíam da Metrópole com destino ao Ultramar. No entanto, não foi isso que aconteceu, pois "também ao Ultramar se mandavam visitadores, os quais, em toda a parte a que chegavam, faziam as mesmas *procissões de Fé*" (Mendonça & Moreira, 1980, p. 142).

Sobre este assunto Bethencourt & Havik (2004, p. 22) defendem que "a entrada da Inquisição no espaço atlântico foi tardia, pontuada pelas visitas de inspecção [...] a Angola em 1596-1598".

Voltando a Mendonça & Moreira, os mesmos dão exemplos de alguns desses visitadores – em 1591 o deputado do Santo Ofício Heitor Furtado de Mendonça visitou o Brasil e as ilhas de Cabo Verde e de São Tomé e, em 1626, foi visitado o Reino de

Angola pelo deputado Luís Pires da Veiga – e mostram a atenção com que o rei acompanhava essas visitas, pois escrevia aos governadores recomendando-lhes que fossem visitar o representante da Inquisição e lhe prestassem "todo o favor e ajuda que vos ele pedir e lhe for necessário"[63].

Convém, no entanto, referir que as visitas inquisitoriais não representavam a única forma de acção da Inquisição. Como Filipa da Silva (2004, p. 161) salienta, referindo-se a um período "ao longo dos séculos XVI a XVIII", o tribunal do Santo Ofício actuou "nos territórios insulares africanos e na zona dos Rios da Guiné" através de várias práticas judiciais como sejam "confirmações de licenças régias para a saída do reino, as visitas inquisitoriais e pastorais, as denúncias, o despacho, o julgamento dos réus e o degredo".

Aliás, a mesma autora chama a atenção para o facto de, apesar de a Inquisição ter planeado várias visitas a Cabo Verde e a São Tomé e Príncipe "no decurso dos séculos XVI e XVII", só estar confirmada a concretização "de uma diligência na ilha de S. Tomé por comissão do visitador a Angola, o Inquisidor Luís Pires da Veiga (Silva, 2004, p. 162), pois as outras visitas, nomeadamente a de Heitor Furtado de Mendonça em 1591, referida por Mendonça & Moreira, carecem de confirmação[64].

Retomando a questão da importância da Inquisição, o facto de um visitador do Santo Ofício, durante a Protestação da Fé, ter trocado o lugar que lhe estava destinado junto à Epístola pela posição junto do Evangelho, o lugar dos bispos, não parece apontar para a ignorância do visitador, mas sim, para a importância que o Santo Ofício a si mesmo atribuía e que o levava a desrespeitar o protocolo.

Como se viu não era fácil aos reis o relacionamento com um poder espiritual que revelava uma tendência continuada para se imiscuir na esfera temporal. Por isso se compreende, por exemplo, que o rei, em 8 de Julho de 1553, tivesse feito uma lei declaratória de alguns capítulos da ordenação sobre jurisdição eclesiástica[65] e que, em 18 de Março de 1578, um alvará determinasse os casos nos quais a justiça eclesiástica poderia intervir nas resoluções da justiça civil – Livro 1, fls. 40.

Era uma luta sem tréguas como se comprova pelo Alvará de Filipe I, em 31 de Agosto de 1588, ainda nos começos da união dinástica, que proibia a impressão de livros sem licença do Desembargo do Paço, mesmo que esses livros já tivessem obtido parecer favorável do Santo Ofício e do Ordinário – Livro 1, fls. 187 v.

Talvez o rei não quisesse ver repetida em Portugal a força de que o Santo Ofício fazia prova no seu reino de origem.

---

[63] Excerto da carta enviada pelo rei ao Governador de Angola, Fernão de Sousa, e à qual o Governador deu resposta no dia 20 de Setembro de 1626

[64] Silva (2004, p. 162) também indica como carecendo de confirmação outras visitas: João Gonçalves Arceiro em 1581 e Diogo Vaz Pereira em 1586, ambas a Cabo Verde e S. Tomé e D. Francisco de Soveral em 1623 a partes de África.

[65] Maço 3 de Leis n.º 4.

Há, ainda, dois elementos relativos à censura durante o domínio filipino que interessa referir.

O primeiro, de carácter religioso, tem a ver com a carta de lei de 19 de Fevereiro de 1611 que determinava "que ninguém possa ler o tomo 11.º dos Anais Eclesiásticos do Cardeal Cesar Barónio"[66] apesar desses Anais se destinarem a lutar contra o protestantismo, mais exactamente para denunciar a falta de credibilidade das Centúrias de Magdeburgo, escritas por Flaccio, Wigam, Lejudin e Fabert.

O segundo, mais de carácter político, prende-se com o facto de na conjuntura relativa ao "segundo quartel do século XVII", ter surgido a necessidade de a censura passar a abarcar os escritos de carácter noticioso porque "começaram a proliferar relações avulsas, não periódicas, pondo em causa a dominação espanhola" (Tengarrinha, 1993, p. 15), ou seja, pode falar-se de uma tentativa de controlar a expansão de ideias que apelavam ao fim da união dinástica e à recuperação da independência nacional.

Da lista de escritores portugueses censurados nesta fase fazem parte Gil Vicente, Damião de Góis, Fernão Mendes Pinto, Diogo do Couto, Luís de Camões, D. Francisco Manuel de Melo, Padre António Vieira, António José da Silva....

1.2. A Fase da Real Mesa Censória

Conforme consta num Alvará manuscrito cujo original está guardado e foi consultado na Torre do Tombo no Maço 6 n.º 82[67], a Real Mesa Censória foi criada no reinado de D. José I e resultou da luta que o seu Ministro – Sebastião José de Carvalho e Melo, Conde de Oeiras e Marquês de Pombal – vinha travando com as classes privilegiadas do reino, no caso o clero, ou mais exactamente os jesuítas que seriam expulsos em 1759, luta que, no entanto, não era exclusiva deste reinado.

Numa fase em que na França os iluministas ditavam as regras de um pensamento novo, os monarcas absolutos aproveitavam desse pensamento aquilo que lhes interessava, mas recusavam tudo aquilo que pudesse diminuir o seu poder e não aceitavam o fim da origem divina do mesmo. Estes déspotas esclarecidos ou iluminados não aceitavam, também, que os breves e as bulas papais lhes retirassem direitos que consideravam da esfera do poder temporal e não do espiritual.

Como Tengarrinha (1993, p. 16) afirma, a criação da Real Mesa Censória foi "uma das mais significativas medidas de reforço da centralização do poder régio".

---

[66] Livro 2 fls 186v.

[67] Na Torre do Tombo também foi consultado o original do Livro da Chancelaria Mor da Corte e Reino para o registo das Leis que nela se publicam. Trata-se do Livro 10, iniciado em 1766, e a Lei está manuscrita a partir da folha 51, ocupa totalmente as folhas 52, 53, 54, 55 e 56 e a primeira página e a parte superior da folha 57.

Retomando a questão do Alvará, como consta na parte final do documento fundador, a Lei foi "dada no Palacio de Nossa Senhora da Ajuda em sinco de Abril de mil setecentos sessenta e oito"[68].

No início o rei faz saber as razões que o levaram à criação da Real Mesa Censória, surgida na sequência do "Recurso do Procurador da Minha Coroa, que constituio a Septima Demonstração da Segunda Parte da Sua Dedução Chronologica e Analytica" através do qual lhe tinham sido "prezentes os dolos, colluzoens, obrepçoens, subrepçoens, abuzos, e originarias, e infanaveis nullidades, com que: Attentando-se por hua parte contra o notório, inauferível, e inabdicavel Direito da Soberania Temporal, á que desde a fundação da Igreja foy sempre inherente a Suprema Jurisdicção de prohibir os Livros, e Papeis perniciozos, e de establecer penas pecuniárias, e corporaes contra os transgressores das prohibiçoens delles; ainda quando eram provenientes das qualificaçoens dos Prelados, e Ministros Ecclessiásticos, nas matérias pertencentes á Religiao e á Doutrina, que são do Foro da mesma Igreja, para os censsurar quando os julga dignos de justa correcção".

Continuando a historiar o processo, o rei passava a 'recordar' os seus direitos e considerava que "por outra parte contra as Leys e Costumes geraes de todas as Monarquias, e Estados Soberanos mais pios, e Orthodoxos, e contra o Louvavel Costume de se não publicarem, nem terem execução nos Seus Respectivos Dominios, Bullas, Breves, ou Rescriptos emanados da Curia de Roma, antes de se fazerem prezentes aos Principes Dominantes, para delles obterem o Beneplacito, ou Regio Exequator, quando não contem couza que ou offenda a Independencia da Suprema Jurisdicçao Temporal, ou possa perverter as Leys, os antigos, e Louvaveis Costumes, e Concordatas, com prejuízo do Bem Commum dos Reynos, e Estados, e com perturbação do Socego publico dos seus respectivos Vassallos".

Ora, era preciso atentar que "pela outra parte especificamente a todos os sobreditos respeitos contra a Coroa destes Meus Reinos; onde os Senhores Reyes delles uzaram sempre do referido Direito de prohibirem com penas externas nos cazos occorrentes athe os mesmos Livros, e Papeis concernentes á Religiao, e á Doutrina; e onde desde os princípios da Monarquia não permittiram, que se executassem as referidas Bullas, Breves, ou Rescriptos da Curia Romana, sem precederem as suas Cartas de publicação ou Regio Beneplacito".

Depois, o rei passava a denunciar a forma como os Jesuítas desrespeitaram a regra habitual e se aproveitaram da situação em proveito próprio: "Succedera que o Governo dos denominados Jesuitas com todos os sobreditos dolos, colluzoens, obrepçoens, subrepçoens, abuzos, e originarias, e infanaveis nullidades, machinaram

---

[68] Em todas as citações será mantida a grafia inicial, apenas com duas excepções, o 'f' antes do 's' nos casos do duplo 's' e impossibilidade de colocação do sinal gráfico que substitui o til no ditongo 'ão'. O mesmo critério será seguido ao longo de toda a obra.

hum volumozo <u>Index Expurgatorio</u> dentro no Collegio de Santo Antao da Cidade de Lisboa debaixo da inspecção do seu Provincial Balthazar Tavares, e o fizeram publicar em Nome do Bispo Inquizidor Geral Dom Fernando Martins Mascarenhas, com elles associado para a machinaçao, e publicação do referido Index; establecendo por bazes delle as Bullas dos Indices Romanos, que as Cortes mais exemplares na Religiao, e no respeito á Sede Apostolica, tinham universal, e inflexivelmente reclamado, e repellido, como contrarias ás Paternaes Intensoens dos Summos Pontifices, em cujos Nomes foram Lavradas; como enormissimamente Lezivas de todas as Soberanias Temporaes; e como diametralmente incompatíveis com o Socego publico dos Reynos, e Estados".

O rei referia-se, na citação anterior, à *Bula da Ceia* e ao Índex expurgatório de 1624.

Ainda no que concerne à maquinação dos Jesuitas "succedera, que fazendo a prepotência dos mesmos Jesuitas o mais maliciozo uso das muitas revoluçoens, que nesta Corte, e Monarquia concitaram depois do Anno de mil seiscentos vinte e quatro; conseguiram com as suas costumadas intrigas confundirem a inspecção dos Livros, e Papeis, entre o Ordinario, entre o Santo Officio, e entre a Meza do Desembargo do Paço; em tal forma, que descançando huns dos ditos Tribunaes no cuidado dos outros; e não cabendo alias na possibilidade dos Seus respectivos Ministros fazerem compativeis com a occorencia do Despacho dos Seus Expedientes os exames de todos, e de cada Hum dos innumeraveis Livros, e Papeis, que se deviam permittir, ou defender; vieram a faltar todas aquellas vigilantes, e rigorozas providenciais, que fazia indispensáveis hum negocio de tanta importância".

Mais grave ainda foi que "os mesmos Jesuitas, servindo-se dos sobreditos meyos; extinguindo nestes Reynos, e Seus Dominios, todos os Livros dos famozos, illuminados, e pios Authores, que nelles tinham formado os egrégios Professores, os Apostolicos Varoens, e os assignalados Capitaens, que nos Seculos de mil e quatrocentos, e de mil e quinhentos encheram de edificação, e de assombro as Quatro Partes do Mundo; e substituindo no Lugar daquelles úteis livros os outros Livros perniciozos das suas compoziçoens, ordenadas a estabelecerem o seu despotismo sobre a ignorância; conseguiram Logo precizamente desterrarem desta Monarquia toda a boa, e sam Litteratura; precipitarem todos os Vassallos de Portugal no inculpável, e necessário idiotysmo, em que forçozamente vieram a cahir; e fecharem assim os olhos, e atarem as mãos á todos os Estados da mesma Monarquia; para não acharem nelles a menor rezystencia nas funestas occazioens, em que os precipitaram nas repetidas Revoluçoens, e insultos, que os mesmos Jesuitas concitaram nestes ditos Reynos, e seus Dominios, depois daquelle infaustissimo tempo com hum geral, e publico escândalo".

Apontadas as causas que tinham levado à necessidade de mudar o modelo anterior de censura, o rei passou a explicar a estratégia a que recorrera para a criação de um novo. Assim, no ponto 1, indicou os elementos a quem solicitara parecer ou conselho e afirmou que "E porque havendo Eu mandado ver, e consultar este Negocio na Meza do Dezembargo do Paço, no Conselho Geral do Santo Oficio, e em differentes Juntas compostas de muitos Ministros, theologos, Canonistas, e Juristas, muito illuminados, e pios, e muito distinctos, não só pela sua conhecida Litteratura, e exemplares Costumes, maz tambem pelo seu ardente zelo do Serviço de Deos, e Meu".

Depois, dava conta da posição assumida pelos elementos consultados "Concordaram todos por votos uniformes, e sem hezitaçao por hua parte em que, sendo os sobreditos motivos do Procurador da Minha Coroa consistentes em factos per si mesmos notórios, e provados por modo authentico, e superior á de toda a racionável duvida; e sendo as necessidades publicas, que os mesmos factos concluem por modo incontestável, tão instantes, e urgentes; não poderia o remédio dellas padecer dilação, que não trouxesse com sigo os estragos da Religiao, do Throno, do Socego publico, e de tudo o que há de mais sagrado, e digno da Minha perspicaz vigilância, e da Minha effectiva, e prompta Protecçao". Além disso, e como forma de reforçar a necessidade da mudança, o rei afirmava que esses elementos "Concordaram por outra parte em que, tendo manifestado hua tão diuturna, e triste experiencia, que assim como athe agora não bastou para obviar ás calamidades, que se tem seguido da extinção dos Livros bons, e úteis, e da introducçao dos nocivos, e perniciozos, a inspecção dylacerada, e dividida entre o Ordinario, entre o Santo Oficio, e entre o Dezembargo do Paço [cujas occupaçoens são evidentemente incompatíveis com a continua aplicação, e successivo, e vigilante cuidado, que requer hum negocio, de que essencialmente dependem a Religiao, a Monarquia, o Socego publico, e Bem commum do Reyno]; da mesma sorte não bastara nunca no futuro a dita inspecção dividida, e enfraquecida na sobredita forma".

Ora, face ao exposto, "Concordaram por outra parte em que muito menos pode bastar a dita providencia, quando se considera, que a grande occorencia de negócios totalmente diversos, e necessitados de prompta, e necessária expedição, que carregam sobre cada hum dos referidos Trez Tribunaes, fez introduzir o Costume de nomearem Censores de fora, na fe de cujas perfunctórias Censuras se dão, ou negam as Licenças, com três absurdos tão intoleráveis, como são: Primeiro, que sendo o Direito da prohibiçao, ou permissão dos Livros, de importância tão grande, como a referida; ficou o arbítrio dellas rezidindo nos ditos Censores externos, e na mayor parte destituídos das Letras necessárias para conhecerem, e julgarem as obras, que censsuram: Segundo, prohibirem-se os Livros, que se deviam permittir; ou permittirem-se os outros, que se deviam prohibir, por serem somente próprios para se illudirem, e corromperem os Povos, como tem succedido na sobredita forma: Terceiro, numerarem-se entre os estragos da fama da Naçao Portugueza as severas criticas, que as Naçoens mais polidas, e cultas da Europa, tem feito aos Tribunaes da Inquisiçao destes Reynos com a cauza dos erros, e injustiças dos Censores externos: E concordaram pela outra parte em que, sendo esta a mesma idêntica razão, com que os Senhores Reyes Meus Gloriozos Predecessores fizeram separar para hum Tribunal novamente creado o importante negocio da pureza da Fé, e da Religiao, que, não obstante ser da privativa competência dos Bispos; em razão de os haverem considerado occupados com occorencia dos outros negócios ordinários, que lhes abssorviam o tempo precizo para aquelle importante negocio; o fizeram extrahir com este justíssimo motivo do conhecimento dos Prelados Diocesanos pela creaçao, e erecção dos Tribunais da Fé".

Neste ponto o rei considerava que "vinha a ser indispensavelmente necessário, que Eu á mesma imitação desse ás prohibiçoens e permissoens dos Livros, e Papeis outra forma, que fosse mais effectiva, e segura, do que aquella, que se practicou athe agora; reunindo todas as sobreditas Trez Repartiçoens em hua só Junta privativa, e composta de Censores Regios, que continuamente vigiassem sobre esta importante matéria; como se está praticando nas outras Cortes illuminadas, e pias da Europa; concorrendo na mesma Junta pelo que pertence á Religiao, e á Doutrina, hum Inquizidor Geral, ou quem seu cargo servir; e o Vigario Geral do Patriarchado, ou no seu impedimento o Dezembargador mais antigo do mesmo Patriarchado, pelo que pertence ao Ordinario".

Explicadas as razões, indicados os pareceres e explicitada a legitimidade do rei para proceder à mudança e nomear os censores, a Lei passou a indicar as decisões do rei, começando pela criação da Real Mesa Censória: "E conformando-me com os uniformes pareceres dos ditos Tribunaes, e Ministros: Uzando aos ditos respeitos de todo o Pleno, e Supremo Poder, que na Temporalidade recebi immediatamente de Deos Todo Poderozo; em justa, e necessária defeza; afim da mesma Igreja, e Seus Canones, de que sou Protector nos Meus Reynos, e Dominios, e da Minha Real Authoridade; como da reputação, honras, vidas, fazendas, e publico Socego dos Meus fieis Vassallos: Quero, Mando, Ordeno, e he Minha Vontade, que nesta Minha Corte, e Cidade de Lisboa seja logo creada, e exigida, como por esta Sou Servido crear, e erigir, hua Junta perpetua denominada – Real Meza Censória".

Depois indicava a estrutura dessa Mesa, "a qual serâ composta, e regulada na maneira seguinte: na sobredita Meza haverâ sempre hum Prezidente, que seja Pessoa de grande authoridade, exemplares virtudes, e conhecido zelo do Serviço de Deos, e Meu, dos Direitos da Igreja, e da Coroa, do Bem Commum, e do Socego publico, que essencialmente conssistem na perfeita harmonia entre o sacerdócio, e o Imperio, para se ajudarem hum ao outro nos cazos occorrentes".

Para além do Presidente, "haverâ Sette Deputados Ordinarios, sendo sempre hum delles Inquizidor da Mesa do Santo Officio da Inquisiçao de Lisboa, proposto annualmente pelo Inquizidor Geral, ou quem seu cargo servir; outro o Vigario Geral do Patriarchado de Lisboa, ou na sua falta o Dezembargador mais antigo do mesmo Patriarchado; e os mais Pessoas de notória Litteratura, illibados costumes, e conhecida piedade, que Eu houver por bem nomear para estes importantes empregos".

O rei previa, ainda, que "Haverâ alem dos sobreditos aquelles Deputados Extraordinarios, que me parecer nomear nos cazos occorrentes, para a melhor expedição de hua tão vasta inspecção, como a referida".

Depois dos órgãos ordinários e extraordinários, era necessário definir os elementos necessários ao bom funcionamento da Real Mesa Censória e, por isso, "haverâ hum Secretario, que lance os Despachos; o qual será escolhido entre os Deputados Extraordinarios para lançar os mesmos Despachos, e ter á seu cargo os Livros, e Papeis pertencentes á Meza [...] hum Porteiro, que tenha a seu cargo tudo o que pertencer ao preparo da referida Meza, e asseyo da Caza".

Mais à frente, a Lei definia aspectos que se prendiam com a calendarização e convocatória das sessões, "Attendendo á que o mayor trabalho da referida Meza deve ser em Caza na forma abaixo declarada: Ordeno, que as Sessoens Ordinárias della se tenham em hua tarde de cada Semana, que será a da Quinta Feira, não sendo feriada; e sendo-o, da Sexta Feira próxima seguinte; entrando-se no Despacho às duas horas de Inverno, e às trez de Verao. Porem occorrendo negócios, que façam precizar mais Sessoens extraordinárias; fará o Prezidente avizar os Ministros Ordinarios, e Extraordinarios, que lhe parecer necessário convocar, segundo a qualidade do negocio".

Em seguida eram definidas as competências atribuídas à Real Mesa Censória; "Mando, que a mesma Meza tenha Jurisdicçao privativa, e exclussiva em tudo o que pertence ao exame, approvaçao, e reprovação dos Livros, e Papeis, que já se acham introduzidos nestes Reynos, e Seus Dominios; dos Livros, e Papeis, que nelles entrarem de novo, ou seja pelos Pontos do Mar, ou pelas Rayas Seccas; dos Livros, e Papeis, que se pertenderem reimprimir, posto que antes fossem estampados com Licenças; dos Livros, e Papeis de nova composição; de todas as Concluzoens, que se houverem de defender publicamente em qualquer Lugar destes Reynos; e de tudo o mais, que pertence á estampa, impressão, Oficinas, Venda, e Commercio dos sobreditos Livros, e Papeis".

Para que não restassem dúvidas sobre o monopólio destas competências, a lei explicitava-o "ordenando, que nenhum Mercador de Livros, Impressor, Livreiro, ou Vendedor dos sobreditos Livros, ou Papeis, ouze vender, imprimir, e encadernar os sobreditos Livros, ou Papeis volantes por mínimos, que sejam, sem approvaçao, e Licença da sobredita Meza" e indicava aquilo que aconteceria a quem não acatasse essas disposições, referindo que " debaixo das penas de Ley e Mezes de cadêa, da confiscação de todos os Exemplares, e do dobro do seu valor pela primeira vez; do três dobro pela segunda vez; applicando-se ametade para as despezas da Meza, e a outra ametade para as Pessoas, que descobrirem os transgressores; e pela terceira vez de dez Annos de degredo para o Reyno de Angola, alem das sobreditas penas pecuniárias, se nas obras ou obra, de que se tratar, e nos Introductores, Receptadores, Publicadores, ou Vendedores dellas, não houver mayores culpas, que pelas Minhas Leys mereçam mayor pena".

Como se pode depreender do articulado da Lei, as penas eram bastante duras, certamente como forma de desaconselhar a existência de prevaricadores.

Em seguida, o rei entrava em aspectos relativos à apreensão das obras: "Ordeno, que todos os Administradores, Juizes, Officiaes das Alfandegas, Casas de Despacho, Estallagens, Vendas, ou ainda Cazas particulares, onde chegarem Livros, ou Papeis, que venham de fora destes Reynos, ou seja por mar, ou por terra; façam nelles apprehensao, e sequestro, e os remettam immediatamente aos Armazens, ou Receptaculos, que para isso se acharem destinados pela dita Meza Censoria para a segura custodia, e boa consservação dos mesmos Livros, e Papeis; dessorte que os Donnos delles possam receber com facilidade, e sem avaria aquelles, que forem approvados".

Ora, para saber se os livros não continham matérias consideradas perigosas era necessário que "logo que os sobreditos Livros, e Papeis chegarem á dita Meza, sejam nella distribuídos pelo Prezidente aos Ministros Ordinarios; e onde estes não chegarem, aos Extraordinarios; segundo as matérias, de que tratarem, e as Profissoens dos sobreditos Ministros; tomando-se assento em hum Livro, que haverá para este effeito, do dia, e hora, em que se lhes entregarem; e vindo depois cada hum delles relatar por escripto em plena Meza o que contem os mesmos Livros, e Papeis dos seus respectivos encargos, com o que acerca delles lhes parecer; para que sobre estes Extractos, e Censuras se possa votar o que for justo".

No que concerne à decisão, recorria-se a uma regra que faz parte das democracias na actualidade, ou seja, "vencendo-se por pluralidade de votos; e executando-se o que se vencer", embora ficasse salvaguardada uma excepção destinada a fazer valer o poder real: "a menos que pelo Procurador da Minha Coroa [que terá sempre assento com os Deputados, quando lhe parecer hir à Meza; e que será sempre ouvido, dando-se-lhe de todos os Livros, Papeis, e Censuras sobre elles feitas vista antes de se deferir a final] se requeira Consulta nos cazos, que parecerem mais graves, para Eu determinar as questoens, que fizerem os objectos das duvidas".

Um pormenor – talvez um *pormaior* – da Lei prendia-se com a censura a obras de autores vivos aquando da tentativa de publicação. Nestes caso, o rei mandava que "nas prohibiçoens dos Livros dos Authores vivos, que pertendam dar Obras à estampa, no caso em que se ache, que se lhes não devem conceder as Licenças, que pedirem; se lhes dê vista das duvidas, que contra elles se offerecerem, antes de se deferir a final, para serem ouvidos no termo, que parecer competente, antes de serem condenados, conforme á Direito, e ao que foy determinado no Concilio de Trento".

Dito de outra forma, não poderia haver decisão final sem que os interessados fossem ouvidos.

Ainda no que dizia respeito às atribuições da Real Mesa Censória, o rei mandava "que a sobredita Meza tenha Jurisdicçao Civil, e Criminal para tudo o que for concernente ás matérias da sua inspecção; expedindo no Meu Real Nome Provizoens, Portarias, e todos os mais Despachos, que costumam sahir dos outros Tribunaes Supremos da Minha Corte; sendo todos os Ministros, Officiaes de Justiça, e Pessoas, aquém forem dirigidas as sobreditas Ordens, obrigados a cumprir o conteúdo nellas, debaixo das penas de emprazamentos, suspensoens, e das mais, que a sobredita Meza julgar competentes, segundo a exigência dos cazos".

É claro que a determinação "se cumprirâ tão inteiramente como nella se contem. Pelo que Mando à Meza do Dezembargado do Paço, Regedor da Caza da Supplicaçao, ou quem seu cargo servir, Tribunal da Inconfidencia, Conselheiros da Minha Real fazenda, e dos Meus Dominios Ultramarinos, Meza da Consciencia, e Ordens, Prezidente do Senado da Camara, e Meza dos Censores Regios, Capitaens Generaes, Governadores, Dezembargadores, Corregedores, Ouvidores, Juizes, e mais Officiaes de Justiça, e Guerra, a quem o conhecimento desta pertencer, que a cumpram, e guardem, e façam cumprir, e guardar tão inteiramente como nella se contem, sem duvida, ou embargo algum".

Como decorre do Direito, "não obstantes quaysquer Leys, Regimentos, Alvarax, Disposiçoens, ou Estylos contrários, que todas, e todos Hey por derogados, como se dellas, e delles fizesse individual, e expressa mençao para os referidos efeitos somente; ficando alias sempre em seu vigor".

Na parte final, o rei dava as ordens sobre o registo ou publicação e publicitação da Lei: "ao Doutor Pedro Gonçalves Cordeiro Pereira, Dezembargador do Paço, e Chanceller Mor destes Meus Reynos, Mando que a faça publicar na Chancellaria; e que della se remettam Copias a todos os Tribunaes, Cabeças de Comarcas, e Villas destes Reynos, e seus Dominios: Registando-se no Juizo da Inconfidencia, e em todos os Lugares, onde se costumam registar semelhantes Leys" e explicitava que se deveria mandar "o Original para a Torre do Tombo". Dada no Palacio de Nossa Senhora da Ajuda em sinco de Abril de mil setecentos sessenta e oito".

No fim do documento, ao centro, consta "El Rey" seguido de assinatura e, à direita, "Conde de Oeyras".

No final da página e com continuação na seguinte consta: "Ley, porque Vossa magestade, deferindo ao recurso do Procurador da Coroa, que constituio a Septima Demonstração da Segunda Parte da Sua Deducçao Chronologica, e Analytica: He servido crear hua Meza de Censores Regios, com Jurisdicçao privativa, e exclussiva em tudo o que pertencer ao exame, approvaçao, e reprovação dos Livros, e Papeis já

SEGREDOS DO IMPÉRIO DA ILUSITÂNIA: A CENSURA NA METRÓPOLE E EM ANGOLA

introduzidos, e que de novo se houverem de introduzir, compor, e imprimir nestes Reynos, e Seus Dominios; tudo na forma assima declarada"[69].

A actuação da Real Mesa Censória não foi objecto de grande êxito porque os interesses atingidos tentaram impedir o seu normal funcionamento até porque as verbas destinadas às despesas da mesma provinham dos bens confiscados à Companhia de Jesus, embora também tivesse beneficiado das verbas de um imposto – o subsídio literário criado pelos Alvarás de 3 de Agosto de 1772 e de 6 e 11 de Novembro de 1772 – para pagar aos professores cujas listas e colocações passaram a ser da sua dependência.

Também foi necessário criar uma Secretaria de Censura, na dependência da Real Mesa Censória e destinada a assuntos relacionados apenas com a censura de livros.

A acção de maior visibilidade da responsabilidade da Real Mesa Censória talvez tenha sido uma queima de livros, em 1770, na Praça do Comércio.

Logo no ano da morte de D. José e consequente queda em desgraça do seu Ministro, um ofício do Papa, datado de 5 de Junho de 1777, reivindicou a restituição do direito de censura sobre as publicações para os membros eclesiásticos, ou seja, o fim da Real Mesa Censória.

No entanto, o Papa Pio VI resolveu delegar na Real Mesa Censória a jurisdição eclesiástica sobre o assunto e, assim, esta manteve-se mais 10 anos e só viria a ser extinta em 21 de Junho de 1787. Para o seu lugar foi criada, pela rainha D. Maria I, a Mesa da Comissão Geral sobre o Exame e Censura dos Livros, embora haja quem defenda que as funções continuaram a ser as mesmas de tal forma que os livros de registo foram elaborados em sequência. Aliás, no livro de assento está manuscrito que se trata de uma "Lei declarando e ampliando outra de 5 de Abril de 1768, determinando que o Tribunal da Real Mesa Censória se ficasse chamando Real Mesa da Comissão Geral sôbre o Exame e Censura dos Livros"[70].

Interessa, por isso, fazer a leitura interpretativa do original guardado na Torre do Tombo e que está microfilmado a partir de Leis, livro 14, relativo ao período de 1977 a 1791.

---

[69] Ao centro da página consta "Para Vossa Magestade ver" e no fim da página "Antonio Domingues do Passo a fez".
Na página seguinte vem o registo "Registado na Secretaria de Estado dos Negocios do Reino, no Livro II das Cartas, Alvaras, e Patentes a f 83. Nossa Senhora da Ajuda a 8 de Abril de 1768. Depois está assinalada a data da publicação desta Lei – 9 de Abril de 1768 e o seu registo na Torre do Tombo onde ficou no "Maço 6 de Leys, e Regim.tos originaes – a N.º 82. Ley porque se eregio a Meza dos Censores Regios Reg.da no L. 11 do Reg.to da Torre do tombo a f 387f.
A Lei também foi registada no Livro da Chancelaria Mor da Corte e Reino para o registo das Leis que nela se publicam. Trata-se do Livro 10, iniciado em 1766, e a Lei está manuscrita a partir da folha 51, ocupa totalmente as folhas 52, 53, 54, 55 e 56, e a primeira página e a parte superior da folha 57.
[70] http://ttonline.dgarq.gov.pt/PDF/ID/1/309/PT-TT-ID-1-309_290_c0587.pdf.

1.3. A Fase da Real Mesa da Comissão Geral sobre o Exame e Censura dos Livros

A leitura desse original, uma carta de lei, permite verificar que a rainha dava à nova Mesa "toda a Jurisdicção, para o Exame e Censura dos Livros pelo que pertence á Doutrina, e aos Dogmas da Fé" e que se tratava de uma criação "como de novo"[71]. Para além disso, determinava "os Ministros de que com o seu Prezidente se deverá compor: Prescreve as Jurisdicções, que hade exercitar; e a forma com que as hade pôr em exercício sobre o Exame, e Censura dos Livros: Encarregando a da Inspecção do Real Collegio dos Nobres, e dos Estudos Menores destes Reinos, e seus Dominios, como lhe havia sido já encarregada: Da Administração do Subsidio Litterario, que manda passar para a referida Real Meza".

A rainha, que por mais de uma vez se referiu à acção desenvolvida pelo rei seu pai sobre este assunto, voltou a reafirmar a separação entre aquilo que cabia à Igreja: "o poder de declarar, e definir o Dogma, e a Doutrina, e consequentemente o Direito de condemnar os Livros nocivos, prejudiciaes, ou suspeitozos á Religião" e aos príncipes: "proscrever os que forem contrários á Sociedade Civil, á Economia, e Constituições pozitivas do seu Estado, e á utilidade, e socego publico dos seus Vassallos". Porém, no que aos direitos reais dizia respeito, a rainha considerava que também lhes competia,"ainda os que se oppozerem á Religião, é á Doutrina, não só como Protectores da Igreja, e dos Sagrados Canones, mas na mesma qualidade de Principes, Senhores. E de Supremos Magistrados Politicos, por depender da sua lição a mesma felicidade temporal".

Ainda na parte da justificação a rainha explicava as razões que tinham levado seu pai a criar a Real Mesa Censória, em "sinco de Abril de mil, sette centos sessenta e oito", sendo que a razão para a criação era atribuída ao facto da Mesa do Desembargo do Paço não tratar os assuntos da sua competência com "toda aquella exactidão" desejada, uma vez que se via obrigada a remeter "o exame, e approvação" dos "Livros, e mais Papeis" a "Censores externos, que regularmente se não interessarão, como devido, sobre o relevantíssimo objecto, que se lhes confiava".

Depois, esclarecia que tinha sido " a falta de correspondência naquelle tempo com a Corte Temporal de Roma [que] não consentia pedisse a Approvação do Supremo Pastor da Igreja Universal, necessária, e indispensável na parte, que respeita ao Dogma, e á Doutrina" que levara o rei a "crear Censores Nátos da Meza o Vigario Geral do Patriarcado, e hum Inquizidor do Santo Officio proposto annualmente pelo Inquizidor Geral".

Como o Papa Pio VI "delegou no Tribunal, e Ministros" que a rainha nomeasse, "para intenderem sobre a permissão, e proibição dos Livros" nos domínios sobre auto-

---

[71] A exemplo do que foi feito relativamente ao documento anterior, optou-se por manter a ortografia original.

ridade portuguesa, a rainha decidiu "Declarando, e Ampliando a sobredita Ley", ou seja, a própria rainha reconhecia que se tratava de uma ampliação.

Sobre a composição o n.º 2.º estipulava que seria composta por "hum Prezidente, oito Deputados, hum Secretario, e mais Officiaes precizos para a sua decência, e expediente".

Constata-se, assim, que o número de Deputados sofreu uma ligeira subida de 7 para 8 e que o número de Oficiais não era indicado, situação que era passível de ajustamentos em função das necessidades.

O ponto 3.º definia que o Presidente seria "hum Ecclesiastico intelligente, sábio, de grande authoridade, zelo, e virtude" e que seria nomeado pela rainha – ponto n.º 4.º.

Desta forma, se o clero via reconhecida a posição cimeira no mesmo órgão, não era menos verdade que a sua nomeação era da exclusiva competência da rainha.

Aliás, essa era a regra, pois também os Deputados eram nomeados pela rainha – n.º 5.º – e deveriam ser "todos de notória Litteratura, e illibados costumes, conhecida prudência, e cheyos de huma total imparcialidade, de hum grande amor da Justiça, e de hum ardentíssimo zelo do augmento da Religiao, e do Bem da Patria, sendo de differentes Profissoes, e Estudos; comtanto que quatro delles sejao sempre Theologos: tirados todos de modo ordinário dos Ministros do Meu Conselho, e dos Meus Tribunaes, e de ambas as Ordens do Clero Secular, e Regullar dos Meus Reinos, e Domínios, que sejam Doutores, Lentes, ou Oppozitores ás Cadeiras da Universidade de Coimbra; ou que pelo menos tenhao exercido o Magisterio nas suas respectivas Ordens".

A lei estipulava que "nas matérias relativas ao Exame e Censura Doutrinal dos Livros, e ás penas Canonicas [...] devrao somente ter votto os Ministros Ecclesiasticos". No que concerne aos outros assuntos – os negócios – teriam direito a voto todos os Ministros.

Ao longo dos 23 pontos, a lei definia todos os aspectos necessários para que a nova Mesa funcionasse e que, de facto, repetiam ou seguiam muito de perto muitas das indicações da mesa anterior, sendo que o ponto 8.º lhe atribuía funções muito semelhantes.

De notar que no ponto 9.º a lei considerava finda a acção da "Jurisdicção dos Ministros do Santo Officio da Inquizição" e, por isso, ordenava que não procedessem a censura "de hoje em diante" porque esse Direito passava a ser "privativo do Tribunal da Real Meza da Commissao Geral sobre o Exame, e Censura dos Livros". No mesmo sentido ia o ponto 12.º ao estipular a jurisdição privativa do novo tribunal sobre "todos os Vendedores, ou Mercadores de Livros, Estampadores Livreiros, e Impressores; sobre todas as Officinas de Imprensas, e Estampas, Logens, e Armazens de quaesqur dos sobreditos; sobre todas as Livrarias".

Como esse ponto dizia, era importante que "em nenhm tempo possa haver duvidas a outro qualquer respeito sobre a Authoridade deste Tribunal nas matérias da sua Inspecçao".

A CENSURA EM PORTUGAL

No ponto 13.º a lei estipulava algo que podia ser interpretado como um desafio ao poder de Roma ao dizer que "se pelas Sagradas Congregações do índex, ou da Inquizição de Roma forem concedidas Licenças a alguns dos meus Vassallos para terem, ou lerem Livros prohibidos: ordeno, que não tenhao effeito, sem serem aprezentadas ao Novo Tribunal da Real Meza".

A rainha dizia que estava a cumprir a Bula e que era preciso "constar da verdade das allegaçoes, e da idoneidade dos Impetrantes; e os que as impetrarem, ou dellas uzarem clandestinamente, terão as mesmas penas, que por minhas Leys são impostas aos que em Roma requerem contra as Graças concedidas ao seu Rey, e Senhor".

Como se verifica pela análise feita, não fica muito nítida a justificação da criação desta mesa, embora haja indícios que apontam para ligar a sua criação ao medo real da propagação em Portugal das ideias da revolução francesa.

Esta segunda mesa seria abolida pela Carta de Lei de 17 de Dezembro de 1793.

O exame e censura dos livros voltaram a ser exercidos pelas três Autoridades: Pontifícia, Real e Episcopal, ou seja, uma censura tripartida entre o Santo Ofício da Inquisição, o Desembargo do Paço e o Ordinário do lugar ou da Diocese, sendo que "os pedidos eram enviados separadamente a cada uma delas" (Tengarrinha, 1993, p. 16). Esta exigência acabou por causar grandes demoras, pois o movimento jornalístico tinha sofrido um assinalável incremento e os censores eram insuficientes.

Ainda de acordo com Tengarrinha (1993, pp. 175-177), quando triunfou a revolução de 1820, os censores régios do Desembargo do Paço "nomeados pelos Decrs. 28-8-1795 e 31-5-1798 e pelas Resoluções 18-3-1807 e 3-11-1819" eram 24, os censores do ordinário eram 7 e os censores do Santo Ofício eram 4, sendo que dois deles – José Maria de Santa Ana Noronha e António Cordeiro – também faziam parte dos censores do ordinário.

Na fase final deste período, a continuação da presença inglesa em Portugal e do rei português no Brasil levou a problemas, não apenas com os pedreiros-livres que continuavam a lutar pela divulgação das ideias iluministas, mas também com aqueles que procuravam acabar com o domínio inglês de Beresford em Portugal.

Foi esse clima que explicou polémicas e até a proibição de circulação de certos jornais. Entre as primeiras convém recordar aquelas que tiveram os jornais *O Espectador* e *O Desaprovador* como vítimas. No segundo caso, há a referir a proibição de circulação que atingiu *O Observador Português*, sendo que todas ocorreram depois da denúncia da tentativa de conspiração que levou ao enforcamento de Gomes Freire de Andrade e de onze oficiais em 1817.

1.4. O Período do Liberalismo ou da Monarquia Constitucional

O triunfo da Revolução de 1820 criou condições para o regresso a Lisboa do rei e da corte, 'refugiados' no Brasil desde a primeira invasão francesa, e para o fim da monarquia absoluta, desiderato para o qual foi publicado, em 9 de Março de 1921, um Decreto "com as bases da Constituição Política da Nação Portuguesa, que serviriam provisoriamente de Constituição", como figura no Maço 10 de Leis n.º 5[72].

Era a chegada de um novo regime, uma vez que se alterava a referência porque passava a haver uma Constituição. Era, também, o estabelecimento de uma nova ordem com as consequentes alterações, como aquelas que decorriam do Decreto de 14 de Abril de 1821 e indicavam que os empregos públicos, civis, militares e eclesiásticos fossem exercidos por pessoas que além de disporem das habilitações necessárias, fossem "adeptas ao sistema constitucional" – Maço 10 de Leis n.º 20 e Livro 16 fls. 139 v.

Nada de novo porque é apanágio dos movimentos de cariz revolucionário, na fase que medeia entre a ordem antiga e a nova, procederem ao saneamento – nem sempre apenas de funções – daqueles que consideram afectos ao sistema até então vigente e que, frequentemente, são condenados sem julgamento.

No que se refere à censura, em 31 de Março de 1821, conforme consta no Maço 10 de Leis N.º 16 e Livro 16 fls. 135, foi promulgado o "Decreto da extinção do Conselho Geral do Santo Ofício, inquisições, juízes do fisco e tôdas as suas dependências no Reino de Portugal"[73].

No entanto, tal não significava o fim da censura porque Tengarrinha (1993, p. 78) dá conta da existência de uma "Comissão de Censura constituída logo após a revolução em Lisboa" de 4 membros e da qual faziam parte "dois censores régios do absolutismo", uma medida contraditória em relação ao parágrafo quase imediatamente anterior.

Além disso, uma carta de lei de 12 de Julho de 1821 mandou cumprir o decreto de 4 de Julho de 1821 que explicitava os princípios sobre a Liberdade de Imprensa estabelecidos nos artigos 8.º, 9.º e 10.º das bases da Constituição[74].

Nessa fase, mais exactamente em 15 de Fevereiro de 1821, era possível ouvir no Parlamento a voz do abade João Maria Soares de Azevedo Castelo Branco a mostrar o papel da opinião pública e a defender a Liberdade de Imprensa porque todo o cidadão tinha o direito feito dever de contribuir para o bem da sociedade e daí derivava que não se podia esquivar a manifestar as suas ideias a essa mesma sociedade.

No mesmo sentido, a carta de lei de 30 de Janeiro de 1822 mandava cumprir o Decreto de 29 de Janeiro de 1822 sobre os abusos da Liberdade de Imprensa[75] e, no Maço 11 de Leis n.º 5 e Livro 18 fls 78 v., datada de 24 de Dezembro de 1822, consta uma "carta de lei mandando cumprir o decreto de 20 de Dezembro de 1822, que

---

[72] http://ttonline.dgarq.gov.pt/PDF/ID/1/309/PT-TT-ID-1-309_318_c0643.pdf.
[73] http://ttonline.dgarq.gov.pt/PDF/ID/1/309/PT-TT-ID-1-309_319v_c0646.pdf.
[74] Maço 10 de Leis n.º 49 e Livro 17 fls. 1.
[75] Maço 10 de Leis n.º 91 e Livro 17 fls. 51 v.

nomeava os membros do tribunal especial da Liberdade de Imprensa"[76]. Também a carta de lei de 25 de Junho de 1822 ordenava o cumprimento do Decreto de 21 de Junho de 1822 do regulamento anterior do tribunal da Liberdade de Imprensa - Maço 10 de Leis n.º 107 e Livro 17 fls. 78.

A referência a tantas datas do ano de 1822 fica a dever-se ao facto de ter sido nesse ano que entrou em vigor a Constituição de 1822, da responsabilidade das Cortes Constituintes.

Em 1823, na sequência da Vilafrancada, a Constituição foi revogada e a censura prévia voltou a ser exigida ao mesmo tempo que a lei da imprensa foi revogada. No entanto, os novos censores não eram verdadeiramente novos porque os primeiros censores do período da monarquia constitucional se mantiveram em funções.

Nessa fase de 1820 a 1823, segundo Tengarrinha (1993, p. 75), o princípio em que se baseava a censura era da responsabilidade dos "liberais conservadores" e assentava em que "atacar o Governo e as autoridades era o mesmo que atacar o regime".

Em 1826, mais exactamente em 29 de Abril, foi promulgada a Carta Constitucional da Monarquia Portuguesa, que, como consta no Maço 12 de Leis n.º 12, documento depois passado para o armário dos tratados, foi "decretada e dada por El Rei D. Pedro quarto".

A Carta Constitucional, no art.º 145.º, parágrafo 3.º, estipulava que "todos podem comunicar os seus pensamentos por palavras e escritos, e publicá-los pela imprensa, sem dependência de censura, contando que hajam de responder pelos abusos que cometerem no exercício desse direito, nos casos e pela forma que a lei determinar".

Neste período de 1826 a 1828, a censura tinha como princípio a ideia absolutista de que "atacar o Governo e as autoridades era o mesmo que atacar o monarca e a monarquia" (Tengarrinha, 1993, p. 75).

Não admira, por isso, que frei Mateus da Assunção Brandão tivesse enviado ao rei, em 6 de Outubro de 1828, uma informação sobre as relações de censores propostos e existentes, na qual um dos critérios para a escolha residia na qualidade de "bom realista"[77].

Mais tarde, em 22 de Dezembro de 1834, uma carta de lei[78] mandou cumprir o "decreto das Côrtes Gerais de 5 de Dezembro de 1834 sôbre o abuso da Liberdade de Imprensa" – Maço 12 de Leis n.º 70[79]. Era uma lei de acordo com o que ficara estipulado na Carta Constitucional ao abolir a censura prévia, mas ao punir os actos contra o Estado, costumes pessoas e a Igreja, a "Religião Católica Romana", uma prova que

---

[76] http://ttonline.dgarq.gov.pt/PDF/ID/1/309/PT-TT-ID-1-309_336_c0679.pdf.

[77] ANTT, MR, Maço 287.

[78] Esta Carta de Lei, no Título I, artigo 1.º estipulava que "Ninguem póde estabelecer officina de impressão, ou lythographia, sem ter feito perante a Camara Municipal da Cidade, Vila, ou Concelho, a declaração do seu nome, rua e casa, em que pretende estabelecer a dita officina".

[79] http://ttonline.dgarq.gov.pt/PDF/ID/1/309/PT-TT-ID-1-309_357_c0721.pdf.

a oposição do liberalismo não envolvia a Igreja de Roma mas as práticas inquisitórias da responsabilidade do Tribunal do Santo Ofício.

Talvez convenha reter que no mesmo dia em que se terminava com a censura se iniciava o processo que levaria à criminalização dos excessos ou abusos da Liberdade de Imprensa.

Assim, em 24 de Outubro de 1840, no *Diário do Governo* n.º 253 do Ministério do Reino, foi estipulada a condição para ser editor, pois o artigo 2.º estipulava que "Só póde ser Editor responsável o Cidadão que, segundo as disposições da presente Lei, fôr habil para ser Jurado nos crimes de Liberdade de Imprensa" e, ainda no mesmo dia, uma Portaria da rainha regulava no seu artigo 1.º "o exerccicio de um dos mais importantes direitos, consagrados na Constituição, o da livre communicação dos pensamentos por meio da Imprensa determina igualmente o modo de fazer effectiva a responsavilidade pelo abuso que dessa liberdade possa fazer-se".

Um aspecto que não pode ser omitido prende-se com a necessidade sentida pelo poder real de suspender ou anular algumas das liberdades, nomeadamente, a Liberdade de Imprensa, sempre que se verificavam distúrbios, situação que não era rara num período de forte agitação popular. Não admira, por isso, que D. Maria II tivesse sido obrigada a decretar várias suspensões temporárias dessa liberdade.

Assim, em 22 de Fevereiro de 1844, uma carta de lei mandou cumprir "o decreto que prorrogava até 31 de Março de 1844 a lei de 6 de Fevereiro do mesmo ano, que suspendia as garantias individuais"[80] e, em 3 de Agosto de 1850, uma outra carta de lei mandava cumprir o decreto que "estabelecia as regras que haviam de seguir-se nos processos de crimes e delitos cometidos na publicação do pensamento pela imprensa por palavras ou escritos"[81].

Numa fase na qual a rádio e a televisão ainda estavam longe da existência não se percebe claramente o final da frase.

No entanto, a rainha também se via obrigada a fazer alterações ditadas pela reacção que se fazia sentir às leis promulgadas. Foi o que aconteceu em Maio de 1851.

Nessa data, a rainha revogou a Lei de 3 de Agosto de 1850 porque "excitou a maior animadversão pública" e "era a flagrante violação" do parágrafo 3.º do artigo 145.º da Carta Constitucional e até se podia suspeitar "haver sido concedida para soffocar e opprimir a Imprensa"[82].

No que diz respeito às relações entre o poder de Roma e o poder real, em 6 de Dezembro de 1844, uma carta de lei mandou cumprir "o decreto que autorizava o governo a conceder o Régio Beneplácito às letras apostólicas = Quum ex Aposto-

---

[80] Maço 16 de Leis n.º 96.
[81] Maço 19 de Leis n.º 58.
[82] *Diário do Governo* n.º 121 de 24 de Maio de 1851. A Lei é de 22 de Maio.

lici = expedidas de Roma aos 14 de Julho de 1844"[83], situação que se viria a repetir em 16 de Março de 1855 com a concessão do "Real Beneplácito e Régio Auxílio às letras apostólicas do papa Pio 9.º, que começam Ineffabilis Deus = sobre o dogma da Conceição"[84].

Como se verifica, o poder temporal passava a autorizar a publicação de documentos papais, isto é, do poder espiritual, numa clara alteração das regras ou do sentido do relacionamento.

Em sentido contrário ia a carta de lei de 13 de Julho de 1855, virada para a vida interna do reino, e que mandou cumprir o decreto que "revogava a ordenação do Reino, livro 2.º título 18 e a lei de 30 de Abril de 1835 na parte em que proibiam aos clérigos e religiosos das ordens extintas alhear bens de raiz em sua vida ou dispor deles por sua morte em favor de pessoas que não fossem leigos"[85].

Joaquim António de Aguiar, «o mata frades», tinha decretado, em 30 de Maio de 1834, a extinção de tudo aquilo que fosse pertença das ordens religiosas regulares: conventos, mosteiros, colégios, hospícios e outras casas. Esses bens foram nacionalizados, situação que na conjuntura de então cabia na expressão "secularizados", ou seja, passaram a fazer parte da Fazenda Nacional.

Aliás, também fora Joaquim António de Aguiar que, em 21 de Novembro de 1833, tinha publicado um Decreto-Lei de nomeação dos responsáveis pela censura prévia aos jornais, enquanto não houvesse uma lei de imprensa que, como foi referido, seria publicada em 22 de Dezembro de 1834.

Não era um tempo de consensos, mesmo depois da derrota dos absolutistas e do exílio de D. Miguel porque os liberais não se entendiam, a exemplo daquilo que se viria a passar com os republicanos na I República, mas essa será matéria da fase seguinte. Assim, neste ponto interessa indicar apenas as decisões mais importantes e que se prenderam com a supressão e a reposição da Liberdade de Imprensa, embora, por vezes, as multas e as exigências fossem de tal dimensão de grandeza que bem se poderia dizer que a liberdade era utópica ao ponto de os próprios editores serem submetidos a um exame para serem considerados idóneos[86]. Aliás, a reacção dos intelectuais face a uma lei que se dizia repor a Liberdade de Imprensa – a lei de 3 de Agosto de 1850 da responsabilidade de Costa Cabral num período em que a Carta Constitucional tinha sido restaurada – evidencia bem o que foi exposto.

---

[83] Maço 17 de Leis n.º 8.
[84] Maço 21 de Leis n.º 4.
[85] Maço 21 de Leis n.º 44.
[86] Esta exigência foi feita por Costa Cabral, que também tinha sido responsável pela lei de repressão à imprensa de 19 de Outubro de 1840

Na realidade, as sanções previstas nessa lei levaram escritores como Herculano e Garrett a considerá-la como a «lei das rolhas» e como a História tem mostrado os verdadeiros intelectuais não gostam de se sentir manietados a nível da expressão. Por isso saudaram a abolição dessa lei ainda em 1850 e a carta de lei do Duque de Salda-nha de 17 de Maio de 1866, a qual lhes devolveu aquilo que consideravam um direito – o fim das cauções e das restrições para a imprensa periódica – embora a reconcilia-ção fosse de curta duração, pois o governo liberal tomou uma decisão que não desa-gradaria a uma monarquia absoluta.

De facto, se o rei-sol de França considerou legítimo a acto de mandar fechar para obras a sala onde se reuniam os Estados Gerais que acabara de convocar, o governo liberal português mandou encerrar a sala onde decorriam as Conferências do Casino, embora ainda tivesse concedido a quatro pensadores a possibilidade de exporem as suas ideias entre as quais estavam aquelas com que Eça de Queiroz introduziu em Portugal o realismo que já vigorava na Europa, mais uma prova da condição exógena do país porque, até no que concerne à literatura, Portugal importava as ideias e os modelos.

As relações entre os intelectuais e os detentores do Poder durante a fase da monar-quia constitucional estiveram longe de ser pacíficas porque aqueles não entendiam muitas das decisões dos governos liberais, como a atribuição ou concessão de títu-los, ao ponto de Ramalho Ortigão ter afirmado em *Farpas VI* que se havia uma coisa que se tinha tornado tão vulgar como ter febres era, sem dúvida, contrair um título[87].

Como as regras costumam admitir excepções e o homem é ele e a sua circuns-tância, Garrett, que começara por satirizar a facilidade na obtenção de títulos escre-vendo: «Foge cão, que te fazem barão. Para onde se me fazem visconde», aceitaria o último destes títulos em 25 de Junho de 1851.

Nessa fase, apesar de as conferências terem sido suspensas quando Salomão Saragga se preparava para falar sobre "Divindade de Jesus", os motivos de censura já não se prendiam com questões religiosas mas sim com o avançar de ideias republicanas.

O regime monárquico sentia crescer a onda de contestação e uma das formas escolhidas para estancar esse descontentamento passava por censurar tudo aquilo que pudesse servir para a promoção de ideias alternativas e criticasse as ideias e as práticas das instituições monárquicas.

É nesse clima de contestação que terão de ser percebidas a criação, através do Decreto de 29 de Dezembro de 1887, da Inspecção-Geral das Bibliotecas e Arquivos Públicos, incumbida "da direcção e administração, ou da fiscalisação superior, dos archivos e das bibliothecas pertencentes ao estado e ás corporações e instituições

---

[87] Esta posição de Ramalho Ortigão assentava no número de títulos concedidos durante o liberalismo: 51 entre 1821 e 1830; 101 de 1831 a 1840; 38 na década seguinte; 112 entre 1851 e 1860; 205 de 1861 a 1870; 192 na década seguinte e 152 de 1881 a 1890.

A CENSURA EM PORTUGAL

sujeitas á superintendência do estado ou por elle subsidiadas" e as medidas de restrição de Liberdade de Imprensa previstas na Carta de Lei de D. Carlos de 13 de Fevereiro de 1896[88], nos Decretos de 29 de Março de 1890, de 13 de Fevereiro de 1896[89], de 11 de Abril de 1907 [90] e de 20 de Junho de 1907[91]. Porém, há quem considere que, de permeio, não se pode esquecer a lei de 7 de Julho de 1898[92] porque aligeirou a censura sobre a imprensa, uma vez que o artigo 2.º reafirmava a liberdade de expressão do pensamento pela imprensa, sem censura ou caução, embora também referisse a responsabilidade civil e criminal dos abusadores.

Aliás, a leitura do *Diário do Governo* n.º 81 de 13 de Abril de 1907 permite constatar que esse direito também constava no artigo 1.º do Capítulo I da Carta de Lei pela qual D. Carlos, tendo sancionado o decreto das Cortes Gerais de 2 de Abril de 1907, sobre o exercício do direito de expressão do pensamento pela imprensa, revogava toda a legislação especial sobre a Liberdade de Imprensa e mandava cumprir e guardar o novo decreto.

Tengarrinha (1993) criou o título *Da liberdade mitificada à liberdade subvertida*. O estudo apresentado neste ponto parece conceder-lhe razão.

Na fase final da monarquia, assistiu-se a uma descentralização da acção da censura, pois os Governadores-civis passaram a dispor da prerrogativa de encerrar jornais e a imprensa regional passou a ser vigiada por gabinetes que funcionavam junto do tribunal de comarca.

Esta alteração não serviu os interesses da monarquia e, depois do regicídio e do afastamento de João Franco, o último rei português, D. Manuel II, apesar de ter promovido a revogação de algumas medidas, já não dispôs de tempo nem de apoio social e político para a manutenção do regime.

1.5. A Fase da I República e da Constituição de 1911

A I República, apresentada pelos seus partidários como herdeira dos ideais da revolução francesa, terminou com a censura logo em 28 de Outubro de 1910, como consta

---

[88] *Diário do Governo* n.º 37 de 15 de Fevereiro de 1896. O artigo 4.º estipulava o seguinte: "a imprensa não poderá occupar-se de factos ou de attentados de anarchismo, nem dar noticia das diligencias e inqueritos policiaes e dos debates que houver no julgamento de processos instaurados contra anarchistas".

[89] Da responsabilidade de Hintze Ribeiro, que exerceu vários cargos, inclusivamente o de chefe do governo por três vezes, na fase da Monarquia Constitucional.

[90] *Diário do Governo* n.º 81 de 13 de Abril de 1907.

[91] *Diário do Governo* n.º 136 de 21 de Junho de 1907. A lei é da autoria de João Franco na fase que ficou conhecida como a ditadura do próprio, ou seja, a partir de 2 de Maio de 1907, pois começa com a apresentação dos motivos que o levaram a submeter "o seguinte decreto" à aprovação do rei. Em publicação recente João Franco é caracterizado como o último cônsul do rei D. Carlos. Esta lei, no seu artigo 8.º revoga o artigo 4.º da lei de 11 de Abril de 1907.

[92] *Diário do Governo* n.º 155 de 18 de Julho de 1898.

no *Diário do Governo* n.º 21. A nova ordem que a República queria instaurar, exigiu que fossem revogadas "todas as leis de Liberdade de Imprensa e legislação em contrário", conforme estipulava o artigo 35.º.

Em consonância com esta medida, a Constituição de 1911, no título II – Dos Direitos e Garantias Individuais – o artigo 13.º estipulava que "a expressão do pensamento, seja qual for a sua forma, é completamente livre, sem dependência de caução, censura ou autorização prévia, mas o abuso deste direito é punível nos casos e pela forma que a lei determinar".

Esta citação não permite dúvidas sobre o reconhecimento da liberdade de pensamento, embora responsabilizando a sua expressão, ou seja, podia dizer-se tudo o que se pensava mas convinha pensar naquilo que se dizia, situação que já foi e ainda irá ser encontrada mais do que uma vez. Por esclarecer ou definir ficava a punição que a lei determinasse, uma vez que faltava corporizar aquilo que se entendia como abuso do direito de expressão do pensamento.

Essa definição foi sendo feita aos poucos e, logo em 29 de Dezembro de 1910 – *Diário do Governo* n.º 72 – saiu um Decreto cujo artigo 3.º estipulava as penas nos casos de desrespeito "de viva voz ou por escrito publicado ou por qualquer outro meio de publicação" pela bandeira nacional, "o symbolo da Patria".

Como a I República esteve longe de constituir um período de estabilidade política e de acalmia social, nem sempre a liberdade de expressão foi garantida porque houve momentos durante os quais foi suspensa em nome dos denominados interesses nacionais.

Desses momentos convirá reter a legislação de 9 de Julho de 1912[93], de 30 de Novembro de 1914 e de 12 de Março de 1916.

O primeiro elemento legislativo porque, a coberto da luta contra a pornografia e o ultraje às instituições republicanas e como garante da segurança nacional, determinou "a apreensão de jornais, manuscritos, desenhos ou livros que se achem incursos na disposição da mesma lei", medida que foi vista pela oposição como uma forma de calar as opiniões contra o novo regime.

No entanto, a consulta do *Diário do Governo* n.º 159, de 9 de Julho de 1912, limita-se a dizer que o Congresso da República decretava e o Presidente Manuel de Arriaga promulgava uma lei que, no seu art.º 1.º, autorizava o Poder Executivo "a exercer a atribuição do n.º 16 do art.º 26.º da Constituição em tanto quanto seja necessário para garantir a defesa da República e assegurar a ordem em todo o país" e o art.º 2.º revogava "a legislação em contrário".

---

[93] O sumário desta legislação também consta no *Diário do Governo* n.º 164 de 15 de Julho de 1912.

O segundo elemento, o Decreto n.º 1117 de 30 de Novembro de 1914 estipulava, no seu artigo 1.º a proibição de publicar "quaisquer notícias referentes às nossas forças de terra e de mar que não tenham origem oficial"[94].

Era a I Guerra Mundial a fazer sentir a necessidade de um controlo da informação de forma a procurar acautelar os interesses nacionais.

O terceiro elemento, o Decreto n.º 2 270 de 16 de Março de 1916 e que consta no *Diário do Governo* n.º 47, porque, novamente devido à I Guerra Mundial, foi restabelecida, a título temporário, a censura prévia, com a particularidade de essa censura ser bem visível nos periódicos porque o texto censurado dava lugar a manchas em branco, e incidir sobre os assuntos relacionados com a guerra. De facto, não interessava fornecer aos inimigos de Portugal, sobretudo à Alemanha que nesse mesmo ano declarara guerra a Portugal, informações que pudessem ser susceptíveis de colocar em causa a segurança nacional e tudo era justificado em nome do "esclarecido patriotismo de todos".

Face ao exposto, é perfeitamente compreensível que o art.º 1.º permitisse "às autoridades policiais ou administrativas apreender ou mandar apreender os periódicos ou outros impressos, e escritos ou desenhos de qualquer modo publicados, nos quais se divulgue boato ou informação capaz de alarmar o espírito público ou de causar prejuízo ao Estado, no que respeita, quer à sua segurança interna ou externa, quer aos interesses em relação a nações estrangeiras, ou ainda aos trabalhos de preparação ou execução de defesa militar".

Depois o art.º 3.º explicitava que esta apreensão nunca poderia ser "em caso algum, precedida de censura, mas sempre acompanhada e seguida das medidas complementares indispensáveis para eficazmente impedir a circulação do impresso, escrito ou desenho apreendido".

Dito de outra maneira, não havia censura prévia, mas uma censura posterior à publicação e que poderia implicar a retirada de circulação.

Porém, ainda no mesmo mês, a Lei n.º 459 de 28 de Março restabeleceu a "censura preventiva" sobre "os periódicos e os outros impressos e os escritos ou desenhos de qualquer modo publicados" enquanto durasse "o estado de guerra"[95] e o Decreto n.º 2308 de 31 de Março de 1916 estipulou a forma como as publicações seriam apresentadas à censura[96].

Importa, ainda, referir o Decreto n.º 2538 de 31 de Julho de 1916 porque se destinou a tornar extensível às colónias portuguesas o articulado na Lei n.º 495, ou seja, a censura preventiva passava a vigorar em todo o território português e não apenas na Metrópole.

---

[94] *Diário do Governo* n.º 224 de 30 de Novembro de 1914.
[95] *Diário do Governo* n.º 59 de 28 de Março de 1916.
[96] *Diário do Governo* n.º 62 de 31 de Março de 1916.

Como a I Guerra Mundial afinal este longe de corresponder ao modelo napoleónico e se arrastou penosamente numa guerra de trincheiras, o ano de 1917 continuou a exigir uma grande acção censória e a legislação sobre aspectos que convinha aperfeiçoar ou clarificar: Decreto n.º 3293 de 8 de Agosto, Lei n.º 815 de 6 de Setembro, Decreto n.º 3470 de 19 de Outubro, Decreto n.º 3534 de 10 de Novembro e o Decreto n.º 3544 de 13 de Novembro de 1917.

Não deixa de ser interessante constatar que este último decreto se destinava a "reprimir com exemplar severidade a propaganda germanófila"[97].

Num período marcado pela existência de 45 ministérios num espaço de 16 anos, não pode causar espanto que se chegasse ao Poder devido à denúncia e condenação da falta de liberdade e, uma vez no Poder, se acabasse por esquecer a liberdade prometida. Foi o que aconteceu, por exemplo, com Sidónio Pais em quem Pessoa chegou a ver *o regressado D. Sebastião*, mas que, afinal, acabaria por ser mais uma das vítimas da instabilidade política e social e acabaria por pagar com a vida a sua intervenção no mundo da política[98].

A sua acção não tinha colhido o apoio de muitos republicanos que não concordaram, por exemplo, com o Decreto n.º 3 856 de 23 de Fevereiro de 1918, o qual revogou algumas disposições da Lei da Separação do Estado e das Igrejas e o apoio que granjeou entre os católicos não foi suficiente para legitimar a sua governação plebiscitária, apesar de ter sido eleito Presidente da República com quase meio milhão de votos, mais exactamente com 470 831, em 28 de Abril de 1818.

O assassinato do Presidente-rei revelou muitas semelhanças com o regicídio e as consequências de um e de outro acabaram por ser, a muito curto prazo, o fim dos regimes então vigentes.

Um aspecto a reter ainda deste período, uma vez que possibilita a ponte para a fase que se segue, prende-se com a promulgação em 18 de Março de 1911 de um Decreto destinado a reorganizar os Serviços das Bibliotecas e Arquivos Nacionais. Júlio Dantas foi nomeado o mais alto representante dessa Inspecção, nomeação que lhe valeria, em 1916, o manifesto anti-Dantas da autoria de José de Almada-Negreiros, certamente mais justificável quando, na fase da ditadura militar, Dantas passou a colaborar com os novos detentores do Poder e teve uma enorme longevidade no cargo do qual só sairia, por aposentação, em 1946.

---

[97] *Diário do Governo* n.º 197 de 13 de Novembro de 1917.
[98] Sidónio Pais foi assassinado a tiro por José Júlio da Costa na estação do Rossio em 14 de Dezembro de 1918.

1.6. O Período da Ditadura Militar

A ditadura militar foi instaurada na sequência da revolta militar de 28 de Maio de 1926 e, logo "dois dias depois do golpe militar que derrubou a I República, um comando militar chefiado pelo capitão Carlos Vilhena encerrou o Congresso da República" (Madeira, 2007, p. 255), numa prova de que os novos detentores do Poder não iriam pactuar com a instabilidade, que fora regra no período imediatamente anterior.

Apesar de haver quem considere que "a instituição da censura em 1926 não tem como suporte qualquer diploma" (Crato, 1992, p. 200), importa referir que, em 5 de Julho desse ano, foi promulgado no *Diário do Governo* n.º 143, o Decreto n.º 11 839 com a legislação de imprensa, ou seja, regulava "qualquer forma de publicação gráfica seja ou não periódica". Aliás, já em 22 de Junho tinha sido decidido que, antes da saída dos jornais em Lisboa, quatro exemplares fossem enviados ao Comando-Geral da GNR para efeitos de censura. Além disso, e ao contrário daquilo que se verificara na I República, os jornais não podiam circular com espaços em branco correspondentes aos elementos censurados.

De notar que, muitos anos mais tarde, em Angola, a revista *Notícia* encontraria uma forma de mostrar que, apesar de não apresentar as marcas do lápis da censura, elas tinham sido muito vincadas.

Assim, a revista tinha um anúncio à Neográfica – a célebre «Ferradura» - que só aparecia quando a Comissão de Censura procedia a muitos cortes ou proibia a crónica «A chuva e o bom tempo» da responsabilidade de João Fernandes.

A designação «ferradura» ficava a dever-se à marca exibida por um camponês virado de costas e numa posição inclinada.

Assim, os leitores habituais já sabiam se a «besta» – a Comissão de Censura – tinha dado coices violentos no camponês – o jornalista e os artigos.

De facto, tratava-se, como a legenda dizia, de "a melhor impressão".

Voltando ao período em estudo, o Decreto n.º 11 839 da Direcção Geral de Administração Política e Civil do Ministério do Interior estabelecia, no seu artigo 1.º, que a todos era "licito manifestar livremente o seu pensamento por meio da imprensa, independentemente de caução ou censura e sem necessidade de autorização ou habilitação própria".

No entanto, o artigo 7.º exigia que "de todas as publicações periódicas se entregará ou remeterá pelo correio, no próprio dia em que for feita a publicação ou no dia seguinte, quando esta tenha lugar à noite, um exemplar ao delegado do Procurador da República na comarca ou distrito criminal, onde elas tiverem a sede da sua administração, um a cada um dos Ministérios do Interior e da Justiça e dos Cultos e a cada uma das bibliotecas de Lisboa, Porto, Évora e Universidade de Coimbra, sob pena de multa de 20$". Esta mesma obrigação recaia sobre as publicações não periódicas – art.º 8.º.

Parecia uma lei destinada a garantir a liberdade de expressão até porque o art.º 9.º explicitava que nenhuma autoridade podia "sob qualquer pretexto ou razão, apreender ou por outra forma embaraçar a livre circulação de qualquer publicação, sob pena de demissão e multa de 1 000$ a 10 000$".

No entanto, o art.º 10.º estipulava que era proibido "sob pena de prisão correccional e multa correspondente, afixar ou expor nas paredes ou em quaisquer outros lugares públicos, pôr à venda ou vender, ou por outra forma espalhar pelo público, cartazes, anúncios, avisos e em geral quaisquer impressos, manuscritos, desenhos ou publicações que contenham ultraje às instituições republicanas ou injúria, difamação ou ameaça contra o Presidente da República, no exercício das suas funções ou fora dele, ou que aconselhem, instiguem ou provoquem os cidadãos portugueses a faltar ao cumprimento dos seus deveres militares, ou ao cometimento de actos atentatórios da integridade e independência da Pátria, ou contenham boatos ou informação capaz de alarmar o espírito público ou de causar prejuízo ao Estado, ou que contenham afirmação ofensiva da dignidade ou do decoro nacional".

Uma leitura deste longo artigo não permite dúvidas de que a ditadura militar, sob o manto de uma aparente Liberdade de Imprensa, pouco deixava para a expressão do livre pensamento, até porque o parágrafo 1 do art.º 16.º estipulava que a injúria seria considerada difamação sempre que atingisse personalidades que exercessem funções públicas.

O art.º 31.º definia a constituição da pauta de júri para o julgamento dos crimes de imprensa, sendo que o júri integrava "vinte e um indivíduos".

Como era óbvio, com a entrada em vigor deste Decreto ficavam "revogadas todas as leis de Liberdade de Imprensa e mais legislação em contrário" – art.º 56.

O estipulado do Decreto não parecia de interpretação consensual e, por isso, em 2 de Agosto de 1926, no *Diário do Governo* n.º 167, o Decreto n.º 12 008 alterava e esclarecia "algumas disposições do decreto n.º 11 839 que regula qualquer forma de publicação gráfica, seja ou não periódica". Aliás, o novo Decreto, no seu preâmbulo reconhecia "a necessidade de alterar e esclarecer algumas disposições do decreto n.º 11 839, de 5 de Julho do corrente ano, para maior clareza".

No entanto, essa clareza não era necessária para o art.º 56, aquele que revogava todas as leis de Liberdade de Imprensa e mais legislação em contrário, pois manteve-se integralmente.

Sendo conhecidas as relações entre a censura e a PIDE, importa referir que foi durante esta fase que se verificou a criação de um organismo que deverá ser visto como o antecessor da PIDE porque o Decreto n.º 12 972 de 5 de Janeiro de 1927[99] criou uma polícia especial de informações de carácter secreto dependente do

---

[99] *Diário do Governo* n.º 3 – I série.

Governador-Civil de Lisboa e o Decreto n.º 13 342 de 26 de Março de 1927[100] criou o mesmo corpo de polícia de informações de carácter secreto mas junto do Governador-Civil do Porto.

Mais tarde, o Decreto n.º 15 195 de 17 de Março de 1928, publicado no *Diário do Governo* n.º 63, extinguiu estas duas polícias e criou uma única – a Polícia de Informação – já dependente do Ministro do Interior.

Nesta fase, existe, ainda, um elemento que parece pertinente mencionar, como forma de compreender o papel reservado à mulher no mundo da literatura, da ciência e das artes.

Assim, em 3 de Junho de 1927, o Decreto n.º 13 725, publicado no *Diário do Governo* n.º 114, promulgou e codificou disposições sobre a propriedade literária, científica e artística e no seu longo preâmbulo explicava a razão de ser da publicação dizendo que "há muito que os escritores e artistas nacionais reclamam dos poderes públicos uma reforma da lei reguladora dos *direitos de autor*, mais conhecida como *lei de propriedade literária*, reclamações análogas às que em todos os países civilizados, especialmente da Europa, estão formulando os respectivos intelectuais".

Este preâmbulo parecia mostrar o carácter meritório da nova lei, embora o facto de a Itália, onde Benito Mussolini ostentava o título de *Duce* desde 1925, ser apresentada como o modelo de referência constituísse um motivo de preocupação.

O tempo não demoraria a legitimar ou justificar essa preocupação!

No que dizia respeito à mulher, o Decreto, no seu art.º 10.º, estipulava que "a mulher casada autora pode publicar ou fazer representar as suas obras e dispor da sua propriedade literária ou artística sem outorga do seu marido".

Sendo conhecida a situação de dependência da mulher em relação ao pai ou ao irmão mais velho, enquanto solteira, e ao marido, depois de casada, não restam dúvidas de que era um decreto inovador. Aliás, o parágrafo único deste artigo reconhecia a "qualquer dos cônjuges" o direito de se opor "à publicação ou representação da obra do outro, quando esta haja produzido ou possa produzir escândalo público reflectindo-se na sua pessoa".

No que se refere às colónias, no ano de 1927, no dia 27 de Junho, foi promulgado no *Diário do Governo* n.º 133 o Decreto n.º 13 841, destinado a modificar e aperfeiçoar algumas das disposições do Decreto n.º 12 271 de 3 de Setembro de 1926, um documento extenso de seis capítulos que regulava a Liberdade de Imprensa nas colónias.

A primeira reorganização dos serviços de censura aconteceu "em 1928, no governo do general Vicente de Freitas, com a publicação das Instruções gerais que regulam os Serviços de Censura, documento de 30 de Setembro, através do qual o coronel de Infantaria Joaquim Augusto Prata Dias, presidente da Comissão de Censura à

---

[100] Seria dissolvida pelo decreto n.º 14 143 de 25 de Agosto de 1927, mas substituída por um organismo muito semelhante.

Imprensa de Lisboa foi nomeado para dirigir a nova Direcção Geral dos Serviços de Censura à Imprensa (DGSCI)" (Gomes, 2006, p. 59).

Ainda nesse ano, no dia 26 de Dezembro, foi aprovado o Regulamento dos Serviços de Censura à Imprensa da Província, que passou a funcionar apenas nas cidades que dispunham de guarnição militar porque os censores deveriam ser oficiais do exército, quer se encontrassem ainda no activo ou já na reserva.

Pela ligação que apresenta com a produção e a inspecção literária, convirá indicar que foi durante este período que o Decreto n.º 19 952 de 27 de Junho de 1931, rectificado e novamente publicado em 30 de Julho de 1931, no *Diário do Governo* n.º 147 e com origem no Ministério da Instrução Pública, remodelou "os serviços das Bibliotecas e Arquivos Nacionais, bem como da respectiva Inspecção".

O edifício do Estado Novo começava a ganhar forma e a oposição a organizar-se para lhe tentar resistir, como se comprova pelo surgimento do *Avante* em 1931.

Quanto ao regime, fez surgir em Julho de 1932 as instruções gerais da Direcção-Geral dos Serviços de Censura, elemento que não deixava dúvidas sobre a finalidade que a Ditadura via na censura, uma vez que o parágrafo inicial esclarecia que a censura tinha como fim "evitar que seja utilizada a imprensa como arma política, contra a realização do seu programa de reconstrução nacional, contra as instituições republicanas e contra o bem estar da nação".

1.7. O Estado Novo ou a Fase da Constituição de 1933

Salazar chegou ao Poder, descontando uma breve passagem de 13 dias em Junho de 1926, ainda durante a fase da ditadura militar, na sequência da eleição do Marechal Carmona[101], numa conjuntura em que os militares evidenciavam grandes dificuldades na gestão do golpe que tinham desencadeado. No entanto, o Estado Novo só justifica essa designação depois da aprovação, ainda que por plebiscito, da nova Constituição.

Aquando dessa passagem pelo Poder, na sua tomada de posse Salazar afirmou: "Sei muito bem o que quero e para onde vou, mas não se me exija que chegue ao fim em poucos meses. No mais, que o País estude, represente, reclame, discuta, mas que obedeça quando se chegar à altura de mandar".

Em 1933 chegou a altura de o País obedecer sem questionar, apesar do normativo não apontar nesse sentido.

O Projecto de Constituição de 1933 foi promulgado através do Decreto n.º 22 241 e publicado no *Diário do Governo* n.º 43 de 22 de Fevereiro de 1933.

---

[101] A eleição de Carmona apresentou semelhanças com a eleição de Sidónio Pais porque Carmona começou por ser nomeado a título interino e por decreto, em Novembro de 1926, e só em Março de 1928 foi sufragado directamente.

Na Parte I, Título II, artigo 8.º, n.º 4 era garantida "a liberdade de expressão do pensamento sob qualquer forma". No entanto, se a parte final da frase deixava supor um total ou quase ilimitado direito de expressão, não é menos verdade que o n.º 20 do mesmo artigo, nos seus quatro parágrafos, encarregava-se de "moderar" tanta liberdade.

De facto, o parágrafo 2 indicava que "leis especiais regularão o exercício da liberdade de expressão do pensamento, de ensino, de reunião e de associação, devendo, quanto à primeira, impedir preventivamente ou repressivamente a perversão da opinião pública na sua função de força social, e salvaguardar a integridade moral dos cidadãos".

Ainda nesse ano, o Decreto-lei n.º 22 469 de 11 de Abril de 1933 voltou a abordar e a desenvolver esta temática[102].

Assim, no artigo 1.º garantia "a expressão do pensamento por meio de qualquer publicação gráfica, nos termos da lei de imprensa e nos deste decreto". Ora, a parte final remetia logo para os outros oito artigos do Decreto-lei, sendo que no 2.º se estipula que "continuam sujeitas a censura prévia as publicações periódicas definidas na lei de imprensa, e bem assim as folhas volantes, folhetos, cartazes e outras publicações, sempre que em qualquer delas se versem assuntos de carácter político ou social".

A indicação das temáticas ou dos assuntos, sobretudo pelo recurso à palavra "social" implicava que a censura pudesse ser exercida sobre praticamente todos os documentos.

Depois, o artigo 3.º indicava os objectivos dessa censura: "impedir a perversão da opinião pública na sua função de força social" e esclarecia que a mesma deveria ser exercida "por forma a defendê-la de todos os factores que a desorientem contra a verdade, a justiça, a moral, a boa administração e o bem comum" e a evitar que fossem "atacados os principais fundamentos da organização da sociedade".

No que concerne aos executores ou censores, o artigo 4.º indicava que a censura seria "exercida por comissões nomeadas pelo Govêrno, podendo ser remuneradas as respectivas funções". Essas comissões ficavam na dependência do "Gabinete do Ministro do Interior, por intermédio da Comissão de Censura de Lisboa" – art.º 5.º - e não estavam autorizadas a "alterar o texto censurado com aditamentos ou substituições, devendo limitar-se a eliminar os trechos ou passagens reputados inconvenientes" – art.º 6.º.

O único parágrafo deste artigo contemplava uma situação que decorre da História pois já se verificava na democracia, uma vez que, mesmo depois de concedida autorização pela Comissão de Censura, isso não relevava "de responsabilidade civil e criminal os autores ou responsáveis pelo escrito, nos termos da lei de imprensa".

---

[102] *Diário do Governo* n.º 83 de 11 de Abril de 1933.

Depois, o Decreto n.º 22 756 de 29 de Junho de 1933[103], no seu parágrafo único, procedeu a alterações dos "artigos 5.º e 7.º do decreto-lei n.º 22 469 de 11 de Abril de 1933" dando-lhes nova redacção.

O que estava em causa era a questão da dependência das comissões de censura e o novo decreto estipulou que essas comissões passavam a ficar "subordinadas ao Ministro do Interior, por intermédio da Direcção Geral dos Serviços de Censura". Além disso, numa medida que parecia acautelar o contraditório, admitia-se que "das decisões da comissão de censura haverá recurso em todos os distritos, à excepção de Lisboa e Porto, para o respectivo governador civil". As excepções relativas a Lisboa, onde os recursos eram aprovados e decididos "por uma comissão composta pelo governador civil, director geral dos serviços de censura e por uma pessoa idónea que o Governo nomeará" e ao Porto, onde o director geral dos serviços de censura era substituído pelo "presidente da respectiva comissão de censura" mostram que o Poder estava, sobretudo, preocupado com os centros de maior actividade literária.

No que se refere à imprensa local, um relatório sobre o estado da imprensa da província, datado de 1 de Janeiro de 1934, com dados relativos a Dezembro de 1933 e da responsabilidade do Secretariado da Propaganda Nacional, dava conta da existência de três categorias de jornais: situacionistas, anti-situacionistas e neutros.

Como era normal, a primeira categoria dominava, com 101 jornais, embora houvesse 43 neutros e, o que era muito grave, 56 contra a situação.

Alguns anos mais tarde, já durante a II Guerra Mundial, também seria estabelecida uma tipologia dos jornais, só que então o critério era o apoio aos dois lados envolvidos no conflito e os jornais não eram locais ou de província. Por isso, como afirma Madeira (2007, p. 41), "uma inglesa, que vivia então em Portugal, relatou, numa carta enviada à família, no Reino Unido, que os jornais estavam a ficar cada vez mais pró-aliados".

Era, afinal, mais uma das manifestações do apregoado neutralismo colaborante português.

Relativamente à censura, o Decreto-Lei n.º 26 159, de 27 de Dezembro de 1935, procedeu a uma reorganização e a Direcção Geral de Censura foi substituída pela Direcção dos Serviços de Censura.

Depois, em 14 de Maio de 1936, o Decreto n.º 26 589 estipulou o número máximo de páginas dos jornais diários e proibiu a entrada, distribuição e venda de jornais, revistas e quaisquer outras publicações com matérias cuja divulgação não fosse autorizada em publicações portuguesas.

No que diz respeito à liberdade de expressão no Ultramar, menos de quatro anos depois da publicação da legislação na Metrópole, o Decreto n.º 27 495 de 27 de Janeiro de 1937, inserto no *Diário do Governo n.º 22*, encarregou-se de "reunir num só

---

[103] *Diário do Governo* n.º 144, I série de 19 de Junho de 1933.

diploma a legislação dispersa promulgada para as colónias sobre o exercício da liberdade e refundir alguns dos seus preceitos, de modo a adaptá-los melhor ao ultramar".

Ainda no preâmbulo referia-se a conveniência de "dotar os governos das colónias de meios mais eficientes para coibir abusos que ultimamente se têm manifestado em alguns jornais".

Aquando do estudo de caso, poder-se-á verificar se na década de 60 as medidas preconizadas nos anos 30 já tinham sido totalmente implementadas.

Para se garantir a obediência à cadeia de comando, o art.º 5.º estipulava que "nenhum funcionário público, civil ou militar, em serviço activo na colónia onde se fizer a publicação poderá ser director de qualquer periódico ou editor".

No que diz respeito à questão da liberdade, o art.º 21.º garantia-a ao defender que "a todos é lícito manifestar livremente o seu pensamento por meio da imprensa", embora o art.º 64.º estipulasse que estava "sujeita a censura prévia a imprensa periódica definida nos parágrafos 1.º e 2.º do artigo 1.º, e bem assim toda e qualquer folha volante, cartaz e outras publicações análogas", enquanto o art.º 65.º reproduzia na integra o art.º 3.º do Decreto-lei n.º 22 469 de 11 de Abril de 1933.

Há, ainda, mais quatro aspectos neste Decreto que se revelarão importantes para o posterior estudo da censura em Angola.

Em primeiro lugar, a escolha dos membros para as comissões de censura, que era feita pelos Governadores, devia "recair em pessoas idóneas e que dêem a maior garantia de defesa da ordem política e social vigente e possam ser responsabilizadas civil, criminal e disciplinarmente pelos danos ou prejuízos, morais ou materiais, que porventura ocasionem ao Estado" – art.º 66.º parágrafo 1.º- sendo que "os nomeados podem ser livremente exonerados ou demitidos pelo governador, sem prejuízo da responsabilidade cominada no parágrafo anterior – parágrafo 2.º do mesmo artigo.

Em segundo lugar, para além de multas pecuniárias, havia lugar à proibição de publicação e de circulação e o parágrafo 2.º do art.º 39.º estipulava que "o periódico que for condenado três vezes pelo crime de difamação será suprimido e o director do periódico que pela terceira vez for condenado pelo mesmo crime será incapacitado pelo tempo de dez anos para dirigir qualquer periódico".

Em terceiro lugar, importa referir o tipo de notícias consideradas inoportunas. Assim, o art.º 25.º estipulava que era "expressamente proibida a narração circunstanciada, por qualquer forma gráfica de publicidade, dos casos de vadiagem, mendicidade, libertinagem e crimes cometidos por menores de dezoito anos, de suicídios dos mesmos, com ou sem publicação dos seus retratos, a simples notícia daqueles casos e ainda a publicação do extracto dos respectivos julgamentos, e bem assim a narração demasiado pormenorizada dos crimes sociais, políticos ou de atentados graves contra as pessoas ou contra a propriedade, designadamente os de homicídio, qualquer que seja a sua espécie, aborto, roubo, peculato, concussão, quebras fraudulentas, fogo posto e os atentatórios da honestidade".

No mundo actual das guerras, dos atentados e dos assaltos em directo, este tipo de censura pode parecer excessivo. Aconselha-se, no entanto, alguma ponderação porque como Fraga Iribarne defende, referindo-se ao terrorismo, as imagens das vítimas servem, sobretudo, os interesses dos terroristas.

Na conjuntura de então, talvez houvesse a preocupação de transmitir uma ideia de normalidade, aquilo que Adriano Moreira designa como a vida habitual.

Finalmente, o art.º 8.º obrigava a que "de todas as publicações periódicas se entregará ou remeterá pelo correio, no próprio dia em que for feita a publicação ou no dia seguinte, quando esta tiver lugar à noite, um exemplar a cada uma das seguintes entidades: Ministro das Colónias, governador da província, Procurador da República do distrito judicial e delegado deste na comarca onde elas tiverem a sua sede", enquanto o art.º 9.º exigia o envio das publicações não periódicas, embora no prazo de 15 dias, "dois exemplares ao Ministro das Colónias, dois ao governador da colónia e ao governador de província". De fora ficava, apenas, "as listas eleitorais, bilhetes, convites, cartas, circulares, avisos e papéis análogos" – art.º 3.º parágrafo 2.º.

Era a partir dos exemplares enviados que estas autoridades podiam, elas próprias, aquilatar da qualidade da censura anterior à publicação, ou seja, da censura preventiva. De facto, como a investigação se encarregará de provar, por várias vezes essa censura preventiva não funcionou plenamente e o lápis azul não actuou sobre notícias que, na óptica dos detentores do Poder, não deveriam ter chegado ao conhecimento do público.

Várias publicações referem que em Novembro de 1936 os serviços de censura foram objecto de reformulação. No entanto, a consulta efectuada no *Diário do Governo* não permite fazer prova dessa alteração.

Foi, isso sim, possível verificar que o Decreto-lei n.º 26 589 de 14 de Maio de 1936, através do seu art.º 4.º, exerceu uma forte pressão económica sobre os jornais de alinhamento duvidosos com o novo regime, impedindo que os anúncios oficiais e os editais e outras publicações dos tribunais fossem publicados nesses jornais. Era uma forma de proteger os jornais situacionistas, embora também esses se queixassem ao Presidente do Conselho da acção da censura, argumentando que "não pode fazer-se jornalismo desta maneira"[104].

Três anos mais tarde, o Decreto n.º 29 937 de 21 de Setembro de 1939[105], promulgado numa fase em que o Mundo iniciava o segundo conflito feito mundial pelos efeitos, tomou "medidas de restrição no campo das telecomunicações" explicadas pelas "circunstâncias excepcionais que a Europa atravessa" e como forma de "assegurar a tranquilidade, o trabalho e a disciplina da Nação".

---

[104] Carta enviada por Pedro Correia Marques, Director de *A Voz*, em 13 de Maio de 1934.
[105] *Diário do Governo* n.º 222, I série de 21 de Setembro de 1939.

É claro que, para além das instalações radioeléctricas e das emissoras particulares, também as notícias foram objecto da censura e o art.º 6.º estipulava que era "expressamente proibido fazer uso publicitário de comunicações recebidas das emissoras de radiodifusão estrangeiras sem obter uma autorização especial e sem o inteiro cumprimento das condições impostas nessa autorização". Como forma de garantir o cumprimento da lei, eram referidas sanções "necessariamente severas" e o art.º 9.º avisava que iriam ser "tomadas providências adequadas no sentido de intensificar e estender a toda a área da metrópole o serviço de escuta e fiscalização do funcionamento das instalações radioeléctricas".

Como evoluíram ao longo dos séculos os olhos e ouvidos dos detentores do Poder!

Por isso, no ano seguinte, o Decreto n.º 30 320 de 19 de Março de 1940[106], proveniente da Presidência do Conselho, criou junto "da Presidência do Conselho um gabinete de Coordenação dos Serviços de Propaganda e Informações", destinado a "assegurar a execução das directrizes a observar na matéria pelos vários serviços públicos e a estreita coordenação da respectiva actividade" – art.º 1.º.

Num Estado centralista ou centralizador a existência deste organismo era de uma pertinência inquestionável, como se comprova pelo facto de ser o próprio Presidente do Conselho a dirigir os trabalhos das reuniões ordinárias que seriam, pelo menos, bimensais.

Aliás, o parágrafo 2.º do art.º 1.º não primava pela correcção porque estipulava que "o gabinete reunirá a título ordinário pelo menos duas vezes por mês". De facto, a utilização do adjectivo "ordinário" não parece compatível com a expressão "pelo menos", uma vez que esta aponta para a possível realização de reuniões extraordinárias.

Nessa altura já se colocava a questão do controlo da rádio e, por isso, o art.º 2.º estipulava que passava "a ficar subordinada à Presidência do Conselho, exclusivamente no que respeita à sua acção de propaganda e orientação de programas, a Emissora Nacional de Radiodifusão, o mesmo se observando, excepto na parte técnica, em relação aos emissores e postos radiotelegráficos receptores particulares".

A leitura cuidada do articulado da lei parece dispensar o advérbio de modo "exclusivamente". Na realidade, quem controla a orientação de programas acaba por controlar toda a emissora.

Esse Secretariado da Propaganda Nacional teria de receber "um exemplar de todas as publicações periódicas editadas, no próprio dia da publicação – art.º 4.º - enquanto a Direcção dos Serviços de Censura, naquilo que não estava previsto no diploma continuava "subordinada ao Ministério do Interior" – parágrafo único do ponto 3.º do art.º 3.º.

---

[106] *Diário do Governo* n.º 65, I série de 19 de Março de 1940.

Quando Caetano chegou à Presidência do Conselho, a Censura dispunha de 18 delegações no continente, uma em cada capital de Distrito e uma em Guimarães, talvez por ter sido o berço da nacionalidade.

Como os Director dos Serviços de Censura se queixava, era uma "estrutura velha de mais de 30 anos"[107].

Ainda no que diz respeito à imprensa, o Decreto-lei n.º 33 015 de 30 de Agosto de 1943 e publicado no *Diário do Governo* n.º 185 determinou que "as empresas editoriais de livros ou de quaisquer outras publicações que de futuro se constituírem fiquem sujeitas ao cumprimento das obrigações impostas pelo artigo 2.º do decreto-lei n.º 26 589".

Nesta fase, mais exactamente em Julho de 1946, a revista *Time* cometeu a ousadia de apresentar na capa uma fotografia de Salazar junto a uma maçã em decomposição, uma clara alusão ao fim próximo do regime.

Porém, a censura proibiu a circulação da revista e a previsão tardaria a realizar-se realidade.

No que concerne às relações 'espirituais' entre a Metrópole e o Ultramar, foi criada na Agência Geral do Ultramar um serviço com essa finalidade e integrado na Divisão de Propaganda – Portaria 12.304, publicada no *Diário do Governo n.º 57*, de 10 de Março de 1948.

Relativamente ao edifício vigilante e repressivo do Estado Novo, o Decreto n.º 37 447 de 13 de Junho de 1949, publicado no *Diário do Governo n.º 126*, criou o Conselho de Segurança Pública e, no artigo n.º 24, estipulava que "serão encerradas as tipografias que imprimirem publicações, manifestos, panfletos ou outros escritos subversivos ou que possam perturbar a ordem pública, sendo apreendidos e revertendo para o estado as respectivas máquinas e restantes bens imóveis", não havendo lugar a "qualquer indemnização em consequência do referido encerramento ou da apreensão".

Era uma forma de alargar o âmbito e o preço da censura!

Na fase final do regime, a ala liberal começou a chamar as atenções e a alertar para a necessidade de mudanças. No entanto, no que concerne à censura, a situação continuou igual como se pode comprovar pela leitura do documento «Instruções sobre a Censura à Imprensa», surgido no fim de 1969. No entanto, entre os que acreditavam que a situação política iria evolucionar no sentido de uma maior liberdade estavam os jornalistas e, por isso, cerca de 180 assinaram uma petição no sentido de a Direcção do Sindicato Nacional dos Jornalistas convocar uma Assembleia Geral extraordinária para discussão das sugestões a apresentar ao Governo relativamente à Lei da Imprensa que se estava a preparar.

---

[107] Carta confidencial enviada pelo próprio ao Secretário de Estado da Informação e Turismo. Cf. *A política de informação no regime fascista*, p. 226.

Como o jornal *Notícia*, na página 17 da edição de 1 de Outubro de 1969 existente na caixa 8 de MU/GNP/Sr. 119, quisera escrever e a Comissão de Censura proibiu, estava em curso na Metrópole um "amplo debate sobre um problema momentoso: o da Censura aos jornais. Criticada de todas as formas possíveis, acusada de todas as arbitrariedades e prepotências, indicada como um dos factores mais preponderantes na apatia do povo português, a censura metropolitana não se está a sair nada mal. O que se lê nos jornais metropolitanos é prova disso, Resta agora saber se o seu «desportivismo» se estenderá para além do período eleitoral".

A conjuntura parecia dar-lhe razão porque, depois da Lei n.º 5/71 de 5 de Novembro ter estabelecido os princípios fundamentais do regime jurídico da imprensa, em 5 de Maio de 1972, foi publicado o Decreto-Lei n.º 150/72 – a nova Lei de Imprensa que consta no *Suplemento* do *Diário do Governo n.º 106* – e a censura prévia foi abolida.

Porém, a interpretação será outra se for tido em conta que para o seu lugar foi criado, ainda que para casos em que fosse decretado o estado de sítio ou de emergência ou aquando da existência de actos subversivos graves em qualquer parte do território nacional[108] – o exame prévio – art.º 98.º –, mais uma das «mudanças» que caracterizaram a erradamente designada «Primavera marcelista», apesar de Marcelo ter sido, ele próprio, vítima da censura[109], ou seja, o «desportivismo» tinha sido de curta duração.

Na verdade, a «liberdade» consentida era muito fraca como atestam as oito alíneas do art.º 14.º, aquele que indicava a proibição de publicação.

Além disso, é necessária muito boa-vontade para entender como sinais de mudança que as palavras "proibido", "autorizado parcialmente", "demorado" e "visto" – a terminologia usada durante o governo de Caetano – representasse uma evolução em relação às designações "cortado", "autorizado com cortes", "suspenso" e "visado" – a terminologia do período de Salazar – mesmo que nos jornais já não constasse que os mesmos tinham sido visados pela censura.

Aliás, o ponto 2 do art.º 101.º explicitava que "nos textos ou imagens publicados não é consentida qualquer referência ou indicação de que foram submetidos a exame prévio". Dito de outra forma, o «exame prévio» não terminou. Só não podia ser referido na capa.

---

[108] Convém lembrar que Portugal estava envolvido nas três frentes da guerra colonial.

[109] Em 1957, quando Marcello Caetano era Ministro da Presidência, uma informação sua ao correspondente da *United press* foi proibida por ordem de Salazar. Caetano, como forma de esclarecer o boato saído de uma reunião entre Salazar e Franco em Ciudad Rodrigo, tinha dito que em Portugal não se levantava a questão de regime, ou seja, não se colocava o regresso à monarquia. A ligação de Salazar aos monárquicos era muito antiga, pois vinha da I República e, por isso e pela pressão efectuada pelos partidários da causa monárquica, o esclarecimento não foi publicado.

SEGREDOS DO IMPÉRIO DA ILUSITÂNIA: A CENSURA NA METRÓPOLE E EM ANGOLA

Estranha forma esta de «acabar» com a censura ou com o exame prévio! De acordo com o estipulado no art.º 130.º, o Decreto-Lei entrava em vigor a partir de 1 de Junho de 1972 e as tentativas de referência ao «exame prévio» por parte de alguns jornais foram prontamente cortadas pela raiz.

A leitura interpretativa da lei evidencia, ainda, o medo sentido pelo regime relativamente a toda a informação proveniente do exterior, como se depreende do ponto 1 do art.º 100.º ao estipular que "todas ou algumas publicações periódicas estrangeiras só circulem no País depois de apreciado o seu conteúdo pelas comissões encarregadas do seu exame [prévio]".

Era uma tentativa quase derradeira de manter a Ilusitânia encerrada numa redoma de paredes opacas.

O último relatório da Comissão de Censura, feito no dia 24 de Abril de 1974 e assinado pelo coronel Roma Torres, permite constatar que havia três notícias para "mandar": «Reunião de bispos portugueses em Fátima»; «Bispo de Nampula» e «Caixeiros querem semana de 44 horas» e uma notícia proibida sobre um telefonema anónimo que tinha avisado o Banco Português do Atlântico sobre a existência de uma bomba fictícia. Quanto ao destino dado aos "demorados", enquanto um passou a autorizado parcialmente – o n.º 15/16 de 20 do corrente: «Crónica de Paris» –, outros dois, «A experiência chilena» e «Sindicato Nacional dos Operários das Serrações», passaram a autorizados.

Já no Brasil mas ainda «a quente», Marcello Caetano encontraria no elemento humano executor o grande responsável pelos excessos cometidos pela censura, ao defender que a lei era executada por homens que tinham "os seus critérios de interpretação" e que "por mais instruções que se emitissem, nunca se evitou a existência de certo arbítrio dos censores" (Caetano, 1974, p.73).

Sendo certo que a existência de abusos por parte dos censores não parece questionável, não é menos verdade que não era a eles que competia definir as políticas relativas à liberdade de informação.

Como Moreira (2001, p. 135) sintetizou, "o lavar das mãos tem velha tradição".

No que concerne aos livros, revistas e jornais proibidos de circular no país, ainda devem ser referidas as duas pastas existentes no IHU, na cota SR: 100/ Publicações proibidas em Portugal (1963 – 1969) e que abarcam a correspondência da Presidência do Conselho (Direcção dos Serviços de Censura) para o Ministro do Ultramar. No período em questão a cadeira da Presidência, a exemplo da pasta do Ultramar, conheceu dois titulares.

Um último elemento a reter e que será muito útil para compreender o estudo da censura em Angola prende-se com a diferença de tratamento que a censura dava aos livros e aos periódicos e que penalizava os editores dos primeiros. Na realidade, enquanto os jornais eram objeto da censura antes de serem impressos, os livros, salvo raras excepções[110], eram "editados, distribuídos e só depois lidos por censores que podiam recomendar a sua proibição e consequente apreensão e destruição dos exemplares já impressos, recolhidos nas tipografias, editoras, distribuidoras e livrarias" (Santos, 2007, p. 54).

Quanto à dimensão da actividade da Comissão de Censura, importa salientar que a Comissão do Livro Negro do Fascismo defende que foram interditas durante o Estado Novo cerca de 3300 obras e o relatório de Janeiro de 1974 indica aproximadamente 150 títulos[111] proibidos num mês.

Aquilo Ribeiro, Alves Redol, Manuel da Fonseca, Alfredo Margarido, Maria Teresa Horta, Maria Isabel Barreno, Maria Velho da Costa e Natália Correia foram alguns dos escritores que viram obras da sua autoria proibidas num tempo em que a publicação de uma obra que desagradasse ao regime dava «direito» a um lugar na barra do tribunal.

Para o estudo da censura no Estado Novo assume relevância o depoimento prestado por Joaquim Carneiro, sócio da Livraria Portugal – uma referência da Rua do Carmo – onde trabalha há 47 anos.

Assim, de acordo com Joaquim Carneiro, os funcionários da livraria faziam o seu jogo, isto é, embrulhavam em papel pardo alguns livros que sabiam que iam ser apreendidos, reservavam-nos para clientes especiais e guardavam-nos porque dava um gozo especial vender um livro proibido «nas barbas da PIDE».

A apreensão que mais lhe ficou na memória foi a do livro *O assalto ao Santa Maria* porque os agentes da PIDE andavam furiosos e não queriam que se vendesse qualquer exemplar. Ora, a livraria tinha uma facturação de 20 exemplares dos quais meia--dúzia estava em cima do balcão enquanto 6 ou 7 exemplares estavam embrulhados para os ditos clientes especiais.

Quando os agentes chegaram para fazer a apreensão, depois de apreenderem os livros do balcão, perguntaram se não havia mais e, face à resposta negativa, um dos agentes de nome Manaças pediu se podia ir lá dentro inspeccionar.

Não havia como impedir essa entrada e o chefe da livraria, assustado e a transpirar, autorizou a vistoria. No entanto, teve o sangue frio necessário para, uma vez questionado pelo agente da PIDE sobre os livros embrulhados, responder que se tratavam de livros que as editoras entregavam ao pessoal.

Manaças não pôs em causa a justificação recebida, não mexeu nos livros embrulhados e saiu sem reparar que na montra tinha ficado um exemplar, que o responsável da livraria mandou prontamente retirar, pois estava bem ciente que seria «o cabo dos trabalhos» se os agentes descobrissem que lhes tinha mentido e, por isso, se o agente tivesse mandado abrir os pacotes, a Livraria Portugal teria a vida muito complicada.

---

[110] Essas excepções são referidas na Introdução.
[111] Títulos e livros não funcionam como sinónimos porque de um mesmo título podiam ser apreendidos vários exemplares ou livros.

Tratou-se de uma situação de terror que não era a regra das apreensões porque, apesar de alguns agentes procurarem incutir medo nos funcionários, normalmente, tudo se passava de uma forma mais 'pacífica'. Talvez, por isso, as brigadas fossem constituídas por um elemento novo e um outro com mais tarimba e com um longo historial de apreensões.

Assim, os funcionários da livraria, que conheciam os agentes da PIDE que vinham apreender os livros, quando os viam chegar já sabiam que estes traziam uma carta de autorização interna dos serviços para a apreensão de um livro e que, uma vez apreendidos os exemplares pelo agente, era lavrado o respectivo auto pelo escrivão. Um auto muitas vezes muito mal feito porque era grande a pressa de mostrar serviço[112].

No decurso da apreensão os dois elementos da PIDE identificavam-se, perguntavam pelo responsável da loja, estabeleciam um diálogo educado e nada prepotente com ele, raramente procuravam pela facturação porque sabiam quantos exemplares a editora enviara, indagavam sobre o número de exemplares ainda na livraria, apreendiam-nos, elaboravam e davam a assinar o auto e saíam.

Isso não significava que não houvesse «visitas», geralmente de duas pessoas «atiladinhas» às estantes para descobrir títulos e autores considerados suspeitos, embora a livraria não sentisse muito essa pressão.

De facto, o problema colocava-se, sobretudo, a nível das editoras. Quando a PIDE sonhava que ia sair um determinado livro, montava guarda a essa editora e quando se procedia ao descarregamento para o armazém a apreensão era imediata. Por isso, a Editora Delfos estava praticamente fechada devido às colecções de Filosofia Política que publicava. Aliás, a Delfos, como forma de fugir à apreensão certa, já nem recebia os livros, que iam da tipografia para locais desconhecidos onde eram separados e de onde seguiam para as livrarias.

Assim, o risco estava quase todo do lado dos editores porque à mínima falha ficavam sem a edição e ninguém lhes pagava os prejuízos. Daí a estratégia de não mandar fazer os livros sempre na mesma tipografia, ou seja, não havia, como existe na actualidade, uma tipografia a trabalhar para uma editora.

Aliás, se o editor não tomasse as devidas precauções, corria o risco de o livro nem sequer chegar a sair da tipografia.

Face ao exposto, no processo devem ser considerados três elementos: a editora, a tipografia e a livraria, sendo que a livraria, sempre que se registava uma apreensão, ficava com uma cópia assinada da mesma e era esse elemento que era enviado ao edi-

---

[112] Joaquim Carneiro permitiu a consulta de um desses autos, feito em 12 de Março de 1963, pelo agente da PIDE Malaquias Alberto de Oliveira Monteiro. A obra apreendida intitulava-se *Primeiras alegrias* e era da autoria do escritor russo Konstantin Fedin. A pressa referida por Joaquim Carneiro talvez explique que o primeiro nome do autor tenha sido amputado do 'n' final e que o sujeito tenha sido separado por uma vírgula do predicado na frase "O exemplar em questão, foi por mim transportado para a Direcção desta Polícia".

tor que passava o crédito correspondente porque a livraria não podia pagar livros que lhe tinham sido apreendidos.

Por isso, era frequente que as editoras contactassem as livrarias para as avisarem das apreensões, embora, por vezes, as obras ainda não tivessem chegado às livrarias e, noutras ocasiões, era o aviso que chegava tarde demais.

Se a informação chegava antes dos agentes da PIDE, a livraria escondia os livros. Na Livraria Portugal, cuja administração dirigida por Henrique Pinto não era pelo governo nem declaradamente contra o mesmo, não havia esconderijos especiais porque os funcionários já sabiam que os agentes não costumavam mexer em livros embrulhados destinados a qualquer um deles. Por isso, nunca levavam os livros "lá para cima" para não correrem riscos, embora guardassem alguns debaixo das escadas.

Outras editoras, com a «Ler», cujo mercado era constituído praticamente apenas pelos livros proibidos, recorreriam, certamente, a outras estratégias, a exemplo do que se passava com as livrarias mais ligadas ao regime.

No entanto, quando uma obra era lançada no mercado e a PIDE se decidia pela sua apreensão não olhava às simpatias dos livreiros, até porque uma livraria podia ter uma administração pro-regime mas organizar tertúlias onde participassem elementos pouco situacionistas.

Além disso, os editores eram objecto de interrogatórios da PIDE no sentido de justificarem as razões que os levavam a editar certos livros e qual era o mercado dos mesmos, enquanto os livreiros não eram privilegiados pela polícia política como fonte de informação, embora ocasionalmente fossem questionados sobre os clientes de alguns livros, situação que se resolvia através de respostas vagas.

No entanto, aquando da publicação do livro das três Marias *As cartas portuguesa*, obra rebuscada a pente fino, mas que esgotou a edição em pouco mais de meio-dia, todas as livrarias onde o livro foi posto à venda foram interrogadas na António Maria Cardoso.

Por isso, é aos editores que Portugal deve agradecer – em primeiro lugar – a luta pela divulgação do pensamento.

Do depoimento de Joaquim Carneiro é, ainda, possível inferir que havia autores que sendo vigiados não interessava ao regime retirá-los do mercado de uma forma ostensiva porque podiam servir como uma estratégia de auto-defesa. Era o caso, por exemplo, de José Cardoso Pires cujos livros eram vigiados, "iam lá para dentro, mas depois saiam".

Assim, quando foi publicado *O dinossauro excelentíssimo*, a PIDE sabia que, nas entrelinhas, era uma crítica a Salazar, mas quase não o apreendeu, limitou-se a ler o livro, foi à editora, controlou o mercado do livro e este continuou a ser vendido, mais ou menos livremente, embora o livreiro já soubesse que não era aconselhável fazer uma montra para divulgação da obra.

O facto de a editora de José Cardoso Pires ser a «Moraes» também tinha a sua quota de responsabilidade neste processo porque acabava por exercer pressão sobre a PIDE no sentido de deixar a obra circular.

Aliás, Joaquim Carneiro não se recorda de um poeta várias vezes preso, Armindo Rodrigues, ter qualquer dos seus livros proibido.

1.8. A Censura em Portugal depois do 25 de Abril de 1974

Quando o golpe de estado militar de 25 de Abril de 1974 se transformou em revolta militar e o regime da Constituição de 33 foi derrubado, no Porto os jornalistas foram manifestar a sua revolta cuspindo nas instalações sitas na Praça D. João I onde era feito o exame prévio.

Esta manifestação, numa conjuntura que trouxe para a rua um povo sedento de usufruir de direitos que o Estado Novo não lhe reconhecera, bem como os defensores de modelos e regimes tão totalitários quanto o que acabava de cair, constituiu uma forma de mostrar publicamente o repúdio de uma classe farta de ser controlada e que aspirava a poder escrever sem censura.

No entanto, não deve ser esquecida a intervenção – outra forma de censura – dos novos detentores do Poder, nomeadamente da Junta de Salvação Nacional, sobretudo junto dos jornais de maior tiragem, para que as matérias noticiosas não tivessem reflexos negativos na opinião pública portuguesa e na comunidade internacional.

Além disso, na fase que antecedeu o período mais quente da revolução, houve necessidade de estabelecer uma lei de imprensa, não só para combater aquilo que era designado como a contra-revolução, mas também para obstar aos excessos daqueles que confundiam liberdade com libertinagem.

Assim, no *Diário da República* n.º 48 I série de 26 de Fevereiro de 1975 2.º suplemento – Decreto-lei n.º 85-C/75 do Ministério da Comunicação Social – foi promulgada a lei de imprensa, que, no preâmbulo, no ponto 1, defendia que " não se pode conceber o processo democrático em curso sem a liberdade de expressão de pensamento pela imprensa, como aliás, através de outros meios de comunicação social". Depois, no ponto 2, referia que "em Portugal, a partir de 25 de Abril, a Liberdade de Imprensa deixou de ser uma aspiração" para passar a constituir "uma realidade efectiva" e, no ponto 3, indicava que a lei estava prevista no programa do MFA e vinha "institucionalizar em todos os seus aspectos a liberdade de expressão de pensamento pela imprensa, deixando para momento ulterior a elaboração do estatuto da rádio e da televisão".

A Liberdade de Imprensa ficou consignada no artigo 4.º que, no seu ponto 1, estipulava que "a liberdade de expressão do pensamento pela imprensa será exercida sem subordinação a qualquer forma de censura, autorização, caução ou habilitação prévia".

A CENSURA EM PORTUGAL

Porém, no ponto 2 do mesmo artigo, era possível verificar que a liberdade não assumia um grau absoluto porque havia limites à Liberdade de Imprensa, embora decorrendo "unicamente dos preceitos da presente lei e daqueles que a lei geral e a lei militar impõem, em ordem a salvaguardar a integridade moral dos cidadãos, a garantir a objectividade e a verdade da informação, a defender o interesse público e a ordem democrática".

Por isso se justificava o artigo 26.º destinado a definir a responsabilidade criminal daqueles que não cumprissem a lei de imprensa.

A leitura do artigo 4.º releva para a conjuntura então vivida em Portugal depois do fim do Estado Novo, numa fase marcadamente ideológica, mas na qual era importante não confundir a liberdade com a libertinagem, situação nem sempre conseguida. Aliás, a lei de imprensa revelava marcas que iriam surgir na Constituição aprovada em 1976 e que eram evidentes no artigo 7 – liberdade de empresa – no artigo 8 – liberdade de concorrência e legislação antimonopolista e no artigo 23.º que permitia aos jornalistas "extinguir a relação de trabalho por sua iniciativa unilateral" se houvesse "uma alteração profunda na linha de orientação de um periódico".

O Decreto-Lei n.º 85-C/75, de 26 de Fevereiro, viria a sofrer alterações através do Decreto-Lei n.º 181/76, de 9 de Março, do Decreto-Lei n.º 377/88, de 24 de Outubro, e da Lei n.º 15/95, de 25 de Maio, a qual viria a ser revogada, com excepção do art.º 26.º, pela Lei n.º 8/96, de 14 de Março, um articulado muito próximo do Decreto-Lei n.º 377/88.

Historiada a evolução cronológica das formas de censura em Portugal, poder-se-á pensar que na actualidade não existe censura. Não é essa a opinião, por exemplo, de César Príncipe (1979, p. 4), ao constatar que a censura política "ainda hoje se exerce através de nomeações a preceito" e, por isso mesmo, "a Censura existiu sob a brutalidade dos «coronéis», e persiste sob métodos difusos, disfarçando-se com pluralismo nos assuntos secundários e monolitismos nos temas determinantes", sendo que "a censura é decapitante tanto a dos «coronéis» como a dos «bacharéis»".

De facto, nem sempre o pluralismo ideológico e o consequente rigor informativo têm sido garantidos desde o 25 de Abril de 1974, mesmo a nível de serviços públicos e, por isso, pagos com o dinheiro dos contribuintes. Não parece difícil de adivinhar que essa objectividade é ainda menor no que concerne aos órgãos de comunicação social que são pertença dos grandes grupos económicos privados.

Aliás, como Carrilho (1998, p. 15) denuncia, mesmo nos estudos de opinião, é possível "ver colocadas questões de forma tecnicamente menos própria, de modo a ir ao encontro dos resultados mais simpáticos para quem paga a sondagem, ou mesmo censurar subtilmente a presença de questões incómodas".

Incomodado ficou, por exemplo, um Presidente da República que "ao «adquirir», nada menos de cerca de 5000 exemplares do fatídico «Superman»", como consta no livro caricatural que se seguiu, igualmente da autoria de Augusto Cid, quase evitou

83

que a obra chegasse ao conhecimento público, pois, como Cid escreveu, o livro estava "ausente em parte incerta..."[113].

Afinal, a censura continua a aperfeiçoar os seus métodos e técnicas, como forma de tentar ganhar eficiência e passar despercebida. Voltando a Platão, Trasímaco – personagem que continua a encontrar um espaço privilegiado na sociedade actual – tinha razão ao afirmar que a justiça era a conveniência do mais forte e que "o supra-sumo da injustiça é parecer justo sem o ser" [361b].

---

[113] As citações foram feitas a partir das páginas 8 e 9 da obra *Eanito, el estático.*

Capítulo II
A Censura em Angola na Fase Final do Império

Em Angola, segundo Júlio Castro Lopo, a criação em 13 de Setembro de 1845 do primeiro órgão da imprensa – o *Boletim do Governo Geral da Província de Angola* – por providência do Governador-Geral Pedro Alexandrino da Cunha, foi seguida do aparecimento de outras publicações periódicas, uma vez que no século XIX Angola contava com 59 jornais, apesar do naufrágio que, em 1842, fizera perder as máquinas com que Joaquim António de Carvalho Menezes pretendia montar uma tipografia em Luanda.

Com essa criação cumpria-se, ainda que parcialmente, aquilo que, em 7 de Dezembro de 1836, Sá da Bandeira tinha mandado, ou seja, que nas possessões ultramarinas portuguesas fossem criadas publicações que pudessem transmitir as informações necessárias aos residentes.

Como Rodrigues Vaz afirmou no depoimento, nos fins do século XIX já havia em Angola uma grande imprensa dos mulatos e dos pretos cultos, dirigida por funcionários e por enfermeiros, que representaram um grande factor para a politização dessa imprensa, situação que levou a que estivessem sempre a ser transferidos para não arranjarem amizades e cumplicidades. Só que essa politica de «transferências forçadas» acabou por funcionar ao contrário do pretendido, a exemplo daquilo que viria a acontecer na Metrópole no advento do 25 de Abril de 1974 com a transferência dos responsáveis pelo «golpe das Caldas».

Aliás, já no século XIX tinham circulado em Angola, ainda que efemeramente, publicações como *O Farol do Povo*, dirigido por Paulo A. Braga, com a primeira edição em 1883, que era crítico da colonização portuguesa e defendia a luta pelo renascimento intelectual africano, *O Arauto Africano* de Carlos da Silva, com o primeiro número saído em 17 de Março de 1889 e o último em 19 de Maio de 1889, *A Aurora*

SEGREDOS DO IMPÉRIO DA ILUSITÂNIA: A CENSURA NA METRÓPOLE E EM ANGOLA

(1856), *O Eco de Angola* (1881), *O Futuro de Angola* (1882), *O Serão* (1886), o semanário *A Civilização da África Portuguesa* (6 de Dezembro de 1886) e *Ensaios Literários* (1881). Estas publicações não tiveram uma existência longa, a exemplo do que se passou com outras surgidas no século XX, como *Luz e Crença* (1902-1903).

No que concerne ao período em estudo, ou seja, os anos 60 e 70 do século XX, existiam várias publicações periódicas não oficiais, a maioria sedeada em Luanda, embora com delegações nas principais cidades, sendo a mais antiga o jornal *A Província de Angola*, criado por Adolfo Pina em 16 de Agosto de 1923 e que, no período em estudo nesta obra, era dirigido por Ruy Correia de Freitas a cuja família pertencia, através da Empresa Gráfica de Angola, uma parte do capital do jornal.

A grande parte do capital era dos Ervedosas[114], da região de Vila Real, e ainda havia um resto de capital da família Morais Sarmento.

Era um jornal que, como o Ruy de Freitas afirmou numa entrevista conduzida por Leonor Figueiredo[115], em finais dos anos 60 era feito "numa *web-offset*, imprimia 2500 jornais de cada vez, aquilo funcionava com computador. Nesse sentido éramos mais modernos do que em Portugal. Havia umas *Remington* enormes, máquinas de escrever computadorizadas onde fazíamos a escrita administrativa. Mais tarde o jornal passou a ser feito fotograficamente".

A Província de Angola chegaria a ter 15 delegações em Angola e a Direcção dos Transportes Aéreos, que mais tardese viria a transformar na TAAG, encarregava-se da sua distribuição pela Província, situação que permitiu que o jornal atingisse, na fase final, um número de vendas elevado – 45 000 exemplares diários – elemento que, juntamente com a publicidade, faziam com que desse lucro, apesar de contar com uma redacção em Luanda com sete jornalistas permanentes e da compra de vivendas para o estabelecimento das delegações.

Em Luanda, já nos anos 70, Ruy de Freitas, certamente movido por intenções humanitárias, recrutaria como ardinas 22 "rapazinhos [que andavam] a pedir esmola na rua" e que passaram a viver numa "casa com camas, comida e médico" e "recebiam uma percentagem por cada jornal vendido".

Mesmo sabendo que o trabalho infantil – uma realidade que, na conjuntura actual, permanece em várias zonas do Mundo e é aproveitada pelos interesses dos países do centro – não representa uma solução socialmente aceitável, talvez a crítica deva recair, em primeiro lugar, nos sistemas que negam às crianças o direito à meninice e as impelem para situações de abandono e mendicidade.

---

[114] Um dos Ervedosas, de nome próprio Carlos e discípulo de Santos Junior, foi membro da oposição e o responsável pelo suplemento literário ao Domingo. Foi ele o autor da primeira sinopse de literatura angolana, intitulada *Roteiro da Literatura Angolana*, editada pela Sociedade Cultural de Angola, 1972.
[115] Entrevista que consta no *Diário de Notícias* de 31 de Agosto de 2008. As citações que se seguem foram retiradas dessa entrevista. Ruy de Freitas faleceria no ano seguinte, em 15 de Outubro de 2009.

Voltando à imprensa angolana, para além deste diário, também circulavam em Angola vários jornais, dos quais o vespertino *ABC* era considerado pelo GNP como o mais perigoso devido à subtileza com que procedia ao aproveitamento político dos factos, circunstância a que não era alheio o facto de ter sido fundado por uma figura da oposição, Machado Saldanha, a quem, aliás, pertencia, e estar ligado à tipografia «Indústrias ABC» onde muitos tipógrafos eram pretos.

Como o Estado deixou de publicar anúncios no jornal, este começou a debater-se com dificuldades financeiras, que já não eram cobertas pelo lucro proveniente da Livraria ABC na Baixa, próximo da Versailles. Por isso, o *ABC* acabaria por desaparecer enquanto o seu antigo suplemento, *A Tribuna dos Musseques,* que se emancipara ainda na década de 60, continuou em circulação.

A Tribuna dos Musseques, na fase de suplemento do *ABC,* era dirigida por um cafuso – preto mais claro – chamado Teófilo José da Costa[116]. Depois, autonomizou-se e ficou com uma redacção perto da Estrada da Cuca em pleno musseque Marçal e o CITA – o correspondente angolano ao Palácio Foz na Metrópole –, primeiro com João Malho Ilharco e depois com João van Zeller, colocou lá um branco, Albuquerque Cardoso, para controlar, e como redactores Maria Eduarda e Jerónimo Ramos, ambos muito «mussequeiros» até porque eram casados com pessoas mulatas.

Em quase oposição ao *ABC* – e se bem que este nunca tivesse assumido o papel político que *A República* alcançou na Metrópole – havia outro vespertino, o *Diário de Luanda,* jornal apoiado pelo regime e com maior tiragem e que era pertença do grupo Tenreiro, ligado à União Nacional.

No entanto, segundo João Fernandes, este apoio resultava, sobretudo, do facto de o seu Director ter sido Diamantino Faria, o presidente do Sindicato dos Jornalistas no Estado Novo que se dizia corporativista.

Aliás, a direcção do jornal convidou Rodrigues Vaz[117] para trabalhar lá como crítico de cinema, apesar de ser considerado de esquerda.

O Director do *Diário de Luanda* era Silveira Pinto, que estava na Metrópole, e, em Luanda, o Director-executivo era José Manuel Pereira da Costa e o chefe de redacção Belmiro Vieira, de origem cabo-verdiana.

Este jornal teve um suplemento, *A Voz de Angola,* feito pelos colonos do Norte liderados por António Salvado Pinto Pereira, que viria a estar na base da rádio com o mesmo nome.

---

[116] Teófilo José da Costa, vulgo Cu de Palha, foi um personagem que esteve na base do Carnaval de Luanda. Era irmão de Carlos Lamartine, uma das figuras principais da música angolana, e chegou a ser deputado pelo MPLA.

[117] O convite surgiu porque Manuel Rodriguez Vaz tinha fundado o Cine-club universitário com Miguel Anacoreta Correia e o jornal necessitava de um crítico de cinema. Como gostaram das crónicas, ofereceram a Rodrigues Vaz, que era professor primário, o dobro do ordenado.

Voltando um parágrafo atrás, a questão do Director da publicação era fundamental para se perceber a orientação política da mesma, pois, por exemplo, numa altura em que a Emissora Oficial de Angola constituía a principal via para a propaganda do regime na Província, a circunstância de o jornalista Ferreira da Costa[118] ter passado a ser o Director de *O Comércio* depois de Araújo Rodrigues ter vendido o jornal, e simultaneamente ter um programa na rádio que ficou celebrizado pela frase «Daqui Luanda, fala Ferreira da Costa» não poderia representar uma mera coincidência.

Na verdade, nessa altura a rádio Moscovo, através da banda dos 31 metros, todas as noites emitia em língua portuguesa e, por isso, na óptica do Estado Novo impunha--se desmentir tudo aquilo que chegava aos ouvintes.

O programa «A verdade é só uma: Rádio Moscovo não fala verdade» encarregou--se de fazer passar a versão oficial numa conjuntura de Mundo bipolar onde já não cabia o Euromundo que permitira a formação dos impérios coloniais.

O Comércio teve origem na Associação Comercial de Luanda, sendo que as associações comerciais e industriais em Angola de uma maneira geral provinham da Maçonaria. Aliás, o palácio do actual Comissário Provincial de Benguela era a sede da Associação Comercial de Benguela que tinha sido sede da Maçonaria, mais propriamente da Loja Kuribeka, muito conhecida e de grande influência na colónia.

Este jornal, cuja publicação foi várias vezes suspensa, recorria a capitais da Associação, sendo que a função de «testa de ferro» foi cometida a José Maria Araújo, antes da venda do jornal ao grupo Champalimaud.

Além destas publicações há que contar com a revista *Notícia*, editada pela Neográfica, relativamente à qual é habitual mencionar a importância do capital de Manuel Vinhas. Porém, os testemunhos recolhidos junto de um antigo jornalista da revista – que, depois chegaria a Director-Adjunto e Director da *Noticia* –, João Fernandes[119], permitiram um completo esclarecimento da origem e forma de financiamento da revista.

Assim, o proprietário da tipografia Neográfica, António Simões, decidira fazer uma revista de 7-8 páginas, sobretudo com anedotas e passatempos e, pouco depois, aproveitando o facto de o jornalista Charrula de Azevedo se ter zangado com o Director de *O Comércio* – situação que, como se pode verificar, era frequente – propôs-lhe que fosse ele a dirigir a *Notícia,* convite que foi aceite e possibilitou uma alteração radical no que concerne ao conteúdo e à dimensão da revista.

---

[118] Entre Ferreira da Costa escritor e Ferreira da Costa jornalista a diferença é enorme. No primeiro caso, os livros *Pedra do feitiço e Terras do marfim e da morte* revelam um prosador brilhante. No segundo, as crónicas representaram uma forma de distorcer a realidade e de a enquadrar nos parâmetros oficiais.

[119] João Fernandes começou a actividade jornalística em Angola no jornal *O Comércio* onde só esteve sete meses. Certamente que não foram os 250$00 de aumento mensal que ditaram a mudança para a *Notícia*. De facto, ver Ferreira da Costa alterar completamente o sentido de um texto que lhe pedira para traduzir do francês, cortando ou acrescentando cirurgicamente pequenos elementos, representou uma afronta e exigiu a saída.

A CENSURA EM ANGOLA NA FASE FINAL DO IMPÉRIO

Mais tarde, um desentendimento entre ambos motivado pelas ajudas de custo que João Fernandes deveria receber para ir a Nova Lisboa fazer uma reportagem, constituiu a gota de água que fez transbordar um copo cheio de perspectivas diferentes e Charrula de Azevedo comprou a Neográfica por um milhão de dólares, embora não dispondo de um milhão de tostões.

Assim sendo, os cinco mil contos necessários para o pagamento inicial foram--lhe emprestados por Caetano Barão da Veiga. Só que, apesar de vender saúde e ter apenas 33 anos na altura dessa aquisição, Charrula de Azevedo, no ano seguinte e na sequência da morte do pai, teve um ataque de coração e faleceu.

Então, a Neográfica passou para a viúva e como era necessário obter o capital necessário para cumprir os compromissos assumidos, o grupo Cuca de Manuel Vinhas[120], ainda que com algum ar de mecenato, adquiriu a empresa, embora nunca tivesse verdadeiramente interferido na orientação da *Notícia*.

Este grupo nomeou um administrador que organizou a casa – foi ele que concedeu as primeiras férias a João Fernandes e lhe possibilitou a aquisição do primeiro automóvel – e a *Notícia* viria a abrir uma delegação em Lisboa, confiada a Edite Soeiro, que já trabalhara num jornal regional de Angola sedeado em Benguela – *O Intransigente*.

A abertura desta delegação ficou a dever-se ao facto de a TAP ter começado a fazer um voo semanal entre Luanda e Lisboa às quintas-feiras, às 8 ou às 9 da noite, pois como a revista, apesar de sair em Luanda apenas no sábado, tinha de ficar pronta na quinta à noite para seguir na sexta-feira de manhã por avião para o Sul da Província[121], a Direcção viu que havia a hipótese de usar o novo voo de forma a publicar a *Notícia* no sábado em Lisboa.

Porém, as relações entre os dois chefes de redacção da *Notícia*, Edite Soeiro em Lisboa e Acácio Barradas em Luanda, não primavam pela cordialidade e levaram João Fernandes a propor uma troca de local de trabalho entre ambos durante uma semana para que cada um compreendesse os constrangimentos colocados à acção do outro nos dois contextos.

Que Edite Soeiro tivesse perdido o avião que a deveria levar para Luanda e acabasse por se perder de amores por Acácio Barradas, que fora mais diligente e se apresentara em Lisboa, representa uma daquelas situações que só o destino pode explicar.

---

[120] De acordo com Manuel Rodrigues Vaz também há que contar com o BCA de Barão da Veiga.
[121] No blog http://africandar.blogspot.com/, António Gonçalves, irmão de João Fernandes, procede a uma história cronológica da Notícia a partir das capas e indica que, na noite de quinta-feira, a revista "seguia de maximbombo para o Lobito. Pelo caminho ia despejando, aqui e ali, o jornal, como sempre lhe chamámos. Até à Cela era pão com manteiga, mas quando se começava a descer o morro da Gabela, já não era brinquedo! Eu sei porque fiz uma vez a viagem no camion! Do Lobito, o jornal prosseguia a viagem para o Leste, de comboio".

Por isso, a *Notícia* ficaria privada do seu chefe de redacção em Luanda que, obedecendo aos ditames do coração, continuaria na Metrópole uma brilhante carreira jornalística, a qual, no entanto, não passaria pela revista onde pontificava a sua esposa.

Entretanto, só em Angola, a *Notícia*, uma revista com 96 páginas, algumas delas a cores, vendia quase cinquenta mil exemplares, apesar de não dispor de rotativas para a impressão.

A Neográfica possuía, ainda, outra revista, *Noite e Dia*, uma revista de espectáculos e cultura onde Rodrigues Vaz colaborou.

Continuando o périplo pelas revistas angolanas, importa referir a existência de *A Palavra*, cujo Director e proprietário era Renato Ramos, alguém que aproveitava os bens pessoais – o pai, agente de electrodomésticos japoneses, dava-lhe setenta contos por semana[122] – para ir perdendo dinheiro com projectos do seu agrado, como a comunicação social.

Aliás, antes de *A Palavra*, Renato Ramos fizera um jornal humorístico, o *Miau*, ligado à Neográfica e foi do *Miau* que saiu *A Palavra*.

Ainda no que concerne às revistas não pode ser esquecida a *Prisma*, ligada a católicos progressistas e que teve como director António Palha[123]. Um dos accionistas da *Prisma* era Mota Veiga, um grande empresário de Angola, originário da região de Viseu.

Aliás, para evocar a mãe, foi instituído o Prémio Maria José Abrantes Mota Veiga cuja primeira edição foi ganha pelo livro *Luuanda*, da autoria de Luandino Vieira e que ainda virá a ser objecto de referência nesta obra[124].

Outro nome que deve ser mencionado é o da revista *Semana Ilustrada*, fundada pelo Director da Emissora Oficial de Angola, Alfredo Diogo Júnior, e que recebia subsídios do CITA. Esta revista passaria, depois, para António Borges de Melo[125], que vinha do *Planalto* e garantia a sua manutenção através das reportagens que fazia sobre os empresários, uma vez que a alimentação do «ego» dos mesmos era uma boa fonte de recursos.

Em Angola ainda circulava a revista a *Actualidade Económica*, criada por António Pires, um antigo redactor do jornal *A Província de Angola* que, nos seus artigos, resolvera enfrentar a DIAMANG. Como retaliação, a companhia deixou de colocar anúncios nessa publicação e António Pires teve de procurar outros ares para não prejudicar *A Província de Angola*.

Na verdade, «cortar a direito» não é sinónimo de «cortar à direita».

---

[122] Segundo João Fernandes, a fortuna também assentava no negócio do café.

[123] António Palha foi casado com Joana Campinos, que pertencia a uma família que viria a estar ligada ao Partido Socialista. Antes, Joana Campinos fora casada com Fernando Curado Ribeiro e ainda viria a casar com Sebastião Coelho, uma das personalidades da rádio mais marcantes em Angola.

[124] O prémio foi instituído ainda antes do surgimento da revista porque a mesma foi criada em 1967 e José Luandino Vieira foi galardoado em 1964.

[125] António Borges de Melo ainda continua a ter uma revista com o mesmo nome mas no Brasil.

Nesta lista há, ainda, a considerar o *Jornal de Angola,* ligado à Associação dos Naturais de Angola (ANANGOLA), publicação que contava com o apoio de brancos e mestiços e estava virado para a independência de Angola e a revista *Trópico* – que Rodrigues Vaz denomina como pré-tablóide – fundada por Pompílio Pompeu da Cruz, que, a exemplo do seu criador, não se conseguiu impor[126].

Para finalizar a lista, importa referir a existência de um semanário religioso, *O Apostolado,* criado em 18 de Outubro de 1935 por D. Moisés Alves de Pinho, e da *Revista de Angola* dirigida por Araújo Rodrigues e que servia, sobretudo, para defender os interesses do grupo Venâncio Guimarães – a grande fortuna do Sul –, o grupo que pagava a sua publicação.

A referência a Venâncio Guimarães permite passar para os periódicos regionais ou que serviam, sobretudo, uma zona e os interesses aí instalados porque nesse lote merece referência o *Jornal da Huíla,* fundado em 1953 pelo Comandante da Marinha Venâncio Guimarães Sobrinho[127], que fez parte da Assembleia Consultiva de Angola e escreveu vários editoriais.

Ainda no âmbito dos periódicos regionais merecem referência o *Jornal do Congo,* que foi chefiado por um elemento da esquerda, o Acácio Barradas, antes da chegada de Orbelino Geraldes Ferreira, um antigo Director de uma Escola do Magistério na Metrópole, e que recorria a capital dos empresários locais e *O Planalto* de Nova Lisboa, também de capitais locais e destinado a defender, prioritariamente, os mesmos.

Para além dos periódicos referidos, outros poderiam ser indicados: o jornal *Sul, A Voz do Bié, Angola Norte, O Jornal de Benguela, O Moxico, Jornal Magazine e O Lobito,* jornal muito ligado à situação, dirigido por Mimoso Moreira, e que era o único diário que não estava sedeado em Luanda.

O capital proveniente de elementos para quem o regime era demasiado audacioso serviam para manter diariamente uma publicação que não primava pela qualidade.

Para Rodrigues Vaz, o grande jornal do Sul era *O Intransigente* de Benguela, onde trabalharam Vítor Silva Tavares, Edite Soeiro, Acácio Barradas e que se debruçava bastante sobre assuntos políticos.

Quanto às revistas brasileiras que circulavam em Angola, destaque para a *Manchete,* o *Cruzeiro* e a *Realidade.*

Referidos os principais títulos da imprensa angolana, é tempo de explicar a estrutura e o suporte legislativo que controlavam este «jogo do gato e do rato», no qual o

---

[126] Pompílio da Cruz chegou a assumir a candidatura à Presidência da República em Portugal depois de, ainda em Angola, ter fundado em 1974 a Frente de Resistência Angolana (FRA). A sua tentativa de uma independência branca de Angola não passou de "uma série de acções" e "o amadorismo da organização permitiu a sua fácil neutralização pelo MFA" (Correia, 1991, p. 107).

[127] É habitual a confusão com o jornal *Notícias da Huíla,* fundado em 1929 e dirigido por Venâncio de Guimarães.

gato apanhava frequentemente o rato mas não o comia para que o jogo pudesse continuar e sob o seu controlo.

Assim, no que dizia respeito à censura, continuava em vigor a Portaria n.º 3:431, de 7 de Agosto de 1940, publicada na I Série do *Boletim Oficial* n.º 31, que tinha sido criada para regular a matéria do Decreto-lei n.º 27:495, de 27 de Janeiro de 1937, "na parte em que se refere à constituição e exercício das comissões de censura prévia e repressiva".

Esta Portaria, no Capítulo I Art.º 1.º estipulava que estavam sujeitas a censura prévia:

a) A imprensa periódica devidamente autorizada como jornais, revistas, ilustrações, magazines e publicações semelhantes;

b) Os números únicos ou espécimes, ou manifestos, folhas volantes, folhetos, cartazes, boletins, relatórios, circulares, prospectos e outras publicações, sempre que em qualquer delas se versem assuntos de carácter político ou social;

c) Os originais dos telegramas e telefonemas para o estrangeiro que respeitem a assunto político ou social;

d) Os discursos ou conferências de carácter político emitidos por quaisquer estações radiodifusoras ou postos radioeléctricos emissores, estabelecidos na Colónia.

Quanto ao parágrafo 2.º estipulava que caíam na alçada da censura repressiva:

– Os jornais, revistas, ilustrações, magazines, folhetos, manifestos, folhas volantes, cartazes, mapas e qualquer outra publicação estrangeira a distribuir na Colónia;

– Os textos dos telegramas recebidos nas estações telégrafo-postais que respeitem a assunto político ou social que ainda não tenham sido objecto de censura na imprensa periódica;

– Os livros e mais publicações não sujeitas a censura prévia, bem como os livros e publicações estrangeiras a distribuir na Colónia;

Para além destes parágrafos, havia, ainda, o 3.º que estipulava que, pelos editores ou autores, podiam "ser submetidos a censura prévia os originais ou traduções das publicações referidas na alínea c) do parágrafo anterior" e o parágrafo 4.º, o qual afirmava que a censura das emissões radioeléctricas seria "exercida nos termos do regulamento dos serviços radioeléctricos em vigor na Colónia".

No que se refere aos órgãos a quem era cometida esta censura, o art.º 2.º definia que "os serviços de censura serão exercidos na Colónia sob a superintendência da Repartição de Gabinete do Governo Geral" e que esses serviços seriam exercidos "por uma comissão de censura, funcionando na capital da Colónia, e quatro delegações de censura, funcionando respectivamente junto dos governadores das províncias de Benguela, Huíla, Bié e Malanje". Além disso, o Governador-Geral podia "em casos especiais, atribuir funções de censura às intendências de distrito".

Quanto ao art.º 3.º indicava a composição destes órgãos. Assim, a comissão de censura era "constituída por dois membros efectivos e um suplente; as delegações por

A CENSURA EM ANGOLA NA FASE FINAL DO IMPÉRIO

um membro efectivo e um suplente; a censura nas intendências de distrito, quando determinada, será exercida pelo intendente".

No que se refere ao mecanismo relativo à nomeação, o art.º 3.º estipulava que "os membros da comissão ou delegações de censura são nomeados pelo Governador geral; mas a nomeação dos membros das delegações de censura será feita sob proposta dos governadores das respectivas províncias".

É claro que para estas funções se exigia "pessoas idóneas, que dêem a maior garantia de defesa da ordem política e social vigente e possam ser responsabilizados, civil, criminal e disciplinarmente, pelos danos ou prejuízos morais ou materiais que porventura ocasionem ao Estado" – art.º 4.º.

Estes membros podiam ser "livremente exonerados ou demitidos pelo Governador Geral" – art.º 4.º - e tinham direito a uma remuneração "fixada pelo Governador Geral" – art.º 6.º.

De notar que no art.º 8.º, aquele que discriminava as proibições, a alínea n) proibia "artigos ou locais cujo fim seja o da coação pelo escândalo e os anúncios de astrólogos, bruxas, videntes e outros".

No Portugal actual, esta medida deixaria sem uma receita considerável a imprensa. No Império de então, muitos foram os cortes justificados por esta alínea.

Indicada a composição do elemento censor, parece importante saber a remuneração que cabia aos censores, informação que foi descoberta no Arquivo Histórico--Diplomático na referência PT/AHD/MU/GM/GNP/RNP/0109/08036.

Assim, em 16 de Agosto de 1965, o Governador-Geral Silvino Silvério Marques enviou o ofício n.º 6005/4215/8/8-A/1.ª ao Ministro do Ultramar a solicitar que fosse atribuída ao censor do Lobito "gratificação igual à que vem sendo abonada aos censores em serviço na cidade de Luanda".

Este pedido vinha na sequência de um requerimento feito pelo Delegado da Comissão de Censura à Imprensa, no Lobito, porque o trissemanário *O Lobito* tinha passado a diário.

O Governador-Geral considerava esta solicitação "justa, dado que o serviço daquele censor aumentou consideravelmente" e, além disso, ele era "o único na cidade do Lobito", mas nada podia fazer porque "as gratificações aos censores foi fixada por Decreto n.º 40 292" .

Nesse ofício o Governador-Geral chamava, ainda, a atenção do Ministro para o facto de o serviço de censura ter aumentado "consideravelmente, especialmente na cidade de Luanda" e, por isso, considerava "desactualizadas as gratificações fixadas por aquele Decreto".

Em 1 de Setembro de 1965, foi solicitado à Direcção-Geral da Fazenda um parecer sobre esse assunto e o chefe da Repartição de Fazenda, João Cayolla Tierno, repondeu em 8 de Setembro, embora a autenticação feita pelo próprio esteja datada de 15 de Setembro.

Nesse parecer, que mereceu a concordância de Câmara Leme de Faria e de J. Cotta, os cinco pontos historiavam o processo mas o ponto 4 dava conta de uma falta porque a proposta não vinha "instruída com os elementos referidos nos n.ºs 2.º e 3.º do despacho de Sua Ex.ª o Ministro do Ultramar, de 24 de Abril do corrente", falta que impedia que o processo fosse "convenientemente apreciado".

No entanto, para este estudo é muito importante verificar que o ponto 3 esclarecia que as verbas ou "abonos mensais a pagar aos membros da Comissão de Censura à Imprensa de Angola eram as seguintes:

- "Ao adjunto do chefe da Repartição do Gabinete, como encarregado da superintendência da Censura – 1 800$00;
- Em Luanda, cada membro efectivo da Comissão de Censura 1 500$00;
- A cada membro efectivo das delegações de censura – 750$00".

Este ponto ainda informava que "antes da publicação daquela medida legislativa, vigoravam as gratificações de 1 000$00, 400$00 e 250$00, respectivamente, nos termos do Diploma Legislativo Provincial n.º 1 301, de 23 de Março de 1942".

Para satisfazer a possível curiosidade e como forma de aquilatar o valor desses honorários na época, importa referir que em 1965 o vencimento médio do pessoal dirigente era de 262$00 por dia, enquanto o pessoal técnico recebia 179$00 e o pessoal administrativo 108$00.

Face aos dados apresentados, parece possível concluir que o factor económico não era aquele que mais pesava no exercício da função de censor.

Retomando a questão relativa à solicitação feita pelo Delegado da Comissão de Censura à Imprensa no Lobito, informa-se que no dia 28 de Setembro o GNP enviou o ofício n.º 6192/Y-7 ao Governador-Geral de Angola a solicitar o envio dos elementos em falta, mas não consta na pasta a resposta de Silvino Silvério Marques. Aliás, também o despacho ministerial não figura nos elementos arquivados.

Conhecidas as verbas auferidas pelos censores, importa referir que os cortes na imprensa periódica das possessões portuguesas já eram uma regra a que os jornalistas estavam habituados, embora esses cortes raramente chegassem à Metrópole, apesar de, no final da década de 50, mais propriamente em 9 de Janeiro de 1959, através do ofício 44/190[128], a Direcção-Geral de Administração Política e Civil ter rogado a todas as províncias que, "por determinação de Sua Excelência o Ministro" fossem "remetidos semanalmente a esta Direcção Geral todos os cortes de artigos efectuados pela Comissão de Censura à imprensa".

Este envio permitiria ao Ministro saber qual o alinhamento ideológico das várias publicações e, ainda, os temas susceptíveis de contribuir para a erosão do Império. Além disso, seria possível inventariar as críticas feitas à gestão da responsabilidade dos órgãos das várias possessões e averiguar, através da solicitação de esclarecimen-

---

[128] O documento pode ser consultado na caixa 2 de MU/GNP/ Sr. 119.

A CENSURA EM ANGOLA NA FASE FINAL DO IMPÉRIO

tos, da pertinência e da justeza das mesmas, para além de ser possível controlar os diferentes grupos de interesses espalhados pela Província.

Como forma de aquilatar o número de cortes – totais ou parciais – atente-se no facto de no mês seguinte, mais exactamente em 21 de Fevereiro de 1959, a mesma Direcção-Geral esclarecer que o Ministro concordava com aquilo que tinha sido "exposto pelo Governo Geral de Moçambique, que dos artigos a que se alude no ofício n.º 44", apenas fossem "enviados os que ofereçam interesse".

No entanto, em 14 de Novembro de 1963, o Subsecretário de Estado da Administração Ultramarina insistiria no cumprimento do ofício circular 44/190 de 9 de Janeiro de 1959, solicitando que fossem remetidos "semanalmente [...] todos os cortes", regra que parecia de difícil cumprimento porque, em 30 de Dezembro de 1963, a Direcção-Geral de Administração Política e Civil voltaria a repetir o pedido ao Governador de Cabo Verde.

Antes de iniciar o estudo de caso, importa referir como se processava o processo a partir do momento em que os ofícios do Governador-Geral de Angola davam entrada em Lisboa.

Assim, graças ao depoimento de João Pereira Neto, foi possível saber que essa correspondência era levada ao Director-Geral que a abria e a distribuía pelos funcionários. Depois, o funcionário escolhido para analisar os cortes procedia à respectiva leitura e, sempre que não via neles motivo que justificasse qualquer interesse, sugeria o arquivamento e remetia esse parecer para o Director-Geral. Na posse desse parecer, o Director-Geral confirmava-o antes de o levar ao Ministro a quem competia a palavra final sobre o arquivamento. Por isso, no ofício, mesmo quando a informação ia no sentido do arquivamento por falta de matéria justificativa para a solicitação de informações suplementares, constava a frase "V.ª Ex.ª decidirá".

No entanto, sempre que os assuntos o exigiam, o funcionário elaborava um apontamento que remetia para o Director-Geral e era este que o apresentava ao Ministro do Ultramar que decidia se era necessário proceder à solicitação das informações sugeridas pelo GNP.

Neste caso, no ofício recebido de Angola, o funcionário mencionava que tinha sido feito um apontamento – que era identificado pelo número – e o Director-Geral procedia de igual modo.

A consulta dos ofícios permitiu constatar que a regra enunciada quase não admitiu excepções.

A explicação da forma como funcionava o sistema constitui um elemento importante para perceber alguns excessos de zelo dos censores, pois sabiam que a sua acção iria ser objecto de apreciação superior. Vivia-se, então, uma conjuntura na qual "cada um tem medo do outro, e todos juntos têm medo do Poder" (Monteiro, 1974, p. 202).

Seria caso para dizer que o medo estava vigilante numa época em que a transparência exigia, por exemplo, que os funcionários subalternos da Polícia Judiciária

SEGREDOS DO IMPÉRIO DA ILUSITÂNIA: A CENSURA NA METRÓPOLE E EM ANGOLA

informassem previamente o Director da aquisição de uma viatura e das fontes que lhes permitiam não apenas essa compra, mas também a respectiva manutenção[129].

Voltando aos apontamentos, não restam dúvidas que o Ministro tinha confiança no trabalho do GNP, uma vez que as suas decisões iam sempre no sentido das informações que lhe eram fornecidas.

A leitura interpretativa dos cortes que o GNP considerava que seriam de arquivar parece apontar para a competência como regra na actuação deste órgão. No entanto, como não há regra sem excepção, ao longo da obra serão indicados alguns cortes que o GNP considerou que poderiam ser arquivados mas que talvez tivessem justificado uma maior atenção por parte do Poder Central.

2.1. A Década de 60

A compreensão da situação vivida em Angola na década de 60 exige uma curtíssima referência analéptica à fase final da década de 50, uma época que, de acordo com Melo (1974, p.112), fez de Luanda um "teatro de uma intensa agitação política. Através de panfletos ou de simples evocação de figura históricas da resistência, no seio das escolas políticas clandestinas, os militantes do MPLA forjam as armas da insurreição".

A referência aos panfletos leva à necessidade de saber se os mesmos foram objecto de apreensão por parte da Comissão de Censura ou da PIDE, informação só possível a partir dos relatórios enviados de Luanda.

Essa é uma das tarefas deste estudo de caso e as vinte e nove caixas ou pastas sobre essa temática existentes no Arquivo Histórico Ultramarino constituirão a fonte privilegiada para a informação.

Talvez convenha recordar, até como forma de contextualização, que numa fase mais adiantada desta década, mais propriamente em 1968, lá fora, em Paris, os estudantes do Maio de 68 decoravam as paredes com as suas mensagens a exigir mudança e a defender que era proibido proibir. Em Portugal, e por arrastamento em Angola, só não continuava a aparente acalmia característica da vida habitual devido ao início da guerra colonial ou de libertação, de acordo com as duas perspectivas em confronto.

Na realidade, a década de 60 marcou o início do conflito armado em Angola porque as forças independentistas levaram a cabo um ataque à Casa de Reclusão Militar, à Cadeia Civil de São Paulo, à estação de rádio e à esquadra da PSP.

A autoria desse ataque está longe de ser consensual, porque, como Tali (2001, p. 71) refere, "contradizem-se hoje várias versões que trazem à cena o MPLA, o Exército de Libertação de Angola (ELA) e a UPA"[130].

---

[129] Art. 1.º da Ordem de Serviço n.º 27 de 26 de Março de 1962.

[130] Este assunto já foi narrado na minha obra *Do império colonial à comunidade dos países de língua portuguesa: continuidades e descontinuidades* e não disponho de informações mais recentes e credíveis sobre o mesmo.

Consensual é a atribuição à UPA das responsabilidades pelo massacre de 15 de Março de 1961, embora o mesmo já não se passe no que concerne ao total de mortos e à percentagem que nesse número correspondeu aos brancos, sendo que a cor da pele não serve de indicador para a pertença à elite latifundiária.

Holden Roberto, em depoimento televisivo, referiu que a UPA tinha reivindicado a autoria do massacre a conselho de Fanon para que o MPLA não reclamasse essa acção. Mais disse que as imagens do massacre que vira na televisão norte-americana tinham ido muito além daquilo que fora planeado, palavras que, no entanto, não foram corroboradas por um dos intervenientes na matança.

Com o início desta frente da guerra colonial, a violência dos combates, mas também outras situações sem ligação directa ao acto de combater – por exemplo, acidentes de viação e doenças – levaram a que, do lado das forças armadas portuguesas, durante esta década tivessem perdido a vida 830 militares provenientes do recrutamento na Metrópole e 116 do recrutamento na Província[131].

Nessa conjuntura, a tendência normal seria para um aumento da acção censória. O estudo que se segue e que contempla todos os meses relativamente aos quais foi possível obter informação permitirá ajuizar se essa predisposição se materializou.

2.1.1. O Ano de 1961

Relativamente a este ano, a informação recolhida não foi abundante, pois os documentos consultados na Torre do Tombo apenas se referem a Junho de 1961, data da criação dos Serviços de Centralização e Coordenação de Informações de Angola (SCCIA). Na verdade, o início da guerra colonial encontrou a Província num estado que denotava que as medidas assertivas tinham sido raras se comparadas com o marasmo da vida habitual.

Como é sabido, Adriano Moreira, o novo Ministro do Ultramar, só chegou à pasta em 13 de Abril de 1961 e herdou uma situação que exigia não apenas alterações de pormenor, mas uma completa restruturação descentralizadora que possibilitasse à Província uma participação efectiva na gestão da sua vida.

De facto, só essa participação poderia encaminhar Angola para uma autonomia progressiva e irreversível que acautelasse os interesses de todos, embora a palavra «todos» estivesse mergulhada num mar de dificuldades devido à reacção dos interesses instalados e pouco dispostos a abdicar dos privilégios adquiridos.

Retomando a questão da falta de informação para os anos iniciais desta década, importa dizer que o investigador localizou no Arquivo Histórico Diplomático

---

[131] De acordo com Aniceto Afonso (1996, pp. 355-256), o número de mortos, em função do recrutamento, foi o seguinte: 1961 – 109 e 17; 1962 – 112 e 9; 1963 – 78 e 5; 1964 – 99 e 4; 1965 – 86 e 7; 1966 – 92 e 14; 1967 – 84 e 17; 1968 – 103 e 15; 1969 – 67 e 28. O valor inicial diz respeito ao recrutamento na Metrópole.

os ficheiros PT/AHD/MU/GM/GNP/RNP/0110 e PT/AHD/MU/GM/GNP/RNP/0109/08036.

Na sequência de vários contactos – telefónicos e por correio electrónico – com os serviços do Arquivo Histórico Diplomático esses documentos acabaram por ser desclassificados e colocados, ainda que com alguma morosidade, à disposição desta investigação.

Porém, os elementos consultados não corresponderam totalmente às expectativas criadas pelo investigador.

2.1.1.1. Junho de 1961

A necessidade de garantir o acesso dos órgãos dirigentes de Angola a uma informação fidedigna sobre aquilo que se passava na Província levou à criação, em 29 de Junho de 1961, através do Decreto n.º 43 761, dos Serviços de Centralização e Coordenação de Informações de Angola (SCCIA) chefiados, inicialmente, pelo major Silva e Sousa e na dependência do Governador-Geral e Comandante-Chefe, Venâncio Deslandes.

Aliás, a leitura do artigo 1.º do Decreto n.º 43 761 permite saber que estes serviços eram criados em Angola e Moçambique, mas o parágrafo único apontava para a criação nas outras províncias "devendo os respectivos governadores promover a sua instalação logo que os considerarem necessários".

Estes serviços tinham como finalidade "reunir, estudar, difundir e salvaguardar as informações que interessarem à política, à administração e à defesa de Angola"[132] e eram independentes dos já existentes serviços de informação ao público – CITA.

Uma das missões do novo organismo era a contra-informação, ou seja, "o conjunto de medidas, activas e passivas, destinadas a salvaguardar as notícias, o pessoal, o material e instalações contra a espionagem, a sabotagem ou actividades subversivas de nações ou de grupos ou indivíduos desafectos ou dissidentes que constituem uma ameaça para a segurança nacional"[133].

Com esta criação, o Governador-Geral continuava a ser o responsável pela política de informação em Angola, embora passasse a dispor, como órgãos consultivos da Comissão Provincial – de que era presidente e na qual o Director dos SCCIA tinha assento como um dos 7 vogais –, das Comissões Distritais, a criar, por portaria, quando necessárias e dos SCCIA.

---

[132] SCCIA, A informação em Angola, Vol. I. Discurso do major Silva e Sousa em Novembro de 1961. O documento dactilografado está no início do livro 204.

[133] *Manual dos serviços de centralização e coordenação de informações*, exemplar n.º 17, p. 2.

2.1.2. Ano de 1962

A exemplo do ano anterior, também 1962 foi um ano relativamente ao qual esta investigação não obteve grande número de informações consideradas pertinentes para a temática em estudo. Na verdade, de acordo com a documentação consultada na Torre do Tombo, apenas dois meses justificam narração.

No final desse ano, mais exactamente em 4 de Dezembro, Adriano Moreira deixaria a pasta do Ultramar, sendo substituído pelo seu antigo Governador da Guiné, Peixoto Correia.

Os interesses instalados falavam mais alto do que a conjuntura aconselhava, como o preço – elevado e doloroso – da continuação da guerra e de um acelerado processo «quase descolonizador» não demoraria a provar.

2.1.2.1. Fevereiro de 1962

Em Angola a circulação de notícias dentro da estrutura dos serviços de comunicação ainda continuava numa fase embrionária como se pode constatar pelo facto de, em 8 de Fevereiro de 1962, o chefe dos SCCIA, Silva e Sousa, ter enviado aos Governadores de Distrito as normas sobre a classificação das notícias, uma escala de seis níveis descendentes e correspondentes às letras do alfabeto: A – absolutamente seguro; B – normalmente seguro; C – razoavelmente seguro; D – normalmente não seguro; E – não seguro e F – não pode ser apreciado.

Esta classificação era importante para a uniformização do critério de confiança porque a circular n.º 176/1-H1 de 28 de Fevereiro de 1962, no seu ponto 1 da parte A, estipulou que "todos os documentos capturados, após a sua exploração imediata, se for caso disso, deverão ser enviados, pelo meio mais rápido, aos SCCIA, através dos canais hierárquicos, em anexo ao RI[134] ou SI[135]".

De notar que os documentos muito secretos seriam "destruídos pelo fogo quando a origem do documento MUITO SECRETO julgue que o mesmo se torna inútil" e, por isso, "nenhuma entidade poderá destruir, em circunstâncias normais, qualquer documento MUITO SECRETO sem pedir autorização à origem ou entidades distribuidoras"[136].

Aliás, os cuidados com os documentos muito secretos e secretos começavam logo no acto do envio porque deveriam ser encerrados "em dois envelopes ou invólucros opacos"[137].

---

[134] Relatórios Imediatos.
[135] Sumários de Informações.
[136] Livro 204, página 20 do apêndice C (modelo de PI): as instruções sobre relatórios e pedidos de informações.
[137] Livro 204, página 9, ponto 3 das normas para o processamento da documentação.

Assim, ficava acautelada a impossibilidade de leitura do conteúdo ao longo do trajecto dos documentos a menos que a correspondência fosse violada.

2.1.2.2. Maio de 1962

Em 5 de Maio de 1962 o Decreto n.º 44 327 voltou a ter como assunto os Serviços de Centralização e Coordenação de Informações nas Províncias Ultramarinas de Angola e Moçambique porque se pretendia "habilitar aqueles Serviços, em Angola, a iniciar o seu eficiente funcionamento" e, por isso, o art.º 2.º estipulava oito órgãos para exercerem as atribuições conferidas aos Serviços: Gabinete de Estudos, Gabinete Militar, Gabinete Civil, Gabinete Político, Gabinete de Actividades Especiais, Repartição Administrativa, Centro de Mensagens e Secções Distritais[138].

Mais tarde, em 30 de Maio de 1962, a Portaria n.º 12 233, publicada no *Boletim Oficial* n.º 22 – I Série, estabelecia as normas para o funcionamento do Serviço de Informações na Província de Angola e indicava os órgãos de estudo, centralização e coordenação de informações a nível central e distrital.

De notar que a informação relativa à opinião pública, atitudes e órgãos de informação estava classificada na rubrica 20.02.07, no que concerne às atitudes da imprensa favorável, e 20.02.08 para as atitudes da imprensa desfavorável.

Lentamente, o serviço ia sendo dotado de uma estrutura ajustada a uma situação que a guerra na Província se encarregava de tornar cada vez mais complexa.

2.1.3. O Ano de 1963

Este ano, se comparado com os anteriores, já permitiu uma recolha muito superior de dados sobre a temática em estudo, sendo que a fonte passou a ser o Arquivo Histórico Ultramarino.

Assim, já foi possível obter, a partir da caixa 2 de MU/GNP/ Sr. 119, informação sobre quatro meses.

2.1.3.1. Janeiro de 1963

Na pasta 2 de MU/GNP/ Sr.119 existe um apontamento do GNP, datado de 9 de Janeiro de 1963, sobre os recortes da imprensa de Angola ainda relativos a Dezembro de 1962.

---

[138] Inicialmente, o Serviço Central do SCCIA compreendia sete órgãos: Gabinete de Estudos, Gabinete Militar, Gabinete Civil, Gabinete Político, Gabinete de Actividades Especiais, Repartição Administrativa e Centro de Mensagens, embora previsse as Secções Distritais a serem criadas "à medida que se forem tornando necessárias" – Livro 204, p. 8 de Normas para o funcionamento do serviço de informações na província de Angola.

Nessa informação dizia-se que "nenhum dos cortes efectuados pelos Serviços de Censura da Província parece sugerir qualquer reparo", ou seja, o GNP concordava com a actuação dos Serviços de Censura de Angola e explicava as razões dessa concordância.

Assim, o artigo do *ABC* de 25 de Dezembro sobre a reacção da Associação dos Naturais de Angola e da Liga Nacional Africana "contra o facto de não terem sido convidados a fazerem-se representar na reunião do Conselho Ultramarino que se ocupou da revisão da Lei Orgânica", como é evidente, "foi objecto de corte total da Censura".

Na verdade, o Conselho Ultramarino, o mais antigo órgão da administração colonial, com regimento inicial de 14 de Julho de 1643 e objecto de várias extinções seguidas de refundações, a última das quais em 1953, não estava disposto a dar voz a associações que evidenciavam alguma ambiguidade quando falavam da «mãe-pátria».

No que se referia aos artigos publicados no *Jornal da Huíla* sobre o funcionamento do Hospital Regional de Sá da Bandeira e do Liceu Diogo Cão, a informação do GNP concordava com a censura feita e apontava para que se desse conhecimento dos mesmos às respectivas Direcções-Gerais, uma vez que era importante apurar a veracidade das queixas.

Foi o que aconteceu através dos ofícios 540 e 544 T-7-5 de 22 de Janeiro de 1963.

A censura também suprimira a indicação da fonte de uma notícia do *Jornal da Huíla* sobre "a última remodelação ministerial" porque essa fonte fora a Rádio Brazzaville, ou seja, para se saber o que se passava em Angola tinha de se ouvir uma rádio estrangeira, com a agravante de nessa emissora também passar "muita propaganda insidiosa e muita mentira à mistura".

Tratava-se, assim, de uma situação duplamente negativa e, por isso, o GNP deu o aval a essa supressão.

No entanto, não foi esta proibição que evitou que, em Angola, alguns ouvidos continuassem atentos à Rádio Brazzaville e, durante algum tempo, à Rádio Katanga, que emitia na banda dos 25 metros.

2.1.3.2. Março de 1963

Como ficou implícito quando foi explicado o tratamento dispensado aos cortes recebidos em Lisboa, sempre que uma notícia ou um corte continham elementos susceptíveis de colocarem em causa a forma como os serviços estavam a funcionar, o GNP informava o Ministro do Ultramar da pertinência de ser dado conhecimento da situação ao órgão que superintendia nessa actividade e o Ministro – a quem cabia sempre a última palavra – decidia sobre a decisão a tomar.

Nesse âmbito faz sentido que, em 5 de Março de 1963, o GNP tenha enviado ao Director-Geral de Saúde do Ultramar o ofício confidencial n.º 1508/T-7-5 com a fotocópia de um artigo no qual se defendia que "o segundo distrito de Angola em população tem direito a um oftalmologista com residência fixa em Sá da Bandeira", artigo que tinha sido publicado "recentemente na imprensa angolana", para que se dignasse prestar informações sobre o mesmo.

O Ministro queria fazer sentir ao Director-Geral de Saúde do Ultramar que, através dos periódicos, sabia das queixas da população e, por isso, pretendia ser informado sobre aquilo que a Direcção-Geral tencionava fazer no sentido da resolução do problema, uma vez que parecia clara a impossibilidade de um único oftalmologista garantir a assistência a uma população tão numerosa.

Aliás, só a falta de oftalmologistas podia explicar que não se visse o absurdo da situação.

Afinal, não era apenas na Metrópole que os médicos especialistas preferiam fixar--se na capital nos Hospitais Centrais.

2.1.3.3. Outubro de 1963

Em 24 de Outubro de 1963, o GNP recebeu um artigo intitulado «Algodão» que o jornal *Sul*, de 21 de Agosto de 1963, quisera publicar e que o Delegado da Comissão de Censura à Imprensa do Lobito cortara.

A leitura do artigo deixava perceber as razões da sua proibição, mas o Ministro deve ter ficado incomodado com o conteúdo do artigo e, por isso, solicitou esclarecimentos ao Governador-Geral, através do ofício confidencial 7215/T-7-5 de 11 de Dezembro de 1963.

O Ministro queria ser informado sobre dois pontos: "a natureza da assistência técnica que o Instituto do Algodão se propõe prestar, durante a próxima campanha, aos agricultores não autóctones da área do Novo Redondo" e se previa "a criação de algum parque de máquinas, destinadas a aluguer, naquela zona".

Como se constata, as denúncias feitas na imprensa da Província, mesmo quando eram proibidas e não chegavam ao conhecimento dos leitores, não deixavam de constituir um manancial de informação para o Poder, tanto a nível de Angola, como da Administração Central.

Em momento posterior, ou seja, quando o Governador-Geral remeter para Lisboa as informações prestadas pelos serviços, a investigação voltará a estes assuntos. Neste caso, será em Janeiro de 1964.

2.1.3.4. Novembro de 1963

Os elementos indicados até este ponto da investigação mostram o aspecto ainda algo incipiente como decorria a censura em Angola.

Por isso, no que concerne à agilização e a uma maior eficácia dos serviços de censura, João Pereira Neto, então chefe da 4.ª Repartição do GNP, no apontamento n.º

388, de 7 de Novembro de 1963, propôs que se elaborasse uma resenha ou relatório periódico, possivelmente quinzenal, com dois capítulos: um para apreciar a posição de cada jornal a partir dos cortes efectuados pela censura e outro com a esquematização dos assuntos que deveriam ser levados ao conhecimento superior, ou seja, do Ministro do Ultramar.

Além disso, sugeriu que o envio passasse a ser feito directamente para o GNP e não para a 3.ª Repartição da Direcção Geral de Administração Política e Civil porque com o modelo vigente muitos factos não chegavam ao conhecimento do GNP.

O Subsecretário de Estado da Administração Ultramarina concordou com a proposta por despacho de 14 de Novembro de 1963.

João Pereira Neto, apesar da juventude, já sabia que a rapidez e a eficiência da circulação da informação variavam na razão inversa do número de serviços envolvidos nesse processo.

No entanto, talvez ainda não estivesse totalmente ciente da reacção que a «vida habitual» iria desencadear face à sua proposta, pois vários governadores não a acolheriam bem, ou porque não dispunham de uma estrutura capaz para cumprir a função, ou porque consideravam que o Poder Central estava a tentar imiscuir-se na esfera das suas competências.

É nesse âmbito que deverá ser vista a já referida proposta do Governador-Geral de Moçambique no sentido de o envio para a Metrópole só englobar os cortes que apresentassem interesse, pois o critério que permitiria identificar esse interesse seria marcado pela subjectividade do Governador-Geral.

Por isso, várias possessões não enviaram qualquer elemento, mesmo depois da alteração do critério por ordem ministerial, dando a sensação que o distanciamento entre a Metrópole e o Ultramar nem sempre era apenas físico, embora deva ser tida em linha de conta a reduzida implantação da imprensa em várias províncias ultramarinas onde a taxa de analfabetismo era ofensivamente enorme.

De facto, na década anterior, em 1956, de acordo com Paulo (1999, p. 323), Angola dispunha de apenas 22 091 alunos no ensino primário, Moçambique de 16 874, Cabo Verde de 8 896, a Guiné de 4 256 e São Tomé e Príncipe de 2 572.

Ora como a taxa de insucesso escolar era elevada, o domínio da leitura continuava a ser um privilégio ao alcance de uma minoria.

2.1.4. Ano de 1964

A partir de 1964, a informação disponível existente no Arquivo Histórico Ultramarino e considerada pertinente para a temática em estudo passou a ser muito mais numerosa e esse facto tornou possível uma caracterização mais completa da realidade da actividade censória em Angola.

2.1.4.1. Janeiro de 1964

A administração colonial portuguesa era directa e, por isso, quando o Ministro solicitava informações, os organismos envolvidos no processo estavam obrigados a prestar os esclarecimentos que julgavam necessários para o esclarecimento do titular da pasta do Ultramar, embora, no início da década, quando a mensagem seguia pela Marconi, tivessem ocorrido casos em que os destinatários alegavam que a mesma não tinha sido recebida, estratagema que tinha possibilitado a Venâncio Deslandes alguns distanciamentos oficialmente pouco justificáveis e que lhe viriam a custar o afastamento do cargo de Governador-Geral de Angola.

Porém, não foi esse o caso do pedido de informações sobre a questão relativa ao algodão, pois a resposta ao ofício confidencial 7215/T-7-5 de 11 de Dezembro de 1963 chegaria pelo Instituto do Algodão de Angola, em 24 de Janeiro de 1964, para esclarecer que o parque de máquinas para alugar estava "funcionando já há alguns meses em Novo Redondo". Além disso, a assistência técnica seria não apenas mantida mas alargada a "Porto Amboim" e que seria reduzida "a assistência financeira, sobre qualquer modalidade, apenas às explorações economicamente viáveis".

Era uma forma de, por um lado, descredibilizar as notícias surgidas na imprensa e, por outro, mostrar que a censura procedera correctamente.

Como se constatará ao longo da obra, as críticas ao funcionamento das grandes companhias e dos institutos constituíam a regra na vida da imprensa angolana, situação que não era nova, pois já fora aproveitada, por exemplo, por Deslandes, em 1961, para tentar capitalizar a popularidade resultante de uma tributação retroactiva sobre a Companhia dos Diamantes.

Para infelicidade do D. Pedro de Angola, os principais investidores da Companhia estavam em Londres e sabiam que a lei favorecia os seus interesses.

2.1.4.2. Fevereiro de 1964

Em 15 de Fevereiro, o GNP produziu o apontamento 415-A sobre a imprensa ultramarina, guardado na pasta 2, no qual se voltava a referir a proposta feita por João Pereira Neto em Novembro de 1963 e se dava conta que "algumas províncias não correspondiam, tanto quanto desejávamos, aos pedidos que lhes haviam sido formulados, para que nos mandassem os recortes. E se começaram por enviá-los a breve trecho caíram na rotina de o não fazerem". De facto, só o Governo-Geral de Angola tinha "estado a usar de certa regularidade no envio dos cortes" e o Governo de Macau acabava de enviar "a primeira documentação que, aliás, não permite formar uma opinião sobre o jornal a que respeita".

No que se referia ao ponto ou capítulo I, o relatório considerava que o vespertino *ABC* de Luanda continuava a "afinar pelo mesmo diapasão: nativismo" porque pretendia "pôr em xeque a nossa política ultramarina", referindo "sempre que pode, o baixo nível de vida assim como a ausência de esforços de alfabetização" e evidenciando "o valor das despesas que estamos fazendo no sector militar [...] a opressão e a exploração exercidas sobre o negro".

Assim, sempre que julgava "asado", fazia "referências aos elementos do MPLA ou a outros quaisquer «dirigentes» dos restantes grupos «emancipadores» de Angola – processo de os tornar conhecidos, e fazendo crer no seu valor pessoal".

Além disso, havia um perigo suplementar porque o ABC tinha "uma inteligente direcção" e, por isso, tudo era "feito com tacto, discretamente até", situação que levava a enganos da censura, que apenas procedia a cortes quando devia, pura e simplesmente, suprimir tudo.

Por isso, se sugeria que a censura a este jornal fosse "confiada a pessoa com preparação e aptidões especiais", uma vez que se tratava de um jornal "com uma habilidade que mais nenhum outro jornal possui" e que estava "sempre pronto a passar as malhas".

No que se referia à revista semanal *Notícia,* também publicada em Luanda, o GNP considerava que era "sobretudo um meio de crítica e marcadamente irreverente". O relatório julgava que até poderia ser "útil em muitos aspectos" porque atacava o que estava mal "nos Serviços ou nos costumes sociais" e não concordava com "alguns dos cortes que a censura lhe faz", pois o conhecimento de escândalos que não envolvessem "a Administração ou o corpo social" levaria as pessoas que tinham "tendência para os desmandos e actos menos honestos" a pensarem "duas vezes antes de se decidirem por caminhos ínvios".

O responsável pelo relatório, que sabia que a sua posição ia "contra a opinião de muitos", também considerava que não era "qualquer um que serve para censor" porque tudo tinha "os seus limites, difíceis de marcar *a priori*".

Estes eram os dois casos a justificarem a atenção porque, quanto aos diários, "preocupam-se sobretudo com o aspecto comercial e com uma informação sem melindres", uma vez que "no fim de contas importa a quem os dirige que rendam. As empresas querem lucros".

Como é sabido, nessa época os jornais dependiam das vendas e das verbas provenientes da publicidade, assunto que será tratado em momento posterior.

Quanto aos jornais locais, serviam "sobretudo interesses locais ou de caciques" e, por isso, a política geral só lhes interessava "na medida em que os seus proprietários se sentem afectados", pois eram "instrumentos de clientela e de política pessoal, com os quais geralmente se perde dinheiro, mas se ganha em influência, obtendo-se benefícios por vias indirectas".

Assim, esses jornais eram vistos pelos seus proprietários como um investimento visando a promoção pessoal e a defesa dos seus interesses e o aparente prejuízo acabava por se traduzir em ganhos muito significativos.

No que diz respeito aos recortes que deveriam ser levados a conhecimento superior, o responsável pelo relatório indicava os seguintes elementos:

– O corte do jornal *Sul*[139] do Lobito sobre as "gratificações chorudas aos directores";

– Os cortes no *Boletim Informativo* da Câmara Municipal de Sá da Bandeira, por expressões menos próprias como, por exemplo, "por má informação do Governo";

– O artigo «A mendicidade pública aumenta assustadoramente», publicado no jornal *O Lobito*;

– A entrevista ao Secretário Provincial Teixeira Pais "sobre o problema cambial", publicada no *ABC*, na qual este afirmara que tinha havido "uma certa fertilidade inventiva para a realização de burlas cambiais, tendo-se chegado mesmo à falsificação de assinaturas e carimbos" porque "o negócio de cambiais fora do regime oficial funcionou sempre, com um cortejo de lucros ilícitos, de burlas com cheques sem cobertura, etc".

Ainda no que concerne ao *ABC*, este jornal também quisera noticiar, sob o título «Arbítrio e injustiça», o caso de um negro acusado de roubar um transístor que efectivamente comprara. A censura cortara "todo o texto", mas o relator indicava que a estratégia deveria ter sido outra: "adiar a publicação, resolver o problema" e só depois "publicar a notícia, apensada de uma nota da redacção explicando que, afinal, justiça já fora feita".

Relativamente ao jornal *Província de Angola*, sofrera dois cortes porque tinha escrito que a Lunda "tem sido um feudo onde aos cidadãos nacionais são negados vários dos seus direitos fundamentais" e, sobre a actuação da Sociedade Industrial de Grossarias de Angola, quisera escrever que não cumpria as suas obrigações "em manifesto prejuízo da economia da Província, e sem que ninguém a houvesse obrigado, até agora, a cumprir melhor essa função".

Finalmente, a revista *Notícia* usara a sua irreverência para criticar a decisão da Câmara de Luanda sobre "a limitação da criação das aves de capoeira", fazendo ironicamente referência ao matadouro municipal, uma "eficiente, complexa, moderna e limpíssima instalação [...] por muito que o mar de tripas e de cadáveres putrefactos, em que aquilo tudo está submerso, possa fazer crer o contrário aos incautos".

O GNP percebeu facilmente a ironia e sugeriu ao Ministro que se desse conhecimento do assunto à Direcção-Geral de Saúde.

2.1.4.3. Março de 1964

No que se refere à censura à imprensa, na pasta 2 figura um relatório do GNP da responsabilidade de Carlos Eduardo Machado.

---

[139] No relatório falava-se do facto de este jornal ter sido suspenso por 30 dias e ter recorrido do castigo. Por isso, Lisboa considerava oportuno pedir à administração da província que explicasse as razões da punição.

Este documento, com base em elementos recebidos entre 16 e 29 de Fevereiro, aparece datado de 7 de Março de 1964 e repetia a queixa sobre a "ausência de cortes de censura provenientes da maioria das Províncias".

Mais uma vez a excepção era Angola, onde o *ABC* continuava a pôr em xeque a política ultramarina, mas recorrendo a subtilezas, ou seja, "dentro da cautela, do tacto e da discrição". Por isso, se o censor conseguira desmontar a estratégia relativamente a um artigo sobre a independência dos Estados Unidos da América, deixara passar "com excepção de três linhas" um outro artigo sobre "tempos passados, que se assemelham a situações presentes".

Assim, impunha-se muita atenção na leitura do *ABC*, pois esta não poderia ser feita apenas nas linhas para que, nas entrelinhas, não passassem mensagens perigosas.

A guerra dos interesses públicos e privados tinha sido objecto de um corte na *Revista de Angola* porque quisera publicar uma notícia segundo a qual os povos da Lunda, sem a acção da Diamang, "estariam tão sós e abandonados como os do extremo sudeste de Angola".

O relatório aprovou o corte porque não era conveniente que "para se fazer descrição e propaganda de qualquer companhia, por mais vantagens que ela ofereça à Província, se esqueça a actividade desenvolvida em todo o território pelos Serviços Públicos".

Era a eterna guerra entre os serviços públicos e os privados, uns e outros interessados em chamar a si a responsabilidade pelo desenvolvimento que assinalavam em Angola.

Coisa diferente seria saber se não estavam a confundir o desenvolvimento com um crescimento localizado.

Os restantes jornais continuavam a não ser "os autênticos orientadores da opinião pública", apesar de "se puderem, sem se comprometerem" procederem ao lançamento de "veneno sobre esta ou aquela forma de actuar, por parte dos órgãos administrativos, por espírito destrutivo, ligado à habitual «política caseira»".

Assim sendo, como a situação se apresentava perfeitamente controlada, esses jornais representavam uma voz que não interessava calar, não só porque mantinham preocupados os serviços que temiam ver chegar à praça pública alguns erros por si cometidos, mas também porque a existência desses jornais dava uma ideia de pluralismo e de liberdade de informação.

Para conhecimento ministerial seguiam os cortes efectuados no jornal *O Lobito* sobre a retirada de "dois aviões do Lobito a fim de passarem a escalar Benguela" e do *Jornal da Huíla*, que publicara o artigo «Cesarismo» de António José Saraiva "até há pouco em Moscovo onde tem actuado em propaganda anti-portuguesa".

No caso de *O Lobito*, mais uma vez, o relatório discordava da actuação da censura porque com o corte de toda a primeira página se tinha feito "calar um problema de que todos têm conhecimento", estratégia errada porque fazia "entrar na clandestinidade um assunto público, dando-lhe ainda mais força".

No caso do artigo de Saraiva, a censura cortara a frase onde se lia que "os povos coloniais não representam já uma massa inerte, antes despertam para a consciência política", mas deixara passar que "a solução do Cesarismo consistiu em regar a cidade com as riquezas do Império. Os ricos puderam enriquecer ilimitadamente com a rapina das províncias, as empresas coloniais, o fornecimento dos exércitos, etc".

Ao contrário de Carlos Machado, o censor não percebera que a notícia não dizia respeito a Roma, mas ao Império Português.

A síntese deste relatório seria enviada ao Governador-Geral de Angola em 9 de Abril de 1964 – ofício confidencial n.º 1741/Y-7-5.

Neste fluxo informativo, surgiam, por vezes, situações que apontavam para aspectos que não corriam bem, pois, por exemplo, no ofício confidencial n.º 1921/1419/8-B/1.ª – caixa 3, o Governador-Geral enviou ao Ministro do Ultramar os cortes efectuados pela Comissão de Censura "no período decorrido de 24 a 29 de Fevereiro findo e um corte efectuado em 19 de Outubro do ano findo".

Convenhamos que cinco meses representam um tempo demasiado para fazer chegar a Lisboa um corte.

De notar que um dos cortes se referia a um «Privilégio da Diamang politicamente incorrecto» relacionado com as transferências e que seria de fácil resolução. Bastava que "a Companhia dos Diamantes de Angola fosse obrigada a entregar ao Tesouro da Província os mesmos 100% de cambiais que todos os outros exportadores são obrigados a entregar por lei".

Como é sabido, os privilégios da Diamang eram mal recebidos na Província, embora atitudes como aquela que o Governador-Geral Venâncio Deslandes tomou – ainda por cima com efeitos retroactivos – em 1961 fossem totalmente descabidas.

Na verdade, é na altura da celebração dos contratos que se impõe ou justifica o empenhamento jurídico pela defesa dos interesses nacionais, situação nem sempre devidamente acautelada como as recentes parcerias publico-privadas se encarregam de mostrar.

Ainda em Março de 1964, no dia 21, o mesmo relator elaborou o relatório sobre os elementos entrados no GNP de 29 de Fevereiro a 15 de Março e que pode ser consultado na pasta 2.

O vespertino *ABC* voltava a estar em destaque por continuar "com o sistema de levar até à opinião pública notícias que podem ser interpretadas como contrárias aos interesses do Governo e da Nação", usando uma técnica que consistia em servir-se "de um facto autêntico para dele tirar ilações próprias que atribui ao autor". Por isso, se voltava a insistir na "necessidade da censura ao «ABC» ser feita por quem possua qualidades especiais".

Relativamente à segunda parte do relatório, duas publicações mereceram um destaque especial: o já referido *ABC* e *A Província de Angola*.

O *ABC* porque considerava que morriam "estupidamente muitos jovens" devido à guerra e porque quisera publicar uma notícia sobre a "nomeação de presidente da Câmara Municipal de Nampula, Senhor Pedro Bassa, que foi igualmente proposto para vogal do Conselho Legislativo", mas fizera questão de frisar que "no historial do municipalismo ultramarino" aquela era "a primeira vez que um cidadão negro ocupa o alto cargo de presidente de uma Câmara Municipal, sendo também a primeira vez que um indivíduo desta cor teria assento no Legislativo de Moçambique".

A Província de Angola porque pretendera noticiar um atentado em Saigão "contra soldados americanos praticados por terroristas".

Na verdade, não era aconselhável divulgar em Angola notícias deste teor porque, no primeiro caso, podia levar a comentários sobre a existência de racismo no Império e a Comissão de Censura não podia permitir que, num sistema oficialmente designado como uma democracia multiracial, os leitores se apercebessem do facto de os negros demorarem tanto tempo a ascender aos órgãos dirigentes e, no que concerne ao atentado, porque poderia servir para desencadear más ideias.

A exemplo do que se passara com o relatório anterior, também a síntese deste relatório seria enviada ao Governador-Geral de Angola em 9 de Abril de 1964 – ofício confidencial n.º 1742/Y-7-5.

Quanto à correspondência enviada pelo Governador-Geral sobre vários cortes, o ofício confidencial n.º 1769/1313/8/ 8-B/1.ª de 13 de Março de 1964 acompanhou "a prova de uma página do «Jornal da Huíla» de 26 de Fevereiro". Tratava-se de um artigo que defendia a opinião de que o número de jornais que circulavam em Angola não era exagerado.

Em 19 do mesmo mês, o ofício confidencial n.º 1925/1423/8/8-B/1.ª, arquivado na pasta 3, voltava a acompanhar novos cortes do mesmo jornal, nesse caso, "três páginas". Machado escreveu no ofício que o mesmo tinha sido "considerado na resenha quinzenal de recortes à imprensa pela censura – 15/3 a 30/3".

2.1.4.4. Abril de 1964

No cumprimento do procedimento habitual já explicado, o GNP, em 13 de Abril de 1964, enviou ao Governador-Geral de Angola o ofício secreto n.º 1781/Y-7-5 sobre "os recortes de dois artigos de polémica intitulados «Uma carta do artista O. Comenda» e «Horizonte – A propósito...»".

O primeiro fora publicado pelo jornal *ABC* e o segundo, embora não estivesse identificada a publicação, parecia também da responsabilidade do mesmo jornal, "pelo tipo da composição, forma da letra «s» nas minúsculas, ligeira e invariavelmente desalinhada e sobrelevada, diferente em relação às diferentes letras".

O GNP chamava a especial atenção do Governador-Geral para "uma passagem particularmente incisiva" onde se podia ler que "se a censura funciona e está regulamentada, como nesta província, percebe-se mal que seja ela a consentir e a responsabilizar-se pela perturbação da ordem social que se está a verificar com sua licença".

Em causa estava "a ética de jornalismo" e a ideia, na óptica do GNP, de o *ABC* dar a entender que "embora deva existir certo grau de Liberdade de Imprensa, à Censura oficial compete impedir que os órgãos daquela sejam livres para fazerem afirmações falsas, maliciosas ou difamatórias sobre qualquer pessoa, grupo ou instituição, quer intencionalmente, quer por negligência ou acidentalmente, devendo ainda ter-se em conta que «um jornal é essencialmente, um instrumento de ordem pública»".

Face à gravidade do assunto, o Subsecretário de Estado encarregou o GNP de solicitar ao Governador-Geral que tomasse as medidas convenientes "para que os serviços de Censura dessa Província executem a missão que lhes incumbe por forma a não darem azo às críticas e polémicas" por "na apreciação dos granéis com os textos para o «visto» não darem cumprimento ao que está regulamentado".

Não deixa de causar perplexidade esta dupla chamada de atenção relativamente ao funcionamento da Comissão de Censura, pois não se enquadra na normalidade nem o facto de serem os jornais a queixarem-se que a censura não cumpria a sua missão, nem o apoio da administração central à posição dos jornais.

Ainda em Abril, Carlos Machado preparou o apontamento confidencial sobre os elementos dos recortes enviados por Angola – a única que continuava a fazê-lo – no período de 15 de Março a 15 de Abril, ou seja, nesta fase o relatório passou a assumir uma temporalidade mensal.

De acordo com esse apontamento, O *ABC* continuava a usar "uma forma dúbia" para relatar os acontecimentos e a usar uma linguagem "perigosa" na conjuntura de então. Por isso, lhe fora cortado um artigo sobre a reunião da "Ala Nuno Álvares", formada por individualidades "de diversos matizes políticos: situacionistas e «anti-situacionistas», monárquicos declarados, e «elementos das chamadas esquerdas democráticas»" e que o GNP considerava como "um agrupamento cuja acção e finalidade se apresentam estranhas e imprecisas".

Ora, se ao Poder não agradava a oposição, também aquilo que se revelava impreciso ou dúbio não colhia a sua simpatia.

No entanto, em contraste com a forma elaborada como o *ABC* costumava actuar, Carlos Machado considerava que "o «ABC» ultrapassa por vezes os limites do bom senso e das conveniências", como tinha sido o caso da tentativa de publicação de "um apelo do MPLA" para a "unificação dos movimentos anti-portugueses e da luta revolucionária em Angola" ou de um encontro "entre Humberto Delgado e Amílcar Cabral".

De facto, só os títulos já bastavam para indicar com clareza a orientação política que o jornal estava a seguir.

A CENSURA EM ANGOLA NA FASE FINAL DO IMPÉRIO

Quanto à *Província de Angola,* tinha visto a censura cortar um parágrafo sobre a industrialização das frutas do Ultramar onde se questionava se "alguma pátria se pode salvar só com o sacrifício dos pequenos, quando o dinheiro dos ricaços se esgueira", mas merecia a simpatia do relator em relação ao corte de parte do artigo «três anos depois da madrugada das catanas» porque não percebia a razão de um corte sobre o exemplo de "brancos e pretos lutarem lado a lado".

Finalmente, a revista *Notícia* tentara, ainda que infrutiferamente, publicar uma carta a condenar a acção do antigo Governador-Geral Silva Tavares, a exemplo do que se passou com a curta notícia sobre a mudança dos serviços do Ministério para a Avenida da Madeira.

Na verdade, dizer que o edifício "sempre fica uns sete quilómetros mais perto de Luanda que o Terreiro do Paço" e fazer votos para que o gabinete do Ministro "não seja num andar muito alto" representavam marcas demasiado irreverentes.

Mais tarde, em 17 de Abril de 1964, chegou o ofício confidencial n.º 2589/1888 do Governador-Geral, Silvino Silvério Marques, a acompanhar uma prova da nota da notícia «Os negros e os clubes dos brancos» que *O Lobito* quisera, sem êxito, publicar em 11 de Março. O Governador-Geral pediu autorização ao Ministro para dar conhecimento dessa prova "aos Administradores por parte do Estado na Companhia de Diamantes e no Caminho de Ferro de Benguela".

Em resposta a este pedido, o GNP, através da informação n.º 911 elaborada por João Pereira Neto, arquivada na pasta 2 e datada de 28 de Abril de 1964, depois de transcrever o artigo onde era referida a existência de "ilhotas de discriminação em algumas zonas mineiras de Angola", situação já denunciada por "um sociólogo brasileiro[140], quando visitou a Província, ao publicar o seu livro de crónicas", deteve-se sobre o desejo de Silvino Silvério Marques de dar a conhecer a prova aos administradores das duas companhias e considerou que isso evidenciava que "o conteúdo da nota cortada tem, infelizmente, razão de ser, em relação à posição dos empregados de cor naquelas duas grandes companhias".

Pereira Neto não desconhecia que "há três ou quatro anos, ainda se faziam notar, no CFB e na Diamang, certas práticas discriminatórias contra o pessoal de cor", mas pensava que face à "patriótica e esclarecida atitude daquelas duas grandes empresas e em especial da primeira, no domínio do esclarecimento da opinião pública mundial acerca das realidades da política ultramarina portuguesa, tais práticas tivessem sido abolidas".

Depois, Pereira Neto subiu o tom da crítica para dizer que "seria um contra censo gastar avultadas verbas para demonstrar internacionalmente, o carácter multirracial da política ultramarina portuguesa" e, ao mesmo tempo, as companhias consentirem "na prática da discriminação racial entre os seus empregados".

[140] Gilberto Freyre.

Por isso, a explicação só poderia estar no erro dos "responsáveis locais" que "guiados por um imobilismo condenável" tinham contrariado as decisões das sedes, sem que estas tivessem conhecimento do facto. Assim sendo, era da opinião que se deveria dar conhecimento às sedes para que pusessem cobro "sem demora" a actos daquela natureza.

Quanto à forma de actuação do Governador-Geral no sentido de resolver o problema, Pereira Neto lembrava-o que dispunha da possibilidade de "ao abrigo do artigo 137 da Constituição, ordenar a expulsão da Província dos empregados dessas companhias que maior responsabilidade tivessem na imposição e manutenção de medidas discriminatórias".

Para evitar essa expulsão a solução era fácil, pois seria apenas necessário que as administrações "com brevidade" tivessem "energia e poder suficientes para impor mudança de atitudes aos seus empregados".

Afinal, a responsabilidade pelos erros da administração nem sempre pode ser imputada aos órgãos do Poder Central!

2.1.4.5. Junho de 1964

No mês de Junho, o GNP, através de Carlos Eduardo Machado, no apontamento 445 que consta na pasta 2, voltou a frisar que, no período entre 15 de Abril e 15 de Maio, apenas Angola enviara os recortes, os quais não continham matéria que lhe parecesse "digna de ser citada sob o ponto de vista político".

Quanto às outras províncias, adiantava duas hipóteses para o não envio dos recortes: ou se tratava de "esquecimento" ou estavam "a acumular material", situação que lhe parecia "pouco provável". Por isso, voltava a chamar a atenção para que se insistisse com os "Governos das Províncias para cumprirem o disposto superiormente".

O uso e abuso da chamada de atenção para o assunto parecia estar a funcionar como uma versão actualizada – embora com idêntico efeito – do sermão de Santo António aos peixes.

Essa é a razão pela qual a investigação não encontrou materiais relativos aos cortes que deveriam ter sido recebidos em Lisboa durante este mês.

2.1.4.6. Dezembro de 1964

Dezembro não representou um mês de grande actividade no que concerne à actuação da Comissão de Censura.

De facto, apenas parece digno de registo o envio feito por Silvino Silvério Marques, através do ofício confidencial n.º 8061/5731/ 8-B/8-1.ª, datado de 11 de Dezembro de 1964 e arquivado na pasta 2, de "três provas de página e uma de granel" do *Jornal da Huíla*, com "as supressões feitas pelo Delegado da Comissão de Censura".

O destinatário do ofício era o Ministro do Ultramar e se uma das notícias apenas merecera um ligeiro corte para suprimir a expressão "um tanto irregular", já as três páginas justificaram mais cortes devido à notícia intitulada «Suspensão por três dias de um diário moçambicano», na qual era criticada a decisão do Governador-Geral José Augusto Costa Almeida.

Embora estes cortes não se referissem a Angola não deixam de ser importantes para mostrar que na Província se seguia com atenção não apenas aquilo que se passava na Metrópole, mas também, o que acontecia nas outras possessões.

Já no mês inicial do ano seguinte, mais exactamente em 4 de Janeiro de 1965, Carlos Machado faria uma informação sobre estes cortes e consideraria que, apesar de "a maior parte da notícia (onde se faz um ataque declarado à decisão do Senhor Governador Geral de Moçambique) ter sido cortada pela censura, ainda foi transmitida a informação de que "a notícia que deu origem à suspensão tinha sido visada pela censura e não mereceu, posteriormente, qualquer desmentido oficial".

Era mais uma crítica à actuação da Comissão de Censura, sendo que, desta vez, não era o excesso de zelo que estava em causa.

2.1.5. O Ano de 1965

O ano de 1965 foi marcado pela exoneração do Ministro do Ultramar, Peixoto Correia, e pela nomeação do novo Ministro, Silva Cunha. Esta substituição ocorreu em 19 de Março de 1965 e Silva Cunha ficaria na pasta até 7 de Setembro de 1973, ou seja, até uma data posterior ao período final que é objecto de estudo desta obra.

Os elementos recolhidos na investigação apontam, inequivocamente, para uma falta de protagonismo de Peixoto Correia, um exemplo claro de que um bom funcionário nem sempre reúne condições para exercer os cargos mais elevados da hierarquia, pois é enorme a diferença que vai entre conceber e cumprir políticas.

O novo Ministro tomou posse numa conjuntura marcada pelo agudizar da guerra colonial. Interessa, por isso, saber de a mudança de Ministro reflectiu uma mudança de política ultramarina. Os recortes enviados da Província para o GNP poderão esclarecer essa situação.

De notar que 1965 foi o ano durante o qual, na Metrópole, a censura efectuou aquela que foi considerada a maior apreensão de livros alguma vez feita a apenas uma editora.

A vítima dessa acção foi a editora Europa-América que viu serem-lhe apreendidos 73 000 livros e proibidos 23 títulos, numa operação iniciada em 14 de Junho e concluída com o cerco às instalações da editora em Mem Martins em 23 do mesmo mês.

O montante desta apreensão, cerca de 700 contos, representava na altura uma verba que inviabilizaria a continuação da maioria das editoras então existentes.

Felizmente, essa acção não foi suficiente para que a Europa-América encerrasse.

SEGREDOS DO IMPÉRIO DA ILUSITÂNIA: A CENSURA NA METRÓPOLE E EM ANGOLA

Infelizmente para esta investigação, a editora fez «ouvidos de mercador» às solicitações – telefónica e por escrito – do autor no sentido de fornecer mais pormenores sobre o assunto, um elemento que seria importante para cotejar com o depoimento de Joaquim Carneiro.

2.1.5.1. Janeiro de 1965

No que diz respeito aos cortes efectuados pela Comissão de Censura, em 9 de Janeiro de 1965, foi recebido no GNP o ofício confidencial n.º 133/116/13-D/8/9-C/1.ª do Governador-Geral que trazia em anexo uma prova dos artigos «Ecos do dia – preços do café» e «Problemas do café» da autoria de Araújo Rodrigues e que o jornal *A Província de Angola* tinha sido proibido de publicar.

A razão era simples: o manifesto interesse em discutir a questão em Angola, por ser "assunto que interessa e afecta metade da Província" e a afirmação de que "foi a iniciativa privada que transformou o café na maior riqueza de Angola e valorizou a permanência portuguesa nestas terras, não só sob o aspecto material, como moral e político".

Na verdade, não era o primeiro – nem seria o último – corte a reivindicar a importância dos colonos na valorização do Ultramar. Só que Lisboa não apreciava a auto--valorização das possessões e nunca reconheceria que era a iniciativa privada e não a pública ou estatal que estava na base daquilo que era identificado como sinal de desenvolvimento e que, em muitos casos, não passava de crescimento sectorial e geograficamente localizado. No entanto, como na conjuntura de então não existia o PNUD e não se falava de IDH, aceita-se o uso da expressão.

O processo relativo a esta questão foi objecto de desenvolvimentos que poderiam ser contados ao longo dos dois meses seguintes.

No entanto, para evitar recapitulações e para não obrigar a uma analepse rememorativa, optou-se pela narração neste ponto, apelando à boa-vontade do leitor para esta e outras alterações pontuais do critério que presidiu à estruturação da obra.

Assim, em 3 de Fevereiro, o GNP solicitou confidencialmente, através da nota n.º 576, à Direcção Geral de Economia informações sobre o assunto, pois o mesmo tinha "reflexos de ordem política".

Em 2 de Março de 1965, chegaria a resposta confidencial e urgente, na nota n.º 693 que negava "a venda de 10 mil toneladas de café" e que se estivesse a "realizar uma estatização da exportação do café".

Aliás, de acordo com essa resposta, o jornalista não tinha "procurado informar-se junto do Instituto do Café de Angola" e, na parte final, reafirmava-se que "a intervenção estadual" se traduzia "na legítima salvaguarda dos interesses gerais e até, em última análise, na defesa dos exportadores".

Era a questão dos jogos de interesses – nem sempre conciliáveis – entre os grandes grupos económicos e os organismos que deviam zelar pela implementação – coisa diferente da concepção – das políticas económicas na Província.

2.1.5.2. Fevereiro de 1965

Em Fevereiro de 1965 teve início o processo que conduziria à formação do Conselho de Leitura em Luanda, um órgão cuja existência não era do conhecimento de nenhum dos jornalistas da imprensa angolana que foram ouvidos nesta investigação.

No entanto, a circunstância de ter passado algo despercebido não implicou que a sua actividade não fosse muito profícua, como se constatará ao longo da exposição.

Aliás, é essa importância da actuação do Conselho de Leitura que justifica historiar os vários passos ou momentos do processo desde o seu início, embora tal relato não fique completo na correspondência datada de Fevereiro de 1965.

Assim, em primeiro lugar, convém notar que "nos termos do Regulamento dos Serviços de Censura" estavam sujeitos a "censura repressiva os livros e mais publicações não sujeitas a censura prévia, bem como os livros e publicações estrangeiras a distribuir na Província".

Por isso, era importante "obter uma fiscalização eficiente dos livros e revistas entrados na província, através do estabelecimento de Censura na própria Alfândega" e a censura poderia ser "exercida sobre os exemplares apresentados espontaneamente, requisitados pela Repartição do Gabinete ou a esta remetidos por qualquer entidade".

Neste ponto, talvez seja conveniente voltar a lembrar as duas modalidades de censura: a preventiva ou *a priori* e a repressiva ou *a posteriori*.

A censura preventiva consistia na censura prévia das obras e levou à "elaboração de índices expurgatórios", sendo que numa fase inicial foi exercida por três entidades, " o Conselho Geral do Santo Ofício (censura papal), o Ordinário da Diocese (censura episcopal) e, a partir de 1576, o Desembargo do Paço (censura real)" (Rodrigues, 1980, pp. 14-15).

Na década de 60 do século XX em Angola continuava a ser elaborada mensalmente uma lista de livros proibidos, ou seja, um índice expurgatório destinado à salvaguarda dos interesses morais e nacionais e a existir uma censura prévia sobre os jornais e revistas que só sairiam depois de visados pela censura.

No entanto, a referência feita à Alfândega já aponta para a outra modalidade de censura, a repressiva que era exercida "através do controle das alfândegas e portos e visitas às livrarias públicas e particulares" (Rodrigues, 1980, p. 15).

Voltando ao estudo de caso, parece possível concluir que os serviços de Angola pretendiam construir um modelo novo a partir de uma mistura destas duas modalidades de censura porque consideravam que, face ao exposto, o problema não residia na obtenção dos livros – bastaria que a Repartição do Gabinete os requisitasse às

Alfândegas – mas na dificuldade em obter "censores idóneos e capazes de realizarem o trabalho em tempo oportuno", situação que "a actual constituição dos Serviços de Censura não permite".

Por isso, o Chefe do Gabinete do Governo-Geral de Angola, major João Salavessa Moura, em 27 de Fevereiro de 1965, considerava fundamental "a criação dum conselho de leitura, que actuaria como órgão acessor[141] da Comissão de Censura" para o qual sugeria os nomes de David Lopes Gagean, Aurélio de Azevedo[142], Álvaro Pereira de Athayde, Fernando da Silva Pinho, Álvaro Saraiva – CFB – Lobito, António Barata Tavares, LEA e Mário César Ferreira – PIDE.

Mais informava que ainda não tinha contactado nenhuma destas personalidades porque o trabalho teria de ser remunerado – mensalmente ou por tarefa – e não podia, por si próprio, "fazer qualquer promessa", ou seja, não podia assumir a responsabilidade pelo pagamento dos serviços prestados.

Também neste ponto é possível ver alguma semelhança de processos entre a proposta apresentada e a forma de actuação da censura feita pela Inquisição, pois o Santo Ofício nunca se absteve de especificar as razões que impediam a normal fiscalização das obras que chegavam a Portugal por via marítima, sobretudo aquelas provenientes de países onde as ideias da reforma protestante tinham mais adeptos, embora, como Rodrigues (1980, p. 30) assinala, "os navios alemães não trazem livros proibidos", situação que causa alguma surpresa, pois a reforma protestante tivera o seu berço na Alemanha de Lutero.

Na conjuntura de então, o problema residia, principalmente, na falta de revista ou vistoria aos barcos que descarregavam em Belém em franquia. Em Luanda, era a falta de meios humanos a razão invocada para explicar as falhas observadas no sistema de censura, embora o facto de, durante a censura inquisitorial, os navios visitados demorarem vários dias até serem objecto de revista apontar, igualmente, para a exiguidade de recursos humanos.

O processo relativo à criação do Conselho de Leitura de Luanda estava iniciado e dele se darão mais informações nos subcapítulos seguintes.

Ainda nesse mês, mas no que à censura de publicações periódicas dizia respeito, o Secretário-Geral do Governo-Geral de Angola, Manuel Alfredo Morais Martins, enviou o ofício confidencial n.º 1443/954, pasta 2, datado de 26 de Fevereiro de 1965 a acompanhar "um granel de um esclarecimento dimanado da Direcção Provincial dos Serviços de Educação" que o jornal *O Lobito* publicara com cortes.

---

[141] Foi mantida a ortografia original.

[142] Autor do artigo A educação e o desenvolvimento económico. In *Boletim Cultural da Câmara Municipal de Luanda*, nº 4, Out./Dez.1964, (67-91).

Por decisão, do Subsecretário de Estado da Administração Ultramarina, plasmada no ofício confidencial n.º 1296 de 9 de Março de 1965, a Direcção-Geral do Ensino seria chamada a prestar esclarecimentos sobre este assunto.

Como já são contas do mês seguinte, é tempo de passar para Março.

2.1.5.3. Março de 1965

Em Março de 1965, a questão da proposta da criação do Conselho de Leitura continuaria o seu percurso normal e Silvino Silvério Marques despacharia em três pontos, solicitando a consulta dos interessados, propondo que as gratificações saíssem das Despesas Reservadas e que se estudasse "a organização da C. Censura por forma a integrar futuramente nela esta Comissão" – despacho de 8 de Março de 1965.

A proposta do Chefe de Gabinete e o despacho do Governador-Geral confirmam que já existia em Angola uma Comissão de Censura e que o Conselho de Leitura iria permitir um funcionamento mais cabal dessa Comissão.

Este assunto não ficaria esgotado com o despacho de Silvino Silvério Marques porque, em informação datada de 31 de Março de 1965, João Salavessa Moura dava conta que já tinha contactado cinco pessoas que garantiriam o serviço em Luanda: os Drs. David Lopes Gagean, Aurélio de Azevedo, José Bettencourt, Fernando da Silva Pinho e Mário César Ferreira, sendo que David Gagean e Mário Ferreira indicariam quais os livros que não necessitavam de leitura "por já conhecidos" e se encarregariam da distribuição "pelos leitores dos restantes".

A indicação destes cinco nomes permite constatar que dois dos sete nomes inicialmente constantes da lista – Álvaro Pereira de Athayde e António Barata Tavares – não tinham sido contactados, embora não se adiantem as razões dessa exclusão.

Como já foi referido, esta função não seria gratuita e, por isso, o Chefe de Gabinete propunha "a gratificação mensal de 1500$00 e 1000$00" para Gagean e Ferreira, enquanto "os trabalhos de censura propriamente ditos" deveriam ser pagos "por tarefa". Neste caso, a leitura de cada livro valeria 100$00 e a verba proveniente da leitura censória de uma revista seria 20$00. O Governador-Geral aprovou a proposta e decidiu que a actividade do Conselho de Leitura seria paga através da rubrica "despesas reservadas".

A investigação em curso permitirá verificar se esta forma de pagamento «à peça» se reflectiu num excesso de censura como forma de garantir uma maximização dos proveitos resultantes da actividade censória.

De notar que Mário César Ferreira, que funcionava como a segunda personalidade mais importante do Conselho de Leitura, era dos quadros da PIDE, situação que aponta para a ligação do novo órgão a essa polícia. Aliás, era devido à sua condição de membro da PIDE que Mário Ferreira sabia quais os livros que nem justificariam a leitura, uma vez que já tinham sido objecto de proibição anterior e, por isso, já "eram conhecidos".

Este anátema, como já foi referido, aplicava-se não apenas a títulos, mas também a autores.

2.1.5.4. Abril de 1965

Abril é um mês sobre o qual o povo proverbiou fazendo rimar o nome do mês com «águas mil».

No entanto, no que concerne aos cortes recebidos em Lisboa durante Abril, o número foi de tal forma reduzido que a investigação viu-se e desejou-se para apanhar alguns «salpicos».

A resenha da censura de imprensa ultramarina, da responsabilidade de Pessoa de Amorim, foi feita em 21 de Abril de 1965 – informação n.º 1 211, que consta na pasta 2.

Aliás, mais do que uma resenha, a informação voltou a historiar todo o processo relativo ao envio dos recortes e a lamentar o seu não cumprimento, com as honrosas excepções de "Angola, que tem enviado regularmente os artigos censurados na Província, e Macau, que os tem remetido, mas muito espaçadamente".

Além disso, individualizou o caso de Moçambique que tivera autorização para só enviar os cortes "julgados de interesse" e esse critério deixava-lhe "ampla margem para justificar o envio esporádico dos elementos solicitados".

Esta insistência deve ter aborrecido o superior hierárquico que escreveu à mão no documento: "Parece-me escusado voltar a insistir. Fazer a resenha proposta com os cortes que forem recebidos".

Talvez fosse de esperar uma outra tomada de posição por parte do Poder Central e não esta complacência para com o incumprimento por parte dos Governadores.

2.1.5.5. Maio de 1965

O mês de Maio de 1965 constituiu um marco no que concerne à censura na Província, como se pode constatar através da leitura dos elementos que se seguem.

De facto, em 25 de Maio de 1965, o Chefe do Gabinete do Ministro do Ultramar, Nuno Matias Ferreira, emitiu o documento secreto n.º 455/L/6/3, arquivado na pasta 1 e onde afirmava que o GNP comunicaria "às restantes províncias o que interessar para que os seus Serviços possam actuar eficazmente na defesa contra a literatura subversiva e pornográfica".

Além disso, este documento dava conta da criação em Angola "dum serviço de censura especialmente destinado à censura repressiva de livros e outras publicações".

Assim, ao fim de pouco mais de 3 meses, Angola estava em condições de pôr em funcionamento o Gabinete de Leitura.

A criação desse serviço era justificada "sobejamente" nos ofícios 453 e 454/L/6/3 de 25 de Maio de 1965, enviados pelo Chefe do Gabinete do Ministro do Ultramar ao Chefe de Gabinete do Ministro do Negócios Estrangeiros e ao Secretário-Geral da Presidência do Conselho e que acompanhavam o relatório enviado pelo Governador--Geral de Angola, Silvino Silvério Marques.

O ofício do Governador-Geral n.º 354/T-60., dactilografado e sobre o qual foram feitas várias anotações a caneta no sentido de ser dado conhecimento do mesmo às outras possessões portuguesas e de ser combatida eficazmente a literatura subversiva e pornográfica, justificava a pertinência da acção e afiançava que "os trabalhos prosseguirão nos mesmos moldes, complementarmente com outras diligências da PIDE, a quem igualmente interessa saber quem são os habituais compradores de tal literatura".

Este ofício está datado de 19 de Maio de 1965 e figura na pasta 1 de MU/GNP/ Sr. 119.

Aliás, sobre a introdução de livros pornográficos norte-americanos verificava-se um aspecto que não relevava no sentido de valorizar a moralidade norte-americana, pois a esse fenómeno "não seria alheio o próprio Consulado-Geral dos EUA que, no mínimo, estaria preparado para receber as sobras que a Lello lhe quisesse devolver".

Este documento permite ficar a saber que o Conselho de Leitura já tinha apreciado, desde que fora constituído, "cerca de 100 livros, correspondentes a 3000 exemplares, e mandou reter, por não necessitarem de leitura prévia, cerca de 200 livros, correspondentes a uma totalidade de 3500 exemplares, por serem nitidamente comunistas e pornográficos".

Mais informava que "cerca de 25%" dos livros submetidos a leitura" tinham sido "mandados reter por conterem matéria dissolvente, tanto moral como politicamente".

É claro que não tinha sido necessário proceder à leitura das obras de "autores comunistas sobejamente conhecidos, como Karl Marx, Friedrich Engels, Leon Trotsky, Fidel Castro e Frantz Fanon" ou de autores "moralmente dissolventes", entre os quais figuravam "Telma Smith, Cassandra Rios e Pitigrilli".

De registar que os autores comunistas, ao contrário do que se passava com aqueles que eram considerados moralmente dissidentes, tinham os nomes escritos com maiúsculas nos documentos, situação que não é muito compreensível porque eram bem mais conhecidos do que os outros autores.

No entanto, talvez esta forma de destaque se destinasse a reforçar o valor da apreensão.

Numa época ainda de «guerra fria» convém salientar a estranheza pelo facto de 30 dos livros "editados pela Universal Publishing and Distributing Corporation, de New York" terem "na capa imagens de mulheres e homens brancos, em posições eróticas, e títulos e subtítulos que, por si só, são um manancial de sugestão erótica e incitação à obscenidade". Para comprovar a afirmação, era mencionado o exemplo do livro *Sex habits of single women*, da autoria de Lillian Preston.

Grave era o facto de essa editora fazer parte "de uma vasta empresa, largamente subsidiada pelo Governo dos Estados Unidos da América do Norte", dado que apontava para uma má utilização de dinheiros públicos, ainda que estrangeiros. Além disso, muitos exemplares destes livros encontravam-se "na Biblioteca do Consulado dos Estados Unidos nesta cidade, bastante frequentada por alunos do ensino secundário e superior e ainda por elementos das Forças Armadas", situação que poderia ser vista como um foco de dispersão de imoralidade.

Aliás, através de conversas informais com um dos seus alunos, o Presidente do Conselho de Leitura ficara a saber que "o pessoal diplomático americano não é estranho à difusão destes livros e estava mesmo bastante preocupado com certas apreensões que se verificaram ultimamente", elemento que contribui para reforçar a ideia de uma certa promiscuidade oriunda dos Estados Unidos, até porque o Governador-Geral chamava a atenção para o facto de os norte-americanos também estarem a introduzir em Angola "revistas de nus, as quais eram vendidas a título de nu artístico", mas que continuavam a ser "uma fonte de inspiração erótica".

De acordo com o documento, Angola estava a ser "objecto de uma acção, talvez determinada e obedecendo a um plano prévio, que tem em vista a subversão intelectual e a dissolução moral", sendo que a acção estava a ser lançada a partir de "quatro centros que se localizam em Lisboa, Rio de Janeiro, Paris e New York". Como não queria fazer afirmações gratuitas, o signatário adiantava os nomes das editoras responsáveis pela acção e não esquecia nem as colecções nem os livros.

Assim, ficava-se a saber que três editoras de Lisboa: Portugália Editora, Ulisseia e Europa-América e a distribuidora Specil eram as fontes de contaminação da opinião e moral públicas.

A Portugália Editora com as suas colecções «Problemas» e «Contemporânea»; a Europa-América, com as colecções «Século XX» e «Três abelhas»; a Ulisseia, com as colecções «Latitude» e «O mundo em que vivemos» e a distribuidora Specil porque enviava para Angola "todos os livros proibidos em Lisboa, desde Frantz Fanon a Mikhail Cholokov, e também os livros proibidos de J. Vilhena e de outros humoristas" a quem a censura não achava graça nenhuma.

Mais grave, ainda, era a estratégia editorial, a forma solidária como as editoras operavam, uma vez que sempre que uma delas tinha um título apreendido, as outras encarregavam-se da respectiva distribuição. Além disso, a difusão era feita "na ordem das centenas", razão que fazia temer "novas impressões com o fim de as enviarem para o Ultramar Português".

Ora, tal facto poderia revestir-se de uma enorme gravidade, pois o acesso a estes livros ficaria mais fácil e, assim, a difusão das suas ideias iria contribuir para minar a ordem e a moral.

Quanto às editoras do Brasil, o relatório indicava "as editoriais Zahar, Civilização e Fundo de Cultura" e de Paris referia a Hachette, especialista em livros políticos mas todos em língua francesa, de autores como Karl Marx, Herbert Marcuse, Maurice Duverger, Jean Ziegler e Trotsky.

A circunstância de os livros provenientes de Paris serem em língua francesa não deixa de ser indiciadora do público-alvo dos mesmos, pois o francês fazia parte do Ensino Liceal de então desde o primeiro ano.

De Nova Iorque, chegavam não só os livros de carácter pornográfico, mas também "milhares de outros de pura propaganda da democracia americana e da tese americana das «libertações» dos territórios africanos".

Certamente que a segunda categoria de livros desagradava mais do que a primeira ao Governador-Geral, ao Ministro do Ultramar e ao Presidente do Conselho, pois constituía mais uma manifestação da alteração da posição norte-americana – ou estadunidense como os restantes americanos fazem questão de dizer – em relação à política colonial portuguesa.

No que se referia aos livros considerados como fazendo parte da propaganda norte-americana, os mesmos eram exportados "a preços que orçam entre 1$00 e 2$00", valor que representava "um quarto do preço a que estão ao público nos Estados Unidos".

Afinal, como se tratava de propaganda, cabia aos EUA subsidiarem a publicação da sua posição oficial e a exportação do seu modelo.

A sistematização feita pelo Conselho de Leitura relativamente aos livros sobre os quais se debruçara era a seguinte: "20% da totalidade de importação livreira era de conteúdo nitidamente marxista ou para-comunista; 35% de livros e revistas pornográficos, 10% a 15% de literatura policial e fotonovelas, sendo o restante de livros realmente bons".

As percentagens indicadas serviam para reforçar a ideia de que era necessário acompanhar o fenómeno com atenção até porque a campanha não deveria ser apenas dirigida contra Angola e, por isso, se entendia que "salvo melhor opinião", as outras Províncias Ultramarinas também deveriam ser alertadas para esta ameaça.

Voltando ao Conselho de Leitura, o primeiro relatório, melhor, a primeira proposta para a proibição da venda de livros não demoraria – seria datada de 20 de Maio de 1965 – e mereceria a aprovação da Comissão de Censura, conforme o Governador-Geral informou o Ministro do Ultramar em 11 de Junho de 1965 – documento secreto n.º 406/T-60, sendo que este também manifestou a sua concordância.

A proposta apontava para a retirada de livros "por conterem matéria de carácter marxista-leninista e dissolvente" e a lista inicial contemplava 86 livros a título individual e "todos os livros americanos" das seguintes colecções: Beacon, Student Edition, Special Student Edition e Ladder Edition.

De salientar que os livros deveriam ser retirados "seja qual for a língua em que venham editados", situação que volta a apontar para a condição de letrados de muitos dos destinatários das obras, mas que faz, igualmente, lembrar a acção da censura em Portugal durante a fase inicial quando em 1547 foram proibidos mesmo os evan-

SEGREDOS DO IMPÉRIO DA ILUSITÂNIA: A CENSURA NA METRÓPOLE E EM ANGOLA

gelhos e as epístolas e profecias em linguagem ou quando o Código de 1561 proibiu a reprodução da Bíblia em língua vulgar.

Na censura do século XVI, a cultura estava reservada à elite que dominava a língua latina. A censura da segunda metade do século XX português reconhecia que era necessário estar atento à evolução cultural de um público cada vez mais letrado e, por isso, com acesso mais facilitado às fontes potencializadoras da desagregação moral e política do modelo vigente.

Este último aspecto permite, igualmente, ficar a saber que os principais destinatários das obras proibidas não eram os negros porque Henrique Galvão, em 1959, escreveu do exílio a Salazar responsabilizando-o pelo facto de "os nossos negros, com excepção de escassos milhares cujas habilitações não vão muito além da instrução primária, não [passarem] de indígenas para trabalho compelido" (Galvão, 1959, p. 86).

Henrique Galvão conhecia bem o Estado Novo e o Ultramar e, se bem que a sua dissidência deva ser levada em linha de conta, não ficam muitas dúvidas de que o retrato por si traçado não andaria longe da realidade porque meia-dúzia de anos era pouco tempo para mudanças num regime que revelava, por norma, uma tendência para a cristalização.

Entre os autores malditos, os difusores das ideias marxistas-leninistas, figuravam Sartre, cujas obras *As mãos sujas, Les mots, Situations I, II, III, IV, V, VI, VII, Réflexions sur la question juive e Le mur* foram proibidas – com a particularidade de o título *As mãos sujas* constar em duplicado na lista –, Trotski, Schopenhauer e Stuart Mill.

No que concerne aos autores acusados de promoverem a dissolução dos costumes, Cassandra Rios e Vilhena mereçam várias 'nomeações'.

Antes desta lista sobre os livros, o Conselho de Leitura já tinha proposto, em 18 de Maio de 1965 e como consta num documento arquivado na pasta 1, que fossem retiradas de venda ao público as revistas: *Playboy, Escapade, Caper, Follies, Dougue, Nugget, Bachelor, Monsieur e Millionaire*, mais uma vez "seja qual for a língua em que venham editadas" embora, nestes casos, o perigo estivesse mais nas imagens do que nas palavras.

Era, afinal, o retomar de uma tradição que tinha uma longa história porque já no século XVII o censor Frei Domingos Freire recusara a circulação das obras *Belgiæ pacificatorum vera declamatio e Teatrum orbis terrarum* devido às imagens[143].

A proposta foi aceite pela Comissão de Censura do Governo-Geral de Angola e o Gabinete dos Negócios Políticos, em 28 de Junho de 1965, encarregou-se de transmitir essa resolução aos Governadores de São Tomé e Príncipe, Timor, Guiné, Cabo Verde, Moçambique e Macau[144].

Apresentado o mês de Maio, deveria ser a vez de Junho, uma vez que o calendário, tal como o regime do Estado Novo, não é muito – ou será nada? – dado a mudanças.

---

[143] Cf. Rodrigues (1980, p. 27).
[144] As referências iniciam-se em 4562, para Moçambique, e terminam em 4567 para Timor.

No entanto, relativamente a esse mês, a investigação apenas considerou digno de nota o elemento acabado de mencionar, a exemplo daquilo que se passou em Julho – sem elementos – e a Agosto, pois apenas existem, na caixa 2, dois recortes colados a 5 de Agosto de 1965 pelo GNP e que diziam respeito a um comunicado sobre o fim da editorial «Imbondeiro», assinado pelos escritores Garibaldino de Andrade e Leonel Cosme e que o *ABC* quisera publicar.

Aliás, também Setembro e Outubro não deram sinal de vida no tempo certo e, por isso, a investigação passa para o penúltimo mês do ano, que, afinal, acabou por ser o último, uma vez que Dezembro respeitou o silêncio de alguns antecessores.

2.1.5.6. Novembro de 1965

O Governador-Geral Silvino Silvério Marques foi o responsável pelo envio dos cortes efectuados pela Comissão de Censura "no período de 18 a 24 de Outubro" – ofício confidencial n.º 8456/5798/8-B/1.ª, datado de 8 de Novembro e que está arquivado na pasta 3 de MU/GNP/Sr. 119.

A leitura dos cortes – totais ou parciais – mostra que se trata de uma mescla de cortes menores e de outros de maior importância.

Relativamente aos primeiros, salientaram-se aquele que se prendia com um pormenor no jornal *O Comércio*, de 23 de Outubro – retirar um "F" relativo ao sector de que o Coronel-Tirocinado Alberto Vilarinho Rosa Garoupa era comandante – ou a supressão das palavras "nativas" no *ABC* de 22 de Outubro, e "chegada da Metrópole" na *Província de Angola* do mesmo dia, ou, ainda, o caso do árbitro Sá Lemos onde se pretendia escrever que, na fase do inquérito, o juramento era feito "com a mão direita sobre a Bíblia. Se não houver Bíblia, serve o Regulamento Geral da Associação Provincial de Futebol".

Quanto aos assuntos maiores e que, por isso, tinham sido objecto de proibição total, o *ABC* de 19 de Outubro foi impedido de apresentar o artigo «A Petrangol e as necessidades do mercado angolano» e *A Província de Angola* viu recusada, no dia anterior, a publicação de uma apreciação que fora feita por João Falcato no *Diário de Notícias* de Lisboa sobre o romance de Iolanda Balboa *A noite da nossa angústia*.

Também *O Comércio* de 19 de Outubro foi objecto de muitos cortes num artigo sobre as eleições para deputados onde, por exemplo, se lamentava que nas listas da União Nacional se constatasse a "inadmissível omissão de Antigos Combatentes" e, ainda, de "trabalhadores e dirigentes sindicais" e de "estudantes que constituem em potência o escol intelectual e dirigente".

Fazer depender dessas inclusões a manutenção do Estado Novo ao escrever que "só assim o regime terá a continuidade que todos desejamos" era, sem dúvida, demasiado arrojado para a conjuntura de então.

SEGREDOS DO IMPÉRIO DA ILUSITÂNIA: A CENSURA NA METRÓPOLE E EM ANGOLA

Mais comedido sobre a temática, a *Notícia* apenas merecera a acção do risco na frase "há, aqui, mandatários desses: poucos e pouco escrupulosos" e a substituição da palavra "Metrópole" pelo vocábulo "Nação".

Um último corte verificou-se no suplemento *Miau* porque o industrial Lúcido Pintas usou o direito que lhe assistia para esclarecer alguns aspectos de uma entrevista que concedera ao jornal e não se coibiu de afirmar que "os capitalistas da Metrópole sabem que o dinheiro auferido no Ultramar tem que ser carrilado para a Mãe-Pátria, pois só assim se poderão demover os indecisos".

Ora, essa era uma realidade que apesar de conhecida de todos não podia ser divulgada!

Mais tarde, pelo ofício confidencial n.º 8566/593678/8-B/ 1.ª, datado de 15 de Novembro de 1965 e arquivado na pasta 3, o Governador-Geral enviou "os cortes efectuados pela Comissão de Censura à Imprensa de Luanda, no período de 25 a 31 de Outubro".

Esses cortes incidiram sobre:

– *O Apostolado* de 30 de Outubro, apenas para substituir "nativos" por "residentes";

– *Notícias de Malange*, porque numa notícia o número do batalhão não estava bem visível;

– *Revista de Angola*, onde um parágrafo da responsabilidade de Araújo Rodrigues sobre o afluxo de capitais estrangeiros a Angola e Moçambique foi suprimido;

– *Notícia*, que viu totalmente riscado um artigo sobre as comunicações para o Mussulo;

– *A Província de Angola*, proibida de publicar, em 29 de Outubro, o artigo «Arrufos de namorados» da autoria de J. Natividade Gaspar sobre uma crise no noivado da princesa Beatriz, herdeira da coroa dos Países Baixos e que terminava com a princesa a implorar "a Deus que livrasse Claus [o noivo] das más companhias ...incluindo o pai dela", tal a fama deste não se limitar a ser príncipe consorte e procurar ser um príncipe "com sorte junto de muitas mulheres bonitas, nem todas palacianas".

Além deste artigo, *A Província de Angola* seria objecto de mais algumas actuações da censura.

Assim, a edição de 29 de Outubro deste jornal sofreu o corte de dois parágrafos num artigo de Carlos Morgado sobre o fornecimento de energia eléctrica a Nova Lisboa pela Companhia Hidro-Eléctrica do Alto Catumbela, pois o censor não gostara de ler que "ao que consta, movem-se interesses muito especiais para que o assunto não se resolva com aquela facilidade e destreza com que seria para desejar".

Denunciar interesses instalados e, ainda por cima, dar ecos a boatos eram, na óptica da Comissão de Censura, dois motivos mais que justificáveis para cortar.

Ainda na mesma edição, o parágrafo "e o pior é que nem se ouve falar em qualquer hipótese que permita alimentar ao menos uma esperança, que nada resolvendo,

A CENSURA EM ANGOLA NA FASE FINAL DO IMPÉRIO

sempre adoça a existência..." foi suprimido. Em causa estava a abertura de uma nova avenida em Sá da Bandeira.

Aliás, já na edição de 26 de Outubro num anúncio que solicitava uma "criada europeia ou mestiça" e noutro a pedir uma "aprendiza de modista, africana" tinham sido riscados os adjectivos[145], a exemplo da frase que dizia que o Ministro do Ultramar estava "insensível aos factos decorrentes" devido ao seu afastamento físico dos mesmos.

Era mais um elemento condenatório do centralismo do Império!

Finalmente, no que diz respeito a este jornal, em 27 de Outubro, na notícia sobre «A praia dos ricos e a praia dos pobres...», em S. António do Zaire, foi cortada a frase que denunciava a necessidade de uma autorização para o acesso à praia devido a "estarem ali diversos estabelecimentos do Comando-Naval".

No que se refere a cortes feitos noutras publicações, enquanto a *Actualidade Económica* de 28 de Outubro se via apenas amputada da palavra "precária", já a revista *Notícia* sofria um corte mais acentuado numa transcrição que fez de *O Planalto* sobre a figura de Maximino Fernandes Conde, um professor de instrução primária aposentado.

Na verdade, o lápis não poderia ficar indiferente a afirmações como "quem ordenava os cortes de artigos meus, à margem da lei que regula o exercício da imprensa, era um repelente ofídio de maldade e traição, que depois o Governo Central houve por bem calcar aos pés".

Como parece evidente, não era apenas a acusação ao censor, mas também a forma de qualificar a actuação do Governo, que não agradavam ao censor.

A lista já vai longa, mas ainda importa referir que foram censurados com corte o *Miau*, de 27 e o *ABC*, de 25 e 26 de Outubro, jornal que ousara quebrar a ordem de não dar notícias sobre acontecimentos internacionais que pudessem afectar a vida de Angola, ou seja, a notícia do cerco pelas forças comunistas de um campo militar sul-vietnamita e uma outra sobre bonecas-bombas vietnamianas que tinham feito vítimas entre americanos de acordo com uma notícia de Columbus (Geórgia).

Depois, pelo ofício confidencial n.º 8567/5946/8/8-B/1.ª, com data de 17 de Novembro de 1965, arquivado na pasta 3, o Governador-Geral remeteu "uma prova do jornal «A Voz do Bié», contendo o artigo «Carta Aberta a Adelino Marques», que foi cortado pelo Delegado local da Comissão de Censura à Imprensa", matéria sobre a qual o GNP escreveu, na folha do ofício, que parecia "de arquivar".

Como se tratava de uma resposta ou de um desmentido, assinado por Leonardo Fernandes de Azevedo, sobre uma notícia que anunciava o encerramento do Sport Bié e Benfica, talvez seja de concluir que o GNP não estava interessado em quezílias internas do mundo do futebol.

Outros tempos viriam!

---

[145] Este procedimento era habitual como se pode comprovar por outros cortes, por exemplo, o anúncio de um cozinheiro habilitado "da Metrópole" a oferecer os seus serviços – edição de 25/10/1965.

SEGREDOS DO IMPÉRIO DA ILUSITÂNIA: A CENSURA NA METRÓPOLE E EM ANGOLA

Quase a seguir, em18 de Novembro de 1965, foi recebido o ofício confidencial n.º 8654/5969/8/8-B/1.ª, arquivado na pasta 3, enviado por Silvino Silvério Marques a acompanhar *"duas provas de página e uma de granel do Jornal da Huíla, do dia 28 de Outubro findo, contendo as supressões feitas pelo Delegado local da Comissão de Censura à Imprensa".*

Sobre o ofício está a informação manuscrita do GNP para o Ministro na qual se considera que "as supressões feitas pela Censura não contêm matéria de interesse", embora, como é lógico, fosse o Ministro que teria a última palavra a dizer em ambos os casos.

Afinal, os cortes tinham sido reduzidos mas cirúrgicos porque só tinham sido objecto de supressão as expressões "onde ainda quase tudo falta, onde a assistência médica é pouco mais que zero" – no artigo «Duas avionetas para o Aero Clube do Cuando Cubango»; "desigualdades sociais que revoltam[146]" – em «Notas e reparos» sobre as crianças que pediam esmola ou vendiam jogo nas ruas de Sá da Bandeira e "mantendo-se, deste modo, as produções num estado de estagnação ou registando--se mesmo um retrocesso, como é o caso do trigo" – sobre «Os exíguos benefícios prestados».

E, relativamente a 1965, o arquivo MU/GNP/Sr. 119 nada mais permite saber, não existindo, por exemplo, qualquer referência ao facto da Associação Portuguesa de Escritores ter resolvido atribuir o Prémio «Camilo Castelo Branco» ao romance *Luuanda*, da autoria do angolano Luandino Vieira, que cumpria 14 anos de prisão no Tarrafal.

Como é sabido, os membros do júri, Augusto Abelaira, Manuel da Fonseca e Alexandre Pinheiro Torres, foram presos e a APE foi extinta, tendo a Legião destruído a sede.

Além disso, Pinheiro Torres foi proibido de continuar a dirigir o suplemento literário do *Diário de Lisboa*, mas passou a dirigir o suplemento do *Jornal do Fundão* onde viria a ter problemas por referir que a Luandino "fora atribuído o Grande Prémio da Novelística, omitindo-se, contudo, que se tratava do prémio instituído pela Sociedade Portuguesa de Escritores, já legalmente extinta à data da publicação do jornal"[147].

O facto de *Luuanda* ter recebido dois prémios – um em Angola e outro na Metrópole – não significava que o Poder estivesse interessado em admitir a existência de uma Literatura que estivesse para além de uma visão de «Portugalidade».

---

[146] A sugestão era para substituir «revoltam» por «entristecem», como foi escrito na folha pelo Delegado da Censura.

[147] Citação feita a partir da decisão proferida no recurso. No Volume V de O arquivo da PIDE/DGS na Torre do Tombo, é possível saber que esta polícia tinha efectuado "21 autos de busca e apreensão referentes ao livro «Luuanda», de José Luandino Vieira". A data da informação é 3 de Janeiro de 1973 e o destinatário da missiva é a Direcção dos Serviços de Investigação e Contencioso.

2.1.6. O Ano de 1966

O ano de 1966 foi marcado pelo brilharete da Selecção Nacional Portuguesa no Mundial de Futebol de Inglaterra, uma selecção onde pontificavam jogadores oriundos do Ultramar – Eusébio, Coluna, Hilário e Vicente –, facto que permitiu ao regime continuar a fazer a apologia de um Portugal multirracial, pois a qualidade do futebol praticado e, sobretudo, os golos e as lágrimas de Eusébio da Silva Ferreira correram mundo através das imagens televisivas, das ondas da rádio e das folhas dos jornais.

Este foi o primeiro ano sobre o qual a investigação conseguiu recolher dados relativos a todos os meses, situação que permitiu uma completa caracterização da actividade censória desenvolvida em Angola.

No entanto, nos dois meses iniciais de 1966 foi necessário proceder a uma pequena – e já anunciada – alteração de critério porque, até esta parte da obra, tinha-se optado por indicar os cortes não nos meses em que tinham sido feitos, mas sim, de acordo com a data do ofício que os remetia para Lisboa.

Ora, só em 24 de Março de 1966 – documento confidencial n.º 2203/1549/116/60/55/1.ª, arquivado na pasta 1 – o Governador-Geral enviou os relatórios de Janeiro e de Fevereiro desse ano, situação que, no caso da manutenção do critério, deixaria os dois meses iniciais quase sem elementos e implicaria uma concentração informativa no mês de Março.

Foi essa a razão que levou a preferir, nestes dois casos, optar pela indicação dos relatórios nos meses a que, efectivamente, dizem respeito.

Um outro pormenor prende-se com a circunstância de 1966 ter sido o ano em que o Papa Paulo VI suprimiu o Índex. Eram os ventos do Concílio Vaticano II a fazerem-se sentir. A investigação tentará mostrar se o seu efeito chegou a Portugal e a Angola.

2.1.6.1. Janeiro de 1966

O relatório do Conselho de Leitura relativo a Janeiro indicava que tinham sido "rastreados uns milhares de livros, na Estação Central dos Correios de Luanda". No entanto, o seu número fora "muito menor do que habitualmente, por se tratar de um mês de balanço".

Se "uns milhares" era um valor baixo, imagine-se o número de livros rastreados nos meses de vida habitual!

O balanço apontava para a retirada de "cerca de 433 exemplares de livros, 64 revistas e 9 jornais, dos quais foram submetidos ao Conselho de Leitura 65 títulos, para apreciação, sendo proibidos 23 títulos", entre os quais um opúsculo de Ernesto Lara Filho, sendo que apenas 3 eram escritos em português: *Sê minha, Davis* de William Ard, *As raízes do ódio* por Guilherme de Melo e o já citado *O canto de martrindinde* de Lara Filho.

Esses livros provinham da Metrópole, do Brasil e de França e eram "endereçados às livrarias Lello & C.ª, Marissol e tabacaria Restauradores, além de outros enviados para particulares".

Na mesma altura, tinham sido apreendidos 14 títulos de racionalismo cristão e 22 de outras temáticas que já estavam proibidos, 19 títulos de revistas pornográficas e ainda 5 títulos de outras revistas e jornais: *Noir et Blanc, História, Femmes d'Aujourd'hui, Le Monde* e *Ici Paris*.

Este relatório denunciava que as encomendas provenientes da Metrópole eram feitas directamente pelos particulares porque as livrarias de Angola "não aceitam tais encomendas, dada a acção que sobre elas incidiu".

Lamentavelmente a correspondência não faz qualquer outra alusão a esta 'acção'.

De qualquer forma não deveria andar muito longe do procedimento que era usual na Metrópole e que foi narrado pelo sócio da Livraria Portugal, quando a PIDE sentia necessidade de meter medo.

Retomando o relatório do Conselho de Leitura, no que dizia respeito aos livros vindos de França e do Brasil, os mesmos eram "enviados às livrarias a coberto do serviço de «novidades» que estas têm com as diferentes editoriais estrangeiras".

Um novo problema prendia-se com o facto de a Livraria Bertrand que "até à data não enviava quaisquer livros proibidos ou tendenciosos" ter passado a ser "a única que os está a enviar em grandes quantidades", embora o documento não adiantasse uma explicação para esta alteração de estratégia editorial por parte da Bertrand.

No que se refere à censura da responsabilidade da Comissão de Censura, na pasta 2, consta um apontamento, o n.º 594 relativo à censura à imprensa angolana, feito por Pessoa de Amorim em 29 de Janeiro de 1966. Logo no título – angolana e não ultramarina – e nos parágrafos iniciais – uma linguagem com evidentes marcas de descontentamento – eram visíveis os indícios que o GNP não levara a bem a reacção do Ministro face à queixa persistente de não envio de recortes por parte das províncias.

Porém, como o povo ensina: «Manda quem pode e obedece – mesmo que a contragosto - quem deve».

A primeira crítica do apontamento prendia-se com "a terminologia utilizada na diferenciação entre os diferentes elementos raciais que compõem a sociedade angolana" porque a imprensa ainda não apreendera que, em nome da "inexistência da prática de discriminação racial em qualquer das parcelas do território nacional", deveria "pôr termo às referências que amiúde faz, distinguindo ora entre brancos e negros, ora entre europeus ou metropolitanos e nativos".

Quanto aos cortes, para além da proibição de todas as notícias sobre a independência da Rodésia, englobavam 4 publicações:

– *Notícia*, sobre a falta de especialização dos bombeiros do aeroporto de Luanda;

– *Jornal da Huíla,* relativamente à necessidade de construção da estrada de Sá da Bandeira a Namacunde, sobre o fomento pecuário e a descrição das condições de vida no bairro de Santo António;

– *A Voz do Bié,* que dava conta de duas aspirações de Silva Porto: uma barragem decente e o liceu;

– O *ABC,* que ousara mostrar que certas potências ocidentais não apoiavam a política ultramarina portuguesa.

Pelo pitoresco, saliente-se a forma como o jornalista de *A Voz do Bié* mostrou a desigualdade de tratamento das várias terras por parte do Poder ao escrever: "Há terras que, na realidade, jogam sempre em 'pleno' e ganham. Outras nem na cor, nem mesmo nas dúzias. Os palpites saem sempre brancos".

Afinal, tudo não passava de um jogo de interesses.

Pessoa de Amorim faria, no último dia de Janeiro, o apontamento confidencial n.º 595, novamente sobre a censura à imprensa apenas de Angola, como os dois parágrafos iniciais teimosamente faziam questão de lembrar, elemento que pode ser consultado na pasta 2.

Também a questão da terminologia voltou a ser lembrada, embora, desta vez, para ser elogiada a forma como "a Comissão de Censura vem suprimindo todas as palavras ou expressões que distinguem a população de Angola em termos de ordem rácica".

Assim, se as publicações eram criticadas por não terem em conta esse elemento e insistirem no erro, a Comissão de Censura era louvada pela atenção que dispensava ao assunto.

No que se referia aos cortes eram mencionadas quatro publicações:

– O *Lobito,* que criticou o "escasso esclarecimento da opinião pública por parte dos organismos oficiais" e falou mesmo de "idade média";

– *A Notícia,* que em «linhas e entrelinhas» denunciava a utilização abusiva dos carros de Estado, criticava a posição oficial face à independência da Rodésia e usava as cartas ao Director para falar dos aumentos dos funcionários públicos;

– O *ABC,* que elogiava António José Saraiva e a sua obra;

– O *Jornal da Huíla,* o mais visado, com o jornalista João do Prado a fazer jus ao nome na notícia «Ordenamento da pastorícia nos Distritos da Huíla e de Moçamedes» e em «Notas e reparos», uma crítica do jornal a um artigo publicado pelo *Jornal de Angola,* sobre o algodão ultramarino e uma nova indústria em S. Domingos, porque questionava a localização das culturas[148] e fazia "notar os produtos que Angola importa e em que poderia ser auto-suficiente". Além disso, lembrava que os vinhos

---

[148] O jornalista chega ao ponto de lembrar que "já houve quem sugerisse o cultivo de algodão na Metrópole, precisamente nas terras do Alentejo", sugestão tão acertada "se os terrenos garantirem produções compensadoras de algodão como a do cultivo das uvas e o fabrico de vinho em Angola...".

e bebidas alcoólicas compradas por Angola à Metrópole tinham representado, em 1964, "48,92% no total das importações".

Como se constata pelos cortes feitos no *Jornal da Huíla,* os interesses instalados sentiam-se incomodados, ou melhor, prejudicados.

Seria caso para dizer, «Ano novo, vida habitual».

2.1.6.2. Fevereiro de 1966

Ninguém poderá acusar o GNP de falta de persistência, como se comprova pelo facto de ter voltado a pedir, em 14 de Fevereiro de 1966, a todas as províncias que "semanalmente" fossem enviados para o GNP "os cortes executados pela Comissão de Censura dessa Província"

No que concerne à censura, o Secretário-Geral, Manuel Alfredo de Morais Martins, enviou o ofício confidencial n.º 1219/853 para o Ministro do Ultramar a dar conhecimento que o opúsculo *O canto martrindinde,* da autoria de Ernesto Lara Filho, tinha sido proibido em Angola, sendo que esse documento foi recebido em 16 de Fevereiro.

Quanto ao relatório do Conselho de Leitura de Fevereiro de 1966, o mesmo dava conta da suspensão da importação para "serem rastreados: 491 exemplares, que integram 81 títulos, e 198 revistas, que integram 11 números diferentes".

O Conselho de Leitura tinha apreciado "29 títulos e 9 números diferentes de revistas" e proibira a circulação de 8 obras entre as quais *A escalada* de Afonso Arinos de Melo Franco, o primeiro Chanceler brasileiro a visitar a África[149].

Também foram apreendidos, sem necessidade de "consulta ao Conselho de Leitura por estarem proibidos de circular em território nacional", logo tanto na Metrópole como no Ultramar, 51 títulos de livros, sendo que de um deles, *Sê minha, Mavis,* de William Hard[150], tinham sido confiscados 70 livros.

Natália Correia cometera a ousadia de proceder a uma *Antologia de poesia portuguesa erótica e satírica,* mas a ideia não foi bem aceite e o único exemplar encontrado foi retirado do mercado.

Nesse mês foram, ainda, apreendidos 50 exemplares de revistas.

Um elemento grave prende-se com a actuação da Livraria Lello que deveria entregar uma revista que estava na alfândega mas a levantara "pondo-a logo à venda", mesmo sabendo que estava proibida. O responsável limitou-se a dizer "que [se] esquecera", argumento que, como é evidente, não colheu.

---

[149] Não confundir com o seu tio, com o mesmo nome, e também Membro da Academia Brasileira de Letras, falecido em 1916. Afonso Arinos de Melo Franco, o sobrinho, visitou o Senegal em 1961, numa altura em que em Angola começava a guerra colonial e os Estados Unidos, sob a liderança de Kennedy, passaram a apoiar abertamente a independências das colónias dos Impérios euro-mundistas.

[150] De notar que quem em Janeiro era "Davis" passou a ser "Mavis" em Fevereiro, tal como "Ard" evolucionou para "Hard".

Afinal, parecia que o exemplo da Bertrand estava a ter seguidores que ousavam desafiar as directrizes da censura.

2.1.6.3. Março de 1966

Para quebrar a monotonia derivada de uma narração mensal nada melhor que a análise de uma situação que foge à rotina.

De facto, em 5 de Março de 1966, o autor Carlos d'Oliveira (General Protero ou Clara Belon) fez uma exposição ao Chefe do Gabinete do Governador-Geral de Angola devido à apreensão pela PIDE, por ordem emanada do Gabinete, "na livraria de António Coelho de Oliveira, na Vila Luso, em Angola" de quatro das suas obras: *Uma noiva para dois...episódios*, *História sagrada de Israel*, que tinha sido "visado e censurado e aprovado pela autoridade eclesiástica, *Os três mundos* e a *Conversão da Rússia pelo comunitarismo*, "também visado e autorizado pelas autoridades eclesiásticas e com a Benção Apostólica do Papa Pio XII", tendo recebido "elogios" provenientes "dos Chefes de Estado da Espanha – Generalíssimo Franco – e da França – General De Gaule".

Aliás, esta obra, um "custoso livro", tinha sido escrita "num gabinete do Ministério da Marinha, por determinação de S.Exa. o Presidente da República – Almirante Américo Tomás – quando ele era Ministro da Marinha" e o Ministro do Ultramar, Sarmento Rodrigues, ordenara "à Agência Geral do Ultramar a aquisição de 5 mil escudos de exemplares, e destinados ao Ultramar", para além do auxílio prestado pelo "Almirante Tenreiro, que então presidia à União Nacional". Finalmente, o Director da PIDE no Porto, o tenente Porto Duarte, fora à residência do autor adquirir "2500$00 deste livro" como forma de pagar "um serviço criptográfico" que o autor prestara à PIDE e "a juntar a outros" que tinha prestado.

Quanto à obra *Uma noiva para dois...episódios*, recebera um subsídio de "5 Mil escudos" da Agência Geral do Ultramar por ordem do "Ministro do Ultramar – Comandante Peixoto Correia", pois abordava "com humorismo as intenções dos dois maiores inimigos de Angola".

O autor considerava que deveria ter havido "uma lamentável confusão" até porque ia prestar colaboração "nas comemorações do próximo 40.º aniversário do 28 de Maio". Por isso fizera uma exposição confidencial ao Presidente da Comissão Executiva das Comemorações. Aliás, já lhe fora comunicado "da presidência do Conselho pelo Dr. Sousa Barriga" que iria ser "auxiliado pela Polícia Internacional e Defeza do Estado" e iria receber "um subsídio".

Carlos d'Oliveira ou o General Protero ou, ainda, Clara Belon – ao gosto do leitor – dava ainda conta que o seu livro destinado às comemorações *O dragão, a sua amante e outras coisas*, onde era prestada "uma justa homenagem à PIDE" e no qual eram "recordados os atentados cometidos contra Salazar, e outras coisas...", só fora publicado porque era "católico de comunhão diária" e tivera subsídios concedidos por altas individualidades: "Inspector Superior da Polícia Internacional e Defeza do Estado, Exm.º Sr. Barbiéri Cardoso – 2 Mil escudos –; Governador Civil de Lisboa – 2 Mil escudos –; União Nacional através do seu Presidente da Comissão Administrativa, Exm.º Sr. Casal-Ribeiro – 2500$00 –; e S. Exa. O Ministro do Ultramar – Mil escudos", entregues pelo seu "Chefe de Gabinete".

Aliás, o autor fez questão de frisar que esses apoios monetários só tinham sido concedidos após as referidas entidades terem lido "previamente o original do livro".

Um pormenor interessante que se prende com o livro *Os três mundos*, também subsidiado pelo Ministério do Ultramar e apresentado na Sociedade de Geografia de Lisboa, tem a ver com o facto de o autor ter sido chamado à sede da PIDE em Lisboa para ser informado pelo "Inspector-Adjunto, Exmo.º Sr. Pereira de Carvalho" que a "PIDE comprava 300 destes livros destinados a serem enviados a inimigos do Estado Novo, mediante uma circular assinada" pelo "pseudónimo de General Protero".

Tratava-se, evidentemente, de uma cilada montada pela PIDE na tentativa de poder colher informações sobre as actividades da oposição.

Na parte final da missiva, o autor pedia a restituição dos livros e da cópia da exposição dirigida ao Presidente da Comissão das Comemorações do 40.º aniversário do 28 de Maio e deixava no ar uma ameaça de recorrer "à Presidência do Conselho, ao gabinete do Ministro do Ultramar [...] ao Director Geral da PIDE" e, "por dever de lealdade" informava que enviara cópias da exposição ao Director da PIDE em Angola e ao Subinspector da Delegação da PIDE no Luso.

Face ao exposto e numa primeira leitura interpretativa, talvez não seja abusivo concluir que as apreensões tinham sido motivadas não pelo conteúdo mas apenas pelos títulos das obras. No entanto, mais à frente, esta investigação dará voz ao contraditório, ou seja, a censura explicará a razão que motivou a apreensão.

No que concerne à censura sobre os periódicos, Pessoa de Amorim foi o responsável pelo apontamento n.º 606 de 29 de Março de 1966, arquivado na pasta 2, sobre as provas enviadas pelo Governo-Geral de Angola e constatou que "nada de verdadeiramente relevante há a assinalar nas provas dos órgãos de informação que foram remetidos". Por isso, se limitava a umas "tantas notas sobre os casos gerais que mais atraíram a acção da Comissão de Censura".

Ora, os "habituais cortes sobre as palavras ou expressões que distingam, em termos de ordem rácica, os diferentes elementos que integram a população da Província", bem como os "termos que expressem a transferência, ou melhor, a emigração metropolitana para o Ultramar sempre que eles estejam de algum modo comprometidos com a ideia de colonização" e "as alusões ao clima de instabilidade que a Província atravessou" tinham sido objecto da actuação da Comissão de Censura, a exemplo do que se passava com "as informações sobre a evolução da situação na Rodésia".

Relativamente aos assuntos objecto de inquietação dos meios de comunicação da Província, uma preocupação "por vezes exagerada", Pessoa de Amorim escolheu os seguintes exemplos:

– *A Província de Angola*, no que concerne aos artigos «O Negage necessita duma rede rodoviária que sirva todas as terras do concelho» e «O Huambo neste ano que finda»;

– O *ABC*, devido ao artigo «Problemas de Cabinda analisados no Conselho Legislativo pelo representante daquele Distrito[151]».

No que diz respeito às notícias proibidas, a questão do terrorismo era abordada em dois artigos do jornal *A Província de Angola*: «Os terroristas prendem-se uns aos outros» e «Novo atentado terrorista em Saigão».

Pessoa de Amorim também se referiu a uma publicação que não era recebida no GNP – *A Ribalta* – que tinha sido suspensa e que, depois de cumprir a pena, voltara a publicar os dois artigos que lhe tinham valido a suspensão e tentava ligar o nome do Governador-Geral ao levantamento da suspensão.

Pessoa de Amorim deu, ainda, dois exemplos de cortes sobre as "habituais piadas dirigidas contra as autoridades".

Na *Voz do Bié* era o abandono e a sujidade das ruas que justificavam a piada. Na *Província de Angola*, era o exemplo do "elevamento dos salários do pessoal do município" que era trazido para a ribalta, pois, em Angola, havia "também quem diga e proclame que os vencimentos são bons e até dos melhores do continente".

A citação era a piada e, por isso, a parte censurada.

2.1.6.4. Abril de 1966

O estudo relativo a este mês inicia-se com a censura feita *a posteriori*, ou seja, aquela que estava cometida ao novel Conselho de Leitura.

Assim, em 16 de Abril de 1966, foi recebido em Lisboa o documento confidencial n.º 2789/1919/116/6075571.ª, que consta na pasta 1 e foi enviado por Silvino Silvério Marques.

Este ofício acompanhava o relatório das actividades do Conselho de Leitura durante Março, no qual se lia que tinha sido "suspensa a circulação, para serem analisados, de 975 exemplares de livros, respeitantes a 135 títulos e 290 exemplares de duas revistas, uma das quais comporta quatro números".

Mais informava que o Conselho de Leitura tinha apreciado "75 títulos de livros e 5 números diferentes de revistas" e que a lista de livros cuja circulação fora considerada "inconveniente" era composta por 32 livros e duas revistas: *Ciné Tele-Revue*

---

[151] Manuel Coelho de Abreu.

– belga – e *Man´s Peril* – norte-americana – sendo que as mesmas tinham sido consideradas pornográficas e, por isso, deveriam "ser interditas de entrar na Província".

Entre os livros de circulação inconveniente estavam *Os subterrâneos do Vaticano* de André Gide, *Memórias de uma moça bem comportada* de Simone de Beauvoir e *The empty canvas* de Alberto Morávia.

Uma vez mais tinham sido apreendidos livros – 61 títulos – e 6 revistas cuja circulação já estava proibida em Angola e entre os quais figuravam *A evolução económica de Portugal* de Armando Castro, a *Teoria democrática* de Sartori, *Os esteiros* e *A engrenagem* de Soeiro Pereira Gomes e *Notas para a história do socialismo em Portugal* de César Nogueira.

No entanto, as «honras» derivadas das maiores apreensões foram partilhadas por duas obras: *O adeus profundo e azul* de John MacDonald – 80 exemplares – e *Xeque-mate no Rio de Janeiro* de Nick Carter com 78.

O relatório do Conselho de Leitura anexou, ainda, "uma lista de publicações que aquele Conselho considera inconvenientes de circular nesta Província" porque "a última relação submetida pelo Conselho de Leitura à Comissão de Censura para efeitos de proibição data de meados de 1965".

Como era habitual, o Gabinete de Negócios Políticos enviou, em 29 de Abril de 1966, a lista para todas as restantes possessões portuguesas.

Trata-se de uma lista imensa e que vale a pena dissecar num estudo qualitativo e quantitativo.

Assim, a lista tinha 8 páginas, ainda que a última só mencionasse 2 títulos das 6 revistas proibidas: *Fou-Rire, Lui, Planète, Ciné Tele-Revue, Man's Peril* e *Le Rire*.

O número total de livros por conterem "matéria de carácter marxista-leninista e dissolvente" era de 214, para além de "todas as edições da Casa dos Estudantes do Império".

Quantos aos autores de língua portuguesa que estavam proibidos, havia a considerar:

- Manuel de Lima: *O clube dos antropófagos;*
- Roberto Lyra: *O socialismo para o Brasil;*
- Adonias Filho: *Os servos da morte;*
- Soeiro Pereira Gomes: *Engrenagem* e *Esteiros;*
- Adelaide Carraro: *Eu e o governador;*
- Manuel Augusto da Encarnação Reis: *O cristão no mundo de hoje;*
- Amilcar Lencastre: *Osvaldo Aranha, o mundo afro-asiático e a paz;*
- Augusto da Costa Dias: *A crise da consciência pequeno-burguesa;*
- Joel Serrão: *Temas oitocentinas;*
- Eudes Barros: *Eles sonharam com a liberdade;*
- Aluísio de Azevedo: *O mulato;*
- José Mauro de Vasconcelos: *O garanhão das praias;*
- Guerra Junqueiro: *A velhice do padre eterno;*

- Américo Palha: *Os precursores da abolição e A vida gloriosa de Castro Alves;*
- Guilherme de Melo: *As raízes do ódio;*
- Ernesto Lara Filho: *O canto da matrindide;*
- Clara Belon (o general Protero): *A conversão da Rússia pelo comunitarismo;*
- José Vilhena: *Humor francês e Humor parisiense;*
- Carlos Silva: *A mulher e o amor;*
- Jacinto Baptista: *O cinco de Outubro;*
- Armando Castro: *A evolução económica de Portugal;*
- César Nogueira: *Notas para a história do socialismo em Portugal;*
- Jorge Amado: *Seara vermelha e País do Carnaval – cacau – suor,*
- Victor de Sá: *Perspectivas do século XIX;*
- Maria da Glória: *Magrizela;*
- Rui Faco: *Cangaceiros e fanáticos;*
- Cassandra Rios: *Um escorpião na balança e Cabeleiras ao vento;*
- José Tengarrinha: *História da imprensa periódica portuguesa;*
- Afonso Arinos de Melo Franco: *A escalada;*
- Maria Amélia Coelho: *Parede sem porta;*
- Nelson Werneck Sodré: *As raízes da independência.*

A esta longa lista ainda deveria ser acrescentada a obra colectiva *Os dez mandamentos.*

Como se constata eram demasiados autores e de valor marcadamente heterógeneo, ou seja, apesar do Conselho de Leitura os meter todos no mesmo «lote», estavam longe de ser «farinha do mesmo saco literário».

Quanto, à censura da imprensa angolana, Pessoa de Amorim elaborou o apontamento n.º 607 em 18 de Abril de 1966, que figura na pasta 2, no qual a atenção incidiu não exclusivamente sobre os artigos cortados, mas também, "sobre os que, não ajudando à definição daquela orientação" eram "de toda a utilidade dar a conhecer".

Assim, sete publicações foram objecto de análise, embora os assuntos fossem muito variados como se pode comprovar pela lista que se segue:

– «Carta ao Pai Natal» no *Miau,* sobre a transferência de verbas para a Metrópole;

– «Linhas e entrelinhas» na *Notícia,* por dar conta de "disparates tão clamorosos" como aquele que a Inspecção de Créditos e Seguros cometera e que impedira muitas famílias de passarem juntas o Natal;

– *A Província de Angola,* que quisera apresentar uma fotografia de vietcongs a fabricarem as suas armas e publicara um artigo sobre as contas de "dois estabelecimentos de assistência pública – o «IASA» e o «Beiral do Huambo»;

– *O Jornal do Congo,* que pretendera publicar o artigo «Política nacional do emprego e da emigração – povoamento do Ultramar», onde a acção das forças armadas no combate ao terrorismo era denegrida;

SEGREDOS DO IMPÉRIO DA ILUSITÂNIA: A CENSURA NA METRÓPOLE E EM ANGOLA

– O *Jornal da Huíla*, que continuou a sua viagem pelos bairros da cidade de Sá da Bandeira – no caso o Bairro da Sé – e que qualificara a gestão autárquica com adjectivos como "perniciosa" e nomes como "imobilismo";

– O *Lobito*, que se debruçara sobre a "falta de equiparação das moedas metropolitana e angolana e pela inaceitação desta última" na Metrópole, onde, quando alguém mais "compreensivo" decidia aceitá-la, a mesma sofria uma "desvalorização que por vezes ultrapassa os 20%".

Neste jornal também o artigo sobre a questão da "abolição prévia à imprensa espanhola" tinha sido proibido, embora Pessoa de Amorim julgasse que poderia ter sido publicado porque o autor, Artur Borges de Melo[152], usara "termos moderados" e tinha enaltecido "a grandeza do país vizinho da Metrópole".

Aliás, sobre esta temática, o jornal também quisera abordar a questão da censura no apontamento «Pontos nos ii» para justificar uma advertência sofrida, invocando que "as provas de granel submetidas à apreciação da censura" tinham ficado "retidas no gabinete do censor à imprensa do Lobito [...] por espaço de tempo que, de modo algum, se coaduna com a presteza que é necessário imprimir a um jornal diário".

Afinal, a culpa fora dos "afazeres" profissionais do censor, um claro exemplo de amadorismo do sistema no Lobito, cidade onde só havia "dois censores à imprensa (um efectivo e outro substituto), cada qual com a sua actividade profissional".

A finalizar a lista, a referência a um corte no *Boletim da Câmara Municipal de Sá da Bandeira* porque escrevera que o padre Carlos Esterman, acabado de falecer, soubera servir a Igreja, a ciência e Portugal, mas referia que "com efeito, a verdadeira pátria é a terra onde nascemos", uma frase perigosa e não necessariamente pelo facto do referido padre ter nascido na Alsácia.

2.1.6.5. Maio de 1966

No que respeita àquilo que poderá ser designado como a censura à censura, Pessoa de Amorim foi o responsável pelo apontamento n.º 615, Proc.º Y-7 de 12 de Maio de 1966, arquivado na pasta 2 e que, nas suas 15 páginas, fazia a resenha dos ofícios confidenciais enviados pelo Governador-Geral de Angola em anexo aos ofícios confidenciais "862, 864, 933, 934, 935, 1106, 1107, 1263, 1444, 1448 e 1508".

Nesse apontamento era possível verificar que os jornais – e os jornalistas – mais visados pela censura continuavam a ser quase sempre os mesmos.

Assim, *O Jornal da Huíla* e os jornalistas João do Prado e Araújo Rodrigues tinham sido objecto de censura nos seus artigos sobre "a necessidade premente de se fomentar decididamente a pecuária em Angola" porque os termos eram "exagerados" e era "bem visível o intuito de sublinhar a inutilidade dos planos de incremento" feitos pela

---

[152] Este autor chegou a ver alguns dos seus trabalhos publicados no *Boletim Geral do Ultramar*.

Metrópole que falava de "integração nacional", mas não dispensava "tratamento igual e iguais direitos e deveres aos portugueses de todas as partes da Nação".

Como parece evidente, a Comissão de Censura nunca poderia deixar passar um texto que, embora correspondendo à realidade, era totalmente contrário à posição oficial que corria na Ilusitânia.

Outro dos assuntos objecto de censura tinha muito a ver com este livro porque se tratava da distinção entre profissionais de imprensa diária e não-diária – Decreto 46 833.

As reacções em Angola foram muito fortes, pois Costa Felgueiras considerou que se tratava de uma "afronta moral aos jornalistas de Angola" e o *ABC* quis publicar o artigo intitulado «Éramos trinta» para referir uma reunião destinada a discutir o Decreto mas que "não conduziu a conclusões positivas" porque os jornalistas eram "tão pusilâmicos".

Também o reverendo Henriques Alves, Director do jornal *O Apostolado,* o redactor da *Notícia,* João Fernandes, e o chefe de redacção do *Jornal de Angola,* Sines Fernandes, se tinham manifestado contra o decreto e este último "colocava um ponto de interrogação a seguir à palavra «Nacional»" quando se referia ao Sindicato Nacional de Jornalistas.

A orientação imprimida ao jornal *A Província de Angola* mereceu uma atenção especial porque os cortes mostravam que esse diário tinha "a intenção de aproveitar a maioria dos ensejos que se lhe deparam para ferir, de algum modo, as autoridades e a política por elas trilhada e definida em função dos interesses da Nação". Quatro passagens censuradas serviam para documentar a opinião de Pessoa de Amorim.

Quanto aos cortes de "notícias lesivas dos interesses nacionais", o GNP considerou que a designação se aplica a "dois artigos que o *Jornal do Congo* e o *Angola Norte* publicaram depois de sofrerem repetidos cortes por parte da Censura", situação que se justificava "amplamente".

Os interesses nacionais não abrangiam apenas assuntos internos porque um dos artigos do *Angola Norte* tinha o título «De Gaulle, vencido, mas eleito» e referia Madrid como "capital da horrorosa fascista".

A censura também cortara uma notícia de *O Planalto* sobre "o estado de diversas culturas" porque afirmava que "o facto é que o caso do feijão é sintomático. Sintomático de falhas na sua orgânica, de promoção e de valorização" e denunciava que o Grémio dos Produtores e Comerciantes de Milho detinha "imobilizados, nos seus cofres, para cima de 17 milhões de escudos".

Um último assunto objecto de censura parcial prendeu-se com a visita do Secretário Provincial da Educação ao Cuando-Cubango porque os jornais queriam publicar "o desejo expresso, àquela entidade, pelos africanos da região, no sentido de serem europeus os professores que para lá fossem nomeados, uma vez que as crianças lhes têm maior respeito e assimilam melhor do que quando leccionadas por professores nativos".

Talvez não tivesse sido má ideia a aposta na formação dos professores indígenas como forma de ultrapassar o problema...

Mais tarde, o Governador-Geral, através do ofício confidencial n.º 3762/2535/116/55/1,[a] remeteu para Lisboa o relatório do Conselho de Leitura referente a Abril de 1966, que chegou em 23 de Maio de 1966 e está guardado na pasta 1.

Desta vez tinha sido "suspensa a circulação, para serem analisados, de 520 exemplares de livros, respeitantes a 15 títulos, e de 73 exemplares de revistas, que comportam 5 títulos" e o Conselho tinha apreciado "80 títulos de livros e 5 revistas diferentes".

O resultado foi a classificação como de inconveniente circulação de 30 títulos de livros, entre os quais *Le grand débat* de Raymond Aron, *Discursos sobre a liberdade de imprensa/1821*, de Augusto da Costa Dias, *Surrealismo e abjeccionismo* de Mário Cesariny de Vasconcelos e *Sociologie de la nouvelle Áfrique* por Jean Ziégler.

O mesmo destino tiveram quatro revistas: as francesas, *Positif* n.º 73 *e Faim & Soif* n.º 65 e as brasileiras *Capricho* n.º 166 e *Reprise de Fotonovelas* n.º 13.

Quanto aos títulos apreendidos por já terem sido objecto de proibição de circulação em Angola, a Comissão de Censura recuperara 51, designadamente *Perspectivas do século XIX*, de Victor de Sá, *História da imprensa periódica,* por José Tengarrinha e *Geografia e economia da revolução de 1820,* da autoria de Fernando Piteira Santos.

Como era habitual, o número de obras apreendidas de cada título era variável, embora os 31 exemplares de *História da antiguidade oriental* de Diakov e Kovalev fossem uma excepção, pois a quase totalidade das apreensões dizia respeito a menos de 5 exemplares de cada obra.

Quanto às revistas, tinha havido 22 apreensões, sendo que várias delas eram de números diferentes da mesma revista: *Noir et Blanc* e *Nudist* com 4 apreensões e *Ciné Tele-Revue* com 2, às quais se deviam adicionar um exemplar do *Nudist Calendar 1966* e outro do *Nudist Calendar 1966/67* e 2 exemplares de *Naturalist.*

Como se constata o erotismo, oficialmente confundido com pornografia, continuava a ser objecto de proibição.

O Presidente do Conselho de Leitura acrescentou um dado encorajador porque pelas "informações colhidas junto dos responsáveis pelo rastreio aos livros e publicações em geral" era possível constatar que as buscas às livrarias e "casas comerciais que também se dedicam a este ramo" davam "resultados cada vez mais negativos, pelo que se deve concluir da eficácia da acção deste Conselho".

Afinal, os problemas recentes com a Bertrand e a Lello pareciam resolvidos, embora talvez não fosse muito aceitável que fosse o Conselho, pela voz do seu Presidente, a ajuizar da acção por si desenvolvida.

2.1.6.6. Junho de 1966

Dentro daquilo que deveria ser a norma temporal, o relatório de Maio do Conselho de Leitura foi recebido em 17 de Junho de 1966.

Este documento era acompanhado do ofício confidencial n.º 4380/2967/7/55/1.ª e dava conta da suspensão para análise de "325 exemplares de livros, respeitantes a 50 títulos, e de 5 exemplares de uma revista".

A inconveniência de circulação recaiu sobre 25 livros e sobre o número 1646 da revista francesa *Cinemonde*. Entre os autores portugueses considerados de inconveniente circulação constavam Adolfo Casal Monteiro – *O romance (teoria e crítica)* – e Urbano Tavares Rodrigues – *Roteiro de emergência*. Carter Brown era o autor com mais obras proibidas – 5.

No que concerne aos livros apreendidos devido a proibição anterior, houve 40 apreensões de títulos com especial destaque para os 50 exemplares de *O abutre* de Richard Stark, os 31 de *Os processos de Moscovo* de Pierre Broué e os 25 de *Os melhores contos* de Konstantin Simonov.

As revistas nas mesmas condições foram a *Noir et Blanc* n.os 1102, 1103 e 1104, *Faim & Soif*, n.º 65, *Capricho* n.º 166, *Lui*, n.º 29 e *Fou-Rire*, nº 170.

Em relação à censura à imprensa, Pessoa de Amorim foi o responsável pelos dois apontamentos relativos a Junho – o n.º 616 de 20 de Junho e o n.º 618 de 30 de Junho de 1966 – que incidiram sobre as provas enviadas pelo Governo-Geral de Angola a acompanhar os ofícios confidenciais "2995, 2996, 3179, 3180, 3239, 3240 e 3505" e que figuram na caixa 2.

No primeiro, era justificada a alteração do título de «A censura à Imprensa angolana» para «A Censura à Imprensa Ultramarina», pois tinha havido a "recepção duma prova do órgão de informação de S. Tomé - «A Voz de S. Tomé» - que incluía dois comentários".

Era a forma sibilina do GNP criticar – mais do que saudar – a excepção a uma regra que os Governadores e os Governadores-Gerais – teimavam em desrespeitar.

No que concerne a Angola, a lista dos jornais objecto de censura iniciava-se com a *Província de Angola*, nos artigos «O elevado custo da energia eléctrica», «A bem dos interesses da cidade (Nova Lisboa)» e Falar pró boneco...» para reclamar "a construção urgente duma aerogare e duma gare ferroviária em Nova Lisboa".

Depois vinha o *Jornal do Congo* com «A elevação da Comissão Municipal do Negage à categoria de Câmara Municipal», no qual se exigia "uma era de nova actividade municipal" para que não houvesse "falseamento do espírito da lei".

Ainda no que diz respeito à imprensa regional, o *Jornal da Huíla*, no artigo «Patriotismo», fazia lembrar Maquiavel ao afirmar que "quem manda pode e quem pode, por força das suas funções, raramente admite que as suas ordens ou determinações se comentem ou discutam", apesar de a Nação ser "de todos e não apenas de alguns". Neste jornal figurava, ainda, «Um lugar ao sol para Vila de Folgares (sem prejuízo das aspirações da Matala» – a questão da Portaria 14 123 de 31 de Dezembro que tinha transferido a sede do Concelho de Capelongo para a aldeia de Matala.

Voltando à imprensa de âmbito provincial, o *ABC* quis denunciar o mau estado das estradas do Distrito do Bié, mas a censura fez um corte na parte relativa à crítica à acção da Junta Autónoma de Estradas porque não se podia saber que "há meses que começaram os trabalhos e se já se asfaltaram 1 000 metros já foi muito".

Um jornal que apenas se devia preocupar com os assuntos do desporto, a *Angola Desportiva*, saiu dessa temática e retomou a questão do Decreto sobre a imprensa diária e não-diária. Resultado deste jogo, o seu artigo «A carteira profissional» foi suspenso, ou seja, a lei continuou a não dar a "César o que é de César" e muito menos "com a urgência que o caso requer".

O rei, melhor, a rainha dos cortes desta vez foi a revista *Notícia* com cinco temas objecto da censura:

– «A recondução do Coronel Silvério Marques», demasiado elogioso para o visado;

– «O camartelo anti-transgressão chegou ao Bairro General Silva Freire» porque se recorria ao advérbio "impiedosamente" e na fotografia via-se "nos escombros, estilhaçado, um quadro do Chefe de Estado que tinha lugar de honra naquele lar";

– «A gafaria de Cazombo (que já foi considerada uma das mais perfeitas de África!) está esquecida?», suspensão só justificada com o receio de que a notícia fosse "explorada pelos nossos inimigos", uma vez que o artigo era "ponderado, constructivo até"[153];

– «A propósito do 15 de Março», pura e simplesmente eliminado porque queria atribuir a Manuel Vinhas uma posição de relevo nos acontecimentos de 1961;

– «Parece-me demasiado», uma crítica de João Charrula de Azevedo contra a CITA e o seu Director, acusado de dar erros gramaticais susceptíveis de fazerem chumbar "no exame do 2.º ano", qualquer "garoto de 12 anos"[154].

A parte final do primeiro apontamento foi reservada para elogiar "a atenção e cuidados dedicados pela Comissão de Censura provincial a todas as notícias, ainda que relativas a factos ocorridos no estrangeiro, desde que os mesmos possam 'sugerir' ou incitar o terrorismo à prática de actos semelhantes".

As notícias proibidas tinham a ver com «Explodiu uma bomba no monumento a Nelson» no diário *A Província de Angola* e «Sucedem-se turbulências de sublevados mizos e nagas» no *Comércio*.

---

[153] O Ministro foi do mesmo parecer e solicitou esclarecimentos, em 5 de Agosto de 1966, à Direcção-Geral de Saúde e Assistência do Ultramar – ofício n.º 4 619.

[154] Como já foi dito, o grupo económico de Manuel Vinhas acabaria por vir a adquirir a Neográfica depois do falecimento, súbito e precoce, de Charrula de Azevedo. Manuel Vinhas acabaria por vir a ser objecto de um ataque pessoal e anónimo nas páginas do Diário de notícias, pois foi acusado de manter contactos com os grupos terroristas – ou movimentos nacionalistas – angolanos. Sobre esta questão, interessa ler a obra *Negócios vigiados* da autoria de Filipe Fernandes e Luís Villalobos.

A CENSURA EM ANGOLA NA FASE FINAL DO IMPÉRIO

De registar que o *ABC* viu alterado o subtítulo «Duas granadas lançadas sobre um restaurante» para um bem mais consensual «Explosão num restaurante».

Afinal, podia ter-se tratado de um acidente!

No segundo apontamento, o n.º 618 de 30 de Junho de 1966, os assuntos abordados foram oito e o primeiro teve a ver com a Grã-Bretanha e a independência da Rodésia, que o *ABC* procurara publicar com o título «A medida cheia».

A censura não apreciara "o ataque violento que desenvolve contra a Inglaterra" ao escrever que a expansão inglesa "assentou em duas regras tradicionais da chamada «pirataria»: o roubo internacional e a pilhagem sistemática".

O Jornal do Congo fora objecto da censura devido a dois artigos sobre a realidade local intitulados: «Negage», eliminado na totalidade, e «Negage, as ruas da vila», sujeito a corte.

Era o problema da administração local a que não escapou também a Câmara de Luanda, pois, tanto *A Província de Angola* como a *Actualidade Económica*, continuavam a lamentar que "as autoridades locais continuem a não dar ouvidos" a problemas como o estado das ruas, no caso, a "Estrada da Cuca".

O jornalista João do Prado, viu proibido o artigo «O valor da água em Angola», que deveria ter sido publicado na *Revista de Angola*, pois tinha criticado a acção das Juntas e dos Institutos que as substituíram, embora acabasse por propor a criação da Junta de Hidráulica Agrícola para tratar das questões das obras de rega. Neste caso não estava em causa a "crítica construtiva", mas a forma como iniciava o artigo porque atacava "o labor das Juntas e chega a desvirtuar a finalidade para que foram criadas".

João do Prado voltaria a merecer "repetidos cortes", desta vez no *Jornal da Huíla*, devido ao artigo «Miragens dos petróleos» porque queria "recordar a experiência de Angola relativamente à exploração de petróleo, para aconselhar a Província do Índico a moderar-se na euforia que exterioriza pela descoberta daquele produto" e onde afirmava que não eram "as zonas onde o petróleo se produz, aquelas que mais beneficiam do seu aproveitamento" porque "a Metrópole, sem petróleo tem colhido e virá a colher, cada vez mais benefícios da sua industrialização".

Era um recado para Moçambique!

Aliás, as trocas entre a Metrópole e Angola – no caso o vinho e o café – tinham sido objecto de narração na imprensa metropolitana porque o jornal *A Voz* não gostara de ouvir Silvério Marques lembrar que "quando na Metrópole se fala, de vez em quando, do vinho que se bebe ou não se bebe em Angola, nesta Província Ultramarina fala-se do café que não se bebe ou se bebe na Metrópole", sem ter em conta que "o valor recebido pela Província de Angola dos cafés que vendeu à Metrópole, chegou e sobrou para o pagamento dos vinhos comuns, que comprou a esta".

Este assunto chegou a Angola, mas a *Notícia* não a conseguiu levar ao público porque dizia que "os figurantes" que tinham acorrido ao aeroporto para esperarem o Governador-Geral e aparecerem na TV, ao ouvirem o discurso tinham "escapado à objectiva" – escudando-se, por exemplo, atrás das respectivas esposas – porque não queriam para si o enterro político que adivinhavam para Silvino Silvério Marques.

O General Andrade e Silva e Luís Lupi foram apontados como as excepções porque "não arredaram, nem tentaram arredar pé".

Outro assunto a merecer a atenção e a crítica da censura foi a suspensão da ligação aérea entre Luanda e Nova Lisboa aos domingos e segundas-feiras, matéria que levara *A Província de Angola* a tentar publicar o comentário «As minhas nótulas» num tom "jocoso" porque com essa suspensão não se garantia o direito de ler diariamente um jornal.

A revisão das tarifas de água e electricidade na capital do Huambo levou *O Comércio* a pretender inserir uma "pequena notícia" sobre a temática, enquanto *A Província de Angola* quisera mostrar o ambiente "exaltado" em que decorrera "a sessão da edilidade" sobre o problema da instalação do "complexo industrial vinhadeiro" na Ilha de Luanda.

Quanto ao *Jornal da Huíla,* o jornalista Araújo Rodrigues recorrera a uma "referência muito habitual em artigos publicados pela imprensa angolana, em geral, e por este jornal, em particular", ou seja, a referência à "sucção das nossas melhores fontes de rendimento, com o objectivo expresso de irem valorizar outras terras e favorecer, deste modo, outras gentes".

As duas últimas notícias cortadas tinham a ver com a falta de qualidade das radiografias tiradas em Angola e que levavam os "médicos da Metrópole" a olhar para elas "desconfiados" enquanto no estrangeiro se recusavam "simplesmente a observá-las" – *Notícia* – e com as más estradas de acesso ao Quipeio – *O Comércio*.

A finalizar, Pessoa de Amorim repetiu-se e, tal como no apontamento anterior, deixou um elogio para a forma como a Comissão de Censura estava a levar a cabo a "política de segurança", que consistia "em eliminar todas as notícias, mesmo que relativas a ocorrências internacionais, desde que as mesmas pudessem «sugerir» algo que possa vir a ser posto em prática pelo inimigo na actividade terrorista".

Por isso, nada de noticiar que "uma caneta explosiva pôs em perigo uma jovem japonesa" ou de dar conta de "Mais ataques de surpresa dos Vietcong".

2.1.6.7. Julho de 1966

O relatório do Conselho de Leitura referente a Junho, recebido em 26 de Julho de 1966, veio acompanhado do ofício confidencial n.º 5510/3663/116/55/1.ª e informava que a suspensão para análise envolvera "215 exemplares de livros, respeitantes a 74 títulos, e de 6 exemplares de uma revista" e que o Conselho apreciara "81 títulos de livros e uma revista", tendo considerado inconveniente a circulação de 41 livros e do n.º 1650 da revista *Cinemonde*.

A CENSURA EM ANGOLA NA FASE FINAL DO IMPÉRIO

Salvador Dali não viu reconhecidos os méritos do seu *Diário de um génio*, tal como Simone Weil e as suas *Leçons de Philosophie* e Sarte e a sua *La p... respecteuse*, no qual os três pontos substituíram as letras de forma a moralizar o título.

Quanto ao *Portrait du colonisé* de Albert Memmi não teve direito a moldura e a *Histoire de l'Áfrique* por Albert Cornevin não mereceu lugar nas estantes.

Relativamente à apreensão de livros e revistas cuja circulação já fora objecto de proibição, continuou a verificar-se – ao contrário de informação anterior – um número elevado de apreensões, ou seja, 38 títulos de livros e 10 títulos de revistas, sendo que a revista norte-americana *Man´s Peril* com 147 exemplares e a portuguesa *Ginginha com Caroço* com 150 foram as mais atingidas.

Em relação aos livros, não podem passar sem menção os 93 exemplares apreendidos de *O ferrolho* por André Kedros, os 46 de *Olho por olho* de John West e os 30 do *Roteiro de emergência* de Urbano Tavares Rodrigues.

No que concerne à resenha dos cortes efectuados pela Comissão de Censura sobre a matéria noticiada nos periódicos, na pasta 2 consta o apontamento confidencial n.º 623 de Pessoa de Amorim, datado de 26 de Julho de 1966, e que mostra que não há fome que não dê em fartura, pelo menos no que a Angola dizia respeito, tal a abundância de elementos enviados.

As temáticas objecto de corte parcial tinham sido cinco, sendo que as quatro iniciais se prendiam com assuntos sobretudo locais – alguns cortes eram da responsabilidade de órgãos provinciais – ou derivadas de um relacionamento comercial desigual com a Metrópole:

– O preço do milho na colheita de 1966, no *Jornal da Huíla;*

– O problema do vinho importado da Metrópole, assunto presente em vários órgãos de informação, nomeadamente no *Jornal da Huíla* e *Notícia,* que chegou a falar de "sintomas de se tratar duma operação forçada e protegida por interesses desconhecidos";

– Reclamações contra a actuação de serviços públicos presentes nos jornais *ABC* – as publicações dos Serviços de Estatística –; *Comércio* e *Notícia* – os boatos sobre desfalques no Cofre de Previdência dos Funcionários Públicos de Angola –; *A Província de Angola* – a denúncia do atraso do Distrito do Huambo – e *Jornal da Huíla* –o mau estado das estradas e a responsabilidade do Presidente da Câmara nos problemas de abastecimento de água e luz a Sá da Bandeira.

Ainda merecedores de citação foram as proibições impostas a três publicações: *Jornal da Huíla, Noite e Dia* e *A Província de Angola.*

O *Jornal da Huíla* porque quisera publicar um artigo da revista brasileira *O Cruzeiro* sobre a Liberdade de Imprensa, falava de "empresas angolanas com sede na Metrópole" e na necessidade de uma escola nova e diferente no mundo rural.

No caso da revista *Noite e Dia*, o problema residia na sugestão para que a Rádio de Angola transmitisse folclore angolano, pois, "pelos menos folcloricamente, os 300

SEGREDOS DO IMPÉRIO DA ILUSITÂNIA: A CENSURA NA METRÓPOLE E EM ANGOLA

mil brancos que por cá labutam estão sobejamente servidos", mas questionava se "os 5 milhões de naturais, estarão?"

A Província de Angola porque queria que o mais denso parque industrial ficasse sediado no Huambo, mas exigia que se actuasse "sem se olhar a constatações «lorpas» e destituídas de fundamento".

Quanto ao quinto assunto, tinha a ver com "notícias lesivas dos interesses nacionais" e a *Noite e Dia* tinha sido a mais visada porque quisera publicar notícias sobre a luta contra o racismo, ainda que nos Estados Unidos, e elogiara a poetisa "Alda Lara, que o autor teima em considerar como uma «expressão de angolinidade»" ao escrever que "com Alda Lara acabou um ciclo de poesia de expressão portuguesa".

Como parece consensual, falar de «angolinidade» era lembrar o nativismo, elemento que, na óptica do Poder, constituía talvez o principal perigo para a manutenção da unidade nacional.

Por isso, a proibição era o melhor remédio para evitar a propagação da ideia.

2.1.6.8. Agosto de 1966

Silvino Silvério Marques, no dia 5 de Agosto de 1966, colocou o Ministro do Ultramar ao corrente de um problema já mencionado nesta obra e que fora levantado por Carlos d' Oliveira – ofício confidencial n.º 5738/3832/8/55/1.ª, que consta na pasta 1 – enviando-lhe a exposição e um ofício do Conselho de Leitura a justificar as razões que tinham motivado a sua decisão.

É, portanto, chegado o momento – anteriormente prometido – para dar voz ao contraditório.

Assim, a leitura desse ofício de 12 de Julho de 1966 informava que os livros da autoria de Carlos de Oliveira "que também se assina «General Protero» e «Clara Belon» tinham sido considerados inconvenientes porque se tratava de "publicações escritas em linguagem bastante confusa, sobre assuntos relativamente delicados" e, por isso, podiam "levar os leitores pouco esclarecidos politicamente", como era o caso "daqueles que pertencem a determinados sectores da população" de Angola, "a tirarem conclusões diametralmente opostas aquelas que o autor pretende apresentar".

Além disso, segundo o Conselho de Leitura, as obras apreendidas continham "numerosas inexactidões, e mesmo erros, quer sob o ponto de vista doutrinário, quer sob o de matéria de facto" e havia a "possibilidade de fomentarem ódios raciais".

A informação escrita à mão no ofício enviado por Silvino Silvério Marques ia no sentido de "se enviar o conjunto anexo à Presidência do Conselho (Serv. de Censura), solicitando parecer e a sua oportuna devolução".

De facto, o assunto era sério porque se tratava, como a nótula escrita manualmente indicava, "da proibição de circulação em Angola de publicações autorizadas na Metrópole e, até, financiadas por departamentos públicos".

A CENSURA EM ANGOLA NA FASE FINAL DO IMPÉRIO

Na pasta nada mais consta sobre o desenrolar do processo porque o ofício seguinte diz respeito ao envio feito, em 7 de Setembro de 1966, por Leonel Pedro Banha da Silva, da Agência Geral do Ultramar, para o Director do Gabinete dos Negócios Políticos a acompanhar "uma brochura contendo as folhas de 1042 a 1061, com recortes da Imprensa da Província de Angola", referentes ao período de "9 a 15 de Agosto" e compilados "pelo redactor José Maria de Sousa e Costa".

Teria sido importante saber a decisão dos Serviços de Censura da Presidência do Conselho até para estabelecer um paralelo com aquilo que aconteceu em relação ao cronista Damião de Góis durante a vigência da censura inquisitorial, episódio que justifica uma breve narração.

Em 1541, Damião de Góis viu proibida a venda em Portugal da sua obra *Fides, religio, moresque Aethiopum*, mas o Inquisidor-Geral, o Cardeal D. Henrique, escreveu ao cronista a justificar essa proibição e a esclarecer que com essa interdição se procurara defender a figura de Damião de Góis face à opinião pública.

A correspondência entre o Inquisidor-Geral e o cronista – duas missivas de cada um – talvez encontrasse justificação na posição privilegiada de que Damião de Góis beneficiava na corte, embora tal não fosse suficiente para, por exemplo, evitar as marcas da censura na *Crónica de D. Manuel*, cuja IV parte tinha sido "impressa a 25 de Julho de 1567 [mas] ainda não se encontrava à venda cinco anos e meio mais tarde porque o bispo D. António Pinheiro tinha de emendar um pouco que estava errado numa página" (Rodrigues, 1980, p. 15).

Afinal, aquilo que se dizia estar errado era apenas a introdução de elementos laudatórios da acção da Inquisição e do Inquisidor-Geral.

Mais uma vez, a História fazia questão de mostrar que o Poder não gosta de ser criticado mas louvado, como a abundância de panegíricos sobre as acções dos detentores do Poder se encarrega de provar.

No que diz respeito aos cortes efectuados pela Comissão de Censura, o Ministro, na posse de um apontamento que o GNP lhe fez chegar, decidiu solicitar esclarecimentos ou informações sobre três assuntos criticados na imprensa: a distribuição de semente de arroz em Sanza-Pombo, as estradas de Angola, designadamente o troço de Combe-ia-Menha ou Pango Aluquém e a transferência da sede do Concelho de Capelongo de Folgares para Matala.

A resposta às dúvidas ministeriais colocadas em Agosto só chegaria em 21 de Dezembro de 1966 através do ofício n.º 9122/4013 e, por isso, será apresentada nesse mês, embora se possa adiantar que o ofício-resposta estava assinado pelo novo Governador-Geral, Camilo Rebocho Vaz, e trazia 5 anexos para fazer valer as posições dos serviços visados nas críticas.

2.1.6.9. Setembro de 1966

O Conselho de Leitura continuava a sua «cruzada contra o mal» como se depreende da leitura interpretativa dos documentos existentes em MU/GNP/ Pasta 1- Sr. 119.

De facto, esse documento permite constatar que, em Julho de 1966, "foi suspensa a circulação, para serem analisados, de 343 exemplares de livros, respeitantes a 153 títulos, e de 17 exemplares de revistas, relativas a 4 títulos" – ofício confidencial nº 6665/4378/8/5571.ª de 8 de Setembro de 1966.

O Conselho de Leitura procedera, ainda, à análise de "153 títulos de livros e 17 exemplares de revistas", tendo desaconselhado a circulação de 57 dos livros apreciados, entre os quais figurava *Ásia, África e a política independente do Brasil* de Adolphe Juste Bezerra de Menezes, *L'espoir* de André Malraux, *Petits précis de Sociologie* por Phillippe Bouvard e *Les marxistes* de Marx e Engels.

Além disso, continuaram a ser apreendidos livros já interditos de circulação em Angola – 27 títulos –, entre os quais 27 exemplares de *A nossa vida sexual*, da autoria do Dr. Fritz Kahn, e 21 exemplares de 4 revistas: *Noir et Blanc, Fou-Rire, Lui* e *Man´s Peril*.

Os Serviços de Censura da Presidência do Conselho e as outras Províncias receberam, com habitualmente, a lista produzida pelo Serviço de Leitura de Angola através do Director dos Negócios Políticos do Ministério do Ultramar[155].

Mais tarde, em 19 de Setembro de 1966, Silvino Silvério Marques, que se aprestava para ser substituído no cargo de Governador-Geral[156], enviou o ofício confidencial n.º 6864/4519 com a resposta a dois dos três pedidos de informações solicitados pelo Ministro do Ultramar em 5 de Agosto de 1966 – ofício n.º 4 620.

Assim, o Governador do Distrito de Uíge, o futuro Governador-Geral Rebocho Vaz, concordava que "no Negage haveria vantagem em colocar à frente da Câmara outra pessoa que não o Administrador do Concelho dados os muitos afazeres do administrador". O problema residia no facto de "entre os elementos mais evoluídos da povoação" ser difícil "encontrar uma individualidade que possa ser aceite por todas as camadas sociais".

Por seu lado, o Governador do Distrito do Bié, José Paulo Paixão Barradas, informou sobre a asfaltagem da rodovia denominada Estrada Nacional 7, Silva Porto-Gare, e não encontrou justificação para "tão grande demora na sua execução", uma vez que já estava preparada para receber o asfalto. Por isso, o atraso, na sua opinião, decorria da "falta de zelo e de fiscalização do então chefe da Direcção Regional da junta autónoma, eng.º Guerra, agora na Metrópole, em gozo de licença graciosa".

---

[155] Ofícios 3175 a 3180 para as Províncias e aditamento ao ofício n.º 3997 de 8 de Julho de 1966 para os Serviços de Censura.

[156] Silvino Silvério Marques foi substituído por Camilo Augusto de Miranda Rebocho Vaz, que esteve em funções desde 27 de Outubro de 1966 a Outubro de 1972.

A CENSURA EM ANGOLA NA FASE FINAL DO IMPÉRIO

Era uma situação que fugia à normalidade, mas que evidenciava os problemas de relacionamento entre os vários organismos da administração portuguesa, como a palavra final da frase do Governador deixava transparecer.

Afinal, as mordomias a que os titulares de certos cargos se julgam com direito, mesmo que as empresas por si dirigidas enfrentem dificuldades derivadas do seu desempenho ou gestão, constituem uma prática que já vem de longe e ainda não era chegado o tempo – que não demoraria – para o fim do direito à licença graciosa de férias na Metrópole.

Dentro da normalidade se insere o ofício confidencial n.º 6862/4517/8/55/1.ª, recebido em 19 de Setembro de 1966 e arquivado na pasta 1, no qual o Governador--Geral enviou ao Ministro do Ultramar o relatório de Agosto do Conselho de Leitura.

A leitura desse relatório permite saber que "265 exemplares de livros, respeitantes a 74 títulos, e de 6 exemplares de revistas, relativas a 2 títulos" tinham sido suspensas de circulação para serem analisados, enquanto o Conselho de Leitura apreciara "87 títulos de livros e 2 exemplares de revistas", tendo emitido opinião desfavorável em relação a 28 livros e a duas revistas.

Se não admira a proibição da obra de José Honório Rodrigues *Brasil e África – outro relacionamento,* ou de *História da OAS na Argélia,* de Paul-Marie de la Gorge, também não espanta que os censores não tenham apreciado o livro *O homem que trocou a mulher por uma vaca ... e saiu ganhando,* escrito por Demoura ou *Sexo e amor,* de Cláudio de Araújo Lima.

O aspecto político do primeiro e do segundo livros, a brejeirice do terceiro e a palavra «sexo» no quarto título eram demasiado incómodas para os ouvidos sensíveis dos censores.

O manancial de livros apreendidos face à proibição anterior não cessava – 78 títulos –, entre os quais figuravam 90 exemplares de *O espião que amou a América,* de Jack Laflin, e as obras *Vontade de ser ministro,* por Fernando Luso Soares, *As mãos sujas* de Sartre, *Introdução à Sociologia,* de Morris Ginsberg, *A economia política do desenvolvimento,* por Paul Baran, e *Ásia, África e a política independente do Brasil,* de Adolpho Justo Bezerra de Menezes.

Quanto às revistas foram recolhidos 10 exemplares das habituais *Fou-Rire, Noir et Blanc* e *Lui.*

Por vezes a eficiência da censura exigia o repensar do relacionamento dos serviços, como se comprova pelo ofício secreto n.º 5892/66 – SR – 2.ª de 19 de Setembro de 1966 enviado pelo Sub-Director da PIDE de Luanda ao Chefe da Repartição do Gabinete do Governo-Geral a solicitar que fossem "enviados a esta Delegação, a título devolutivo, todos os cortes que a Censura de Luanda vier a fazer, e bem assim, se digne promover o necessário para que os Serviços de Censura Distritais procedam de igual modo em relação às Sub-Delegações e Postos desta Polícia, dos respectivos Distritos".

Com esta medida pretendia-se evitar que "alguns artigos" recusados "designadamente pelos do Huambo" acabassem por ser "publicados na Imprensa de Luanda".

O processo fora espoletado pelo facto de "num processo de averiguações" sobre "alguns artigos de natureza subversiva" publicados no jornal *A Província de Angola* se ter descoberto "uma rede de subversão com ramificações na Metrópole". Ora, tal descoberta levara à conclusão que havia a "necessidade" de a PIDE "tomar conhecimento dos artigos cuja publicação na Imprensa diária seja recusada pela Censura Oficial".

Ainda foi Silvino Silvério Marques quem enviou ao Ministro o documento confidencial n.º 6990/4584/8/9/195/1.ª, recebido em 23 de Setembro de 1966 e arquivado na pasta 1, a solicitar ao Ministro que tivesse "a bondade de [o] mandar informar [sobre] a norma em vigor na Metrópole", embora julgasse que a solicitação da PIDE "especialmente na emergência actual" fazia sentido, apesar de já ser rotina "mandar fotocópia de todos os «cortes» que se julgam de interesse".

Já no mês seguinte, mais exactamente em 12 de Outubro, Pessoa de Amorim fez a informação confidencial n.º 1963 sobre este assunto[157] e, se bem que visse "vantagem em atender", considerava que o pedido podia "colidir com um despacho de Sua Excelência o Ministro, que determinou o envio regular, das provas censuradas dos órgãos de informação de todas as Províncias Ultramarinas, a este Gabinete", pois o exame prévio por parte da PIDE em Angola poderia "determinar acentuado atraso no seu envio". Por isso, sugeria que fossem contactadas "as redacções de todos os órgãos de informação com o objectivo de determinar ou inquirir da viabilidade de passarem a ser submetidas à apreciação da Censura, duas provas de cada artigo, em vez de uma".

Pessoa de Amorim sabia bem sobre o que estava a informar porque fez questão de escrever que "à PIDE interessará sobremaneira o aspecto da subversão, da orientação, eventualmente contrária aos interesses nacionais, seguida pela imprensa de Angola", enquanto o Gabinete de Negócios Políticos "para além desse mesmo aspecto, debruça-se, igualmente e com interesse semelhante, sobre factos de índole económica e social, que não traduzem necessariamente implicações políticas, antes podem visar unicamente o desenvolvimento da Província". Por isso, não lhe parecia que qualquer destes organismos estivesse em condições de desistir da censura. Se não fosse possível a solução por si proposta, Amorim sugeria que a PIDE em Angola analisasse os documentos com "carácter urgente" para que o envio dos documentos do Governador-Geral para o Gabinete de Negócios Políticos não sofresse "atraso considerável".

À mão está escrito no documento que pelo que tinha sido averiguado pessoalmente "na Metrópole a Censura não fornece os cortes efectuados", mas apenas um "pequeno relatório sobre os cortes efectuados e justificação dos mesmos". No entanto, para "consideração superior", voltava a reforçar-se que não havia nada a opor à pre-

---

[157] Esta informação de três páginas consta na pasta 1 de MU/GNP/Sr. 119.

tensão da PIDE em Angola desde que não houvesse "prejuízo quanto ao que está estabelecido em relação ao GNP".

O Ministro do Ultramar aceitaria a pretensão da PIDE e o Director do Gabinete de Negócios Políticos daria conta ao Governador-Geral dessa decisão em 26 de Dezembro de 1966 – ofício n.º 7199/Y-7-5.

2.1.6.10. Outubro de 1966

De acordo com os ditames da vida habitual, em 8 de Outubro de 1966 chegou o relatório de Setembro de 1966 do Gabinete de Leitura – documento confidencial n.º 7316/4762/8/5571.º – enviado pelo Secretário-Geral do Governo Manuel Alfredo de Morais Martins.

O documento fazia prova de que tinham sido apreendidos para análise "220 exemplares, respeitantes a 53 títulos de livros" e o Conselho tinha apreciado "73 títulos de livros" dos quais 20 foram considerados de inconveniente circulação, entre os quais estavam *Um sonho americano* de Norman Mailer, *Tropic of Capricorn*, de Henry Miller, *Anatomia de um atentado*, por Fox Duffi e *Introdução à política*, de Maurice Duverger.

No que se referia aos exemplares apreendidos por já estarem proibidos em Angola, havia 52 títulos de livros e 6 títulos de revistas: *Lui, Fou-Rire, The Economist, Pagan, Playboy* e *Adam.*

O facto de terem sido apreendidos 10 exemplares relativos a cada um de 24 títulos de livros parece apontar para uma apreensão «em bloco», ou seja, antes de chegarem às mãos do público.

O livro mais apreendido foi *A morte de um perverso*, de Henry Kane, com 18 exemplares. Natália Correia, com *O vinho e a lira*, e Simone Weil, com *Opressão e liberdade*, estavam entre os autores proibidos nesta lista.

No que diz respeito à análise que o GNP fazia dos cortes que lhe eram enviados, em 18 de Outubro, a informação n.º 1968 de Pessoa de Amorim, que consta na página 2, voltava a referir o ofício confidencial n.º 4 620 do Ministro a solicitar ao Governador-Geral de Angola informações sobre as estradas do Bié – assunto levantado pelo *ABC* – e sobre a elevação da Comissão Municipal do Negage à categoria de Câmara Municipal e a dar conta das respostas dos dois governadores que já constam neste livro.

Como é lógico, esta informação destinava-se a saber até que ponto a razão assistia aos órgãos de informação. Ora, no primeiro caso, as informações do Governador-Geral davam "razão às críticas tecidas pelo «ABC»", a exemplo daquilo que se verificava no segundo caso relativo aos comentários do *Jornal do Congo.*

O reconhecimento da razão aos jornais implicava a abertura de um processo para atribuição de responsabilidades relativamente aos assuntos noticiados porque a culpa não podia – ou não devia, dependendo da importância dos visados – morrer solteira.

2.1.6.11. Novembro de 1966

O estudo deste mês começa com um elemento muito extenso – 23 páginas – e que está arquivado na pasta 2.

Trata-se do apontamento n.º 634 de Pessoa de Amorim sobre a censura à imprensa ultramarina, datado de 11 de Novembro de 1966.

No que concerne à acção da censura em Angola, a estratégia do relatório passou, novamente, por indicar os cortes e as suspensões a partir dos títulos dos periódicos.

Assim, a *Notícia* viu censurados dois artigos: «Os menores e o trabalho», um artigo de "flagrante actualidade" e tratado em termos "ponderados" e cuja censura só o "actual clima emocional da ordem internacional" justificava e «Os Kennedy e o Terceiro Mundo africano», pois era ameaçador e premonitório para o colonizador ao dizer que "hoje alguns homens encontram-se atormentados porque a sua pele é negra. Virá, porém, o dia em que o serão por a sua pele ser branca".

O *Jornal do Congo* foi objecto de corte em vários artigos. Num deles questionava se «A população do Uige apoiará a mecânica dos mercados rurais?» e o jornalista, que apenas assinava com as iniciais C.G., terminava com frases muito incomodativas: "importa que não se façam mais experiências. Caras. Ruinosas. Que façam chorar lágrimas de sangue". Noutro artigo, denunciava «Tabuletas a mais e povoamento a menos» para dar conta das irregularidades nas demarcações de terreno. Num terceiro, «Um tema por semana – as casas do Estado», era a questão do "aumento de renda que sofreram as casas do Estado destinadas a funcionários" que era objecto de denúncia de um "subterfúgio" que consistia em fazer subir as rendas à custa da promoção de categoria das casas, ou seja, as mais baratas ou da categoria D passavam sem necessidade de obras para a categoria C e assim por diante.

Os dois últimos artigos cortados tinham por títulos «O fomento agrário de todo o Uíge merece o maior interesse» e «Crítica a um funcionário» que não era identificado, uma omissão que segundo o GNP "se destinaria a tornar o comentário mais permeável às malhas da Censura".

O *Jornal da Huíla* viu cortados cinco artigos:

– «Lapidação de diamantes», que falava dos "grupos restrictos, mas de forte poder financeiro" e denunciava que "o que realmente se pretendeu foi montar a indústria da não-lapidação de diamantes na Metrópole";

– «Educação Física»;

– A posse da Comissão Administrativa da Câmara Municipal de Sá da Bandeira, cerimónia onde o Chefe do Distrito afirmara que "o dia não era de festa, pois as comissões administrativas, surgindo geralmente em maus momentos são sempre encaradas com desagrado ou, quando não pode haver manifestações contrárias à sua criação, como é o caso presente, com indiferença e cepticismo";

A CENSURA EM ANGOLA NA FASE FINAL DO IMPÉRIO

– «Aumento de vencimentos ao funcionalismo da Metrópole» porque "os funcionários de maiores proventos" eram os que auferiam "de melhoria de vencimentos mais acentuada";

– "Estrada de Sá da Bandeira a Moçâmedes».

O *ABC* foi censurado devido a um artigo escrito por Consagra Duarte sobre a escassez de mão-de-obra, pois estava "eivado de pessimismo", e sobre um "litígio registado entre a Presidência do Município de Sá da Bandeira e a Vereação eleita pela cidade" porque a notícia procurava estabelecer "pontos de analogia com o que ocorria com a Câmara da capital da Província" devido ao "divórcio brutal entre o vice-presidente da Câmara, em exercício da presidência e uma Vereação obstinada e solitária nessa obstinação"

Aliás, as discórdias na Câmara de Luanda foram, igualmente, objecto de censura no *Miau*, um suplemento que se gabava de colocar Angola a miar de lés a lés, mas que dava particular atenção à vida da autarquia da capital da Província.

Quanto ao jornal *A Província de Angola* mereceram cortes os artigos:

– «Para quando a construção da gare marítima do Lobito?»;

– «A carestia de géneros no Distrito de Malange»;

– «A Feira do Livro de Sá da Bandeira»;

– «Ecos do Cubal – a água que bebemos»;

– «Problemas que afectam a Catumbela – o aumento do preço da água»;

– «O pagamento das horas extraordinárias»;

– «O transporte dos estudantes da Catumbela para o Lobito», porque os preços especiais para os cerca de "cem estudantes" que iam diariamente para o liceu e para a escola técnica do Lobito tinham "vindo a aumentar vertiginosamente de ano para ano".

Além disso, ainda era possível identificar mais oito "pequenos" cortes "nas provas [...] submetidas à apreciação da Censura", entre os quais figurava o comentário a um jogo porque o jornalista considerava "uma representação desportiva de Moçambique" como "equipe da estranja", designação que não respeitava a visão de um todo nacional do Minho a Timor.

Neste jornal ainda foi cortada a notícia na qual se solicitava à Direcção dos CTT que mandasse "colocar marcos postais em vários pontos da vila", censura sobre a qual Pessoa de Amorim escreveu: "A Censura determina, por vezes, cortes para os quais nem sempre conseguimos encontrar explicação plausível", situação que, aliás, se repetiria com "duas pequenas notícias em que se dava conhecimento da impressão, em Angola, de duas publicações militares".

Pessoa de Amorim considerou conveniente que fossem solicitados esclarecimentos ao Governador-Geral sobre três cortes efectuados em Angola:

– «Tabuletas a mais e povoamento a menos – quem olha para isto?»;

– «Ecos do Cubal – a água que bebemos»:

– «O transporte dos estudantes de Camabatela para o Lobito».

O Ministro – através do ofício confidencial n.º 7042/Y-7-5 de 14 de Dezembro de 1966 deu a sua concordância à proposta.

Relativamente à acção do Conselho de Leitura, o Encarregado do Governo-Geral, general Amadeu Soares Pereira, enviou o relatório de Outubro acompanhado do ofício confidencial n.º 8274/ 5223/8/5571.ª, de 15 de Novembro de 1966, que entrou no Ministério do Ultramar a 18 de Novembro de 1966, sendo registado com o número 5478. Este documento está arquivado na caixa 1.

A suspensão de circulação para análise tinha abrangido "575 exemplares de livros respeitantes a 72 títulos", dos quais o Conselho de Leitura apreciara "81 títulos" e recomendara como inconvenientes 30, designadamente *Ma vie* de Trotsky, *Os vice-reis* de Frederico de Roberto, *The second sex* e *Nature of second sex* de Simone de Beauvoir e três títulos de Erskine Caldwell, todos em inglês.

Os exemplares apreendidos em função de proibição anterior corresponderam a 65 títulos de livros e 12 exemplares de 4 revistas.

As maiores apreensões de livros recaíram em *Olho por olho*, de John B. West e *O amante de Lady Chatterley*, de David Herbert Lawrence – 10 exemplares – e *Oeuvres choisies*, de Karl Marx, *Kama sutra*, de Vatsyayana, *Os vivos e os mortos*, por Konstantin Simonov e *História da imprensa periódica portuguesa*, de José Tengarrinha – 6 exemplares.

Como se constata, tudo livros de cariz político ou atentórios dos «bons costumes».

2.1.6.12. Dezembro de 1966

Em 21 de Dezembro, depois de quatro meses de preparação para a viagem, chegaria a resposta às dúvidas ministeriais colocadas em Agosto através do ofício n.º 9122/4013, que era assinado pelo Governador-Geral Rebocho Vaz e que, como já foi dito, trazia 5 anexos para fazer valer as posições oficiais defendidas.

Porém, ainda não será neste mês que a curiosidade do leitor ficará satisfeita.

De facto, só no ano seguinte, mais exactamente em 7 de Fevereiro de 1967, Pessoa de Amorim faria a informação n.º 2 066 para o Ministro sobre esta resposta, razão pela qual só nesse mês se ficará a saber o desfecho do processo.

Pessoa de Amorim foi, também, o responsável pelo apontamento confidencial n.º 636, datado de 26 de Dezembro de 1966 e que tinha por base os ofícios confidenciais "n.ºs 7 679, 7 680, 7 834, 8 062, 8 063, 8 276, 8 585, 8 586, 8 587 e 8 588" enviados de Luanda e três ofícios do Governador-Geral de Moçambique e que figura na caixa 2.

Neste apontamento foi privilegiada a temática dos cortes e, por isso, é possível identificar nove matérias sensíveis:

– Sugerida a criação do Concelho de Cuchi – *O Comércio* – porque aquela era uma zona com cerca de "40 mil almas, valorizada pela proximidade do C.F. de Moçâmedes e não fazia sentido estar integrada no Concelho de Menogue;

A CENSURA EM ANGOLA NA FASE FINAL DO IMPÉRIO

– O estatuto do funcionalismo ultramarino – onde *A Província de Angola* criticava o facto dos "funcionários contratados fora dos quadros" não poderem usufruir da "licença graciosa ou licença de Junta de Saúde, a gozar na Metrópole";

– A escassez dos efectivos da PSP – *Diário de Luanda* e *Comércio* porque tinha aumentado o número de "furtos e assaltos";

– O Fundo de Fomento Pecuário – *Jornal da Huíla*, que reclamava "a urgente actualização da orgânica e das próprias funções" desse fundo, a exemplo do que acontecera em Moçambique;

– A fábrica de lacticínios da Cela – escrito por João do Prado no *Jornal da Huíla* e reproduzido pelo *ABC* e que dava conta da iminência da venda dessa fábrica a "uma sociedade anónima, em que teria predominância uma empresa metropolitana";

– Turismo – *Actualidade Económica*, que louvava a acção promocional feita pela TAP e criticava o imobilismo do CITA e da AGU;

– Exposição do cinquentenário do Lobito – onde *A Província de Angola* criticava "asperamente o desinteresse manifestado pelo SNI e pela AGU relativamente a uma exposição que se projectou realizar em Lisboa";

– II colóquio sobre economia do Huambo – *A Província de Angola,* para pôr em causa a utilidade de certos congressos, reuniões e colóquios";

– A censura à imprensa – *Jornal do Congo*, jornal para o qual a censura era "um mal necessário" mas que se exigia "uma ampla revisão dos Serviços de Censura" de forma a suprimir "dualidades de critérios que são, às vezes, prejudiciais ao próprio conhecimento dos factos" e *Jornal da Huíla*, que se manifestara "pela sua abolição, pois que a subsistir tal como existe, não serve os interesses da Nação".

Pessoa de Amorim desvalorizava esta última temática porque considerava que era "hábito sempre que há qualquer mudança no Governo-Geral ou Central, os órgãos de informação solicitarem a revisão da série de normas que regulam a acção da Censura sobre a Imprensa".

De todos estes cortes apenas os que incidiram sobre «O fundo de fomento pecuário» e a «exposição do cinquentenário do Lobito» levaram o Ministro, já no ano seguinte, a solicitar informações ao Governador-Geral pelos ofícios n.º 282 e 283//Y-7-5 de 20 de Janeiro de 1967[158].

Quanto ao Conselho de Leitura, o mesmo não parava como se comprova pelo envio sempre atempado dos relatórios mensais. Por isso, sempre que um elemento é analisado fora da conjuntura temporal correcta, a responsabilidade pelo atraso não pode ser assacada ao Conselho de Leitura.

---

[158] A resposta sobre a exposição do cinquentenário do Lobito chegaria no dia 14 de Fevereiro de 1967, assinada pelo Agente-Geral do Ultramar, Dr. Leonel Pedro Banha da Silva – ofício confidencial n.º 283/I/7-5 – para afirmar que o caso denunciado tivera a ver "com o SNI e não com a Agência, que nada pode informar". Face a esta resposta, o GNP solicitaria, em 10 de Março de 1967, informações ao Secretariado nacional de Informação e Cultura Popular – ofício confidencial n.º 1758/Y-7-5.

De facto, o relatório de Janeiro chegou através do ofício confidencial n.º 2022/299, datado de 20 de Março de 1967 e enviado pelo Governador-Geral, mas tinha-lhe sido entregue no dia 31 de Janeiro. Aliás, foi também nesse mesmo dia que deu entrada o ofício confidencial n.º 2023/300 de Rebocho Vaz com o balanço da actividade do Conselho de Leitura em 1966.

Afinal, a viagem até Lisboa é que nem sempre primava pela rapidez, como se constatará no ano seguinte.

2.1.7. O Ano de 1967

Em 1967, enquanto a Selecção Nacional voltava aos registos negativos que tinham constituído a regra apenas quebrada pelo Mundial de 1966 e, por isso, perdia a visibilidade internacional que interessava ao Estado Novo, Portugal fez-se representar no Festival da Eurovisão por um cantor negro natural de Luanda, Eduardo Nascimento.

Porém, o título da canção – «O vento mudou» – não se aplicava à política do regime, que continuava avessa à mudança.

No que concerne à censura em Angola, a narração dos elementos referentes ao ano de 1967 sobre a actividade do Conselho de Leitura fica prejudicada pelo facto de o Governador-Geral ter retido cinco relatórios desse Conselho para depois proceder ao envio conjunto dos mesmos.

Assim, só em 27 de Outubro de 1967, exactamente um ano depois da tomada de posse, chegaram os relatórios do Conselho de Leitura referentes a Maio, Junho, Julho, Agosto e Setembro, anexos a um único ofício confidencial – n.º 8023/975/55/8/1.ª, que consta na pasta 1.

A investigação não encontrou qualquer justificação para esta decisão e Lisboa também não pareceu incomodada com a dimensão do atraso.

Ainda relativamente a este ano, e como forma de compreender a política norte-americana para o Sul de África, importa referir que em PT/AHD/MU/GM/GNP/RNP/0110 está um ofício – n.º 946 para Angola e n.º 947 para Moçambique – datado de 25 de Fevereiro, cuja fonte fora a Embaixada de Portugal em Washington, para dar conta que o Senador Robert Kennedy tinha enviado "a 30 firmas americanas com interesses na África do Sul", uma carta "salientando que não partilha da opinião segundo a qual deveria ser suspenso o comércio com aquele país".

Kennedy considerava que "o prejuízo causado aos africanos da África do Sul poderá ser muito maior que os benefícios decorrentes de qualquer mudança na política daquele Governo".

Na mesma pasta, mas com sentido muito diferente, está o discurso – e a tradução para português feita pelos SCCIA – de Joseph Palmer, 2.º Assistente do Secretário de Estado dos Estados Unidos para os assuntos africanos, sobre a questão da Rodésia do Sul.

A CENSURA EM ANGOLA NA FASE FINAL DO IMPÉRIO

Na verdade, Palmer considerava correctas as sanções económicas impostas à Rodésia do Sul "pela Resolução de 16 de Dezembro do Conselho de Segurança" e reafirmava que continuava "a reconhecer a autoridade soberana da Grã-Bretanha na colónia britânica da Rodésia do Sul", ou seja, não reconhecia a "Rodésia como estado independente".

Na pasta constam ainda vários documentos de publicações, algumas confidenciais, como o «Foreign Report» de 27 de Abril de 1967 sobre aspectos do auxílio económico norte-americano aos países sub-desenvolvidos.

Também merece destaque o quadro da revista *Africa Report*, edição de Junho, com os valores da ajuda norte-americana a África até 1967, tanto no que se refere aos países beneficiados por esse apoio, como às modalidades de auxílio e verbas envolvidas.

Como é lógico, Angola não consta nessa lista, uma vez que não era independente.

2.1.7.1. Janeiro de 1967

Como decorre da investigação, a chegada do novo ano era acompanhada dos cortes de despedida do ano que findara.

Por isso, o relatório do Conselho de Leitura relativo a Dezembro seria enviado em anexo ao ofício confidencial n.º 0372/83/8/55/1.ª, remetido em Janeiro pelo Governador-Geral e com a data de entrada no GNP de 13 de Janeiro.

Segundo este documento, arquivado na pasta 1, a suspensão de circulação abrangera "175 exemplares de livros, respeitantes a 66 títulos" e "65 títulos de livros" tinham sido objecto de apreciação, 23 dos quais foram considerados de inconveniente circulação. Entre esses figuravam *Discours de la révolution* de Fidel de Castro, *Força para amar* de Martin Luther King, *Questão de método* da autoria de Sartre e *Negra Efigénia, paixão do senhor branco,* de Anajá Caetano.

Quanto às apreensões motivadas por proibição anterior, as mesmas envolveram 27 títulos de livros e 4 exemplares de 2 revistas francesas: *Fou-Rire* e *Lui.*

Entre os livros, convém mencionar os 115 exemplares de *Fogo à vontade,* de J.M. Eloy Cruz.

O facto de um livro depois de proibido continuar a circular significava que os Serviços de Censura não conseguiam retirar da circulação todos os exemplares de uma obra proibida. Por exemplo, em Dezembro, foram apreendidos 2 exemplares da *Introdução à política* de Duverger, obra que já fora proibida em Setembro e apreendida em Outubro.

Como se tratava do último relatório referente ao ano de 1966, embora não se tratasse do relatório de balanço do ano, o Conselho de Leitura ainda indicou mais dois pontos.

Assim, ficava a saber-se que "determinadas distribuidoras da Metrópole estavam a tentar informar-se previamente dos livros proibidos de circular" em Angola, atitude que "só se pode atribuir à persistência da repressão feita em Angola ao livro subversivo e dissolvente, a qual lhes traz prejuízos materiais".

No entanto, o Conselho não deixava de reconhecer que alguns livreiros não queriam "compreender as razões de proibição de certos livros e, assim, muitos ainda continuam a enviar publicações que sabem até já estarem proibidas pela Comissão Central de Censura em Lisboa, correndo o risco de apreensão e suportando os respectivos prejuízos".

Finalmente, o representante do Conselho de Leitura, José Bettencourt, dava conta da chegada de uma terceira modalidade de livros, uma "grande quantidade de literatura espírita" para juntar ao livro "subversivo" e "pornográfico, cujas quantidades vêm diminuindo sensivelmente". Os livros espíritas eram introduzidos em Angola por "editoriais brasileiras e distribuidoras metropolitanas" para "divulgação de seitas religiosas".

O Conselho de Leitura estava muito apreensivo com esta modalidade de livros atendendo às "condições ainda pouco evoluídas, sob o aspecto ético-religioso, da população e consequente ancestralidade fetichista", dado que estes livros poderiam ser perniciosos "para a formação ético-sócio-religiosa das gentes de Angola".

Ainda no primeiro mês do ano, chegou o ofício confidencial n.º 0551 de 21 de Janeiro de 1967 com a resposta do Secretário Provincial de Fomento Rural ao ofício confidencial n.º 7042/Y-7-5 de 14 de Dezembro de 1966 sobre o artigo «Tabuletas a mais e povoamento a menos».

O esclarecimento foi dado pelos Serviços Geográficos e Cadastrais de Angola e, como é lógico, a culpa da responsabilidade dos serviços, que lutavam "com enorme falta de pessoal", morreu solteira, uma vez que as críticas foram consideradas "comentários «à sensation», frequentes na Imprensa local, em que se busca traduzir censuras e clamores do público por vezes inexistentes", até porque a existência de tabuletas com vários "pretensos donos" acontecia nas zonas "afectadas pelo terrorismo e onde sucedeu que vários ocupantes de terrenos se ausentaram, abandonando-os e desinteressando-se dos pedidos de demarcação ou de concessão que haviam feito". Além disso, algumas situações menos claras entre os demarcantes ficavam a dever-se à "falta de conhecimentos das obrigações legais e regulamentares, resultante em parte do isolamento em que se encontram e também da sua fraca cultura".

Os serviços prometiam "fiscalização" e deixavam no ar a hipótese de procederem a "algumas anulações de demarcações efectuadas".

No que concerne à actividade da censura ultramarina, merece realce um apontamento confidencial – o n.º 637 de 26 de Janeiro – da responsabilidade de Pessoa de Amorim sobre a censura à imprensa ultramarina a partir das provas censuradas que, de Luanda e Lourenço Marques, tinham chegado ao Gabinete dos Negócios Políticos.

Ao longo das 20 páginas, Pessoa de Amorim começou por referir a censura feita ao jornal *A Província de Angola*, indicando as temáticas: o custo de vida e os vencimentos do funcionalismo; escudos metropolitanos, escudos angolanos; a montagem de uma refinaria de petróleo no Lobito; a escassez de professores nos ensinos técnico liceal e primário e a política de integração ou... psico.

O autor concordou com a acção da censura e chegou mesmo a considerar "altamente impolítica" ou "inoportunas" certas temáticas desses artigos.

Depois, passou para a censura feita ao *Jornal da Huíla* e deteve-se no artigo intitulado «Sá da Bandeira abandonada», um artigo "pessimista" no qual as críticas relativas à Escola Comercial e Industrial lhe pareciam "merecer melhor atenção". Talvez fosse essa a razão para as muitas citações que Pessoa de Amorim faz a partir da notícia censurada.

No que concerne à revista *Actividades Económicas,* foi um reajustamento administrativo entre os Distritos de Huíla e de Benguela que mereceu a análise de Amorim que, desta vez, não concordou com a actuação da Comissão de Censura porque "pela moderação dos termos utilizados e até pelas razões aduzidas" considerava "exagerados os cortes que a Censura impôs ao artigo".

Quanto ao jornal *O Apostolado,* só a questão sobre os mercados rurais e os Dembos mereceu censura aquando da publicação do título "Dos Dembos – a riqueza e a pobreza dos Dembos".

No que concerne a Angola, foi, ainda, feita referência ao jornal *O Comércio* e ao tema a burocracia como obstáculo ao desenvolvimento. Amorim não teceu críticas à actuação da Comissão, pois considerou que o artigo evidenciava a posição de alguns colonos que lamentavam que "o esforço dos particulares para o desenvolvimento da Província encontre, a par e passo, obstáculos difíceis de superar e, por vezes, até de compreender, justamente por partirem de entidades ou organismos oficiais".

Como historiei em obra anterior[159], eram habituais as críticas dos colonos à forma como o Estado Novo administrava o Império, considerando que eram eles os responsáveis por tudo aquilo que tinha sido feito no Ultramar.

Depois vinha a análise à imprensa moçambicana, com o *Notícias da Beira* em primeiro plano e, a terminar, uma informação solicitando aos Governadores-Gerais de Angola e de Moçambique "esclarecimento mais detalhado" sobre três artigos, sendo que dois deles – «Sá da Bandeira abandonada», «Os mercados rurais e os Dembos» – se referiam a Angola e o terceiro – «Transferência de vencimentos» – dizia respeito a Moçambique e provinha do *Notícias da Beira*[160].

A exemplo de situações anteriores, as respostas às solicitações referentes a Angola serão apresentadas na data em que deram entrada na Metrópole.

---

[159] *O ultramar secreto e confidencial.*

[160] Os ofícios confidenciais n.º 989 e 990/X-7-5, de 28 de Fevereiro de 1967, enviados pelo Gabinete dos Negócios Políticos aos Governadores-Gerais de Moçambique e Angola solicitavam-lhes que, "por determinação" do Ministro do Ultramar, comunicassem ao GNP "os esclarecimentos tidos por convenientes".

2.1.7.2. Fevereiro de 1967

Finalmente é chegada a hora de satisfazer a curiosidade do leitor e apresentar a conclusão de um processo iniciado em Agosto do ano anterior.

Assim, importa referir que, em 7 de Fevereiro de 1967, Pessoa de Amorim fez a informação n.º 2 066, que está na pasta 2, para o Ministro sobre a resposta recebida de Angola e aceitaria a justificação dada pelos SCCIA sobre a questão do arroz, apesar de reconhecer que os estudos não tinham sido efectuados.

Sobre o problema das estradas de Angola, Pessoa de Amorim admitia que as explicações davam razão ao jornalista, embora se tratasse de uma estrada que "não possui senão um interesse regional, desde que foi construída em moldes definitivos e asfaltada a estrada Luanda-Carmona".

No que concerne à questão da transferência da sede do Concelho de Capelongo de Folgares para Matala, segundo Pessoa do Amorim, a "unanimidade dos pareceres das entidades e Serviços consultados, justificam e pesaram na aprovação" da mudança.

Por justificar ficou o tempo – quase dois meses – de que o GNP necessitou para confrontar os elementos enviados com as denúncias efectuadas.

Dois dias depois, em 9 de Fevereiro de 1967, foi novamente Pessoa de Amorim que fez o apontamento confidencial n.º 2 069 sobre as respostas dos Governadores-Gerais de Angola e de Moçambique a outros esclarecimentos solicitados pelo Ministro relativamente ao povoamento. Esse apontamento figura, igualmente, na pasta 2.

No entanto, a leitura do apontamento não permite saber claramente a opinião de Pessoa de Amorim sobre a resposta à questão relativa ao povoamento e demarcação de terrenos, pois limitou-se praticamente a recontar essa resposta. De facto, não existe o parágrafo final com a síntese sobre a posição do autor do apontamento[161].

No entanto, não era apenas o Ministro que necessitava de esclarecimentos porque, algumas vezes, era o Governador-Geral que sentia necessidade de procurar junto do Ministro informações sobre os agentes que lhe faziam solicitações. Foi o que se passou quando Camilo Vaz pediu informações sobre o *Jornal Luso-Americano*, que solicitara "elementos informativos e fotográficos" sobre o Instituto do Algodão de Angola, pois desconhecia as suas "tendências políticas".

Por informações manuscritas ficamos a saber que o GNP sugeriu ao Ministro que "solicitassem à PIDE e ao MNE informações sobre a orientação adoptada" pelo jornal. O Ministro, em 5 de Maio de 1967, mandaria pedir essas informações ao SNI e a ordem foi cumprida três dias depois, como foi aposto no documento.

Ainda em Fevereiro, no dia 28, o GNP voltou à questão da demarcação de terrenos para avisar o Governador-Geral que se devia "evitar que voltem a cometer-se,

---

[161] Nesse apontamento é depois analisada a resposta do Governador-Geral de Moçambique sobre o ensino em António Enes: condições de alojamento de parte da Escola Manuela Simões e, aí sim, existe uma síntese avaliativa a recomendar uma chamada de atenção ao Governo-Geral da Província.

no que diz respeito a demarcações de terrenos, erros antigos que muito contribuíram para criar, no Congo, um clima de mal estar entre as populações nativas" – ofício confidencial n.º 987/Y-7-5.

Como se poderá constatar pela posição ministerial, a resposta não permitia ilibar a actuação dos serviços.

Ao longo da leitura do livro, será possível verificar que essa foi uma problemática que se arrastou para além da vontade do Ministro.

Voltando à acção do Conselho de Leitura, o relatório de Janeiro, recebido em 20 de Março, informava que a suspensão envolvera "277 exemplares de livros e 10 exemplares de uma revista" e o Conselho lera "76 exemplares de livros, correspondentes a 50 títulos", sendo 16 títulos de livros considerados inconvenientes, o mesmo acontecendo com o número 51 da revista *Der Spiegel*.

Entretanto continuava a apreensão de livros já proibidos – 22 títulos –, entre os quais 53 exemplares do mais que reincidente *Dona Flor e seus dois maridos*, de Jorge Amado – e de revistas – 2 exemplares de *Lui* e outros tantos de *Fou-Rire*.

Decididamente, o Conselho de Leitura não primava pelo humor.

2.1.7.3. Março de 1967
Em Março, o estudo dá primazia inicial ao controlo da actividade censória pelo Poder Central.

Assim, em 8 de Março de 1967, o apontamento à censura à imprensa ultramarina – III/67 – correspondeu ao ofício confidencial n.º 642 da responsabilidade de Pessoa de Amorim e debruçou-se sobre as provas enviadas a partir de Angola – ofícios confidenciais n.º 239, 240, 840, 1078 e 1129 – e de Moçambique.

De Angola, tinham sido cinco os jornais objecto de análise:

– *ABC* - «Apelo a favor da criação duma Faculdade de Letras em Angola», que tinha sido proibido e «A África e as relações luso-brasileiras», no qual se pretendia noticiar "as pressões e as ameaças dos países do bloco africano contra o Brasil, em face da visita que uma esquadra brasileira se dizia ir fazer a Angola";

– *Revista de Angola* - «Quicolo – concentração em vez de dispersão», para criticar a demora na concessão de licença solicitada pela Fábrica de Moagem de Quicolo para a instalação de uma "importante fábrica de moagem de milho, duma nova fábrica de rações balanceadas, duma ensilagem e ensaque automático de farinha em sacos de papel e duma fábrica, em carreira, para produção de massas alimentares";

– *Actualidade Económica* - «A Baixa de Cassange: críticas ao IAA» para voltar a criticar os preços excepcionalmente altos do algodão e a localização do IAA fora de Malanje;

– *O Comércio* - «Visita do Titular da Pasta do Ultramar a Angola», proibida por ainda não haver "confirmação oficial";

– *A Província de Angola* - «O hospital do Bocoio», onde depois das obras, as camas continuavam sem "enxergas, nem roupas" e onde não havia cozinha porque "nunca houve verba para o cozinheiro".

Além deste artigo, *A Província de Angola* também fora cortada em outros dois: «As concessões de terrenos em Angola», no qual Serradarga mostrava "todo o seu pessimismo sobre a situação mundial alimentar" apesar de a Província continuar a ter terras desaproveitadas e «Quando o mar bate na rocha» para apelar ao Governo que pusesse termo ao agravamento do custo de vida em Angola, "inclusive os artigos mais elementares e essenciais" situação que prejudicava aqueles "que pertencem à classe do funcionalismo".

Pessoa de Amorim julgava que o Governo-Geral de Angola deveria prestar informações sobre as notícias relacionadas com a questão do algodão e do hospital do Bocoio, neste caso talvez porque desde que "a antiga casa mortuária entrou em obras, para ser adaptada a farmácia, deixou de haver lugar para os mortos. O que tem valido é que, desde esse dia, ninguém faleceu no Hospital"[162].

De facto, não parecia que a solução pudesse ser duradoura.

De notar que, no que concerne ao desejo de uma Faculdade de Letras em Angola, "artigo interdito na totalidade", Pessoa de Amorim considerava que tinha havido "o seu quê de exagero" porque se resumia "à explanação dum ponto de vista do autor", o qual, aliás, "aceitava até a solução adoptada" aquando da criação por Adriano Moreira dos Estudos Gerais.

Afinal, já em 1967 havia quem não tivesse dúvidas relativamente ao criador das primeiras universidades ultramarinas portuguesas.

Pessoa de Amorim seria, ainda, o responsável pela informação n.º 2111, datada de 15 de Março e que completava aquela que fora dada no mês anterior, embora o objecto da informação fosse a Província do Índico.

De facto, desta vez para além de indicar as situações relatadas na imprensa e de apresentar os argumentos do Governo-Geral de Moçambique, Pessoa de Amorim concluía que só a falta de verbas podia ser responsável pelas deficientes condições de alojamento dos estabelecimentos de ensino oficial porque o Governo-Geral não tinha descurado os mesmos.

Relativamente à actividade do Conselho de Leitura, em 20 de Março, o ofício confidencial n.º 2022/299/55/8/1.ª, guardado na pasta 1, acompanhou o relatório do Conselho de Leitura referente a Janeiro.

---

[162] O Ministro subscreveria esse parecer e o ofício confidencial n.º 1617/Y-7-5 do GNP, datado de 3 de Abril de 1967, solicitaria essas informações.

A CENSURA EM ANGOLA NA FASE FINAL DO IMPÉRIO

Neste mês, a suspensão abrangeu "277 exemplares de livros e 10 exemplares de uma revista", tendo os leitores apreciado 276 exemplares de livros, correspondentes a 50 títulos".

A proibição de circulação recaiu sobre 16 livros e uma revista.

Dos livros, o título mais sonante foi *Les existencialistes et la politique* de Michel-Antoine Burnier.

A revista era a alemã *Der Spiegel* n.º 51.

No que diz respeito aos elementos apreendidos devido à interdição vigente, 22 livros e 2 títulos de revistas foram retirados do mercado.

Dos livros, saliência para os 53 exemplares de *Dona Flor e seus dois maridos* e os 20 exemplares de *Fogo à vontade*, por J.M.Eloy Cruz. Das revistas foram apreendidos 2 exemplares do n.º 37 de *Lui* e o mesmo número do n.º 178 de *Fou-Rire*.

Pouco depois, em 29 de Março, chegou o ofício confidencial n.º 2269/321/55/8/1.ª, arquivado na pasta 1, com os dados relativos a Fevereiro[163], que apontavam para a suspensão para análise de "425 exemplares de livros e de um exemplar de uma revista", tendo sido submetidos à apreciação do Conselho de Leitura, "56 exemplares de livros, correspondentes a 27 títulos".

Quanto aos livros considerados perigosos, o seu número elevou-se a 14, entre os quais, *On Britain*, de V. I. Lenin, *Fundamentos do marxismo-leninismo*, de vários autores, *Sete palmos de terra e um caixão*, da autoria de Josué de Castro e *O judeu*, de Bernardo Santareno.

Também a revista *Carnet de Croquis (Bizarre 42)* foi retirada de circulação e 18 títulos de livros foram apreendidos por força de proibição anterior, embora o número máximo de exemplares de uma obra se tivesse quedado pelos 8 – *O quadragésimo primeiro*, por Boris Lavrénev.

Ainda no que respeita à actividade do Conselho de Leitura, o balanço da actividade desse Conselho no ano de 1966 foi preparado pelo Conselho e enviado pelo Governador-Geral, tendo chegado no mesmo dia do relatório de Janeiro, ou seja, 20 de Março de 1967 – ofício confidencial n.º 2023/300/55/8/1.ª, arquivado na pasta 1.

Antes de entrar na análise mensal dos exemplares de livros e revistas apreendidos, o Conselho indicou que tinham sido rastreados pelo "secretário do Conselho, através da função e pela mesma função que exerce na Polícia Internacional e de Defesa do Estado, cerca de 50 000 exemplares de livros e revistas, endereçados a livrarias, tabacarias e particulares da Província de Angola".

Afinal, a circunstância de pertencer simultaneamente à PIDE e ao Conselho de Leitura trazia as suas vantagens.

---

[163] No original surge "Março" riscado e, por cima, está escrito à mão, "FEV". O facto de o relatório estar datado de 28 de Fevereiro impossibilita que se possa referir a Março.

Depois, o relatório anual explicitava o resultado desse rastreio: "apreensão de 6 480 livros, distribuídos por cerca de 340 títulos considerados inconvenientes pelos Leitores deste Conselho e cerca de 450 títulos já proibidos de circular no Território Nacional" e explicava que fora devido ao rastreio que "a maioria dos importadores desta Província" passara a "procurar colaborar na acção de saneamento mental e moral" levada a cabo pelo Conselho de Leitura desde Abril de 1965.

Descendo ao pormenor, o relatório fazia o balanço da actividade mensal no que dizia respeito ao número de livros e revistas apreendidos e o número de títulos considerados inconvenientes.

Os valores aí referidos constam em apêndice e poderão servir para confrontar com a informação que figura no estudo descritivo mensal.

A sanção económica voltou a ser indicada como "a melhor forma de pôr algum cobro aos mais renitentes" porque "todos os importadores livreiros da Província começaram a adoptar o critério de consultar o secretário deste Conselho de Leitura, no sentido de previamente lhe apresentarem as requisições dos livros a importar, a fim de que este lhe cortasse todos os que, pelos títulos, se poderia verificar conterem matéria subversiva e dissolvente". Aliás, o mesmo se passara com "algumas editoriais e livrarias metropolitanas que exportam livros para Angola". Nos casos de apreensão de "novidades", os livreiros da Província também começavam a aceitar e compreender porque se tratava de "livros inconvenientes e que na realidade não requisitaram".

No relatório assinado por José Bettencourt, foi, ainda, feita referência à colaboração entre a PIDE e o Conselho de Leitura e essa colaboração foi classificada como necessária até porque continuava a haver "particulares que, por fanatismo ideológico ou por deformação ética, procuram por todos os meios adquirir o livro subversivo e dissolvente", para além de alguns desses livros estarem "à venda nas livrarias metropolitanas", facto que permitia a sua aquisição "por meio de portadores amigos" que iam a Angola.

Além disso, o relatório referia que "muitos dos livros considerados inconvenientes pelo Conselho de Leitura em Angola só largos meses depois são proibidos pela Comissão Central de Censura em Lisboa", situação que não deixava de causar alguma estranheza e não apontava para um exemplar funcionamento dos serviços em Lisboa. Aliás, Bettencourt dava dois exemplos de livros proibidos pelo Conselho de Leitura em Angola, mas que se vendiam clandestinamente na Metrópole: *Filosofia de alcova* de Sade e *A Vénus de kazabaíka* da autoria de Masoch.

Ainda a reter a opinião – novamente de juiz em causa própria – sobre o trabalho "altamente útil no saneamento moral e intelectual, principalmente da juventude" feito pelo Conselho de Leitura.

Ainda na pasta 1, pode ser encontrado o ofício n.º 1235/Y-7-5, datado de 13 de Março de 1967, e que o GNP enviou para o "Secretário de Sua Excelência o Subsecretário da Presidência do Conselho" e que era acompanhado da informação sobre o "rastreio à importação de livros e publicações subversivas e dissolventes, durante o ano de 1966", elaborada pela PIDE.

Esse relatório – parcialmente já ilegível – permite saber que os livros e revistas eram "rastreados nos CTT e na alfândega da cidade de Luanda" e que os mesmos eram "importados pelas livrarias, tabacarias e por particulares".

Além disso, antes de repetir os totais mensais presentes no relatório do Conselho de Leitura, o relatório da PIDE catalogava os elementos apreendidos em "6480 livros subversivos e dissolventes e 1223 revistas pornográficas".

Um pormenor importante prende-se com a «confissão» de um "rastreio feito aos presos por actividades político-subversivas, que se encontram na Cadeia Comarcã de Luanda".

De facto, o autor do relatório admitia a sua presença nessa acção onde tinha apreendido livros de "literatura e consciencialização negro-africana, marxista e anti--colonialista".

Os exemplos citados eram *Traité d'Économie Marxiste*, de Ernest Mandel, comprado por um amigo do detido na Sá da Costa em Lisboa, *Negritude e humanismo*, de Alfredo Margarido, trazido da Metrópole e editado pela Casa dos Estudantes do Império e *Brasil e África – outro horizonte*, de José Honório Rodrigues, comprado por um familiar do detido na Metrópole.

Como é evidente, a PIDE nada dizia sobre a forma como tinha obtido essas confissões.

O signatário do relatório podia dizer, como Amália, que há coisas que «nem às paredes confesso».

2.1.7.4. Abril de 1967

Abril inicia-se pelo «pingue-pongue» que se estabelecia entre o Ministro, o Governador-Geral e os serviços da Província, sempre que algo de mais grave era denunciado na comunicação social.

Assim, em 17 de Abril, o Governador-Geral Camilo Rebocho Vaz fez chegar ao Ministro o "ofício confidencial n.º 251, de 29 de Março findo, do Governo do Distrito do Cuanza Norte, bem como cópia de documento que lhe vinha anexo" sobre a resposta a uma notícia do jornal *O Apostolado* que denunciava "a carência de melhoramentos essenciais à vida e promoção das populações na área dos Dembos", documento que consta na pasta 2.

A leitura da contra-argumentação, sem deixar de salientar que "as possibilidades orçamentais não têm permitido satisfazer todas as necessidades", esclarecia que estava em curso uma "mentalização" junto das populações, no âmbito da qual o "Príncipe dos Dembos, D. Manuel Paca" tinha percorrido todos os concelhos a verificar "a comparticipação das populações nos melhoramentos de seu interesse". Além disso, negava que os mercados na área fossem diferentes daquilo que "sucede ainda hoje na Metrópole com a maior parte das feiras", embora reconhecendo a inexistência de "telheiros ou armazéns" e de "mesas ou balcões".

O quadro ficava completo com a indicação de que nos mercados havia balanças "propriedade dos compradores" porque a Câmara só dispunha "de uma por enquanto".

Apesar de todas estas insuficiências, Pessoa de Amorim ficou satisfeito com os esclarecimentos prestados porque consideraria, no ofício n.º 2162 de 5 de Maio de 1967, guardado na pasta 2, que não tinham "razão de ser as dúvidas levantadas no artigo do *Apostolado*".

Face ao exposto também não restavam dúvidas sobre a pobreza tanto de realizações como de meios para as efectuar.

No que concerne à censura, o apontamento n.º 647 de dia 18 de Abril de 1967, assinado por Pessoa de Amorim e arquivado na caixa 2, dizia respeito a cortes enviados a partir de Angola e de Moçambique.

De Angola eram sete as temáticas vítimas de cortes ou de proibições:

– A localização da sede do Instituto das Pescas de Angola – proibido no *Diário de Luanda* porque considerava que esse instituto deveria ser transferido para Moçâmedes "zona onde se concentra grande parte das actividades de pesca da Província e ela própria centro piscatório de relevo";

– O porto do Lobito – interdito no diário *A Província de Angola* porque denuciava os problemas de um porto onde "dos dez guindastes automóveis existentes, quatro encontram-se, há muito, inactivos" e onde só havia 520 serventes contratados e 600 estivadores em vez dos 900 a 1000 necessários para cada um destes postos;

– A inactividade do navio-laboratório «Goa» – que não saiu na *Actualidade Económica* e na *Província de Angola*, pois não se podia saber que "o mais moderno e mais caro navio-laboratório existente nas águas do Atlântico Sul e destinado a servir de apoio à indústria da pesca na Província de Angola" não tinha "reembolsado, em actividades úteis, o vultoso investimento feito na sua construção", ou seja 25 mil contos;

– Problemas de ensino – proibido no *Miau* e que se prendia com o facto de uma "médica estar naquela Escola a leccionar a cadeira de Cálculo Comercial";

– O centenário do nascimento de Norton de Matos – uma circular feita como homenagem por "um grupo de antigos funcionários que serviram na época em que Norton de Matos foi Governador Geral e Alto Comissário" – *Província de Angola, ABC* e *Diário de Luanda*;

– A revolução continua – na qual *O Comércio* procurou mostrar que a revolução não tinha atingido "plenamente os seus objectivos";

– Defesa civil de Angola – integralmente proibido ao *Comércio*, pois não ficava bem escrever que, "em determinados locais da Província", os "pobres diabos" eram mobilizados pelos "poderosos, com dinheiro e bens" para "os defender e vigiar pelas suas coisas".

A parte restante do relatório dizia respeito a Moçambique, excepto a súmula final onde se defendia que, no que concerne a Angola, dois dos cortes pareciam justificar a solicitação de informações: o porto do Lobito e a inactividade do navio-laboratório Goa, parecer que, pelo menos parcialmente, mereceu resposta favorável do Ministro, como se comprova pelo ofício confidencial n.º 2234 Y-7-5 de 29 de Abril de 1967, endereçado à Direcção-Geral de Obras Públicas e Comunicações.

Ainda, nesse mês, no dia 18, Pessoa de Amorim faria a informação n.º 2143/Y-7-5 para encerrar o processo espoletado pelo *Jornal da Huíla* relativamente ao Fundo de Fomento Pecuário, considerando que "os esclarecimentos concedidos pela Província" eram "absolutamente pertinentes e lançam por terra as críticas formuladas" pelo jornal.

Era o triunfo da «vida habitual».

2.1.7.5. Maio de 1967

Maio começou com algo que fugia à regra porque no último dia do mês chegou a Lisboa o ofício n.º 3966[164] do Governador-Geral que acompanhava os relatórios do Conselho de Leitura referentes a Março e a Abril, ou seja, o envio foi duplo – coisa diferente de dizer em duplicado.

Como se constata pelas datas dos relatórios, a discrepância entre a data da recepção dos relatórios por parte do Governador-Geral e o envio dos mesmos para Lisboa não era da responsabilidade do Conselho de Leitura.

O primeiro desses relatórios permite saber que em Março tinha havido "328 exemplares de livros" cuja circulação foi suspensa para análise e que o Conselho apreciara "87 exemplares de livros, correspondentes a 36 títulos", tendo 16 sido proibidos.

Entre esses títulos estava *Sociologia política*, de Marx, Weber, Mosca, Pareto e Michels, *Marxisme du XX siècle*, de Garaudy, *As aves da madrugada* de Urbano Tavares Rodrigues e *Autobiografia prematura*, de Ievtuchenko, que chegara "em quantidades industriais" numa edição da D. Quixote.

Tratava-se, claramente, de uma tentativa de iludir a censura alterando o título do livro que já estava proibido como *Autobiografia precoce* e *Autobiographie précoce*.

O Conselho de Leitura estava atento e mencionou o facto no relatório.

Dos livros já proibidos foram apanhados a circular 48 títulos, entre os quais 57 exemplares de *Dona Flor e os seus dois maridos*, de Jorge Amado, 49 de *A evolução económica de Portugal* (5.º volume) de Armando Castro e 33 de *As amorosas* de André Bay.

O relatório de Abril de 1967 deu conta da suspensão de circulação para serem analisados "207 exemplares de livros e 2 exemplares de duas revistas". Mais infor-

---

[164] A parte seguinte da referência está riscada com uma cruz feita a caneta. Depois segue-se a referência habitual, ou seja, 55/8/1.ª. Este ofício está arquivado na caixa 1.

mou que os leitores tinham apreciado "90 exemplares de livros, correspondentes a 66 títulos" e que 34 tinham sido considerados inconvenientes.

Dessa lista fazia parte *Les amériques noires,* de Roger Bastide, Fidelino de Figueiredo com *Ideias de paz, Histoire de l'Europe contemporaine* (I e II Vol.) de Stuart Hughes, *This side of paradise,* de F. Scott Fitzgerald e três obras de Simone de Beauvoir: *Memoirs of a dutiful daughter, The prime of life* e *She came to stay.*

Quanto às revistas proibidas, o anátema caiu sobre o n.º 62 de *Revista de Copacabana* e o n.º 1 de *Show - Teatro e Boîte.*

As apreensões motivadas por ordem anterior abateram-se sobre 31 livros, tendo as maiores apreensões retirado da circulação 42 exemplares de *Força para amar,* de Martin Luther King e 25 livros de *O judeu* de Santareno.

No que se refere à censura à imprensa ultramarina, Pessoa de Amorim elaborou, em 5 de Maio de 1967, a informação n.º 2162 para recapitular os problemas suscitados pelo apontamento I/67 e os esclarecimentos "que sobre o mesmo nos concedeu a Província (ofício 2769/381, de 17 de Abril último)".

Como se poderá constatar, o sentido do parecer de Pessoa de Amorim já foi apresentado no mês de Abril e, por isso, não interessa repeti-lo.

2.1.7.6. Julho de 1967

Em Julho, o estudo inicia-se – já não é a primeira vez – pela censura à censura.

Assim, no que concerne aos periódicos que tinham sido objecto de cortes, Pessoa de Amorim fez, em 19 de Julho de 1967, o apontamento, arquivado na caixa 2, a partir dos seguintes ofícios confidenciais enviados pelo Governador-Geral: 3327, 3328, 3329, 3330, 3331, 3624, 3923, 3924 e 4063.

O primeiro artigo censurado foi «O Cubal e os seus problemas», proibido na totalidade porque o jornal *Província de Angola* tecia uma "áspera crítica à actividade ... ou inactividade do Município, cujo Presidente é também o Administrador do Concelho" e onde se referia o abandono das ruas, a deficiência da iluminação, a falta de tratamento das águas, novos impostos e se alertava para o facto de a Câmara não poder "continuar à mercê dum Presidente que não tem tempo para lá ir".

Ainda no mesmo jornal foi proibido «A Escola do Alto Chiumbo», artigo no qual o mesmo jornal denunciava a não construção da escola apesar de haver um projecto aprovado.

Também sobre obras era o artigo «O Posto Sanitário do Concelho do Vouga», votado ao abandono como informava *A Voz do Bié,* posição que a censura não aceitava porque havia a 2 Kms "o Hospital da Missão Católica do Vouga onde é prestada toda a assistência médica e de enfermagem" e, por isso, se decidira "atender a outras localidades bem mais necessitadas".

Outras temáticas cortadas foram:

– «Escassez de mão-de-obra no Distrito do Huambo», comentário interdito ao *Comércio* e que denunciava que "a exiguidade do salário auferido pelos trabalhadores rurais é uma das determinantes apontadas para a situação", ou seja, para a falta de braços na actividade agrícola apesar do Distrito ser "densamente povoado";

– «Propaganda e contra-propaganda», publicado no *ABC*, sobre "os problemas decorrentes do tipo de guerra que enfrentamos" e no qual o jornalista Moutinho Pereira lamentava o reduzido recurso que Portugal fazia desse elemento "quando é certo que o inimigo utiliza todas as armas de guerra psicológica com resultados quantas vezes surpreendente";

– «Estudantes ultramarinos na Metrópole», uma transcrição que o *ABC* pretendera fazer de uma carta publicada no *Diário de Lisboa*, na qual os estudantes "reclamavam veementemente contra a exiguidade de tempo que lhes foi concedida pela Procuradoria dos Estudantes Ultramarinos para tratarem das inscrições, de modo a poderem beneficiar da obtenção de passagens de férias a preços reduzidos";

– «Divergências entre comerciantes e funcionários», do jornal *A Província de Angola*, devido à tentativa dos funcionários públicos de Silva Porto instalarem "uma Cooperativa naquela cidade", desejo que a Associação Comercial do Bié tentava inviabilizar.

Finalmente, no que concerne à temática deste livro, há que mencionar «Problemas da Informação», artigo no qual o jornal *O Comércio* se insurgia contra "o modo como por vezes se processa a informação na Província", uma vez que as notícias eram distribuídas à imprensa "sem qualquer explicação" e isso dava origem a boatos e «Do Golungo Alto – Alguns apontamentos que pedem solução», artigo sobre as comunicações num tempo de guerra e publicado em *A Província de Angola*.

De registar que o Governador-Geral fez chegar ao GNP o ofício confidencial 4985/582, datado de 6 de Julho de 1967, acompanhado de "uma prova da página do jornal "Angola Norte", relativo a 24 de Junho findo", na qual o Delegado local da Comissão de Censura à Imprensa fizera um corte.

A observação da folha censurada, que consta na pasta 2, permite verificar que o jornalista Pedro Joaquim Simões defendia que as paróquias da cidade se deveriam enquadrar nos limites das freguesias, até porque a paróquia de Maxinde tinha sido criada para uma "população marginal" e "dentro do actual condicionalismo social não há populações marginais", pois os Papas João XXIII e Paulo VI "têm precisamente combatido esse marginalismo".

Como se comprova, também no que dizia respeito às questões religiosas o regime pautava a sua actuação pela recusa da mudança.

2.1.7.7. Agosto de 1967

Pessoa de Amorim começa a ganhar protagonismo nesta obra, tantas são as vezes que o estudo mensal o coloca em primeiro lugar.

De facto, foi ele o responsável pelo apontamento n.º 2236 sobre a censura à imprensa em Angola, datado de 5 de Agosto de 1967 e que consta na pasta 2.

Nesse apontamento, Pessoa de Amorim indicou o esclarecimento oficial pedido pelo Ministro do Ultramar e respondido pelo Governo-Geral através do Instituto do Algodão. O assunto fora motivado pelo artigo «A Baixa de Cassange: críticas ao IAA», publicado na revista *Actualidade Económica*.

A notícia chegava ao ponto de ter como sub-título «Instituto do Algodão ou um fomento que não existe», defendia que a sede deveria ser em Malange e denunciava os "preços excepcionalmente elevados por que são alugados aos agricultores as máquinas agrícolas do parque do IAA de Malange".

Face a estes elementos, o IAA estruturou o contraditório em três partes: a acção desenvolvida pelo IAA, a localização da sede do IAA e os preços de aluguer da maquinaria agrícola do IAA.

O jogo de interesses ficou bem patente nesta contra-argumentação porque o IAA acusou o autor do artigo, o chefe de redacção da revista, de ter visitado a Baixa de Cassange "a convite de alguns agricultores do sector empresarial" e, por isso, era natural que o artigo reflectisse "o parecer desse sector".

Como parece lógico, o IAA recusou todas as acusações e sacudiu as culpas para a Junta Provincial de Povoamento, "a quem pertence toda a maquinaria agrícola". Além disso, era a Junta que fornecia "as peças para as máquinas" e fixava – pela Portaria 14 173 de 29 de Janeiro de 1966 – o preço do aluguer das máquinas, uma vez que o IAA servia apenas de "intermediário entre a Junta Provincial e o agricultor"[165].

Através do ofício confidencial n.º 4316/Y-7-5 de 21 de Agosto, que também figura na pasta 2, esta informação foi enviada "por determinação de Sua Excelência o Ministro" à Direcção-Geral de Economia.

O IAA saía ilibado, mas a Junta Provincial de Povoamento tinha motivos para ficar preocupada.

2.1.7.8. Outubro de 1967

Este mês representou uma excepção no que concerne ao envio dos relatórios do Conselho de Leitura devido ao elevado número de relatórios que acompanhavam o ofício confidencial n.º 8023/975/55/8/1.ª, que consta na pasta 1.

---

[165] Este assunto já tinha merecido uma resposta do Secretário Provincial do Fomento Rural, Vasco Antunes Sousa Dias, no dia 24 de Maio de 1967 e que veio acompanhado do recorte do n.º 89 da revista Actualidade económica. Neste ofício confidencial n.º 4671, correspondente à referência 25/967 na origem e 1617/Y-7-5 no destino, as acusações são refutadas até porque durante a visita do chefe de redacção "nada foi mostrado nem dito sobre as reais actividades do Organismo visado, que só na Baixa de Cassange presta assistência a 27 000 agricultores do Sector Tradicional, os quais é óbvio têm, pela sua condição economicamente mais débeis, de ser ajudados em primeiro lugar". O ofício está na pasta 2.

A CENSURA EM ANGOLA NA FASE FINAL DO IMPÉRIO

De facto, em 27 de Outubro de 1967, chegaram a Lisboa cinco relatórios do Conselho de Leitura – Maio, Junho, Julho, Agosto e Setembro –, apesar de as datas de cada um deles indicarem que os mesmos tinham sido enviados ao Governador-Geral no final do mês a que diziam respeito.

No que concerne às actividades desenvolvidas pelos vários leitores, o relatório de Maio falava da suspensão para análise de "51 títulos de livros, os quais foram submetidos à apreciação dos leitores deste Conselho".

A leitura desaconselhara a circulação de 14 obras, entre as quais figuravam *Bakounine la liberté* de J.J. Pauvert, *Journeyman* de Erskime Caldwell e 4 livros de Carter Brown: *Charlie sent me, Who killed Doctor sex?, The sometime wife* e *Murder is a package deal*.

Apreendidos por força de proibição anterior foram 28 títulos, sendo que a obra objecto de maior apreensão voltou a ser *Dona Flor e seus dois maridos* com 20 exemplares, seguida de *O notário dos negros* de Masson, com 17 exemplares.

Neste relatório existe uma queixa assinada por José Bettencourt contra os "exportadores metropolitanos" que, desde que o Governador-Geral assumira as funções, tinham levado a cabo "uma tentativa de adulterar e desvirtuar o trabalho que vinha sendo feito pelo Conselho de Leitura", pois queriam "terminar com o rastreamento à literatura entrada" em Angola.

Bettencourt identificava o responsável pela campanha, o "Engenheiro Borges de Castro, presidente do Grémio Nacional dos Livreiros", que tinha prometido aos proprietários das "livrarias de Luanda" que em breve "iria fazer com que a circulação de livros e publicações se tornasse completamente livre, pois acabaria com o trabalho do Conselho de Leitura".

Depois, Bettencourt referiu o exemplo da Editorial Europa-América Ld.ª de Lisboa que mandara os seus clientes de Angola fazer encomendas de 7 livros, entre os quais *Pastores da noite* de Jorge Amado, *História da literatura portuguesa* de António José Saraiva e duas obras de Konstantin Simonov, que a Comissão Central de Censura de Lisboa havia libertado, depois de estarem "proibidos na Metrópole", sem ter em conta que essa autorização de circulação na metrópole "não significava que em Angola a sua circulação não fosse considerada inconveniente".

Nesta onda reivindicativa também entrou a Editorial Livros do Brasil que pretendia "que lhe fossem devolvidos os exemplares do livro" *História da Filosofia* de Will Durant. Bettencourt apontou as seis razões que tinham levado o leitor Dr. José Vieira da Silva a desaconselhar a circulação do livro, entre as quais estava a de ser "um belo ponto de partida para a defesa da filosofia não católica".

Como se compreende o adjectivo "belo" está longe de corresponder ao sentido real da palavra, uma prova que a ironia também colhia quando se pretendia denegrir a acção ou a imagem de alguém, talvez uma reminiscência medieval das cantigas de escárnio e de mal-dizer.

No entanto, Borges de Carvalho não estava sozinho nesta campanha porque também "um dos directores dos CTT de Luanda, o Engenheiro José Beltrão Poiares Baptista" pretendia "ser ele a decidir o que deveria entrar ou não" em Angola, considerando que lera alguns desses livros à venda em Lisboa e "não via razão para os proibir em Angola". Instado a colocar por escrito "as suas discordâncias" ao Chefe de Repartição do Gabinete do Governador-Geral, não o fizera, mas dera ordens para que os funcionários dos CTT não procedessem a "qualquer expediente para a entrega dos livros considerados inconvenientes" em Angola.

Bettencourt considerava pertinente que Poiares Baptista "fosse elucidado" – mais uma ironia que talvez se transformasse num eufemismo – sobre quem decidia naquela matéria e deu mais um exemplo da acção negativa dos editores da Metrópole na sua "atitude de imprimir e difundir para o Ultramar literatura anti-portuguesa e até anti--ocidental". O exemplo era a publicação de *El Mehdi Ben Barka* de Abdelkader Ben Barka, considerado por todos os membros do Conselho de Leitura, "anti-imperialista, anti-europeu e anti-ocidental", a que se podia adicionar "revolucionário, revoltado e inconformista".

Os elementos indicados deixavam antever que o Conselho de Leitura estava a lutar pela sua sobrevivência e que os livreiros tentavam falar ao ouvido do novo Governador-Geral, alguém que já conhecia bem a vida de Angola por força dos cargos que aí ocupara antes de chegar ao posto mais elevado.

Quanto ao relatório de Junho informava que tinha sido suspensa a circulação para análise "de 39 títulos de livros", dos quais os leitores tinham apreciado "88 exemplares".

A proibição recaiu sobre 12 títulos, entre os quais *As troianas* de Sartre e *Política internacional de la revolucion cubana*, publicado pela Editora Política Havana.

A apreensão de obras já proibidas em Angola incidiu sobre 27 títulos, com o livro do capitão Salgueiro Rego, *Memórias de um ajudante de campo e comandante de polícia* a encabeçar a lista dos mais apreendidos – 25 exemplares –, seguido dos 13 exemplares de *Ideias de paz* por Fidelino de Figueiredo e de *A adúltera* de Roy Harvey.

Relativamente ao relatório de Julho, o mesmo informava que tinham sido suspensos para análise "44 títulos de livros e um exemplar duma revista" e o trabalho do Conselho incidira sobre "110 exemplares", 12 dos quais foram julgados inconvenientes.

Caio Miranda com três títulos, ligados ao yoga e ao hipnotismo, foi o autor que mais obras viu retiradas da circulação e Sartre viu *As palavras* não terem autorização para serem lidas. O mesmo destino teve o n.º 30 da revista italiana *Men*.

Além disso, 11 títulos foram apreendidos por ordem anterior, com *El Mehdi Ben Barka*, de Abdelkader Ben Barka – 21 exemplares –, *Sete palmos de terra e um caixão*, de Josué de Castro – 15 livros – e *A extraordinária morte de Nick Blue* – 14 exemplares – a destacarem-se.

Em Agosto, a fazer fé no relatório, poucos devem ter sido os membros do Conselho de Leitura que tiraram férias porque foram suspensos de circulação "56 títulos de livros" e "submetidos à apreciação dos leitores do Conselho 100 exemplares", sendo que 21 foram considerados de inconveniente circulação.

Sartre – *Les mains sales* e Baudelaire -, Françoise Sagan – *Aimez-vous Brahm's* e *Un certain sourire* – e Urbano Tavares Rodrigues – *Vida perigosa* – constavam entre os autores a cuja obra poderia ser atribuído o adjectivo presente no último título.

A acrescentar a esta lista, os 28 títulos retidos por ordem anterior, onde constavam 88 exemplares de *Sarkhan* de William Lederer e os 20 de *Le dossier Russie de l'empire des Tsares à l' URSS*, 1.º e 2.º volumes.

Note-se que autores de língua portuguesa como Urbano Tavares Rodrigues, Josué de Castro e Bernardo Santareno continuavam a ver os seus livros apreendidos depois de já terem sido objecto de proibição anterior.

Assim, em Agosto, foram confiscados 3 exemplares de *As aves da madrugada*, 6 de *Sete palmos de terra e um caixão* e 4 de *O judeu*.

Em contra-ciclo é de registar o fim ou levantamento da proibição de circulação de *Sylvia* de E. Cunningham.

Finalmente, Setembro levou à suspensão de circulação para análise de "42 títulos de livros, dos quais foram submetidos à apreciação dos leitores deste Conselho 110 exemplares". O carimbo da inconveniência caiu sobre 17 obras com Allan Kardek – *O livro dos médios*[166], *O evangelho segundo o espiritismo, Principiante espírita* e *Prece* -, Josué de Castro – *Geopolítica da fome, O ciclo do caranguejo* e *O livro negro da fome* – e Bernardo Santareno – *O duelo* e *Anunciação* – a merecerem destaque.

Quanto à apreensão de livros anteriormente proibidos, o número de títulos – 24 – não parecia excessivo, mas o mesmo já não se passava no que dizia respeito ao número de exemplares – 54 de *Vádios*, de Paolo Pasolini, 30 de *Rota das praias*, de A. Vasques, 23 de *Les civilisations noires*, de Jacques Maquet, 22 de *Einstein*, de Kouznetsov, 21 de *Sarkhan*, de Lederer e Burdik, 21 da colecção "Rififi" e 20 de *Dossier Russie, de l'empire des Tsares à URSS*, I. e II. Vol.

As várias listas apresentadas não permitem dúvidas sobre as temáticas e os autores que não se inseriam dentro dos estreitos parâmetros oficiais.

2.1.7.9. Novembro de 1967

O envio do relatório do Conselho de Leitura relativo a Outubro de 1967 – ofício confidencial n.º 8499/1033/55/871.º de Camilo Vaz recebido em 16 de Novembro e

---

[166] Grafia original. Como se pode constatar na correspondência, pois o livro surge várias vezes na lista de livros apreendidos, o termo seria «médiuns».

arquivado na pasta 1 – na sua parte inicial, não trouxe nada de novo: 77 títulos com suspensão de circulação para análise e 105 exemplares apreciados.

No entanto, o número de títulos cuja circulação foi desaconselhada em função da opinião dos leitores do Conselho foi muito elevado – 39 títulos – com Hubert Rhuden a não ter espaço para a divulgação da sua filosofia de vida.

Bem podia o autor falar de *Escalando o Himalaia* porque a montanha da censura era bem mais elevada.

Na realidade, a abertura a novos modelos continuava a não ser apanágio do Conselho de Leitura que alertava para a chegada à Província de muitas publicações "destinadas a particulares" e editadas "por «Estudos Psíquicos», de Lisboa" e que não passavam de "reedições de literatura espírita difundida no Brasil.

O Conselho de Leitura, como não podia pactuar com a "criação de novas correntes ou seitas religiosas, sobretudo deste género", decidira proibir a circulação dessas obras, "a exemplo do que se vem fazendo com a literatura brasileira sobre Espiritismo".

Na lista de livros proibidos também justificam menção *As mãos sujas* de Sartre, *O vale da ira* de Alon Paton, *O pregador de* Erskine Caldwell e *Geografia da fome* de Josué de Castro.

Quanto às revistas, o n.º4 de *Fiu-Fiu* foi tirado de circulação.

Dos livros já proibidos e que foram objecto de apreensão – 38 títulos – merecem destaque os 63 exemplares de *Missão atentado*, de Joseph Milton e os 27 exemplares de *Crimes de guerra no Vietname*, de Bertrand Russell e de *A nossa vida sexual* de F. Khan.

Como se constata, continuava a haver clientes para obras que a Comissão de Censura considerava perigosas, quer do ponto de vista político, quer na perspectiva da moral.

Por isso, nem a Comissão de Censura nem o Conselho de Leitura podiam dormir descansados, embora fosse essa falta de descanso que justificava a manutenção de ambos os serviços.

2.1.7.10. Dezembro de 1967

Para encerrar o ano civil e como forma de «premiar» o esforço de sobrevivência do Conselho de Leitura, a investigação concede-lhe o direito de abrir o relato mensal.

Assim, o relatório do Conselho de Leitura referente a Novembro, enviado pelo encarregado do Governo-Geral Mário Governo Montez, chegou em 9 de Dezembro de 1967 e era acompanhado do ofício confidencial n.º 9227/1096/55/8/1.ª, arquivado na caixa 1.

Esse relatório informava da retirada de circulação para análise de "62 títulos de publicações", da apreciação de "106 exemplares" e, ainda, que 30 títulos tinham sido considerados inconvenientes.

Desse último lote, menção para *Cahiers sur la dialectique de Hegel*, de Lénine, *Questions de méthode*, de Sartre, *Um certo sorriso*, de Françoise Sagan, que não conseguiu passar apesar do 'disfarce' da tradução, e muitas obras de carácter espírita, como *Vozes do grande além*, de F. Cândido Xavier.

Será caso para dizer que as *Vozes do grande além* se revelavam incapazes de se fazerem ouvir aquém.

Também a revista *Newsweek*, referente a 13 de Novembro de 1967 foi objecto de parecer negativo.

No que concerne a livros apreendidos devido a proibição já vigente, o número de títulos – 26 – não era demasiado elevado. Só que havia obras com grande número de exemplares recolhidos, como se comprova pelos 82 exemplares de *Você, já está a arder*, de Manuel Gomes e pelo facto de 10 títulos terem sido sujeitos a pelo menos 15 apreensões.

Relativamente às revistas apreendidas, a belga *Ciné-Revue* viu apreendidos 40 exemplares, valor a que deverão ser adicionados os 10 exemplares do n.º 5 da revista brasileira *Fiu-Fiu*.

Ainda em Dezembro, no dia 20, o Director do GNP, Ângelo Ferreira, enviou o ofício confidencial n.º 6425 Y-7-5 ao Governador-Geral de Angola e que consta na pasta 2. Trata-se de um pedido de esclarecimento sobre a acção da censura relativamente ao assunto que se prendia com «A fábrica de lacticínios da Cela e o preço do leite» e que tinha sido publicado no jornal *A Província de Angola*.

De facto, o Ministro queria saber a razão pela qual a empresa pagava aos produtores de leite apenas 2$00 por litro, "o preço mais baixo que se conhece em todo o mundo", quando tinha "recebido do Estado uma fábrica equipada, cujo pagamento se poderá processar ao longo de 25 anos, e da linha de fabrico de queijo ter triplicado em breve espaço de tempo".

O regime parecia não querer perceber que ao capital só o lucro interessa!

Em 14 de Dezembro de 1967, Pessoa de Amorim fez um apontamento – o n.º 726 – sobre a censura à imprensa ultramarina, ou seja, sobre os cortes que julgava merecerem "atenção mais cuidada" e que tinham sido enviados pelos Governos-Gerais de Angola – ofícios 4103, 4704, 4818, 5078, 5079, 5080, 5431, 5664, 5665 e 5852 – e de Moçambique – 623, 769, 846, 948, 982 e 1063.

Relativamente a Angola, os temas mais importantes deste apontamento arquivado na pasta 2 foram os seguintes:

– «Algodoeiros do Cuanza-Sul», publicado na *Revista de Angola* e que dava conta de um "certo descontentamento existente entre os cultivadores metropolitanos do Cuanza-Sul";

– «Laminagem de Angola», referido na mesma revista e que dava conta da "compra da «laminagem de Angola» pela Siderurgia Nacional";

– «Uma falta grave que é preciso remediar», sobre a "exiguidade do número de agentes da autoridade" e a sua relação "com o aumento do surto de criminalidade, mormente em Nova Lisboa", publicado em *A Província de Angola;*

– «Do Moxico – problemas do Distrito que pedem solução imediata», publicado pelo *Diário de Luanda* no qual se denunciava "a falta aflitiva de médicos-veterinários no Distrito do Moxico, onde apenas existe um" e se exigia "a criação de um laboratório apetrechado para que a pecuária, agora em crescimento, se torne uma realidade" e se referia a diminuição da actividade agrícola com produtos a sofrerem "uma quebra que orça pelos 80 por cento";

– «O Cuchi espera e confia na satisfação das suas aspirações – a criação do seu concelho», publicado em *A Província de Angola*, onde também saiu «A fábrica de lacticínios da Cela e o preço do leite»;

– «De Nova Lisboa – Urge resolver a situação dos professores eventuais», cujos vencimentos chegavam a "estar meses em atraso", no bissemanário *O Planalto;*

– «Relações comerciais entre Angola e a Metrópole», com origem na revista *Prisma*, a qual criticava esse relacionamento porque não o considerava "de interesse para a Província".

É de registar que a revista *Prisma* apresentava com alguma frequência artigos de opinião bem fundamentados e bastante críticos em relação à forma como Angola era administrada.

Só por curiosidade e como elemento comparativo relativamente às temáticas proibidas em Angola, no que concerne a Moçambique, as notícias com cortes a merecerem atenção foram:

– «Para quando o aproveitamento do potencial mineiro de Moçambique», no jornal *Tribuna*, artigo da responsabilidade do jornalista Mário Pinho;

– «Mercado do tabaco» no *Notícias de Lourenço Marques,* que mencionava "os obstáculos que a Província enfrenta para a colocação das ramas de tabaco que produz", apesar da Metrópole continuar a importar "do estrangeiro milhares de toneladas do produto";

– «A primitiva infiltração de missões religiosas estrangeiras no Sul da Província», proibido na revista *Actualidades* e que apontava para o perigo que essa presença representava para a "desnacionalização";

– «Os saldos do tesouro português», que foi "interdito na totalidade" no *Diário de Moçambique*, uma "crítica à política financeira do país";

– «O Aeroporto de Porto Amélia», do *Notícias de Lourenço Marques,* que alertava para o facto de ainda não se terem iniciado as obras de asfaltagem e electrificação desse aeroporto;

– «Intercâmbio comercial entre Angola e a Rodésia», proibida no *Diário de Moçambique,* mas da autoria da revista angolana *Actualidade Económica;*

A CENSURA EM ANGOLA NA FASE FINAL DO IMPÉRIO

– «O agravamento do custo de vida», uma chamada da atenção das autoridades para o assunto no *Diário de Lourenço Marques*.

De notar que este artigo fazia parte da rubrica «Notas soltas»; – «O diálogo possível», artigo no qual o *Diário de Moçambique* pretendia abordar a questão da Liberdade de Imprensa, mas em termos "desaconselháveis" porque referia "a necessidade premente do diálogo entre o Estado e a Nação" e terminava "praticamente com um repto à Administração".

Ao longo do apontamento Pessoa de Amorim quase não teceu considerações sobre os artigos e preferiu ligar o texto a partir de citações dos artigos censurados.

O ano chegava ao fim, embora o Conselho de Leitura e a Comissão de Censura ainda tivessem de preparar os relatórios de Dezembro, que rumariam a Lisboa só no ano seguinte.

2.1.8. Ano de 1968

O ano de 1968 representou o fim do mandato de Salazar, exonerado pelo Presidente da República, Américo Tomaz, num discurso emocionado proferido em 26 de Setembro de 1968, na sequência de uma queda no forte de Santo António do Estoril, que lhe provocara lesões irreversíveis a nível cerebral. Assim, em 27 de Setembro de 1968, Marcello Caetano tomou posse como Presidente do Conselho e, por isso, só os documentos referentes aos meses finais podem indiciar se, no que diz respeito à censura, a continuidade foi a regra, ou se houve lugar a um corte com a prática anterior. Dito de outra forma, começa a partir desse ponto a demonstração da ideia apresentada nos parágrafos iniciais da Introdução.

No entanto, a substituição de Salazar não poderia deixar de ter reflexos a nível das relações internacionais e da manutenção do Império português.

Assim, no que concerne às informações sobre a influência da política de blocos na região do Sul de África, em PT/AHD/MU/GM/GNP/RNP/0110, está um ofício datado de 13 de Janeiro de 1968 – Proc. 950,16 PAA 38 – a dizer que a imprensa norte-americana anunciava que o Presidente Johnson sossegara "os senadores interessados", informando-os que "o último dos três aviões americanos enviados para o Congo em Julho de 1967 a fim de auxiliar Mobutu na luta contra os mercenários, regressaria aos Estados Unidos em meados de Dezembro".

O GNP apressou-se a dar conta desse facto ao Governador-Geral de Angola – 386 H-5-1.1 de 24 de Janeiro de 1968.

Parece oportuno recordar que 1968 foi o ano da visita do Vice-Presidente Humphrey a África, uma visita de 13 dias, iniciada na Costa do Marfim e que contemplou 9 Estados.

O extenso número de elementos que figuram na pasta mostra que Portugal seguiu com atenção essa visita e os seus ecos, até porque Humphrey tinha condenado os países da África do Sul, acusando-os de "retrógrados na sua visão e não tomarem consciência do inevitável triunfo da auto-determinação" – Proc. 4225-0044 B, relatório 82/RN do Secretariado Geral da Defesa Nacional 2.ª Repartição.

The Economist ironizava sobre a composição da comitiva de Humphrey, na qual figuravam um editor, um educador e um membro do Supremo Tribunal, todos negros, porque, a nível interno, havia sete milhões de votos dos negros do país.

Ainda no que concerne à política norte-americana para África, o jornal mexicano *Novedades* fazia uma leitura interessante das sanções impostas à Rodésia porque, afinal, o crómio que antes vinha dessa colónia inglesa para os Estados Unidos fora substituído por crómio proveniente da União Soviética – Proc. 950,172, PAAA 107 de 29 de Janeiro de 1968.

O final do ano – 28 de Dezembro – mostraria um alívio português relativamente à política norte-americana para África, como se comprova pelo facto do Ministro do Ultramar ter ordenado ao GNP que levasse, muito secretamente, ao conhecimento de todos os Governadores a previsão de "profundas alterações a partir de 20 de Janeiro", ou seja, depois da tomada de posse de Nixon porque, ao contrário daquilo que os dirigentes americanos pensavam, a morte de Salazar não arrastara o país para o caos e "a posição portuguesa valorizou-se extraordinariamente aos olhos dos americanos", interessados em deixar cair "slogans idealistas" que não serviam "o verdadeiro interesse americano" – Ofício n.º 6506/H-5-1-1.

Era a previsão de um apoio real, mesmo que o discurso oficial não o assumisse por inteiro.

2.1.8.1. Janeiro de 1968

O ano começou com um mau augúrio porque Lisboa recebeu, em 4 de Janeiro, o ofício confidencial n.º 132/119/8-B/1.ª, arquivado na pasta 4, enviado pelo Governador-Geral e que acompanhava os cortes referentes "ao período de 1 a 14 de Dezembro".

De facto, não era bom sinal para a Liberdade de Imprensa que os cortes dissessem respeito apenas a uma quinzena.

Pessoa de Amorim escreveu sobre o ofício que tinha sido "elaborado o Apontamento Censura à Imprensa Ultramarina III/68" e o Director-Geral do GNP manuscreveu "Apontamento 688/C".

No que se refere aos artigos proibidos, na pasta 4 é possível encontrar vários.

Assim, logo em 3 de Dezembro, Santos Neves viu cortado na revista *Prisma* um artigo de três páginas que começava com uma chamada de atenção para "a importância da distinção entre a «igreja como Instituição de Graça» e a «Igreja como Povo de Deus ou Comunidade dos Salvados»"

Os seus três princípios – não-violência, diálogo e democracia – não convenceram o censor até porque o autor considerava que eles seriam a "única garantia válida do princípio de uma ANGOLA PACÍFICA, DIALOGANTE, DEMOCRÁTICA, de uma ANGOLA-NO-MUNDO autenticamente universal, autenticamente angolana, autenticamente humana, autenticamente cristã".

Este artigo permite constatar uma coisa e indiciar outra.

A constatação de que já vem de longe a tendência de Santos Neves para escrever com maiúsculas as ideias que considera fundamentais, como se esse aumento de dimensão servisse para fazer entrar as mesmas pelos olhos dos leitores e funcionasse como chave para abrir a mente.

O indício apontava para que a permanência física de Santos Neves em Angola não fosse demorada.

No que diz respeito à crítica cinematográfica, em 9 de Dezembro, a *Notícia* não publicou «A cena mais ousada», um exclusivo da ÁPIS, mas, como o censor fez questão de dizer, o artigo era "cortado, não pelo texto em si, mas pelas fotografias que dizem respeito a este texto".

Como já se sabia, a Comissão de Censura não era nada dada a deixar passar tudo o que pudesse convidar à libido.

A 19 de Janeiro chegaram, enviados por Rebocho Vaz, os cortes feitos pela Comissão de Censura no período "de 15 a 31 de Dezembro de 1967" – ofício confidencial n.º 557/38/8-B/1.ª, guardado na pasta 4.

Era a segunda face da moeda, ou seja, com alguns anos de atraso, o Governador--Geral começava a cumprir o que tinha sido decidido superiormente.

O Poder Central, face à difícil conjuntura interna e externa, exigia ser melhor informado.

Sobre esse ofício voltaram a figurar duas informações do GNP – do funcionário e do Director-Geral – que remetiam para os apontamentos "688/C" e "A Censura à Imprensa Ultramarina III/67", sendo que o ano deveria ser 68 e não 67.

Como é regra desta investigação, esses apontamentos serão objecto de estudo no mês em que forem encontrados.

No que se refere aos cortes, Rola da Silva não publicou, na edição de 17 de Dezembro de *A Província de Angola,* a crónica «Duas frentes» sobre os dois grandes obstáculos à "permanência de Portugal em África".

No primeiro caso, tratava-se dos "interesses dos que têm interesse em nos verem pelas costas". No segundo assentava "na ideia que as pessoas à margem de políticas e politiquices fazem de nós".

Neste grupo de cortes está um, feito em 21 de Dezembro, num jornal não identificado e que se serve de um pensamento de Adriano Moreira para tecer considerações sobre o que acabara de presenciar em Angola que percorrera "de norte a sul" e em Moçambique. Nesse artigo reforça-se a ideia que "Portugal tem na África do Sul um aliado de peso, um aliado muitas vezes incómodo com dentes compridos, mas que tem um interesses essencial em que a presença portuguesa continue a reinar a

SEGREDOS DO IMPÉRIO DA ILUSITÂNIA: A CENSURA NA METRÓPOLE E EM ANGOLA

sul do Congo", pois Angola e Moçambique formavam "uma espécie de talude onde se quebram os nacionalismos africanos".

Parece altamente improvável que Adriano Moreira se reveja no texto e se sinta honrado pela utilização do seu pensamento à guisa de epígrafe.

O mesmo jornal não publicou, em 27 de Dezembro, a crónica de Jean Dutourd «Sexo», que dava conta das violações constituírem a manchete dos jornais parisienses, como se se tratasse de Nova Iorque.

O autor responsabilizava o uso da mini-saia pelas violações porque "quando se quer guardar um tesouro, não se deixa entreaberta a porta do cofre forte".

Desculpar o violador e colocar a responsabilidade na vítima é uma interpretação algo surrealista da realidade.

Depois, a 29 de Dezembro, *A Província* não alertou para «Pão duro com três dias de fabrico», um facto que se passava em Benguela onde o pão era feito no sábado e "consumido nos três dias seguintes", uma vez que "o Instituto do Trabalho autorizou que as padarias laborem com a simples condição de que a entidade patronal pague aos empregados três dias por um, e dê depois a cada um, uma folga nos três dias seguintes".

Como se verifica, os direitos do consumidor não eram tidos em conta.

Nesse mesmo dia, no campo das relações internacionais, a *Notícia* foi proibida de publicar uma extensa reportagem sobre uma visita a Hanói e que acabava com uma síntese de um jornalista "emocionado" com a determinação do povo e impressionado com "a falta de visão dos políticos de Washington, que vêem apenas o que lhes põem à frente do nariz. Com esta guerra estão a dar aos comunistas uma força moral que, num futuro mais ou menos a longo prazo, lhes fará cair toda a Ásia nas mãos".

A implosão do «bloco de Leste» encarregou-se de fazer fracassar a profecia.

No que diz respeito aos movimentos sociais, *O Comércio* não publicou, em 16 de Dezembro, «O código» dos hippies tendo por base "o que escreve o insuspeito «Express»", uma crónica muito caustica sobre um grupo que não reconhecia "margem para atenuar a «tolerância» em nenhum domínio".

No que concerne às relações entre a literatura e a política, o *ABC* de 21 de Dezembro não conseguiu informar os leitores sobre o facto de "o novo romance de Érico Veríssimo" ter sido "inspirado na guerra do Vietnam e é um apelo à paz".

Para que conste, o título do livro era *O prisioneiro*.

No que concerne à actividade do Conselho de Leitura, em Janeiro chegou o relatório referente a Dezembro, enviado pelo Governador-Geral Camilo Vaz – ofício confidencial n.º 413/30/55/8/1.ª, de 15 de Janeiro de 1968, arquivado na caixa 1 – que indicava "66 títulos de publicações" suspensas para análise, "105 exemplares" analisados pelo Conselho de Leitura e 32 títulos considerados perigosos. Estes livros eram não apenas de autores conceituados como Sartre – *As moscas* e *A engrenagem* –, Simone de Beauvoir – *O segundo sexo – fatos e mitos* –, Jorge Amado – *O amor do soldado* – Frantz Fanon – *Les damnés de la terre* – ou Guy de Maupassant – *Bel-ami* , mas tam-

A CENSURA EM ANGOLA NA FASE FINAL DO IMPÉRIO

bém de autores que não ficaram na História, como Richard Prather que viu 6 dos seus livros proibidos.

Nessa data, a revista *Time* "referente a 22DEZ967" também foi impedida de circular na Província.

As obras já proibidas continuavam a ser apreendidas em número considerável de títulos – 27 – e algumas delas em elevado número de exemplares, como comprovavam os 75 exemplares apreendidos – 25 de cada título – de *O dia do ajuste de contas*, de Mickei Spillane, *O homem do rosto escondido*, de Richard Stark e *A morte de um perverso*, por H. Kane, embora a *Geopolítica da fome* de J. de Castro, apesar de contar apenas com 2 exemplares apreendidos, não deva ser omitida.

De notar que a última entrada indicava "42 exemplares de diversos títulos de livros" e que entre as proibições voltava a figurar *Você já está a arder*, de M. Gomes, não como livro mas como revista, da qual tinham sido apreendidos 10 exemplares. Aliás, o mesmo se passou com os 7 exemplares apreendidos de *Estudos psíquicos*.

Eram as tentativas – geralmente infrutíferas porque demasiado ingénuas – de contornar a censura.

2.1.8.2. Fevereiro de 1968

De acordo com o modelo do mês anterior, o Governador-Geral remeteu os cortes feitos pela Comissão de Censura no "período de 1 a 15 de Janeiro" – ofício confidencial n.º 1111/81/8-B/1.ª que está na pasta 4 e sobre o qual o GNP elaborou o apontamento "III/68". Esse ofício deu entrada nos serviços de Lisboa em 7 de Fevereiro.

No que respeita aos cortes totais existentes na pasta 4, em 10 de Janeiro, a *Notícia* não publicou um "rigoroso exclusivo *Notícia-Time-Life*", uma análise feita por Toynbee sobre o panorama dos Estados Unidos, nomeadamente, no que dizia respeito à guerra do Vietname, ao racismo, aos hippies e à dissensão".

O depoimento terminava com o autor a manifestar o seu desamor pelo nacionalismo, mas a lembrar que era "uma das forças mais fortes do Mundo, muito mais que a democracia ou o comunismo".

Na vida interna da Província, a questão da rádio, mais exactamente da «Voz de Luanda», voltou a agitar a opinião pública através de um comunicado da «Rádio Comercial de Angola», datado de 4 de Janeiro e que não saiu na edição de 5 de Janeiro de *A Província de Angola*, assinado pelo dono da emissora, Carlos Moutinho, e pelo Administrador Delegado da RCA, Américo dos Santos Coelho da Silva, a dar conta que ambos estavam a tentar resolver as divergências e que a emissora já voltara a emitir e com o indicativo a ser "integralmente respeitado no futuro"

Aliás, também a *Prisma*, em 9 de Janeiro, não seria autorizada a dar voz ao dono da rádio, que se queixava contra a actuação da «Rádio Comercial de Angola» a quem cedera a exploração da emissora, sem celebração de contrato e sem autorizar que esta alterasse o indicativo de chamada que constava dos registos dos CTT e das Convenções Internacionais. Por isso, se aprestava para voltar a tomar conta da emissora. Face às datas, é provável que o segundo corte também tivesse sido motivado pela desnecessidade de relatar algo que já estava ultrapassado. É o problema das revistas semanais.

No que concerne ao ensino, mas a nível internacional, a edição de 5 de Janeiro de *A Província de Angola* não noticiou a criação por parte da "esquerda estudantil" de uma universidade crítica em Berlim.

Era a criatividade a não encontrar o seu espaço no panorama informativo. Criatividade que não faltava a Fernando Grade no poema «As moscas ainda estão na cidade», cortado na edição de 6 de Janeiro do mesmo jornal, na qual, Rola da Silva não foi autorizado a publicar «Ievtuchenko: lá como cá». Em causa estava a visita deste poeta russo dissidente a Lisboa e o lamento de Rola da Silva porque, não sendo comunista "por convicção e não por interesse" lamentava que os comunistas julgassem "os ocidentais através dos traidores".

Nesse artigo, Rola da Silva fazia referência à falta de liberdade da imprensa e dos escritores para criticarem o regime em Portugal, a exemplo daquilo que acontecia na URSS. Daí o título.

Neste período, respeitando a regra ou o hábito, a edição de 8 de Janeiro de *O Comércio* não foi autorizada a noticiar a ida a Sá da Bandeira do chefe da Província, tal como à *Província de Angola* de 11 de Janeiro, relativamente à inauguração do hospital do Cubal pela mesma personalidade.

Depois, em 16 de Fevereiro, chegou o ofício confidencial n.º 1365/111/8-B/1.ª com os cortes "respeitantes ao período de 16 a 31 de Janeiro", que também está na pasta 4 e sobre o qual estão duas informações. A primeira remete para o apontamento "Censura à Imprensa Ultramarina III/68" e o segundo, igualmente manuscrito, para o "apontamento 688/C".

De notar que esses eram os relatórios já mencionados no mês anterior e que a investigação ainda não encontrou. Aliás, como se verá no parágrafo seguinte, os apontamentos estavam algo atrasados.

De facto, no que concerne à censura à censura, ou seja, no que se refere ao apontamento que o GNP fazia chegar ao Ministro do Ultramar, o apontamento n.º 681, Proc. Y-7-5, da responsabilidade de Pessoa de Amorim, está datado de 13 de Fevereiro de 1968 e referia-se às provas enviadas "em anexo aos ofícios 7 799, 7 800, 7 801, 8 029, 8 400, 8 483, 8 729, 9 122 e 9 338 (Angola) e 6 103, 6 396, 6 682, 7 055, 14/67 e 82/67 (Moçambique)".

O facto de este apontamento ter 20 páginas diz bem do número de cortes que mereceram "atenção cuidada" no apontamento arquivado na pasta 2.

Em Angola foram 10 as temáticas parcialmente cortadas ou que foram objecto de proibição de notícias.

As questões da saúde abrangeram dois títulos: «O Hospital Central de Luanda», artigo que o suplemento do *ABC*, a *Tribuna dos Musseques* pretendera publicar e que fora eliminado na íntegra e «o Hospital Maria Pia de Luanda», assunto tratado numa carta enviada à revista *Notícia* e que dava conta da falta de asseio do hospital.

Os aspectos da vida económica estavam contemplados em cinco títulos:

– «Os vencimentos e custo de vida», artigo no qual o articulista dava conta que "o agravamento da diferença entre o nível dos vencimentos e o do custo de vida poderá provocar [...] perniciosa influência na própria economia da Província";

– «Importações escusadas», publicado na *Actualidade Económica* e «Ainda o problema da sacaria ...ou dos exclusivos», saído na *Notícia* – ambos ligados à dificuldade de Angola obter autorização para produzir ráfia;

– «Proliferação de indústrias», que a *Revista de Angola* pretendera publicar para denunciar o excesso de fábricas de tinta em Luanda[167];

– «Reflexos económico-sociais dos novos impostos», publicado na revista *Prisma* de final de Novembro.

Depois eram os assuntos de índole política e administrativa que justificavam a atenção dos censores nos artigos «Aspiração que vem de longe», do *ABC* e relacionado com o desejo de tornar Nova Lisboa a capital de Angola; «Município da capital da Província», com muitas notícias nos mais variados jornais e revistas sobre o (mau) funcionamento da capital da província e, finalmente, «Um limite que se impõe extinguir» – referido aos 35 anos como a idade limite para o ingresso nos quadros do funcionalismo público e que saiu no jornal *O Comércio*.

No que concerne aos cortes enviados pelo Governador-Geral, *A Província de Angola* não publicou, em 16 de Janeiro, a longa crónica de Humberto Lopes intitulada «A perigosa abstracção», uma reflexão sobre o privilégio de que a Humanidade gozava de "se julgar a si própria" durante a sua passagem pela vida.

Trata-se de uma reflexão muito crítica porque quando desceu aos casos práticos o jornalista não se coibiu de escrever que "o povo americano não quer a guerra no Vietname porque não a compreende e também a não sente mas esquece que a América vive sob o impacto dos «falcões» e estes estão permanentemente ajoelhados aos pés do Deus da guerra".

Aliás, em 24 de Janeiro, este jornal já vira cortado um artigo sobre a resistência ao recrutamento, no qual questionara "até onde tem a autoridade política direitos sobre o indivíduo, quer morais, quer de disposição da sua vida e do seu corpo?".

Quanto à actividade do Conselho de Leitura, em 16 de Fevereiro chegou o ofício confidencial n.º 1366/112/55/8/1.ª, que acompanhava o relatório de Janeiro de 1968 e consta na pasta 1.

---

[167] O jornalista contou cinco fábricas de tinta "todas elas instaladas em edifícios modernos" enquanto na Dinamarca só existiam três. Por isso falava de um "exagero que não se compadece com o progresso".

A leitura desse elemento possibilita saber que "32 títulos de livros" tinham sido suspensos de circulação para análise e que "58 exemplares" tinham merecido a apreciação do Conselho de Leitura, tendo 11 sido proibidos, a maioria dos quais pelo conteúdo ligado a temáticas do sexo e da religião, embora também figurassem entre os proscritos *Les origines de la révolution chinoise* de Lucien Bianco e *Tribunal Russell – jugement de Stockholm*, cuja direcção cabia a Vladimir Dedijer.

No que concerne aos livros objecto de proibição anterior, foram apreendidos 85 exemplares de *O contrato da bela irlandesa*, prefaciado por Philip Atlee e mais 50 exemplares de outras obras, sendo que 28 desses exemplares não estão identificados. Além destes, também foram retirados da circulação 10 exemplares da revista *Ciné Revue* n.º 48 e 40 exemplares de *Ciné Monde* n.º 1720.

Em sentido oposto *As amorosas*, de André Bay, foram readmitidas na Província, cessando a proibição que imperava sobre a obra, embora o Conselho de Leitura não tivesse explicado a razão dessa decisão.

O editor e os leitores não devem ter ficado incomodados com essa omissão.

2.1.8.3. Março de 1968

No que diz respeito à censura aos periódicos, em 1 de Março, o GNP recebeu o ofício confidencial n.º 1810/158/8-B/1.ª, que está arquivado na pasta 4. Este ofício acompanhava os cortes feitos pela Comissão de Censura "no período de 1 a 15 de Fevereiro" e o GNP escreveu sobre o mesmo que tinha sido "elaborado o Apontamento «Censura à Imprensa Ultramarina III/68".

Mais uma vez a mesma referência a um apontamento que, pelos meses a que se refere, deverá ser volumoso.

O Ministro do Ultramar não ficou agradado com o conteúdo de um apontamento que Pessoa de Amorim lhe fizera chegar e, por isso, em 12 de Março de 1968, solicitou informações sobre cinco dos assuntos mencionados no apontamento. No que concerne a esclarecimentos solicitados sobre notícias que tinham sido objecto de censura em Angola, o Director do GNP, Ângelo Ferreira, enviou, nesse data, 12 de Março de 1968, três pedidos.

O primeiro destinava-se à Direcção-Geral de Saúde e Assistência e prendia-se com as notícias sobre o funcionamento do Hospital Central de Luanda e do Hospital Maria Pia, de Luanda – ofício confidencial n.º 1169/Y-7-5.

O segundo, dirigido à Inspecção Superior de Administração Ultramarina, visava notícias que tinham sido interditas em vários jornais e revistas sobre temáticas relacionadas com o Município da capital da Província e que faziam alusão "à incompetência, ao desleixo, à incúria e à inércia e imobilismo crónico da vereação, com a consequente má administração dos assuntos" – ofício confidencial n.º 1168/Y-7-5.

A CENSURA EM ANGOLA NA FASE FINAL DO IMPÉRIO

O terceiro foi enviado para a Direcção Geral de Economia e estava relacionado com as notícias sobre importações escusadas e que tinha a ver com a empresa de sacaria de Angola – SIGA – e a dificuldade em obter autorização para a transformação da ráfia, em oposição com o que se passava com as empresas metropolitanas, assunto que merecera a atenção de duas publicações – *A Actualidade Económica* e a *Notícia* – e, claro, da censura – ofício confidencial n.º 1167/Y-7-5.

Os outros dois pedidos de informações foram dirigidos ao Governador-Geral de Moçambique.

No que se refere aos cortes totais que acompanhavam o ofício, neste período, *A Província de Angola* viu cortada em 4 de Fevereiro, o «Postal de Paris» de Paul Guth que dava conta sobre uma invenção norte-americana – o colchão magnetofónico – usado pela mulher na ausência do marido.

Depois, em 5 de Fevereiro, não publicou na rubrica «Tópicos da semana», uma reflexão a partir de um "fundo" do *Jornal do Comércio* dos finais de 1967, sobre a integração europeia de Portugal, vista como um facto e não "como simples hipótese".

O jornalista lembrava tudo aquilo que ainda seria necessário fazer a nível da "reconversão das estruturas nacionais" e aproveitava para recordar que era necessário dispor de "uma opinião pública unificada e que utilize os mesmos instrumentos intelectuais e o mesmo vocabulário nacional em todas as parcelas que formam Portugal".

No plano internacional, no dia 8 de Fevereiro, este jornal não publicou uma crónica de Walter Lippmann intitulada «Wilson, Johnson e a realidade histórica». Como o título deixava adivinhar, tratava-se de uma explicação sobre a forma como os presidentes dos Estados Unidos concebiam a política externa norte-americana.

Ainda sobre os Estados Unidos, a *Revista de Angola* de 15 de Fevereiro não publicou a «Varanda sobre o mundo» de A. Cabral, que questionava quem eram os ingénuos.

Em causa estava a posição de alguns portugueses que tinham essa opinião a respeito dos norte-americanos que eram "democratíssimos e liberalíssimos" só que "à moda deles".

Também o *ABC* não pode noticiar, na edição de 11 de Fevereiro, que «Tem o apoio da população o ataque 'vietcong'à capital sul-vietnamita». Aliás, a questão mereceu cortes em vários jornais.

Mais tarde, em 14 de Março de 1968, foi recebido o ofício confidencial n.º 2102/134/8-B/1.ª que está na pasta 5 e acompanhava os cortes feitos no "período de 16 a 29 de Fevereiro".

No ofício voltaram a ser feitas duas anotações a caneta: "Apontamento 688/C" e "sobre o presente ofício foi elaborado o Apontamento à Censura à Imprensa Ultramarina III/68". Era o Director-Geral a confirmar o que fora escrito pelo funcionário, embora não se perceba a razão da discrepância entre as duas referências.

Nessa altura, em 17 de Fevereiro, a *Notícia* não publicou «Depoimento dum suposto Eusébio», sendo que o «Eusébio» era o próprio jornalista que, depois de muito argumentar, não convenceu o agente e foi multado por jogar à bola na praia e que, por não pagar a multa, foi presente a tribunal.

O jornalista serviu-se da narração para pôr em causa o "à-vontade com que, por vezes, uma pessoa fardada se dá a executar as leis", embora parecesse mais adequado ter seguido o exemplo do parceiro do jogo, que reconheceu estar a infringir a lei e saiu do jogo, pagando a multa.

No panorama internacional, nessa mesma edição, foi riscado um artigo sobre a guerra do Vietname onde se dizia que "os americanos, que ainda não se libertaram totalmente da inocência que caracteriza as primeiras idades, já cometeram erros graves na descolonização de África e agora deixaram-se enlear numa teia infernal de que o sr. Johnson não tem conseguido safar-se".

Afinal, este pensamento não andava afastado da ideia de Salazar sobre o assunto.

A este mesmo tema quis voltar *A Província de Angola* na edição de 23 de Fevereiro, mas a censura não permitiu, assim como não autorizou a referência a outra «guerra» de Rola da Silva em 29 de Dezembro sobre a compra e a venda de armas para se proteger dos gatunos. De facto, "com a gente a combater os gatunos por um lado e a roubarem-nos por outro, acabamos por não saber quem é que havemos de matar. A este preço que os gatunos morram por si, se quiserem".

O Comércio, na edição de 19 de Fevereiro viu proibida uma extensa – e interessante do ponto de vista sociológico – reportagem sobre «O tempo escorre pelas paredes da cadeia dos 'Sem culpa formada' ali à rua do esquadrão».

O título diz tudo mas o antetítulo ainda é mais explícito: «Como se vive? Que 'pessoas' são os presos? Como é uma cadeia, uma cela? Que se faz? O 'culto' da malandragem. A hierarquia 'social'. O carcereiro».

No que diz respeito à actividade do Conselho de Leitura de Angola, o Governador-Geral Camilo Vaz enviou o ofício confidencial n.º 2101/183/55/8/1.ª, que chegou no dia 14 de Março de 1968, a acompanhar o relatório desse Conselho referente a Fevereiro e que figura na caixa 1.

Nesse relatório indicava-se que havia 36 títulos de livros com circulação suspensa para análise e 77 exemplares apreciados pelo Conselho de Leitura dos quais 13 tinham sido objecto de avaliação negativa, como foi o caso de *Ecumenismo em Angola,* o primeiro da lista, da autoria de A.F. Santos Neves, então sacerdote em Angola e hoje reitor da Universidade Lusófona do Porto.

A confusão a nível fónico entre "ecumenismo" e "o comunismo", sobretudo numa época em que o significado da primeira palavra escapava à maioria dos portadores do lápis azul, encarregar-se-ia de causar novos desenvolvimentos que 'dariam direito' a uma viagem gratuita em camarote de navio.

Aliás, voltando à lista, Santos Neves estava bem acompanhado por Bertrand Russell – *Porque não sou cristão* – e Jean Ziégler – *La contre-révolution en Afrique* –, embora também fizessem parte da lista de proibições vários livros de ciências ocultas e de

A CENSURA EM ANGOLA NA FASE FINAL DO IMPÉRIO

espiritismo e o *Humor negro* de José Vilhena, um título que talvez fosse apropriado para classificar algumas das acções da censura.

Relativamente aos livros apreendidos porque tinham circulação já interdita em Angola, os 73 exemplares de *Infiéis defuntos* de José Vilhena e os 62 exemplares de *Cavalaria vermelha* de Isaac Babel ocuparam as posições cimeiras.

De notar que, a exemplo de Janeiro, o relatório dos livros apreendidos encerra com a menção de "26 títulos de diversos livros". Era uma forma de o Conselho não perder tempo com a enumeração dos títulos de que só tinha sido apreendido um exemplar porque na lista não figura qualquer título sujeito a esse número de apreensões.

Quanto a revistas, foram apreendidos 65 exemplares: 13 de *Ciné-Monde*, 32 de *Ciné-Revue* e *20 de Stern n.º 2*.

Neste relatório dava-se, ainda, conta da necessidade de "se procurar nomear, pelo menos, mais um leitor, uma vez que o "Senhor Dr. José Fernandes" deixaria de pertencer ao Conselho de Leitura "por virtude de ser transferido para o Sul da Província".

Em momento posterior talvez seja possível ficar a conhecer qual foi a decisão tomada.

Ainda em Março, no dia 25, o apontamento n.º 688 de Pessoa de Amorim, que consta na pasta 2, fazia o balanço da acção da censura à imprensa ultramarina em Angola e Moçambique e cujas provas tinham sido enviadas "em anexo aos ofícios 132, 557, 1 111, 1 365 e 2 102 (Angola) e 161 (Moçambique)".

Está, finalmente, encontrado o relatório para que remetiam as informações do GNP em 4 e 19 de Janeiro e 7 e 11 de Fevereiro.

Assim, relativamente a Angola, foram 10 os temas dignos de registo e Pessoa de Amorim considerou "merecedores de atenção mais cuidada" aqueles que se prendiam com aspectos políticos e económicos.

Assim, a atenção devia incidir no artigo «Santos de casa...», sobre a visita presidencial à Guiné e publicado no *ABC* porque não compreendia como é que "lamentavelmente" o Presidente da República não fora visitar "a Missão de Combate às Tripanosomiases e outras Endemias". Aliás, também o seu suplemento – *Tribuna dos Musseques* – viu interdito um artigo sobre "os vinte mil contos" que os SMAE iam investir "na construção de um prédio enquanto a cidade continua sem água e sem luz".

Quanto à *Revista de Angola* publicara a notícia intitulada «Nem pequenas, nem justas», sobre as taxas portuárias de Angola e dava exemplos referindo casos como o açúcar branco, o coconote, o farelo de trigo, o azeite ....

A mesma revista também tinha querido publicar um artigo sobre o Colonato de Sande, onde tinham sido "instaladas cerca de uma centena de famílias caboverdeanas", acusando-o de não produzir "em terras férteis", assunto que também foi tratado nos jornais *Comércio* e *Voz do Bié* e na *Revista de Angola*, e ainda um artigo, que foi interdito pela censura, «Alarme na Huíla», sobre a "possível descentralização do plano de coordenação de abastecimento de água às regiões pastoris do Sul da Província".

A Notícia viu cortes na "extensa reportagem sobre o Distrito do Cuando-Cubango e em especial sobre Serpa Pinto" no artigo intitulado «Terras de um novo mundo» e *O Comércio* ousara tratar, ainda por cima, num "tom mais incisivo", a questão da liberdade de expressão e "os meios que a cerceiam" em «isenção e oposição». Aliás, o jornalista chegara a cometer a temeridade de escrever que "quem o censura deve possuir cabedal superior de conhecimentos ou, de contrário, acontecem coisas das mais disparatadas. Como têm estado, aliás, a acontecer".

Não admira que Pessoa de Amorim tivesse tracejado a vermelho esta citação tal a gravidade que assumia para a ordem vigente.

Os últimos artigos mencionados como tendo sido objecto da censura em Angola foram: «Agravamento do custo de vida e dos impostos», na *Notícia,* tema retomado pelo jornal *A Província de Angola* em «Das terras do Cuando-Cubango».

A revista *Notícia* ainda veria "interdito na totalidade" um artigo no qual reclamava "a revisão da nova taxa que incide sobre o rendimento líquido dos prédios urbanos, taxa que foi elevada dos 10 para os 12%"[168].

A eterna questão dos impostos, sempre baixos na óptica do Estado e sempre elevados para os bolsos dos contribuintes.

2.1.8.4. Abril de 1968

Em 9 de Abril de 1968 chegou à capital o ofício confidencial n.º 2855/225/55/8/1.ª do Governador-Geral a acompanhar o relatório do Conselho de Leitura relativo a Março e que consta na pasta 1.

O balanço era o seguinte: 45 títulos de livros retirados para análise, 87 exemplares analisados e 15 proibidos, 3 dos quais de Françoise Sagan: *Les violons parfois, Chateau en Suède* e *Les merveilleux nuages.*

Quanto aos livros apreendidos em cumprimento de determinação anterior, Vilhena voltava a liderar a lista com 50 exemplares de *Os infiéis defuntos* – mais uma prova de que o fruto proibido, mesmo que de qualidade duvidosa ou questionável, é o mais apetecido –, logo seguido dos 42 de *A formação da Rússia moderna,* de Lionel Kochan.

---

[168] Quanto à censura em Moçambique, Pessoa de Amorim apenas coloca em evidência dois elementos. O primeiro prende-se com a pretensão de publicação pelo *Notícias* de Lourenço Marques de um comentário sobre "o último relatório da OCDE, no sector atinente ao problema emigratório" e o segundo tratava da questão do elevado custo de vida na cidade de Nampula, um tema "já por mais de uma vez aflorado na imprensa da Província".
Afinal os problemas de relacionamento entre os funcionários públicos e os governos não são de hoje porque o artigo reclamava "a revisão urgente dos vencimentos do funcionalismo, a classe mais causticada pelo agravamento do custo de vida", numa conjuntura em que a greve sectorial ou geral estava fora de hipóteses.

Aliás, Vilhena ocuparia, ainda, a terceira posição por força dos 25 exemplares apreendidos de *Humor negro*.

Na parte final dessa lista, o Conselho manteve, melhor, aprimorou o critério anterior, pois colocou "25 exemplares de diversos títulos de livros" e "22 exemplares de diversos títulos de livros sobre Racionalismo Cristão".

Em Março, 12 exemplares do n.º 7 da revista *Stern* e 10 exemplares do n.º 53 da *Neue Revue* também foram confiscados.

Ainda em 9 de Abril, o GNP recebeu o ofício confidencial n.º 2856/226/8-B/1.ª, arquivado na pasta 4, com os cortes "respeitantes ao período de 1 a 15 de Março corrente".

Estes cortes estiveram na origem do apontamento n.º 696 de 14 de Junho de 1968, apontamento que teve, também, por base os cortes referentes ao período "de 16 a 31 de Março", enviados através do ofício confidencial n.º 2968/237/8-B71.ª, que figura na pasta 4.

No entanto, tal como já aconteceu em exemplos anteriores, este apontamento não consta na pasta 4.

Nessa pasta estão os cortes feitos no jornal *O Comércio* de 2 e 10 de Março. O primeiro sobre «O banco e as ambulâncias» e o segundo, da autoria de Afonso Alves, intitulado «Variedades municipais no musseque Prenda», no qual se ficaria a saber que o importante era haver festa, canções "e batuques e rebita e palhaçadas".

Palhaçada era organizar festas sem cuidar de atender às carências ao nível das infra-estruturas.

Quanto a respostas a pedidos de informações, a nota n.º 1335 de 18 de Abril de 1968 da Direcção-Geral de Economia fez chegar ao GNP uma "nota informativa elaborada com base nos relatórios anuais da J.P.P. de Angola".

A nota dava conta da visita de um Engenheiro Agrónomo aos colonatos de Benfica (Nova Lisboa) e Bengue (Camabatela) também de cabo-verdeanos com os quais não tinha "ficado desapontado", embora a situação fosse mais favorável em Benga, um colonato "progressivo" e onde os agricultores auferiam "bons rendimentos". No entanto, não visitara o colonato de Sande, embora reconhecesse que "os elementos disponíveis nos relatórios anuais da Junta de Povoamento são na realidade desanimadores e denunciam reduzida actividade agrícola", situação que dava razão às "referências que a imprensa específica e objectivamente pretendia publicar".

A conclusão não deixava margem para dúvidas porque o Chefe da Repartição, Eng. Raul Wahnon Correia Pinto, afirmava não haver "relação entre a terra preparada e as produções obtidas e das duas uma: ou os terrenos preparados não foram de facto aproveitados ou as produções, se as houve, foram subtraídas ao controle, prática aliás muito seguida pelos agricultores".

Afinal, a economia paralela tem conseguido sobreviver ao longo dos tempos.

Relativamente a cortes feitos neste período e arquivados na pasta 4, destaque para a proibição, em 25 de Março, de um artigo da *Actualidade Económica* sobre o facto de se estar "a exigir da actividade privada uma solicitação tributária de dimensão nunca dantes conhecida", em oposição à "bonificação de 19 000 contos em relação à Diamang, cujo ritmo ascensional como empresa é conhecido".

Nessa quinzena, Mário Soares quase teve direito ao monopólio das proibições noticiosas.

Assim, o *ABC* foi proibido de escrever, em 22 de Março, que Mário Soares ia ser deportado para S. Tomé, depois de ter sido preso no seu escritório onde se encontrava depois de ter sido libertado a 1 de Março.

O jornal não pode denunciar que, antes desta libertação, Soares tinha "estado preso à ordem daquela polícia [PIDE] desde o dia 13 de Dezembro, não sendo conhecida a causa da sua nova detenção"

Também a edição de 23 de Março de *A Província de Angola* não teve ordem para noticiar que tinha sido «fixada residência em S. Tomé ao advogado Mário Soares", ao abrigo do disposto "no artigo 4.º do Decreto Lei 36 387 de 1 de Julho de 1947".

O texto era, sem dúvida, demasiado normativo, mas bem melhor que um corte efectuado em 25 de Março por P. Barradas numa publicação que não é passível de identificação e que tinha como título «Indivíduo com residência fixada em S. Tomé».

Certamente que Mário Soares preferiria ter sido tratado por «cidadão» e não por «indivíduo».

Nesse mesmo dia, o *ABC* não publicou a notícia «Uma lição oportuna dada por alguns bravos de Angola», elemento que põe claramente em causa o aspecto revolucionário do jornal.

Na verdade, a notícia destinava-se a dar conta do embarque para o exílio de Mário Soares e que a sua esposa, "a actriz Maria Barroso" seria "autorizada pelas autoridades a juntar-se-lhe " dentro de um mês.

No entanto, o jornalista contou que, aquando da partida do avião, "na varanda da aerogare de Lisboa, algumas pessoas manifestaram-se, com gritos e palmas, a seu favor, o que provocou a reacção de outras".

Entre essas "outras" estava "um grupo de soldados desmobilizados que acabava de regressar de Angola" e os "murros e cacetadas" entre esses soldados e "figuras conhecidas da oposição socialista e dos meios católicos-progressistas" substituíram as palavras ou os argumentos.

Preocupante era a nota de redacção que dizia não haver dúvidas sobre o facto de se ter tratado de "uma lição oportuna" dada pelos "bravos ex-combatentes [...] aos que pretendem, neste momento, dividir os portugueses" porque não era altura para "partidarismos políticos".

Era este o jornal que muitos consideravam *A República* de Angola. É bastante provável que entre aqueles que se tinham ido despedir de Mário Soares estivessem elementos de *A República*.

Depois, em 27 de Março, o *ABC* não foi autorizado a publicar «Onde o mal da Nação se confunde com o bem da Nação», um artigo que voltava a falar das diferenças cambiais que impediam a aquisição de um livro através da Direcção-Geral do Ensino Primário e, em 30 de Março, não noticiou a «Aterragem de emergência na Guiné dum avião do Mali».

Este jornal ainda foi proibido de dar voz, em 29 de Março, a Joca Luandense e à sua «Ana Maria – a bailarina e o amor», texto dedicado a Lina F. Gonçalves e que falava do encantamento de uma bailarina de treze anos pelo Zé Farra do grupo de tocadores.

Relativamente à conjuntura interna, *A Província de Angola* de 28 de Março quis falar sobre a «Política de austeridade – mas efectiva – de todos nós", mas não foi autorizada, talvez porque recomendasse que os serviços públicos distritais dessem o exemplo, poupando "hoje, amanhã e depois, umas gotas de gasolina nos carros do Estado que, de vez em quando levam os seus utentes a passeios particulares, a modistas ou a cafés".

Aliás, o problema era duplo porque residia no uso indevido das viaturas oficiais e na frequência com que esse abuso se verificava.

No que concerne à conjuntura regional, *O Comércio*, em 23 de Março, não identificou a mosca que tinha mordido à OUA e ao Sr. Kaunda que se mostravam "muito preocupados com a situação na África Austral".

Retornando à vida interna, em 25 de Março o mesmo jornal não publicou a carta do leitor Manuel da Conceição Santos, que se queixara à polícia de um larápio que roubara um rádio portátil de uma loja de electrodomésticos e recebera a informação «apanhe-o que depois eu prendo-o».

Seria caso para perguntar se não era à PSP que estava cometida a primeira função.

Ainda neste âmbito dos problemas quase habituais – os pequenos larápios eram uma constante da paisagem de Luanda –, "uma confusão na rua Gregório Ferreira" às 10 da noite não mereceu as linhas de uma notícia na edição de 26 de Março ainda do mesmo jornal.

Finalmente, na edição prevista para 31 de Março, *O Comércio* viu cortado, embora já no primeiro dia de Abril, o artigo de Alves Guerra «A prova definitiva», que denunciava o êxodo rural em Angola.

Ainda na pasta 5 está um artigo cortado por Paixão Barradas de uma notícia proveniente da Metrópole, mais concretamente de Bragança, para dar a conhecer que José Acácio "de 60 anos de idade, residente em Paradinha, freguesia de Outeiro" tivera de cavar a sepultura para a esposa, D. Aurora da Conceição, e que pedira "que lhe fizessem o registo com urgência, pois era ainda ele que iria proceder ao enterramento, depois de cumpridas as necessárias formalidades". Afinal, tudo era uma "triste consequência da desenfreada emigração que se tem registado naquela zona nos últimos anos".

SEGREDOS DO IMPÉRIO DA ILUSITÂNIA: A CENSURA NA METRÓPOLE E EM ANGOLA

Como se trata de um recorte colado, não é possível saber o nome do jornal que pretendia proceder à publicação desta notícia macabra, que, como constava, não era um caso isolado na região.

Afinal a desertificação do interior metropolitano exigia aos poucos que tinham resistido ao apelo da partida um preço que excedia a dignidade devida aos vivos e aos mortos.

2.1.8.5. Maio de 1968

No que diz respeito à acção da Comissão de Censura, Rebocho Vaz enviou o ofício confidencial n.º 3825/333/8/8-B/ 1.ª, arquivado na caixa 5 e que deu entrada no GNP em 14 de Maio.

Este ofício acompanhava as provas relativas aos cortes efectuados no período de "1 a 15 de Abril" e sobre ele está escrito a caneta – apontamento 696 de 14.6.68 –, situação que aponta para a existência de matérias que o GNP considerou necessárias de conhecimento ministerial antes do respectivo arquivamento.

Na semana seguinte, em 20 de Maio de 1968, foi recebido no GNP o ofício confidencial n.º 4003/339/8-B/1.ª com as provas da "imprensa de Luanda que sofreram cortes" no período de "16 a 30 de Abril" e que consta na pasta 5.

A palavra 'Luanda' aparece sublinhada a caneta, pormenor que é susceptível de três interpretações. De facto, tanto poderia ser um erro que levara a confundir a capital com a Província, como significar que apenas a imprensa de Luanda tinha sido objecto de cortes ou, ainda, que o GNP queria voltar a criticar o não envio de cortes por parte dos Governadores das outras possessões.

A análise dos materiais que acompanham o ofício parecem apontar no sentido da segunda hipótese, uma vez que tinham sido feitos cortes nas publicações *A Província de Angola, O Comércio, Notícia, ABC* e no suplemento *Tribuna dos Musseques* e todas estas publicações estavam sedeadas na capital da Província.

De notar que no ofício de 14 de Maio o Governador-Geral já usara a expressão "as provas da Imprensa de Luanda", mas, nessa altura, o facto não merecera qualquer reparo por parte do GNP.

Em Abril de 1968, há um aspecto que não pode deixar de ser mencionado e que se prende com as cartas de protesto contra algumas das notícias que eram publicadas.

De facto, na revista *Notícia* de 16 de Abril de 1968, um leitor "assíduo do *Notícia*" – que é possível identificar como sr. Goinhas – insurgiu-se contra o artigo «Cabinda já está a arder da autoria do sr. João Fernandes" por achar "demasiado descaramento da parte do autor fazer tais afirmações", a quem acusa de "falta de nível jornalístico" porque todas as afirmações "são desprovidas de senso".

Talvez convenha saber que uma nota de redacção, feita por João Fernandes, desmente todas as afirmações da carta e acusa Goinhas de ser "a primeira pessoa que nos garante que tudo corre bem em Cabinda".

A investigação comprovou que a razão assistia ao jornalista, embora surpreenda que a censura tenha permitido a publicação do desmentido, pois apenas cortou nessa página – a página 8 – um registo que dizia o seguinte: "De Teixeira de Sousa, escreve José Manuel Fernandes, o qual se insurge por ter sido preferido um africano ao emprego que ele próprio pretendia".

Como é bom de ver, este outro Fernandes – que não o jornalista – queria fazer valer a sua condição de branco!

Ainda sobre a vida interna, em 25 de Abril foi interdito o apontamento de Teófilo José da Costa sobre «A repressão à Kissângua e ao Kitoto é uma medida que nada justifica» porque a primeira era uma "bebida tão aperitiva e substancial como satisfatória". Por isso discordava da multa de 5 000$00 que as quitandeiras teriam de pagar se fossem "caçadas", enquanto se continuava a vender uma "mixordeira vinhaça", ou seja, o «vinho» feito sem ser a partir de uvas.

Finalmente, em 30 de Abril, *O Comércio* foi proibido de publicar o artigo que dava conta da existência de uma lagoa junto ao Banco do Hospital de São Paulo, "a juntar às muitas lagoas do subúrbio", mas com a agravante de aquela ressurgir "sempre que um aguaceiro mais pesado desaba sobre a cidade" e obrigar os doentes "a uma verdadeira gincana", situação que não era minimamente aceitável.

Quanto ao relatório do Conselho de Leitura referente a Abril de 1968, deu entrada no Gabinete de Negócios Políticos acompanhado do ofício confidencial n.º 4002/388/55/8/1.ª do Governador-Geral, em 20 de Maio de 1968.

Este documento, arquivado na caixa 1, dava conta da suspensão de circulação para análise de "50 títulos de livros e 12 exemplares de revistas", tendo "81 exemplares" sido apreciados pelo Conselho de Leitura, o qual proibiu 24 livros e 2 revistas.

Entre os livros proibidos estavam os 3 volumes de *O caminho dos tormentos,* de Alexei Tolstoi, *O fantasma de Stalin,* de Sartre, *O marxismo,* de Henri Lefebvre, *Le socialisme,* de Georges Bourgin, *Le panafricanisme,* de Philippe Decraene, *Les institutions politiques de l' Áfrique noire* de Hubert Deschamps e a *História da URSS,* por J. Bruhat, ao lado de muitos títulos de obras sobre magia e ocultismo, enquanto as revistas proibidas voltaram a ser *Der Stern* n.º 20 e *Neue Revue,* n.º 53.

Os livros já proibidos e que foram apreendidos eram encabeçados pelos 170 exemplares de *Empresta-nos o seu marido,* de Graham Greene e os 54 de *3 contistas russos contemporâneos,* por Mikail Cholokov e outros. Essa lista terminava com "18 exemplares de diversos títulos de livros sobre «Racionalismo Cristão»" e "40 exemplares de diversos títulos de livros", aos quais se deverá acrescentar 10 exemplares da revista *Ciné-Monde* n.º 1732 e outros 10 de *Der Spiegel* n.º 9.

Ainda no que concerne à censura, há três momentos que merecem ser abordados.

Assim, sobre duas notícias que a imprensa de Angola pretendia publicar relacionadas com o Hospital Maria Pia de Luanda, existe uma informação confidencial n.º 442, de 9 de Maio de 1968, a qual historia um processo com vários intervenientes: Gabinete dos Negócios Políticos, Governo-Geral de Angola e Direcção-Geral de Saúde e Assistência do Ultramar e que será objecto de posteriores referências. Aliás, o adjectivo «posterior» também poderia ser «anterior», uma vez que já não era "a primeira vez que se nos depara artigos que constituem áspera crítica ao Banco de Urgência do Hospital Central de Luanda. Crítica essa dirigida contra a negligência amiúde manifestada pelo referido Serviço".

Certamente foi essa a razão que levou o Ministro Silva Cunha a manifestar, em 10 de Maio de 1968, o desejo de "ser mantido informado", como consta a vermelho no ofício confidencial 02490 do Inspector Superior de Saúde e Assistência interino, Carlos Augusto Ferreira.

Como se constata, os problemas com as instalações – uma das enfermarias era na cave – e com os cuidados de saúde têm uma história longa e, por isso, o jornalista escrevera que, em Luanda, no Banco de Urgência, "a única urgência reconhecida é que não chateiem. É que morrem sem maçar os médicos. Que são poucos. Que ganham pouco. Que não têm quem os dirija".

O segundo elemento diz respeito a 20 de Maio de 1968, quando o Director do GNP, Ângelo Ferreira, enviou ao Governador-Geral de Angola o ofício confidencial 2509/Y-7-5 que está na pasta 2, informando-o que tinham sido solicitados à Direcção Geral de Economia os "esclarecimentos julgados pertinentes, relativamente à notícia referida ao «Colonato do Sande», que os jornais *Província de Angola, O Comércio, A Voz de Bié* e a *Revista de Angola* pretenderam publicar e a Comissão de Censura interditou".

Ora, de acordo com a Direcção Geral de Economia, com base "nos relatórios anuais da Junta de Povoamento" de 1964 a 1966, era um facto que os elementos disponíveis eram "na realidade desanimadores, a denunciarem reduzida actividade agrícola" e, por isso, se compreendiam "as referências que a imprensa específica e objectivamente pretendia publicar".

Face a este parecer, o Ministro despachou "no sentido de se solicitarem, a esse Governo Geral, os necessários esclarecimentos atinentes ao assunto", ou seja, o Ministro queria saber se a censura não estivera a servir para tentar esconder a incapacidade do Governador-Geral e da Junta de Povoamento.

O último momento tem a ver com o ofício n.º 2882/303/SH, Proc. N.º 451, confidencial, de 9 de Maio, sobre a actuação da censura relativamente às notícias relacionadas com o aumento das taxas portuárias em Angola, um assunto iniciado ainda em Abril com a nota n.º 1737/Y-7-5, de 8 de Abril de 1968.

Os exemplos que figuravam no artigo para mostrar que as taxas em Angola "se apresentam sensivelmente maiores que na [província] de Moçambique" não podiam ser permitidos pela censura, sob pena de se hipotecar a ideia do todo nacional.

A CENSURA EM ANGOLA NA FASE FINAL DO IMPÉRIO

Por falar em Moçambique, na caixa 3 está o ofício confidencial n.º 410/C enviado pelo Encarregado do Governo-Geral Álvaro de G. e Melo e datado de 16 de Maio de 1968 com os cortes feitos na Província. O ofício n.º 994/Y/7 de 14 de Fevereiro de 1966 era invocado como razão do envio mas dificilmente teria sido cumprido porque o GNP escreveu "Arq. Está muito atrasado. 18.11.68".

Para o Gabinete dos Negócios Políticos não era significativa a diferença entre não enviar os cortes efectuados ou proceder a esse envio com um atraso excessivamente longo, pois, em ambos os casos, não ficava acautelada a informação atempada de que o Poder Central exigia dispor.

2.1.8.6. Junho de 1968

A actividade do Conselho de Censura continuava marcada pelo bater certo do calendário, embora o acerto do tempo cronológico não significasse a chegada do «tempo cairológico».

Assim, em 7 de Junho de 1968, chegou o ofício confidencial n.º 4677/395/8-B/ 1.ª com as provas da "imprensa de Luanda que sofreram cortes" no período de "1 a 15 de Maio corrente" e que está guardado na pasta 5.

A palavra "Luanda" voltou a aparecer sublinhada a caneta e o GNP também repetiu o parecer de que nada de importante havia nesses cortes que justificasse o seu não arquivamento.

De entre os cortes que o GNP resolveu que não mereciam ser levados a conhecimento superior referência para uma reflexão sobre os estudantes e a contestação que faziam à sociedade – edição de 7 de Junho da revista *Prisma*.

No que diz respeito à actividade do Conselho de Leitura, o Governador-Geral enviou, em 11 de Junho de 1968, o ofício confidencial n.º 4739/399/55/8/1.ª a acompanhar o relatório de Maio, que referia a suspensão para análise de "28 títulos de livros e de 11 revistas", tendo sido submetidas ao Conselho "79 exemplares".

Este documento, arquivado na pasta 1, permite saber que a circulação foi considerada inconveniente para 8 títulos, entre os quais *Southern Africa in transition,* editado por John A. Davis e James K. Baker, numa tentativa de fechar a Província aos ventos da mudança regional, razão também explicativa para a proibição de *Les guérrilleros* de Lartéguy.

Quanto aos exemplares apreendidos por força de anterior proibição, contavam-se 40 títulos de livros e 34 exemplares da revista *Ciné-Monde*. Uma vez mais, a parte final da lista de livros apreendidos apresentava "22 exemplares de diversos títulos de livros" e "12 exemplares de diversos títulos de livros sobre «Racionalismo Cristão»".

Esta «junção» representava, como já foi dito, uma forma de o Conselho de Leitura rentabilizar o tempo, embora também seja possível considerar o desejo de não dar publicidade a autores e a títulos.

As obras que foram objecto de maiores apreensões foram *Vietname* de Mary Mac-Carthy, com 40 exemplares, *O homem vingança*, da col. Rififi, n.º 84, com 30 exemplares e *3 Contistas russos contemporâneos* de Mikail Cholokovs e outros autores com 27 exemplares.

O Gabinete dos Negócios Políticos fez chegar o relatório às outras possessões portuguesas, situação que por ser normal deixará de ser mencionada a partir deste ponto[169].

No mesmo fundo, mas na pasta 2, figura um apontamento – o n.º 696 do Proc.º Y-7-5 de 14 de Junho de 1968, assinado por José Catalão – sobre a censura à imprensa em Angola nos períodos "de 1 a 15 e 16 a 30 de Março e 1 a 15 de Abril".

Catalão teceu comentários sobre 8 assuntos. O primeiro artigo intitulado «As palavras e as Coisas – Variedades municipais no Musseque Prenda" era para sair no jornal *O Comércio*, mas a censura interditou-o "na sua totalidade" porque dizia que os espectáculos de variedades serviam para esconder a falta de balneários e de chafarizes e que "a chuva fura pelos telhados ou inunda o chão térreo".

Estes espectáculos assumiam a condição de pão e circo modernos porque "o povo em festa esquece o que não tem".

O segundo, novamente relativo ao jornal *O Comércio*, intitulava-se «O que é isto? O Banco e as Ambulâncias» e era seguido de três outros sobre a temática da assistência hospitalar: «Até quando? Bichas às 2 ou 3 da manhã», «As Palavras e as Coisas – Velhos Solares» e «O Hospital de Novo Redondo não tem condições».

Como se pode constatar, estes artigos já tinham sido objecto de referência nesta investigação.

O Comércio viu, também, o artigo «Luanda precisa de uma Câmara unida, coesa e governada por uma verdadeira equipa: são as pessoas que não servem ou os vereadores que não se entendem?» ser objecto de corte.

Esta temática viria a ser retomada pelo *ABC* ao noticiar que «Por falta de vereadores esteve à beira de não se realizar a sessão da Câmara Municipal».

Na sua prosa irónica, o jornalista disse que ignorava "se foram utilizados emissores de rádio, pombos correios, reflexos de espelhos, «tam-tam», fogueiras, assobios e todo o arsenal de sistemas que os homens empregam para comunicar à distância" para se conseguir "a presença de dois vereadores" sem os quais não haveria «quórum».

Como parece lógico, a censura não apreciou a criatividade jornalística. Talvez se aconselhasse procedimento igual por parte do Poder relativamente à forma como os vereadores (não) cumpriam as suas funções.

---

[169] Ofício confidencial de 6 de Julho de 1968 com as referências seguintes: Cabo Verde – 3361; Guiné – 3362; S. Tomé e Príncipe – 3363; Moçambique 3364; Macau – 3365 e Timor – 3366.

Outro dos artigos censurados tinha como título «Unidade nacional e livre circulação de mercadorias» e foi publicado com corte no jornal *A Província de Angola* porque, em nome da unidade nacional, colocava demasiadas questões.

Como parece evidente a burguesia metropolitana não teria facilidade em encontrar resposta para perguntas como: "Porque não permitir a concorrência dos industriais angolanos na Metrópole?" e o Governo não se sentiria confortável com a questão: "Será que não são todos Portugueses pela Lei, pela nascença e querer?".

A *Revista de Angola*, no artigo intitulado «Povoamento», "sofreu corte numa local de Araújo Rodrigues, que se referia à aprovação e publicação do orçamento privativo da junta Provincial de Povoamento" porque o articulista denunciara que "dos 190 000 contos, mais de 50 mil são absorvidos pelo pessoal do próprio organismo".

Afinal, o peso da máquina burocrática tem longa tradição.

Também a revista *Prisma* tinha visto censurado com corte "um artigo sem título" e o jornal *A Província de Angola* não pudera publicar na íntegra o artigo «Portugal, Hong-Kong Europeu?», o qual aludia "às declarações prestadas pelo banqueiro Cupertino de Miranda no Encontro de Exportadores Portugueses".

O facto de Catalão terminar o seu apontamento com a frase: "Estes, os assuntos que, de entre os «censurados», nos parecem de maior relevância" não deixa dúvidas sobre a existência de mais cortes por parte da censura, situação confirmada pelos vários recortes enviados, mas que não parecem justificar menção especial.

Porém, ainda merece referência um corte efectuado em 15 de Junho na revista *Notícia* sobre o «Fervor religioso" e que consta na pasta 5.

Em questão estava a forma como, em época de exames, os estudantes recorriam à ajuda divina, esquecidos "que os céus para valerem a alguém necessitam de tempo; não pode ser à lufa-lufa" e que, afinal, na "Secretaria do Céu" estava fixado "um edital onde se esclarecem os interessados de que quem estudar desde o princípio do ano não precisa de pedidos para passar".

Como o aviso não servia os seus interesses, houve quem percebesse que seria importante alterar as regras da avaliação e a massificação do ensino foi acompanhada de um facilitismo que quase dispensou o recurso ao exame.

Mais tarde, Rebocho Vaz enviou o ofício confidencial n.º 5038, recebido em Lisboa no dia 24 de Junho, com os cortes feitos no "período de 16 a 31 de Maio", novamente com a palavra "Luanda" sublinhada a caneta e que está arquivado na pasta 5.

O GNP considerou, uma vez mais, que nada daquilo que tinha sido cortado justificava consideração especial.

No entanto, no meio de tantos artigos, notícias e crónicas que foram autorizados depois de sofrerem cortes, também houve proibições.

Assim, em 25 de Maio a *Notícia* não foi autorizada a apresentar uma reportagem de António Gonçalves sobre o que se passava no Colégio Lusitano que "não havia procedido à matrícula oficial dos seus oitenta e tal alunos", que, por isso, não podiam fazer o exame.

Depois, em 27 de Maio, viu riscadas duas cartas de leitores, ainda sobre questões do ensino.

A primeira serviu para Beta Pereira de Mello sair em defesa do Colégio Académico e de Calvet de Magalhães, alguém que "tem procurado unicamente servir o ensino, para bem da Província". De facto, os problemas como a falta de professores e as dificuldades financeiras não deixavam ninguém "cuspir para cima de um só".

Eram as misérias do ensino particular.

A outra carta, assinada por Maria Paula da Costa, apelava à justiça porque as suas "cadernetas escolares e os cadernos de pontos" não podiam ser utilizados nos colégios, apesar de, desde 1960, publicar "trabalhos didácticos sem interrupção".

Sem interrupção era também a sua caminhada para os Serviços Provinciais de Educação porque a circular a anular a proibição não saia e os exames, altura apropriada para a venda dos cadernos de pontos, estavam à porta.

No que se refere à vida ultramarina, *O Comércio* de 25 de Março não pode informar que «O Cardeal-Patriarca intercedeu pela liberdade do jornalista Raul Rego» junto do governo, enquanto a edição do mesmo dia do *ABC* não trazia a notícia que «O Jornalista Raul Rego foi restituído à liberdade».

Na véspera este jornal vira cortado o poema «criptograma» de Manuel de Castro.

Relativamente aos aspectos de prestação dos cuidados de saúde, a *Tribuna dos Musseques* de 30 de Maio não publicou um «Reparo oportuno a um incidente registado no banco do Hospital de São Paulo» onde um enfermeiro não soubera ser "paciente", uma vez que "uma palavra branda cura".

Seria caso para dizer que, neste caso, «pobre hospital» e «hospital pobre» eram duas expressões que se completavam.

2.1.8.7. Julho de 1968

Julho inicia-se com a denúncia de uma «irregularidade» que forçou o investigador a andar de «Herodes para Pilatos».

Na verdade, o relatório da Comissão de Censura que se deveria seguir neste estudo cronológico relativo a 1968 deveria ser o de Junho. No entanto, na pasta 1 de MU/GNP/Sr. 119 nada consta sobre a recepção desse relatório pelo GNP, tal como não é justificada a sua ausência.

Porém, na pasta 2 do mesmo fundo, está um pedido assinado por Ângelo Ferreira para que a Direcção-Geral de Saúde e Assistência "obtenha do Governador-Geral de Angola as informações julgadas convenientes, relativamente às seguintes notícias que a imprensa daquela província pretendeu publicar e a Comissão de Censura interditou".

Os artigos em causa diziam respeito a uma temática já abordada – a má assistência hospitalar em Luanda. Dois deles eram provenientes do jornal *O Comércio* e tinham como títulos «O Banco e as Ambulâncias» e «Bichas às 2 e 3 da manhã» e o terceiro «As palavras e as Coisas – Velhos Solares. No entanto, esse não era um problema exclusivo da capital porque outro dos artigos proibidos fora «O Hospital de Novo Redondo não tem condições".

Luanda sempre se constituiu como a «montra do Poder», a exemplo do que se viria a passar depois do encerramento do ciclo colonial, e, por isso, se as condições hospitalares eram deficientes em Luanda, nas outras cidades de Angola a tendência era no sentido de um agravamento dessas carências.

Voltando aos artigos censurados, para além do dramatismo relatado não agradar à censura, não era previsível que pudessem passar frases como: "é bom que se comece a «escrever direito» sobre diplomas tortos" ou "para além da carência de instalações e a despeito do número exíguo de médicos de que dispomos, quer-nos parecer que se poderia tentar outra solução – pelo menos mais humana".

No entanto, nem sempre colocar o dedo na ferida é sinónimo de solução para a dor.

Afinal, seria necessário esperar pela caixa 5 para se encontrar o ofício confidencial n.º 5356, recebido em 4 de Julho, com os cortes relativos ao período de "1 a 15 de Junho" e o ofício n.º 6091/545/8-B/1.ª, que deu entrada em 31 de Julho, a acompanhar os cortes feitos pela Comissão de Censura no "período de 16 a 30 de Junho".

O GNP sugeriu – muito tardiamente no que concerne ao primeiro relatório, ou seja, em 13 de Dezembro – o respectivo arquivamento, apesar dos muitos cortes e de algumas proibições totais, como foram os casos que se indicam.

Assim, no que concerne às proibições relativas à primeira quinzena, Reis Ventura viu cortado o seu «Contos de domingo» na edição de 2 de Junho de *A Província de Angola* porque era um conto perigoso que falava de jovens que pensavam que a terra de Angola lhes pertencia e, por isso, deixaram uma carta ao pai, antes de partirem, prometendo que quando voltassem o pai teria "um automóvel para passear".

Este conto, que deveria continuar na edição seguinte, tinha a particularidade de o narrador ser o pai dos jovens e de este não estar de acordo com aquilo que os filhos pensavam porque "julgam que sabem muito e não sabem nada, coitados" e estavam a ser enganados "pelas mentiras dos tipos de Abako de Leopoldville".

Era o conflito entre uma geração velha habituada à ordem antiga e a geração nova que queria ser dona do seu destino e da terra que considerava sua.

Em 6 de Junho, *A Província de Angola* não publicou a crónica «Assim vai a vida» cuja leitura interpretativa constitui, ainda hoje, um interessante exercício de Ciência Política porque frases como "custa muito ser Homem entre os homens" ou "toda a vida social não passa, no fundo, de uma ditadura da maioria", ou ainda "a obediência à estupidez, ou à maldade, ou à intolerância é que custa, porque pesa como chumbo. E há homens sem força para tanto" continuam a justificar uma reflexão.

Rola da Silva, o jornalista censurado, bem merece essa reflexão nesta fase em que, como então, "muitas coisas acontecem mais porque a maioria quer".

De Moçambique chegava uma informação da ANI que dava conta da perspectiva da criação "em breve" da Faculdade de Direito, mas o *ABC* não pode dar a notícia, que foi cortada em 6 de Junho.

Também o n.º 169 da *Revista de Angola* de 15 de Junho não publicou «Kate-Kero, não: seria incerto brincar com uma coisa séria», um artigo de Reis Ventura que concordava que se combatesse "a propaganda subversiva com uma grande e perseverante campanha de esclarecimento da verdade dirigida às populações aborígenes", mas mostrava o seu total desacordo no que dizia respeito à proposta para que a campanha fosse "na sua língua angolana".

Neste grupo de cortes consta um artigo de A.D.S. intitulado «Para moralizar a juventude suburbana impõe-se a adopção de medidas que reprimam a vadiagem e combatam os 'amigos do alheio'», artigo que a *Tribuna dos Musseques* não pode publicar, embora o corte tivesse sido comunicado por Paixão Barradas em 17 de Maio.

Trata-se, como parece lógico, de um erro de arquivo. Erro era, também, combater os problemas sempre a jusante.

Finalmente, no que concerne à conjuntura regional, na edição de 12 de Junho de *A Província de Angola*, foi proibida a notícia, proveniente da cidade da Beira, em Moçambique, que dava conta que "guerrilhas africanas" estavam a "tentar abrir uma passagem clandestina para entrar na África do Sul".

Relativamente aos cortes totais que acompanhavam o segundo envio do Governador-Geral, a edição de 19 de Junho de *A Província de Angola* não publicou «O simpósio do cancro da mama» porque Serradarga, depois elogiar a realização do certame, sugeria a realização de "um simpósio destinado a debelar os «cancros mamões» que não deixam de manifestar a sua nocividade e tão perniciosos se mostram à patologia social".

Era a denúncia dos interesses instalados, que exploravam os habitantes e os recursos da Província.

Nessa edição, também a veia poética de "Sombreiro" ficou guardada na gaveta, não pela fraca qualidade do poema – que não parece minimamente questionável – mas porque se tratava de mais uma disputa entre os grandes interesses.

O título «carne congelada?» indiciava que a questão se prendia com a construção de um matadouro, sendo que Benguela ou Lobito pareciam preteridos face a Nova Lisboa. Este assunto já tinha sido cortado na edição de 17 de Junho de *A Província de Angola* porque Serradarga considerava que muitos deviam ser "os pecados" cometidos por Benguela para que a "ira dos Deuses" se tivesse abatido sobre ela, e voltaria a ser cortado na edição de *O Comércio* de 28 de Junho, apesar de a prosa apresentar a hipótese de Benguela até poder vir a beneficiar, embora não fosse "certo" com a solução de receber carne congelada do Matadouro Industrial de Nova Lisboa.

Como se constata, os jornalistas acabavam por reflectir as posições e os interesses do meio a que pertenciam.

Relativamente ao jornal *O Comércio*, a edição de 24 de Junho não publicou o artigo que analisava a publicidade e questionava «Como é isto possível?». Em causa estava um anúncio que dizia: "Triunfe! Sinta-se satisfeito. Use o creme de clarear..." e que podia ser ouvido na rádio em Luanda ou visto num "cartaz exposto em local concorrido".

Afinal, os gostos mudam com tempos, como a publicidade aos bronzeadores viria a demonstrar. No entanto, o que não muda é o desejo de ser identificado com o modelo mais valorizado em cada época. Por isso, a publicidade se transformou numa indústria de vender ilusões.

No que diz respeito à temática deste livro, *A Província de Angola*, em 20 de Junho, não publicou a crónica de Rola da Silva porque o jornalista se aproveitava do facto de a lei ter passado a exigir "a justificação do valor atribuído em função dos factores considerados atendíveis na avaliação" dos terrenos a expropriar para exigir que o mesmo se verificasse relativamente "aos avaliadores de ideias". Dito de outra forma, os censores deveriam passar a justificar os cortes e as proibições, como forma de limitar o subjectivismo.

O mesmo diário, em 28 de Junho, não pode fazer um «Comentário internacional» sobre o incidente verificado em Lisboa durante a apresentação do ballet Romeu e Julieta de Maurice Béjart.

O jornalista Luiz Rodrigues queixava-se de pouco saber sobre o que se passara devido ao "nevoeiro em que nos deixaram as primeiras informações", mas recusava--se a acreditar que o coreografo belga tivesse sido "reconduzido à fronteira em carro celular, de algemas nos pulsos, enquanto a companhia era reexpedida pelo primeiro avião", só porque a seguir ao minuto de silêncio pela morte de Bob Kennedy, tinham estalado aplausos na sala.

Voltando à vida interna da Província, o *ABC* viu cortado em 29 de Junho «A nossa opinião» sobre a impossibilidade de um jornalista recolher informações no hospital sobre polícias que aí tinham entrado vítimas de um acidente.

O desabafo "compete aos responsáveis pela confecção deste ou de qualquer outro jornal determinar quando e como certa notícia deve chegar junto do seu leitor" servia para mostrar a censura interna a nível das publicações e para denunciar que havia profissões sobre as quais não deveriam ser transmitidas informações públicas.

Afinal, a polícia era para garantir a segurança pública e não para alimentar a opinião pública.

2.1.8.8. Agosto de 1968

No que concerne à actividade da Comissão de Censura, na pasta 5 consta o ofício confidencial n.º 6627/610/8-B/1.ª, recebido em 19 de Agosto, a acompanhar os cortes efectuados no "período de 1 a 15 de Julho" e relativamente aos quais o GNP deu parecer no sentido do arquivamento.

Nesse período, a edição de 3 de Julho de *A Província de Angola* não publicou uma fotografia que já não se apresenta muito nítida, mas que parece referir-se a um funeral em Nova Lisboa com o caixão transportado aos ombros e cuja legenda chamava a atenção para o hábito da repetição de um acontecimento que chocava a população.

No que concerne às questões laborais na Metrópole, no dia 5 de Julho, foi a vez de *A Província de Angola* não poder noticiar que continuava «O conflito de trabalho entre a «Carris» e o seu pessoal» e, por isso, os lisboetas continuavam a andar de graça nesses transportes, enquanto "elementos extremistas" procuravam "agravar a questão".

Ainda em 26 de Agosto, o ofício confidencial n.º 6793/638/8-B/1.ª, que consta na pasta 5, acompanhou os cortes feitos pela Comissão de Censura no "período de 16 a 31 de Julho" e, a exemplo do que se passara aquando do primeiro envio mensal, o GNP sugeriu o respectivo arquivamento.

Dentre as proibições relativas a este período, destaque para uma entrevista a Serrano da Fonseca Santos sobre «A problemática da pesca de Angola» e para uma carta do leitor J. Ferreira Silva, em *A Província de Angola* de 30 de Julho, sobre a falta que fazia a criação de um "Curso de Económicas nos Estudos Gerais Universitários" de Angola, com a agravante de "mais uma vez Moçambique [passar] à frente de Angola", pois iria iniciar "dentro de poucos meses, cursos de Letras e cursos de Económicas".

Aliás, também foi cortada integralmente outra notícia sobre o ensino, uma velha aspiração relacionada com «Os cursos de licenciaturas destinados a Sá da Bandeira». Só que desta vez era Sá da Bandeira que reclamava em relação a S. Paulo de Luanda, onde iriam funcionar "novos cursos com licenciaturas" enquanto Sá da Bandeira via as suas aspirações "derribadas à força de argumentos certamente válidos, indubitavelmente fortes e convincentes", uma forma de mostrar a injustiça revoltada que ia no coração das gentes da capital da Huíla.

Nessa edição também foi proibida a crónica de Humberto Lopes intitulada «Monopólios políticos", uma reflexão sobre a direita que "viu sempre com verdadeiro horror a possibilidade de estabelecer uma justiça social para todos" e a esquerda que afirmava que do seu triunfo dependia "a implantação dessa mesma justiça".

Em relação aos aspectos económicos da vida da Província, a *Notícia* não publicou a carta de um leitor, Liberto Damas Branco, que tinha saído "em defesa dos comerciantes do Uíge" a quem o padre, durante a missa na Sé, chamara "ladrões".

Esta revista foi, também, proibida de noticiar que os mercados rurais de café ainda não tinham sido inaugurados em 29 de Julho, apesar de se esperarem "concorridos" e, em 30 de Julho, viu cortada a carta de um leitor, Rafael Santo Machado, no âmbito de uma polémica que já envolvera a resposta do Director Adjunto do jornal *O Estudante* e que só é referida porque o signatário fez questão de frisar que a sua carta inicial tinha sofrido "uma severa amputação" por parte da revista.

Esta afirmação mostra que o leitor não estava por dentro do sistema de censura à imprensa porque a amputação podia ter sido obra da Comissão de Censura.

Quanto ao jornal *O Comércio* viu proibido, em 26 de Julho, depois de ter sido suspenso em 21 do mesmo mês, o artigo que dava conta da proibição em Luanda dos circuitos de velocidade.

Em 28 de Agosto, o Agente-Geral do Ultramar, Francisco Cunha Leão, enviou "uma brochura contendo as folhas de 2316 a 2496, com recortes da Imprensa da Província de Angola compilados pelo redactor José Maria de Sousa e Costa e que figura na pasta 2.

No que se refere à censura aos livros e revistas, o relatório de Julho do Conselho de Leitura – anexo ao ofício confidencial n.º 6626/009/55/8/1.º, entrado em 19 de Agosto de 1968 e arquivado na pasta 1 – dava conta da retirada de circulação para análise de "48 títulos de livros e de 14 de revistas" e da apreciação de "93 exemplares".

A lista de proibições foi longa, pois incluía 25 títulos de livros, entre os quais a obra de Sartre, na versão traduzida, *The age of reason* e *Os católicos e a esquerda*, pelo grupo "SLANT".

Os livros apreendidos por proibição já vigente atingiram um total de 22 entradas, sendo que a última englobava "24 exemplares de diversos títulos". De notar que foram apreendidos 92 exemplares da obra *Mao Tsé Tung* de Stuart Schram e 36 de *Casa de correcção* de Urbano Tavares Rodrigues.

Quanto às revistas apreendidas, na lista constavam 5 títulos: *Factos & Fotos, Ciné--Monde* – que liderou a lista com 24 exemplares de diversos números –, *Men, Playgirl* e *Caballero*.

Neste relatório, no ponto 4, encontrava-se resposta para uma questão formulada anteriormente, ou seja, a nova composição do Conselho de Leitura, o qual "foi dotado de mais dois elementos: os Exm.ºs. Senhores Professor Doutor David Lopes Gagean, que assumiu a presidência, no impedimento do Dr. José Bettencourt, e o Dr. João Martins, que substituiu o leitor Dr. José Fernandes".

Porém, se a parte relativa à substituição de Fernandes por Martins não levantava dúvidas, o mesmo não se passava com a indicação do outro novo elemento, David Gagean, pois a investigação feita apontava para que o mesmo tivesse integrado o Conselho de Leitura desde a sua composição inicial. Por isso, não se deveria tratar de um novo elemento, mas de uma alteração – talvez provisória – de funções.

2.1.8.9. Setembro de 1968

Em Setembro o estudo começa pela narração da actividade dos leitores do Conselho.

Assim, o relatório de Agosto do Conselho de Leitura veio acompanhado do ofício confidencial n.º 7372/074/55/8/1.ª, deu entrada no GNP em 13 de Setembro de 1968 e está arquivado na caixa 1.

Esse relatório referia que tinham sido retirados de circulação para análise "93 títulos de livros e de 24 revistas" e apreciados "158 exemplares".

SEGREDOS DO IMPÉRIO DA ILUSITÂNIA: A CENSURA NA METRÓPOLE E EM ANGOLA

O Conselho desaprovou a circulação de 31 livros, entre os quais *Novos contos de África, antologia de contos angolanos* da autoria de Alfredo Margarido e de outros escritores, *Socialismo evolucionário* de Eduard Bernstein, *Três tácticas marxistas* de Stanley Moore, *Os existencialistas e a política* de Antoine Michel Burnier e *Vietname, os escritores tomam posição* de Cecil Woolf e Jonh Bagguley, embora o autor mais censurado tenha sido Nick Carter com cinco obras julgadas inconvenientes.

As revistas desaconselhadas eram de quatro títulos: *Plexus, Der Spiegel, Stern* e *Play Cinema*.

A lista de livros apreendidos devido a proibição anterior apresentava 20 entradas, a última das quais englobava "20 exemplares de diversos títulos", sendo a obra *Os católicos da esquerda* do Grupo Slant aquela que teve mais exemplares apreendidos – 19 – embora seguida de perto pelos 17 exemplares de *Sade, meu próximo* de Klossowsi .

No que se refere à lista de revistas, contemplava 10 títulos: *Slip* – 15 exemplares, *Men* - 42, *Play cinema* - 3, *Playmen* – 7, *Ciné Revue* - 35, *Supersex* - 4, *Playgirl*, - 9, *Sabedoria* – 5 e 3 exemplares de cada uma das revistas, *Manchete* , *King* e *Kent*.

Em sentido oposto, Sartre viu levantada a proibição que incidia sobre *As palavras*, sem necessidade de as mesmas serem dissimuladas na língua original.

No que se refere à censura à imprensa, na caixa 3 está arquivado o ofício confidencial n.º 7373/673/8-B/1.ª, recebido em 13 de Setembro, com os cortes feitos pela Comissão de Censura no período "de 1 a 31 de Agosto".

O GNP deu informação no sentido do arquivamento, embora houvesse vários artigos totalmente cortados como:

– «A Voz de Luanda», um trabalho de Norberto de Castro sobre essa rádio, uma "emissora sem a presença de um único profissional da rádio" – *O Comércio* de 8 de Agosto;

– «Violadores do asfalto», uma sátira analógica entre "o asfalto das ruas de Luanda e a virgindade física do sexo feminino" – *ABC* de 9 de Agosto;

– «As maquinações de Carmichael» sobre a estratégia secreta dos negros norte-americanos, segundo um relatório do FBI – *A Província de Angola* de 10 de Agosto;

– «A agitação estudantil na África do Sul» para relatar que tinha sido "ocupada desde há cinco dias pelos estudantes a Universidade da Cidade do Cabo" e que "centenas de estudantes de outras Universidades" se preparavam para "marchar sobre aquela cidade, a fim de apoiarem os seus camaradas", sendo que a causa era o «apartheid» – *O Comércio* e *ABC* de 20 e 21 de Agosto;

– «Quando o rufar dos tambores era um prenúncio de morte e horror», a narração de uma "inglesa Marian Shoolter" sobre a forma "como a sua herdade no Kenya foi atacada por membros da seita Mau-Mau" – *A Província de Angola* de 28 de Agosto;

– «Espinho 68: recreio de uma sociedade no Grande Casino», uma crítica ao Festival da Canção da Costa Verde cuja organização o dono do casino, Afonso Pinto de

Magalhães, entregara a "inocentes, inexperientes e subdesenvolvidas mensageiras humanas" – *Notícia* de 24 de Agosto[170];
– «Postal de Paris» de Paul Guth que relatava que em Londres, "uma babilónia onde se passam muitas coisas" os inquilinos negros tinham "cortado aos bocadinhos" o senhorio branco para o transformarem "em provisões de boca para o Inverno" – *A Província de Angola* de 30 de Agosto.

Quanto às crónicas «Português e pretugueses» e «Feitios», da autoria de Rola da Silva tiveram destinos diferentes porque a primeira, sobre questões de gramática, apenas se viu amputada da palavra «pretugueses» e a segunda foi suspensa e depois proibida porque falava da ocupação da Checoslováquia, mas não deixava de fazer uma reflexão sobre o "célebre método dialéctico" e sobre "termos marxistas" e terminava com frases muito incisivas "interessa, sim, para manter este estado de guerra permanente, cansativo, idiota; [...] interessa para tudo, menos para o interesse do Homem" – *A Província de Angola* de 15 e de 29 de Agosto.

No final de Agosto, no dia 28, o Agente Geral do Ultramar, Francisco da Cunha Leão, enviou para o Gabinete de Negócios Políticos "uma brochura contendo as folhas de 2316 a 2496, com recortes da Imprensa da Província de Angola compilados pelo Redactor José Maria de Sousa e Costa".

A consulta dessa brochura permite verificar que a mesma não apresenta qualquer novidade importante em relação àquilo que a Comissão de Censura entregava ao Governador-Geral para seguir viagem com destino a Lisboa.

Não se percebe, por isso, a vantagem na duplicação de dados.

2.1.8.10. Outubro de 1968

No que concerne à censura à imprensa, Rebocho Vaz, enviou o ofício confidencial n.º 7838/790/8-B/1.ª, que chegou em 4 de Outubro e está arquivado na pasta 5, com os cortes feitos pela Comissão de Censura no "período de 1 a 15 de Setembro" e o GNP foi do parecer que o mesmo se podia arquivar "em virtude de não existir matéria susceptível de apreciação", como dizia a informação manuscrita no ofício.

No entanto, tal parecer não significava que o número de cortes enviados para a Metrópole, como aquele que falava da questão das crianças do Biafra, não tivesse sido muito elevado.

Aliás, talvez valha a pena referir que, para além das habituais críticas ao funcionamento de certos serviços e das referências às várias cores da população, um dos artigos cortados no *ABC* indicava que, segundo o Dr. Vasconcelos Marques, "o estado de saúde de Salazar é perigoso mas não desesperado".

---

[170] Nesse mesmo dia a *Notícia* também viu cortado o poema «Maria da Praia» cuja estrofe inicial era: "Maria da Praia/corria, corria/Ligeira e tão bela!/ A blusa era verde,/ A saia encarnada/ E a faixa amarela".

Em nome da segurança do regime não convinha dar a conhecer a real situação do seu mentor e a palavra «perigoso» revelava-se isso mesmo se bem que no feminino.

Por isso, a *Notícia* viu cortado, em 10 de Setembro, um convite à reflexão sobre o futuro do país depois de Salazar. O jornalista bem dizia que "a consternação foi tão grande entre os opositores como entre os seguidores" quando Salazar esteve em perigo de vida. Só que, se essa reacção demonstrava "a estatura de um Homem" não podia "consolar a Nação" e, por isso, Portugal carecia de "uma indicação do caminho indicado".

Da mesma opinião não partilhava a personalidade que parecia destinada a suceder a Salazar que preferia rezar a Nossa Senhora de Fátima, pois acreditava no milagre da recuperação do fundador do regime.

Ainda no que concerne às proibições, o *ABC* de 11 de Setembro viu cortada a crónica de Vera Medeiros na qual a jornalista defendia que só a necessidade de "utilizar a escrita para ginasticar o cérebro e ganhar o pão do dia a dia" a levava a continuar a escrever porque estava cansada de ter de se "circunscrever cada vez mais por motivos de diversa ordem".

Era uma mistura do «salário do medo» com o «salário da necessidade», situação que levava à revolta, que também transparecia numa longa reflexão assinada por Barata na edição de 16 de Setembro de 1968. Tratava-se de um texto escrito por alguém a quem só restava a "mão que escreveu e a cabeça que pensou tudo isto" e que considerava que "ler pela cartilha de antigamente, nos tempos actuais, é tão estúpido como defender, a pés juntos, que os mandamentos da lei de Deus são dez", numa altura em que o mundo mostrava que não eram

Entre estes dois elementos, na edição de 12 de Setembro, O *ABC* também não foi autorizado a anunciar que «Dentro de três anos será instalada no Lobito uma refinaria de petróleos».

Quanto à *Notícia* viu cortada, ainda em 28 de Agosto, um artigo sobre o livro *Vietname: os escritores tomam posição* de Cecil Woolf e John Bagguley.

O cronista considerava que "os escritores são o sal da terra. Engenheiros de almas, na acepção moderna".

O censor julgava que o jornalista era incómodo até porque no livro referido os depoimentos portugueses dignos de destaque eram da autoria de nomes como Ferreira de Castro, Mário Sacramento, Nuno Teixeira Neves, Rogério Fernandes, Sttau Monteiro e Vergílio Ferreira, e a lista também incluía Eduardo Lourenço, Augusto Abelaira, José Gomes Ferreira e Urbano Tavares Rodrigues, escritores sempre vigiados pelo regime.

Nesse mesmo dia, foram cortadas duas cartas de leitores zangados: Artur de Oliveira Pegado e um leitor de Henrique de Carvalho. O primeiro em resposta a um pseudo-intelectual, Vasco Coelho da Silva Andrade. O segundo para mostrar que a Companhia de Diamantes conseguia transformar um donativo de 1500 contos à

Comissão de Contra-Subversão do Concelho do Chitato apenas num encargo de 150 contos.

Na realidade, a Companhia contava com uma comparticipação de 900 contos do Estado e como a oferta era em materiais e a Companhia tinha lucros nos mesmos "raras vezes inferiores a 30%", apenas faltavam 150 contos para obter o total.

Estava explicada uma parte das razões que conduziam ao sucesso da empresa.

Depois, a 3 de Setembro, foi proibida a carta de Raquel Lacerda «Dourar ... a pílula» sobre a limitação da taxa de natalidade, na qual denunciava que enquanto não fossem resolvidos os problemas, como "instrução gratuita para os filhos de famílias numerosas dada pela própria igreja" não haveria a hipótese de encher "gostosamente os berços".

Este assunto foi também tratado na carta de Maria Luísa Baptista, embora a signatária tivesse enfatizado a sua má experiencia na Maternidade Idalina Reis onde os lençóis da cama que lhe foi destinada "tinham sangue já seco".

Mais tarde, em 9 de Setembro, foi a vez de o lápis se abater sobre a crónica «Ideias e cerejas», um texto que se debruçava sobre a falta de Liberdade de Imprensa e no qual o jornalista confessava o seu receio de "escrevendo em campo limitado por um regime de censura, podermos transmitir uma ideia errada da nossa pessoa, da nossa maneira de pensar". Dito de outra forma, a censura podia levar o leitor a ser injusto para com o jornalista.

Depois, em 10 de Setembro, foi a vez de ser proibida a crónica «Outro banco», que levantava a hipótese de estar "adiantado um projecto visando extinguir as Caixas Económicas Postais em Angola e Moçambique, para as substituir por uma entidade de crédito a criar".

No que concerne ao *ABC*, em 3 de Setembro não publicou a crónica do conde de Stucky de Quay sobre as reacções suscitadas pela encíclica «*Deshumanae*» *vitae*. Sobre este assunto, o jornal *A Província de Angola*, na edição de 4 de Setembro, não inseriu a notícia a dar conta de um telegrama da «Reuter» que falava da campanha levada a cabo pelo Vaticano para que os católicos obedecessem ao Papa e terminava mostrando saudades de João XXIII.

No que se refere à vida económica, *A Província de Angola* viu cortada, em 1 e 2 de Setembro, notícias que davam conta que tinha sido «Encerrada no Lobito uma importante unidade industrial», situação que fizera paralisar 50000 contos e dezenas de trabalhadores.

A fábrica era a «Sovinex» que se dedicava ao engarrafamento "de vinho procedente da Metrópole" e que podia "importar sem reservas sem limite, 30 ou 50 mil barris de vinho", mas não podia "receber vinho a granel".

Como é do conhecimento público, as maiores mixórdias eram feitas usando esse vinho «avulso».

Mais tarde, o Encarregado do Governo-Geral, Mário Governo Montez, enviou o relatório das actividades do Conselho de Leitura de Setembro anexado ao ofício confidencial n.º 8232/843/55/8/1.ª, que chegou ao GNP em 17 de Outubro de 1968 e consta na caixa 1.

Os dados aí constantes apontavam para a suspensão de "40 títulos de livros e de 10 revistas" e uma apreciação de "70 e 42 exemplares, respectivamente", sendo que o advérbio de modo se destinava a clarificar que o primeiro valor indicado se referia ao número de livros apreciados e o segundo às revistas.

Dos livros analisados, 16 foram considerados perigosos e Nick Carter, com 11 títulos, mereceu quase o monopólio das proibições, numa lista encabeçada pela obra *Os marxistas e a arte* de Leandro Konder. Das revistas analisadas apenas a *Der Spiegel* e a *Time* viram números serem proibidos.

A lista de livros apreendidos para fazer cumprir determinações anteriores englobava 24 entradas e a última dizia respeito a "8 exemplares de diversos títulos".

A maior apreensão – que figurava no topo da lista – dizia respeito a 183 exemplares de *Ecumenismo em Angola* "pelo Padre A. F. Santos Neves", seguida de longe pelos 60 exemplares de *As terríveis* n.º 40 da colecção CIA e os 30 exemplares da obra de Kosinski *O pássaro pintado*.

Quanto aos cortes feitos pela Comissão de Censura, no "período de 16 a 30 de Setembro", a responsabilidade do envio voltou a caber ao Encarregado do Governo-Geral, Mário Governo Montez – ofício confidencial n.º 8627/881/8-B/1.ª, com a data de entrada de 31 de Outubro de 1968 e que está guardado na caixa 6.

A exemplo do que se passara com os cortes imediatamente anteriores, o GNP considerou que estes segundos também eram de arquivar, embora houvesse muitos artigos e notícias totalmente cortados, ou seja, proibidos.

Entre os elementos que foram objecto de corte total estavam as páginas 91, 92 e 93 da *Notícia*, embora a proibição seja datada de 1 de Outubro de 1968[171], sobre questões que se prendiam com duas empresas angolanas, a Sociedade Panificadora do Huambo, Limitada e a Agência Central de Mão de Obra, Lda. (ACMOL) de Nova Lisboa.

No primeiro caso, estava em causa a autorização que tinha sido concedida para a abertura de mais uma padaria "na Povoação da Chiva", pois esse aglomerado estava "abastecido largamente pelas padarias já existentes". No segundo caso, o artigo servia para saudar a autorização concedida para que a ACMOL pudesse usar "camionetas adaptadas" e com "licenças especiais periódicas, para a movimentação dos trabalhadores nas proximidades dos locais de trabalho".

Dito de outra forma, a concessão de autorização era louvada ou criticada em função dos interesses em jogo e das conjunturas locais.

---

[171] Na caixa 6 de MU/GNP/ Sr. 119 também está o artigo «Camionagem e compreensão» sobre a ACMOL e que é igual ao referido.

A CENSURA EM ANGOLA NA FASE FINAL DO IMPÉRIO

Quanto ao jornal *O Comércio*, foi proibido de publicar, em 3 de Outubro, a cró-nica «Rebita não é circo» na qual se dava conta da «febre de folclore» que atingira a periferia de Luanda.

Também um ensaio de 14 páginas da autoria de A. Borges de Melo foi enviado para a censura em 23 de Setembro, esteve suspenso e acabou por ser cortado em 2 de Outubro. Tratava-se de «Cenas de Luanda de hoje: actualidade sem economia ou um permeditado[172] roubo de actualidade económica», um opúsculo que o autor considerava não ser "nenhuma obra de bom recorte literário", mas sim, "um panfleto" destinado a denunciar "uma certa espécie de pulha que nenhuma literatura do mundo conseguiu fixar", ou seja, os "paus-mandados".

Ainda no que concerne aos artigos proibidos, *A Província de Angola* não pode publicar em 29 de Setembro «Amores de férias» de Jean Dutourd, uma reflexão sobre a evolução da iniciação sexual por parte dos rapazes, mas também das raparigas e que terminava com o lamento de que "os amores de férias já não têm a grande virtude educativa que tinham antes da guerra".

Talvez interesse saber que essa virtude educativa se destinava aos rapazes e consistia em aprender as regras de estar à mesa, mas, principalmente, em obter "os favores de uma amiga da nossa mãe". Favores sexuais, bem entendido.

Quanto ao *ABC*, na sua edição de 24 de Setembro, não teve luz verde para contar «As meninas da 'casa do cajueiro' no banco dos réus», um julgamento de prostitutas que "faziam poiso" na dita casa situada "no Musseque Terra Nova".

O investigador não esperava encontrar o nome da localidade onde vive referida nesta pesquisa e, muito menos, como local de nascimento de uma das prostitutas.

Ai Jacinta, Jacinta!

Depois, em 25 de Setembro, não pode dar conta de uma "honra para Angola", ou seja, da realização em Luanda, de um "Congresso mundial da interasma que agrupará cientistas de 45 nações" ao qual já tinham aderido a "União Soviética, Checoslováquia, Espanha, Roménia, Hungria, Holanda e Brasil".

Misturar países amigos com países de Leste não deu bom resultado.

O n.º 176 da *Revista de Angola* de 30 de Setembro usou outra estratégia – claramente mais simplória – para anunciar o mesmo "Congresso médico à escala mundial" que reuniria em Luanda "700 cientistas de 45 países" porque colocou em subtítulo e parcialmente sublinhado "incluindo delegados das nações da «Cortina de Ferro»".

No *ABC*, há ainda, um artigo totalmente cortado na edição de 28 de Setembro cuja razão, numa primeira leitura, não parece fácil de justificar.

De facto, na rubrica «A voz da cidade» é apresentada a Escola Vicente Ferreira como "um estabelecimento de ensino a todos os títulos modelar" onde tudo está perfeito "desde a situação e os acessos amplos e múltiplos, até à qualidade do equi-

---

[172] Grafia original.

SEGREDOS DO IMPÉRIO DA ILUSITÂNIA: A CENSURA NA METRÓPOLE E EM ANGOLA

pamento interno das salas de aula, laboratórios e ginásios, passando pelas magníficas instalações sanitárias e pela beleza dos pátios de recreio e ajardinamentos exteriores".

Tratava-se de um "milagre de engenharia civil" que os países "nórdicos que têm a veleidade de se afirmarem evoluídos" certamente iriam copiar.

A meu ver, as justificações para o corte só poderão ser duas. A primeira teria a ver com o uso de uma hipotética ironia, ou seja, a Escola Vicente Ferreira apresentar condições completamente opostas àquelas que o jornalista lhe atribuía. A segunda justificação poderia derivar do facto de o censor não ter gostado de ler que aquela escola não era representativa das escolas nacionais.

O n.º 176 da *Revista de Angola* de 30 de Setembro sofreu nova proibição relativamente a um artigo do Dr. Agostinho de Almeida Escada sobre «Vinhos e mixórdias em Angola», onde se afirmava: "Sr. Dr. Se visse como «aquilo» é feito, nem lhe tocava!". O censor, o Tenente-Coronel Koch Fritz, assinou o corte.

Ainda neste período, em 23 de Setembro *A Província de Angola* foi impedida de publicar o artigo de José da Natividade Gaspar «As três cores» sobre a questão racial nos Estados Unidos e, em 26 de Setembro, o artigo «Preocupação» da autoria de Humberto Lopes, foi suspenso e depois cortado, pois tecia considerações sobre o estado de saúde de Salazar e considerava que "nenhum português consciente" poderia "esconder a sua legítima preocupação em face das consequências que imediatamente resultam da gravidade do estado de saúde do Presidente do Conselho".

A censura não deixou publicar o artigo, mas não teve voz no destino e os cenários de futuro traçados pelo articulista viriam a materializar-se, designadamente a chegada de Marcelo Caetano à Presidência do Conselho e a dificuldade em realmente substituir Salazar.

De notar que uma notícia sobre o mesmo assunto e intitulada «Toda a Espanha está suspensa da sorte de Salazar», manchete do jornal *La Vanguardia* e que o *Diário de Luanda* de 23 de Setembro repetia, foi autorizada com um pequeníssimo corte na expressão "quando escrevo estas linhas ainda é deste mundo Oliveira Salazar". Aliás, o mesmo se tinha passado com a notícia do agravamento do estado de saúde anunciada pelo *A Província de Angola* em 17 de Setembro de 1968.

Também a *Notícia* foi proibida de publicar «O prestígio dum homem», cortado em 17 de Setembro, onde não se pode ler "doente Salazar todo o país ficou doente. É as melhoras de ambos que ficamos a desejar".

O destino só cumpriu uma parte pequena desse desejo.

Preocupação justificava, igualmente, o Bairro Operário transformado que estava numa zona de prostituição. De acordo com a *Tribuna dos Musseques* era "urgente" uma limpeza que o libertasse "definitivamente de presenças indesejáveis" e que voltasse a permitir o regresso a um lugar "que foi «menina e moça»" e onde "o sector feminino do bairro" se juntava "em massa para ir torcer pelo São Paulo Futebol Clube".

208

A CENSURA EM ANGOLA NA FASE FINAL DO IMPÉRIO

O lirismo da descrição do passado não se sobrepôs à dureza do presente e o censor riscou todo o artigo.

Finalmente, a revista *Noite e Dia* viu cortada, em 23 de Setembro, a crónica sobre a pouca estética e o mau cheiro do Cais de Cabotagem.

Foi ainda o Encarregado do Governo-Geral Mário Montez que enviou o ofício confidencial n.º 8537/874/ 8-B/1.ª, recebido no GNP em 29 de Outubro e guardado na pasta 6, com os cortes correspondentes "ao período de 1 a 15 de Outubro" e que, a exemplo do anterior, mereceu a informação do GNP no sentido do arquivamento.

A consulta dos elementos enviados mostra que foram cortados vários artigos. Assim, *A Província de Angola* viu suspenso a 16 e depois cortado em 18 de Outubro o artigo intitulado «A Associação Industrial de Angola toma posição no problema da pesca em Angola», o mesmo sucedendo, ainda em 18 de Outubro, à rubrica «A nossa opinião», prevista para a edição de 15 de Outubro do *ABC*.

Também não foram autorizados, na edição de 16 de Outubro de *O Comércio*, «Dos puros sorrisos de crianças e velhos ao equino arreganhar do jumento cá do burgo», «Água & publicidade» e «Impõe-se a iluminação dos bonitos jardins da Beira-Linha».

Sobre a utilização indevida de bens públicos, o *ABC* viu cortada – por ordem do Ex.º Ten-Cor. Koch Fritz como está escrito à mão no exemplar do jornal – a crónica «Como é?» que se destinava à edição de 14 de Outubro e relatava o facto de um "agente comercial" andar a conduzir "um carro do Estado".

Por vezes, os artigos ficavam suspensos e depois vinham a ser autorizados mas com tantos cortes – alguns praticamente de página inteira – que quase nada restava do original. Foi o que aconteceu, por exemplo, com a censura feita a um comunicado da "Actualidade Editora, Lda" que *A Província de Angola* tentara publicar em 11 de Outubro de 1968.

A questão do vinho viria a ser retomada e novamente cortada na *Revista de Angola* n.º 177 de 10 de Outubro, talvez porque o censor não apreciou a ideia de que os "vinhos de imitação" não correspondiam à "copiosa publicidade que se distribui sobre as suas insuperáveis qualidades e vantagens".

Relativamente a notícias sobre os opositores ao regime, o *Comércio* viu primeiro suspensa e depois cortada em 11 de Outubro a notícia com fonte na ANI e cujo título era: «Prevê-se que o dr. Mário Soares regresse de S. Tomé a Lisboa", embora no texto se lesse que "oficialmente nada se sabe ainda de positivo quanto ao caso do advogado social-democrático Mário Soares".

Afinal, como este recorte demonstra, não seria necessário esperar pelo período pós-25 de Abril para Mário Soares ser acusado de ser social-democrata. A diferença residia na circunstância de essa classificação ser demasiado revolucionária em 1968 e demasiado conservadora na conjuntura revolucionária que se seguiu à queda do regime da Constituição de 33.

Este assunto voltaria a ser objecto de proibição no *ABC* de 11 de Outubro – embora a proibição seja de 12 de Outubro, uma vez que a notícia ficara suspensa – onde o título já era «Mário Soares (deportado para S. Tomé) vai regressar à Metrópole".

Também foram totalmente cortados, nas edições de 4, 5 e 10 de Outubro de *A Província de Angola* os artigos:

– «Crepúsculo duma política», de Humberto Lopes sobre a falência do "conservantismo" europeu;

– «Falta de técnicos?», onde Cabêdo Machado mostrava que se tratava de um falso problema porque havia "um número actual de técnicos – ou desempregados, ou a exercerem funções nada similares" devido à falta de vagas a concurso;

– «Cinema – uma indústria traída».

Outros artigos proibidos foram:

– «Nota breve» da autoria de António Esperança no *ABC* de 4 de Outubro sobre a Câmara Municipal de Luanda que falava "à plebe" com pouca frequência e em "textos de magnífica sabedoria municipalizada";

– «Um depósito de pão no Muceque Rangel» na *Tribuna dos Musseques* de 10 de Outubro, onde se saudava o surgimento de "uma série de depósitos" mas se denunciava que "as brigadas de limpeza nunca aparecem para limparem o **entulho** que se amontoa à volta";

– «História contada a martelo» na edição de 6 de Outubro do *ABC,* uma crónica demasiado criativa e irónica sobre a fundação de Portugal, pois, por exemplo, dava conta "da contra-espionagem inimiga e o agente-super-secreto Afonso OOVI ao serviço da CIA em Espanha" e da fuga de D. Teresa "muito auxiliada pela Cruz Vermelha Internacional, que a aconselhou a ir pedir, muito paulatinamente, asilo político ao Brasil".

Sendo conhecida a pouca propensão da censura para o humor, é justo que se compreenda a sua actuação em defesa de elementos que fazem parte da História de um povo. De facto, há símbolos que nunca deverão ser objecto de sarcasmo, sob pena de se ofender a consciência colectiva de um povo ou de uma religião, como aconteceu recentemente[173].

2.1.8.11. Novembro de 1968

Este mês começa com a narração de um caso particular.

Assim, o Governador-Geral enviou o ofício confidencial n.º 8940/901/8/8-B/1.ª, recepcionado em 14 de Novembro e arquivado na pasta 2, a acompanhar "o granel de uma entrevista intitulada «O que era preciso dizer sobre a Praia Verde» que o jornal

---

[173] Refiro-me à publicação pelo jornal dinamarquês *Jyllands-Posten* de caricaturas do profeta Maomé, em 30 de Setembro de 2005.

A CENSURA EM ANGOLA NA FASE FINAL DO IMPÉRIO

«a Voz do Bié» publicou sem que tivesse respeitado um dos cortes efectuados pelo delegado local da Comissão de censura à Imprensa".

Por isso, o jornal merecera a pena de advertência, ao abrigo "da alínea a) do art.º 33.º da Portaria n.º 3431, de 7 de Agosto de 1940".

Nesse mesmo dia também chegou o ofício confidencial n.º 8939/906/8/8-B/1.ª, que consta na pasta 2, com outro granel que sofrera corte no mesmo jornal e que falava de Santo António da Muinha, uma região que parecia querer sair da "letargia que lhe era peculiar" porque João Herculano de Moura era um Governador que preferia que as obras falassem por ele.

Rebocho Vaz ainda enviou a prova avulsa de um artigo intitulado «Cuidado com o Assine aqui, se faz favor'» que *A Voz do Bié* quisera publicar e que "sofreu um corte" – ofício confidencial n.º 9100/921/8/8-B/1.ª, arquivado na pasta 3 e datado de 20 de Novembro – sobre os "proponentes e propostos a Vereadores da Câmara Municipal do Vouga, com vista às próximas eleições".

Tratava-se, afinal, de denunciar a situação que estava a acontecer e que visava levar os cidadãos eleitores a assinar as listas de candidatos sem que antes tivessem sido "consultados sobre as pessoas indicadas ou a indicar".

No mesmo dia, também foram recebidos no GNP os cortes feitos pela Comissão de Censura no período de "16 a 31 de Outubro" – ofício n.º 9101/923/8/8-B/1.ª, pasta 3, que, na óptica do GNP, era de arquivar.

O corte total incidiu num assunto que se prende com uma das hipóteses formuladas nesta obra, ou seja, sobre o artigo «Salazarismo e Marcelismo», onde se defendia que o curto período do Marcelismo mostrava "já nítidos sintomas de mudança" e se procedia a uma crítica daqueles "cuja única preocupação consiste no andar politicamente em dia. Que têm um pavor enorme em serem do «contra» ou, pelo menos, não serem a favor" – *Notícia* de 29 de Outubro.

A posição da imprensa da República Federal da Alemanha em relação a esta temática também foi proibida na edição de 1 de Novembro de *A Província de Angola* na qual se referia que seria "prematuro falar de uma liberalização em Portugal, mas os sinais duma evolução torna-se evidente".

Ainda sobre estas duas personalidades, a edição de 26 de Outubro do *ABC* fora autorizada a publicar a notícia segundo a qual «Salazar já escreve o seu nome», mas fora impedida de noticiar que «Marcello Caetano vem em Novembro, a Angola» e a revista *Prisma* publicou, com ligeiros cortes, uma pormenorizada cronologia, iniciada em 6 de Setembro, sobre todo o processo relativo ao estado de saúde de Salazar e às medidas tomadas por Américo Tomaz.

O *ABC* de 28 de Outubro também quisera falar do discurso de investidura de Marcello Caetano no título «Para uma sociedade melhor» e prometia apoiar a decisão anunciada de "abrir aos órgãos de informação as «vozes» que muitas vezes são

SEGREDOS DO IMPÉRIO DA ILUSITÂNIA: A CENSURA NA METRÓPOLE E EM ANGOLA

forçadas a «abafar», parcial ou completamente, desde que elas não firam os interesses da segurança nacional".

Afinal, no caso, esses interesses sentiram-se muito incomodados e a crónica foi proibida.

Quanto à vida interna de Angola, algumas imagens das edições de 21 e de 24 de Outubro no *ABC* foram proibidas. As primeiras diziam respeito às desumanas condições de vida no Bairro Operário e a segunda mostrava o resultado de uma operação militar "bem sucedida" e que rendera uma grande apreensão de armamento.

Também foi censurada, mas apenas com pequenos cortes, uma notícia que dava conta de «uma reunião fatídica do MPLA» durante a qual quando surgia uma voz dissidente o problema era resolvido através de fuzilamentos. A principal preocupação do censor foi cortar todas as referências ao "Comité Director" sugerindo a passagem para "MPLA" – *A Província de Angola* de 27 de Outubro, edição onde também foi cortado o artigo «Luanda já tem donos?» devido à realização de uma Feira Popular "na CAOP, neste bairro cem por cento domiciliar".

No que concerne às crónicas, Luís Vilela viu proibida «Evocando um jornalista que desapareceu», uma homenagem a um jornalista que "andou aqui por Angola e que se fartou de fazer ondas" antes de morrer na África do Sul, pois "não lhe era fácil voltar a esta Província" já que desconhecia "termos suaves" e nunca denominava como "sua lúcida argumentação" uma frase que merecesse ser vista como "suas imbecilidades" e não chamava "pouco inspirado" a um "camelo".

Vilela reconhecia que se tratara de um "exagerado" mas "os seus exageros caiam, precisamente, para o lado oposto aos dos nossos exageros".

Ficava bem esta *mea culpa* do jornalista, este assumir de algum receio de dizer a verdade, mas a censura não foi da mesma opinião.

Depois, em 31 de Outubro, o *ABC* viu proibida a crónica assinada por João Carlos «Para uma sociedade melhor» sobre a construção em Luanda de "um luxuoso imóvel cujos apartamentos se destinavam exclusivamente aos directores dos serviços públicos e a outros funcionários de categoria equiparada".

O jornalista, ao mesmo tempo que afirmava que "Luanda já não é uma «cidadezinha», algumas dezenas de casitas rodeadas de palhotas. Luanda é a Europa em África", lembrava que "na Metrópole, os Ministros, Subsecretários de Estado, directores-gerais, directores de serviço e outros vivem normalmente, vivem nas casas que já habitavam antes de exercerem tais funções, pagando as suas rendas ao senhorio e tendo como único privilégio «extra» – um guarda da PSP à porta".

O artigo terminava com a questão: "Será que o reparo vai «passar»?". A Comissão de Censura encarregou-se de lhe tirar as ilusões.

O envio do relatório do Conselho de Leitura relativo a Outubro voltaria a ser da responsabilidade do Governador-Geral Rebocho Vaz e seria acompanhado do ofício confidencial n.º 9242/941/5578/1.º, que deu entrada em 25 de Novembro de 1968.

212

Esse relatório, arquivado na caixa 1, dava conta de "37 títulos de livros e 10 de revistas" apreendidos para análise e da apreciação de "68 e 42 exemplares, respectivamente". Entre os13 títulos de livros de circulação julgada inconveniente figurava, à cabeça, *Revolução dentro da paz* por D. Helder Câmara e Nick Carter voltava a ser o autor mais censurado com três títulos proibidos: *The red guard, Web of spies* e *A korean tiger*, numa lista que contemplava *Gandhi*, de B.R. Nanda e *Staline, le comunisme et la Russie* por Jean François Kalin.

No que concerne às revistas, *O Cruzeiro, Fatos & Fotos, Manchete* e *Der Spiegel* viram números proibidos.

Os livros apreendidos por estarem já proibidos deram lugar a uma lista com 26 entradas. Nick Carter era tão popular entre os censores que se limitaram a escrever "17 títulos de diversos títulos, por Nick Carter", valor apenas superado pelos 25 exemplares de *A nossa vida sexual* de Fritz Kahn e os 20 de *O pássaro pintado* de Jerzi Kosinski. No caso de Carter, a força do hábito justifica o uso da repetição.

As revistas apreendidas foram apenas de 2 títulos: *Der Spiegel* e *Time*. No entanto, os exemplares recolhidos foram bastantes: 30 no primeiro caso e 300 no segundo, sendo que esta última apreensão dizia respeito apenas ao número de 27 de Setembro de 1968.

Ainda em Novembro, mais concretamente no dia 14, o GNP recebeu o ofício confidencial n.º 8940/901/8-B/1.ª que consta na pasta 2, com uma entrevista que tinha sido publicada no jornal *A Voz do Bié* "sem que tivesse respeitado um dos cortes na mesma efectuados pelo Delegado local da Comissão de Censura à Imprensa". Em anexo seguia também o "Despacho n.º 1/1968 daquele Exmo Delegado em que pune o referido jornal com a pena de [...] advertência".

Talvez importe referir que a primeira parte censurada dizia que "anteriormente nada deu como expliquei embora prometesse, mas os governos são o que forem as pessoas que estão à sua frente". O jornalista referia-se ao anterior Governador do Distrito e, por isso afirmava: "agora que temos um Governador de verdade".

A segunda parte censurada referia-se a promessas não cumpridas pelo Governador Paixão Barradas porque "disse-nos que para já nos dava 50 000$00 e depois daria mais. Porém, nem o «já» nem o «depois» vimos, o que me não admira pois nunca tinha dinheiro nem verba para nada".

Aliás, *A Voz de Bié* não se ficara por aqui, pois, tentara publicar uma notícia sobre "Santo António da Muinha", mas o delegado local da Comissão de Censura não permitira sem antes cortar a frase "estávamos habituados a governantes que prometiam muito mas realizavam muito pouco"[174].

---

[174] O ofício confidencial tem o número 8939/906/ 8/ 8-B/ 1.ª e a data de 14 de Novembro de 1968. Quanto ao artigo, que acompanha o ofício, foi censurado no dia 30 de Outubro de 1968.

Como é norma, os detentores do Poder não apreciam a crítica, apesar de não desperdiçarem a oportunidade de justificarem as suas acções pela necessidade de remediar erros daqueles que os antecederam.

Por outro lado, também eram habituais as queixas da população em relação aos anteriores governantes e o elogio precoce daqueles que passavam a exercer funções enquanto não era chegado o tempo para o provérbio «Depois de mim virá, quem de mim bom fará».

2.1.8.12. Dezembro de 1968

A narração do último mês do ano inicia-se com a informação de que, no dia 5 de Dezembro de 1968, deu entrada na capital o ofício n.º 9552/996/8-B/1.ª, que está na pasta 6.

Este ofício acompanhava os cortes feitos pela Comissão de Censura no período de "1 a 15 de Novembro" e o GNP informou o Ministro que lhe parecia que os cortes eram de arquivar.

Aliás, constam três informações e três datas manuscritas no documento. A primeira de 11 de Dezembro refere "De arquivar, V.ª Ex.ª decidirá". A segunda de 12 de Dezembro refere "De arquivar" e a terceira, datada do mesmo dia, indica "Arq.".

Como já foi explicado, a primeira informação era da responsabilidade do funcionário do GNP que fez a análise dos cortes recebidos, a confirmação cabia ao Director-Geral e a resolução ou decisão ao Ministro do Ultramar.

De facto, nada havia de preocupante nos cortes efectuados, mesmo que alguns artigos e notícias tivessem sido completamente cortados, como se verificou com «Dois recortes», a crónica de Luís Vilela sobre duas notícias de sentido contrário, ou seja, enquanto em Luanda a Fatita morria porque "não havia vaga" no hospital, na África do Sul a Susete era operada e recuperava a saúde.

De saúde, mas da construção civil e de «Uma birrazinha do Lar do Estudante», artigo que acusava o Lar do Estudante de Sá da Bandeira de ser uma coutada por não ter convidado o jornal para uma festa, quisera, ainda, falar *O Comércio*, mas os títulos foram censurados, respectivamente, nas edições de 14 e de 12 de Novembro.

Também o *Diário de Luanda* viu completamente cortados os artigos «Ataquem-se os mosquitos não só os pequenos como aqueles que já picam» – uma carta de Agostinho Cunha na qual a censura percebeu a metáfora, no número de 15 de Novembro e «Na Delegação dos Estudos Gerais em Sá da Bandeira foi criado o curso de Matemática», em 13 de Novembro.

Relativamente ao *ABC* não publicou em 3 de Novembro os artigos «De quem é a culpa» para que moças de "oito e dez anos" pudessem ir a bailes quando a idade mínima era "17 anos" e «Fuzila-se primeiro e julga-se depois!», que nada tinha a ver

A CENSURA EM ANGOLA NA FASE FINAL DO IMPÉRIO

com a guerra, mas com o pedido de autorização para a instalação de um teatro de bolso e que estava previsto para a edição de 13 de Novembro.

Ainda no âmbito dos cortes totais, a *Revista de Angola* não publicou um artigo sobre a «Nova ordem», no qual se voltava a defender a ideia que era preciso cumprir "repetidas promessas em relação à liberdade de se proclamarem certas verdades doam a quem doerem, desde que se não discutam ou ponham em causa problemas de defesa ou outros que possam afectar a integridade, a unidade e o prestígio da Nação".

A censura mostrou que ainda não era chegada a hora.

Quanto ao jornal *A Província de Angola* viu proibida, em 4 de Novembro, a notícia sobre um acidente de caça "na zona do Uezo (Ambris) de que tinham resultado "dois mortos e dois feridos e outros tantos desaparecidos" e, na mesma edição,um artigo de Serradarga «Questão de caras» sobre a "intercepção pelo FBI" da propaganda do "actor musical Dick Gregory, o único negro que concorre por sua conta – e risco – à presidência dos Estados Unidos" pois a mesma era parecida com as "notas de dólar americanos que muitas máquinas automáticas de trocar moedas aceitavam".

Depois, em 11 de Novembro, foi interdito o artigo de Humberto Lopes «A olimpíada dos sábios", não só porque se debruçava sobre a "olimpíada de Akademgorodok, na Rússia", mas também porque, depois de explicar o seu funcionamento, punha em causa se "teremos, realmente, elementos duma Academia de Ciências dispostos a conviver com «aprendizes de génios» de 12 a 16 anos".

Nessa edição foi ainda cortada totalmente a notícia «O caso dos transportes colectivos continua a preocupar Benguela» porque "o défice permanece, a solução não existe..."

A revista *Notícia* – para não fugir à regra – viu cortados, em 6 de Novembro, comentários sobre aspectos ou situações que lhe pareciam anormais: «Teria lido?» e «Já era tempo!». No entanto, também quisera publicar algo de mais grave, um artigo intitulado «Aprender a desobedecer», uma transcrição de uma publicação alemã *Foro da Mulher* sobre o discurso de uma finalista de liceu – Karin Storch – que responsabilizou os professores por não terem sabido ensinar os polícias que tinham morto em Berlim um estudante – Benno Ohnesorg – durante as manifestações contra a visita do Xá da Pérsia e outro artigo «A morte violenta do erotismo», no qual um subtítulo defendia que "o erotismo depende da psicologia do «voyeur»".

Além disso, em 13 de Novembro, não noticiou que «Ainda hoje se fala» da "suspensão «à divinis» do padre Felicidade Alves" porque não se tinha retratado da sua acção no sentido de "combater pela Igreja" para que esta se actualizasse "em relação às necessidades modernas".

Um último elemento – macabro – que se pode observar nestes elementos totalmente cortados tem a ver com a secção de necrologia do *ABC* porque, em 5 de Novembro, não notificou os óbitos de Mário de Almeida Rodrigues, "natural de Sangalhos, motorista da Câmara Municipal de Luanda" e Eduardo Laviter "natural de Luanda, funcionário das Obras Públicas". As mortes tinham ocorrido durante uma caçada no Ambriz[175] e o primeiro fora "abatido a tiro por indivíduos não identificados que se puseram em fuga", enquanto o segundo "na mesma altura, perdeu também a vida", ou seja, a causa da morte fora a mesma.

Como se vê, nem os mortos escapavam à censura, desde que interessasse esconder as causas da morte. Infelizmente para os próprios e para os familiares, ao apagar do óbito no jornal não correspondia o regresso à vida terrena.

Para tornar a narração menos carregada talvez o melhor seja referir a «Carta para Cesaltina mulata do Prenda» de Joca Luandense, que a censura deixou publicar na *Tribuna dos Musseques* de 7 de Novembro, mas com a sugestão de substituir "negras e mulatas" por "raparigas" e "mulata querida do Bairro da Prenda" por "minha querida do Bairro da Prenda".

Que felicidade para o jornalista poder contar com a sensibilidade literária de tal censor!

O relatório do Conselho de Leitura de Novembro vinha acompanhado do ofício confidencial n.º 9622/1011/55/8/1.ª, deu entrada em 7 de Dezembro e figura na pasta 1.

Esse documento mencionava a suspensão de circulação para análise de "30 títulos de livros e de 25 números de diversos títulos de revistas, dos quais foram submetidos à leitura e apreciação dos membros [...] 59 e 46 exemplares, respectivamente".

Carter Brown com 5 títulos e o Dr. Frank S. Caprio com 3 títulos dominaram a lista dos 13 títulos de livros considerados indesejáveis, uma lista que incluía a obra de Alberto Morávia *A atenção*, o mesmo acontecendo com as revistas *Stern*, *Der Spiegel* e *Neue*, todas alemãs.

Quanto aos livros apreendidos por ordem já existente, a lista contemplava 21 títulos e o *Ecumenismo em Angola*, com 76 exemplares apreendidos, voltou a dominar a tabela, seguido pelos 45 de *Um negro que quis viver* de Richard Wright, os 30 de *Prepara o teu funeral* de Demaris e de *Ânsia de posse* de Gil Brewer e os 23 exemplares de *Introdução à vida política* de Jean-Yves Calvez.

No que diz respeito à apreensão de revistas, houve 4 títulos e *O Cruzeiro* foi, de longe, aquela que mais exemplares viu apreendidos – 286 do n.º 37 de 14 de Agosto de 1968 e 182 do n.º 35 de 31 de Agosto – embora sejam de mencionar os 50 exemplares do n.º 851 da *Manchete* e os 46 do n.º 396 de *Fatos e Fotos*.

Relativamente ao trabalho da Comissão de Censura, o GNP considerou que se poderiam arquivar os cortes que acompanhavam o ofício confidencial n.º 9889/1056/8-B/1.ª – pasta 3.

Esses cortes eram "respeitantes ao período de 16 a 30 de Novembro", embora o corte inicial «Anjo à experiência» de Rola da Silva se destinasse à edição de 3 de

---

[175] Era esta a notícia que foi proibida na edição de 4 de Novembro do jornal *A Província de Angola*. Como é natural, a notícia era muito mais desenvolvida.

Dezembro do jornal *A Província de Angola* e tivesse sido suspenso e depois cortado em 2 de Dezembro.

Na verdade, escrever que "o próximo não devia ter mulheres. Eram todas nossas e acabavam as complicações" ou questionar se "desejar o homem do próximo não é pecado?" representavam dois aspectos de uma temática pouco consensual e politica e religiosamente incorrecta.

A edição de 14 de Novembro da revista *Prisma* não pode publicar um longo artigo que historiava que "pela quarta vez, no espaço de três anos, o Primeiro Ministro inglês encontrou-se com o chefe de Governo de Salisbury". A razão de tantos encontros talvez se prendesse com a utilidade de "verificar de vez em quando os resultados dos acordos que não ficaram na agenda oficial das reuniões".

A *Notícia* de 18 de Novembro viu totalmente cortada uma reportagem de Edite Soeiro, com fotografias – que não surgem no corte enviado – de Eduardo Baião sobre o protesto dos estudantes no México onde "250.000 estudantes continuam em greve" e prometiam não voltar "às aulas enquanto o Governo não olhar para nós".

Em Portugal, nesse mesmo ano, um «Ministro pequeno» tinha encontrado uma estranha forma de olhar para os estudantes – a ocupação da Associação de Estudantes pela PIDE.

Depois, em 20 de Novembro, a *Notícia* foi proibida de publicar um breve comentário «Ponderação» que exigia isso mesmo à polícia de Benguela a quem era pedido "sentido das realidades" para que a cidade não ficasse conhecida pelo "volume de multas"[176] e, em 27 de Novembro, não foi autorizado a publicar «Que nunca doam as mãos» um artigo que defendia a actuação do Governo que impedira "uma tentativa de fazer justiça pelas próprias mãos" na Lunda por parte de pessoas que se consideravam "todo-poderosas".

Como se compreende, não era a actuação do governo a justificar a proibição, mas sim a denúncia da realidade aí vivida.

O Comércio de 22 de Novembro não teve ordem para publicar a crónica «O problema da água» de Luís Vilela" sobre o alargamento dos "períodos de interrupção do fornecimento de água no próximo fim de semana", um problema que "sempre" afligiu Luanda porque "todas as vereações que passaram pelos Paços do Concelho atribuíam a culpa às que as antecederam e legaram a solução do problema às que vieram depois".

O ABC de 27 de Novembro pode publicar, ainda que com um corte, um extenso artigo de Urbano Fresta sobre «O futuro do ensino primário». A parte cortada prendia-se com vários anúncios a pedirem "criada" ou "empregada doméstica" porque, em alguns casos, os ordenados anunciados e que chegavam a "2000$00" e as mor-

---

[176] Este assunto foi autorizado na edição do mesmo dia de *A Província de Angola* apenas com um corte no título inicial «Actividade rendosa desenvolvida em 30 dias pela secção de viação – 286 autos!». Como se adivinha facilmente, a palavra retirada foi "rendosa".

domias "tem criado e lavadeira" eram superiores às condições usufruídas pelas professoras deste nível de ensino.

Este jornal foi proibido de apresentar, no dia 28 de Novembro, uma peça em um acto e com um só personagem «Uma boîte chamada José Guimarães» da autoria de Álvaro Farim, uma crítica pessoal ao engenheiro José Maria Marques que usava esse heterónimo.

Aliás, o mesmo aconteceu, em 29 de Novembro, à crónica «Menina bem na voz da cidade?!», um pedido "à secção de Justiça da PSP" para que deixassem os jornalistas relatar "esses casos com os nomes de todos os cúmplices". Esses casos eram aqueles que se prendiam com "escândalos que, não obstante todas as pressões, todos os coletes de força colocados sobre eles, devem vir à luz da publicidade". Eram os acontecimentos ocorridos "em local público" mesmo que significassem "um atentado ao pudor".

O problema era que, com demasiada frequência, a justiça estava longe de ser cega e a comunicação social deveria saber aquilo que estava autorizada a ver e a contar.

Era a Ilusitânia no seu melhor!

2.1.9. Ano de 1969

O ano de 1969 correspondeu ao ano primeiro ano completo da anunciada «Primavera marcelista». Os documentos recolhidos – e que contemplam todos os meses – podem começar a fazer luz sobre o sentido da citação colocada na parte superior da introdução.

No que concerne às relações internacionais e à procura de aliados para a manutenção do Império, o Secretário Provincial de Obras Públicas e Comunicações confirmou a disponibilidade do Serviço Meteorológico Provincial para continuar a colaborar com os governos dos Estados Unidos e da Nova Zelândia no "programa de observações meteorológicas no hemisfério sul " – ofício n.º 236/75, Proc. T.8/RT, constante em PT/AHD/MU/GM/GNP/RNP/0110.

Afinal, era bom posicionar-se como aliado dos EUA, mesmo quando a política norte-americana para África mostrava alguma falta de consistência. Por exemplo, retomando a questão do crómio que o país deixara de comprar à Rodésia, o *Evening Star*, pela mão de James J. Kilpatrick, fizera questão de mostrar que esse crómio pertencia "na quase totalidade a duas empresas norte-americanas".

Nos Estados Unidos a censura não proibira a publicação dessa denúncia, como se comprova pelo ofício n.º 552 da Embaixada de Portugal em Washington.

Para completar, importa referir que no acto de apresentação de credenciais do novo Embaixador dos EUA em Portugal "um dos funcionários desta Secretaria de Estado" foi informado que o Governador-Geral de Angola se tinha queixado ao cônsul norte-americano em Luanda que "a CIA no Congo-Kinshasa estaria procurando impedir uma melhoria de relações entre Portugal, designadamente a Província de Angola, e aquele país".

A Embaixada recolhera informações e estava em condições de considerar que eram "menos certas as informações na posse do Governador Geral", uma vez que "à política dos Estados Unidos naquela área do continente africano só poderia convir o estabelecimento de boas relações entre Portugal e o Congo" – Proc. 922, PAA 845, n.º 4729 de 12 de Setembro de 1969 de PT/AHD/MU/GM/GNP/RNP/0110.

Afinal, mais um exemplo de que Portugal não estava «orgulhosamente só»!

2.1.9.1. Janeiro de 1969

O ano iniciou-se com a recepção, em 3 de Janeiro, do ofício confidencial n.º 49/6/8-B/1.ª do Governador-Geral a acompanhar as provas da imprensa que tinham sofrido cortes da Comissão de Censura no "período de 1 a 15 de Dezembro" do ano anterior.

Este elemento está arquivado na caixa 7 e, desta vez, o GNP nada escreveu sobre o mesmo, situação que foge à normalidade.

No plano internacional, foi proibida, na edição de 9 de Dezembro de *A Província de Angola,* uma imagem e a respectiva legenda sobre a prisão de um estudante universitário que se manifestava em São Francisco e estava "banhado em sangue".

No plano interno, não saiu um «Desmentindo um boato», distribuído pelo CITA, sobre um atentado sofrido pelo Ministro do Exército e que *A Província de Angola* quisera publicar na edição de 10 de Dezembro, mas ficou suspenso antes de ser proibido em 14 do mesmo mês. Aliás, o mesmo boato, embora com títulos ligeiramente diferentes, seria também interdito nas edições de 10 de Dezembro de *O Comércio* e do *Diário de Luanda.*

O Comércio, no dia 12, não publicou a rubrica «Coisas e Loisas» sobre a existência em Luanda de "uma cabina telefónica em plena via pública", uma "estranha abencerragem" com a qual alguém podia chocar e, na edição de dia 14, viu cortada a notícia, obtida através de "informações particulares", sobre a possível saída do Intendente Moita de Deus do cargo de Intendente do Distrito de Benguela.

Como era sobejamente sabido, as informações particulares não eram admitidas como fonte de divulgação de notícias respeitantes a assuntos oficiais.

No que à moral diz respeito, o *Diário de Luanda* não pode publicar uma notícia intitulada «O prémio foi uma jovem de 20 anos", proveniente de Copenhague e que dava conta de um concurso organizado pelo Clube Intime e que valera ao "feliz vencedor", uma semana de férias "com a jovem em Maiorca com todas as despesas pagas".

O sucesso fora de tal ordem que o clube se propunha "aumentar a parada, oferecendo um fim de semana num hotel de luxo, em Copenhague, com três raparigas lindíssimas".

Como é lógico, a censura mostrou-se pudica e pouco propensa a este tipo de concursos reveladores de uma imoralidade vigente num país desenvolvido, mas demasiado liberal em assuntos tão sérios.

Quanto à *Revista de Angola* n.º 181 de 15 de Dezembro, viu suspenso e depois totalmente cortado, um livro a publicar intitulado *Gindungo*, da autoria de Mestre David, e que tinha como personagem principal "Zenca, homem bom do Sul" e a sua sede de vingança em relação ao patrão Fernando Marques que só lhe pagava com "laracha" a sua faina da pesca.

De registar que, por baixo do texto, figuravam dois "penteados de tipos regionais de mulheres de Angola" que, como é lógico, nada tinham a ver com o mesmo e, por isso, o censor deixou publicar.

Afinal, era só uma questão de ampliar as imagens e o problema referente aos vazios da página estaria resolvido.

Depois, em 7 de Janeiro de 1969, o Agente Geral do Ultramar, Cunha Leão, enviou para o GNP "uma brochura contendo as folhas de 2998 a 3029, com recortes da Imprensa da Província de Angola referentes ao período compreendido entre 1 a 6 de Janeiro" e que tinham sido "compiladas pelo redactor José Maria de Sousa e Costa" – ML/GY 0.7.1./69 – pasta 3.

Nesta lista há algo de esquisito, desde logo o facto de serem as páginas e não os artigos que receberam numeração. Por isso, não constavam no índice as referências 3002, 3017 e 3023, uma vez que eram as segundas folhas das referências imediatamente inferiores. Depois, a lista aparecia datada da seguinte forma: "Lisboa, 4 de Fevereiro de 1969"[177] e assinada por Sousa e Costa, ou seja, quem tinha procedido à compilação.

De acordo com a vida habitual era o facto de alguns dos artigos serem assinados por jornalistas muito habituados à proibição: Humberto Lopes, Francisco Xavier, Carlos Gouveia e Rola da Silva.

Em 15 de Janeiro de 1969, o GNP, através de Beltrão Loureiro, enviou ao Ministro a informação n.º 2739, Procº Y-7-5 sobre os "artigos submetidos à Comissão de Censura da Província de Angola, na primeira quinzena de Dezembro", onde as partes cortadas estavam transcritas a "encarnado" – o uso do vermelho era oficialmente desaconselhado.

Como se pode verificar, o apontamento, que está arquivado na pasta 7, dizia respeito ao envio feito pelo Governador-Geral logo no início do mês.

Trata-se dos cortes "mais significativos", embora no documento esteja escrito à mão, que pareciam de arquivar, se o Ministro assim entendesse.

O ofício tem 12 entradas, que correspondem aos assuntos cortados e a extensão do documento – 15 páginas – tem a ver com o facto de alguns cortes serem extensos e aparecerem inseridos no texto.

---

[177] Também é esta a data que surge – com carimbo azul – em todos as folhas.

A CENSURA EM ANGOLA NA FASE FINAL DO IMPÉRIO

Dentre esses artigos, merece uma menção especial o corte feito a «Uma lei de imprensa» publicado no jornal *O Comércio* de 15 de Dezembro. A notícia saiu, mas expressões como "uma Imprensa com limitações" ou "numa Imprensa condicionada e irresponsável, não há um único redactor ou um único repórter que possa apresentar como documento comprovativo do seu valor, trabalho em que ninguém sabe se teve colaboração ou não" foram suprimidas.

Uma última referência para o corte na revista *Actualidade Económica* no artigo «Jornais políticos ... e políticas», no qual se afirmava que "Em Angola não há, propriamente, jornais políticos [...] e não os há porque, além de não haver partidos políticos legalmente organizados, tal como na Metrópole, ainda menos há, por aqui, o vício da «política pela política», que é distracção de quem não tem nada mais útil que fazer".

Só que se a política não é tudo, tudo é político, a começar por aquilo e aqueles que pretendem não o ser.

De notar que Beltrão Loureiro não teceu comentários sobre a justeza da actuação dos censores nem sobre os conteúdos dos artigos cortados e se limitou a organizar cronologicamente a exposição dos cortes, sempre que a data constava nos cortes que lhe tinham chegado às mãos.

Em 23 de Janeiro, chegou o ofício confidencial n.º 554/46/8-B/ 1.ª, arquivado na pasta 3, com os cortes relativos "ao período de 16 a 31 de Dezembro" e o GNP, desta vez, considerou haver matéria susceptível de um apontamento – o n.º 710 de 5 de Fevereiro de 1969.

Em jeito de balanço do ano que findava, Zuzarte de Mendonça, nos apontamentos do Uíge, considerou que «Rebocho Vaz é a minha figura do ano de 1968» – edição de 30 de Dezembro de *A Província de Angola* – artigo ao qual apenas foi cortada a frase "à actividade do tráfico da escravatura".

Quanto aos artigos proibidos, destaque para «Mal vão as coisas» sobre a repressão no Brasil de Costa e Silva porque "quando um governo é obrigado a responder com prisões em vez de razões, mal vão as coisas..." – *Notícia* de 18 de Dezembro –, e para o artigo de Maurício R. Soares que levantava a hipótese de a Faculdade de Letras vir a funcionar em Sá da Bandeira a partir do próximo ano escolar – *A Província de Angola* de 22 de Dezembro.

Também o suplemento económico do *ABC* viu suspensa e depois, em 18 de Dezembro, cortada uma entrevista sobre "a oportunidade da instalação adentro da Universidade Angolana de uma Faculdade de Ciências Económico-Financeiras", embora não seja possível identificar o entrevistado uma vez que só constava nos recortes uma parte da entrevista.

Ainda sobre o ensino superior, *O Comércio* de 24 de Dezembro viu suspenso e posteriormente cortado um artigo onde constava uma entrevista ao Prof. Doutor Torquato de Sousa Soares na qual este professor admitia a criação "na capital da Huíla de uma verdadeira Faculdade de Letras".

De facto, para além de prever uma criação que, a acontecer, teria de ser anunciada oficialmente, ainda utilizava um adjectivo que não era nada elogioso para o Ensino Superior existente em Luanda.

Mudando de tema, a edição de 20 de Dezembro de *A Província de Angola* quisera questionar «Por que se evadem os reclusos do pavilhão de psiquiatria do Hospital Central?», pois "rara" era a semana em que tal não se verificava. Depois, na edição de 24 de Dezembro, questionava «Gás! Gás! Onde estás?» para denunciar a "falta de gás doméstico que se verifica em Benguela" e, em 27 de Dezembro, não pode noticiar que o Ministro do Ultramar era esperado no dia 3 em Luanda e que uma cabina telefónica ficara no meio da rua. À mão está escrito "nota: a cabina já foi retirada".

No que se refere a quezílias pessoais, o *ABC* de 18 de Dezembro viu proibidos os ajustes de contas visíveis em «Renato Ramos apoia Angerino de Sousa» e «Os mais antipáticos» precisamente assinado por Renato Ramos.

Finalmente, a edição de 28 de Dezembro de *O Comércio* foi impedida de dar espaço à veia crítica de José Manuel Dias que falava da "criança divina", da "criança a sofrer", do "bebé de muceque" e do "menino de país rico, vindo ao Mundo, num canto de Londres" e que não suspeitava que "mais longe teu camarada-bebé do campo do amazonas, está talvez votado ao raquitismo, à doença, à servidão, a meio de lucro para outro".

No que concerne à outra modalidade de censura, em 23 de Janeiro, o ofício confidencial n.º 553/47/55/8/1.ª do Governador-Geral fez chegar ao Gabinete dos Negócios Políticos do Ministério do Ultramar o relatório do Conselho de Leitura referente a Dezembro de 1968 e que consta na pasta 1.

A lista de elementos tirados de circulação para análise englobava "34 títulos de livros e de 36 números de diversos títulos de revistas", tendo sido analisados pelo Conselho de Leitura "63 e 38 exemplares, respectivamente".

A proibição de circulação incidiu sobre 12 livros e 3 revistas e Santos Neves voltou a estar na linha da frente, desta vez com a obra *Liturgia, Cristianismo e sociedade em Angola*.

Entre os 24 títulos de livros apreendidos por determinação já vigente, realce para os 58 exemplares de *Para onde foi o amor?* de Harold Robbins e para os 22 exemplares de o já mencionado *Um negro que quis viver*.

Será caso para dizer que a censura não quis saber da resposta à primeira questão e não se interessou pelo destino da segunda personagem.

Relativamente às revistas, foram apreendidos 120 exemplares, sendo que 80 eram da *Stern* – 40 do n.º 39 e outros 40 do n.º 41 – 30 eram no n.º 39 da *Neue* e 10 do n.º 49 de *Der Spiegel*.

No dia final do mês, Cunha Leão voltou a enviar uma brochura "contendo as folhas de 2974 a 2997 [...] referentes ao dia 26 de Janeiro" e compilados, novamente, por Sousa e Costa.

A CENSURA EM ANGOLA NA FASE FINAL DO IMPÉRIO

Desta vez, a confusão ainda é maior porque na parte superior de cada página o carimbo azul indica a data de 26 de Janeiro de 1969 e na parte inferior da mesma página o carimbo assinala 24 de Dezembro de 1968.

Para tentar descodificar este mistério é favor consultar a pasta 3 de MU/GNP/ Sr. 119.

De notar que, tal como no caso anterior, cada artigo está identificado com a escrita à mão do jornal e da data de onde foi retirado.

Ainda no último dia de Janeiro chegou o ofício confidencial de Rebocho Vaz com os cortes relativos "ao período de 1 a 15 de Janeiro" – ofício confidencial n.º 825/143/8/8-B/ 1.ª – pasta 3.

Koch Fritz recusou que fossem dados os parabéns ao Governador-Geral – edição de 6 de Janeiro do *ABC* – pela vinda a Angola do Presidente do Conselho e do Ministro do Ultramar, talvez porque o jornalista, ao mesmo tempo que elogiava o feito, reconhecia que "nem sempre estivemos de acordo com os actos ou atitudes de V. Excelência" e Serradarga viu proibido, em 14 de Janeiro, o editorial «Temos pena, Senhor Ministro», um lamento pelo facto de Benguela não ter merecido a honra da visita ministerial – *A Província de Angola*.

Os interesses regionais ou locais faziam questão de mostrar o seu descontentamento porque a exclusão de Benguela do itinerário ministerial indiciava que a cidade não estava ao nível de outras que tinham sido incluídas no mapa da visita.

A edição da *Notícia,* também de 6 de Janeiro, viu cortados nas páginas 82 e 83 vários textos anunciados como «um festival de riso» mas nos quais o erotismo e a «revolucionarite» eram por demais evidentes.

Quanto a Rola da Silva considerava, sem êxito, que «O dever cívico só é dever ... quando é vivido». Em causa estava a escolha dos deputados de Angola à Assembleia e o jornalista questionava a razão ou necessidade de gastar dinheiro com cadernos eleitorais para depois aparecerem "ou uns desconhecidos ou uns conhecidos de mais" – *A Província de Angola* de 15 de Janeiro.

Dois dias mais tarde e no mesmo jornal, Rola da Silva quisera relatar a sua conversa com outro jornalista, Nunes Torrão, sobre a vida de jornalista que "não é bem uma profissão. É um amor". Em causa estava a falta de uniformidade entre a imprensa na Metrópole e no Ultramar porque "a imprensa do ultramar não pode ser, em relação à da metrópole, outra" e os quilómetros de afastamento só podiam "ser vencidos por uniformidades".

O *Diário de Luanda* de 16 de Janeiro não pode noticiar que Kaulza de Arriaga iria exercer "dentro de alguns meses" o comando da Região Militar de Moçambique e que era "natural" que passasse a "ocupar o cargo de comandante-chefe das Forças Armadas em Moçambique".

De notar que na caixa 3 estão dois ofícios secretos recebidos em 31 de Dezembro de 1968 e em 29 de Janeiro de 1969 e enviados pelo Secretário-Geral, Tenente Coronel Pedro Cardoso, a partir da residência do Governo da Guiné, respectivamente, com "os boletins de notícia n.os 899 a 1086, relativos à escuta de emissões radiofónicas dos dias 13 a 30 de Dezembro de 1968" e com "os boletins de notícias dos n.os. 2 a 80, relativos às escutas de emissões radiofónicas dos dias 1 a 23 de Janeiro de 1969".

Os pareceres do GNP, datados de 11 e de 28 de Fevereiro, foram no sentido do arquivamento e o Ministro, em 12 de Fevereiro e em 3 de Março, decidiu nesse sentido, talvez porque sobre o primeiro destes ofícios o GNP escreveu que os assuntos contidos nos boletins eram "conhecidos já, na generalidade, neste Gabinete", prova inequívoca do conhecimento que o GNP detinha da situação.

Estes elementos não se integram na temática em estudo, mas constituem uma fonte informativa muito útil para quem queira compreender a situação interna na Guiné.

2.1.9.2. Fevereiro de 1969

No que concerne à actividade censória da responsabilidade do Conselho de Leitura, o respectivo relatório referente a Janeiro chegou ao GNP acompanhado pelo ofício confidencial n.º 1129/165/55/8/1.ª do Governador-Geral[178], em 10 de Fevereiro de 1969, e indicava a suspensão para submissão a leitura de "55 títulos".

Mais informava que "depois de devidamente apreciados" tinha sido declarada a inconveniência de circulação relativamente a 17 títulos de livros, entre os quais a obra de Kwama N'Krumah *Neocolonialismo – último estágio do imperialismo*, o volume VIII de *A evolução económica de Portugal* de Armando Castro, *Dialéctica do subdesenvolvimento* de Ramon Losada Aldana, *História da revolução russa – a tentativa de contra-revolução* de Leon Trotsky, *O pensamento de direita, hoje* de Simone de Beauvoir e *Leninismo – uma análise marxista* por Isaias Golgher. Mário Sacramento também viu proibido o seu livro *Há uma estética neorealista?*

As apreensões de obras já proibidas registaram 24 títulos de livros e, mais uma vez, Santos Neves liderou a lista porque viu serem apreendidos 199 exemplares de *Liturgia, Cristianismo e sociedade em Angola*.

Talvez convenha salientar que a segunda obra mais apreendida, com 25 exemplares, foi *Um negro que quis viver*, livro acabado de proibir no mês anterior.

No que se refere às revistas apreendidas, a lista tinha três títulos e a *Fatos e Fotos* dominava com 130 exemplares apreendidos – 65 do n.º 405 e outros tantos do n.º 406 – embora também tivessem sido apanhados 58 exemplares do n.º 863 da revista *Manchete*.

---

[178] O documento está arquivado na pasta 1 de MU/GNP/Sr.119.

Na parte final do relatório, o ponto 4 alertava o Ministro para o facto de se começar a notar "um recrudescimento da tentativa de introdução em Angola de livros de carácter marxista e dissolvente sob o aspecto moral".

Angola esperava que o Ministro tomasse medidas que travassem esse processo. Talvez o alargamento dos quadros do Conselho de Leitura ou a sua extensão a outras cidades da província.

Relativamente aos cortes da responsabilidade da Comissão de Censura, o Encarregado do Governo-Geral, Mário Montez, enviou aqueles que diziam respeito ao período "de 1 a 15 de Fevereiro", recebidos em 27 de Fevereiro e acompanhados do ofício confidencial n.º 1667/215/8-B/1.ª, que consta na caixa 7.

No ofício, foi escrito à mão pelo representante do GNP que "foi feito o respectivo Apontamento", um sinal explícito de que este serviço considerava que havia matéria que não convinha ser arquivada sem que o Ministro decidisse se necessitaria de solicitar mais informações.

Quanto aos artigos totalmente cortados, *A Província de Angola* viu proibido, na edição de 13 de Fevereiro, «Mais um caso... Pugilismo ou autoridades?!», assinado por César Luís Marques, sobre o excesso de autoridade de dois membros da Marinha que tinham batido num condutor "homem pacato e trabalhador" a quem tinham pretendido "ultrapassar pela direita", com a agravante do lesado não ter podido apresentar queixa na polícia "em virtude de se tratar duma autoridade naval".

Depois, em 18 de Fevereiro, o «Cliché político» de Serradarga sobre a forma como decorriam as sessões da Assembleia Nacional, de acordo com as palavras do "presidente em exercício dr. Soares da Fonseca" também foi proibido. Na verdade, o censor não podia permitir que a missão dos deputados fosse apenas "o dever funcional de prestar atenção aos oradores e desportivamente se interessarem em quebrar com oportunos apartes os extensos monólogos dos oradores".

O *ABC*, em 9 de Fevereiro, não pode publicar o artigo «Ó da guarda» sobre uma situação observada pelo jornalista José Ferreira nos correios, na Estação Central, onde um funcionário se divertia com a queixa de uma pessoa relativamente a "um recibo da venda de uma chave e dizia que não tinha comprado nada".

Nos recortes enviados esta não era a primeira vez – e não seria a última – em que a falta de profissionalismos na actuação dos funcionários era denunciada.

Depois, em 12 de Fevereiro, viu totalmente cortado o título «A encasação» sobre a forma como no Cuanza Sul e no Huambo as campas constituíam "quase um complemento da paisagem", uma manifestação de que esses povos estavam "arreigados a usos e costumes que a própria índole determina" e, em 17 de Fevereiro, não pode publicar o artigo «Quem põe termo a isto? Insólita carta corre a cidade pondo em xeque o padre J. M. Pereira», uma denúncia da campanha de "aleivosias" levada a cabo contra "tão precioso membro da Igreja Católica" à frente da Emissora Católica.

Também existem, relativamente a este período, muitas notícias e artigos cuja publicação foi autorizada com cortes e, numa mesma página do jornal é possível encontrar notícias autorizadas sem alterações, notícias autorizadas mas com cortes ou sugestões e outras proibidas.

Aliás, a censura chegava a proibir as cartas dos leitores da secção do correio sentimental, bem como as respostas que às mesmas eram dadas. Por isso, a *Notícia* foi proibido de publicar uma carta que estava prevista para a página 61, assinada por "LADYS" de Luanda de uma noiva que pedia conselho sobre a forma de dizer ao noivo que não queria casar com ele porque era amante de um homem casado. Nem a resposta dura do jornalista: "Você não quer, precisamente, um conselho. Quer que lhe diga que fez muito bem em se entregar a um homem casado e com filhos, e, ao mesmo tempo, aceitar um anel de noivado. Tenho muita pena, mas isso não faço", convenceu o censor a deixar publicar tamanha ofensa à moral.

Ainda está por fazer o estudo sobre os «clientes habituais» do correio sentimental que, ontem como hoje, marca presença constante na maioria das publicações.

Se essa carência persistir, talvez a veia – que face ao que se segue deveria ser artéria – sociológica ainda nos conduza a essa investigação.

2.1.9.3. Março de 1969

O ofício confidencial do Governador-Geral n.º 2021/347/55/8/1.ª, arquivado na pasta 1 e datado de 10 de Março de 1969, acompanhou o relatório do Conselho de Leitura de Fevereiro desse ano.

A suspensão de circulação para análise incidiu sobre "45 títulos", tendo 6 deles sido considerados de circulação desaconselhável, com o 2.º volume do *Dicionário filosófico* de Voltaire, O *Cristo do povo* de Márcio Moreira Alves e O *compromisso* de Elia Kazan a merecerem destaque.

No que concerne aos livros já objecto de proibição, foram apreendidos 50 títulos, entre os quais "22 exemplares da *Ecomenismo*[179] em Angola e uma separata intitulada «O momento ecuménico do protestantismo e do catolicismo em Angola», por Santos Neves".

Que o autor não desistia facilmente provam-no as apreensões ao longo de vários meses de obras de sua autoria e a estratégia de recorrer a separatas na tentativa de escapar às malhas – bem apertadas no caso de um autor vigiado – da censura.

O povo tem dois adágios que se poderiam aplicar a esta situação: «Água mole em pedra dura tanto dá até que fura» e «Antes quebrar que torcer».

Porém, como decorre da lei da vida, a corda acabaria por quebrar pelo lado do mais fraco, mesmo que o adjectivo em questão nada tivesse a ver com a justiça ou a

---

[179] Grafia que consta no relatório do Conselho de Leitura.

razão porque se tratou de mais uma manifestação da razão da força contra a desamparada, porque isolada, força da razão.

Trasímaco e Maquiavel certamente que se sentiram reconfortados quando o «agente provocador» da ordem habitual foi «premiado» com um bilhete apenas de ida.

Ainda no que diz respeito às obras apreendidas devido a proibição já existente, importa referir os 15 exemplares de *Um negro que quis viver* de Richard Wright e os 13 exemplares, tanto da *Evolução económica de Portugal do século XII a XV*, 8.º volume de Armado de Castro, como de *1917: História de uma revolução* de Jean Paul Olivier.

Mais uma vez o número de títulos objecto de apenas uma apreensão foi elevado – 21 obras.

Quanto aos exemplares de revistas apreendidos foram apenas 8 – 2 de *Realidade* de Julho e Dezembro de 68 e 6 de *Fatos e Fotos*: 3 do n.º 405 e outros tantos do n.º 406.

De registar que o relatório do Conselho de Leitura está datado de 28 de Fevereiro, ou seja, David Gagean fazia questão de cumprir escrupulosamente os prazos.

Relativamente aos cortes da responsabilidade da Comissão de Censura, chegaram acompanhados do ofício confidencial n.º 1840/262/8-B/1.ª de 4 de Março de 1969, guardado na caixa 7, e o período abarcado era "de 16 a 31 de Janeiro".

O GNP deu informação no sentido do arquivamento, apesar de haver vários cortes integrais, de qualquer forma em número inferior ao das publicações autorizadas com corte.

Entre os primeiros contavam-se, nas edições de 21 de Janeiro e 5 de Fevereiro de *A Província de Angola*, os títulos «Dois dedos de conversa» de Fernando Barão e «A capital de Angola em Agosto receberá a visita de 800 médicos asmologistas reunidos num congresso flutuante», uma notícia tida "como certa" e que exigiria a abertura das "portas de território nacional" aos congressistas "com uma única excepção: a União Indiana, usurpadora da Índia Portuguesa".

Esta notícia, da responsabilidade de Agnello Paiva, saudava a persistência do Dr. Mário Damas Mora para a realização do evento e a possibilidade de os congressistas verem "com os seus próprios olhos, para o revelarem depois nos seus países, uma das facetas da obra civilizadora de Portugal no Continente Africano e o modo de viver dos seus habitantes".

O facto de a notícia ainda não estar confirmada, a menção de que estariam presentes representantes de países de regime marxista e o receio que os participantes pudessem ter contacto com algo que não favorecesse a posição política de Portugal no contexto internacional foram suficientes para o impedimento da sua publicação.

Que a censura não era muito dada a literaturas e não apreciava nem os contos nem a poesia pode constatar-se pelos cortes totais do conto «A passagem do ano», no *ABC* de 20 de Janeiro e dos poemas «Uma esperança além» de Teobaldo Virgínio, em *A Província de Angola* de 2 de Fevereiro, o sonho "da classe única onde/tu e eu/ somos socialmente/a classe humana" e «Muceque lixeira» que Leal Marques quisera

SEGREDOS DO IMPÉRIO DA ILUSITÂNIA: A CENSURA NA METRÓPOLE E EM ANGOLA

publicar no jornal *O Comércio* de 6 de Fevereiro, com a particularidade do último verso dizer "o resumi".

Se, mesmo com "baldes de lixo/esgotos/ratazanas/casas sem luz/ sem janelas", a realidade estava resumida, parece aconselhável não entrar em mais pormenores.

Também a comparação da vida nacional, nomeadamente da situação da imprensa, com o que se passava no estrangeiro, não colhia a simpatia da Comissão de Censura que proibiu o artigo «A imprensa alemã segundo publica o diário *O lobito*», na *Província de Angola*, ainda de 2 de Fevereiro.

Voltando ao *ABC*, publicou, com corte, na edição de 21 de Janeiro, uma resposta do sr. Bobella-Motta cujo título era «Quando abre a boca e não entra mosca...» e anunciava, em 22 de Janeiro, que iria publicar "a II parte da carta que o sr.. Bobella-Motta nos enviou. Apesar do tom em que vem escrita; apesar da ameaça de assassinato que faz no último período".

Afinal, a censura não permitiria essa publicação, que, como se deduz, representava mais um elemento no contencioso aberto entre Bobella-Motta e o jornalista Serafim Lopes do *ABC,* sobre uma questão relacionada com as salas do «Nacional» e do «Avenida».

Nesse período, Rola da Silva viu proibida a publicação da secção «Do quotidiano» na edição de 2 de Fevereiro de *A Província de Angola*, onde lembrava as críticas feitas por Ramalho de Ortigão, a quem gostaria de imitar "humildemente, dadas as distâncias ... se o Tempo voltasse para trás".

Também foi interdita a notícia do *Diário de Luanda* de 25 de Janeiro que dizia «comprometida a realização do corso carnavalesco de 1969» porque "a comissão executiva da Cruz de Malta, para o referido corso, abandonou a iniciativa", sendo que a posição da comissão também não pode sair na edição do mesmo dia de *O Comércio*.

Engraçada era a conclusão – igualmente proibida – da *Notícia* de 28 de Janeiro sobre o assunto. Dizia assim: "Com estes carnavais de todo o ano não admira que no Carnaval ele mesmo já ninguém tenha força para se rir...".

O Comércio de 25 de Janeiro não publicou o artigo de Leal Marques «Farrapos do tempo: a destruição da matéria humana» sobre a proliferação de boîtes e a exploração das jovens na noite de Luanda, e, no dia seguinte, não lhe foi permitido reproduzir alguns excertos do discurso de Paulo VI por ocasião da canonização dos mártires de Uganda em 8 de Dezembro de 1964.

Quanto ao *ABC* não pode publicar, em 24 de Janeiro, um artigo de João de Sousa Faria sobre a emigração portuguesa, não a emigração de trabalhadores pouco qualificados, mas de elementos que se tornariam famosos no estrangeiro, como Jorge de Sena, Lima de Faria, Manuel Valadares, Rogério Duarte Silva, que era cabo-verdiano, e outros que, em Portugal, "não seriam mesmo nada, nem professores, nem engenheiros, nem doutores, nem biólogos porque lhes falta o canudo... e a cunha".

Era uma «fuga de cérebros», embora houvesse em Portugal quem não reconhecesse os méritos desses portugueses.

Como nesta fase o envio dos cortes era quinzenal, em 20 de Março, o ofício confidencial n.º 2355/279/8-B/1.ª, arquivado na caixa 7, acompanhou nova remessa de elementos riscados, coisa diferente seria dizer censurados, uma vez que todos os periódicos eram sujeitos à censura prévia.

O período considerado ia desde "16 a 28 de Fevereiro" e o GNP decidiu que era de "incluir no Apontamento n.º 719", situação que apontava para a existência de cortes sobre temáticas que não aconselhavam um arquivamento imediato.

No que diz respeito aos cortes totais, *O Comércio* de 3 de Março viu proibido o artigo de opinião «Disto & daquilo», novamente relativo a queixas sobre o Hospital Maria Pia, desta vez sobre a ordem do seu Director para que "deixasse de ser permitida aos representantes dos Órgãos de Informação a consulta dos duplicados das guias da Polícia de Segurança Pública – através dos quais os jornalistas se documentam sobre ocorrências que tenham motivo de intervenção hospitalar".

Como se compreende, a aplicação da medida reduzia substancialmente as fontes – e o cruzamento das mesmas – de que os jornalistas se poderiam socorrer na narração das notícias, na elaboração de reportagens e na escrita de artigos sobre aspectos marcantes da vida e da conflitualidade em Luanda.

Também *A Província de Angola* de 28 de Fevereiro viu cortada a reportagem intitulada «A feira», uma crítica à guerra que "aquele barbudo soldado de infantaria, que conta os dias pelos nós que vai dando no seu rosário do tempo" considerava "chata, sem domingos, nem dias santos".

A Comissão de Censura não gozava desses privilégios e, por isso, não deixou passar um artigo susceptível de minar o estado de espírito das forças em combate.

No meio de tantos artigos autorizados com corte em outras publicações, designadamente na *Semana Ilustrada*, surgiu, em *A Província de Angola* de 18 de Fevereiro um novo artigo que, depois de suspenso, foi cortado integralmente. Tinha como título «Os craveiros» e fazia parte da rubrica «A voz da rua». Tratava-se de uma crítica ao funcionamento do horto da Câmara de Benguela onde os clientes – que pagavam os cravos a 1$00 cada um – tinham de esperar que o jardineiro, antes de os atender, cortasse "um ramo para o senhor presidente, depois outro para o senhor secretário, outro para o cunhado do senhor secretário e outro para o senhor vogal".

Felizmente que a composição do elenco camarário não era muito extensa!

Também na *Província de Angola*, o artigo «Preto no branco», assinado por António Costa, começara por ser suspenso e acabaria por ser cortado em 26 de Fevereiro. Tratava-se de um artigo de opinião – de elevada qualidade literária – sobre o esforço de guerra no qual também tombavam "soldados sem farda".

SEGREDOS DO IMPÉRIO DA ILUSITÂNIA: A CENSURA NA METRÓPOLE E EM ANGOLA

O artigo terminava com o incitamento a que "sejamos dignos dos nossos mortos. E não tenhamos contemplações por aqueles que abrigam e auxiliam os inimigos de Portugal".

Certamente que a proibição não foi motivada por esta exortação, mas pelas várias exemplificações do preço que a guerra estava a exigir às forças militares e à população civil.

2.1.9.4. Abril de 1969

O relatório do Conselho de Leitura referente a Março foi enviado pelo Governador-Geral e chegou em 8 de Abril de 1963, em anexo ao ofício confidencial n.º 3962/342/55/8/1.ª que está arquivado na pasta 1.

Esse relatório mencionava a suspensão para leitura de "28 títulos" e informava que 9 das obras que tinham sido suspensas para análise tinham recebido parecer negativo no que dizia respeito à circulação em Angola.

The new Africa de Lucy Mair, *URSS – 50 anos depois,* obra que resultava do contributo de vários autores, e *Da Economia Política* por Single e outros parecem constituir os títulos que mais justificaram a proibição devido a razões políticas, enquanto *Onde está Leola* de Carter Brown e *O sexo e a sociedade* de Kenneth Walker e Peter Fletcher não deixam dúvidas sobre os seus efeitos nefastos na moral vigente.

Na verdade, no que concerne aos dois primeiros títulos, a nova África de que o livro falava não se inseria nos parâmetros oficiais portugueses, a exemplo do que se passava com a apologia do sucesso das realizações do regime soviético.

No que concerne aos livros apreendidos por já estarem proibidos, 46 foram os títulos, merecendo destaque os 207 exemplares de *Cadernos D. Quixote,* os 151 de *Ho--Chi-Minh/Habib Burguiba,* de Jean Lacouture, os 136 de *Os aventureiros* de Harold Robbins, os 97 de *A guerra do silêncio* de Kim Philby, os 40 de *O castelo dos espiões* de Nick Carter, os 34 de *Para onde foi o amor* de Harold Robbins e os 31 da obra de Hernâni Anjos *Um negro no país das loiras.*

Também foram apreendidos 6 exemplares da revista *Fatos & Fotos* n.º 406 e o n.º 22 de *Fairplay.*

No que concerne aos cortes feitos pela Comissão de Censura, os elementos relativos "ao período de 1 a 15 de Março" chegaram no dia 5 de Abril acompanhados do ofício confidencial do Governador-Geral n.º 3876/332/8-B/1.ª, pasta 7, e a informação do GNP remetia para o "Apontamento n.º 722".

Relativamente aos artigos e notícias objecto de corte total, *O Comércio* de 10 de Março viu suspensas – seriam cortadas no dia seguinte – as nótulas avulsas de Gonzaga Duarte «Na Assembleia Nacional», uma reacção a um artigo publicado por um "lúcido comentarista dominical de um matutino desta cidade". O autor defendia que

230

o critério para a selecção dos deputados deveria ser o seguinte: "alto interesse pela função política, aliado a lúcido espírito de iniciativa, na base de sólida cultura social".

A aplicação deste critério deixaria de fora um seu parente "indestrutível deputado ao longo de vinte e quatro infindáveis anos – que nunca abriu sua prudente boca, uma única vez" e um barbeiro "dos princípios da República" porque "por cada duas palavras, como era curial, saia uma asneira".

Na conjuntura actual continua a não ser consensual que o aumento de escolarização dos deputados tenha sido acompanhada da superação desse problema.

Quanto ao jornal *A Província de Angola,* viu proibido, em 15 de Março, o artigo de José de Almeida na secção «Pórtico», intitulado «Transferências» sobre as "grossas maquias" transferidas para a Metrópole por "determinados vigaristas" que continuavam "vivendo a barba longa" e, na mesma edição, o artigo de Serradarga «De Benguela, com amor», o qual, mais do que felicitar a passagem de Luanda à categoria de "grande cidade", tecia duras críticas sobre o atraso de Benguela e – ainda mais grave – defendia que a saída desse atraso só aconteceria "quando se organizar o anunciado Partido de Portugal porque, com os outros, está provado que não nos governamos".

Relativamente à parte final, nem se vislumbra onde é que esse partido poderia ter sido "anunciado" face à recusa do regime no que se referia à criação de partidos, nem se compreende – a menos que o jornalista quisesse cair na alçada da polícia política – a ousadia ingénua de desafiar tão explicitamente o Poder instituído.

Aliás, Serradarga também veria proibido o editorial de 15 de Março «Velho morre o cisne» porque tivera a ousadia de escrever que "há velhos que são como os cisnes: só morrem de velhos, por mais rigorosos que sejam os invernos" por serem "teimosamente pertinentes".

Esta forma de falar por parábolas tem longa tradição, Só que, na conjuntura de então, o simbolismo do cisne e do Inverno eram facilmente identificáveis.

No que concerne à temática desta obra, pode constatar-se que um título do *ABC* de 14 de Março, sobre uma afirmação feita por Marcello Caetano ao jornal *Estado de São Paulo* foi totalmente cortado ao contrário do que se passou com o seu desenvolvimento.

O título em questão era «Para ir criando condições mais propícias para a promulgação de uma lei de imprensa a censura foi muito aliviada».

Se em vez de "muito aliviada" a expressão fosse "totalmente abolida" era crível que o título soasse melhor aos ouvidos do censor, embora o mesmo se tivesse abstido de indicar a sua sugestão.

No que se refere a episódios do quotidiano da Província, em 1 de Março, a *Notícia* viu cortada a reportagem que Anjo Moreira fizera junto de Isaura Gomes Moreira, que tinha estado presa, respondera em Tribunal de Polícia e já fora multada muitas vezes, "oito ou 10, em dois meses", devido a possuir um comércio ao qual tinha sido

SEGREDOS DO IMPÉRIO DA ILUSITÂNIA: A CENSURA NA METRÓPOLE E EM ANGOLA

recusada licença ou alvará para botequim e que parecia ter caído nas más graças da esquadra da Maianga.

Nada que não se resolvesse se a vendedora fosse mais receptiva em relação ao tratamento a conceder aos fiscais. Só que a periclitante situação económica da visada não lho permitia.

No mesmo dia, a *Notícia* não publicou «Como não fui à África do Sul», a denúncia de um jornalista da casa que não obtivera o visto para Joanesburgo devido àquilo que escrevera sobre o país quando lá estivera com visto de turista porque não deixara de ser jornalista. Como desta vez queria assistir ao grande prémio de automobilismo da África do Sul era bem capaz de a situação se repetir e, por isso, era preciso submeter o visto à aprovação do Ministério do Interior.

Na óptica do regime sul-africano, «cá se fazem, cá se pagam».

Finalmente, no que aos cortes integrais diz respeito, a *Noite e Dia* de 3 de Março, na página 19, trazia uma carta proveniente do Lobito de uma jovem que se dizia "ateia" e que colocava a questão relativamente ao seu casamento com um noivo que só aceitava casar "pela Igreja, no cumprimento dos preceitos da religião que escolheu e sem os quais [...] o matrimónio não tem valor".

De acordo com o jornalista responsável pela secção, a resposta a esta carta de uma pessoa "razoavelmente culta, perfeita nas suas convicções" exigia uma resposta que não era possível dar na publicação. Por isso, sugeria que o assunto tivesse "outro estudo" que teria de ser "feito particularmente", pois "um desencontro de crenças religiosas encaradas seriamente por parte de namorados que tenham em vista um casamento futuro, é sempre mau e pode trazer consequências desagradáveis se os pontos não forem postos nos ii a tempo e horas".

Esta questão continua actual, pois, mais de 40 anos passados sobre esta carta, o Cardeal-Patriarca de Lisboa, D. José Policarpo retomaria o tema no casino da Figueira da Foz e o conselho que deu às jovens católicas – pensem duas vezes antes de se casarem com um muçulmano – levantou protestos não apenas dos muçulmanos, mas também, dos ateus e de certos sectores católicos.

O segundo envio de cortes chegou em 29 de Abril de 1969, em anexo ao ofício confidencial n.º 4576/100/ 8-B/1.ª que também está na caixa 7. O período em causa era "de 16 a 31 de Março" e os cortes foram considerados pelo GNP como de arquivar.

A leitura dos artigos e notícias cortados permite verificar que as autorizações de publicação com corte foram superiores, mais uma vez, ao número daqueles que foram objecto de corte total, ou seja, proibidos.

Estavam neste último caso, «Carta de Lisboa: a décima legislatura», assinado por Mimoso Moreira e o artigo «O crédito agrícola», da responsabilidade de Ernesto Mascarenhas, no qual o autor explicava as dificuldades enfrentadas pelos "povoadores – empresários agro-pecuários que tentam fixar-se nesta província", nas edições de 4 e 8 de Abril de *A Província de Angola*.

A CENSURA EM ANGOLA NA FASE FINAL DO IMPÉRIO

Também foi proibida a notícia «As vias de comunicação dos Dembos e Nambu-angongo e a sua utilização normal» na *Actualidade Económica*, assunto que seria igualmente proibido na edição de 21 de Março de *O Comércio*.

Quanto ao *ABC* não pode publicar vários elementos:

– Em 2 de Abril, a notícia «Sem comentários» sobre a demolição de uma casa na ausência dos donos "a trabalhar na cidade" mas na presença do filho ainda criança;

– Em 28 de Março, na rubrica «A voz da cidade», um artigo de opinião intitulado «Sete polícias num maximbombo», que condenava o fechar de olhos das autoridades face à forma como se disputavam os "lugares sentados, depois em pé até ficar tudo como «sardinha em canastra»";

– No número de 17 de Março, a notícia «Para o que pode servir o escremento[180] de búfalo», onde se dizia que o mesmo era usado pelos soldados norte-vietnamitas "nas cargas explosivas das suas granadas de mão".

Na tipologia da guerra, talvez se justificasse a criação de uma nova categoria, face ao cheiro proveniente da matéria-prima usada nas cargas das granadas.

O Comércio, na edição de 16 de Março, viu cortada a rubrica assinada por Paulo Fernando «A propósito», que falava de três assuntos: o abandono de Cacuaco, apesar de estar "a dois passos de Luanda"; a alegria e incredulidade de Quimbele sobre a possibilidade de encurtar "não em quantidade mas em qualidade de quilómetros" a distância até à capital do distrito e "Cabinda: ganância & companhia, limitada", sobre a actividade económica no enclave onde falar de "ganância é pouco. Há até casos de especulação".

A revista *Notícia* foi proibida de apresentar, por corte datado de 25 de Março, uma extensa reportagem intitulada «Feddahyins» e que relatava os treinos dos «comandos da morte» cuja missão era realizar "atentados contra aviões comerciais israelitas nas rotas europeias".

Como se pode constatar, nesta fase a *Notícia* dispunha de bons parceiros na imprensa internacional.

Mais tarde, em 28 de Março, não publicou «O psicograma», uma nova forma "de adquirir almas de pessoas públicas" e que explicava à nação que se um chefe do governo fosse "de modesta estatura mas imodesto na autoridade [...] as repressões sofridas se devem simplesmente ao complexo de inferioridade do tal governante baixinho que super-compensa a tacanhez física num gigantismo totalitário".

Como se verifica quotidianamente, o psicograma continua actual nos vários sectores da sociedade.

Finalmente, no que diz respeito às proibições, C. Oliveira suspendera preventivamente e Koch Fritz cortou integralmente um artigo destinado à edição de 22 de Março da *Semana Ilustrada* sobre as eleições para deputados que se avizinhavam e que

---

[180] Grafia original.

ele queria que "fossem um momento de diálogo amplo, aberto, sério e construtivo sobre os grandes problemas da vida nacional e as linhas de força segundo as quais eles terão de ordenar-se para resolução".

Devaneios de jornalista...

Depois, na edição de 29 de Março, não pode dar voz a uma homenagem de Rui Guimarães aos dois anos da morte de Charrula de Azevedo, recordando aquilo que ele escrevera e verificando a actualidade dos temas, sobretudo no que dizia respeito às tropas que "cá vieram defender o SEU Portugal" e se arvoravam o direito de "incomodar as senhoras e jovens moças" que estavam na praia.

Não era novidade este afastamento entre os portugueses residentes em Angola e aqueles que por lá passavam, mesmo correndo risco de vida.

Um último elemento a reter nas inúmeras notícias e artigos autorizados mas com cortes tem a ver com o estado de saúde de Salazar.

Na verdade, o *Diário de Luanda* quis publicar uma notícia com o título «Volta a Lisboa para observar o Presidente Salazar o Prof. Merrit». O censor considerou que o título não estava de acordo com a notícia e sugeriu que a expressão "para observar" passasse a "e observará".

Como se verifica, grande é o sentido derivado desta alteração!

2.1.9.5. Maio de 1969

Maio inicia-se pela análise dos cortes efectuados pela Comissão de Censura durante o mês de Abril e que foram enviados pelo Governador-Geral Rebocho Vaz em anexo ao ofício confidencial n.º 5172/445/8-B/1.ª.

Esse documento foi recepcionado em 17 de Maio de 1969, consta na caixa 7, e o GNP escreveu no ofício a informação destinada ao Ministro e que ia no sentido de os cortes serem arquivados "porque não existe matéria susceptível de apreciação".

A observação dos cortes efectuados permite saber que o Tenente-Coronel Koch Fritz continuava muito activo. De facto foi ele que cortou totalmente a notícia do *ABC* de 17 de Abril onde se noticiava o regresso do Bispo do Porto a Portugal. Nem o facto de o subtítulo ser "Honra a Marcello Caetano que tal permitiu" se revelou suficiente para a autorização de publicação da notícia que, depois de suspensa, foi cortada integralmente.

Igualmente cortado na íntegra foi a notícia intitulada «Autorizados a permanecer na Suécia 204 desertores norte-americanos» que *A Província de Angola* quisera publicar em 19 de Abril.

Os militares não queriam correr "o risco de serem enviados para o Vietname" e a censura não queria correr o risco de deixar difundir maus exemplos, sobretudo numa fase em que o número de refractários as serviço militar era bastante elevado porque, para os jovens, a Europa – mesmo que alcançada a salto – era mais atractiva do que um período de recruta seguido de, pelo menos, dois anos de guerra no Ultramar.

Este jornal também viu cortado totalmente o artigo «Postal de Paris», destinado à edição de 27 de Abril e que dava conta de uma estratégia de luta "contra a violência no mundo" levada a cabo por "700 jovens mulheres britânicas", que tinham decidido "fazer, durante um ano, a greve do amor", ou seja, como forma de acabar com a violência, recusavam "toda a relação íntima com os nossos maridos, amantes e amigos".

Depois de uma revolução «hippie» e do seu «slogan» «Make love, not war», era a vez de recusar a prática do primeiro acto como forma de acabar com o segundo.

Na edição do dia seguinte, também foi proibida uma carta de um leitor sobre «Questões de maneiras». Relativamente a essa carta, que o leitor António Fresco Pereira desafiava o jornal a publicar, por ser "demasiado dura, verdadeira e impublicável", o jornal reafirmava que "não nos falta coragem, nem vemos dúvida a tal respeito", apesar de ter de proceder a alterações derivadas do facto de a mesma estar "redigida em termos menos apropriados".

Para o jornal, a carta, cujo assunto se prendia com a actuação da Polícia de Trânsito, "mais atenta ao serviço de fiscalização das normas do Código da Estrada do que ao de auxiliar a disciplina do trânsito", podia ser publicada depois de corrigido o português. No entanto, essa não foi a posição da Comissão de Censura e a carta, mesmo melhorada, foi de facto "impublicável".

De referir que *A Província de Angola* já fora proibida de apresentar, no dia 19 de Abril, a rubrica «Cata-vento» de Rola da Silva, uma reflexão sobre a escolha do galo para cata-vento e na qual o jornalista propunha a sua substituição pelo "volúvel homem", uma proposta que a censura não apreciou, pois sabia que nas chefias – e não apenas em Angola – havia alguns casos que poderiam servir de exemplo para esse tipo de homem.

Aliás, o mesmo aconteceria na edição de 22, devido a uma notícia que questionava se "As macutas voltam a circular?", um regresso de moedas[181] que tinham desaparecido "deve haver bem uns vinte anos" e que agora tinham ressuscitado "por via dos trocos, nos bares e nos «cafés» a fim de satisfazer o pagamento integral da nova e já famigerada taxa de dez por cento de serviço". O articulista questionava se as moedas estavam fora de circulação ou "não circulavam apenas por desnecessidade".

Afinal, Mia Couto teve antecessores no que se refere à desconstrução e reconstrução do léxico português.

Nesse mês, nas edições de 13 e de 28 de Abril do *Comércio* também foram proibidos os artigos de opinião de Luís Vilela, uma voz que terá de ser vista como incómoda face ao número de artigos de opinião que foi impedido de publicar.

---

[181] No início uma macuta valia cinco centavos ou meio-tostão.

O primeiro intitulado «Onde está a similitude?», questionava a criação de um grémio que reunia "na Província os interesses dos industriais hoteleiros «e similares»", pois tratava-se de "uma forma genérica que a nossa pobreza obriga a adoptar, para não pulverizar organismos patronais e sindicais e centenas de organismos sem dinheiro para mandar cantar um cego". O articulista questionava "em que é que uma cervejaria se parece com um «dancing» e que um bar se parece com um hotel" e considerava que se estava a colocar "o carro adiante dos bois".

No segundo artigo, «Fome e apetite», constituía uma reflexão sobre um editorial de outro jornal, *A Província de Angola,* sobre "um curioso paralelo entre os que passam fome de comida e os que passam fome de informação".

A forma como Vilela terminou: "Nem sequer há fome. O que há é apetite – um apetite devorador, que não sabemos quando poderemos satisfazer, de um bom prato português, com todos os matadores!" era sugestiva mas proibitiva e não por excesso de calorias.

O *Diário de Luanda,* na edição de 9 de Abril, viu cortado um artigo sobre a aplicação das taxas de 3% de Imposto de Turismo e de serviço nos restaurantes. Afinal, devido à aplicação dessas duas taxas, o almoço do jornalista tinha acabado por custar "mais sete escudos" e, por isso, o título «Que grande estoiro!» antecipava que "mais tarde ou mais cedo, a costura há-de rebentar por qualquer lado".

Para além destes artigos e notícias totalmente cortados, há várias dezenas de outros cuja publicação foi autorizada com cortes – ligeiros ou bastante profundos – durante o mês de Abril.

Depois do provérbio relativo às condições meteorológicas e que já foi referido nesta obra, era chegado o tempo para uma nova versão: «Em Abril, cortes mil».

2.1.9.6. Junho de 1969

Em Junho, o investigador não se pode queixar da falta de elementos, uma vez que tanto a Comissão de Censura como o Conselho de Leitura e o Governador-Geral cumpriram as funções que lhe estavam cometidas.

Assim, no que concerne ao relatório do Conselho de Leitura, o documento relativo ao mês de Maio chegou acompanhado do ofício confidencial n.º 5924/522/55/8/1.ª, recebido em 13 de Junho de 1969, remetido pelo Governador-Geral e que está arquivado na pasta 1.

Nesse mês, o Conselho de Leitura suspendeu "a circulação de 68 títulos de livros" para posterior análise.

No que se refere aos livros analisados em Maio, o alfabeto, mesmo acrescido de letras que não faziam parte do alfabeto português de então, não foi suficiente para indicar todos os livros retidos – 32.

Salgado Zenha viu a obra *Quatro causas* ser proibida, o mesmo acontecendo com *A traição do padre Martinho* de Bernardo Santareno, *Horas perdidas* de Urbano Tavares Rodrigues, *O grito da consciência* de Luther King, *o movimento operário britânico* de A. L. Morton e George Tate, *Racismo e luta de classes* de James Boggs, *Mémoires, 1935-1939* de Jacques Duclos e *Revelando a velha África* de Basil Davidson.

No que concerne aos livros apreendidos devido a proibição anterior, a lista tem 30 entradas, as duas últimas com "16 exemplares de diversos títulos" e "18 exemplares de diversos títulos sobre «Racionalismo cristão»", sendo de destacar os 86 exemplares de *O diabo e a carne*, por Braulio Singuenza, os 45 de *O Judas* de Nick Carter e os 25 de *Diálogos* n.º 3 das publicações D. Quixote.

De registar que o relatório do Conselho de Leitura, assinado por David Gagean, desta vez nem esperou pelo fim do mês, uma vez que está datado de 30 de Maio de 1969.

Por vezes havia pequenos grãos de areia que surgiam numa máquina que parecia a caminho da perfeição. Assim, ao Gabinete dos Negócios Políticos chegou o "ofício n.º 560/Proc.º. 125/66 do mês findo, do 2.º Juízo Criminal da Comarca de Lisboa, do Ministério da Justiça" a solicitar informação sobre se já tinha sido "efectivada a diligência constante do auto de inutilização de livros (última parte) enviada a este Juízo pela Direcção do Serviço de Censura)".

Em informação datada de 16 de Junho de 1969 está manuscrito sobre o ofício que o mesmo deveria ser devolvido, uma vez que o ofício citado não dera entrada no gabinete "o que se compreende visto que se trata de medida policial de carácter administrativo que não cabe na competência do G.N.P". Na pasta também está um documento assinado pelo Director do GNP, Ângelo Ferreira, a dar conta que "em referência à nota 499/66, de 4 do corrente" se devolvia "o documento que lhe vinha anexo", explicando a razão e o ofício n.º 536/66 de 21 de Junho de 1969, assinado pela chefe de repartição Margarida Moutinho da Costa, um aditamento à nota n.º 499/66, a dizer que o Gabinete do Ministro do Ultramar informara que "o assunto em questão foi tratado no ofício n.º 281, dirigido pela Direcção dos Serviços de Censura, tendo o mesmo sido enviado a esse gabinete, por protocolo, em 6 de Abril de 1966".

Como se verifica, apesar de uma administração tão centralizada e centralizadora, ainda se colocava, por vezes, a questão das competências entre os vários órgãos, como os documentos indicados e que estão arquivados na caixa 1 deixam perceber.

No que diz respeito à actividade da Comissão de Censura, em 17 de Junho chegaria o ofício confidencial n.º 6028/541/8-B/1.ª com os cortes efectuados no mês de Maio e que o GNP considerou de arquivar.

Mais uma vez as notícias e artigos publicados com cortes eram mais numerosos do que aqueles que tinham sido proibidos. No entanto, alguns assuntos publicados, apesar dos cortes e das marcas ideológicas, – como a reportagem de Moutinho Pereira e Fernando Farinha sobre o surgimento e a acção do terrorismo no Alto Cuito na

SEGREDOS DO IMPÉRIO DA ILUSITÂNIA: A CENSURA NA METRÓPOLE E EM ANGOLA

Notícia de 20 de Maio – constituem elementos de maior interesse do que outros que foram proibidos, como aconteceu quando a Comissão de Censura voltou a não achar graça a uma piada sobre um juiz que aplicou a pena de mil escudos de multa a um réu que lhe levara igual quantia para fazer a mudança da mobília – *ABC* de 27 de Maio.

Isto para não falar da notícia «Estranha detonação causou alarme em S. Paulo" – *A Província de Angola* de 21 de Maio – onde o leitor ficaria a saber o mesmo que a polícia que foi ao local, ou seja, nada, e de uma carta de um leitor a questionar se "a cama e a roupa lavada também são abrangidos pelos famigerados 10%" – edição de 12 de Maio de *A Província de Angola*.

A questão dos 10% era, então, objecto de muita discussão, embora a censura estivesse atenta como se comprova pelo corte integral de um artigo assinado por "um consumidor" e que se destinava a ser publicado no *ABC* de 6 de Maio. O autor considerava que um consumidor que soubesse fazer contas constataria que no "império dos 10%", só o industrial sairia beneficiado.

O consumidor podia saber fazer contas, mas não foi capaz de convencer a censura sobre a utilidade e a necessidade das mesmas.

Por vezes não era tanto o conteúdo, mas sim o título a justificar o corte ou a sugestão de alteração. Foi o que aconteceu ao título «Representantes da oposição avistaram-se com o Governador Civil» - *ABC* de 10 de Maio e «Emancipação» de Humberto Lopes - *A Província de Angola* de 15 de Maio – que o Inspector Barradas sugeriu que passassem para «Uma comissão eleitoral recebida pelo Governador Civil» e «Descentralização Industrial».

Eram os purismos da linguagem que chegavam ao ponto de fazer "Os f. da p." passar a "filhos da ...." – *Semana Ilustrada* de 5 de Abril de 1969[182].

A censura também não deixava que os jornais explicassem aos leitores que a intenção do jornal não era suficiente para que as cartas dos leitores fossem publicadas – *ABC* de 8 de Maio.

De facto, a Comissão de Censura dispensava o protagonismo – ainda que implícito –, pois não gostava de ser notícia.

No que se refere às relações entre o sexo e o racismo, a obra *Um negro no país das loiras*, de Hernâni Anjos, foi comentada por Filipe Neiva na edição de 24 de Maio do jornal *A Província de Angola* e só mereceu o corte do período onde se deveria ler: "o [anti-racismo] dos nórdicos, aliás, das nórdicas, reduz-se ao luxo amoroso de terem um favorito de cor negra, mas nunca vão ao ponto de terem filhos", ou seja, só o prazer físico não era racista.

No mesmo dia, este jornal também viu totalmente cortada a rubrica «Do quotidiano» da responsabilidade de Rola da Silva sobre "o II Congresso Republicano e o que ele representa para o ramerrão da vida nacional", onde o autor escrevia que ficava

---

[182] A data é a indicada, situação que prova que o corte deveria ter sido enviado no mês anterior.

a esperar "melhores dias" e que "na pessoa do prof. Marcello Caetano não aconteça o político sobrepor-se ao jurista" até porque "as promessas ainda não estão esquecidas". Os factos parecem mostrar que, afinal, de pouco valeu essa retenção na memória!

Foi, aliás, em nome de algumas dessas promessas que Ramiro Mendes quis publicar na edição de 28 de Maio do *ABC* um longo artigo sobre «O crédito agrícola em Angola» para analisar o "tripé constituído pelo capital, o trabalho e a técnica" e denunciar aquilo que emperrava o sistema.

Segundo ele, era necessário olhar "para a agricultura com olhos patrióticos. Com amor à Pátria" e esta devia estar antes da pecuária porque "o boi está para o lavrador como o estrume para a terra. Em campos cultivados é que crescem bem as manadas".

Paulo Fernando, em *O Comércio* de 27 de Maio também falaria – melhor, quisera falar – da economia de Angola com um título que não deixava margem para dúvidas sobre o conteúdo «O seu a seu dono: afinal, Angola continuou, em 1968, a ser o melhor cliente dos vinhos metropolitanos».

Como é bom de ver não se tratava de um regozijo, mas de uma crítica, aliás habitual, sobre as questões do vinho.

Se as notícias sobre a questão das bebidas alcoólicas embebedassem como o vinho, os leitores e os jornalistas raramente andariam sóbrios.

No que concerne aos aspectos políticos, o artigo «O incrível sr. Simango pede auxílio à ONU para a Frelimo" – *A Província de Angola* de 22 de Maio – e o artigo de opinião «Tópicos dum domingo» de Rola da Silva na edição de 20 de Maio do mesmo jornal – que falava da ida à missa e da necessidade "de pão, de roupa, de tecto" porque, apesar de solene, "o dia não alimenta, não aquece, nem resguarda" – não foram autorizados.

Mais ligeiro – ou até brejeiro – era o conto «O anjinho e a bruxa» que o n.º 191 de 15 de Maio da *Revista de Angola* quisera publicar, mas a censura, ao contrário do jovem protagonista do conto, já não acreditava em bruxas.

Mais séria e mais relacionada com este livro foi a proibição que recaiu sobre a revista *Prisma* quando quis publicar, em 2 de Maio, um extenso artigo sobre o que se passava em Portugal e dava conta "do longo consulado do Professor de Coimbra" e do facto de a eleição da Câmara dos Deputados ser "praticamente, a única em que o povo pode participar e emitir a sua opinião" num Portugal onde "todos os portugueses com menos de cinquenta anos terem crescido num país apolítico", situação que todos sentiam como "anormal".

O corte da Comissão de Censura encarregou-se de diminuir drasticamente o conteúdo indefinido e generalizante do pronome "todos".

Aliás, *O Comércio* de 29 de Abril também evocou a chegada de Marcello Caetano ao Ultramar e usou "viva voz" para condenar os métodos da brigada de fiscalização de preços que mandava uma miúda de cerca de 10 anos, que seria "filha de um dos membros da Brigada", fazer compras a "determinados lugares" para, depois, actuar caso o troco não estivesse de acordo com as "tabelas vigentes".

O jornalista aconselhava a que a menina fosse mandada "aprender a ler e contar, para que, mais tarde, quando mulher" não viesse a dar "por mal empregue o tempo que perdeu nestas andanças".

Afinal, esta prática – uma estranha brincadeira – não passava de uma exploração infantil, ainda por cima incentivada pelo progenitor.

Neste mês foram, ainda, proibidos vários artigos de opinião ou crónicas em *A Província de Angola*, nomeadamente, «Elogio do sabão» de Rola da Silva, em 4 de Maio, «Retalhos» de Sousa Chaves, em 10 de Maio, e «A saco?» de Serradarga, em 11 de Maio, uma forma imaginativa de substituir o título «A saque» porque há sempre um saco pronto a recolher o produto das actividades ilícitas.

2.1.9.7. Julho de 1969

Ler, proibir e apreender continuavam a ser os três verbos que o Conselho de Leitura melhor sabia conjugar e Julho não fugiu à regra.

Assim, o relatório de Junho do Conselho de Leitura chegou ao Gabinete de Negócios Políticos acompanhado pelo ofício confidencial n.º 7122/646/55/8/1.ª de 24 de Julho de 1969, arquivado na pasta 1, e que dava conta de "109 títulos" apreendidos para "serem submetidos a leitura", sendo que a leitura das obras anteriormente recolhidas condenara a circulação de 17 títulos, 3 dos quais de Jorge Amado: *Terras do sem fim*, *País do Carnaval – cacau – suor* e *ABC de Castro Alves*.

Por motivos obviamente diferentes duas obras de Carter Brown, *A viúva alegre* e *Casa da magia*, e outras tantas de Marcos Rey, *Memórias de um gigolô* e *Café na cama*, também foram consideradas de circulação inconveniente.

Quanto à lista de livros apreendidos por força de proibição já vigente, a lista contemplava 81 títulos, merecendo realce os 86 exemplares de *O diabo e a carne*, no relatório atribuído a Vilhena, os 48 de *Um sonho americano* de Norman Mailler, os 34 de *O progressismo na Europa desde 1789* de David Caute e os 25 exemplares de *A mulher e o sexo*, *O homem e o sexo* e *A força do sexo*, todos de Frank S. Cáprio.

Além disso, importa referir que autores como Allan Kardek, Francisco C. Xavier, Frank S. Cáprio, Roy Harvey e Huberto Rohden tiveram um número muito elevado de títulos apreendidos e que em 31 dos casos a Comissão de Censura só procedeu à apreensão de um único exemplar.

A atribuição da obra *O diabo e a carne* a José Vilhena talvez possa ser explicada pelo facto de Vilhena traduzir e publicar obras, como aconteceu com *Contos de terror*, situação que consta no ofício n.º 14 de 26 de Fevereiro de 1970 enviado pelo Chefe da Repartição dos Correios e Telecomunicações de Portugal, Direcção dos Serviços de Correios, J. Costa Cabral.

No que concerne à actividade da Comissão de Censura, na pasta 8 existe um artigo que foi cortado integralmente pelo Conselho de Censura de Angola intitulado «A função legislativa do Governo e da Assembleia Nacional» da autoria do Dr. Oswaldo Aguiar e com evidente interesse para as Ciências Sociais, principalmente para a Ciência Política.

De facto, o autor começava por afirmar que "há muitos anos que em Portugal o órgão legislativo normal é o Governo e o excepcional é a Assembleia, que, aliás, nem sequer tem reivindicado para si a feitura dos diplomas mais importantes".

Depois, referindo-se aos deputados, considerou que só havia "três possibilidades de erguerem a voz para lerem coisas válidas: serem eles próprios especialistas da matéria; disporem de meios de fortuna para pagarem a um gabinete de estudos; ou então, que o gabinete de estudos do grupo privado que representam lhes prepare as intervenções" e denunciou que "na legislatura cessante" muitos deles representavam "interesses e grupos privados, quase sempre de fora dos círculos por onde foram eleitos". Os exemplos eram gritantes "um deputado pelo Alto Minho será o *lobyst* de uma diamantífera de Angola como o deputado pela Beira Nordestina poderá representar um grupo bancário do Porto".

Se na Angola de então os livros de Duverger eram proibidos, o destino deste artigo estava traçado.

Ainda na pasta 8 consta o ofício do Governador-Geral a acompanhar os cortes relativos a Junho – ofício confidencial n.º 7201/653/8-B/1.ª, datado de 26 de Julho. O GNP considerou que os cortes eram de arquivar.

Desse espólio justificam mais atenção os cortes totais de artigos, embora nem todos revelem o mesmo grau de importância.

A censura não gostava que brincassem com os heróis nacionais e, por isso, o artigo «Dois dedos de conversa» de Fernando Barão em *A Província de Angola* foi totalmente cortado, uma vez que falava dos disparates escritos numa redacção por um aluno de Nova Lisboa sobre Luís de Camões.

No que concerne à forma como era feito o jornalismo em Angola, «A grande notícia» do *ABC* de 7 de Junho era muito importante porque mostrava a revolta do jornalista uma vez que o público pensava que a imprensa era má e "nem sabia o que se passava dentro de portas" quando o jornalista já tinha "pouco depois do acontecimento feito a pergunta a alguém de quem depende a boa ou má Imprensa que se oferece ao público".

A leitura não permite saber qual era a notícia, que, afinal, todo o mundo sabia porque, naquela época, "as agências noticiosas internacionais, no minuto seguinte ao acontecimento, colocam a notícia por telex, na redacção do «Time» ou na dum pasquim da Patagónia, dando-lhe a feição da sua conveniência política".

Era a constatação de que os progressos da comunicação tinham tornado o Mundo numa «aldeia global».

Há cortes que, apesar da sua reduzida dimensão, apontam para alguns aspectos muito negativos sobre o abuso do poder e o clientelismo. Foi o que se passou com o *ABC* de 23 de Junho onde uma anedota foi cortada. O texto, que é curto, justifica a transcrição:

"- Desculpe, tem licença para construir?

- Nem preciso, sou das pescas...".

Aliás, a edição do mesmo jornal de 12 de Junho também não pudera publicar um pequeno artigo de opinião sobre a introdução da taxa de "dez por cento" e a justificação que era dada às dúvidas colocadas, por telefone, sobre o assunto. O jornalista terminava dizendo: "não percam o programa...".

A censura encarregou-se de garantir que o perderiam.

Por vezes as imagens e as legendas também eram proibidas e não devido à reduzida qualidade. Foi o que aconteceu a uma imagem sobre o estado das estradas, acompanhada da legenda "com estradas desta natureza, não pode haver material que resista". Uma camioneta bloqueada pelos buracos da estrada completava a imagem.

Ainda sobre os transportes, a notícia sobre o avião português obrigado a aterrar em Ponta Negra foi proibida no jornal *O Comércio* por ordem datada de 12 de Junho. A razão da proibição era simples: a fonte era a "agência de «press» do Congo Brazaville" e o avião tinha sido "desviado por três simpatizantes do MPLA".

Também o corte do artigo «Unidade e apatia», em 9 de Julho se revela importante porque o assunto era o desinteresse com que as eleições legislativas eram seguidas. O artigo convocava à manifestação de opiniões porque, se tal não se verificasse, acabaria "por se confundir a unidade que se deseja com a apatia que se abomina".

Entre os artigos publicados com cortes deste mês há a particularidade de constar uma nova reportagem de Fernando Farinha sobre acções de guerra dos paraquedistas – por exemplo, os ataques à "Etiópia central do MPLA" e ao "RAU" que era "um quartel com perto de 300 cabanas".

Estes artigos, censurados a 7 de Julho, eram objecto de duas censuras, uma vez que também eram submetidos à censura militar para proceder às alterações de forma a que não fossem dadas informações aos elementos inimigos – melhor aos "bandoleiros".

Por vezes os cortes eram apenas cirúrgicos como aconteceu na edição de 10 de Junho do *ABC* porque quando foi referida a entrega de medalhas em Angola, o censor apenas retirou o parágrafo final para que não se ficasse a saber que "a percentagem de elementos condecorados em relação ao efectivo das Forças Armadas em Angola é de 0,13%".

Era caso para dizer que as frequências absolutas serviam melhor os interesses do regime do que as frequências relativas traduzidas em percentagem.

Os aspectos da má gestão relacionados com a vida na Província foram proibidos no *ABC* de 25 de Junho sobre a instalação de novos complexos fabris na zona da Ilha de Luanda – uma "antiga zona turística" – e, no mesmo jornal, o artigo de Mário Queimado, na edição de 26 de Maio, – cortado a 7 de Junho, depois da suspensão inicial – sobre a afirmação do Governador-Geral em Moçâmedes de que não se importava "nada em mandar para muito longe três ou quatro pessoas, como perturbadoras da ordem social".

O jornalista não questionava essa ordem "se realmente as pessoas a mandar para muito longe forem indignas de aqui continuar" e dava conselhos para facilitar essa identificação. Este articulado já apontava para a razão da proibição, a qual se prendia com o receio de que a expulsão, afinal, acabasse por afectar "os homens tão honestos que até são capazes de falar sem medo, apontando erros e desvios de orientação".

Finalmente, para evitar a imoralidade, foi cortado o artigo «Fantasia de amor» no *ABC* de 17 de Junho sobre a descoberta da figura da "amante" e da sexualidade por um miúdo de "onze anos" e, para evitar problemas políticos, o «Comunicado subscrito pelos prof. Tierno Galvan e dr. Mário Soares", datado de 30 de Maio, que falava da definição de "um socialismo moderno" como "uma via de solução para os países peninsulares, capaz de os libertar do subdesenvolvimento e de abrir perspectivas aliciantes de forma a poder associá-los aos interesses e ideologias democráticas vigentes na Europa" – *A Província de Angola* de 5 de Junho de 1969.

Tratou-se, afinal, de um texto premonitório face à evolução política dos dois países e à entrada conjunta na Comunidade Europeia.

2.1.9.8. Agosto de 1969

Agosto foi um mês pobre para a investigação porque apenas dispôs dos elementos derivados da actividade do Conselho de Leitura.

No entanto, é bem provável que esta míngua de informação em Agosto venha a ser compensada com uma avalanche de dados num dos meses seguintes.

A ver vamos!

Em 7 de Agosto chegou o ofício confidencial n.º 7607/703/55/8/1.ª do Governador-Geral, que trazia em anexo o relatório do Conselho de Leitura do mês de Julho[183], o qual informava sobre a suspensão para análise de "102 títulos de publicações" e do parecer negativo sobre 23 títulos de livros e 2 números de revistas.

A *Sociologia política* de Karl Marx, Max Weber e outros, *Ho Chi Minh* de Jean Lacouture *Economia e sociedade em África*, por Alfredo de Sousa e *Cuba – socialismo e desenvolvimento* de René Dumont e *Médio Oriente – solução impossível?* De Nasser, Abba Ebban e outros parecem ser os títulos mais sonantes dessa lista.

No que se refere às revistas, a proibição recaiu sobre *Adam*, n.º 33 e *Cinémonde* n.º 1797/69.

Relativamente aos livros apreendidos devido a proibição anterior, a lista contemplava 93 títulos de livros e 5 exemplares da revista *Woman*, relativa ao ano de 1969.

---

[183] O relatório, assinado por David Gagean, tem a data inicial de 31 de Julho de 1969.

Entre os livros apreendidos, havia a referir os 45 exemplares de *O diabo e a carne*, novamente atribuído a Braulio de Siguenza, os 40 exemplares de *O progressismo na Europa desde 1789* de David Caute e os 26 exemplares, tanto de *A traição do padre Martinho* de Bernardo Santareno, como da *Carta ao Papa (sobre a pílula)*, da Editorial Delfos.

Como se constata, as críticas à posição do chefe da igreja católica sobre os métodos contraceptivos já vêm de longe.

Também de registar que 39 títulos só foram objecto da apreensão de um único exemplar.

Em sentido inverso a tanta proibição e apreensão e sem que tivesse sido aduzida uma justificação para o acto, neste mês foi retirada a proibição que incidia sobre dois livros: o já mencionado *Um negro no país das loiras* de Hernâni dos Anjos e *Tratado de parapsicologia* de René Sudra.

No que se refere aos cortes efectuados pela Comissão de Censura, os cortes efectuados não foram enviados durante Agosto e, por isso, só serão objecto de estudo no mês seguinte.

Talvez as férias possam explicar o atraso nesse envio.

2.1.9.9. Setembro de 1969

Afinal não foi preciso esperar muito para comprovar a veracidade da hipótese formulada no mês anterior.

De facto, no que concerne a Setembro, Camilo Vaz enviou dois ofícios confidenciais, que foram recebidos em Lisboa em dias seguidos – 4 e 5 de Setembro –, com as provas da imprensa que tinham sofrido cortes em Julho e em Agosto, sendo que ambos os ofícios figuram na caixa 8.

Os cortes de Julho eram acompanhados do ofício n.º 8421/808/8-B/1.ª e o GNP resolveu que era necessário fazer uma informação para o Ministro. Por isso, José Catalão preparou o Apontamento n.º 2893.

A informação está datada de 16 de Setembro e incide sobre 6 cortes a saber:

– Uma notícia local da revista *Notícia* sobre a promoção social e que Catalão transcreveu integralmente. Era a célebre questão levantada pelo Decreto n.º 48 991 que só contemplava "novas taxas alfandegárias a incidir sobre produtos importados para a Bacia Convencional do Zaire" e deixava de fora as zonas limítrofes de Cabinda, que, como é lógico, não paravam de reclamar a extensão do direito conseguido por Cabinda;

– Outra local da *Revista de Angola* sobre o Decreto que criava os Institutos de Crédito do Estado em Angola e Moçambique, pois os 100 mil contos inscritos no Orçamento para a criação do Instituto "foram utilizados para outros fins e o Instituto limita-se agora a substituir a Caixa Económica Postal, tomando conta dos seus fundos e haveres";

– Nova local sobre «Tópicos da semana» em *A Província de Angola*, onde eram revisitadas as promessas de Rebocho Vaz em Malange e se lembrava que continuava a haver "latifúndios angolanos inaproveitados" e muitos "grupos e facções" que dominavam "tudo e todos";

– Um artigo sobre os mais de 30 mil contos necessários para instalar o complexo industrial de Carmona e onde se explicava a confecção de «vinho» a partir de abacaxi, em *O Comércio*, jornal onde também foi proibido o artigo «Revolução industrial requerida pela Cela – o caso do matadouro», que falava da «Socar» e denunciava "como nasceu e vegetou nestes longos anos, esta empresa neolisboeta de tão triste memória: um grupo sem dinheiro a servir-se de suporte político para que o Estado lho fosse adiantando";

– Um artigo publicado com cortes na *Semana Ilustrada* sobre a emigração portuguesa para Angola porque na "capital malanjina" alguns organismos reunidos tinham chegado à conclusão que "um dos principais problemas da Província é, presentemente, a falta de população evoluída, «muito em especial a europeia»".

De notar que Catalão se limitou a fazer a transcrição dos artigos ou de partes dos mesmos e, nesses casos, a explicar a respectiva estrutura, mas não teceu juízos de valor ou quaisquer outras considerações, pois apenas ligou o texto.

De fora dessa informação ficaram artigos e notícias totalmente cortados como, por exemplo,

– «O perigo ronda Benguela. Um tal Mancha Negra ataca ao escurecer», artigo que desvalorizava o assunto dizendo que talvez não passasse de uma brincadeira de "garotos crescidos de mau gosto, que pelo ócio que têm se dedicam a torturar a paciência dos outros" – *A Província de Angola* de 6 de Julho;

– «Luso-brasileirismo», uma reflexão sobre as relações entre Angola e o Brasil onde se denunciava que "se os territórios são parecidos, os relógios não estão certos pela mesma hora" – *Notícia* de 16 de Julho;

– «Nótula económica: temas para meditação», que procedia à análise da conferência do Dr. Teixeira Pais sobre os aspectos políticos administrativos e económicos da realidade angolana – *A Província de Angola* de 17 de Julho

– «Patuleias na previdência», de Rola da Silva, sobre a decisão de uma "firma estrangeira radicada em Luanda há muitos anos" de "estabelecer pensões de reforma para o seu pessoal" – *A Província de Angola* de 17 de Julho;

– «Reunião em Lisboa da oposição democrática», uma notícia que tinha por base uma outra enviada para o diário madrileno *Informaciones* pelo seu correspondente em Lisboa Mário Ventura – *ABC* de 18 de Julho

– «Desordem na ordem», artigo de Humberto Lopes, no qual o jornalista tecia uma crítica à situação porque "entre a ordem aparente e a desordem real vai um abismo intransponível" – *A Província de Angola* de 23 de Julho;

SEGREDOS DO IMPÉRIO DA ILUSITÂNIA: A CENSURA NA METRÓPOLE E EM ANGOLA

– «A monarquia dos copos», uma crónica satírico-cómica de "RÔLLA D'SYLVA" sobre uma república que acabou com o povo e foi "tudo para a nobreza", razão para a instauração da " monarquia mais moderna do mundo. Todos filhos d'algo". Talvez do álcool – *A Província de Angola* de 29 de Julho.

– «Promoção social», sobre as medidas de promoção social das populações de Cabinda – Decreto 48991 – que, no entanto, deixara de fora "as populações dos distritos que confinam com Cabinda" – *Notícia* de 29 de Julho.

Quanto aos cortes feitos pela Comissão de Censura em Agosto, Camilo Vaz enviou o ofício confidencial n.º 8896/800/8-B/1.ª e o GNP não viu nesses elementos qualquer assunto a justificar apreciação.

Os cortes totais, geralmente antecedidos de suspensão, foram bastantes e envolveram várias temáticas.

Assim, no que concerne aos aspectos do relacionamento entre os vários grupos sociais, o *ABC* de 4 de Agosto não foi autorizado a publicar uma carta de um leitor sobre o que se passava em Cabinda onde os ricos sujeitavam os outros "aos mais infames caprichos" e tratavam-nos como "míseros lacaios".

Ainda sobre a importância dos vários grupos, neste caso, de interesses, *O Comércio* de 4 de Agosto viu cortado o artigo de opinião de Luís Vilela «Uma questão de adjectivos» onde se questionava "enquanto houver interesses adjectivados, como é que se há-de atender a interesses que são apenas interesses?".

No que diz respeito aos assuntos políticos, *O Comércio* foi impedido de noticiar, em 18 de Agosto, as férias do Ministro das Finanças de França Giscarg D'Estaing em Luanda e de dar eco, em 23 de Agosto, a uma notícia ou um boato "publicidade ou má fé" proveniente de Lisboa e tendo como fonte o *Jornal da Tarde de S. Paulo*, segundo a qual o coronel Jean Schramme estava em Angola "a treinar um corpo de quatro mil mercenários negros com o auxílio do Exército português para a invasão do Congo de Kinshasa".

Também o *ABC* foi proibido, em 1 de Setembro, de noticiar que «Os partidos socialistas português e espanhol no exílio) assinaram um pacto de cooperação» e que «Tomará parte activa nas eleições de Outubro com uma lista de candidatos a Comissão Democrática do Porto»[184] – notícias inicialmente previstas para a edição de 30 de Agosto. Entre os cortes enviados constava, ainda, um relativo a uma notícia de 21 de Agosto que fora cortada em 28 de Agosto sobre o «Apoio total ao Governador Geral», da autoria de Mário Queimado.

Na realidade, o Governador-Geral afirmara em Sá da Bandeira que não conseguia "distinguir bem entre quem está a defender o Castelo ou quem está a tentar alvejá-lo" e, por isso, Queimado aconselhava-o a que "nunca as mãos lhe doam, quando tiver a

---

[184] Notícia também proibida na edição de 31 de Agosto de *A Província de Angola*.

certeza" e exemplificava os casos em que era fácil verificar quem estava a prejudicar o erário público e a deitar "remendos em vez de planificar".

Mais do que apoiar o Governador-Geral, o artigo destinava-se a mostrar o mau exercício de certos funcionários em oposição aos «Dois factos expressivos» apontados por Nuno Santos na edição de 28 de Agosto de *A Província de Angola* sobre um alto funcionário público que recusara receber o dinheiro da acumulação "em representação do Estado em um Organismo Corporativo de cúpula" e de um membro do Governo que mandou dissolver uma sociedade petrolífera "em cujo capital o Estado teve indevidamente participação importante que foi consumida, ao que parece, em pesquisas inúteis que, para continuarem, requeriam nova participação e avultada do Estado".

Voltando à má gestão, R. Sotto-Mayor, no *ABC* de 8 de Agosto, quisera denunciar os "milhares de contos deitados pela janela fora" no aviário de Malanje, como se os portugueses fossem "uns tipos muito ricos, com largos cabedais". De facto, os ovos e as galinhas que Malanje passaria a ter "para dar e vender", continuavam a chegar "de comboio de Luanda" porque o "empreendedor «Liygorn» ia caraguejar a outras bandas".

Afinal, as deslocalizações não representam uma invenção da recente política neoliberal.

Por vezes, a censura cortava artigos de inegável valor sociológico com aquele que foi assinado por Viriato Simões em *A Província de Angola* de 29 de Agosto sobre «A habitação». O autor terminava dizendo que "continuaremos num próximo artigo a referência a mais alguns aspectos deste assunto". A censura não foi da mesma opinião.

No mesmo dia e no mesmo jornal, Rola da Silva, na rubrica «Do quotidiano» quis falar "de um Mestre: prof. Adriano Moreira" porque não percebia e lhe pesava o facto de o ver "afastado de Director do Instituto Superior de Ciências Sociais e Política Ultramarina. Afastado da sua obra".

Além disso, Adriano Moreira era "reconhecidamente inteligente, mesmo pelos seus inimigos, ou pelos seus só opositores no campo das ideias" e uma figura "sem par na Universidade portuguesa dentro da sua especialidade. E a nível dos mais cotados autores estrangeiros". Ora, "toda essa inteligência e todo esse saber aliados a uma capacidade de trabalho em que não entra a palavra sacrifício, têm que fazer dum homem alguém. E perder-se alguém onde não há quase ninguém é uma pena".

Louve-se a coragem de Rola da Silva ao reconhecer a injustiça de que estava a ser vítima alguém que, no Brasil, era designado como «O Embaixador da Inteligência».

Como o Portugal de então não primava pela superioridade intelectual, a censura fez questão de lembrar que não se esquecera de Adriano Moreira e, por isso, a revista *Prisma* de Agosto de 1969 viu cortada a ordem de serviço, de 15 de Julho de 1969, do Ministro da Educação Nacional, José Hermano Saraiva, a declaração unânime do Conselho Escolar do Instituto Superior de Ciências Sociais e Política Ultramarina, de 18 de Julho de 1969, a decisão do Conselho da Universidade Técnica de Lisboa e

SEGREDOS DO IMPÉRIO DA ILUSITÂNIA: A CENSURA NA METRÓPOLE E EM ANGOLA

as palavras do Professor Adriano Moreira na Assembleia Geral dos Estudantes, em 19 de Julho de 1969.

Aliás, para ser rigoroso, há que dizer que o censor se esqueceu de cortar a folha final dessas afirmações, embora pareça evidente que se tratou de um lapso, uma vez que a parte não cortada do texto não faz qualquer sentido sem aquela que foi suprimida.

Como se constata, trata-se de uma «quase perseguição» em que também nós nos vimos obrigados a intervir para repor a verdade[185].

O mês não correu de feição para as reflexões críticas feitas pela *Província de Angola*, pois em 29 de Setembro o artigo «À margem do escândalo... formação e informação» foi proibido. Era a questão do jornalismo numa fase em que a informação era "um modo de morte, que não de vida". Aliás, o mesmo destino já tivera o artigo de Humberto Lopes sobre «Acções e obrigações» – dia 22 de Agosto.

Que a censura não gostava de ser questionada ou criticada prova-se pela proibição de publicação da carta de um leitor – António Diogo – ao *Diário de Luanda* de 26 de Agosto a pedir esclarecimentos sobre o critério usado pela Comissão de Censura para a classificação dos filmes.

Retomando as actividades do Conselho de Leitura, o Director do Gabinete dos Negócios Políticos – Ângelo Ferreira – remeteu, em 17 de Setembro de 1969, ao Director dos Serviços de Censura da Presidência do Conselho a cópia do relatório referente ao mês de Agosto, em aditamento ao ofício n.º 4274 de 30 de Agosto, de 1969 e que correspondia ao ofício do Governador-Geral de Angola n.º 8497/810/55/8/1.ª, o qual dera entrada em 5 de Setembro. O documento tem o número 4539 e o código Y-7-5, um código criado para a censura à imprensa em Angola e está arquivado na pasta 1.

A leitura do ofício permite verificar que, nessa altura, o Presidente do Conselho de Leitura em Luanda era David Lopes Gagean, uma vez que foi ele que assinou o documento saído do Conselho de Leitura em 26 de Agosto de 1969.

De acordo com esse relatório do Conselho de Leitura, na actividade exercida durante o mês de Agosto, tinham sido considerados de inconveniente circulação 7 livros, entre os quais *A legislação eleitoral e a sua crítica* de José Magalhães Godinho, *A ideologia do colonialismo* de Nelson Sodré e *4 ismos em foco* de Ebenstein, mas também livros de carácter religioso e espiritual: *Encontro com o yoga*, de Pierre Bastiou, *O espiritismo* de Yvonne Castellan e *A fábula de Jesus* por Cony Fau e uma obra *Um polícia duro* de John Roeburt, de difícil catologação.

---

[185] Na verdade, depois de escrever, em 4 de Julho de 2007, uma carta que foi publicada no jornal *Sol* para provar a falsidade de afirmações constantes na *5.ª Década (anos 60) I parte: Passagem pelo Ensino do Álbum de Memórias* de José Hermano Saraiva, fui obrigado, face a novas afirmações falsas e ofensivas saídas na revista do mesmo jornal, a escrever a separata do *Boletim da Academia Internacional da Cultura Portuguesa* intitulada *Em nome da verdade*.

248

A CENSURA EM ANGOLA NA FASE FINAL DO IMPÉRIO

Quanto a revistas, apenas a *Vida Mundial*, n.º 1568 de 27.6.69 mereceu a classificação de inconveniente.

O Conselho de Leitura, por outro lado, "levantou a proibição que incidia sobre os livros": *Não se nasce soldado (os vivos e os mortos)* de Konstantin Simonov e *Malthus e os dois Marx* de Alfred Sauvy.

Depois o documento dava conta dos livros que "por já se encontrarem proibidos de circular" tinham sido apreendidos, indicando o número de exemplares recolhidos e os respectivos autores.

Trata-se de uma lista muito comprida – com 45 obras – e na qual é de destacar que há casos de apreensão de 101 exemplares de *A revolta dos negros americanos* de James Baldwin ou de 100 exemplares de *O conflito israelo-árabe* de Pierre Rondet e os 72 exemplares de *Diz-me com quem dormes* de Vilhena, embora a maioria dos casos – 29 situações – se refiram a apenas um exemplar.

Entre os autores cujas obras foram apreendidas constam nomes de autores portugueses, como Bernardo Santareno – *Anunciação* –, Urbano Tavares Rodrigues – *As aves da madrugada* e *Vida perigosa* – e a francesa Françoise Sagan.

De notar a importância que era atribuída aos temas religiosos e espirituais porque os autores que se ocupavam dessas temáticas continuavam a ser grandes vítimas da censura como se comprova pelo facto de F. Cândido Xavier ter 14 obras apreendidas e Allan Kardec 8. De facto, não eram admissíveis livros como *O Evangelho segundo o espiritismo* de Kardek ou *Nos domínios da mediunidade* de Xavier.

Um último elemento deste relatório indicava que tinha sido "suspensa a circulação de 56 títulos de publicações, para serem submetidos a leitura".

A investigação já feita apontaria para que, no mês seguinte, logo se soubesse do resultado dessa leitura paga. Porém, no arquivo consultado nada mais consta relativamente à actuação do Conselho de Leitura.

Como as personalidades ligadas ao jornalismo angolano com quem estabeleci contacto não sabiam da existência deste Conselho, será caso para dizer que o mesmo desapareceu como viveu, ou seja, quase em silêncio, apesar dos elevados números relativos à sua actividade.

Interessante teria sido fornecer aos leitores – desta obra e não do Conselho – a informação sobre os proventos dessa actuação, mas a pesquisa efectuada no Arquivo Histórico-Diplomático não correspondeu às expectativas nela colocadas e derivadas do título de um dos ficheiros.

2.1.9.10. Outubro de 1969

Como foi dito nos parágrafos quase finais do mês anterior, a partir de Outubro, a investigação viu-se «órfã» porque deixou de contar com a possibilidade – sempre interessante – de consultar os relatórios do Conselho de Leitura. Assim sendo, a fonte principal passou a ser constituída pelos cortes efectuados pela Comissão de Censura.

Assim, em 22 de Outubro de 1969, o GNP recepcionou os cortes feitos pela Comissão de Censura durante Setembro e que chegaram acompanhados do ofício confidencial n.º 9911/1001/8-B/1.ª, arquivado na pasta 8.

O GNP era do parecer que se podia arquivar e o Ministro aceitou a sugestão, apesar de haver bastantes artigos cortados integralmente – um eufemismo para designar a proibição de publicação.

Assim, a *Notícia* de 3 de Setembro não foi autorizada a publicar uma carta proveniente de Cabinda, da autoria de J. Freire da Fonseca sobre "a acção repugnante de algumas criaturas que, por terem a dita de serem ricos (materialmente!..) se consideram senhores absolutos e poderosos, com direito integral ao que também pertence aos outros" até porque o solo de Cabinda era "suficientemente extenso e rico para nele poderem viver todos".

Quanto ao *ABC* de 6 de Setembro viu cortados os textos de M. Castanho «Português e videirinhos» e «Serão todos assim», uma crítica a quem criticava os seus escritos e passava o tempo a criar "as mais belas sociedades, chamadas panelinhas". Este jornal, em 7 de Setembro, não pode publicar o artigo «Institutos e... institutos!» da autoria de Costa Campos, uma crítica forte ao funcionamento dos Institutos de Investigação, que faziam uma "investigação sem resultados palpáveis, sem uma racional e verdadeira extensão".

A censura também não autorizou a publicação, na edição da manhã de 10 de Setembro do jornal *O Comércio,* do apontamento «Duas causas» da autoria de Dias Correia e do artigo intitulado «Sacerdote implicado num caso de engajamento de emigrantes para a França». Não se tratava, no entanto, de um assunto da vida angolana porque a notícia provinha de Braga e o sacerdote era pároco da freguesia de Pedroso, no concelho de Montalegre. O *ABC* de 9 de Setembro também fora levado pela tentação de publicar que «Anda a monte um padre que era engajador» mas a censura repetiu a proibição.

Também as notícias sobre alguns golpes não mereciam, na opinião da censura, o direito de publicação. Foi o que aconteceu, no dia 3 de Setembro, com a notícia da prisão de "mais três recebedores da fazenda" em consequência da golpada do "Joãozinho das Garotas"[186] – jornal *ABC* – e com outra notícia sobre um funcionário que lesara a Divisão dos Transportes Aéreos de Angola em "cerca de 230 contos", que foi cortada em 12 de Setembro. A falcatrua consistia em apontar horas em excesso.

---

[186] Tratava-se de João Teixeira de Araújo Faria e a golpada valera "cinco mil e vinte e seis contos, fundos do estado, que as companhias de seguros, para liquidação do imposto de selo, mensalmente, levavam aos «guichets» da Fazenda" – Caixa 8 de MU/GNP/ Sr. 119.

Aliás, o *ABC*, na edição de 8 de Setembro, também quisera contar a história do "Garcia apontador" e dos seus "100 comparsas" mas a censura não permitiu.

Para alimentar o imaginário do enriquecimento rápido, ainda que ilícito, o povo já dispunha da «estória» de *Ali Babá e os 40 ladrões*.

Noutro desses artigos – cortado integralmente em 25 de Setembro – não é possível a identificação da sua proveniência, mas o assunto merece ser contado.

De facto, "dentre os 296 inventos originais concebidos no mundo moderno, não há um único de nacionalidade portuguesa" e, por isso, noticiar que tinha surgido um inventor em Angola – Joaquim Barracho – numa altura em que o desenvolvimento estava na fase de arranque era o mesmo que "fazer publicidade à comida no Biafra ou à paz no Vietname". Só que a burocracia nacional podia obrigar o inventor a ir "trabalhar para a África do Sul" e a vender as ideias ao estrangeiro.

Certamente para assegurar o secretismo da ideia – o segredo é a alma do negócio – não era possível saber de que invenção se tratava.

Os assuntos ofensivos da moral pública voltaram a surgir e a *Noite e Dia* viu proibido, em 22 de Setembro, o artigo «Três jovens deusas sexy» sobre as novas estrelas e as tendências de Hollywood devido às várias referências a nus.

Também um artigo de Joca Luandense foi proibido em 11 de Setembro porque dava conta que todos tinham contribuído para o funeral de uma mulher assassinada pelo homem com quem vivera maritalmente porque ambos eram brancos e o filho nasceu mulato.

O tom da prosa não agradou ao censor até porque dizia que tinha havido uma subscrição para o funeral e como era "um acto humanitário" todos os habitantes do Bairro Operário tinham contribuído.

Aliás, as situações de violência que se passavam nesse bairro eram objecto de muitos cortes, como aconteceu aos «Apontamentos» de Teófilo José da Costa, também em 11 de Setembro.

As eleições voltariam à ribalta por força da notícia que *O Comércio* quisera publicar e que a censura proibira. O título era «Dois elementos da Marinha proibidos de se candidatarem", sendo que um deles era o "capitão Ernesto Augusto de Melo Antunes, que pretendia candidatar-se pelo círculo democrático de Ponta Delgada". A censura repetiria a proibição desta notícia no jornal *A Província de Angola* de 25 de Setembro.

Há, ainda, um assunto que merece ser narrado. Assim, a censura cortou, em 11 de Setembro, uma notícia intitulada «Coisas do progresso», na *Notícia*, uma transcrição feita a partir de *O Comércio* sobre a inauguração de "importantes melhoramentos nas instalações da Emissora Oficial de Angola". A razão invocada para a transcrição era "o pitoresco da prosa".

À mão o censor escreveu "isto tornou-se notícia".

2.1.9.11. Novembro de 1969

Os cortes feitos em Outubro deram entrada no GNP em 16 de Outubro, acompanhados do ofício confidencial n.º 11005/1078/8-B/1.ª, que consta como documento inicial da pasta 8, e o GNP foi do parecer que o mesmo seria de arquivar.

No meio de muitos artigos e notícias cuja publicação foi autorizada com cortes, houve outros que foram totalmente proibidos, embora nem sempre se revelasse possível a identificação do jornal onde era suposto serem publicados. Foi o que aconteceu a um corte total, datado de 18 de Outubro, e que referia o "Descontentamento no Luso pela demora da ligação com Silva Porto por estrada asfaltada como foi prometido".

Fácil de identificar foi o corte total à notícia sobre «A agressão a Urbano Tavares Rodrigues segundo a ANI» que o jornal *A Província de Angola* foi proibido de publicar no dia 19 de Outubro, embora a notícia atribuísse a culpa a "pequenos movimentos de extrema direita, hostis à política de tolerância e de pacificação nacional, anunciada pelo Presidente do Conselho no dia da sua posse e desde então seguida inquebrantavelmente pelo prof. Marcello Caetano".

Dito de outra forma, o regime, para além de não assumir a autoria da agressão, era célere na identificação dos culpados. Como se Urbano Tavares Rodrigues simpatizasse com a política de Marcello Caetano!

Aliás, tudo o que estivesse relacionado com a oposição era proibido, como aconteceu a cartazes da Oposição Democrática de Aveiro divulgados na imprensa metropolitana e a que *O Lobito* de 17 de Outubro quisera dar honras de primeira página.

O jornal, que se dizia "independente ao serviço de Angola", não tinha percebido que, segundo a censura, estava a prestar um serviço não a Angola, mas à oposição.

Também proibida foi a página 17 da revista *Notícia* de 2 de Outubro porque as três crónicas sobre «A vida», «A chuva» e «As moscas» eram daquelas em que a crítica estava mais nas entrelinhas do que nas linhas, como se comprova pelo exemplo: "Apresentamos aqui o nosso mais veemente protesto, livre e energético, contra a chuva. Contra a chuva que chove e a chuva que não chove. É para que a chuva saiba que connosco não se brinca!".

Era uma chuva de cortes a que não escapava a folha final da revista onde a crónica «A chuva e o bom tempo» era objecto de frequentes proibições e cortes, talvez porque denunciasse com mais frequência a chuva – aquilo que estava mal – do que anunciasse o bom tempo – os aspectos dignos de elogio.

Este jornal também foi impedido de publicar uma carta de um leitor – Rui Manuel Carlos Gonçalves – que, em 4 de Outubro, questionava se nos cafés se estava a dar «gorgeta ou [a pagar] taxa de serviço».

Koch Fritz continuava muito activo a nível das proibições, como se constata pelo corte integral do artigo de Humberto Lopes «Colonialismo económico», previsto para a edição de 3 de Outubro de *A Província de Angola* e de outro artigo sobre a designação "pelos seus colegas e amigos" do general Medici para Presidente do Brasil, que deveria sair na *Semana Ilustrada* de 11 de Outubro.

Humberto Lopes e Rola da Silva continuavam a ser os mais visados pela censura. Lopes quisera falar sobre «a surdez nacional» no número de 29 de Setembro de *A Província de Angola*, mas a censura, em 14 de Outubro, deu ordem em sentido contrário, a exemplo do que aconteceria com o artigo «O exercício da modéstia», uma opinião sobre o conceito de democracia, proibido em 23 de Outubro. Rola da Silva viu, ainda, totalmente cortada a sua página intitulada «Um pouco de eleições» na edição de 23 de Outubro.

Quanto aos artigos publicados mas com cortes há casos que merecem ser referidos pela originalidade de apenas terem sido objecto de corte no parágrafo final, ou seja, na conclusão. Foi o que aconteceu com o artigo de Luís Vilela em *O Comércio* de 19 de Outubro e onde não se pode ler "Lembramo-nos, hoje, dele, ao constatar que, depois disso, outros têm aparecido a impedir-nos de ter «opiniães». Mas estes não nos ensinam coisa alguma. Até porque sabem menos do que nós..." e o artigo «O Brasil e as sociedades anónimas», da autoria de Nuno Simões, publicado na edição de 28 de Outubro do jornal *A Província de Angola* e igualmente censurado na conclusão: "Compreende-se isto? E creio que ninguém acreditará que assim seja. Mas é".

Aliás, esta situação também aconteceria no *ABC* de 25 de Outubro no artigo «Alarme! Carne rejeitada no matadouro municipal é desenterrada na lixeira e aproveitada para consumo público», assinado por R. Sotto-Maior e que apenas foi cortado em "Se calhar até foi. Pelo menos, a nós, não nos admira nada...".

Na conjuntura de então fazer síntese muito críticas, deixar perguntas no ar e lançar ou alimentar boatos continuava interdito.

Também no *ABC*, edição de 23 de Outubro, um artigo de opinião de um leitor intitulado «Estamos contra o Governo a bem da Nação» quebrou esta regra porque-foi cortado na parte inicial do título, mas o censor esqueceu-se de cortar o período final onde se repetia integralmente o título. Desatenções!

Ainda neste tipo de notícias, o *Diário de Luanda* de 23 de Outubro viu proibida uma breve sobre Manágua intitulada «Terrorista desastrado atingido pela granada que lançara contra o polícia que o perseguia" e, em 27 de Outubro, viu cortado um parágrafo de uma notícia intitulada «Os oposicionistas reconhecem que, legalmente, não podem vencer» porque falava da possibilidade de criação "de uma organização revolucionária que se proponha assaltar o Poder contra toda a legalidade constitucional e o direito dos homens, de que Mário Soares se tem feito apregoar como defensor".

Como se constata, qualquer referência à oposição e às suas principais figuras era cortada, mesmo que a prosa não fosse elogiosa para essas figuras.

A *Tribuna dos Musseques* de 16 de Outubro foi proibida de publicar o artigo «Juventude perdida no caminho da desgraça: vidas sem esperança» sobre a prostituição e os vícios com vinho e mulheres, assinado por Joca Luandense e, em 30 de Outubro, viu o artigo de Manuel Fernandes «Urge olhar com atenção os problemas agrícolas que afligem o Vale do Bengo» objecto de uma nova forma de referência à decisão da censura.

De facto, a habitual expressão «autorizado com corte» deu lugar a «autorizado com restrições» porque quatro parágrafos consecutivos – relativos ao problema do algodão – foram totalmente cortados. Entre os elementos censurados anexos ao ofício do Governador-Geral é possível verificar que a nova designação foi usada várias vezes.

Por vezes, os cortes eram tão profundos que pouco restava do texto original como se passou com o editorial de Serradarga no jornal *A Província de Angola* de 8 de Outubro e intitulado «Escalada promissora duma indústria conscientemente orientada». De facto, cortar 47 linhas e deixar 53 é praticamente meio por meio.

Também se verificavam casos em que o censor começava por fazer correcções no texto e acabava por decidir-se pela proibição do mesmo, como aconteceu no artigo «Pedir demais» da *Notícia* de 16 de Outubro, onde se referia a acumulação de cargos e se questionava se o país tinha tanta falta de cérebros para justificar essas acumulações.

Na conjuntura actual, apesar da crise e da elevada taxa de desemprego, as acumulações, mesmo de detentores de cargos políticos de todos os quadrantes, continuam a ser autorizadas, como se comprova pelo número de deputados que encontram tempo para se dedicarem a outras actividades igualmente remuneradas.

Um último pormenor tem a ver com o facto de um artigo sobre as eleições e, nomeadamente sobre a "definição da doutrina e finalidade nacional da política da CEUD quanto ao problema ultramarino", que deveria sair na revista *Prisma* ter sido censurado com dois cortes em 20 de Outubro, mas no documento estar escrito à mão que "daqui em diante, retirado pela revista". Assim, a censura interna reduziu o texto à página inicial e retirou-lhe as outras cinco.

A Comissão de Censura completaria o processo proibindo integralmente um artigo sobre a posição da Acção Democrato-Social, "um sector oposicionista apartidário, com posições bem definidas sobre os problemas básicos que o País enfrenta".

A censura sabia bem o perigo que representava dar espaço e voz à oposição!

2.1.9.12. Dezembro de 1969

O ofício confidencial n.º 11724/1130/8-B/1.ª foi recebido em Lisboa no dia 27 de Dezembro de 1969 e trazia os cortes feitos pela Comissão de Censura durante Novembro.

Na leitura do GNP nada daquilo que fora cortado – parcial ou totalmente – merecia ser investigado, apesar de ser elevado o número de elementos que acompanhavam o ofício de Rebocho Vaz.

No que se refere a esses cortes, o *Diário de Luanda* de 26 de Novembro viu cortado o título «Sangue neste asfalto» e o *ABC* de 28 de Novembro viu proibida a reportagem sobre "Miguel de Sousa Coutinho. Agricultor na Cela", um natural de Évora que viera para Angola em 1951 para se dedicar à "arte de empobrecer alegremente", bem como o artigo de César Magalhães «Senhor, tende piedade de nós!» – 21 de Novembro – sobre o procedimento diferente da mesma igreja em relação àqueles que morrem em pecado mortal. O jornalista prometeu rezar um pai nosso "por ele e outro por aqueles que deviam rezar mas não o querem fazer".

Rola da Silva, depois de em 3 de Novembro ter visto proibida a crónica «Nem os mais profícuos, nem da nossa simpatia», no qual defendia que "o que o país precisava era uma oposição na Assembleia Nacional", continuava a dar trabalho à censura mesmo quando falava de «Como um cão à procura dum pneu» – *A Província de Angola* de 29 de Novembro – porque dizia que "A Europa é um outro planeta" onde se vive "perto do mundo. Em espírito. Ou seja, em verdade".

Nessa altura, a Metrópole só geograficamente estava na Europa.

Aliás, também Pardo de Oliveira sofrera igual castigo quando quisera traçar «Dimensões do futuro», no dia 24 de Novembro, pois acreditava "que dentro em breve irão ser dados os primeiros passos reais no sentido da descentralização administrativa e autonomia financeira" e ansiava por uma Angola transformada numa "sociedade de todos, em que todos nela se possam integrar, sem discriminações ou situações de privilégio que já hoje não cabem nas sociedades modernas ou evoluídas".

Igual destino conheceu a «Reflexão» de Humberto Lopes, em 14 de Janeiro, sobre o atraso do país.

Roberto de Carvalho viu proibido o «Sonho a dois ... num velho bairro!» na *Tribuna dos Musseques* de 5 de Novembro e, no mesmo sentido, *O Comércio* de 23 de Novembro não pode noticiar um arrufo de namorados que terminara mal. A forma como se noticiava o suicídio do namorado, um cabo de vinte e poucos anos, era por demais eufemística.

Ainda neste âmbito, *A Província de Angola* não pode publicar, em 21 e 22 de Novembro, a notícia sobre o crime da Samba Grande que vitimara Ilídio Honorato e a falta de informações para a compreensão das causas e dos pormenores daquilo que ocorrera.

Joca Luandense voltou a insistir que era necessário mudar o Bairro Operário, «Um mal a que urge pôr termo!» – *Tribuna dos Musseques* de 13 de Novembro e a *Notícia* foi objecto da proibição de publicação de várias cartas de leitores.

Finalmente, uma revista de doutrina e estudo, *Angola,* foi proibida de publicar «Uma história singular» da autoria de Domingos Vandunem e onde se afirmava que no Cabilango a "vida de pobre é vida de escravo. Pior que a vida de cão. O Nero do senhor Baltazar Moreno, por exemplo, bebe leite e, ao almoço, come bifes. Quadros da vida...".

Vida de que não convinha falar...

2.2. A década de 70

Quando a década de 70 chegou, o conflito continuava nos três teatros de guerra e, em Angola, até ao 25 de Abril de 1974, perderam a vida, do lado das forças portuguesas, 219 militares provenientes do recrutamento na Metrópole e 74 do recrutamento na Província[187].

Entretanto, em PT/AHD/MU/GM/GNP/RNP/0110, foi possível encontrar uma tradução feita pela Direcção dos Serviços de Centralização e Coordenação de Informações de Angola (SCCIA) do relatório apresentado ao Congresso por Richard Nixon sobre «A política externa dos Estados Unidos para a Década de 70 – uma nova estratégia para a paz».

O documento está datado de 18 de Fevereiro de 1970, tem 85 páginas e foi chamado à colação porque, na II Parte «Cooperação e a Doutrina de Nixon», Nixon admitia que "A América não teve uma concepção clara das suas relações com a África pós-colonial".

O estudo parece mostrar que o mesmo se passava com a África ainda colonial, dando razão às reservas que Salazar sempre manifestara sobre a existência de uma verdadeira política norte-americana para o continente africano.

2.2.1. Ano de 1970

O ano de 1970 foi marcado por uma grande restruturação nos serviços da Comissão de Censura de Angola, alteração ocorrida por volta dos meados do ano e que se traduziu na substituição de quase todos os censores. Os cortes efectuados talvez permitam fazer um estudo comparativo entre a forma de actuação dos antigos e dos novos censores.

No mesmo ano, entrou em vigor a Portaria n.º 249/70, publicada no *Diário do Governo* n.º 119 de 21 de Maio, sobre o novo regime de comercialização do algodão em rama originário das províncias ultramarinas e, por isso, também interessará verificar se os interesses instalados reagiram a este elemento.

2.2.1.1. Janeiro de 1970

O ofício confidencial n.º 468/42/8-B/1.ª com os cortes relativos a Dezembro chegou em 16 de Janeiro e o GNP não viu matéria de interesse nos elementos enviados pelo Governador-Geral.

Por isso, os documentos foram arquivados em 27 de Janeiro, como está escrito no ofício guardado na caixa 9.

---

[187] Aniceto Afonso apresenta os seguintes números em função dos anos: 66 mortos provenientes do recrutamento na Metrópole e 16 do recrutamento em Angola em 1970; 47 e 6 em 1971; 57 e 21 em 1972; 33 e 18 em 173 e 16 e 13 durante 1974 até ao 25 de Abril.

A CENSURA EM ANGOLA NA FASE FINAL DO IMPÉRIO

No entanto, a primeira proibição diz respeito a um artigo mais antigo, datado de 22 de Novembro e intitulado «Porque não casam os padres?», proibido no jornal *Angola Norte*, situação que não admira atendendo à pouca abertura – que não representa um exclusivo da conjuntura em estudo – para a discussão da questão.

No que diz respeito aos cortes de Dezembro, um drama vivido por alguém que esteve preso 15 anos, "António Lino da Silva, 40 anos, natural de Lisboa" e cujo sofrimento aumentara com a saída da prisão por força da ligação à viúva de um companheiro recluso, foi cortado no número de 5 de Dezembro do *ABC* e o censor escreveu a caneta a razão: "alíneas e), h) e m) do art.º 8.º do Regulamento dos Serviços de Censura na Província de Angola (B.O. N.º 31, 1.ª Série, de 7.8.40)".

Não era esta a regra e, por isso, convém esclarecer o suporte legal para a proibição.

Assim, o *Boletim Oficial* consultado no Arquivo Histórico Ultramarino permitiu constatar que o art.º 8.º se destinava a identificar as publicações que não eram consentidas por conterem, de acordo com a alínea e) "matéria redigida em linguagem grosseira, imoral ou injuriosa".

Quanto à alínea h) o articulado indicava como objecto de proibição as publicações com "assuntos e gravuras que ofendam a moral".

Finalmente, a alínea m) estipulava que eram proibidas "referências a casos de vadiagem, mendicidade, libertinagem cometidos por menores de 18 anos e o desaparecimento destes, exceptuando-se as que tenham apenas o manifesto intuito de facilitar a captura dos delinquentes".

Face ao exposto, não se compreende totalmente a alusão à alínea m) porque não parece que os intervenientes fossem menores de 18 anos, embora seja verdade que o drama também atingia Maria de Fátima, a filha menor do queixoso.

Além disso, não deixa de causar espanto que a Portaria n.º 3:431 de 7 de Agosto de 1940 ainda estivesse em vigor no ano de 1970.

Ainda sobre aspectos morais, embora numa perspectiva algo diferente, a revista *Actualidade Económica* viu Koch Fritz cortar, em 11 de Dezembro, um artigo onde ao lado de exemplos daquilo que o autor classificava como bom jornalismo, havia a condenação de uma forma algo carnal e imoral de publicidade.

De facto, um "órgão da nossa imprensa" tinha mandado "entregar um pacote de jornais ao Chefe da Província por intermédio de uma «senhora» muito conhecida nos recintos nocturnos e esplanadas de Luanda e com «largo» carnet de clientes", com a agravante de já não ser a primeira vez que se recorria a "loiraças mais ou menos favorecidas de carnes em razão inversa da idoneidade".

No que concerne à política externa, *A Província de Angola* não publicou, em 16 de Dezembro, uma notícia sobre a queixa da Guiné na Assembleia-Geral da ONU sobre "oito ataques contra territórios guineenses entre Abril e Novembro" por parte das tropas portuguesas e, no âmbito interno, uma reflexão de Rola da Silva sobre a democratização do ensino, uma reflexão assente no erro de considerar a existência da dicotomia "ensino-democrático e ensino não-democrático" porque "o ensino ou é democrático ou não é ensino".

Para Rola da Silva o ensino só era democrático se assentasse "em instituições que garantam ao aluno o direito de participar, em totalidade, na vida escolar".

Depois, em 18 de Dezembro, foi impedida de dar à estampa dois artigos sobre assuntos económicos.

O primeiro, «Divisas que se gastam», numa altura em que necessitava "cada vez mais, de poupar", ou seja, de "uma política de poupança racional e equilibrada" que exigia que 2ª Província se auto-abasteça".

O segundo, «Angola aproveita os seus citrinos que antigamente se inutilizavam» porque "as fábricas de transformação de frutos" recebiam "toda a produção a um preço compensador" e transformavam "em riqueza produtos que nenhuma projecção tinham na vida económica da Província".

Relativamente à saúde, o *ABC* de 10 de Dezembro não noticiou a visita do Ministro do Ultramar ao Hospital Escolar e, em 14 de Dezembro, não publicou a carta de um leitor, Hortênsio Pinto, a negar que uma mulher tivesse sido hospitalizada na sequência da agressão perpetrada por alguém que acabara assassinado – o crime da Cuca – porque a tinha visto " logo um dia ou dois depois, pelo seu pé, transitando, numa das ruas de Luanda".

A redacção não desmentiu o leitor, embora fizesse questão de reafirmar que a senhora tinha estado, efectivamente, "hospitalizada numa Casa de Saúde, local onde foi encontrada por um oficial de diligências, quando pretendeu proceder a determinada notificação".

Em jeito de balanço, o editorial de *A Província de Angola* do último dia do ano «Bem hajam amigos!» pedia perdão àqueles que "involuntariamente ofendemos", e "a todos a quem desagradamos, a quem dissemos verdades que desagradaram", mas o perdão não foi aceite por parte de um Conselho habituado a dar sugestões tão importantes como trocar o título «Promessas não cumpridas» por «Promessas a cumprir» – *Diário de Luanda* de 28 de Dezembro.

Também a notícia proveniente da Holanda sobre um fenómeno que se estava a generalizar nesse país, o contrabando de canetas "tipo James Bond" que podiam matar porque disparavam uma cápsula de gás ou uma bala, foi proibida na edição de 23 de Dezembro de *A Província de Angola*.

A Ilusitânia estava habituada a transformar a realidade em fantasia e não a fantasia em realidade.

Relativamente ao ensino, *O Comércio* de 20 de não publicou uma crónica de Maurício Soares sobre a situação dos professores eventuais que eram "serventuários do Estado" e estavam "sem receber os vencimentos a que tinham direito desde o início das suas funções".

No que diz respeito à conjuntura internacional, a edição de 28 de Dezembro do *Diário de Luanda* quis dar a palavra ao escritor Simonov que admitia que "forças agressivas do imperialismo possam desencadear uma guerra entre a Rússia e a América", mas a censura começou por um corte e acabou na proibição.

Quanto à questão da higiene pública, a *Semana Ilustrada* quis voltar a recordar a acção das "brigadas de fiscalização dos Serviços de Saúde" porque eram frequentes as instalações sanitárias imundas, "cozinhas porcas, empregados sujos, copas onde a higiene é palavra desconhecida" nas cervejarias, pastelarias e bares da Baixa de Luanda. A Comissão de Censura negou-lhe esse direito.

2.2.1.2. Março de 1970

Como decorre do calendário, a seguir a Janeiro vem Fevereiro e, por isso, seria previsível que no segundo mês do ano chegassem a Lisboa os cortes efectuados pela Comissão de Censura em Janeiro.

No entanto, foi apenas em 9 de Março que chegaram a Lisboa os cortes relativos a Janeiro, anexos ao ofício confidencial n.º 2081/241/8-B/1.ª, arquivado na pasta 9, situação que «dispensou» o contributo de Fevereiro nesta narração.

No que se refere aos materiais recebidos, o GNP considerou que os cortes poderiam, caso o Ministro concordasse, ser arquivados.

A análise dos artigos publicados mas com cortes permitiu chamou a atenção para um que foi publicado no jornal *O Moxico* e que foi censurado em 5 de Janeiro sobre os terroristas: sua origem; seus patrões; sua guerrilha; suas armas. De facto, a censura não podia deixar passar a informação segundo a qual as armas dos terroristas eram "muitas vezes superiores em qualidade às utilizadas pelos portugueses".

No que se refere à vida política portuguesa, a *Notícia* viu proibida a publicação, em 6 de Janeiro, de uma notícia que admitia que Franco Nogueira viesse a "exercer lugar de destaque no panorama da Informação Portuguesa" e no dia seguinte não deu à estampa uma carta ao Director que comparava as concessões de Portugal à Companhia de Jesus e à Concordata com aquelas que eram concedidas à Al Fatah na Jordânia e no Líbano.

Depois, em 8 de Janeiro, não publicou um artigo para denunciar uma situação de abuso, ou seja, a violência de que tinha sido vítima "Gualter Sequeira Alves, piloto da DTA" por parte da polícia.

Nesse artigo referia-se que o jornal era lido por "duzentas mil pessoas" por semana e eram essas pessoas que exigiam saber a verdade dos factos.

Nessa altura para se chegar ao número de leitores era habitual proceder a um cálculo que consistia em multiplicar por quatro – o número médio de pessoas que sabiam ler em cada agregado familiar – o total de exemplares vendidos. Os locais de

SEGREDOS DO IMPÉRIO DA ILUSITÂNIA: A CENSURA NA METRÓPOLE E EM ANGOLA

atendimento ao público, como as barbearias no caso dos jornais desportivos, encarregavam-se de fazer diminuir a margem de erro.

A *Notícia* foi, ainda, proibida de publicar, em 26 de Janeiro, «O massacre de Hollywood» sobre o assassinato de Sharon Tate e de seis amigos e uma notícia sobre a publicação de estudos de Jean Lacouture sobre Ho Chi Minh e Habib Burguiba.

Quanto ao *ABC – Diário de Angola,* em 4 de Janeiro deu a notícia sobre a absolvição em tribunal de polícia da jornalista Margarida Silva Dias, que saltara a vedação da Estação Marítima de Alcântara para fazer a reportagem da chegada de tropas no «Niassa», mas viu cortado o parágrafo final onde referia "a incompreensão e as dificuldades tantas vezes postas aos representantes dos órgãos da Informação".

Na perspectiva da Comissão de Censura, os jornalistas só encontravam dificuldades porque teimavam em prevaricar.

O «Niassa», juntamente com o «Império», voltaria a ser notícia pelo corte feito no *Diário de Luanda* de 11 de Janeiro quando o segundo avariou a Sul de Cabo Verde e obrigou ao transbordo para o primeiro das tropas nele embarcadas.

Era a guerra colonial a tentar uma fugaz e indirecta aparição na imprensa.

Este jornal, na edição de 18 de Janeiro, também viu proibido o seu exercício de futurologia sobre o momento político na Metrópole, no qual questionava se seria o Dr. Almeida Cotta o novo "leader" da Assembleia e, dentro da mesma temática, não recebeu autorização para publicar, no dia seguinte, um título que considerava Baltazar Rebello de Sousa, "um ministro «Nouvelle Vague»".

Depois, em 31 de Janeiro, procurou sem êxito falar de educação num artigo sobre os cadernos dos planos de trabalho para 1969, nos quais se defendia a prática da Educação Física na Escola Primária, e reagiu mal a uma queixa sobre o comportamento de uma "empregada de bar" que lançara "obscenidades" sobre o jornal.

Que o jornalista ficara incomodado com os comentários dessa D. Carolina provava-o o título «Quem está a mais em Angola? Nós ou a «senhora»?».

No que se refere à falta de Liberdade de Imprensa, Serradarga começou o ano a brindar e a perdoar àqueles que o tinham censurado e não tinham permitido que um seu artigo "viesse à luz do dia", mas o seu desabafo de 13 de Janeiro no diário *A Província de Angola* não foi publicado, o mesmo acontecendo à ironia de Luís Vilela que, na edição de 28 de Janeiro de *O Comércio,* quis falar de países "em que a imprensa está sujeita a uma censura atrabiliária – o que felizmente não nos acontece".

Aliás, Vilela já tinha sido proibido de falar sobre a questão das comunicações e a necessidade de colocar um selo de 6$00 nas cartas para os organismos públicos, na edição de 9 de Janeiro do jornal *O Comércio,* e terminaria o mês com nova proibição na sua reflexão sobre a revolta de 31 de Janeiro no Porto, precisamente no dia 31 de Janeiro.

Voltando ao diário *A Província de Angola,* foi proibido de publicar três artigos relevantes para a compreensão da conjuntura de então.

Assim, em 8 de Janeiro, foi cortado um artigo de Humberto Lopes sobre «Esquerdas e direitas» porque alertava para o "risco de outorgar credenciais de esquerdismo a todo o que não seja partidário das fogueiras da Inquisição", uma vez que se sabia onde começava a direita mas não onde terminava.

Depois, em 11 de Janeiro, o mesmo aconteceu ao artigo da rubrica «Tópicos da semana» que procedia a uma analogia entre a relação de Portugal com Angola e "o grande pecado dos pais", ou seja "não verem crescer os filhos e dificilmente se convencerem que depois da maioridade já são adultos".

Finalmente, em 20 de Janeiro, ficou na gaveta uma pergunta incómoda porque questionava «Que benefícios tira Cabinda do petróleo?». Aliás, a resposta já constava no artigo porque o jornalista não tinha "conhecimento de que qualquer legislação conceda ao distrito qualquer percentagem de receita proveniente do petróleo",

Como se constata, se o primeiro artigo apontava para a forma como o Estado Novo se mostrava avesso à oposição e a rotulava de «comunista» ou «esquerdista», os dois artigos finais eram perigosos para a «vida habitual» porque no primeiro era nítida a conotação autonomista ou independentista e o segundo denunciava uma política que apenas servia os interesses da Metrópole.

No que concerne às questões da vida quotidiana, a *Semana Ilustrada* de 24 de Janeiro viu cortado um conjunto de depoimentos – a favor e contra – a aplicação da taxa de dez por cento na indústria hoteleira.

Para encerrar o mês talvez venha a calhar a «Sinfonia do quotidiano», proibida na edição de 11 de Janeiro do *ABC*.

Trata-se de uma crítica a partir do comportamento demasiado «assanhado» de um bode que, apesar de repreendido por Noé, enfernizava a vida na arca ao tentar os favores sexuais da burra, da vaca e da macaca, esquecido que ali cada um tinha o seu par pré-definido como forma de garantir a sobrevivência da espécie quando a arca encontrasse terra firme para concluir a viagem.

Numa das habituais reprimendas, Noé questionava o bode se ele pensava que a arca era "uma Pensão de Luanda".

Afinal, os hotéis de «cama quente» não representam uma invenção dos dias de hoje.

2.2.1.3. Abril de 1970

Os cortes da Comissão de Censura referentes a Fevereiro chegaram com o ofício confidencial n.º 2790/304/ 8-B/1.ª, enviado por Camilo Vaz e recebido no GNP em 3 de Abril de 1970, ou seja, tal como no mês anterior, a recepção dos documentos no GNP processava-se com um atraso de quase dois meses em relação à data em que os mesmos tinham chegado às mãos do Governador-Geral.

Sobre este ofício, arquivado na pasta 9, o GNP emitiu a opinião de que esses cortes nada continham que justificasse o seu não arquivamento.

No entanto, a análise dos documentos permitiu constatar que nem todos os cortes eram de Fevereiro, pois um deles – uma conversa sobre a forma como cinco universitários se sentiam em Portugal em Dezembro de 1969 – tinha sido proibida em 31 de Janeiro na revista *Prisma*.

A censura deve ter ficado confusa quando uma das estudantes, Lurdes, afirmou "ao contestarmos esta sociedade, de que somos produto-produtor, estamo-nos auto--contestando. Mas tenho que viver na sociedade que contesto. Ela marginaliza aqueles que a não aceitam tal como é".

Quanto ao *Diário de Luanda* viu suspensa, em 5 de Fevereiro, a notícia sobre a «Reabertura da fronteira de Cabinda com o Congo Kinshasa», notícia que viria a ser proibida no dia seguinte, e também não noticiou que Ernesto Lara (Filho) não concordava com o Diploma Legislativo n.º 3964 "emanado da Residência do governo geral de Angola".

Aliás, este artigo de opinião era destinado à edição do *ABC* de 6 de Janeiro, mas foi suspenso e só seria cortado em 6 de Fevereiro, data que aparece manuscrita no corte.

Em causa estava uma questão relativa à saúde, pois "num Mundo onde a assistência médica tende para a socialização – vide a Grande Inglaterra – nós em Angola passamos a cobrar dinheiro pela referida assistência médica aos funcionários públicos".

Na sua qualidade de deputado, Ernesto Lara prometia levar o caso "ao conhecimento do Governo da Nação" porque, como dizia a «vox populi» – que é a voz de Deus" –, tudo não passava do jogo do «rapa-tira-põe», ou seja, aumentavam os ordenados e tiravam logo a seguir aquilo que acabavam de conceder.

Ainda em Fevereiro, mais exactamente no dia 10, o capitão B. Domingues autorizou com cortes a publicação de «No que foram 'terras do fim do mundo'», uma reportagem de Ferreira da Costa, destinada à edição de 5 de Janeiro do *Diário de Luanda*, mas que, como consta no corte, ainda estava suspensa em 6 de Fevereiro.

Essa reportagem dava conta da acção de três fuzileiros navais do aquartelamento de Vila Nova da Armada para recuperarem "dezenas de nativos raptados por um grupo terrorista", com a particularidade de tal ter acontecido durante a visita do Governador-Geral ao distrito do Cuando-Cubango.

Destino diferente teve a reportagem enviada de Yema pelo enviado do jornal, Jacques Moreno, suspensa em 5 de Fevereiro, pois acabou cortada.

No texto fala-se da reabertura do tráfego "nos dois sentidos da fronteira com o Congo em "10 de Janeiro último".

O motivo da reportagem era, precisamente, a reabertura da fronteira com o Congo de Mobutu e o jornalista fora ouvir os funcionários congoleses que asseguravam o serviço de fronteira.

A CENSURA EM ANGOLA NA FASE FINAL DO IMPÉRIO

No que concerne à vida económica, *O Lobito* foi proibido de publicar, em 2 de Fevereiro, uma notícia sobre os direitos que Moçambique queria fazer incidir sobre "50 000 litros de sumo fermentado" que uma unidade produtora de Angola lhe vendera "ao preço de 5$00 por litro". Certamente em nome da solidariedade nacional, Moçambique exigia aplicar uma taxa de "10$00 por litro", ou seja, «apenas» o dobro do valor que pagara pelo produto.

Eram os interesses instalados que faziam questão de mostrar o seu incómodo por uma medida que os penalizava.

Quanto ao *ABC* de 17 de Fevereiro voltou a ter a prova que a censura não apreciava as piadas de caserna que mostravam que "o trinta e dois da segunda", um soldado "fruto do casamento da D. Estupidez com o Sr. Atraso Mental" afinal nada ficava a dever ao sargento que irradiava felicidade por lhe ter ensinado a dizer "carchutos", certamente uma nova munição.

Mais séria era a questão da defesa dos trabalhadores que exerciam profissão em Angola, com artigos cortados na edição do *ABC* de 27 de Fevereiro e da revista *Notícia* de 4 de Fevereiro, onde se exemplificava a perda de regalias do funcionalismo público em Angola que deixava "de contar com assistência médica e medicamentosa gratuita" e teria de pagar a "preços simbólicos (15 a 20 escudos) as suas consultas médicas e, em percentagem variável, os medicamentos".

Afinal, os problemas de sustentabilidade da saúde já vêm de trás.

Ainda sobre a saúde, no caso a recusa de um médico, o Delegado de Saúde de Cabinda, avençado pelo Município com 1 500$00 mensais, para ir observar uma criança doente, uma vez que "estava cansado" mereceu uma carta de protesto do pai da menina, Mário de Matos Coelho, que a *Notícia* quis, sem êxito, publicar em 5 de Fevereiro, sendo que esse caso remetia, igualmente, para a questão do mau desempenho de um elemento ligado à prestação de um serviço público.

Aliás, tanto o *ABC* de 11 de Fevereiro como *A Província de Angola* de dia 9, já tinham pretendido – em vão – falar sobre problemas relativos à administração.

O primeiro, na crónica de Ribadancora, criticava a constituição de tantos grupos de trabalho para tão reduzido efeito, como a burocracia fazia questão de mostrar, apesar de já terem sido nomeados dois grupos de trabalho para acabarem com a mesma.

O segundo, pela pena de Serradarga, não era meigo no artigo «Mazaquismo?».

No que se refere à poesia, foi proibida uma crónica sobre a obra *Vozes ultramarinas desesperadas ou quê?* na edição de 11 de Fevereiro. O cronista dizia que lhe mereciam "toda a simpatia estas vozes ultramarinas", mas também usava um verso de Isabel Ivone – há coisas que eu não conto por estar nervosa – para a criticar ao afirmar que as coisas que ela escrevia eram "banalzinhas e ditas em tom serôdio".

SEGREDOS DO IMPÉRIO DA ILUSITÂNIA: A CENSURA NA METRÓPOLE E EM ANGOLA

Em sentido oposto, mas com o mesmo destino, ia a análise da obra *O canto do martrindinde* de Ernesto Lara Filho onde "o regionalismo entra nos parâmetros do universal" e que fazia lembrar o poema «Namoro» de Viriato da Cruz[188].

Fevereiro, apesar de ser o mês mais curto, não foi muito meigo para o diário *A Província de Angola* que insistiu na abordagem de questões do foro político e, por isso, teve vários artigos e notícias cortados integralmente como se comprova pela listagem seguinte:

– «Contingente de tropas para o ultramar», que dava conta da partida por via marítima de mais militares para Angola[189] – 5 de Fevereiro;

– «A casa da Mariquinhas» de Rola da Silva, uma crítica ao que se passava em São Bento – 9 de Fevereiro;

– A questão dos vencimentos dos professores devido à criação do Ciclo Preparatório e das horas extraordinárias e «Problemas da adolescência» de Pardo de Oliveira – 12 de Fevereiro;

– Um artigo bem sugestivo e "digno de ponderação" intitulado «Porque não trocar o nosso excedente de gasolina pelo vinho que importamos da metrópole?» – suspenso e depois proibido em 24 de Fevereiro;

– Um artigo que questionava se iria haver "remodelação estatutária e da própria designação da União Nacional".

Ainda dentro da temática política, duas crónicas de Rola da Silva foram proibidas. Em 12 de Fevereiro quando escreveu «Não é mero capricho», uma crítica às mudanças apenas de nome levadas a cabo por Marcello Caetano, e, em 27 de Fevereiro, porque a sua crónica «Esqueceram-se do busílis» aproveitava uma afirmação de um deputado por Angola na Assembleia Nacional – "carecemos de imaginação" – para exemplificar as faltas de imaginação do deputado e dos vereadores que proibiam a venda "de água enlatada" nos bairros periféricos onde não havia outra forma – para além da mais cara água do Luso – para a obter.

Era a imprensa a assumir-se como a voz que pretendia ampliar as queixas dos desfavorecidos, a exemplo do artigo cortado em *O Comércio* de 5 de Fevereiro, no qual os homens da Damba se queixavam que ali "as promessas levam mais tempo a cumprir. É muito longe..." e, na edição de 7 de Fevereiro, quando alertou, pela pena de Carlos Saraiva, que a "corrida às terras por particulares e o chamado reordenamento rural" poderiam criar "por todo o Distrito do Uíje uma crise social com repercussões políticas e económicas".

---

[188] A crónica «Maestros de primeira» de Rola da Silva teve o mesmo destino porque a censura não apreciou a análise crítica feita ao livro de Raul Rego *Diário político*, uma obra desconhecida em Angola e que "mais felizes, os metropolitanos fizeram dele um êxito de vários milhares de exemplares vendidos".
[189] Assunto que também foi cortado na edição de 4 de Fevereiro de 1970 do *Diário de Luanda*.

A CENSURA EM ANGOLA NA FASE FINAL DO IMPÉRIO

No que se refere ao mundo artístico, *O Comércio* viu suspensa e depois proibida a reportagem sobre «A núbia de 'A Relíquia' uma angolana de 20 anos», não só pelos elementos racistas, mas porque falava de "formas esculturais" e "desnuda".

Talvez valha a pena referir que a jovem, Adelaide Susana Aghatt, iria ter no palco do «Maria Matos» uma actuação muito interessante, uma vez que não dizia uma palavra e tudo o que se lhe pedia era que soubesse "chorar bem".

A beleza "do seu corpo e a graciosidade da sua presença valorizada pela prática do desporto" encarregar-se-iam de prender a atenção do público.

A alegria ingénua da jovem e o entusiasmo de debutante talvez não fossem suficientes para lhe garantir uma carreira e para a colocarem ao abrigo de problemas.

De problemas pretendera, igualmente, falar o padre Cabral quando retratou a realidade da vida no musseque na crónica «Lama da cidade», mas a censura proibiu, em 24 de Fevereiro, a sua publicação em *A Província de Angola*.

Era a habitual forma de «resolver» os problemas!

Para finalizar, importa noticiar aquilo que a *Tribuna dos Musseques* não conseguiu na edição prevista para 26 de Fevereiro, ou seja, que um auxiliar de Administração, António João Gunza, por ser negro, viu uma professora primária exigir ao cobrador do autocarro que o obrigasse a trocar de lugar porque "não admitia sentar-se no lugar com um preto".

Os exemplos apresentados na carta do queixoso de "3 professoras brancas que têm sido respeitosas sem distinção de cor" ou a menção de que "pretos, mestiços e brancos têm sido instruídos da mesma forma" não apagaram nem a mágoa do próprio, nem as marcas racistas do comportamento da professora e, por isso, foram insuficientes para impedir a proibição.

Como provei num estudo já publicado, afirmar que Portugal corresponde a um «país de brandos costumes» representa mais uma das falácias que o Poder criou e faz questão de manter.

2.2.1.4. Maio de 1970

Em 4 de Maio o GNP recebeu o ofício confidencial n.º 3671/418/8-B/1.ª, enviado por Rebocho Vaz e que era acompanhado dos cortes respeitantes ao mês de Março, os quais, segundo parecer do GNP, eram de arquivar.

Este ofício é o elemento inicial da pasta 9.

No que concerne aos cortes integrais, a revista *Notícia* de 9 de Março viu suspenso e depois cortado um artigo, melhor uma espécie de carta ao jornal escrita pelo próprio jornal «Como é...pois claro» sobre o estado da saúde na Província onde se afirmava que quem tinha dinheiro ia tratar-se à África do Sul e que "os hospitais das Missões estão sempre cheios e os do Estado vazios".

Este assunto mereceu uma resposta, que foi igualmente cortada em 20 de Março, e na qual o autor – que assinava – dizia que o jornal só procurava "sensacionalismo e títulos impressionantes", mas reconhecia que havia "muita gente que em ti confia", sendo que o pronome "ti" resulta do facto do leitor estar a escrever ao jornal. Nesta resposta não foi só a saúde que foi criticada porque "A Grande Esperança" não se materializava com técnicos "calmamente repimpados em gabinetes confortáveis – e o mato abandonado! – enquanto passarem o tempo a assinar ofícios que nada dizem e relatórios que nada valem – A Bem da Nação".

Uma outra carta, assinada e proveniente de Nova Lisboa, foi proibida na edição de 30 de Março porque denunciava que "o agravamento do custo de vida nos géneros de primeira necessidade é assustador".

Igualmente proibida foi uma missiva dirigida ao Presidente do Conselho de Ministros em 31 de Março. Era uma denúncia de um coveiro de Sá da Bandeira, Joaquim de Carvalho, sobre a desorganização que ia no cemitério onde os boletins de óbito se amontoavam em cima de uma mesa e, por isso, "nem sabiam quais eram os do preto, quais eram os do branco" e a Câmara, mesmo dispondo das informações que lhe enviava, nada fazia para resolver a situação.

Como estas três cartas deixam perceber, as preocupações dos leitores da *Notícia* eram marcadas pela heterogeneidade crítica.

A Província de Angola, no meio de muitos artigos autorizados mas com corte, viu totalmente cortado, em 3 de Março, o artigo de Humberto Lopes «Os pecados sociais», no qual, aproveitando a quaresma, o jornalista identificava vários pecados sociais: "iludir o pagamento de impostos", a "fuga de capitais" e os pecados de um Ensino "classista" que continuava "por culpa de grupos que defendem os seus privilégios" a carecer de uma legislação "autêntica e universal".

Humberto Lopes sabia que os grupos de pressão não iam gostar "da prosa porque detestam ouvir falar em pecados", mas fazia questão de lembrar "um mandamento que anda cada vez mais esquecido: HONESTIDADE".

Mais tarde, em 8 de Março, foi proibido o artigo «Conversa de papagaio» de José de Almeida sobre a forma como o petróleo não estava a contribuir para o desenvolvimento de Cabinda[190], a exemplo do que se passou com a crónica de Rola da Silva «O significado e o tempo» sobre a evolução do sentido – ascendente e descendente – das palavras

Depois, em 13 de Março, não houve espaço para a denúncia feita por Victor Mendanha da «Burocracite», um retrato do funcionamento – ou será inacção dormente? – de uma repartição, e a mesma sorte teve, na edição de 14 de Março, a astróloga Lina "chegada da Metrópole", pois foi proibida de anunciar os seus serviços.

---

[190] Neste diálogo com o dono sobre a vida em Cabinda, o papagaio, que viera de lá, só repetia "petróleo", "gosmas" e "ó filho, vai-te matar".

A CENSURA EM ANGOLA NA FASE FINAL DO IMPÉRIO

Depois, em 17 de Março, foi proibida a notícia sobre a próxima visita de Américo Tomaz a Angola e a S. Tomé e, em 18 de Março, uma notícia sobre a forma como um funcionário mostrara excesso de zelo e nada dissera sobre a descolagem de um Boeing ter sido suspensa devido a rajadas "perto da pista" e provenientes de uma "força militar dos Comandos que estava a realizar um exercício na área".

Afinal, não se tratara de um atentado ou de um ataque terrorista.

O *Diário de Luanda* não pode publicar, em 13 de Março, uma imagem de uma "visão caricatural do 'divã' do psicanalista" porque a doente para mostrar a "nudez toda de dentro" estava despida.

Depois, em 26 de Março, viu proibida uma crónica intitulada «Luanda: cidade onde não merece a pena viver», tal a forma como "a estropiaram, a desfiguraram, a roubaram" ao ponto de ser "quase um insulto viver".

Fora nessa Luanda que vivera e morrera "Miquelina", uma vida desperdiçada entre tabaco, "diamba", vinho palheto "adulterado com os processos químicos mais atabalhoados" e "calor sensual".

A Tribuna dos Musseques de 12 de Março quisera dar a conhecer o caso, que podia ser a "história de muitas «Miquelinas»", mas a censura não autorizou.

Quanto ao *Jornal do Congo* viu suspenso em 28 de Janeiro e cortado muito tempo depois um artigo intitulado «Questões de 1970 – o trabalho – III», que defendia a posição dos patrões "as empresas existem para ter lucro – até no campo socialista" e criticava as inspecções que só se preocupavam que "a regulamentação incidente sobre o patrão" fosse "seguida à risca".

Palavras para quê? Eram os interesses instalados que faziam questão de marcar o seu terreno.

O *Comércio* de 11 de Março não publicou uma crítica sobre uma possível taxa a pagar "por quem consome o combustível indispensável às suas necessidades de deslocação" porque o automóvel não era um "objecto de luxo" para a maioria das pessoas.

O jornalista recordava a frase de Roosevelt para quem só duas coisas estavam certas na vida: a morte e os impostos e antevia que, no acto da cobrança do imposto, os cobradores iriam levar o carro como forma de pagamento.

Só era pena que o contingente de carros a apreender englobasse, sobretudo, os utilitários e a medida não dispensasse a aquisição das viaturas oficiais.

O mesmo jornal tentara denunciar, em 24 de Março, a forma pouco assertiva como funcionavam os serviços na Província, mas foi impedido de publicar «Nada de facilidades nada de concessões» a propósito dos atestados de residência, uma denúncia do comportamento dos funcionários que consideravam a sua função como "um meio para lhes dar importância".

Finalmente, no que diz respeito à questão da segurança, foi proibido o artigo «Andam vadios pelo Golungo Alto», no qual *A Província de Angola* denunciava a exis-

SEGREDOS DO IMPÉRIO DA ILUSITÂNIA: A CENSURA NA METRÓPOLE E EM ANGOLA

tência de bandos "fugidos ao trabalho e ao convívio" e que se entregavam "a roubos e a assaltos" que podiam custar a vida às vítimas no caso de resistência.

Certamente que a esta marginalidade não eram estranhas as dificuldades da conjuntura interna, sendo que esta fuga «ao convívio» podia ser perigosa porque podia ser aproveitada para fins políticos e servir para alimentar as forças que combatiam a presença portuguesa em Angola.

Na realidade se a ligação entre a pobreza e o terrorismo não representa uma questão totalmente linear, como a morte de um milionário italiano quando tentava executar um acto terrorista e as riquezas pessoais de vários dirigentes de movimentos terroristas se encarregam de provar, não deixa de ser verdade que aqueles que nada têm para perder a não ser a vida parecem mais disponíveis para a marginalidade.

2.2.1.5. Junho de 1970

Em 24 de Junho, o GNP recebeu dois ofícios, por sinal com a numeração trocada, pois o ofício confidencial n.º 5614/523/8-B/1.ª acompanhava os cortes relativos ao mês de Maio e o ofício confidencial n.º 5615/525/8-B/1.ª vinha acompanhado pelos cortes feitos pela Comissão de Censura no mês de Abril.

Uma «distracção» da responsabilidade do Governador-Geral e que o GNP não valorizou em demasia – embora tivesse sublinhado a expressão "de Abril último –, tal como não pareceu incomodado pelo envio simultâneo dos cortes referentes a dois meses, até porque se tratava de uma recuperação relativamente a procedimentos anteriores.

Depois de uma fase inicial com sucessivas reclamações, a «vida habitual» soubera instalar-se e nem o Ministro se inquietou com o facto de ter mandado arquivar em 2 de Julho um ofício que acompanhava cortes efectuados em Abril.

Estes ofícios, bem como os elementos censurados que os acompanhavam, estão guardados na pasta 10.

No ofício relativo a Maio, o GNP escreveu no documento que "foi feito o respectivo apontamento", informação que apontava para a importância de alguns dos cortes efectuados, enquanto no ofício referente a Abril a informação do GNP ia no sentido do arquivamento.

Por uma questão cronológica, a análise dos materiais recebidos em Lisboa começa pelo mês de Abril.

Assim, a *Notícia*, logo no primeiro dia do mês de Abril, foi impedida de publicar uma carta de "alguns empregados da FNIM" – Federação Nacional dos Produtores de Trigo – denunciando «Algo grave» numa fase em que "não nos é reconhecido o direito de protestar". O assunto prendia-se com o pedido para que o jornal publicasse "uma notícia ou uma simples nota para fazer sentir ao sr.dr. Xavier Pintado, Secretário de Estado do Comércio" que esses trabalhadores estavam a ser discriminados, pois não estavam a ser "pagos segundo a nova tabela de vencimentos estabelecida para o funcionalismo público".

As relações regionais com a Zâmbia, de onde tinha vindo "um ataque traiçoeiro a uma povoação fronteiriça" e as consequentes "atitudes assumidas pelas populações de Nova Lisboa, Silva Porto e outras, relativamente à destruição das mercadorias embarcadas nos vagões do CFB a caminho da Zâmbia" como "justa represália" não puderam ser narradas na edição de 3 de Abril de 1970.

A proibição deve ter a ver com a forma como o jornalista encarou o problema, denunciando que essa represália não impedia de continuarem "alinhados no cais da estação da CFB, em Nova Lisboa, dezenas de vagões com destino à Zâmbia".

Por isso, o articulista defendia que "ou tomamos uma atitude, ou fiquemos quietos" porque reacções como a que acabava de ser efectuada não passavam de uma forma de «Chover no molhado».

Relativamente aos problemas sociais, o *Diário de Luanda* não publicou, no dia 10 de Abril, a reportagem sobre «Dez horas na cela 5», aquela que seria a primeira de várias reportagens sobre "a vida dos «bas-fond» das grandes urbes", no caso Lisboa.

Nem o facto de na altura residirem e trabalharem em Luanda pessoas "que presenciaram a cena ocorrida há cerca de seis anos" em Lisboa pareceu importar ao censor.

Ainda sobre esta temática, o *Diário de Luanda* acertou em cheio quando retratou a vida dos fora de lei porque a reportagem intitulava-se «Histórias verdadeiras mas proibidas» e a Comissão de Censura suspendeu-a no dia 7 e proibiu-a a 8 de Abril.

Rola da Silva viu a sua crónica «Será mesmo a única hipótese» proibida na edição de 8 de Abril de *A Província de Angola*. Em causa estavam os impostos porque o Estado queria subir a tributação do "gasoil" de uma forma "imprevista" quando a sua função deveria consistir em fazer "o possível por tirar o imprevisto dos impostos" esclarecendo "previamente o que cada um deve".

Ora, muitos contribuintes tinham feito as contas antes de se decidirem pela compra de automóveis a "gasoil" e "a estrutura económica da província" fora orientada "no sentido de dar preferência a esse combustível". Por isso, se sentiam enganados.

Quem não se enganou foi o lápis do censor.

No que concerne à moral, em 11 de Abril, uma reportagem de *A Província de Angola* sobre «Exército de salvação ou liberdade moral?» foi proibida porque os exemplos vindos do estrangeiro apontavam para que na Dinamarca "a supressão radical de toda a censura" tivesse feito "baixar de forma considerável o índice de crimes e delitos de natureza sexual" e em Paris assistia-se "a uma escalada com a abertura das primeiras *sex-shops* (lojas de sexo)", em que só mesmo a novidade pode explicar a necessidade de se ter procedido à tradução do título.

Era uma temática tão preocupante como a detenção preventiva e o facto de, segundo Paul Guth, se colocarem "as algemas a qualquer pessoa. Esse objecto de escravatura tornou-se uma jóia de uso corrente", assunto também interdito na referida publicação.

Na edição de 11 de Abril, Rola da Silva voltou a ver negada a publicação do seu artigo de opinião, desta vez intitulado «Para pouca saúde», onde defendia a eutanásia "à falta de remédio melhor" e criticava a falta de diálogo do regime, pois "ninguém discute, se bem que muitos não aceitem quando lhes toque pela porta" e defendia a criação de "tribunais independentes sob o ponto de vista político", pois, já então se colocava a questão da "idoneidade dos próprios tribunais".

Na opinião de Rola da Silva, "um tribunal ligado a qualquer coisa, seja o que for essa coisa, um partido ou um interesse foge à definição de tribunal".

Melhor destino conheceria o seu artigo «Legalidade e legitimidade» que apenas sofreu dois cortes, aqueles em que criticara a forma apressada como Marcello Caetano falara de "ilegalidade" e de "disciplina legítima" e da circunstância de ser o Governo a desrespeitar as próprias leis – *A Província de Angola* de 18 de Abril.

No que diz respeito à administração, um interessante artigo «A compra das vassouras» procurava explicar a forma como decorriam as sessões camarárias em Luanda e de como se podia gerar uma discussão inútil entre os vogais a partir de um acto tão simples como a compra de vassouras. *A Província de Angola* foi proibida de o incluir na sua edição de 14 de Abril, a exemplo do que aconteceu ao depoimento de um leitor, Fernando da Cunha, sobre «Os amigos do erário público», a denúncia da corrupção "através das solidariedades comprometedoras".

Por vezes as sugestões de alteração de títulos por parte da Comissão de Censura tiravam beleza ao título original. Mudar «Por pôr um pé do capim 230$00 para a corda do sino" para "Por pôr um pé na relva 230$00 de multa" representa um desses exemplos – *ABC* de 12 de Abril.

No que concerne à conjuntura regional, em 22 de Abril, a *Actualidade Económica* não foi autorizada a publicar o artigo sobre o desejo da Rodésia – que "a despeito das sanções que lhe foram impostas pelas Nações Unidas" tinha conseguido um progresso – para que Angola retribuísse a visita de uma missão comercial e *O Comércio* do dia seguinte não deu à estampa uma notícia, proveniente da Reuter, a dar conta da pressão de Londres para que Portugal encerrasse o consulado na Rodésia.

A pressão parece ter resultado, pelo menos em parte, porque, de acordo com uma notícia – muito cortada – do *Diário de Luanda* de 26 de Abril, o cônsul português em Salisbúria, Dr. Freitas Cruz iria ser transferido, embora o consulado permanecesse aberto e entregue ao seu adjunto, Dr. Portela.

As "estreitas relações" entre Portugal e Salisbúria e uma "importante colónia portuguesa" residente na Rodésia explicavam o melindre da situação.

Nessa fase, as questões relativas à segurança eram objecto de uma grande vigilância e, por isso, a edição de 22 de Abril do *ABC* não publicou uma notícia proveniente

A CENSURA EM ANGOLA NA FASE FINAL DO IMPÉRIO

de Lisboa e intitulada «Encontradas três granadas no Cais das Colunas". As granadas eram "do tipo de granadas de mão utilizadas no Exército".

Retomando a vida interna, *O Comércio*, na edição de 23 de Abril, teve de eliminar a notícia sobre «Camionistas descontentes no mercado de Quinaxixe", pois não era correcto falar de manifestações contra "impostos demasiado pesados que incidiam sobre as indústrias transportadoras".

Na edição de 24 de Abril, *O Comércio* foi autorizado a publicar a ínfima parte restante depois dos cortes feitos numa reportagem de João dos Reis intitulada «Limpeza no Bairro Operário onde foram detidas 57 mulheres».

A limpeza feita pela censura não ficou a dever em nada à acção policial.

Finalmente, *A Palavra* de 29 de Abril viu totalmente cortado um artigo no qual os "carreiristas" eram acusados de "desrespeito pelo instituído e satisfação pessoal" e o autor considerava ser seu dever, dentro do que lhe estava destinado, "chamar essas pessoas à razão e como tal, avisar muito paternalmente os desencantados, que é mais fácil seguir um caminho já aberto, que abrir uma picada".

No que se refere ao mês de Maio, *A Província de Angola* não foi autorizada a publicar, em 2 de Maio, a reportagem intitulada «Terra de ninguém» sobre a situação vivida no distrito do Zaire, onde se falava das causas do atraso da região e se defendia que o terrorismo e as "pautas inadequadas (as terríveis pautas de Angola)" tinham levado à "fuga das populações".

A edição desse dia deve ter ficado muito reduzida porque uma outra reportagem sobre "as múltiplas implicações que resultarão para Angola da interrupção do tráfego com a Zâmbia" foi, igualmente, proibida. Nessa altura, a Zâmbia protegia os "nossos inimigos".

Nesse mesmo dia, o *Diário de Luanda* viu cortada uma "opinião alheia", ou seja, uma opinião de Rola da Silva, autorizada com cinco cortes, no jornal *A Província de Angola* sobre "vinho que é uma mistela", uma ironia sobre o facto de aqueles que comercializavam e industrializavam o vinho poderem beber "do engarrafado a quarenta e mais escudos. E se fosse a sessenta".

Estranha esta proibição de um resumo de um artigo já publicado com os cortes...

Depois, em 3 de Maio, viu parcialmente cortado um artigo intitulado «Lei da Imprensa – mas qual?» onde era lícito "falar-se de liberdade" e terminava – melhor, queria terminar – com a frase "mas uma Lei apesar de tudo que disciplinará um sector onde não há lei, nem rei, nem tão pouco roque".

Ainda no mesmo dia, o jornal teve a ideia de fazer um "inquérito a propósito do possível aumento das tarifas de táxis", mas a censura não permitiu a divulgação dos resultados que, como é óbvio, reflectiam os interesses de cada um dos entrevistados.

O assunto voltou a ser abordado pelo jornal *A Província de Angola*, na edição de 6 de Maio, embora sob o ponto de vista do grémio dos proprietários de táxis, o qual não concordava com "a fórmula esclarecida pela Câmara de Luanda para a cobrança da taxa de 50 centavos" e numa reportagem de Jaime Moreira no *Diário de Luanda* de 4 de Junho.

Nos dois casos o corte total foi a solução encontrada pela Comissão de Censura para "um problema em debate".

Quanto ao cenário internacional, o *ABC* de 7 de Maio foi impedido de noticiar que era "tumultuoso o moral das tropas americanas no Camboja" até porque dava conta da realização de "manifestações anti-americanas diante das embaixadas dos EU em Roma e Estocolmo" e, em 11 de Maio, uma crónica de António Esperança intitulada «Quando Fulgêncio saiu de Cuba», uma sátira irónica ao regime de Fulgêncio Baptista que tinha "em cada cubano um fervoroso adepto do regime que instituiu".

António Esperança voltaria a ser proibido, em 21 de Maio, num artigo sobre as quatro propostas de Lei – revisão da Constituição, Liberdade Religiosa, Regime de Imprensa e Regime de Concorrência – que iam ser presentes à Assembleia Nacional e que prometiam "o mais doce Novembro dos últimos quarenta anos".

O adjectivo «doce» referia-se à tranquilidade anunciada com que todo o processo iria decorrer.

Depois, em 9 de Maio, foi cortada uma notícia sobre uma «Manifestação de estudantes dispersa pela polícia», facto que acontecera em Lisboa e que tivera como manifestantes "um grupo de alunos do Instituto Comercial de Lisboa" e a revista *Actualidade Económica* viu cortado, em 11 de Maio, depois de suspenso a 5 do mesmo mês, um artigo sobre as diferenças entre a teoria e a prática no que ao café dizia respeito, enquanto a edição de 11 de Maio do *ABC* não publicou um artigo sobre as consequências da prostituição, no qual se questionava "quem será o pai desta criança?".

No que concerne à conjuntura regional, este mês foi fértil em proibições.

Assim, o *ABC* de 11 de Maio não pode inserir uma notícia minúscula sobre a visita do cônsul da Rodésia a Cabora-Bassa e Cabora-Bassa voltou a ser riscada do mapa na edição de 20 de Maio de *A Província de Angola* e de 21 de Maio de *O Comércio*, pois uma notícia da Reuter, proveniente de Lisboa, dava conta do desapontamento pela não participação de Itália no projecto, embora na edição do dia seguinte este jornal quisesse noticiar que havia uma "companhia italiana interessada".

Por sua vez, a *Semana Ilustrada* de 20 de Maio não pode publicar um artigo sobre as consequências que adviriam para Angola da assinatura de um acordo entre a Zâmbia e a China para ligar "Lusaka a Dar-es-Salam" e que afectaria o Caminho de Ferro de Benguela.

No que diz respeito ao relacionamento entre os vários grupos residentes em Angola, *A Tribuna dos Musseques* de 14 de Maio foi proibida de publicar um artigo extenso denominado «Duas atitudes» onde, depois de se referir a atitude de convocação à união feita por Lloyd George no discurso de comemoração da assinatura do armistício, se criticava a atitude do *Jornal de Benguela* e de M. de Mesquita pelo editorial de 6 de Dezembro no qual apelava à manutenção "da raça dominadora".

A CENSURA EM ANGOLA NA FASE FINAL DO IMPÉRIO

O jornal fazia questão de escrever que não se tratava "dum movimento de opinião dos colonos" mas da "megalomania dum homem que a sede de vingança atormenta, e o despeito alucina".

A censura voltou a mostrar o pouco apreço que nutria pela poesia, sobretudo se a mesma apresentava aspectos políticos, e proibiu um poema assinado por um "paroquiano" sobre o uso do capacete para quem andava de lambreta na qual se dizia que quem enfiava o capacete já não podia "enfiar nenhum barrete" – *O Comércio* de 15 de Maio.

Por falar em transportes, *A Província de Angola*, na edição de 17 de Maio, não pode publicar as considerações de um leitor, Alceu Ferreira, sobre "mais cinco tostões por cada serviço de táxi" nem o artigo a defender mão dura para quem não cumprisse a referida lei que exigia o capacete "por motociclistas e motoretistas".

No entanto, o artigo de maior relevância neste período prende-se com um estudo solicitado pela revista *Prisma* para comemorar o seu "quarto ano de publicação". Não é possível identificar o autor do estudo, mas a situação angolana é bem caracterizada e, sob o ponto de vista demográfico, o cruzamento dos dados provenientes do Censo Geral de 1960 e actualizados pelo "coeficiente de 3 de crescimento", com os dados relativos aos alunos negros e mestiços matriculados na Universidade de Luanda era assustador e denunciador de que era preciso colocar "os milhares de angolanos negros em condições de melhor trabalharem e produzirem, para assim, poderem, em igualdade de circunstâncias, participar na riqueza e prosperidade da sua Terra natal".

A censura proibiu a publicação do estudo, tal como aconteceu ao artigo da *Semana Ilustrada* sobre a problemática de Cabinda «Autonomia consciente» e à notícia de 26 de Maio de *A Província de Angola* sobre a visita a Luanda de uma missão italiana de interesses comerciais e industriais.

A Comissão de Censura não podia gostar de saber que os laços comerciais entre Angola e a Itália eram "reduzidos" enquanto "com a metrópole, este intercâmbio se processa em moldes diferentes e mais equitativos". Como é óbvio a expressão "este intercâmbio" refere-se às relações comerciais entre a Metrópole e a Itália e não entre a Metrópole e Angola.

Era o preço da administração directa!

Ainda sobre os aspectos económicos, a *Actualidade Económica* foi proibida de publicar em 20 de Maio um extenso artigo que questionava «Finalmente liberalizadas as exportações do sisal?» – assunto de que convinha dar conhecimento ao Secretário Provincial da Economia – e *O Comércio* viu cortado integralmente, em 2 de Junho, o artigo que se prendia com uma exposição ao Governador-Geral sobre «Os problemas dos combustíveis e a taxa de compensação vistos pela Associação Comercial do Lobito-Catumbela».

Regressando aos «incidentes quotidianos», nesse mesmo dia, a *Notícia* viu cortada uma carta de um leitor de Luanda, Manuel S. Neves, sobre a «falta de civismo»

SEGREDOS DO IMPÉRIO DA ILUSITÂNIA: A CENSURA NA METRÓPOLE E EM ANGOLA

de um grupo que "se intromete com senhoras e provoca homens" no largo da «Portugália», nome porque "vulgarmente é conhecido o largo D. João IV, (agora também chamado «praça vermelha»".

No que concerne à administração, foi proibida em *O Comércio* de 28 de Maio, a crónica de Luís Vilela «O Mendonça» sobre um administrador de circunscrição "mais mexido que uma omolete e mais activo do que um formigueiro" e que foi oferecido a Ambriz pelo Governador-Geral, uma vez que este não podia prometer "a ponte-cais" nem a luz eléctrica ou "resolver o problema da água".

Os habitantes de Ambriz, no caso de disporem de oportuniddae de opção, não teriam grandes dúvidas sobre o sentido da escolha.

Finalmente, *A Palavra* não foi autorizada a publicar um artigo «Quem dá mais?» sobre os 200 contos que valera o leilão da venda da Igreja de Arroios em Lisboa.

Fraco provento para tanta necessidade!

2.2.1.6. Julho de 1970

Como decorre da investigação, seria normal que se começasse por indicar o número do ofício do Governador-Geral que acompanhou os cortes relativos a Junho. No entanto, se inicialmente foi possível encontrar os cortes, o mesmo não se passou com o ofício, o qual só viria a ser encontrado na pasta 11 – ofício confidencial n.º 7086/628/8-B/1.ª, datado de 23 de Julho de 1970.

No que concerne às proibições de Junho, a *Actualidade Económica* viu suspenso no dia 3 e cortado a 9, um artigo intitulado «Energia e desenvolvimento no espaço económico nacional», no qual pretendeu reproduzir um editorial do lisboeta *Jornal do Comércio*, um artigo "voltado para o território metropolitano" mas cujos "raciocínios " se podiam aplicar "indiferentemente à Metrópole e às Províncias do Ultramar".

Por falar em Metrópole, era lá que se encontrava o Governador-Geral e *A Província de Angola* de 4 de Junho queria ouvir o homem da rua, pois a população seguia com muita atenção essa presença em Lisboa, uma vez que havia "tanta coisa que necessita ser estudada, debatida e resolvida...".

A Comissão não foi da mesma opinião, o mesmo se passando em relação aos «Dedicados servidores» de Ribadâncora no *ABC* de 7 de Junho, no qual o jornalista mostrava a sua tristeza sempre que via "um amigo guindando ao Poder" porque a sala do Poder tinha duas portas e muitos dos que saiam jamais se libertavam "dos complexos adquiridos numa espécie de doença de recuperação e convalescença demorada".

Dito de outra forma, o regresso à vida civil não era suficiente para fazer desaparecer os «tiques de autoritarismo».

Na *Tribuna dos Musseques* de 8 de Junho, uma fotografia de um velho, João Afonso, que tinha trabalhado "40 anos" para a Companhia de Combustíveis do Lobito e tinha sido despedido "com 3120 escudos no bolso e a promessa do enterro pago" foi proibida pela censura no dia 11 de Junho, embora o artigo correspondente, da autoria de Corrêa Victor, tivesse sido autorizado apenas com um ligeiro corte na parte onde se deveria ler "a empresa tem accionistas estrangeiros e estamos certos de que lá na «estranja» não deve haver procedimento igual".

De facto, tratava-se mais de acautelar a dignidade mínima depois da morte do que de assegurar a vida.

O Lobito de 23 de Junho viu proibido o artigo de José Vicente (Gil Duarte) sobre as coisas "espantosas" que aconteciam em Portugal, como o facto de "a amnistia aprovada em Conselho de Ministros nos princípios de Maio, concedendo generoso perdão a numerosos incriminados (cerca de 10 mil processos vão ser arquivados)" não se estender ao Ultramar.

Para acautelar a verdade da História, convém dizer que, nessa altura, não constava que entre os amnistiados estivessem foragidos a contas com a justiça, como viria a acontecer depois da queda do regime.

Mas nem tudo era de invejar na Metrópole, pois em Lisboa, "na azinhaga das Lages, junto ao cemitério do Lumiar" havia ratos dos esgotos que atacavam e mordiam crianças – *O Comércio* de 19 de Junho.

Não seria certamente essa a razão a ditar o regresso do "Chefe da Província" a Luanda no dia 28 de Junho, notícia proibida no *Diário de Luanda* de 14 de Junho, porque numa conjuntura de guerra não devia ser do domínio público o conhecimento de todos os passos dos titulares de cargos políticos.

Também em Luanda havia problemas – que não eram exclusivos – no que dizia respeito às cadeias "dos maiores centros de tráfico e uso de drogas" – *Diário de Luanda* de 21 de Junho – embora a sua divulgação fosse interdita.

Por vezes, os artigos eram autorizados com cortes nos títulos que alteravam juízos de valor presentes no sentido inicial. Assim, o *ABC* de 24 de Julho recebeu a sugestão de mudar o título «O progresso económico da Rodésia contraria o maquiavelismo das sanções» para «O progresso económico da Rodésia contraria os objectivos das sanções».

Na verdade, usar "objectivos" como sinónimo de "maquiavelismo" requer bastante imaginação.

Em 7 de Julho, «Uma opinião» de António Cibrão foi proibida em *A Província de Angola*. Em causa estava a posição de um não católico em relação à recepção que o Papa concedera a um grupo onde se incluíam "três principais chefes do terrorismo em três Províncias de Portugal".

O autor parecia desculpar o Papa "chefe supremo e incontestado duma religião internacionalista" porque o Evangelho mandava "receber a todos como irmãos".

Menos fraternal foi a decisão da Comissão de Censura.

Ainda sobre a acção da igreja, P. Cabral foi proibido de publicar o artigo de três páginas intitulado «A igreja e o desenvolvimento de Angola» para a edição de 27 de

Junho de *A Província de Angola*. O artigo falava de uma igreja "mais nossa", da "cooperação da igreja no mundo angolano" e de "uma igreja angolana com a preocupação de ser pobre".

Nessa mesma edição não saiu uma notícia «Brincadeiras de mau-gosto» sobre crianças "a precisar duns açoites" que andavam a colar dísticos nos automóveis junto ao parque de estacionamento do aeroporto.

O problema é que os dísticos, para além de serem difíceis de tirar, diziam que "o teu fim está para breve", situação que leva a colocar em dúvida se, afinal, o título da notícia estava correcto.

Relativamente à administração, *O Comércio* de 24 de Junho não pode publicar que «O comandante Sousa Machado deixa a chefia do Distrito de Moçâmedes», a exemplo do que se passou com o *ABC* do mesmo dia, e *O Comércio* de 28 de Junho não deu voz a uma carta de Brás Viegas Domingos, da Delegação de Sá da Bandeira, que considerava que os angolanos estavam a ser tratados como "um povo irresponsável".

Como tudo não passava de uma queixa relativamente à "obrigatoriedade do uso de capacetes pelos portadores de motos e motorizadas e seus passageiros", parece que, afinal, a crítica não tinha sentido, ou seja, irresponsável era quem não queria ver as vantagens de uma lei que aumentava a segurança.

Paul Guth também viu cortado um artigo – marcadamente irónico – no qual propunha para o Nobel da Medicina o dr. Werner Schutz que, a troco de 75 francos por dia e de um tratamento entre 8 a 12 semanas, prometia a cura a todas as mulheres usando um regime de "legumes, frutas, água fresca, amor" e recorrendo à "sua própria pessoa para aplicar o tratamento". Por isso, só aceitava 11 doentes de cada vez, mas fora obrigado "para não deixar ali a pele" a admitir "como adjuntos enfermeiros italianos, suecos, finlandeses, hindus".

A exigência física levara a que "aos 55 anos, Schutz parece ter 80". Por isso, Guth considerava que essa circunstância fora tida como atenuante e motivara a sua libertação quase imediatamente a seguir à detenção.

O artigo não mencionava se Schutz tinha retomado a actividade, embora, face ao exposto, tal não se afigure muito provável.

2.2.1.7. Agosto de 1970

O ofício confidencial n.º 7734/739/8-B/1.ª, enviado pelo Encarregado do Governo-Geral, Mário Governo Montez, e recebido em Lisboa no dia 27 de Agosto, era acompanhado pelos cortes relativos a Julho.

De notar que muitos desses cortes estão na caixa 11, mas o ofício não os acompanha porque está arquivado na pasta 12.

O GNP, por informação de 7 de Setembro, não viu nesses cortes nada de assinalável e que justificasse a produção de um apontamento para o Ministro e este decidiu que os documentos fossem arquivados logo no dia seguinte.

De qualquer modo, entre os elementos cortados figuravam assuntos de uma perigosa pertinência, como era o caso do artigo de Humberto Lopes «Infernos da vida» – *A Província de Angola* de 6 de Julho – onde se referia que "somos nós, na maioria dos casos, os verdadeiros criadores destes infernos" e, por isso, aconselhava a que "antes de abdicarmos, não peguemos fogo ao próprio Inferno".

Na pasta 11 existe um documento – um corte feito no dia 9 de Julho na edição de Junho de 1970 de *A Palavra* – que merece ser reproduzido integralmente.

O título é «A Palavra e a censura» e reza assim: "Houve remodelação no Gabinete de Censura à Imprensa em Luanda. A quase totalidade dos censores vai ser substituída, por se tencionar remodelar a estrutura porque aquele departamento se rege. Este jornal, que desde sempre encontrou por parte dos Censores que agora saiem[191], a melhor compreensão e até bastos motivos conciliatórios, deseja aos que entram, se não mais, pelo menos a mesma independência de critério e de análise dos seus antecessores".

A Comissão de Censura cortou este elemento, talvez por recear que os elogios recebidos, ainda que suaves, pudessem ser vistos pelos leitores e por outros «olhos e ouvidos do Poder» como um sinal de frouxidão ou de fraqueza de actuação.

A questão da droga, embora noutro continente, voltou a merecer cortes como o que se verificou na reportagem de Francisco Xavier em *A Província de Angola* de 10 de Julho e no *ABC* do dia seguinte onde se pretendera escrever que «Tratar um drogado de uma dor de dentes é o mesmo que atacar um incêndio com uma pistola de água» e se fazia referência a uma notícia de Hollywood que informava que um dos actores da série Bonanza tinha recebido uma «Enciclopédia infantil da erva ou um tratado sobre marijuana».

Afinal, não se tratava de "um livro de jardinagem", como o próprio julgava.

A audiência concedida pelo Papa a representantes de três movimentos nacionalistas que lutavam contra Portugal foi objecto de dois cortes – *A Província de Angola* de 3 e de 13 de Julho –, sendo que no último caso se dava conta que tinha terminado "oficialmente uma disputa breve mas dura entre Portugal e o Vaticano".

Aliás, nesse artigo era salientada a estratégia de Marcello Caetano para não dar trunfos nem à oposição nem aos "dirigentes da guerrilha", que não deixariam de dizer aos seus soldados que se animassem "que o Papa está do nosso lado".

Este jornal também viu proibida a notícia «Solucionado o caso do navio Arraiolos», retido no Tejo por "falta de tripulação: oficiais, marinheiros e criados".

No que concerne à vida na Província, a questão da pesquisa de diamantes no Cuando-Cubango por uma "companhia estrangeira – o nome é diferente da Diamang"

---

[191] Grafia original.

não pode sair na edição de Julho da revista *Prisma*, o mesmo acontecendo à notícia "da imprensa internacional do dia 2 de Julho" sobe a audiência dada pelo Papa aos "três líderes dos movimentos africanos em luta contra Portugal", assunto que uma carta de uma leitora, representando a Racionalidade Cristã, Aurora António Martins Heleno, também não pode divulgar nas colunas do *ABC* de 9 de Julho, apesar de o conteúdo ir no sentido da defesa da política do Estado Novo: "Angola é Portugal" e "que seja reparada a ofensa dirigida a Portugal". Só que a signatária também queria "o reconhecimento desta tão grande Doutrina que jamais ofendeu nem ofenderá a Nação Portuguesa, a Pátria mais Valorosa do Mundo".

Apesar de descontente com a atitude do Papa, o sistema não estava interessado no reconhecimento ou legalização de seitas, doutrinas ou confissões que pudessem abalar a estrutura da igreja católica.

A revista *Prisma* foi, ainda, proibida de publicar uma série de reflexões sobre África.

Assim, em 10 de Julho, não saiu um longo texto sobre o mapa de África "em forma de grande ponto de interrogação", que, depois de considerar que se devia manter longe "os agoirentos do fracasso" e também "a euforia revolucionária", traçava a evolução do continente onde se tinham produzido "umas vinte e cinco mudanças de governo" na década de 60 e questionava, na frase final, "qual será o futuro da África?".

Depois, em 16 de Julho, foi cortado o conjunto de reflexões, que se iniciava com a constatação de que "tendo as fronteiras geográficas menos importância que as fronteiras sociais, os conflitos existentes no seio de um país tendem a uma rápida internacionalização"[192], e no qual se podia ler que "as recentes eleições legislativas na África do Sul demonstraram que, apesar de tudo, um número crescente de brancos põe em dúvida a legitimidade do «apartheid»". Além disso, relatava a visita do Dr. Vorster[193] ao Malawi de Hastings Banda, um governante que "após ter sido considerado como «racista negro» é hoje um dos mais eficazes aliados dos racistas brancos".

No que diz respeito à conjuntura internacional, não puderam ser publicadas as notícias «A xenofobia na Suíça», um país "de democracia amputada e de neutralismo fictício" onde um deputado conservador quisera "a expulsão de uma parte dos estrangeiros residentes" e obrigara "a convocar um referendo" onde "46% manifestou as suas simpatias xenófobas" e «Agitação no Brasil», artigo que referia a hipótese de os Estados Unidos virem a aplicar "os seus conceitos sobre «a segurança do continente americano» o que poderá criar uma situação idêntica à da República Dominicana".

Também *A Província de Angola* de 21 de Julho viu cortada a notícia, proveniente de Paris e veiculada pela Reuter, sobre a queixa de Senghor à França para que intercedesse junto de Portugal no sentido de acabarem "os ataques ao seu território" e o

---

[192] Documento já constante na caixa 11.
[193] Primeiro-Ministro da África do Sul de 1966 a 1978 e Presidente de 1978 a 1979.

A CENSURA EM ANGOLA NA FASE FINAL DO IMPÉRIO

mesmo destino teve a notícia «Relações político-económicas entre Moçambique e Pretória».

Finalmente, a questão brasileira, mais exactamente o uso da tortura por parte do governo militar, deveria ter sido objecto de um artigo a publicar no jornal *A Província de Angola* de 25 de Julho, mas a denúncia da Comissão Internacional de Juristas sobre a existência de "esquadrões da morte sequestrando e assassinando pessoas hostis ao governo" foi proibida.

Regressando à vida interna, a *Semana Ilustrada* não recebeu autorização, em 13 de Julho, para publicar o artigo «A propósito de um monumento à portugalidade» porque tal não era necessário "para vincular a presença dos portugueses em África". Bastava, para isso, "trabalhar arduamente e agir de acordo com uma maneira de pensar, de ser e de estar no Mundo que, pelo menos nos papéis de propaganda é única".

Além disso, não pode publicar – embora não conste na revista a data da proibição – uma carta de uma estudante da Faculdade de Direito do Porto, Maria Adalgiza Silva, sobre o mau estado "das placas de sinalização" e o "abandono das casas [dos] cantoneiros" na estrada que conduzia a Nova Lisboa.

A redacção não perdeu a ocasião para afirmar que "interrogações semelhantes já nós fizemos".

O censor poderia ter escrito que «cortes por motivos como este já cá contam uns milhares».

Voltando aos problemas de Angola, parece evidente que uma estudante de Direito, que apenas regressava a casa paterna nas férias, teria de ver o mundo com olhos mais críticos ou 'menos tortos' que aqueles que raramente saíam do torrão natal.

Na mesma onda se inseriu, um artigo assinado por Zé da Ilha, no diário *A Província de Angola* de 22 de Julho, que foi autorizado mas com um ligeiro corte e a informação – escrita a vermelho – de que "reincide". Em causa estava a visita das Escolas Móveis da Prevenção Rodoviária Portuguesa aos Estabelecimentos de Ensino Secundário dos Distritos de Lisboa e Porto, experiência que o autor louvava e queria ver chegar a Angola.

Depois voltaram as questões morais e, a 23 de Julho, o artigo sobre «Respeito – amor e fidelidade são os valores da mulher dos nossos dias nas diferenças importantes, difíceis de resolver» foi suspenso e depois cortado. O artigo considerava que "dispor livremente do próprio corpo não foi uma dádiva apanhada no ar pelas mulheres desta segunda metade do século XX" e que não era fácil "adaptar-se a uma nova moralidade, apoiada não mais em tabus e nas proibições, mas na independência e no respeito mútuo.

A Comissão de Censura considerou o artigo demasiado audacioso até porque havia quem considerasse que o romantismo estava "arriscado a desaparecer", embora o autor – E.E. – julgasse que "a longo prazo, o verdadeiro romantismo triunfará".

No que se refere aos elementos esotéricos, *A Província de Angola* de 25 de Julho viu cortado em parte o título «Feiticeiro de larga clientela entre senhoras de Luanda detido no Rangel».

Claro que o corte apenas incidiu sobre "entre senhoras de Luanda" porque não era suposto serem elas as clientes deste tipo de práticas.

Afinal, a feitiçaria não era um exclusivo dos povos atrasados como se queria fazer ver a nível oficial.

Era a velha questão dos títulos e que levava a sugestões para substituir «Abatidos em Moçambique mais de três centenas de guerrilheiros» por «Pesadas baixas provocadas aos terroristas em Moçambique» – *ABC* de 25 de Julho.

A Província de Angola de 26 de Julho também viu proibido um poema «Mãos negras» de uma jovem de 14 anos, Mizé Sousa, demasiado precoce para escrever sobre "Mãos que pedem à beira de uma estrada.../ Mãos sem história, vazias, suplicantes!/ Mãos abertas à miséria para o nada,/ Mãos que se estendem aos que passam indiferentes!".

Aliás, esta jovem voltaria a evidenciar sinais da sua precocidade na edição de 2 de Agosto com o poema «Bem-aventurados», mas a censura voltou a ser coerente com os seus princípios.

Numa época cinzenta não deixa de constituir motivo de interesse a 'notícia' segundo a qual «Um Boeing 747 (gigante do ar) [fora] desviado em pleno voo para Luanda». Os piratas eram "quatro homens e uma mulher" que queriam "comprar lotaria aos balcões da Casa da Sorte a fim de se habilitarem aos 4 200 contos desta semana" – *ABC* e *Diário de Luanda* de 27 de Julho.

Sendo quase certo que se tratava de uma forma de publicidade, a Comissão de Censura considerou que os limites da criatividade tinham sido – larga e perigosamente – ultrapassados.

Como era da praxe a notícia sobre o regresso do Presidente Américo Tomaz a Lisboa para assistir ao funeral de Salazar foi interdita na edição de 28 de Julho de *O Comércio*. Melhor sorte teve *A Província de Angola* do mesmo dia que publicou uma notícia sobre esse regresso, embora com um corte que não deixava ler "que cancelou todas as restantes cerimónias programadas para esta sua visita".

Neste caso, parece que o corte acabou por dar mais sentido à narração, pois não se vislumbra como é que o Presidente da República poderia antecipar o seu regresso à Metrópole sem cancelar as cerimónias previstas.

No que se refere às sugestões propostas pela Comissão de Censura, a investigação encontrou aquilo que justifica a designação de uma «pequena pérola».

De facto, na edição de 23 de Julho de *O Comércio,* o jornalista escreveu o título «Assaltos e roubos na periferia da cidade». O censor considerou o título demasiado duro e propôs a sua alteração para «Ratoneiros a contas com a justiça».

Que o título inicial desse conta de uma situação problemática ainda em curso e que o segundo título a considerasse resolvida era diferença de pouca monta na Ilusitânia.

2.2.1.8. Outubro de 1970

Em Outubro voltou a surgir um problema. De facto, depois de Setembro não ter dado sinais de vida, seria expectável que o ofício confidencial n.º 9987/919/8-B/1.ª, com data de entrada de 27 de Outubro, acompanhasse os cortes efectuados em Agosto. Porém, como consta no ofício, os cortes recepcionados em Outubro eram "respeitantes ao período de 1 a 30 de Setembro" e o GNP considerou oportuno fazer um apontamento sobre "os assuntos tidos por mais relevantes".

A leitura dos artigos proibidos permitiu saber que também na Metrópole havia problemas porque o *ABC*, edição de 4 de Setembro, quisera noticiar que em Viseu "na ânsia de partir" os habitantes estavam "mais de 24 horas na bicha para obtenção de passaportes".

Afinal, o eldorado de então não estava em África e no Império mas na Europa além-Pirinéus.

No que se refere à conjuntura internacional, José Ricardo questionava se «A aproximação entre Bona e Moscovo poderá conduzir à russificação da Europa?» – edição de 7 de Outubro da revista *Actualidade Económica*, mas incluída no mesmo maço de cortes[194] e, em 14 de Setembro, *O Comércio* foi proibido de noticiar que havia um «Optimismo de Tito sobre os países não-alinhados», assunto igualmente interdito na edição do mesmo dia do jornal *A Província de Angola*, onde também não se podia ler que «A Conferência de Lusaka a despeito das profecias, não terminou em catástrofe».

Em causa estava a "3.ª Conferência de «alto-nível» dos países não-alinhados".

No que concerne à vida da Província, foi proibida na íntegra a notícia sobre a visita do Ministro do Ultramar, Silva Cunha, a Huíla para inaugurar o "busto ao Comandante Peixoto Correia" – *Diário de Luanda* de 5 de Setembro – e *O Comércio* não pode publicar, na edição da manhã de 5 de Setembro, a crónica de Norberto de Castro «Melões e artes plásticas», uma ironia sobre a forma como tinham sido premiados na mesma cerimónia jornalistas e vendedores de "couve-flor, nabiças, grelos e outros verdes". O aspecto desbotado do jornal já não permite identificar correctamente o nome do evento, embora pareça ser "O dia da cidade".

No mesmo dia, a *Notícia* voltou a ver cortadas duas cartas de leitores sobre a questão dos vencimentos: «O aumento dos vencimentos e os funcionários administrativos» e «Onde param os aumentos dos funcionários assalariados?».

---

[194] Esta situação era habitual, uma vez que um artigo podia ser suspenso e aguardar por decisão que nem sempre era célere. Outros casos são mais difíceis de explicar como se comprova pela existência na pasta de Setembro do corte feito em 14 de Agosto do artigo «Um Distrito a Precisar de Governador» que *O Comércio* quisera publicar em 13 de Agosto. No caso o Distrito era Moçâmedes. Aliás, o mesmo se passou com o artigo «Um visto para Portugal que não serve para Angola?» - *ABC* de 5 de Agosto e censurado a 7 do mesmo mês – ou com a crónica de Rola da Silva «Duma extensão indevida de benefícios» sobre as regalias de que os militares beneficiavam na aquisição de certos produtos – A Palavra de Agosto e censurada a 28 desse mês.

SEGREDOS DO IMPÉRIO DA ILUSITÂNIA: A CENSURA NA METRÓPOLE E EM ANGOLA

Mais grave na óptica do Poder foi a suspensão e posterior proibição do artigo de Araújo Rodrigues «Marinha de comércio e interesses do Ultramar» que *A Província de Angola* se propunha publicar em 4 de Setembro, pois o mesmo dava conta da existência de "um movimento reivindicativo de criação em Angola de uma nova Companhia de Navegação" para acabar com os abusos como "a exigência do pagamento em escudos metropolitanos dos fretes de certas exportações angolanas; as reduções de frequência e supressão de escalas, etc"[195].

Aliás, este jornalista também foi proibido de publicar o artigo «Caminhos errados», uma reflexão muito crítica sobre a administração colonial e que começava por mostrar a preocupação pela "circunstância de poucas vezes se procurar, entre nós, atribuir aos homens a função que deveriam ou lhes cabe desempenhar", razão porque nunca eram ouvidos, por exemplo, os cafeicultores, pois "o Instituto decide por eles".

Em nome da ordem vigente, a Comissão de Censura decidiu por si!

A Província de Angola também não pode dar conta, em 8 de Setembro, da afirmação do Presidente Makários para quem o Chipre revelava «Mais progresso em 10 anos de independência que em 84 de domínio inglês», nem, em 19 de Setembro, a crónica de Fontana da Costa «Acácio rubra: o palácio das acácias» sobre as injustiças que levavam a situações como "um religioso português [que] não podia viver na sua Pátria, mas um estrangeiro podia" porque em Angola "um cidadão sem padrinhos e massas é como uma mosca caída na teia da aranha quando quer fazer algo. Tal é o complicado burocratismo".

Em relação à conjuntura actual – e apesar da criação de um sistema dito simplificador – apenas há a registar a circunstância de a palavra «burocratismo» ter sido substituída por «burocracia».

Ainda no que a este artigo diz respeito, era uma sorte que o município não dispusesse de um tractor para demolir "um barracão de tijolo para guardar as alfaias agrícolas e arames" construído pelo amigo do jornalista, pois tal carência permitiu que o barracão ficasse de pé, embora a multa tivesse sido cobrada.

Aliás, a proibição também incidiu sobre a outra crónica de Fontana da Costa «O ex-benguelense», datada de 19 de Setembro, a qual narrava o sucesso de um regressado da África do Sul, e a uma crónica de J. Marques Rocha sobre «Dez dias na Metrópole no Cruzeiro de Férias de Angola» – edição de 28 de Setembro – ou «A confissão do padre Monteiro», um testemunho que chegara a França de um padre católico torturado em São Luís do Maranhão – em 29 de Setembro.

Relativamente à forma como eram garantidos os cuidados de saúde, o *ABC* de 11 de Setembro não pode publicar o artigo de J.L. Serrano Damásio «Onde começa a urgência?» ou «Corrida para o nada?!» ou «Mas as crianças senhor» sobre a forma como uma criança "inerte" e a sangrar não fora atendida no Hospital Central Maria

---

[195] Esta questão voltou a ser abordada por João do Prado em 11 de Setembro e, de novo, proibida.

Pia e tivera de ser levada pela mãe e pela acompanhante "em busca do porto salvador", ou seja, de tratamento urgente, pois, ao contrário do que a enfermeira dizia, não se tratava de não querer "esperar".

É que a vida não se compadece, segundo os gritos da mãe, com "malandros" que "querem é dinheiro".

Mais tarde, a 14 de Setembro, o jornal não pode noticiar que «O Ministro do Ultramar presidirá nesta cidade à sessão inaugural do Congresso do Povoamento» e, no dia 29 de Setembro, este jornal foi telefonicamente informado da proibição de publicar o artigo «Está na moda criticar os jornalistas» sobre uma entrevista que o Secretário Provincial da Educação concedera à revista *Defesa Nacional*.

Ainda no que concerne à vida interna, o *Diário de Luanda* de 21 de Setembro não pode publicar a notícia sobre «A mudança da capital" que dava conta que seria "entregue ao Chefe do Governo um memorial sobre a tese debatida na reunião magna das associações económicas".

A proposta apontava para a transferência da capital de Luanda para Nova Lisboa e esta cidade era apresentada como "centro de atracção política e de concentração demográfica" – *A Província de Angola* de 17 de Setembro.

A *Tribuna dos Musseques*, na edição de 17 de Setembro, ficou a saber que a criatividade do menino pobre que ia para "a lixeira apanhar rodas, rolamentos, madeira, pregos para ele próprio fabricar seu brinquedo de correr com um pé no chão e outro na geringonça" não era para contar em «Menino pobre também tem trotineta», a exemplo da reflexão «Ku-Ta-Maka» de Carlos Figueiredo que aconselhava a "delinear planos que enfrentem os problemas de frente".

A pedofilia já era – ou melhor, pretendia ser – notícia na altura e a edição de 23 de Setembro da *Semana Ilustrada* quisera dar voz a um alerta de Carlos Adalberto Bragança, de Sá da Bandeira, sobre uma tentativa de violação de uma menina de 9 anos, com a particularidade de o jornal incluir a narração manuscrita do acto feita e assinada pelo punho da própria vítima.

A droga também já era uma presença na Província como se detectava pelo título «A malfadada erva» sobre a produção de liamba. A edição de 20 de Setembro de *O Comércio* não pode publicar o texto, tal como tinha acontecido à notícia do *Diário de Luanda* de 9 de Setembro que informava da recomendação "por peritos" da "legalização da venda de marijuana" nos Estados Unidos.

Relativamente aos aspectos económicos, apesar dos pequenos cortes feitos numa entrevista do Administrador do Concelho do Uíge, Horácio Lusitano Nunes, ao *Jornal Magazine*, edição n.º 56, fica-se a saber que "o rendimento «per capita» da população rural do Uíge é de ... 4.410$00".

Sobre o futuro de Angola e a necessidade de substituir as chefias militares por "verdadeiros governantes" falava o artigo de A. Borges de Melo, um antigo militar "no cumprimento do dever de cidadão", que reconhecia que não era "imperiosa" a colocação de chefias militares em todos os distritos e que importava perceber "a profunda transformação que varre a Província, social e progressiva, apontada a um futuro estuante", mas a edição de 23 de Setembro da revista *Semana Ilustrada* não foi autorizada a publicá-lo.

Como decorre da História, o Império português foi obra de militares e, por isso, não admira que estes quisessem participar na sua administração.

2.2.1.9. Novembro de 1970

A actividade da Comissão de Censura de Luanda dava cada vez mais frutos como se comprova pelo facto de a caixa 12 dizer respeito apenas a três meses e contemplar tantos cortes que não é possível proceder ao correcto arquivamento dos mesmos no espaço permitido pela mola da pasta.

No entanto, a confusão no Governo-Geral não era menor porque o ofício confidencial n.º 10225/993/8-B/1.ª, recepcionado em 6 de Novembro e arquivado na pasta 12, acompanhava os cortes referentes a Agosto.

Dito de uma forma mais explícita: os cortes feitos em Agosto chegaram depois dos cortes efectuados em Setembro.

De facto, apesar da gravidade da situação, o ano de 1970 gostava de se divertir a dar cambalhotas na passadeira dos meses.

O GNP, de acordo com informação manuscrita, fez um apontamento – que não consta na pasta indicada – sobre os assuntos mais importantes e aconselhou o arquivamento dos outros elementos recebidos.

Foi nessa altura, mais exactamente no dia 2 de Agosto, que A *Província de Angola* foi autorizada a publicar "desde que aceite as sugestões" uma notícia que dava conta do regresso de Mário Soares a Lisboa para assistir ao funeral de seu pai.

As sugestões iam no sentido de substituir a palavra «pátria» por «Lisboa» e «guerrilheiros» por «terroristas», havendo ainda um corte de seis linhas e meia porque fazia referência ao exílio de Soares durante "a era Salazar".

Pior destino conheceram, no mesmo jornal e na edição de 5 de Agosto, o artigo «O mundo governado pelos velhos que deviam estar arrumados» da autoria de Hipólito Lemos e «A análise» sobre a vida atribulada de uma dona de casa carregada de filhos e preocupações.

Noutro âmbito, a 5 de Agosto, a revista *Notícia* foi proibida de publicar uma carta de um leitor que questionava para onde ia a música popular portuguesa depois de os cantores tradicionais não terem contribuído "para a limpeza das nossas almas e dos nossos ouvidos" e, em 15 do mesmo mês, não publicou uma reportagem de cinco páginas sobre a morte de António Augusto dos Inocentes, um desenhador de 62 anos que se cochichava poder ter sido vítima de contrabando de diamantes, embora não

A CENSURA EM ANGOLA NA FASE FINAL DO IMPÉRIO

fosse de excluir a hipótese de ter sido um crime provocado por ciúmes, pois havia mais gente embeiçada pela Zazá, uma "bailarina do «Kandumbo»".

No meio de tantas incertezas o jornalista terminava com a certeza que a Polícia Judiciária tinha "um caso complicado para resolver", razão pela qual teria de "empregar dureza, ser inflexível. E destreza. Conforme é seu hábito, de resto".

A ser verdadeira a parte final da reportagem, a Polícia Judiciária de Angola não se enquadrava nos hábitos da «vida habitual».

Em 6 de Agosto, o *Diário de Luanda* não pode publicar «Gato por lebre» um artigo onde o jornalista afirmava não compreender a "indignação" dos produtores de "bebidas fermentadas" a partir "do abacaxi e de outros frutos" que não queriam acatar a legislação que proibia tal acto porque "essa zurrapa só sob o ponto de vista legal" se podia chamar vinho sem vir da cepa.

Ainda sobre a questão das sugestões dos censores, uma "drástica medida de Marcello Caetano" foi transformada numa "enérgica medida" de acordo com o art.º 8.º do B.O. n.º 31 – 1.ª série – *ABC* de 7 de Agosto.

O assunto não dizia respeito directamente respeito a Angola porque se prendia com a extinção da Câmara Municipal de Castelo Branco e a sua substituição por um "regime de tutela", pois o município tinha "posto em hasta pública um prédio seu por valor reputado muito inferior", o qual acabou por ser adquirido "pela empresa de que é administrador um dos vereadores".

Aliás, ainda sobre gestão autárquica, a edição de 28 de Agosto de a *Notícia* foi proibida de publicar «Uma cidade em hasta pública?» relacionado com os empréstimos bancários da Câmara Municipal de Luanda.

Como é bom de ver, qualquer uma destas situações seria impensável na conjuntura actual, tanto em Portugal como em Angola...

O *ABC* também foi impedido, em 14 de Agosto, de publicar o artigo de Isidro Louro «Viva o desporto corporativo» porque defendia que valera a pena lutar para que Angola pudesse participar nos III Jogos Desportivos a realizar na Metrópole.

Depois, em 22 de Agosto, o anátema caiu sobre uma notícia de um sacerdote irlandês que tinha sido expulso da África do Sul por se ter oposto às leis injustas; em 23 e 30 de Agosto sobre as crónicas de António Esperança «O cerco» e «Também com raiva»; em 24 de Agosto, sobre um apelo de um trabalhador que não conseguia arranjar emprego por ter mais de 35 anos e, em 27 do mesmo mês, incidiu num artigo que questionava quando é que os professores do Ensino Secundário receberiam o que lhes era devido.

Aliás, ainda no âmbito do ensino, *A Província de Angola* foi impedida de publicar, na edição de 14 de Agosto, uma notícia sobre a confusão nos liceus de Angola com os exames de 2.ª época do 7.º Ano dos Liceus, uma vez que não se sabia se os alunos poderiam fazer exame a três disciplinas.

Nessa altura, cada uma das alíneas do 7.º Ano dos Liceus englobava seis disciplinas obrigatórias, sendo duas delas nucleares.

Finalmente, no que diz respeito ao ensino, a edição de 28 de Agosto da revista *Notícia* foi proibida de noticiar que algo se passava em Malanje com o Director da Escola Técnica, várias alunas, tráfego de estupefacientes e a influências de "personagem ilustre da terra".

No que concerne ao jornalismo, *O Comércio* de 10 de Agosto foi proibido de dar conta do pedido de demissão de Norberto de Castro e de Luciano Rocha da *Tribuna dos Musseques* e, em 18 de Agosto, não pode publicar o artigo de Eugénio Ferreira sobre «Alguns aspectos sócio-culturais da problemática da ficção literária em Angola».

Dois dias depois, *O Comércio* não foi autorizado a dar voz a três jovens metropolitanos que tinham sido os vencedores de um sorteio organizado pela Mocidade Portuguesa cujo prémio era uma visita a Angola.

O problema era que desde a sua chegada se sentiam totalmente abandonados e, por isso, o título da notícia «Haverá inconveniente em mostrar Angola só a três rapazes?» tinha tanto de correcto como de inconveniente.

O tema do celibato dos padres e a explosão de dois engenhos junto da Embaixada de Portugal e dos Serviços de Informação da Rodésia em Washington[196] voltaram a ser proibidos nas edições de 14 e 31 de Agosto de *A Província de Angola,* tal como aconteceu, no mesmo dia, com «Os tupamaros, exemplo de um fenómeno que subverte a América latina» no *Diário de Luanda.*

Este diário ainda foi proibido de relatar, em 18 de Agosto, um episódio cómico sobre um polícia que multara um motociclista que transportava o seu cão também com o capacete na cabeça, um exemplo de excesso de zelo ou de capacetes.

Voltando às questões relacionadas com os serviços administrativos, *A Província de Angola* foi impedida de publicar, em 16 de Agosto, a crónica de Fontana da Costa «Dinheiro... e repartições» sobre os "senhores da massa" que tinham o poder de vencer "o inferno e o céu" e até a inércia da burocracia a que os outros estavam sujeitos.

Na conjuntura de então, já havia portas que se abriam mais facilmente se oleadas com dinheiro....

Par finalizar este mês registe-se algo que não se enquadra nos registos habituais.

De facto, na edição de 22 de Agosto de *A Província de Angola,* sobre um artigo cortado, o censor escreveu a verde: "este TÍZON parece-me demasiado «tizon» na caneta, à semelhança, por ex. dum H. Lopes helenizado a gozar os que «ficaram depois de ... Salazar! Estarei enganado?".

Bem mais habitual foi a proibição, na edição de dia 30 do mesmo jornal, do poema «Domingo poético 8» de Carlos Gouveia sobre o Domingo num bairro dos subúr-

---

[196] A notícia sobre a condenação do atentado à embaixada portuguesa teve o mesmo destino – *A Província de Angola* de 2 de Setembro.

A CENSURA EM ANGOLA NA FASE FINAL DO IMPÉRIO

bios, um aglomerado de casas que "um fiscal da câmara há-de forçosamente destruir" e da notícia «Ho Chi Minh, a revolução entre russos e chineses» referente ao último dia do mês.

Afinal, as ideias subversivas e as misérias internas ficam melhor se escondidas dos olhos dos leitores.

2.2.1.10. Dezembro de 1970

Em Dezembro chegaram dois ofícios do Governador-Geral com os cortes referentes a dois meses.

Assim, em 3 de Dezembro de 1970 deu entrada nos serviços o ofício confidencial n.º 11192/1085/ 8-B/ 1.ª com os cortes efectuados pela Comissão de Censura no período "de 1 a 31 de Outubro", documento que está arquivado na caixa 13.

Invertendo quase totalmente a ordem cronológica, é possível constatar a importância que a publicidade tinha para a sobrevivência dos periódicos.

De facto, a *Revista de Angola* viu cortado, em 28 de Outubro, o artigo «Nós, a TAP e os intocáveis» para denunciar a acção persecutória ao jornal, de que a perda da publicidade da TAP era apenas um exemplo, devido à reprodução e comentário daquilo que "dois ilustres responsáveis delegados de Angola declararam no II Colóquio dos Transportes realizado em Lisboa".

Ora, como as publicações dependiam das verbas provenientes da publicidade, os interesses instalados serviam-se dela como forma de não serem colocados em causa.

Em 1 de Outubro o *ABC* não pode publicar um artigo «Mais dois anos» sobre a recondução do Governador-Geral Coronel Rebocho Vaz talvez porque não tivesse caído "no elogio fácil nem nos parabéns colectivos" e pedisse para que "estes dois próximos anos" sejam "mais profícuos". Aliás, não punha em causa que "Rebocho Vaz é capaz de o conseguir" embora para tal precisasse de "substituir – bem – alguns dos seus colaboradores".

Não restam dúvidas que o jornalista conhecia bem a técnica do «elogio grego».

Ainda sobre a situação político-económica interna, *A Província de Angola* questionava, em 2 de Outubro, se «Estaremos a perder tempo?», uma inquietação de Gregório Pereira para quem "nos tempos que passam já se não pode somente caminhar: é preciso correr. Não basta evoluir: é necessário acelerar".

Do mesmo tema falava o artigo «Atrofia» na edição de 3 de Outubro da revista *Notícia* onde as palavras de Marcello Caetano sobre a dependência que as actividades económicas sentiam em relação ao governo eram vistas como o produto de um erro de educação porque "não se anda tanto tempo com uma criança ao colo sem que ela atrofie o andar".

Afinal, o centralismo proteccionista dos interesses conduziria a que estes não aceitassem correr riscos e confiassem essa missão ao Governo.

Mais ligeira era a crónica de Raquel Lacerda «Uma tarde no cock...tal», também no *ABC* de 3 de Outubro, mas a ironia da descrição de uma festa onde estava "a fina flor da trampolínica família do circo" não foi autorizada a sair e os convivas continuaram a ser "bem aventurados os pobres de espírito porque deles é o ranho dos seus ...narizes".

Também de sentido ligeiro era o artigo de opinião «Chefes e subordinados» – *Diário de Luanda* de 2 de Outubro – que apresentava a queixa de uma funcionária a quem era vedado o acesso ao telefone enquanto a sua chefe o usava para marcar "a hora do cabeleireiro", sem contar que a chefe também " fala para as «boutiques» onde adquire as suas «toilettes» e conversa às meias-horas seguidas com as amigas".

O censor, que não pactuava com denúncias anónimas, escreveu que em "críticas deste tipo devem trazer identificados os intervenientes" e cortou.

De facto, seria difícil identificar esta «chefe» porque a prática relatada era generalizada.

Entretanto, ainda no *ABC*, edição de 4 de Outubro, o título «A realização do Congresso do Povoamento representou uma vitória das Associações Económicas» foi autorizada mas com o corte na segunda parte do título situação que alterou completamente o sentido, a exemplo do que se verificou na edição de 7 de Outubro de *O Comércio* com o título «Dez bolsas de estudo atribuídas (mal) pela Câmara de Salazar» – como é bom de ver, as palavras cortadas foram "dez" e "mal".

O mesmo se passou na edição de 13 de Outubro de *A Província de Angola* onde o título «A eloquência das palavras não resolvem os problemas da vida de Guilherme Capelo» se viu amputado das primeiras seis palavras.

Relativamente à conjuntura regional, em 7 de Outubro, *O Comércio* foi impedido de noticiar a «Representação da Rodésia na feira de Luanda» e a recepção oferecida "aos representantes de firmas comerciais e industriais", na qual tinham marcado presença "entidades oficiais ligadas à economia da Província e representantes dos órgãos de informação".

De facto, uma coisa era ir à recepção e outra, bem diferente, era aceitar que a mesma fosse publicitada. Afinal, a anfitriã era a Rodésia...

A possibilidade de uma lufada de ar fresco informativo foi levantada, em 16 de Outubro, pela crónica de Luís Vilela «Surpresa», que falava do aparecimento de pessoas "a manifestar opiniões, a defender ideias, a argumentar com convicções".

Parecia o início de uma era para se começar a dizer "em voz alta algumas coisas que aqui há anos só se diziam aos ouvidos", mas, como o corte da crónica mostrou, era apenas uma ilusão.

Na edição de 15 de Outubro desse jornal também foi cortada uma imagem de "mortos algures no Médio Oriente", que era acompanhada de uma legenda onde se podia ler "dispensa legenda". Equívocos!

A CENSURA EM ANGOLA NA FASE FINAL DO IMPÉRIO

De registar que na edição de 2 de Outubro *O Comércio* publicou, ainda que com cortes, o apontamento «Polícia de trânsito» sobre o qual foi escrito "Apontamento", mas na pasta não consta esse elemento.

A censura continuava a não mostrar grandes amores pela poesia e o «Domingo poético (8)» de Carlos Gouveia, que deveria ser publicado na edição de 4 de Outubro de *A Província de Angola* foi considerado "subversivo" e como tal cortado.

O poema retratava a vida num Domingo no Bairro da Fronteira onde "filhos de colo choram a ausência da mãe perdida algures em casa de algum amigo" enquanto "mulheres jovens" se deitavam "na estrada de saibro ainda alcoolizadas pela «farra» de sábado".

O sexo e o álcool constituíam uma mistura explosiva à qual nem a família nem a Comissão de Censura podiam ficar imunes.

Na edição de 8 de Outubro desse jornal a proibição voltou a recair sobre as relações internacionais porque foi cortada a longa notícia «O senador Church reúne elementos sobre certos factos ocorridos no Brasil» sobre a ajuda "norte-americana dispensada ao Brasil, quem, neste país, recebeu condecorações da ditadura e quem deita fora as investigações secretas conduzidas pelo Departamento de Informação sobre o que o brasileiro médio pensa do apoio norte-americano à ditadura".

Mais tarde, em 17 de Outubro, foi proibido o artigo de Idílio Ferreira «Ontem, hoje e amanhã» sobre as reminiscências feudais em Angola, no qual o jornalista ironizava ao dizer que "a semelhança do que fica escrito com qualquer facto ou pessoa da vida real é mera coincidência".

A *Notícia* viu suspenso "nos termos da NEP n.º 5" e cortado em 6 de Outubro, o artigo «Coincidências» sobre a falta de polícias em certas zonas da cidade de Luanda e o aumento de sinistros na estrada Lobito-Benguela uma vez que os polícias eram deslocados para os estádios e "serviços nos cinemas" e de outros "espectáculos públicos".

No dia seguinte, cortaram-lhe o artigo «O mapa» onde, tendo como base um dos contos de Jorge Luís Borges, se reflectia sobre a forma como a vida estava organizada e fazia pagar "impostos para pagar aos funcionários que cobram esses impostos" e se deixava no ar a hipótese de, afinal, ao contrário daquilo que se passava no livro, nem tudo serem "absurdos impossíveis de se concretizarem".

No entanto, a *Notícia* conseguiu publicar, com reduzidos cortes, uma extensa entrevista com o general Francisco Costa Gomes, o Comandante-Chefe das Forças Armadas de Angola, sobre o balanço dos dez anos de guerra e a visão prospectiva sobre o conflito.

O jornalista afirmou que não tinha sido possível colocar "todas as perguntas que desejaria ter feito" e considerou que "nem todas as respostas foram tão explícitas, também, quanto o desejaria", embora compreendesse as "reticências".

De qualquer forma, trata-se de um depoimento muito importante para a compreensão da visão das chefias militares que não se coibia de dizer que verificava "com certa mágoa" que em Angola havia "muitas pessoas que julgam que a paz pode ser restaurada apenas à custa do esforço das Forças Armadas e militarizadas".

A Palavra viu suspensos e depois, em 8 de Outubro, cortados os artigos «O lado mau de uma campanha», sobre a acção fiscalizadora "um policiamento intenso do trânsito, bem como da documentação dos carros e dos condutores" feito pela Polícia de Viação e Trânsito, e «A incongruência», sobre a burocracia em Angola porque os serviços não podiam funcionar com funcionários "de tão baixa preparação", como dois exemplos se encarregavam de demonstrar[197].

Além destes elementos também uma carta aberta ao "Ex-comandante Geraldes Mota", acusado de ser "um cow-boy de má estirpe" foi proibida. Tratava-se de uma denúncia de uma tentativa de atropelamento do jornalista levada a cabo por alguém que se julgava acima da lei. Por isso, pese toda a importância do visado e as "exaltações de benemerência", este era 'aconselhado' pelo jornalista a deixar Angola porque deixara de merecer "a confiança do Governo da Nação".

No que diz respeito à falta de liberdade da imprensa, em 22 de Outubro, José de Almeida viu cortado o seu apontamento «As causas» no jornal *A Província de Angola* porque atribuía os boatos ao facto de uma notícia ser lida por tanta gente no jornal e depois não ser colocada em circulação. O jornalista considerava um "erro supor-se que pelo facto de não se consentir a publicação de uma notícia, a mesma não chega ao conhecimento do público".

Ainda no reino dos boatos, em 28 de Outubro, o artigo «À volta dos petróleos» de Pardo de Oliveira foi proibido porque queria ser esclarecido "para evitar possíveis falsas interpretações", pois "o boato só pode ser combatido através do esclarecimento, da limpidez da informação" sobre os "preços dos petróleos de Angola" e questionava se "para exportar temos de praticar preços inferiores" ou se eram "questões relacionadas com a qualidade".

Nesse mesma edição foi interdita uma recomendação de ordem sanitária sobre a necessidade de "fervura da água, a lavagem cuidadosa de verduras e frutas, a desinfecção de dejecções e todos os cuidados com o corpo e as casas" devido a "casos de infecção do aparelho digestivo, com particular incidência sobre o fígado".

Segundo a censura, era preferível o espalhar da infecção do que informar as populações, pois o importante era evitar alarmismos.

Anos depois, um Almirante daria voz à frase «é só fumaça».

O Comércio de 21 de Outubro queria saber «Onde estão os benefícios da promoção social incrementada pelo Governo?» e, em 23 de Outubro, viu totalmente cortado o artigo de Carlos Teixeira que falava da fase difícil em Moçâmedes numa «época de

---

[197] Uma pessoa conhecida do autor copiara totalmente um exame "com noventa por cento das questões postas resolvidas erradamente" e fora "admitida e classificada em sétimo lugar no concurso para "funcionários dos Serviços Geográficos e Cadastrais" que contara com "trezentos concorrentes".

transição em que não se planifica nem age» porque denunciava que "dizer a verdade nem sempre se pode, umas vezes porque não é oportuno, outras porque não é conveniente" e reconhecia que "quando as coisas andam mal não é coerente dizer que andam bem".

Finalmente, a *Notícia* de 28 de Outubro viu proibido um artigo sobre «As ocultas razões» da nossa expansão segundo os "anti-românticos", que estavam a conseguir "fazer aceitar a teoria de que os descobrimentos portugueses se enquadraram nas grandes correntes económicas do tempo".

Afinal, sempre foi mais fácil apregoar o activo do que reconhecer, mesmo que em voz baixa, o passivo.

Em 12 de Dezembro chegou o ofício confidencial n.º 600/1104/ 8-B/1.ª com os cortes relativos a Novembro – os cortes iniciais ainda diziam respeito ao final de Outubro[198] – e o GNP fez o registo seguinte: "Foi referido o essencial no apontamento n.º 764, de 2-II-71". Por isso, o Ministro mandou arquivar em "3.2.71".

Este ofício consta na pasta 13, ao contrário do referido apontamento.

No que concerne aos cortes anteriores a Novembro, *A Província de Angola* de 31 de Outubro foi impedida de noticiar uma «Explosão a bordo do paquete Vera Cruz» de uma granada de mão "esquecida", embora tivesse sido autorizada a publicar com apenas um corte a notícia sobre o facto de o major Rebelo de Carvalho, chefe da 1.ª Repartição do Quartel General de Luanda e redactor do trissemanário *A Bola*, ter sido agraciado com a comenda da Ordem de Avis, apesar do título da notícia ser «Camarada».

A Comissão de Censura quis entender que a palavra se referia à qualidade de jornalista do laureado e não tinha qualquer ligação com a política e as ideias provenientes de Leste.

O facto de *A Bola* ser a «Bíblia do desporto» também deve ter pesado na decisão.

Ainda sobre explosões, *O Comércio* de 30 de Outubro não pode noticiar duas explosões a bordo do Cunene "atracado na muralha Norte da doca de Alcântara", um acto "cuja origem as autoridades competentes estão a investigar".

Retomando a temática desta obra, Maria Augusta Silva, na edição de 30 de Outubro de *A Província de Angola*, viu cortada uma reflexão sobre a liberdade de expressão, uma denúncia da impossibilidade de "falar abertamente, contradizendo, opinando", situação que a levava a considerar "melhor o silêncio de muitos em paralelo com as vozes estridentes ou as surdinas de alguns".

---

[198] Aliás, na revista *Actualidade Económica* o artigo «Ferroadas inofensivas» sobre a forma como as relações comerciais no Império eram vistas na imprensa metropolitana foi suspenso ainda em 8 de Setembro e na revista Prisma, um dos cortes «A revolução da juventude» foi feito no dia 16 de Outubro. Nesse artigo defendia-se que "o problema da juventude é criado não pelos jovens, mas pelos que se opõem às suas legítimas aspirações".

Ainda sobre a Liberdade de Imprensa – ou a sua falta – a *Notícia* de 2 de Novembro não pode publicar «A verdade e o boato» sobre a possibilidade de o governo provincial lançar um imposto sobre os possuidores de carta de condução. Nesse artigo lembrava-se o que se estava a passar com o imposto sobre o «gasoil» porque a lei só se tornava efectiva "desde que cinquenta e um por cento dos abrangidos pela medida lhe dêem cumprimento" e, por isso, apareciam em Nova Lisboa nos carros a diesel bilhetes ameaçadores "se pagar o imposto sobre o gasoil o seu carro será destruído no dia seguinte" para que o imposto não entrasse em vigor.

Também a 2 de Novembro *O Apostolado* foi proibido de publicar a rubrica «cortinas rasgadas» de António Costa no qual se defendia que as normas da lei de imprensa estavam "desactualizadas" e mostrava o seu incómodo face às pressões: "somos alérgicos a aditamentos. A contra-ordens. A papelinhos adicionais com instruções «reservadas» para que não se deixe falar nisto e naquilo".

Era o rol de queixas habituais dos jornalistas, situação tão usual como o corte de uma notícia, tendo como fonte *A Capital*, sobre as visitas ministeriais a Angola e Moçambique e que foi proibida nas edições de 1 e de 2 de Novembro do *ABC* e de *O Comércio*.

No que se refere a situações decorrentes da vida quotidiana, *O Comércio* de 5 de Novembro viu cortado um artigo de Pereira d' Arcos sobre a mendicidade em Luanda e, no mesmo dia, *A Província de Angola* não pode denunciar que um encarregado «agrediu o garoto por faltar ao emprego».

O garoto, José Dias Pires, tinha 11 anos!

Relativamente ao ensino, na revista *Notícia* de dia 7 de Novembro, Jaime de Saint-Maurice indignava-se sobre o facto de "o canalizador e o pintor do almoxarifado" começarem "o serviço com a mesma letra e o mesmo vencimento com que um professor primário acaba a sua carreira , se tiver a sorte de não morrer antes de atingir os 20 anos de serviço", mas a censura não deixou passar mais esta evidência da aposta no ensino.

Depois, em 11 de Novembro, Koch Fritz considerou conveniente que fosse publicada uma nota de redacção sobre uma notícia com quatro cortes a começar pelo título que de «Mistério» passou a «Crime?». A nota deveria dizer o seguinte: "Sabemos que a 6.ª Brigada da Polícia Judiciária está a proceder a averiguações por causa da morte". Em causa estava a morte de um camionista que se tinha "travado de razões com um vizinho agente da Polícia de Segurança Pública".

A relação do Poder com a imprensa continuava a não primar pela facilidade e essa situação levou à suspensão por três dias de dois jornalistas em Moçambique, como a *Notícia* de 17 de Novembro quisera denunciar.

Tudo motivado pelo facto de o Governador-Geral poder chegar atrasado à missa e só lá permanecer "cerca de dez minutos", mas os jornalistas não terem autorização para se retirarem "por exigências da feitura do jornal".

No que concerne a uma temática que o investigador julgava ver mais vezes objecto de proibição – o desporto – a crónica de Isidro Louro «Hoje, corro eu», sobre a falta de conhecimento das realidades do desporto ultramarino por parte das Federações "que logicamente têm as suas sedes na Metrópole", no *ABC* de 12 de Novembro, foi de tal forma mutilada que os quatro cortes indicados não deixaram quase nada do original.

Nesse mesmo dia, a *Semana Ilustrada* foi proibida de fazer a «Autópsia dum artigo infeliz». O assunto prendia-se com um artigo que saíra no jornal *Actualidades* de Lisboa a considerar "brincadeira de crianças" a proposta para que a capital de Angola passasse para Nova Lisboa.

O jornal angolano considerava que o metropolitano denotava "uma ignorância total das realidades". Porém, em Angola, o assunto também não era pacífico como se comprovou pela proibição do artigo «Luanda, capital de Angola» da autoria de Hugo Rocha na edição de 23 de Novembro de *A Província de Angola*. A forma como o artigo terminava "deixe-se estar como está" não permitia dúvidas relativamente à posição do jornalista sobre o assunto, enquanto João Xisto, presidente da Associação Comercial, Agrícola e Industrial do Huambo, defendia que se tratava de "um transcendente acto político-administrativo, cujo alcance se torna de todo imprevisível" – *Jornal Magazine n.º 66* – numa entrevista conduzida por Arthur Ligne e que terminava com: "considero, por último, Nova Lisboa apta e possuidora de todos os motivos para justificar a transferência. Confio, também, que os homens que nos governam, pensem como nós!".

Afinal, ontem como hoje, não pensavam.

Aliás, as relações entre Luanda e Nova Lisboa eram sempre vistas com alguma desconfiança e, por isso, o mesmo jornal já tinha sido proibido de publicar uma notícia que questionava se «será transferida para Nova Lisboa a Secretaria Provincial do Fomento Rural?» porque no edifício do Fomento Rural, acabado de ser inaugurado em Nova Lisboa, estavam dois dísticos que pareciam indiciar essa mudança.

A Província de Angola também não pode publicar, em 14 de Novembro, um longo artigo de Humberto Lopes com o título «Associação política económica ou de pressão?» relacionada com a SEDES e que terminava com o seguinte parágrafo "é que a maioria silenciosa quer continuar silenciosa mas não quer continuar a ser ignorada".

A censura garantiu a parte inicial do desejo.

A *Notícia* de 21 de Novembro viu cortada a carta de um enfermeiro, Ferreira Martins, sobre a liberdade religiosa porque o seu "recontrato" na Diamang fora recusado devido ao facto de ser protestante e uma notícia sobre a «bomba de pregos» que era "a nova arma do terrorismo norte-irlandês".

Sobre actividades terroristas, é de registar que, no dia seguinte, *O Comércio*, que fora proibido de publicar em 10 de Novembro a notícia de «Uma bomba enviada pelo correio» de Lusaka para Joanesburgo, foi autorizado a publicar, ainda que com cortes, uma notícia sobre «Três explosões em Lisboa na madrugada de anteontem» as quais tinham provocado um morto e quatro feridos.

SEGREDOS DO IMPÉRIO DA ILUSITÂNIA: A CENSURA NA METRÓPOLE E EM ANGOLA

Como forma de aferir os critérios que presidiam à actuação da Comissão de Censura, importa dizer que *A Província de Angola* do mesmo dia foi proibida de noticiar que «A população de Lisboa [estava] alarmada pela detonação de dois explosivos na periferia da cidade», obra de "um grupo clandestino" – Acção Revolucionária Armada (ARA). Aliás, o mesmo tinha acontecido ao *Diário de Luanda* de 20 de Novembro, embora se falasse de cinco e não de quatro feridos.

Face ao exposto não se compreende que uma mesma notícia pudesse ser proibida ou autorizada consoante o jornal.

O *ABC* viu suspensa e depois cortada em 30 de Novembro a crónica de Ribadancora «Esclavilândia», um "sonho" muito real de uma terra "situada entre dois meridianos" e que tinha sido descolonizada "pelos americanos mas nenhum deles [habitantes] deu ainda por isso" onde havia um "monosábio" que "erigiu um monumento num monólito à cultura".

Igual processo aconteceu a um caso apresentado pela *Tribuna dos Musseques* de 26 de Novembro e onde se contava uma "maca das velhas por via de um relógio que andava «adoentado»", tudo devido a um problema causado pela actuação de um guarda da PVT que mandara parar um táxi com um relógio adiantado. Que o táxi não estivesse em serviço e se limitasse a dar boleia a três militares "sem graduação" não interessava ao agente da autoridade.

No que diz respeito a pormenores das vidas particulares, foi proibido um artigo acompanhado de uma fotografia de Salazar e da sua governante e intitulado «Ele e a governanta» no qual se afiançava que "ele e ela haviam casado perante a lei – mas sobretudo, eles próprios haviam feito voto de silêncio". O corte foi feito em 27 de Novembro mas não é possível descodificar o nome – manuscrito – da revista.

Quanto ao semanário *A Palavra*, viu proibida a crónica de Rola da Silva sobre «O caso Sommer», uma denúncia de que havia assuntos "que não devem ser tocados" sob pena de se incorrer nas inevitáveis represálias. Por isso, sobre esse assunto, "em Luanda onde o mesmo réu talvez tenha menos força que na metrópole e menos capital a girar, nada se escreve. Ou pouco, pondo um bocado de cautela na afirmação".

Afinal, era conhecida a relação – melhor, a dependência – da imprensa face ao capital.

Para encerrar a narração referente a este ano, diga-se que *O Apostolado* de 24 de Novembro trazia um artigo de António Costa sobre «A nova lei de imprensa».

De António Costa é como quem diz porque a autoria do artigo deveria ser repartida com o censor uma vez que o texto começou por ser suspenso e só foi autorizado depois de seis cortes e de quatro sugestões.

De facto, o país carecia de uma nova lei de imprensa.

2.2.2. Ano de 1971

Em 1971, a Lei n.º 5/71 de 5 de Novembro estabeleceu os princípios fundamentais do regime jurídico da imprensa, embora a nova lei de imprensa não tivesse sido promulgada neste ano, mas apenas em 5 de Maio de 1972.

No entanto, interessar saber a forma como a censura estava a actuar, ou seja, se a acção sobre a imprensa já permitia obter alguns indícios do espírito da nova lei.

2.2.2.1. Janeiro de 1971

No que diz respeito à actividade da Comissão de Censura, Rebocho Vaz enviou o ofício confidencial n.º 682/101/8-B/1.ª, que foi recepcionado em 26 de Janeiro, acompanhado pelos cortes relativos a Dezembro de 1970.

Este ofício está guardado na pasta 13 e o GNP escreveu sobre o mesmo que "foi referido o essencial no Apontamento N.º 764, de 2-4-71".

Neste espaço far-se-á o levantamento dos cortes considerados mais importantes e, caso a investigação encontre o referido apontamento, uma vez que o mesmo não consta na pasta 13, será possível aquilatar se a nossa interpretação coincidiu com a do responsável do GNP.

O inventário começa por um artigo que, afinal, acabou por ser publicado no jornal *A Província de Angola*, depois de ter sido suspenso, submetido à apreciação do Chefe de Gabinete, merecer um parecer negativo quanto à publicação devido a "evidentes inexactidões" para, finalmente, ser autorizado, pois era possível "apará-lo corrigindo--o" antes de vir "à luz do dia". Mesmo assim, o autor deste último parecer pedia "a ajuda do senhor Doutor nesta minha ingrata e odiosa missão".

Como é bom de ver, para os jornalistas o segundo adjectivo estava mais correcto que o primeiro.

O título do artigo: «O pão que Luanda come: verdades, factos, sugestões» talvez explique os cuidados postos na sua leitura. As sugestões iam no sentido de haver duas espécies de pão "uma do tipo digamos «popular», sem aumento de preço" e outra "sem preço tabelado" e com "melhorantes".

De notar que, depois da apresentação do jornal com os cortes, estava um texto totalmente limpo de 4 páginas a recontar a história possível mas onde já se defendia que "na defesa dos direitos do consumidor" se deveria permitir "abrir tantas padarias quantas forem necessárias, até que se estabeleça uma concorrência pela qualidade que permita ao consumidor escolher a padaria que melhor o possa servir".

Tratava-se, sem dúvida, de uma proposta muito avançada para a época e para a realidade angolana e do Império português. Aliás, a concertação de preços que se continua a verificar na actualidade em Portugal denota uma «agorafobia empresarial» que foge da livre concorrência como o diabo da cruz.

Quanto às proibições totais, o jornal *A Província de Angola* de 5 de Dezembro não foi autorizado a publicar uma carta de J. Freire da Fonseca, datada de 1 de Dezembro e proveniente de Cabinda, que dava conta da continuação das perseguições no enclave onde, na falta de humanidade, "o pobre parece demasiadamente pequeno para sobreviver".

Este jornal também não pode noticiar «A grande reunião sisaleira do Lobito», notícia suspensa em 30 de Outubro e cortada em 31 de Outubro, mas que constava nos cortes relativos a Dezembro, nem o artigo ou reflexão de Gregório Pereira «Animosos bandeirantes» sobre a SEDES (Sociedade para o Desenvolvimento Económico e Social) – 15 de Dezembro.

Aliás, na edição do dia seguinte, voltou a ser proibida a notícia que dava conta que «A SEDES já tem novos dirigentes».

Tudo o que soasse a oposição feria a vista dos censores.

Este jornal também não pode publicar, na véspera de Natal, as «Boas festas, Distrito de Cabinda» dadas por Valdemiro da Encarnação Sousa, certamente porque o autor fez questão de reconhecer que não podia "agradar a todos" e assumiu que "Cabinda mereceu da Direcção deste jornal privilégios sobre outras partes desta nossa extensiva Província".

O adjectivo não representava uma boa escolha, mas não foi essa certamente a razão que ditou a proibição.

Na edição de 18 de Dezembro do jornal *O Comércio*, não foi autorizada a notícia de um «subsídio de 3 mil contos à Câmara Municipal» do Lobito, nem, no número de 23 de Dezembro, uma reportagem de Maurício Soares, da Delegação de Sá da Bandeira, sobre a exploração do ferro na região de Cassinga.

De dinheiro queria falar a revista *Notícia* de 24 de Janeiro, mas não pode publicar a crónica «Cada vez mais caro» sobre o aumento do preço do crédito a que tinham de recorrer os professores devido a novo "erro de cálculo" que levava a que os ordenados estivessem atrasados, uma prova de que "o Orçamento que se estabelece para a Educação na Província é insuficiente".

Mais uma das marcas que explicam a classificação do regime como «improvisório» até porque, nessa altura, também na Metrópole os professores do ensino primário faziam fila nas Repartições de Finanças para preencherem – mensalmente – um impresso que lhes permitia o levantamento do salário nas respectivas tesourarias.

Depois de tanta pedagogia no Magistério Primário, estes docentes descobriam que lhes tinha faltado uma disciplina que os habilitasse para enfrentarem a burocracia.

Voltando às questões do dinheiro, já em 2 de Novembro fora proibido – embora figure no maço em estudo – um artigo deste jornal intitulado «A verdade e o boato». Nesse caso, o boato apregoava que o governo provincial se preparava para lançar "um novo imposto abrangendo os possuidores de cartas de condução" numa altura em que "a vida não está para graças".

Afinal, essa foi e continua a ser a regra da vida portuguesa para a maioria da população.

No que concerne a aspectos político-ideológicos, a revista *Prisma* de 23 de Dezembro viu interdito um artigo sobre descolonização «África – 70» onde se historiava a evolução do continente e se defendia que era "falso dizer que a África independente vive no caos e que o racismo anti-branco é moeda corrente". Além disso, o articulista dava conta do surgimento "no seio das massas populares e juventude africanas" de um desejo "irreprimível de abolir as estruturas arcaicas ou corruptas para, enfim, construir a Nova África".

Também o *Jornal da Huíla*, publicação que sofreu bastantes cortes parciais e supressões, viu suspenso a 10 de Dezembro e posteriormente proibido, um longo artigo sobre o estado das estradas na região, o mesmo acontecendo ao *Diário de Luanda* de 30 de Dezembro com «Uma história dramática» sobre a recolha e adopção por parte de pescadores do Gabão de uma criança portuguesa que fora a única sobrevivente de um avião que saíra de Lisboa com destino a Luanda.

Por vezes era a questão da visibilidade pública que parecia em jogo, como na edição de 17 de Dezembro do *ABC*, porque a notícia «Este prédio foi ocupado por decisão superior» foi objecto de corte mas "autorizada a publicação em página interior" como o censor escreveu a azul no jornal. O ocupante era a Faculdade de Lisboa.

Para aferir a falta de critério da Comissão de Censura, convém dizer que, sobre esta mesma questão, o título e a imagem com a "vista parcial", na edição do *Diário de Luanda* de 18 de Dezembro, foram cortados.

Finalmente, uma carta ao Menino Jesus não chegou ao seu destino, pelo menos pelo jornal *A Palavra* de 23 de Dezembro.

De facto, se tratar o Menino Jesus por tu e por "meu irmão" era aceitável, o mesmo já não se pode dizer quando o autor passou a apontar as falhas da criação de Deus, "falha própria de quem, em boa verdade, nada era dado às questões da carne" e a aconselhar o Menino a nascer "com 34 anos" para continuar "a tua obra, já que a de teu pai fracassou", passagens que ultrapassavam os limites da criatividade.

2.2.2.2. Fevereiro de 1971

Na pasta 13 está o ofício confidencial n.º 1581/198/8-B/ 1.ª, com data de recepção de 15 de Fevereiro, com os cortes relativos "ao período de 1 a 31 de Janeiro", enviado por Rebocho Vaz e no qual o GNP escreveu uma informação no sentido do seu arquivamento, procedimento decidido pelo Ministro em 23 de Fevereiro.

Assim sendo, estes foram os cortes iniciais feitos pela Comissão de Censura no novo ano.

A leitura dos artigos e crónicas cuja publicação não foi autorizada mostra que na Província se questionava, por exemplo, a dificuldade da "entrada de divisas" e as "medidas restritivas na importação de determinadas mercadorias de origem metropolitana para não se agravar o acordo cambial", numa fase em que se comemorava a "exportação do sexto milhão de toneladas de minério de ferro" que era absorvido por "países ditos de moeda forte" – *O Comércio* de 8 de Janeiro.

Quanto a iniciativas particulares, o *ABC* de 19 de Janeiro indignava-se com "uma subscrição" entre os professores que pretendiam oferecer como "prenda de despedida para o Dr. Pinheiro da Silva", nada menos do que um automóvel.

Relativamente aos assuntos colectivos, este jornal, em 24 de Janeiro, não pode publicar «A voz da cidade» onde se criticavam os Organismos de Assistência Social e os Serviços de Saúde de Luanda, devido à "negligência do pessoal e escassez de meios", sendo que o pessoal era caracterizado como "impreparado e volúvel" e, na edição de 26 de Janeiro, o editorial «Rumo à integração na Unidade Nacional», que dava conta da "evolução dos acontecimentos" e da necessidade de "transformações internas" que os povos tinham de fazer para se manterem "pelo menos a par dos outros que fazem parte das respectivas órbitas geográficas em que se situam".

Ainda no que concerne ao funcionamento dos serviços, a crónica «Abuso da autoridade ou falta de chá» – *O Comércio* de 24 de Janeiro – dava conta de um jornalista ter sido "agredido à coronhada e a pontapé por um dos guardas da PSP" quando se procurara acercar de um "ajuntamento de pessoas" em busca de notícia sobre a razão de ser do mesmo, ou seja, fora em busca de notícia e acabara por ser ele a transformar-se em notícia.

Este jornal, na edição de 22 de Janeiro e pela pena de Luís Vilela, também quis dar conta da «Agitação estudantil» que se vivia na Metrópole, mas a censura não gostou até porque o autor falava de reivindicações que seriam "materializáveis um dia".

Como é sabido, a Comissão de Censura não era adepta de Savonarola e não se mostrava muito propensa a elementos premonitórios.

Luís Vilela também já tinha sido proibido de publicar, em 15 de Janeiro, a crónica «Ignorância», um texto irónico no qual recorria à falsa ou douta ignorância para criticar a administração, pois considerava que devia ser ele que não compreendia o que se estava a passar porque era impossível que estivesse a pensar correctamente quando lhe dava a sensação que "é o povo que paga tudo" numa cidade onde "o sumptuoso anda de braço dado com o mesquinho".

Este estilo irónico não representava um acto isolado no jornalismo que então se fazia em Angola.

Ainda sobre a vida angolana, *A Província de Angola* não pode publicar um longo artigo intitulado «Revolução mas dentro da paz» da autoria de P. Cabral e que falava demasiado em liberdade – edição de 23 de Janeiro – nem a notícia sobre uma «Criança impiedosamente punida pelo professor» na Escola Primária n.º 228 – 26 de Janeiro – ou o boato que apontava para que o Administrador da Circunscrição, Casimiro Rodrigues Gouveia, passasse a exercer o cargo de Presidente da Câmara Municipal da Caála – 28 de Janeiro – porque, como já foi dito, não era lícita a circulação de qualquer notícia deste teor se a fonte não fosse oficial.

Quanto à *Notícia*, viu interdita a crónica «Que longe está Catete!», um texto simbólico aparentemente escrito por uma criança e que falava do desejo da construção de uma casa vermelha "porque o barro já está tinto de tanto sangue há tanto tempo a correr".

Proibida foi, também, a crónica «Um voto... e um travão» que se servia dos votos de Ano Novo do Governador-Geral para questionar o sentido da mensagem «Cerrar fileiras ... e acelerar», designadamente a hipótese perigosa de "andar mais depressa pela estrada errada" devido à inexistência de "um plano claro a cumprir".

Afinal, o que se impunha era uma reflexão diagnóstica a que o regime continuava a não estar disposto.

Ainda na *Notícia*, uma carta proveniente do Lobito e assinada por Eduardo Gonçalves Baixo sobre o imposto do "gasoil" foi proibida e o mesmo aconteceu a outra carta assinada, mas sem identificação do emissor, e que dava conta do inconformismo de ver o Administrador argumentar que não tinha viatura para ir buscar "um cadáver que estava em cima de uma pedra", mas ia de jeep – o mesmo onde a sua mulher aprendera a conduzir – para o bar do hotel "jogar à sueca".

Igualmente proibida foi uma missiva proveniente de Luanda e datada de 24 de Dezembro na qual o operário Júlio Vibluga, "funcionário civil da Força Aérea a trabalhar na Base Aérea n.º 9" se queixava de não receber "antes do Natal" ao contrário do que se passava com "todos os Organismos Oficiais e até a grande parte dos particulares".

Também foi interdita a publicação de um artigo sobre a entrevista concedida pelo anterior Ministro da Economia e das Finanças, Ulisses Cortês, ao jornal *A Capital* e onde se questionava se este, só depois de abandonar a pasta, se tinha apercebido que era preciso equilibrar as exportações metropolitanas com as compras ao Ultramar, uma vez que tivera "a faca e parte do queijo na mão para encontrar soluções de equilíbrio" e nada fizera.

De facto, parece mais fácil apontar estratégias depois de cessar a responsabilidade própria pelo respectivo planeamento e execução.

No âmbito dos dramas pessoais, a *Notícia* ainda viu proibida a reportagem – pormenorizada – de António Gonçalves e Eduardo Baião sobre três jovens que tinham resolvido deixar a casa "muito grande ... e fria" e tinham partido à aventura, pois queriam "ser irmãos, órfãos e entregues ao Deus dará". Afinal, acabaram por ser entregues a instituições.

Finalmente, a *Notícia* publicou uma longa reportagem de Fernando Farinha sobre a guerra em Moçambique – a terceira reportagem deste enviado especial, depois de Angola e da Guiné – da qual foram retiradas cirurgicamente expressões como "de forma brutal", referida à morte de Eduardo Mondlane, "pela vitória", referente à luta da Frelimo, ou "com eficácia", para caracterizar o uso da rádio na propaganda por parte da Frelimo.

Como é lógico, toda a informação que se revelasse susceptível de aproveitamento por parte dos movimentos nacionalistas colidia com os interesses do Estado Novo e não podia ser dada à estampa.

2.2.2.3. Abril de 1971

Os cortes efectuados pela Comissão de Censura no "período de 1 a 28 de Fevereiro" chegaram em 23 de Abril e vinham acompanhados do ofício confidencial n.º 4169/480/8-B/1.ª, que consta na pasta 14.

A informação do GNP foi no sentido do arquivamento e o Ministro, em 1 de Maio, tomou a decisão nesse sentido.

Porém, existe nesta pasta algum material relativamente à censura efectuada em Janeiro e que, como tal, deveria ter acompanhado o ofício anterior.

Assim, no que se refere aos cortes feitos no período anterior, *A Semana Ilustrada* não pode publicar uma reportagem sobre um casal separado há 4 anos, desde que o marido, o motorista Joaquim Rebelo de Aguiar Fragosela, partira ao volante do "autocarro dos Lusitanos" para cumprir "a carreira Luanda-Ambriz. Ambrizete-Luanda" e não voltara.

Também no *Jornal da Huíla* de 26 e de 27 de Janeiro, foram publicados vários artigos, embora com cortes, destinados a retirar tudo aquilo que pudesse ser visto como crítica à política nacional, nomeadamente no que dizia respeito à industrialização do Ultramar.

Na verdade, não era lícito escrever que "a fábrica montada em Luanda não era mais do que uma «fábrica tampão», que a indústria similar da Metrópole havia de manter inactiva", enquanto os fósforos continuavam a ser "fabricados lá fora". Também não se podia dizer que "na Metrópole, generalizadamente, tem-se a ideia de que o Ultramar constitui um peso morto ou um pesado fardo, que talvez valha a pena alijar, em função dos sacrifícios que a sua defesa impõe à juventude metropolitana".

Se o primeiro elemento era perigoso porque colocava a nu as razões do fracasso da industrialização do Ultramar, o segundo não o era menos, pois apontava para o fim próximo do Império.

Relativamente aos elementos cortados durante Fevereiro, *A Província de Angola*, na edição de dia 3, foi impedida de publicar «A única salvação», um artigo muito curto e deprimente sobre alguém que só via na morte a solução para deixar de pagar impostos.

Uma fotografia de "terroristas de Holden Roberto atravessando um curso de água, algures em terras de Angola" e uma outra, também da autoria de Philipe Letellier, com um desses guerrilheiros a ser "alegremente acolhidos por elementos da população civil" foram cortadas na edição de 6 de Fevereiro do *ABC*, embora na legenda da segunda fotografia se lesse que "pelos rostos dos populares, não nos parece que a alegria fosse assim muita...".

Este jornal, no número de 7 de Fevereiro, foi proibido de publicar a crónica «Mármore de Carrara?» na qual o jornalista mostrava a sua incompreensão pelo facto de o busto do Presidente da República "que o Ministério do Ultramar ofereceu à Câmara Municipal de Benguela" ter sido executado, em Lisboa, pelo "escultor Kiril Todorov" e ser em mármore de Carrara.

Segundo ele, em Portugal existiam "escultores de grande nomeada" e a Itália comprava "a Portugal mármores", ou seja, era importante cumprir o lema «o que é nacional é bom», «slogan» que esteve longe de constituir um exclusivo do Estado Novo, como as medidas proteccionistas tomadas por vários países em diferentes conjunturas deixaram – e deixam – claro.

De actividades económicas quisera falar *A Província de Angola* de 8 de Fevereiro em «Defesa e protecção das actividades agro-pecuárias». No artigo era indicado que "a pecuária angolana encontra-se ainda hoje num estado caótico" como forma de contraditório a tudo aquilo que tinha sido dito na «Nota do dia» da Emissora Oficial, no dia 2.

Com é bom de ver a Comissão de Censura não podia aceitar que um jornal desmentisse a voz oficial do regime.

A temática da educação foi objecto de corte total porque *A Província de Angola* de 14 de Fevereiro quisera relatar a forma como uma professora que tinha "dias sim, dias não; uns reservados a partir «varas» nas costas dos alunos; outros certamente mais calma" castigara uma criança de 11 anos por não saber uma resposta. Por isso, o título da notícia era «Como é que vamos de educação? – Nem tudo é ouro neste capítulo...».

Nem ouro, nem prata, talvez mais madeira que era o material de que os ponteiros – que não serviam só para apontar – eram feitos.

No dia seguinte, o mesmo jornal viu cortada a crónica de Xavier de Figueiredo sobre a forma como a perseguição a uma criança que fazia parte do "cortejo de engraxadores-ambulantes" terminara com o polícia "deselegantemente estatelado no meio das motorizadas".

Na narração era demasiado nítida a simpatia do articulista pelo elemento aparentemente mais fraco.

A edição da manhã de *O Comércio* de 15 de Fevereiro não publicou a crónica de Luís Vilela «Coisas do Laureano», uma crítica com base numa afirmação de um deputado à Assembleia Nacional que dissera não pertencer "a qualquer grupo". Laureano, o amigo do jornalista, admirava-se que o deputado tivesse de explicar aos outros deputados o que estava ali a fazer, embora se devesse dar o devido desconto ao Laureano porque nunca se sabia "quando está a falar a sério" e, além disso, já ia "no quarto fino".

A Comissão de Censura cortou a crónica porque sabia que a mesma procurava denunciar os jogos de interesses a que estavam sujeitos os deputados e as cervejas bebidas por Laureano representavam um bom álibi para lhe evitar problemas porque poderia sempre argumentar que o álcool liberta a língua mas tolda o raciocínio.

A *Revista de Angola* n.º 234 de 28 de Fevereiro foi proibida de publicar «O monge que somos todos nós», uma reflexão sobre o atraso português que se pode resumir na seguinte passagem: "vivemos no passado sem querer jogar os nossos trunfos numa política económica moderna de expansão industrial porque continuamos a raciocinar como se vivêssemos na Idade Média".

Afinal, a queda de Salazar não fora suficiente para perturbar o imobilismo e, no que concerne à propagada Liberdade de Imprensa, interessa constatar que a revista *Notícia*, para além de voltar a ser impedida de dar voz a vários leitores, viu cortado o artigo «Causas e efeitos», que devia constar na página 13 e denunciava a má política de informação vigente em Portugal, pois "não raro tomamos conhecimento através da Imprensa estrangeira de acontecimentos ocorridos junto a nós e sob os quais se achou preferível guardar silêncio", acabando essa omissão por permitir a distorções dos mesmos, situação que exigia posteriores esclarecimentos oficiais.

Afinal, teria sido preferível autorizar a publicação em vez de perder tempo com esclarecimentos, que nem sempre o eram.

A edição de 26 de Fevereiro de *A Província de Angola* viu suspensa e depois cortada uma longa reportagem sobre dois aventureiros franceses – M. Robert Moisseron e Thierry Maille – que se queixavam de não haver "uma informação objectiva esclarecedora, tendente a destruir toda a vil campanha que se vem fazendo contra os portugueses".

O título não parecia justificar a proibição, uma vez que até podia ser considerado elogioso. No entanto, as múltiplas referências aos "sucessos militares obtidos pelo MPLA" nos últimos nove meses, designadamente "33 aquartelamentos atacados, 77 viaturas destruídas; 4 barcos-patrulha afundados; 176 emboscadas; 25 pontes sabotadas; 57 minas anti-carro accionadas pelo inimigo; 1463 soldados portugueses mortos; 298 soldados angolanos ao serviço de Portugal mortos; 42 mercenários mortos" explicavam a razão da proibição.

Neste ponto a investigação deparou-se com um problema.

De facto, na caixa seguinte, a n.º 15, não foi encontrado qualquer ofício do Governador-Geral a acompanhar os cortes efectuados pela Comissão de Censura.

Assim, procedeu-se ao estudo das datas em que foram efectuados os cortes e constatou-se que todos tinham ocorrido entre 8 de Março e 30 de Abril de 1971.

Já na caixa 16 consta o ofício confidencial n.º 4178/486/8/8-B/1.ª, recebido no GNP em 24 de Abril, com os cortes relativos ao período "de 1 a 31 de Março", ou seja, em dois dias consecutivos, o Governador-Geral Rebocho Vaz fez o envio de cortes relativos a dois períodos distintos, o primeiro relativo a Fevereiro e o segundo contemplando a censura efectuada em Março, embora o material enviado esteja arquivado em mais do que uma pasta.

A CENSURA EM ANGOLA NA FASE FINAL DO IMPÉRIO

Mais uma vez o GNP informou o Ministro que nada de especial havia nos cortes chegados.

Quanto às principais proibições, o *Diário de Luanda* de 18 de Março não pode publicar «Autoridades com funções de comando» que aplicava "a partir de 1 de Março de 1971, à área constituída pelos distritos da Luanda, Moxico, Bié e Cuando-Cubango o regime estabelecido pelo Decreto-Lei n.º 182-1970, de 28 de Abril", ou seja, "por portaria conjunta dos Ministros da Defesa Nacional e do Ultramar, ouvido o respectivo governador, poderá ser autorizado nas províncias ultramarinas o estabelecimento de regimes especiais de competência para o exercício de funções administrativas civis por autoridades militares sempre que as circunstâncias o aconselhem"[199].

Mais tarde, em 26 de Março, viu proibida uma curta notícia que, a partir de Bona, dava conta de «Soldados nacionais tratados nos hospitais da Alemanha», no "âmbito de um acordo entre os membros da OTAN", notícia que também foi interdita na edição do mesmo dia de *A Província de Angola,* apesar de ter começado por ser apenas suspensa.

No *ABC* de 9 de Março foi cortada uma reportagem intitulada «Sabotadores», um relato na primeira pessoa de alguém que estava na frente de combate e deparara com uma ponte sabotada pela UPA. O censor começou por fazer cortes, mas acabou por proibir a publicação devido ao "título também pouco próprio e articulado desajeitado num assunto delicado pelas ilações que se podem tirar nomeadamente pelo final"[200].

Esse final dizia que "muitos conseguiram fugir. Outros ficaram mortos ou feridos. Ficaram munições, ficaram os planos para assaltos seguintes", ou seja, as acções terroristas estavam para durar.

Depois, em 13 de Março, foi objecto de várias proibições. Assim, *A Pulga* não pode escrever que «há no Mundo mais de 2 300 milhões de homens subalimentados» e não foi autorizada a denunciar a má gestão de verbas ao ironizar que "não temos verbas para o Estádio Provincial, gastámos tudo neste beberete. Mas como vê está bem servido".

Também de gestão quisera falar o artigo «O desporto dá lição», no qual se relatava a "exposição que a Associação Provincial de Futebol de Angola fez seguir às instâncias superiores sobre uma decisão que lhe cerceia as verbas superiormente concedidas". De notar que o articulista fez questão de frisar que "mais cedo ou mais tarde, viveremos uma época em que as leis se cumprirão".

Depois, em 18 de Março, viu-se obrigado a trocar o título «O Alentejo vai ser estrangeiro?», uma entrevista feita por Manuel Geraldo a Antunes da Silva e que dava conta de que agricultores estrangeiros estavam a chegar "quase sub-repticiamente" para o lugar dos camponeses alentejanos que partiam. De notar que a entrevista só mereceu um corte para retirar a palavra "livremente".

---

[199] *Diário do Governo* n.º 99 de 28 de Abril de 1970.
[200] Esta anotação foi feita a lápis de carvão preto sobre o recorte do jornal.

303

A Província de Angola de 8 de Março viu cortada a crónica de Hélder Freire sobre a possibilidade de "Luanda vir a ser assaltada pela cólera".

A proibição ficou a dever-se não apenas à tentativa de evitar o alarmismo, mas também aos números indicados pelo cronista e que davam conta que "o musseque de Luanda alberga cerca de 200 mil almas, que evacuarão a esmo qualquer coisa como 400 a 500 gramas de dejectos por dia". Ora, como "a cólera se desenvolve, de preferência, em meios poluídos"...

Mais tarde, em 12 de Março, não pode falar da morte de José Alegria, de 79 anos, que "combatera no Rovuma como soldado pronto e capaz" e que morrera sem direito a um subsídio várias vezes solicitado e sem efeito prático da atenção que o Movimento Nacional Feminino lhe dedicara e, em 20 de Março, não pode noticiar que «A Associação Comercial, Industrial e Agrícola desaprovou um projecto de fixação de margens de lucros em variadas mercadorias», relativamente a Cabinda.

Hélder Freire voltaria a ser vítima da Comissão de Censura em 21 de Março, numa crónica que denunciava que "o exemplo, ao contrário do Sol, nem sempre vem de cima". Em causa estava a decisão camarária de "integrar as construções clandestinas da Mocidade Portuguesa, erigidas na ilha do Cabo, no futuro plano de urbanização da ilha".

A clandestinidade acabava onde os interesses do regime falavam mais alto!

Mais tarde, em 23 de Março, *A Província de Angola* foi proibida de noticiar que o mercado de Cabinda se ressentia porque se avolumava «dia-a-dia a falta de produtos indispensáveis ao consumo local», pois, devido às restrições às importações já se falava de um "cemitério retalhista".

Depois, este jornal não foi autorizado a ironizar sobre o desportivismo necessário face ao aumento de impostos, porque "o despacho até dá saúde!!!" – edição de 26 de Março.

O Comércio, na edição da manhã de 14 de Março, foi proibido de noticiar que «Os dinheiros do futebol fazem correr mais tinta..». Em causa estava a utilização das verbas provenientes do Totobola e o assunto era de tal forma complexo que justificava quatro páginas de desenvolvimento.

Mais tarde, na edição da manhã de 21 de Março, viu suspensa e depois cortada a notícia que dava conta da detenção pela polícia de Eduardo Baião, um repórter fotográfico da revista *Notícia* e que "se encontrava no cumprimento da sua missão" em Moçâmedes.

Quanto ao *Jornal da Huíla* neste período não foi objecto de qualquer proibição, embora tivesse merecido vários cortes ou supressões.

No que se refere à *Tribuna dos Musseques,* no dia 4 de Março, viu proibido o artigo sobre «Rendas de casas para funcionários – conversas ouvidas e comentadas» da autoria de Calú Puro e com base nas queixas que, ocasionalmente, ouvira num autocarro

A CENSURA EM ANGOLA NA FASE FINAL DO IMPÉRIO

sobre os aumentos das rendas e o facto de "algumas repartições públicas" não abonarem "a renda de casa aos solteiros".

Afinal, todos se queixavam porque os casados de primeira categoria tinham tido um aumento de 400$00 e os de segunda categoria "tiveram de aumento na referida renda 150$00"[201].

Nesse mesmo dia, foi proibida a publicação de um «Apelo a favor de uma amnistia» para os presos de delito comum, pois "há 18 anos que não é dada".

Como era de prever, o regime entendeu que ainda não era chegada a hora.

A revista *Prisma* de Março viu cortada uma reflexão sobre a já mencionada Portaria n.º 99/71 e o Decreto-Lei n.º 182/70 onde colocava em causa a "competência de cargos" e dava conta que não tinha sido respeitada a "proeminência da função política sobre o exercício do poder militar".

Quanto à *Revista de Angola* foi proibida de questionar «Quem tem medo da Liberdade de Imprensa?»

O articulista identificava aqueles que teriam medo, designadamente, "os pescadores de águas turvas", "os que vivem desambientados" e aqueles que "se dizem arautos de velhos e indefensáveis sistemas de exploração colonial".

Quanto a si, considerava que "já não há medo que nos meta medo".

Porém, havia um lápis capaz de lhe tirar a voz!

Ainda no que concerne à censura da parte final de Março, mas já constante na pasta 14, em 30 de Março o *ABC* publicou, com ligeiros cortes, a notícia que dava conta que «A Câmara Municipal do Lobito é a grande responsável pela tragédia do Liro» na qual haviam morrido cerca de uma dezena de pessoas, embora se apresentasse uma excepção – o vereador Serôdio Rosa, o único que "ergueu a sua voz contra o nível técnico das obras de defesa do vale do Liro, classificando-o de «simplesmente deplorável»".

Como decorre desta investigação, não era habitual a Comissão de Censura deixar passar uma acusação tão peremptória sobre erros da administração portuguesa.

No dia final de Março, o ABC publicou a notícia «A acusação do século! MPLA contra UPA!" que servia na perfeição os interesses portugueses e da qual apenas foi retirada a expressão "em Angola", um preciosismo desnecessário.

---

[201] Este assunto voltaria a ser cortado na *Notícia* porque foi proibida a publicação de uma carta assinada onde se podia ler que, até então, no caso de uma casa de renda de 1 000$00, implicava que o funcionário pagasse 600$00 do seu bolso porque recebia 400$00 de subsídio. Com o aumento, a mesma casa passou a valer uma renda de 1 400$00 porque "como o subsídio foi aumentado para o dobro passa a receber 800$00 (que não recebe por ter casa do Estado) e continua a descontar 600$00 mensalmente".

2.2.2.4. Maio de 1971

O mês de Maio deveria ser a altura para o Governador-Geral enviar para o GNP os cortes efectuados em Abril. A investigação não encontrou esse ofício que, no entanto, foi enviado como se comprova pela existência nas pastas 14 e 15 de vários artigos cortados.

Assim, a edição de 2 de Abril do *ABC* quisera publicar o poema de Luísa Caetano «Menino da guerra» que terminava com o verso "como me dói pensar-te!".

Menos dor sentiu o censor!

Em 6 de Abril de 1971, *O Comércio* pretendia noticiar uma «Reunião Sindical da maior importância». Em causa estava a notícia segundo a qual "cerca de 750 trabalhadores do CFB" se declaravam "descontentes com as condições de emprego".

O texto começou por ser objecto de sugestão e de corte, mas acabou por ver cortadas as suas três páginas, ou seja, foi proibido.

O *Diário de Luanda* de 10 de Abril publicou um artigo sobre a reformulação das relações comerciais entre a Metrópole e o Ultramar, mas a matéria continuava a ser de tal forma incómoda que o artigo começou por ser suspenso e acabou por sofrer vários cortes e uma sugestão assinada pelo censor J. Batel.

No dia seguinte, o mesmo se passaria com o artigo «Nova política de informação», autorizado mas com cinco cortes, como, por exemplo, "e ainda actuam negativamente" ou "Todavia...em épocas anteriores por mais de uma vez escutámos declarações semelhantes. Política de verdade [...] e tudo, ou quase tudo, continuou, infelizmente, na mesma, ou quase igual". Além disso, o jornalista afirmava que "não seremos pessimistas" mas deixava no ar que encarava a nova política de informação com "menos confiança".

Estranha esta forma de Liberdade de Imprensa que pactuava com cortes, sugestões e proibições.

No que diz respeito à cidade de Luanda, o *ABC* de 12 de Abril viu cortada a rubrica «A voz da cidade» porque a crónica "Sem espanto", escrita por um jornalista que "há quase três dezenas de anos" estava em Angola, dava conta que o autor já estava vacinado "contra o assombro". Em causa estava a "notícia da construção de uma cidade satélite projectada superiormente sem que para o efeito fosse ouvida a Câmara Municipal de Luanda".

Mais do que um Plano Director Municipal havia um Plano de Interesses Particulares.

Melhor sorte teve «Será possível falar-se – a sério – em turismo em Angola quando em Luanda – nos seus melhores hotéis – apenas temos 453 quartos e «suites»!?», um artigo de duas páginas ao qual apenas foi retirada a palavra "intermináveis".

Depois, em 13 de Abril, esse jornal enviou os parabéns ao "padre P. Pereira figura muito conhecida em Angola" e que estava "ligado a empreendimentos comerciais".

As felicitações tinham a ver com o seu matrimónio "na Metrópole" e, como parece evidente, não chegaram ao destinatário[202].

De facto, o padre servia para casar os outros e não para ser sujeito do acto.

O Comércio de 16 de Abril não pode encontrar resposta para a questão «A Bela Vista deixou de sorrir?», embora o texto também não seja muito claro nas razões que levaram a "qualquer coisa de inusitado" nessa zona. Talvez problemas de relacionamento entre duas das pessoas que mais tinham feito pela Bela Vista, João Graça dos Reis e João Vaz Monteiro.

Depois, em 22 de Abril, viu cortado o artigo de Martins do Amaral sobre o "planeamento regional agrário «isolado»" porque não era "justo que se beneficiem com eles algumas regiões desprezando outras" e publicou, embora com cortes, um artigo intitulado «A Metrópole ainda vive na ignorância da vida ultramarina», uma afirmação proferida pelo deputado Barreto Lara numa conferência de imprensa em Luanda. De notar que o deputado considerara que a "autonomia é o caminho", mas a censura cortara todo esse parágrafo de 15 linhas.

Era o resultado das lacunas no sistema de ensino português de que Adriano Moreira se apercebera e tentara resolver, abrindo uma frente de luta contra os interesses instalados.

Só que os interesses eram – e continuam a ser – persistentes no calcorrear dos corredores do Poder.

Mais tarde, em 29 de Abril, foi proibida a notícia «Soldados rodesianos vítimas de explosão em Moçambique», tal como a crónica «Sacrifício» de Luís Vilela sobre os sacrifícios "temporários" que "por toda a parte do mundo" os governos pediam ao povo.

De notar a forma irónica como a autor terminava a crónica, pois referia que se tinha queixado ao médico de um problema de surdez e tinha recebido como profilaxia a indicação para deixar de fumar e evitar beber, sem que tal significasse a garantia de passar a ouvir. Por isso, decidira que não valia a pena "ser surdo e parvo", ou seja, não valia a pena fazer sacrifícios se os mesmos não se traduzissem em frutos.

De facto, a temporalidade dos sacrifícios não resultava do seu desaparecimento, mas da circunstância de só vigorarem até surgirem outros mais pesados.

Ainda em 29 de Abril, o *Diário de Luanda* foi proibido de noticiar que «A Gulf Oil continua em Angola e Moçambique» porque as duas moções para a sua saída "apresentadas por três accionistas" tinham sido derrotadas "por larga margem"[203], uma

---

[202] Na pasta 15 está o artigo «Fé e política» da autoria de P. Cabral e que foi publicado com pequeníssimos cortes, na edição de 15 de Abril de *A Província de Angola*, no qual defende que "se houvesse apenas almas para orientar, então o descompromisso político seria lógico". O problema era que neste mundo só havia "almas incarnadas".

[203] Esta notícia também foi cortada no *ABC* e em *A Província de Angola* de 30 de Abril – pasta 15.

notícia que era passível de ser vista como mais um balão de oxigénio para a política portuguesa.

No que se refere aos concursos de beleza, este jornal, na edição de 30 de Abril, viu cortada a notícia «As misses não são rainhas» sobre a vitória de miss Angola, a jovem Bauleth, na eleição para miss Portugal porque o autor era muito crítico desses certames e pedia para não confundirem as misses "com a mulher portuguesa" porque as rainhas não desfilavam nesses palcos, pois ficavam "trabalhando, em mister doméstico ou profissional, ou defendendo os filhos da sanha de terroristas assassinos".

Já na pasta 15 foi possível encontrar mais cortes relativos a este período e que por figurarem em pasta diferente, não foram incluídos cronologicamente nos elementos já indicados e que constavam da pasta 14.

Assim, logo em 1 de Abril, o apontamento de Nuno de Menezes «Mal de quem precisa» foi proibido no jornal *O Lobito*. Em causa estava o preço e a qualidade da assistência médica – 100$00 pela consulta e 10$00 pelas gotas que "embateram na pupila do doente" – e o facto de terem de esperar que o médico acabasse de jantar para assinar a factura.

Depois, em 8 de Abril, J. Batel cortou o artigo «Numa porta se põe o louro e noutra se vende o vinho» para dizer que "por um lado se diz uma coisa, e por outro lado se pratica outra" – *Actualidade Económica*.

No entanto, ao contrário daquilo que o título poderia levar a supor, não era o vinho, mas o elevado preço dos automóveis importados, que era objecto de crítica, a exemplo do que se passava com as "operações paralelas" ou "operações triangulares" necessárias para a sua aquisição.

A utilização da palavra "triangular" tinha a ver com a forma de obter divisas para a importação, um processo que exigia a existência de "três entidades: um exportador de produtos fora dos contingentes ou para os novos mercados geralmente café ou sisal, um intermediário que conduz essas transacções e o importador angolano de automóveis".

Depois de um longo período de comércio triangular era a vez de recorrer a um novo triângulo – que nada tinha de maçónico ou secreto – para conseguir importar viaturas para a Província.

Também de processos pouco lícitos falava a edição de 15 de Abril de *A Tribuna dos Musseques* onde se lia que havia "quilos de 800 gramas" e se apelava no sentido de "ter mão na ganância desenfreada de certos «comerciantes» do subúrbio" porque dois pequenos cortes – "levando-nos a crer que os preços afixados são apenas para o incola ver" e "pobres", referido a fregueses –, não foram suficientes para apagar o sentido denunciante do artigo.

Na Metrópole da nossa meninice, o pão era vendido ao quilo e era pesado. Assim, sempre que o padeiro não tinha a mão muito exacta, o problema era resolvido recor-

A CENSURA EM ANGOLA NA FASE FINAL DO IMPÉRIO

rendo ao contrapeso – um pedaço de pão por vezes do dia anterior – para perfazer o peso exigido por lei.

No que concerne ao clima vivido na Província, em 23 de Abril, a revista *Prisma* publicou um longo artigo de quatro páginas sobre a influência da "guerra subversiva" na "vida angolana" de onde apenas foi retirada a palavra "civil" que adjectivava a guerra, situação que não se compreende porque o autor queria enfatizar que "todos têm a mesma nacionalidade" atendendo a que em Angola havia "uma sociedade multiracial".

O *ABC* de 28 de Abril viu cortado o artigo «Um erro policial e algumas arbitrariedades colocam um homem à beira do desespero», um incidente que tivera como causa remota a venda de um automóvel de um "honesto comerciante", Manuel de Almeida, a um "Romeiro, proprietário de carros de aluguer em Salazar", o qual, como não dispunha de dinheiro, pagara a viatura através "do direito de alvará de carros de aluguer". O artigo, bastante extenso, desfilava todas as peripécias sofridas pelo novo taxista face à "hostilidade do meio social" que não recebera "de boa mente um forasteiro", embora o jornalista não tivesse garantido o direito ao contraditório.

A Província de Angola de 4 de Abril classificava Luanda como "a capital do barulho" e questionava se os "desencartados" apanhados a conduzir sabiam que contavam "antecipadamente com a benevolência da Justiça".

Neste caso, a questão subia um nível em relação à «vida habitual» que denunciava os agentes da polícia como alvos da corrupção.

Depois, em 13 de Abril, não pode noticiar que «Chegou ao Luso o novo comandante militar da zona militar leste», o brigadeiro José Manuel de Bethencourt Conceição Rodrigues, nem o seu longo currículo e, ainda nesse dia, o mesmo se passou com um artigo assinado por Mimoso Moreira sobre "o relatório do Banco de Portugal" e a "persistência do desequilíbrio dos pagamentos externos de Angola e de Moçambique", artigo que não deixava de falar das "importações consagradas em Angola e Moçambique", como eram os casos dos "vinhos e tecidos".

Mais tarde, em 18 de Abril, não pode publicar a notícia que dava conta que havia «Mercadorias para a Zâmbia retidas em portos portugueses" e, em 23 de Abril, voltou às palavras do deputado Barreto Lara que pretendia falar "francamente" e, por isso, dissera aos jornalistas que existiam na Metrópole duas correntes políticas "uma a favor da autonomia das Províncias Ultramarinas e outra pugnando pela integração".

A notícia foi publicada, mas a citação aqui transcrita não teve o mesmo direito.

Depois, em 28 de Abril, viu cortado um poema de Jofre Rocha que começava com os versos: "Quando eu voltar do exílio e do silêncio/não me tragam flores".

De facto, não devia ser necessária tal preocupação porque o regresso do exílio era uma regra nem sempre cumprida, ou seja, o exílio era comprido no tempo e nem sempre dava direito ao regresso.

A lista de mortos no Tarrafal ajuda a perceber totalmente o sentido da frase anterior.

Os interesses locais voltaram a usar o *Jornal da Huíla,* edição de 22 de Abril, para se fazerem ouvir e a «estória» merece ser contada.

Assim, os representantes das Associações Económicas de Angola, reunidos em Sá da Bandeira, tinham tomado a iniciativa de requerer ao Ministro do Ultramar "autorização para constituírem uma empresa de navegação de longo curso e cabotagem, sob a forma de sociedade anónima". A resposta do Ministro da Marinha, baseada em exemplos anteriores e à qual o Ministro do Ultramar nada tinha a opor, não satisfez os interesses dos requerentes que apelaram para o Presidente do Conselho. Porém, enquanto empreendiam diligências para fazer valer os seus pontos de vista no sentido "de ser permitida maior liberdade de acção" à companhia do que aquela que lhe fora concedida pelos Ministro da Marinha – não contar com tráfego já reservado a outras companhias – tinham visto surgir a Companhia de Navegação Angolana que já lançara à água um navio – o Huíla.

Os representantes das Associações viam nos nomes da companhia e do navio uma apropriação indevida de uma ideia que consideravam sua.

No que se refere aos cortes efectuados à revista *Notícia,* a lista foi longa, embora a maioria dos artigos, depois dos cortes, recebesse autorização de publicação. Quanto aos temas totalmente proibidos, há a registar a reportagem dos enviados especiais António Gonçalves e Eduardo Baião sobre "o reordenamento das populações das zonas afectadas pelo terrorismo" e a notícia saída em "dois matutinos de Luanda" que dava conta da pulverização feita por um avião vindo da Zâmbia sobre a "aldeia de Calunda" onde residiam "elementos refugiados da Zâmbia" que apresentavam "graves sintomas de demência, com agitação psico-motora e sintomatologia de angústia pré-cordial". Também uma carta assinada por uma leitora de 15 anos – não identificada no jornal – sobre «Indignação juvenil» não colheu as boas graças do censor porque se referia a uma pobre moça que matara o pai e fora condenada a "8 anos de cadeia, indemnização à família,etc". A signatária discordava desta punição e denunciava que "o pai «brincou» com a própria filha".

Por esclarecer totalmente fica o sentido da forma verbal, pois tanto se pode estar perante um crime de pedofilia como uma situação de abuso da autoridade paterna, designação, aliás incorrecta, porque a autoridade deriva do reconhecimento por parte do outro e não de uma imposição feita pelo próprio.

Ainda na pasta 15 está um artigo de Telles Mendes que foi proibido no jornal *A Palavra:* «Deixe o meu cabelo em paz, Doutor!». Trata-se de uma reflexão que censurava a exigência do Director da Escola Comercial e Industrial da Gabela, Dr. Fernando Henriques de Aguiar, que exigira em público que um dos alunos cortasse o cabelo para não sofrer "uma atitude drástica".

O autor, que tomou o partido do jovem, escreveu que "o que era positivo ontem é negativo hoje. E o amanhã será também a incógnita", frases que poderiam ter conotações muito para além da questão do cabelo.

Por isso, a Comissão de Censura, ao contrário do aluno, optou pelo corte total.

A Palavra viu, ainda, cortada, na edição de 20 de Abril, a crónica «O filtro» sobre as relações entre os povos porque o autor, que se caracterizava como "angolano de gema" se mostrava "avesso a algumas pessoas vindas da Metrópole", sobretudo aquelas que só estavam "bem a protestar" e que recordavam "a Metrópole com saudade e a certeza de regressar".

De regresso se falaria, três ou quatro anos depois, quando foi criada a designação «retornados», que abrangia todos aqueles que saíam de Angola, mesmo que uma parte considerável nunca tivesse pisado o solo metropolitano.

Foi mais um caso – injusto e infeliz – de usar critérios pouco claros para atribuir ou negar a nacionalidade.

Finalmente, está na pasta o «Dossier terrorismo» que a *Semana Ilustrada* publicou com ligeiros cortes e que constitui um diário de campanha de alguém que, em Maio de 1965, tinha "exactamente duas semanas de norte de Angola" e que relatava a luta "sem reclamos de publicidade. Obscuramente, resignadamente, com homens que são de carne e osso. Morrem e vivem na sua missão. E tornam-se valentes à custa de si próprios".

De uma forma algo inexplicável, a Comissão de Censura deixou publicar esta narrativa que não se coibia de denunciar que as tropas portuguesas matavam a sede bebendo água do rio "com as canecas que os turras deixaram"[204].

Será caso para perguntar onde andavam os censores militares para deixarem chegar ao conhecimento do público a carência miserabilista do exército português.

O segundo ofício do Governador-Geral chegou em 20 de Maio – ofício confidencial n.º 5160/601/8-B/1.ª, arquivado na pasta 16 – com os cortes feitos pela Comissão de Censura no período "de 1 a 15 de Maio" e o GNP julgou que o conteúdo era de arquivar.

No que concerne às proibições, uma das publicações pouco referidas – *Motorista* – não foi autorizada a publicar um pedido feito pelos "trabalhadores da Companhia do Caminho de Ferro de Benguela" residentes em Nova Lisboa e dirigido ao "Presidente da Direcção da Secção do Huambo do Sindicato Nacional dos Motoristas, Ferroviários e Metalúrgicos da Província de Angola".

Os trabalhadores estavam "descontentes" e pediam que o seu descontentamento fosse levado "junto do Governo da Nação", pois à "prosperidade económica crescente" da empresa correspondia "um aumento crescente de dificuldades ao desafogo eco-

---

[204] Se nada for feito, teremos sido dos últimos leitores a terem acesso a este dossier, uma vez que o papel do mesmo se está a esfarelar, como a mesa e o chão da sala de leitura do AHU e a alergia do investigador puderam comprovar.

nómico do seu pessoal", devido ao "aumento constante dos preços no próprio Armazém de Víveres da Companhia".

A *Notícia,* por entre muitos cortes, viu proibido um artigo escrito por alguém que voltara a estudar passados "26 anos" e que se queixava de ter dado com "um professor do género «muita parra e pouca uva»" e que não seguia o exemplo da filha do autor que pedira "a exoneração de professora primária" depois de ter ensinado três anos, uma vez que descobrira que "não tinha vocação para o ensino".

De ensino falava também uma carta assinada chegada de Nova Lisboa e que denunciava a existência de "separação de cor nas escolas primárias" porque "os alunos brancos ocupam as carteiras da frente e os pretos são retirados para trás".

A televisão também seria notícia porque uma carta assinada por um leitor de Luanda, José da Silva, foi cortada pois não aceitava a demora na instalação da TV em Angola quando na Metrópole já se falava na instalação, dentro de dois anos, da TV colorida. O reclamante lembrava os países vizinhos que já dispunham desse meio de comunicação e questionava se estavam "à espera que na Metrópole seja substituída a maquinaria por outra mais moderna (a cores, talvez...) e enviarem depois a velha para cá".

Na óptica do Poder – na altura não havia televisão privada – até que não era uma má lembrança.

Ainda sobre televisão, mas já ligada à problemática do ensino, *O Comércio* de 4 de Maio não pode publicar uma «História trágico-cómica da vaidade humana», uma crónica de Carlos Sanches sobre a proibição de uma equipa da televisão alemã filmar uma operação "salvo erro a uma vaca" para mostrar a evolução do ensino na Província e, ainda no mesmo dia e sobre a temática da educação, o artigo «Escassas oportunidades de emprego bem remunerado para quem não dispõe de elevados graus académicos», artigo assinado por Maurício Soares.

Vivia-se, então, numa conjuntura em que um diploma representava uma elevada probabilidade de emprego e de ascensão social.

No que concerne às relações de Portugal com a comunidade internacional, em 13 de Maio, *O Comércio* não pode noticiar que «A Gulf não se dobra às pressões contra Angola», notícia igualmente cortada na edição desse dia de *A Província de Angola,* embora o título fosse «A Gulf repudia a ideia de se retirar desta província».

O *ABC* de 10 de Maio viu substituído o título «Portugal estará presente no primeiro congresso das enfermeiras rodesianas» por «Enfermeiras portuguesas no primeiro congresso das enfermeiras rodesianas».

Era a forma encontrada pela censura para não envolver Portugal num certame promovido pela Rodésia.

Regressando à conjuntura da vida interna, *A Província de Angola,* de 5 de Maio pretendera questionar se "O diabo «a liamba» não será tão feio como o pintam?", uma notícia sobre "uns moços do Tchivinguiro" apanhados com liamba que tinham fugido. A situação estava normalizada porque já tinham regressado e "o velho nativo de 80 anos que abastecera os jovens" tinha prometido não plantar mais a marijuana.

No dia seguinte, 6 de Maio, viu cortada a crónica de Hélder Freire sobre a actuação do Conselho Legislativo porque denunciava "certa dificuldade da parte dos vogais, em se aperceberem completamente das matérias que lhes são apresentadas para estudo prévio, já pela pouca antecedência com que esses elementos lhes chegam às mãos, já pelo volume e importância de que se revestem".

Bem vistas as coisas, acabavam por ser dois problemas.

Ainda no âmbito político, no que dizia respeito à lei de imprensa, na edição de 10 de Maio, este jornal não foi autorizado a publicar o artigo «A propósito dos projectos sobre a Liberdade de Imprensa», da autoria de Antero dos Santos Gonçalves, alguém que "por motivos óbvios" não fazia parte da Acção Nacional Popular", no qual o autor indicava os reparos de Sá Carneiro e Pinto Balsemão no sentido de "criar condições para que tal liberdade possa efectivamente exercer-se e ainda proteger o direito à informação", pois "no projecto governamental não se protege senão de forma muito vaga, o direito à informação".

Regressando às reformas de que a Província carecia, em 13 de Maio, *A Província de Angola* viu proibidos os «10 mandamentos da reforma administrativa no Gabinete de Estudos da Secretaria Provincial de Fomento Rural em 1970» da autoria de J. Costa Moreira, um articulista sempre muito preocupado com as questões agrárias.

Como os cortes efectuados demonstram, os olhos dos censores continuavam particularmente atentos a todas as reflexões que apontassem no sentido da necessidade de proceder a mudanças.

2.2.2.5. Junho de 1971

Na pasta 17 está o ofício confidencial n.º 5671/674/8-B/1.ª, com data de recepção de 7 de Junho de 1971, que acompanhou os cortes efectuados pelo Conselho de Leitura "no período de 15 a 31 de Maio", elementos que não justificavam referência especial no parecer do GNP.

Mesmo assim, as proibições e os cortes parciais foram bastantes. No que concerne às primeiras, a *Notícia,* na secção «Correio do coração» viu cortadas várias cartas de leitores na página 33, embora fique a dúvida se a proibição era devida às cartas ou às respostas.

Na verdade, não parecia aceitável responder a um apaixonado que questionava se a sua namorada podia gostar de dois homens, confirmando que "mesmo de três ou de quatro. Há quem garanta que até de cinco" e que, por isso, como "uma pessoa não é uma propriedade privada como uma horta ou um automóvel", o apaixonado atormentado devia fazer "o jeito a bem de todos".

O Comércio de 21 de Maio foi impedido de apresentar a crónica de Moutinho Pereira «A riqueza é nossa» sobre a forma como em Lisboa eram encarados os problemas económicos ultramarinos. O título não permitia dúvidas sobre o teor da crónica, ou seja, sobre a manutenção no Marcelismo dos erros da política económica em relação a Angola.

O Apostolado continuava a sua luta pela defesa dos valores, mas também ele foi vítima de censura parcial na edição de 27 de Maio porque o censor cortou o parágrafo que exemplificava a devassa de costumes resultante da leitura de livros como *Lolita* e *Dona Flor e seus maridos* e que levava a que "com a maior das naturalidades o rapaz norte-americano" perguntasse à namorada "você já tomou as suas pílulas?".

Na perspectiva da censura, a argumentação dispensava os exemplos.

A Província de Angola foi objecto de muitos cortes e de proibições totais, com aconteceu em 19 de Maio a um poema de Tuxa, que, no caso de ser homem, "creio de todas elas gostaria, /elas as prostitutas que se prostituem dia a dia/ porque me lembram Cristo em agonia" e ao artigo de José Ricardo «Dos diamantes sua lapidação e comercialização», na edição de 22 de Maio, que se debruçava sobre o "contrato que o Estado vai celebrar com o consórcio Diamang-De Beers".

O articulista lembrava que na conjuntura de então, os actos públicos que envolvessem "contratos com empresas estrangeiras" eram "alvo da atenção especial dos nossos inimigos, que aproveitam todo o possível para nos atacarem".

Nesse mesmo dia, o artigo de Humberto Lopes «Politização necessária» também foi cortado. A Comissão de Censura não deve ter gostado de ler que "temos vivido num ambiente determinadamente proposto ao desconhecimento e até à ignorância" e a proposta para integrar "30 milhões de portugueses [...] nas preocupações colectivas do País, através da educação, da cidadania que necessitamos, para lançar sobre eles discussões políticas".

Ainda a 22 de Maio, foram cortados o artigo de Maria Virgínia de Aguiar «Luanda, à espera de um boom», que denunciava a falta de protecção social como a responsável pela existência de "cinco mil casos de cadastro de jovens reincidentes nos mais variados crimes de delinquência", uma vez que Luanda só contava com "três instituições que albergam crianças".

Nessa mesma edição, um concurso de beleza não foi tratado de uma forma muito bela no artigo «Lagoa insalubre o que se passa com a Riquita?», sobre a jovem angolana que vencera o concurso de Miss Portugal e o mau desempenho da representante do *Diário Popular*, Vera Lagoa, numa conferência de imprensa sobre essa eleição.

Relativamente a esta questão, existem várias opiniões na imprensa da Província e a *Notícia* limitou-se a escrever que Vera Lagoa era "velha, gorda e bisbilhoteira", mas "nunca prejudicou ninguém e ademais, cá não parece que ela tenha bisbilhotado grande coisa. Embora imensa gente a bisbilhotasse a ela". Por isso, como ela "não precisa de defensores", o melhor era considerar que o assunto não merecia "qualquer intervenção".

Relativamente a reivindicações laborais, *A Província de Angola* viu proibido o artigo de Xavier de Figueiredo de dia 28 de Maio sobre uma experiência vivida no hospital onde um contínuo lhe apresentara um papel com "muitas manchas besuntadas" e onde ainda se conseguia ler "Porque o jornal não escreve que a uns são pagas horas extraordinárias e a outros não. A gente também faz o serviço e não dorme".

O funcionário podia ser "modesto e simplório", mas conseguiu fazer passar a sua mensagem.

No que concerne à iniciativa particular, nesse mesmo dia, foi proibida a crónica de Pardo de Oliveira «Impõe-se esclarecer», sobre a visita do Chefe de Estado aos empreendimentos industriais – a Cotesi e a Corfi – de Manuel de Oliveira Violas porque o empresário referira as dificuldades que enfrentara com a contingentação decidida em Novembro de 1970 de "artigos metropolitanos em Angola e Moçambique", numa altura em que "48% da produção do sector de tecelagem era colocado no mercado do Ultramar".

Manuel Violas explicou a estratégia que traçara para resolver – com sucesso – o problema, mas a Comissão de Censura não podia permitir que os leitores valorizassem a sageza do empresário, pois isso significaria que um particular tivera a lucidez que faltara ao Poder.

Finalmente, na edição de 18 de Maio do *ABC* foi cortada a notícia «Propaganda psicológica» que dava conta da atribuição da medalha Lambrakis a "dez pessoas ou movimentos", entre os quais figurava Joaquim Pinto de Andrade.

Na pasta 17 deveria constar o ofício do Governador-Geral a acompanhar os cortes feitos pela Comissão de Censura na primeira quinzena de Junho e que deveria ter sido enviado durante a segunda quinzena desse mês. No entanto, a investigação não encontrou esse documento apesar da existência das provas que mereceram os cortes.

Assim, nessa pasta estão vários artigos que foram publicados com cortes na *Semana Ilustrada* mas cuja leitura já representa um exercício de adivinhação.

Quanto aos cortes totais, a pasta começa com as proibições relativas ao jornal *A Palavra*. Assim, foi cortada a «Última palavra» de Antunes Ferreira sobre os heróis ignorados "aqueles a quem não se outorgam medalhas" porque o heroísmo "é não voltar a cara à vida, não se defraudando o que se entende por legítimo e justo".

A questão dos títulos voltou à ordem do dia porque o *Diário de Luanda* de 4 de Junho foi obrigado a trocar «Atentados terroristas na Metrópole» pelo bem mais suave «Deflagração de explosivos na Metrópole».

Quanto à *Notícia* de 7 de Junho foi amputada do artigo «Apartheid ao contrário na África do Sul», que dava conta da "boicotagem" que era feita pelos negros que "eram convidados a não frequentar mais as lojas geridas por brancos". Só que desta vez, o «convite» provinha dos novos dirigentes como Nelson Mandela e Albert Luthuli.

Relativamente aos artigos proibidos em *A Província de Angola,* em 4 de Junho não saiu «Do Zaire ao Cunene», que dava conta dos efeitos práticos da aplicação dos "regulamentos dos Mercados Rurais". O jornalista considerava que tinha passado a haver "um assustador desequilíbrio das negociações entre comerciante-cliente" no que dizia respeito às regiões produtoras de café, especialmente "na praça do Golungo Alto", aquela que era considerada "o grande empório comercial do café" e, com o fim do comércio livre, era uma pena "ver diariamente os estabelecimentos recheados de mercadorias e não se notar a afluência capaz de proporcionar a sua aquisição".

Nesse mesmo dia, a crónica «Brisas de Domingo» de Serradarga também foi suspensa e depois cortada por J. Batel. Em causa estava uma reflexão sobre a situação interna do país a partir da temática do almoço porque Portugal era um país "onde uns poucos almoçam bem e outros comem alguma coisa" e onde continuava a haver "almoços políticos" sem que pelo menos um pobre fosse sentado a essa mesa.

Afinal, a pobreza nunca teve fama de ser boa conviva!

Depois, em 5 de Junho, viu cortada a notícia «Das terras de Cuando-Cubango recordando uma efeméride». Tratava-se da chegada do comboio à Vila Nova de Cuchi em 28 de Maio de 1961 e a proibição foi motivada por afirmações como "não se confirmaram as previsões de então" ou "a continuarmos assim, não vemos possibilidade de melhorar o panorama".

Mais tarde, em 9 de Junho, «O comércio de Quibaxe e as dificuldades com que vem lutando» não puderam ser conhecidas, numa fase em que o comércio já não estava "nas mãos dos semi-analfabetos", mas se apresentava "arruinado e degenerado". O autor chegava a sentir saudades do "bom tempo em que um indivíduo se aborrecia com o patrão ou com um colega de trabalho na roça onde prestava serviço como capataz agrícola em regime de conta corrente e despedia-se".

Depois, na edição de 10 de Junho, o artigo de Xavier de Figueiredo sobre a burocracia alimentada por "anti-funcionários declarados" foi cortado, até porque era recordado o tempo – ano de 1785 – em que o capitão Manuel Cardoso da Silva multava em "10 tostões [...] qualquer funcionário que por um momento se revelasse negligente".

Segundo o autor tratava-se de um saudosismo modelar. Porém, o actual livro de reclamações parece representar uma solução mais equilibrada.

Mais tarde, em 13 de Junho, não pode publicar «Serge e Jane capitulação perante o amor» um artigo que continha as ideias demasiado avançadas de Serge Gainsbourg e de Jane Birkin – os famosos intérpretes da canção «Je t'aime, moi non plus», proibida em vários países devido às referências explicitas de índole sexual – sobre o matrimónio que iam contrair.

Não espanta a proibição atendendo a que o noivo considerava que uma mulher casada tinha "por objectivo arranjar amantes" e a noiva reconhecia que "o mais aborrecido no casamento é a legalidade", embora Serge a sossegasse ao afirmar que "um contrato pode ser quebrado!".

Afinal, ambos preconizavam que o amor era eterno enquanto durava.

Proibida foi, igualmente, a crónica de Rola da Silva «Palmas, muitas palmas» que falava da diferença entre os "favores" e os "actos administrativos", relembrava uma visita feita há dez anos a uma fábrica durante a qual o Administrador assumira, de uma forma ingénua, ter beneficiado dos primeiros. Rola da Silva evocava esse acontecimento porque acabava de saber da entrega de "terrenos camarários" à Associação Industrial de Angola cujo Presidente da Mesa da Assembleia-Geral era, simultaneamente, Presidente da Câmara de Luanda.

Eram os "favores" dez anos depois, novamente no meio de muitas palmas. Os mesmos favores que impediram o anúncio da venda de lotes de terreno "na região Nova Siderurgia e zonas turísticas em expansão para construção moradias, prédios e blocos com. Ind." – *A Província de Angola* de 14 de Junho.

Do Huambo chegou uma carta assinada por Fernando Covas Lourenço e que a edição de 15 de Junho do jornal *A Província de Angola* não foi autorizada a publicar. O título era «Incapazes aos 35 anos?» e em causa voltava a estar a idade a partir da qual não era autorizada a entrada na função pública.

Quanto ao aumento da idade para a saída, ou seja, para a aposentação, seria preciso esperar mais algumas décadas...

Também o jornal *O Comércio* viu publicados muitas notícias e artigos depois de depurados pelos cortes da Comissão de Censura, sendo que dois desses elementos foram proibidos na íntegra.

Assim, em 10 de Junho, não passou uma extensa entrevista com o presidente da Cooperativa dos Agricultores sobre «O problema do algodão no Distrito do Cuanza--Sul»

Depois, em 13 de Junho, não pode noticiar que «A reeleição do presidente da secção da Huíla do SNECIPA [Sindicato Nacional dos Empregados do Comércio e da Indústria da Província de Angola] não foi considerada» pelo Instituto de Trabalho, Previdência e Acção Social, apesar de não haver "base jurídica" para tal.

O *Motorista* voltou a ser proibido de apresentar o «Novo apelo ao governo» feito pelos empregados do Caminho de Ferro de Benguela que desejavam "uma actualização justa dos seus vencimentos". Para além disso, pretendiam "a comparticipação do pessoal nos lucros da Companhia" e havia problemas com "o acordo colectivo de trabalho".

O documento tinha onze páginas e nele já figurava a mensagem de apoio dos ferroviários do Lobito, Benguela e do Cubal.

Neste período a *Noite e Dia* só foi objecto de cortes parciais e o *Jornal da Huíla* viu suspenso, em 2 de Junho, e depois cortado em 11 do mesmo mês, o artigo assinado por João do Prado e intitulado «Vai aumentar o preço do pão para manter os muitos discutidos Serviços de Extensão Agrária do Instituto dos Cereais de Angola».

O autor terminava o artigo solicitando que não se desse ao mesmo "senão o carácter positivo e frontal que foi nossa intenção imprimir-lhe".

Por via das dúvidas, o censor não o deixou imprimir.

Também foram proibidos, no jornal *O Lobito*, vários artigos de Sammy Santos na rubrica «De raspão». O primeiro, na edição de 14 de Junho, porque o jornalista se considerava "despido na praça pública, sem caneta e sem papel", pois alguém decidira que o tema por si escolhido não podia "ver a luz do dia". Esse tema era uma reflexão sobre o facto de não valer a pena "abordar determinados assuntos de interesse nacional pois há pessoas que não gostam que os foquemos".

O segundo, uma queixa do deputado Barreto do Lara que não aceitava ver os seus escritos mutilados por "vários indivíduos" a quem não reconhecia "maturidade intelectual para censurar", até porque eram produzidos "à luz do mandato que a Nação" lhe outorgara – 15 de Junho.

Como se verifica a imunidade – coisa diferente de impunidade – parlamentar não fazia fé perante a Comissão de Censura.

Ainda no jornal *O Lobito*, um apontamento de Nuno de Menezes para a edição de 16 de Junho foi cortado porque denunciava que a vida estava a subir "sem rei nem roque, suprindo as magras algibeiras, as quais para além de cotão pouco mais têm".

O jornalista queixava-se que "tudo aumenta, só não aumentam os ordenados". Quatro décadas depois, os preços continuam a aumentar, mas o congelamento salarial deu lugar à redução de ordenados.

2.2.2.6. Julho de 1971

Em Julho, foi cumprida a regra dos dois envios mensais, como se comprova pela chegada ao GNP de dois ofícios do Governador-Geral a acompanhar os cortes efectuados pela Comissão de Censura.

Assim, o ofício confidencial n.º 6857/790/8-A/1.ª, que está na pasta 18, chegou em 8 de Julho e era um "aditamento ao ofício n.º 6379", ou seja, o ofício que deveria ter sido enviado durante a segunda quinzena de Junho, mas que não foi encontrado junto dos respectivos cortes. O ofício recebido era acompanhado pelos cortes relativos "ao período de 16 a 30 de Junho".

O GNP, depois da respectiva análise, informou o Ministro que lhe parecia de mandar proceder ao respectivo arquivamento.

Na pasta está um longo artigo de duas páginas e com uma imagem quase de página inteira para dar conta da posição "cética" da Ciência face aos afrodisíacos, pois "a vista e o tato continuam sendo os mais eficazes", uma vez que, apesar da "crença popular", a maconha, de acordo com "Sir Aubrey Lewis, professor de Psiquiatria em Londres", podia provocar "fantasias eróticas, mas que não conduzem à acção".

A frase transcrita aponta para a origem brasileira da publicação, cujo nome não foi possível descobrir.

Impossível foi também atribuir a data a uma fotocópia que a leitura permitiu identificar como do jornal *O Planalto* de uma exortação feita pelo "Misterioso X" aos trabalhadores de Angola no sentido de montarem uma Cooperativa porque "o trabalhador não pode dar-se ao luxo de esperar milagres impossíveis".

Milagre seria se essa exortação escapasse ao corte da Comissão de Censura.

Em 24 de Junho J. Batel cortou integralmente um artigo de Karl Hermann que a *Semana Ilustrada* queria publicar e que se intitulava «Frente a frente com um chefe pantera negra», a «estória» acidentada de Eldridge Cleaver, um negro que estava exilado em Argel e que «combatera» o racismo com violações de mulheres brancas.

Neste período *O Comércio* não publicou «Profissão. Vadio», a crónica de Cruz Gomes sobre a "desburocratização" nos arquivos de identificação, com o desaparecimento da profissão do bilhete de identidade, à excepção dos funcionários públicos.

Cruz Gomes considerava que com essa «estratégia» Portugal passava a ter uma minoria de pessoas com profissão – os funcionários públicos – e uma larga maioria de vadios – todos os outros trabalhadores cujas profissões não constavam nos bilhetes de identidade.

O dia 30 de Junho correu mal para a *Notícia* que viu cortado o artigo de José Manuel Rodrigues, um estudo de quatro páginas onde se lia que "a proposta de lei de revisão constitucional apresentada pelo Governo pode já considerar-se aprovada nas linhas gerais". O jornalista não acreditava na possibilidade de um "quente Verão parlamentar" na quarta revisão constitucional do texto aprovado em 1933 e revisto em 1945, 1951 e 1959, pois não previa que a proposta de Sá Carneiro, Mota Amaral e Pinto Balsemão, um projecto "verdadeiramente renovador" fosse aprovada.

Rodrigues sabia que a «ala liberal» não se podia transformar numa «ala reformista» de um regime a tender para a cristalização.

A mesma revista não pode publicar, em 19 de Junho, «O homem a quem mataram o filho», artigo de António Gonçalves que denunciava a falta de profissionalismo das autoridades que tinham a queixa do desaparecimento comunicado pelo pai "guardada na gaveta" e nada tinham feito para encontrar os responsáveis pelo "atropelamento criminoso", apesar de terem sido avisados do mesmo por três testemunhas.

Eram coisas a mais para um velho que não compreendia a razão de tanto abandono.

Na aldeia da minha meninice, nos anos 60 do século XX, também um colega de escola desconheceu, durante muito tempo, o paradeiro do pai que trabalhava em Lisboa. Na aldeia, falava-se, em voz baixa, que poderia ter desaparecido por acção da PIDE. Afinal, morrera atropelado e a família não fora informada.

Quanto ao jornal *A Província de Angola*, as proibições incidiram em assuntos muito díspares.

De facto, proibir a notícia segundo a qual «O Vera Cruz é esperado no domingo em Luanda», com algum atraso devido à queda ao mar de um 1.º cabo durante um temporal – 19 de Junho –, não é o mesmo que cortar «Ainda as eleições no SNECI onde a lei parece impor normas que a assembleia recusou» – 16 de Junho – ou «Pão, pão...queijo, queijo», a irónica crónica de José de Almeida sobre a verdade da subida do preço do pão para que os industriais não "tivessem de descer de Mercedes para carros utilitários" e «A ingratidão de Lusaka: a Zâmbia acusa Portugal de bloqueio de mercadorias em Angola e Moçambique – 18 de Junho – ou, ainda, a reflexão de P. Cabral «Modificação de atitudes» sobre "a tarefa número um que nos cabe é de consciencializar ao nível dos verdadeiros problemas, orientações e atitudes" – 29 de Junho.

Ainda sobre as queixas relativas à actuação das autoridades de trânsito – a brigada da Polícia de Viação e Trânsito – quisera falar António Pereira de Figueiredo para reclamar sobre uma multa de "575$00", mas J. Batel cortou a queixa em 30 de Junho.

Depois, em 20 de Julho, foi recebido o ofício confidencial n.º 7146/834/8-B/1.ª, que também está na pasta 18 e serviu de "aditamento ao ofício n.º 6857 de 8 de Julho". Este ofício acompanhava os cortes efectuados no "período de 1 a 15" de Julho e o GNP não viu nos mesmos nada que desaconselhasse o seu arquivamento.

No que se refere aos cortes totais, em 1 de Julho, *A Província de Angola* não pode noticiar o convite para que o chefe da Província fosse visitar Benguela.

Como é bom de ver, o chefe era o Governador-Geral e o convite fora feito pelo Presidente da Direcção da Associação Comercial de Benguela.

A Tribuna dos Musseques viu cortada, ainda no primeiro dia de Julho, a notícia sobre o aumento do pão, embora a situação ainda estivesse pouco definida, pois "uns dizem que diminui no tamanho. Outros, que passa a custar um escudo. Outros, que é conforme o peso".

A revista *Actualidade Económica,* embora com corte, clarificou a situação. Afinal, "o preço por unidade não aumentou, o que se reduziu foi o peso, o que vem a dar quase no mesmo".

O corte incidiu na parte onde o aumento era adjectivado de "airoso" e onde se lançava a ideia de "seguir o método noutros campos. Bastaria que o litro tivesse 9 decilitros, o metro 90 centímetros e o quilo 900 gramas".

Numa altura em que se estudava no liceu que as medidas-padrão estavam guardadas no Museu de Sèvres, perto de Paris, a ideia seria, no mínimo, revolucionária.

Em 2 de Julho *A Província de Angola* foi proibida de publicar o artigo de Hipólito Lemos sobre os «Padres políticos», ou seja, aqueles "que o Governo mandou sair de Moçambique por darem guarida aos terroristas da «Frelimo» e com eles politicamente" fazerem causa.

Para o autor, esses padres eram "tanto ou mais criminosos que os próprios terroristas", prova inequívoca de que o articulista defendia a manutenção do Império.

Talvez alguns exageros linguísticos e nacionalistas possam explicar a proibição.

Depois, em 3 de Julho, foi a vez de ser proibido o artigo «Sim ... e não» sobre a falta de médicos, um problema de "carácter universal" a que Portugal não escapava. Aliás, em Angola, nem era necessário falar dessa carência no mundo rural, uma vez que a mesma se verificava em Luanda.

Apesar do parágrafo final prever que "a Universidade de Luanda, através do seu novel Curso de Medicina, virá já, nos próximos dez anos, a prestar valiosa colaboração", o censor riscou totalmente a notícia.

Por vezes, as notícias eram autorizadas mas os títulos sofriam cortes, situação nem sempre fácil de explicar. Por exemplo, a edição de 8 de Julho do jornal *A Província de Angola* viu cortado o título «Reunião urgente do Conselho de Segurança pedida pelo Senegal para apreciar uma queixa contra a Guiné Portuguesa». A Comissão de Censura retirou a palavra "urgente" e a parte do título que se seguia a "Senegal". No entanto, o articulado da notícia dava conta de tudo aquilo que fora retirado do título.

Provavelmente o censor considerou que a alteração do título seria suficiente para que a notícia passasse despercebida.

Na edição de 10 de Julho do mesmo jornal, o desmentido por parte da Checoslováquia sobre a oferta de assistência a Portugal "para a construção da barragem de Cabora Bassa" não foi publicado.

Era a habitual relutância em relação a tudo aquilo que fosse proveniente do mundo comunista, a exemplo do que se passou com o corte de uma minúscula notícia que dava conta de uma «Delegação do MPLA na China Comunista» - *A Província de Angola* de 14 de Julho.

Quanto ao jornal *O Comércio,* em 3 de Julho viu cortada a crónica de Moutinho Pereira «Ondas curtas», que dava conta da existência no orçamento da Emissora Oficial de Angola de uma verba de "700 contos" destinada a "despesas de carácter reservado" e de outra de " 2300 contos" correspondente a "cinquenta por cento das taxas de licença de aparelhos rádio-receptores". Isto para além de ter ficado uma verba de "1000 contos" por utilizar.

Depois, em 7 de Julho, Luís Vilela não foi autorizado a publicar as «Parecenças» que encontrara entre "treinadores de futebol falando como doutores e muitos doutores falando como treinadores de futebol", apesar de os treinadores terem mais "assunto" e mais "novidades", aquilo que faltava aos doutores.

De facto, os jogos de futebol nunca terminavam por volta das cinco horas da tarde de domingo, tal a intensidade com que eram vividos e discutidos antes da chegada de uma nova jornada que impunha prognosticar. De futebol – ao contrário da política – podia falar-se abertamente na rádio, na televisão, nas ruas, nas barbearias, nas tabernas e nos cafés.

Em 10 de Julho, voltou a questão do pão porque os chefes de família estavam "preocupados" porque os filhos comiam "o dobro, o que ocasiona o dobro do gasto".

Ainda se o aumento do consumo se ficasse a dever a um intensificar do apetite!

Os pais consideravam que "com o pão não se brinca" e a Comissão não brincava em serviço.

No dia seguinte, *O Comércio* viu interdita a publicação de três anúncios para investimentos na Metrópole, ou seja, a compra de uma herdade de 600 hectares, um empreendimento urbanístico na "área de Sezimbra e directamente ligada à Lagoa de Albufeira" e uma sociedade anónima "destinada à construção de uma cidade satélite, que exigia "dez sócios com capital de 3 800 contos cada, a fim de completarem a realização dum capital de 70 000 contos".

Não deixava de representar algum prenúncio do fim do Império o convite ao capital investido em Angola para se «deslocalizar» para a Metrópole.

No dia 9 de Julho, o *Diário de Luanda* não publicou, por indicação da Censura Militar, o artigo «A ideia superior à força» no qual se explicava a razão dos vietnamitas resistirem ao poderio norte-americano.

A explicação, segundo a notícia, residia no facto de os vietnamitas serem animados "por ideologia, que é ideal pátrio".

No dia 15, este jornal também viu cortada a notícia, acompanhada de imagem, de uma manifestação de "camionistas-grossistas" que se queriam queixar ao Governador do Distrito "do facto de ter sido formado no Caputo, provisoriamente, um mercado distribuidor", que prejudicava a sua actividade.

No entanto, os seus interesses não foram atendidos porque a Câmara considerava que era preciso disciplinar as posições de forma a "impedir que os camionistas-grossistas continuem a ser retalhistas".

Como decorre da História, os queixosos reivindicavam os seus direitos, mas esqueciam-se de referir tudo aquilo de que, indevidamente, tiravam benefício.

Esta notícia e idêntica imagem seriam, também, proibidas na edição de 16 de Julho do *Diário de Luanda*.

Por vezes o tempo que mediava entre a suspensão e a proibição era longo. Por isso, Sammy Santos, na sua rubrica «De raspão» – com direito a foto – viu suspensa a 2 e cortada a 13 de Julho uma reflexão sobre uma carta não assinada que recebera e que o questionava se era "a favor ou contra o governo".

O jornalista quisera responder sobre o sentido da sua luta "luto e lutarei para que o governo conceda liberdade total aos órgãos de informação", mas o resultado não fez jus à sua intenção de ver os problemas nacionais "debatidos abertamente".

Ainda no que concerne aos cortes totais, *A Palavra* foi proibida de publicar, na edição de 9 de Julho, a crónica de Rola da Silva «O fascínio do bem parecer» sobre a nova lei de imprensa. O jornalista mostrava o seu desânimo pela quebra das esperanças "que eram poucas ou nenhumas" e denunciava que se continuaria "quanto à imprensa, de liberdade condicionada, ou seja, sem ela".

Rola da Silva não escondia a sua discordância com o "que se resolveu em São Bento", embora reconhecesse que pelo menos no novo texto se estabelecia "o funcionamento das censuras preventiva e repressiva – bem ao contrário da Constitui-ção de 1933 que [dava] por um lado a liberdade e [tirava] por outro condicionando-a a lei especial".

O mesmo jornal também viu proibido o artigo «Antítese», relacionado com o que se passava na Assembleia Nacional e que só chegava a Luanda "através de «O Comér-cio» e também de um ou outro respigo do que os jornais metropolitanos publicam sobre as discussões [...] quanto ao figurino constitucional".

Em causa estava, sobretudo, uma pergunta feita por um deputado metropolitano, Casal Ribeiro, a um deputado representante de Angola, Barreto Lara. A questão era muito ofensiva para os residentes em Angola porque questionava"se não fossem os portugueses da metrópole onde estaria V. Ex.ª e as suas quatro gerações?".

Finalmente, a revista *Noite e Dia* ficou às escuras no que concerne à questão colo-cada por uma leitora, identificada pelas iniciais A.S.D. que queria saber a opinião de Suzy – o pseudónimo da responsável pelo consultório sentimental, sobre as "práticas anti-concepcionais" de que ela e o marido discordavam. Aliás, o mesmo se passou relativamente à resposta porque Suzy resolveu não meter a colher entre marido e a mulher e aconselhou uma "espécie de conferência cimeira".

Pitonisa não teria feito melhor!

2.2.2.7. Agosto de 1971

Agosto fez questão de cumprir a regra enunciada no mês anterior e, por isso, em 5 de Agosto chegou o ofício confidencial n.º 78767892/8-B/1.ª "em aditamento ao ofício n.º 7148 de 20 do mês passado" com os cortes relativos "ao período de 16 a 31, tam-bém do mês passado".

Este ofício consta na pasta 18 e o GNP voltou a dar o parecer no sentido do arqui-vamento.

No que se refere aos elementos que a investigação considerou pertinentes, em 16 de Julho foi cortado por J. Batel um artigo de duas páginas na *Notícia* que fazia a apologia do projecto de Sá Carneiro e Pinto Balsemão sobre "a Lei de Imprensa".

O jornalista socorria-se de várias citações da obra de Balsemão *Informar ou depen-der?* para mostrar a "grande lucidez" da proposta.

Melhor sorte teve o contraprojecto da Câmara Corporativa que foi publicado e viu mesmo alguns cortes serem "levantados pelo Exm.º Presidente da Comissão", que não viu razão para cortar "oportuna", "benéficos" ou "e muito bem".

Afinal, tratava-se de elogios!

A revista *Notícia* também foi proibida de dar voz a uma crónica de Ernesto Lara Filho sobre "meia dúzia de rapazes novos ilhados no grande sofrimento do nosso desespero e do nosso desemprego" e que tinham tido a ideia de "fazer a indepen-dência da Ilha de Luanda", que o autor definia como "asilo político".

A conotação entre a situação dos rapazes e o desejo de independência da colónia era por demais evidente e a Comissão de Censura cumpriu a missão que lhe estava cometida.

Além disso, a *Notícia* não publicou uma carta do Tenente-coronel de Cavalaria Fernando D'Almeida dirigida ao seu "caro camarada" Vilhena Roque e na qual o subscritor «esclarecia» as dúvidas levantadas pelo segundo sobre a eficácia das tropas a cavalo. Para tal, convidava-o para um contacto com a realidade quotidiana dessas forças, ou seja, para ser "hóspede dos Dragões" em Silva Porto.

Também sem publicação ficou uma carta de lamentações proveniente de Cassongue, assinada por Carlos Alberto Pena Campelo e que J. Batel cortou em 18 de Julho.

O signatário, um "mecânico especializado" que, por "falta de serviço", se vira obrigado a apostar na recuperação de carroças destinadas à venda aos indígenas, queixava-se da concorrência desleal por parte do administrador que, através de uma sociedade com outro indivíduo, tinha comprado "duzentas carroças que forneceria aos indígenas desta área, com o prazo de pagamento de 5 anos".

Esta era apenas uma das várias queixas que o signatário fazia ao longo das três páginas da sua carta, queixas a que não escapava o presidente do Clube Recreativo que concedera o monopólio da projecção de filmes a um "cineasta da Cela" enquanto o signatário tinha a máquina parada em casa e não sabia como a poderia pagar.

Um título apropriado para esta narrativa não andaria longe de «As desventuras de um aventureiro metropolitano em paragens ultramarinas».

De dinheiro, mais exactamente das Tabelas de Salários Mínimos, quisera falar A. Esperança, mas a Comissão de Censura não deixou passar «Um diploma para a eternidade», título mais do que justificado, uma vez que ainda estava em vigor, após "onze anos de utilização contínua", uma tabela aprovada em 1959 durante o Governo-Geral de Sá Viana Rebelo.

Como a História prova, não é a longa duração que garante aos diplomas o direito à eternidade.

A *Notícia* ainda viu proibida, em 27 de Julho, a publicação de uma reportagem de Ventura Martins com fotos de Eduardo Guimarães sobre "trezentas pessoas" que "procuravam diamantes nas margens do Chicundo" e aguardavam que "um Tribunal decida a sua sorte" e a crónica de António Esperança «O Lenine da Gente», onde se dizia que "as obras de Lenine são hoje traduzidas mais frequentemente do que a Bíblia", pois só no ano de 1979 tinha havido "290 edições em língua estrangeira". Por isso, o autor não percebia que se impedisse "o conhecimento da obra de um dos homens que mais influenciou a marcha da humanidade no vigésimo século".

Como era evidente, a Comissão de Censura não partilhava essa ideia.

O *Lacrau* – um suplemento da *Palavra* – também viu a censura interditar a publicação de um longo ensaio humorístico intitulado «Luanda, a cidade preternatural», um trabalho "de autoria de João Calcinhas para concorrer aos fidalgos ágios da turística comissão da Domus Municipalis, por alturas das festividades citadinas, e subordinada às regras elogiativas impostas pelo caderno de encargos".

Se a este parágrafo se acrescentar que o texto começava por afirmar que "Luanda é um esgoto. Um esgoto ideológico" está encontrada a razão da proibição.

Aliás, como Rodrigues Vaz afirmou no depoimento, O *Lacrau* era usado por Renato Ramos para «mimosear» de uma forma especial o Presidente da Câmara de Luanda.

Em 21 de Julho foi a vez de K. Fritz cortar o artigo de Lopes Mendes sobre «Liberdade de Imprensa», que deveria sair no jornal *A Palavra*.

Para a temática desta obra importa dizer que o jornalista referia a informação segundo a qual "nos jornais de Lisboa, se caminha para a Liberdade de Imprensa, só se mantendo a Censura rigorosa no ultramar, devido ao terrorismo".

Seria mais um caso de quebra da designada solidariedade nacional.

A Província de Angola recebeu várias proibições, como, por exemplo:
– «Já se vacina contra a cólera em Cabinda» – 17 de Julho;
– «Uma tragédia chamada exames» – 18 de Julho;
– «A SEDES e o debate sobre a lei de imprensa» e «A ordem é apertar os cintos» – 24 de Julho;
– «Dia do camionista», em 29 desse mês, embora a justificação para o corte tivesse sido "por motivos da composição fotográfica".

Quanto ao jornal *O Comércio*, no meio de vários maços autorizados com cortes, viu proibidos os artigos: «Liberdade de expressão – condição sine qua non ao desenvolvimento» – 28 de Julho – e «Confusão explicável», de Luís Vilela sobre os sindicatos portugueses não passarem de "associações de classe, quase recreativas, destinadas a congregar toda a colaboração dos seus associados à política económica e social do Governo da nação" – 31 de Julho.

Como se pode constatar, a nova lei de imprensa era um assunto objecto de análise – e de proibição – nos vários periódicos de Angola.

Em 21 de Julho foi cortada uma «Carta aberta a um Ministro» da autoria de Nuno de Menezes.

A carta fora suspensa em 12 de Julho para "ulterior despacho", o qual foi negativo porque, como o censor escreveu à mão, "pelos vistos nada feito; é a conclusão que tira o articulista".

O jornal não aparece identificado, ao contrário das ideias do autor que pediu ao Ministro que lhe desse "o alimento da vida, do orgulho, da estabilidade, da continuação".

Eram os interesses coloniais numa tentativa cada vez mais desesperada de chegarem ao ouvido do Poder.

Em 17 de Agosto chegou o ofício confidencial n.º 8365/962/8-B/1.ª, que está arquivado na pasta 18 e é um "aditamento ao ofício n.º 7876, de 5 do corrente", com os corte feitos pela Comissão de Censura no período de "1 a 15" de Agosto e que rece-

SEGREDOS DO IMPÉRIO DA ILUSITÂNIA: A CENSURA NA METRÓPOLE E EM ANGOLA

beu o parecer do GNP no sentido do arquivamento, situação a que o Ministro, como habitualmente, deu o aval.

Agosto era o mês tradicional de férias e a Comissão de Censura não se mostrou muito trabalhadora nesta fase. Na verdade, para além dos artigos e notícias autorizados com cortes ou sugestões, apenas há a registar que o *Diário de Luanda* viu suspensa a 5 e cortada a 6 de Agosto, a notícia proveniente de Bona e que dava conta de «Caças a jacto alemães vendidos a Portugal».

Quanto aos restantes cortes relativos a este período já não constam na pasta 18. Poder-se-ia pensar que estariam na pasta seguinte – a 19 do mesmo arquivo – mas os cortes iniciais desta pasta já dizem respeito ao ofício seguinte. Por isso, se dá como provada a quase inexistência de proibições no que concerne à quinzena em estudo, a exemplo daquilo que se constatará no elemento cronológico que se segue.

2.2.2.8. Setembro de 1971

Em 2 de Setembro chegou a Lisboa o ofício confidencial n.º 8876/1034/8-B/1.ª "em aditamento ao ofício n.º 8365, de 17 de Agosto" com os cortes referentes "ao período de 16 a 31 do mesmo mês".

Esse ofício está na pasta 19 e o GNP julgou que era de arquivar, situação que não admira porque, apesar da existência de muitas publicações objecto de pequenos cortes, quase não houve proibições ou interdições de publicação.

De facto, as excepções foram reduzidas, como aconteceu ao artigo «Começar pelo princípio», que deveria ter saído na edição de 25 de Agosto de *A Província de Angola*.

O tema era a afirmação de "uma individualidade com responsabilidades no Governo", segundo a qual estava para breve "o ensino, nos estabelecimentos respectivos, de educação sexual aos estudantes".

Como o Papa Paulo VI acabava de "denunciar as ofensas da moda e a pornografia", o autor esperava que um dia "Sua Santidade não tenha a desdita de, em qualquer altura, entrar numa escola primária portuguesa e deparar, surpreendentemente, com a realização de uma aula prática de educação sexual".

Sobre as questões monetárias, o artigo «Carência de moeda estrangeira» – edição de 26 de Agosto de *A Província de Angola* – quis analisar o esclarecimento feito pela Inspecção Provincial de Crédito e Seguros, mas foi proibido. Nele se afirmava que a situação era "significativa de um estado de coisas, a que não é estranho o poder do dinheiro, e se assemelha muito a plutocracia".

Era, por isso, que o jornalista questionava: "quem recolheu as divisas, se efectivamente as houve, como parece ter havido?".

Como é sabido, não se tratava de uma questão, mas de uma figura de estilo, uma vez que a resposta já era conhecida antes da formulação da pergunta.

Em 20 de Setembro, o Encarregado do Governo Geral Mário Montez enviou o ofício confidencial n.º 9457/1073/8-B/1.ª, "em aditamento ao ofício n.º 8876, de 2 do corrente" com os cortes efectuados pela Comissão de Censura relativamente a "1 a 15 do mês em curso e o GNP aconselhou o respectivo arquivamento.

Cumprindo o articulado da lei, a revista *Semana Ilustrada* foi proibida de noticiar a «Mudança de governo no Cuanza Sul", da autoria de Jorge Cobanco.

No que concerne à vida económica, a *Revista de Angola* não publicou «Caminhos da cafeicultura em Angola», artigo que contrariava a opinião que pressagiava "catástrofes" há mais de 20 anos sobre um produto "que mais rentabilidade oferece".

A revista *Prisma*, edição de Junho-Julho, viu cortado um artigo sobre a reunião do Conselho de Estado para a convocação extraordinária da Assembleia Nacional, um evento que provocara "tamanha expectativa", mas que saíra gorada. Afinal, Portugal continuava "transformado num gigantesco palco" porque "as palavras perderam o sentido próprio ou, pelo menos, ninguém acredita que os outros as utilizem para exprimir as ideias que o dicionário lhes atribui".

A denúncia não se esquecia que "a revisão constitucional procedeu-se segundo os desejos do Governo, a imprensa terá o estatuto que for regulamentado pelo governo".

Em 1 de Setembro, K. Fritz cortou uma carta de Antunes Ferreira, que se assumia como "um socialista de ideal" para o seu antigo Professor, o Ministro do Ultramar Silva Cunha, por quem nutria "respeito e consideração", mas de quem discordava não apenas no que concerne "às concepções políticas", pois não aceitava a afirmação do Ministro, feita em Nova Lisboa, "de que a Metrópole conhece o Ultramar, mais especificamente Angola".

Afinal, Adriano Moreira tinha razão!

A Província de Angola publicou muitos artigos com cortes ligeiros, mas no dia 4 viu proibido o suplemento de Senta Berger «Sim ao aborto livre...», que noticiava o pedido feito por "374 mulheres alemãs" nesse sentido, depois da experiência pioneira levada a cabo na França.

A *Notícia* quisera desmentir a sua «compra», mas a Comissão de Censura não permitiu que o jornal dissesse que, no meio de tantos boatos, "também nós sabemos alguma coisa. Quem quer comprar-nos. E de que maneira. E por aí nos ficamos".

Segundo o jornal, a situação justificava a evocação das palavras de Mark Twain: "as notícias sobre a nossa morte são um bocadinho exageradas".

Entretanto, a Comissão de Censura continuava a impedir a revista de publicar, por exemplo, a obrigatoriedade "dos criadores de gado pagarem 15 escudos por cabeça de gado para a vacinação", medida que podia "levar as suas manadas a cruzar a fronteira", até porque os criadores manifestavam um "tradicional desrespeito pelas fronteiras" ou, na edição de 8 de Setembro, «Boato?», um artigo de António Cruz que questionava a "veracidade dum boato posto a circular segundo o qual o Fundo de Apoio às

Indústrias de Pesca ia conceder um empréstimo de 16 mil contos a um restrito grupo de outros industriais".

No que se refere a textos marcadamente ideológicos, *A Palavra* não foi autorizada a publicar um artigo de Togo Batalha «Opiniões» sobre o "Doutor Fidel de Castro" e a crítica da política norte-americana porque os Estados Unidos estavam "levando com os pés por todos os lados", já que "o Mundo tem que ser livre".

J. Batel cortou, embora já em 16 de Setembro, o artigo de João Calcinhas «O carrão», uma crítica à aquisição de um carrão onde alguém assentava "o rabinho todos os dias" e que o autor ajudara a comprar "e comigo mais quinhentos mil parvalhões", citação que não deixa dúvidas sobre o destinatário da mensagem.

Como 'colaborara' na compra, o jornalista prometia pedir "o Mercês emprestado para dar umas voltas ali pela estrada da Crimba", embora receasse que lhe atirassem pedras ou partissem um vidro do carrão na hipótese de o confundirem com o proprietário, aquele que não consultara a "opinião pública" sobre a aquisição. O costume, ou seja, "depois de comprado é que foi sancionado", uma estranha forma de dispensar os concursos públicos para aquisição de bens.

2.2.2.9. Outubro de 1971

Em Outubro, a primeira remessa de cortes foi acompanhada do ofício confidencial n.º 9962/1115/8-B71.ª, entrado em 6 de Outubro.

Este ofício vinha "em aditamento ao ofício n.º 9457 de 20 de Setembro" do Encarregado do Governo-Geral, Mário Governo Montez, e consta na pasta 19. Os cortes diziam respeito ao período de "16 a 30" de Setembro e o GNP aconselhou o arquivamento.

Neste período, *A Palavra* foi proibida de publicar a crónica «Valores espirituais» de Jorge Silva, uma denúncia muito veemente da falta de coincidência entre as palavras e a realidade portuguesa, um país que caminhava "lenta e seguramente" para deixar de ser "em vias de desenvolvimento" e se aprestava para atingir "no ano 2000" o rendimento *per capita* que a França detinha em 1971.

O censor não gostou e não se coibiu de escrever que "se a Liberdade de Imprensa é para usar deste modo, então o melhor será restringi-la".

Admira que o censor não desse conta que a sua actividade era o mais claro exemplo da falta da Liberdade de Imprensa.

Em 23 de Setembro, também foi cortada integralmente uma carta de um leitor de Moçâmedes que acusava o jornalista Rola da Silva de no artigo «A necessidade política de peixe frito», publicado em 17 de Setembro, "ter tratado um assunto de tanta magnitude e tão profundo, com uma simplicidade e superficialidade temática", pois o problema não podia ser resolvido "com uma restrição de gastos de consumo, dentro da severidade preconizada, coartando-se pura e simplesmente a saída de divisas a quem se desloca à Metrópole ou ao estrangeiro".

Quanto a questões habituais na vida da Província, como as queixas sobre o abuso de autoridade, o jornal *Sul* viu cortada, em 22 de Setembro, uma notícia sobre um agente da autoridade que, em Benguela, nada ligara a "uma viatura de 1500 toneladas em total transgressão, pois até se encontrava sobre a passadeira", mas foi "implicar com o dono da pastelaria por ainda ter clientes" depois do horário.

Ainda em Benguela, *A Capital* denunciava que o Presidente do Município era "o ilustre ausente da maior parte das sessões e os municípios raramente o encontram em exercício das suas funções". Por isso, o título era «Ocupar o cargo ou exercer a função».

Muitos anos depois, algumas das sessões da Assembleia da República não andariam longe da realidade então vigente em Benguela.

A edição de 23 de Setembro da *Semana Ilustrada* não pode publicar um artigo sobre uma «Brincadeira do século XX: troca de casais», sobretudo na América onde "as técnicas são mais modernas" e onde existiam "30 publicações fornecendo informações para os adeptos de troca de casais".

Aliás, também na Inglaterra esse tipo de publicações não constituíam "um problema social" e eram consideradas "tão legais como a revista *TIME*".

Os exemplos de anúncios apresentados não deixavam margem para dúvidas ou para a imaginação tal a minúcia descritiva.

Como decorre da investigação a *Notícia* voltou a ser proibida de publicar várias cartas dos leitores, como aconteceu com a missiva de João Lima dos Santos que, a partir do Lobito, reflectia sobre a instalação da televisão para servir "uma minoria privilegiada deste 1/15" da população, ou seja, "muita gente" que não estava "a colaborar na transformação de Angola", com a agravante da televisão trazer apenas "propaganda" e "contra-propaganda e não toda a verdade".

Aliás, o mesmo aconteceu com outra carta de Lobito, assinada por Mário Martins Pereira e que pedia «Supere-se a mini-ambição», pois o autor não defendia o progresso de algumas cidades, mas de toda a Província.

O Comércio de 17 de Setembro não publicou o artigo de Martins do Amaral sobre as relações entre Portugal e o Brasil no que concerne ao mercado do café e à convenção assinada por ambos os países. O autor defendia que a mesma não podia "funcionar" porque se tal acontecesse era porque "tínhamos cedido aos seus [do Brasil] interesses em prejuízo dos nossos".

O segundo envio já foi feito pelo Governador-Geral Rebocho Vaz e chegou em 19 de Outubro, "em aditamento ao ofício n.º 9962, de 6 do mês em curso". Trata-se do ofício confidencial n.º 10316/1163/8-B/1.ª com os cortes relativos ao período de 1 a 15 de Outubro que está na pasta 19.

O GNP nada viu de interesse nos cortes efectuados, apesar de *A Palavra* ter querido publicar um extenso artigo sobre «Questões de povoamento. Um espinho agudo no calcanhar da Cela».

O artigo denunciava tudo o que fora mal planeado e executado naquela que fora considerada uma "Califórnia em potência", mas onde nem um único fazendeiro médio conseguira "a justa compensação do seu trabalho".

No que se refere aos artigos proibidos, Telles Mendes viu cortados vários assuntos da sua «Conversa de sete dias», designadamente, «Modéstia», onde falava que "a ambição dos homens é desmedida. A sede de poder, a celebrização, a loucura de passar à História provoca as mais inconcebíveis artimanhas" e «Que diabo», um artigo sobre o direito do público à informação e a desconfiança resultante do facto de não se saber "quais são as ideias superiores do Governo sobre a Imprensa Portuguesa".

Tanto a denúncia como a crítica eram demasiado contundentes para que a sua publicação fosse autorizada.

Também sobre o papel da imprensa quisera falar António Costa na revista *Actualidade Económica*, para lembrar que, em Angola, era "indispensável, pelo menos mensalmente, que o Governo Geral convoque reuniões de Imprensa, em que problemas da Província, e tantos são, possam ser objecto de esclarecimentos oportunos".

No que concerne à vida económica da Província, A. Von Stockler viu cortado o artigo «Irá o vinho mudar de nome?», uma nova referência a todo o processo relativo à produção de vinho de frutas – edição de 6 de Outubro de *A Palavra*.

Esse jornal também não publicou, no mesmo dia, a crónica de Jorge Silva «Hoje censuro eu» sobre a forma como fora atendida uma funcionária pública grávida cujo feto morrera e que se recusara a ser operada numa casa de saúde particular onde, "com um pedido" pagaria três contos, sendo claro que o internamento, o soro, o sangue e o "etc" eram "à parte".

A notícia dava conta do calvário sofrido pela paciente no hospital onde, por coincidência, a médica que lhe propusera a operação no estabelecimento particular também trabalhava.

A revista *Magazine*, edição de 15 de Outubro, não pode inserir a notícia «Extrair do subsolo angolano até à última onça», uma intenção da Beers que assinara um contrato de prospecção de diamantes com o governo português e a *Semana Ilustrada* não publicou uma extensa opinião que recorria a recortes do passado – remontavam a 1928 – para mostrar que, na actualidade, tudo continuava parecido.

A Província de Angola voltou a merecer vários cortes totais. Assim, em 5 de Outubro, não noticiou «fazer bem...sem olhar a quem tem os seus inconvenientes», a odisseia de um condutor que ajudara um polícia na tentativa de captura de outro condutor que atropelara o agente da autoridade e se vira obrigado a responder na esquadra pela acusação de ter sido ele o causador do atropelamento.

A CENSURA EM ANGOLA NA FASE FINAL DO IMPÉRIO

Relativamente à política internacional, a edição de 14 de Outubro, de *A Província de Angola* foi proibida de noticiar que «Aumenta o movimento pacifista no exército americano» e, no plano das relações de Portugal com a sua comunidade, que «O Chefe do Estado recebeu o Presidente do Amicale Sportive Kinoise de Inshasa", comendador Jaime Viana.

Numa conjuntura de guerra colonial, a edição de 11 de Outubro do *Diário de Luanda* quis noticiar que «A Costa do Marfim procura promover contactos entre Portugal e os chamados 'Movimentos de libertações'», mas a Comissão começou por fazer cortes e acabou por impedir a publicação, a exemplo daquilo que aconteceu na edição de 10 de Outubro de *A Província de Angola,* onde, na edição de 16 de Outubro, J.S. Batel proibiu, no âmbito da política internacional, a publicação de «Em defesa duma condição militar», uma reflexão profunda sobre a forma como alguns norte-americanos continuavam a "invectivar os militares", sendo que "as piores ofensas têm vindo das Universidades".

Lá como cá, os estudantes não viam com bons olhos que a conclusão dos estudos fosse seguida de um «estágio» de vários anos nas forças armadas, até porque existia a forte probabilidade do mesmo passar por um cenário de guerra.

Num plano mais ligeiro, a revista *Ideias e Factos* não foi autorizada a publicar um artigo sobre a hipótese da vinda de Roberto Carlos a Angola e Moçambique porque o jornalista questionava a opinião de um jornal metropolitano sobre a impossibilidade de pagar o «cachet» de 200 contos por espectáculo e voltava a lembrar a questão das transferências.

Quanto à *Notícia* continuava a ver cortadas algumas cartas dos leitores, como aconteceu com a missiva de "um homem são em apuros", um marido de Novo Redondo que vivera com a mulher "legítima uma vida normal de doze anos", antes dela começar a propor-lhe "práticas sexuais bizarras", fruto de "fantasias em livros".

Preocupante era igualmente a parte final – que se queria a solução – da resposta: "ou retrocede ou continua em frente".

A *Notícia* também foi proibida de publicar um «Agradecimento» a todos aqueles que se tinham dirigido à Redacção ou que tinham telefonado a mostrarem a sua simpatia ou preocupados como se a revista estivesse "moribunda" e a notícia «Perder ou ganhar», cortada já em 30 de Setembro, sobre a ordem que o Governador-Geral enviara a partir de Lisboa para continuar com a demolição de um edifício de três andares no bairro de Santa Bárbara, "deixando apenas o rés-do-chão e o primeiro andar", demolição a que um grupo de moradores se opunha.

O jornalista terminava, ironicamente, ao dizer que "o transgressor ganhou por dois a um".

De facto, a Matemática não lhe falhou!

Também a reflexão «Apocalipse, pede-se» foi interdita. Em causa estava a ida de pessoas da Metrópole para Luanda, na "fúria de fazer dinheiro de qualquer modo, sem qualquer escrúpulo", ou seja, "gente de embolsar o cacau e ala".

Na Metrópole, mais concretamente em Lisboa, soprava "um vento estranho [...] denso, abafado" que não era fácil de explicar. Só se sabia que "há meses que a atmosfera começou a ficar carregada" e "uma aragem bafienta bate-nos no rosto, seca-nos as palavras".

Era a «Primavera marcelista»!

Autorizada foi a publicação de um estudo muito completo sobre a cadeia feminina de Tires, uma excelente fonte para a caracterização da população, a nível etário, dos tipos de crime cometidos, das actividades exercidas na cadeia, da duração das penas e um cruzamento interessante entre as habilitações literárias à entrada e à saída com o tipo de crime cometido.

Em sentido oposto, J.S.Batel resolveu cortar, em 16 de Outubro, uma reflexão sobre a forma de ser portuguesa, um povo que "se especializa em arrecadar prestigiosos prémios [...] nos concursos de construções na areia" porque abominava "o sólido, o perdurável" e só se comovia com "a fragilidade".

O autor considerava que "o melhor é inimitável" e que só se imitava o pior, com a agravante de para o pior os portugueses não terem jeito.

A *Notícia* foi proibida de inserir um artigo que tinha por título «Acabou a censura». O simples facto de ter sido proibida bastava para mostrar a ironia do título. Afinal, o jornal não censurado era o "«Jornal da Feira» que a NEOGRÁFICA imprime no seu Pavilhão na FILDA".

Ainda sobre a imprensa, a notícia de que alguns políticos se tentavam apoderar do "Glouschetein Zeitung", também foi interdita, apesar da *Notícia* ver nessa publicação a forma de se solidarizar com o colega que teimava em resistir.

A Associação dos Lojistas de Luanda também viu cortada uma notícia relativa aos produtos, melhor, ao tipo de produtos que o representante comercial da Rodésia na FILDA se propunha importar.

Em 14 de Outubro, no *Lacrau*, foi riscado um recado breve que Renato Ramos deixou a João Fernandes e à *Notícia*, uma forma de solidariedade jornalística que consistiu na cedência de um "vazio suficiente para as palavras que não são ditas", numa hora em que os jornalistas da *Notícia* julgavam "estar sozinhos". Aliás, já em 9 de Setembro, o *Lacrau* fora proibido de escrever que "corre com bastante insistência que NOTÍCIA já não vai precisar de Estatuto de Redacção para nada...".

João Fernandes, no depoimento, afirmou desconhecer essas manifestações de solidariedade e não se recorda da razão de ser das mesmas, embora não ponha de lado a hipótese de se ter tratado de alguma questão com a censura porque essas situações eram típicas ou constantes.

Aliás, a *Notícia* era uma excepção no que concerne ao Estatuto de Redacção – que não era norma na conjuntura de então – porque, na sequência de uma conversa com Manuel Vinhas em que este afirmara que pela Europa fora era habitual o jornal indicar a sua linha, João Fernandes acolheu a ideia de elaborar esse estatuto. Ainda sobre esta questão há dois «pormaiores» que justificam menção.

Em primeiro lugar, Manuel Vinhas, apesar de não se imiscuir na elaboração da revista, fez questão de lembrar que o estatuto deveria ter em conta que o jornal antes de ser português era angolano e defendia os interesses legítimos de Angola, situação que abona em favor daqueles que referem Vinhas como alguém cujas actividades o Estado Novo tinha de vigiar.

Em segundo lugar, o estatuto não resultou de uma imposição do Director porque a proposta por si feita foi distribuída a todos os colaboradores para que a pudessem analisar e emitissem opinião sobre a mesma. Esta proposta só não foi aprovada por unanimidade porque um colaborador que trabalhava no *Diário Popular* não a aceitou e apresentou sugestões que, de facto, o não foram.

Regressando à política externa, *O Comércio*, embora já de 18 de Outubro, não foi autorizado a publicar a crónica de Luís Vilela «No aeroporto», que dava conta da forma como na Grécia de Papoudopoulos a multidão que fora arregimentada para estar no aeroporto e "ao longo do percurso" não cumprimentara o vice-presidente dos Estados Unidos.

De registar que, na caixa 19, está um ofício do Ministério dos Negócios Estrangeiros, datado de 11 de Outubro, para o Director do GNP, a acompanhar um "recorte do «Le Progrès Egyptien» de 9 de Setembro findo, contendo um resumo de um relatório acerca da infiltração de Israel junto dos países africanos, designadamente a Etiópia (onde o general Bar Lev se teria deslocado, recentemente), o Uganda, o Congo (Kinshasa), o Ghana, o Kénia e a Tanzânia".

Também nesta pasta figura a questão relativa ao pedido de concessão de visto para a Província de Timor feito por dois "missionários italianos NEREO VENTURINI e PIETRO VANETTI". Esse pedido foi recusado em 16 de Agosto, pois "a Câmara Eclesiástica e reitor do Seminário Nossa Senhora de Fátima", em Dili não sabiam dessa vinda e não a desejavam.

Na realidade, o visto poderia ser utilizado para observar algo que não devesse ser visto e, muito menos, contado.

2.2.2.10. Novembro de 1971

Em Novembro, dentro da regra da «vida habitual», o Governador-Geral fez chegar ao GNP dois relatórios relativos à actividade da Comissão de Censura.

O primeiro, recepcionado em 8 de Novembro de 1971, tinha o n.º 10979/1220/8-B/1.ª, e vinha "em aditamento ao ofício n.º 10316, de 19 de Outubro" com os cortes referentes "ao período de 16 a 31" de Outubro.

O ofício está na pasta 19 e o GNP não viu nos cortes nada que justificasse o seu não arquivamento.

Nesse período, a *Notícia* foi proibida de publicar a reportagem de Fernando Dacosta, com fotos de Correia dos Santos, sobre os rapazes em "idade pré-militar", a quem eram "negadas colocações nas tarefas que pretendiam" e, por isso, passavam os dias "defronte de alguns cafés, *Suíça, Piquenique, Palladium, Montecarlo,* a ver quem passa, a meterem-se com as mulheres bonitas e com os rapazes amaneirados, a desferirem *graças* sem alegria nem imaginação".

Era a vida possível de uma juventude com a vida suspensa.

Em oposição a esta proibição, a reportagem sobre uma «Cerimónia simples mas plena de significado. O juramento de bandeira dos novos recrutas» passou com um pequeno corte, embora fosse relativa ao período seguinte, ou seja, foi publicada na edição de 3 de Novembro de *A Província de Angola,* jornal que, no entanto, não foi autorizado a noticiar, em 21 de Outubro, que «O presidente Américo Thomaz acedeu candidatar-se à terceira reeleição».

Só a questão da fonte não ser oficial justificou a proibição de levar ao conhecimento do público mais este 'sacrifício' daquele que na Constituição – e apenas nela – era o mais alto magistrado da Nação.

Este jornal seria referido num artigo cortado do jornal *Lacrau* porque *A Província de Angola* escrevera que ia acabar. O *Lacrau* questionava "a que província de Angola a que eles se querem referir; depois, como é isso de *acaba,* como, quando e onde?".

Tratava-se de um texto muito irónico, que abordava em termos políticos a questão da surdez e da mudez e terminava com um aviso de difícil ou duvidosa descodificação, ou seja, que era preciso "o maior CUIDADO" com "os próprios VENDEDORES AMBULANTES" porque "não podem garantir permanente assistência técnica".

Em 23 de Outubro, *A Província de Angola* foi impedida de publicar a notícia sobre um desfalque "de mais de 2000 contos" na 7.ª esquadra Policial à estrada de Catete e, em 30 de Outubro, «Mais uma machadada no sisal e nos géneros pobres», um artigo que começava pela identificação dos "quatro predicados em que o português é forte: na curvatura da espinhela, no panegírico laudativo, em salmos d' igreja e na fidelidade à idolatria", antes de descer à condenação da política seguida pela Companhia dos Caminhos de Ferro de Benguela que decidira "elevar para 500 escudos a taxa de condução dos vagões dos armazéns particulares do Lobito para o porto de embarque, conduzam eles uma ou 30 toneladas, estejam a 100 metros ou a 3000 metros".

A *Semana Ilustrada* foi proibida de denunciar que, na conjuntura de então, "os carros com a pequenina chapa designativa do organismo a que dizem respeito surgem diante das buates, cafés, esplanadas, cinemas e demais recintos de diversão".

Longe iam os tempos em que "ficava vedado o uso dos referidos veículos fora das horas de expediente", com excepção dos "Directores de Serviço ou funcionários com expressa missão", a menos que essa designação englobasse o prazer e o ócio.

A Associação dos Lojistas de Luanda também viu totalmente cortada a acta referente à reunião extraordinária das Associações Económicas de Angola em Nova Lisboa, pois as conclusões não seriam do agrado do Ministro do Ultramar, tal a quantidade de reclamações que lhe foram endereçadas.

O segundo ofício enviado pelo Governador-Geral foi recebido em 18 de Novembro de 1971 "em aditamento ao ofício 10979 de 8 de Novembro" e era acompanhado das provas objecto de corte no período de "1 a 15 NOV 971".

O número do ofício não é perfeitamente legível e, por isso, optou-se por indicar que a sua entrada no Ministério do Ultramar correspondeu ao n.º 5129 com a data de 23 de Novembro.

Sobre esse ofício, que está na pasta 19, o GNP escreveu que "foram retirados os cortes respeitantes aos pagamentos interterritoriais que serão objecto de apontamento para sua Excelência o Ministro. Quanto aos restantes, julgamos de arquivar".

Esse artigo sobre os pagamentos interterritoriais, que foi cortado em 15 de Novembro, era para ser publicado no jornal *A Província de Angola* e o jornalista, apesar de se considerar "tengo" no que dizia respeito à Economia, encarregava-se de mostrar que "o problema das transferências não está «finalmente resolvido» como se anunciou" porque o escudo angolano não era considerado "moeda a «sério» fora desta maravilhosa Angola".

Ainda relativamente ao período anterior, o *Jornal do Congo* não pode publicar «Whisky e dinheiro no jogo das escondidas», uma notícia que trazia "em alvoroço a capital" e que se prendia com "o roubo de 2800 contos destinados a pagamentos às forças policiais" e com o desaparecimento de "milhares de selos, destinados à autenticação da genuidade (e do pagamento de direitos) do whisky importado da Alfandega de Luanda, da autoria ... de um funcionário aduaneiro".

Era a Economia paralela ou candonga no seu melhor.

Ainda sobre Economia, entre os artigos cortados figuravam «Negócios» e «Tolerância» na edição de 10 de Novembro da *Semana Ilustrada*. O primeiro denunciava que a Metrópole estava a comprar "mais em conta" madeira à Nigéria e à República do Congo, "em detrimento dum fornecedor nacional chamado Cabinda". O segundo falava do fim da "tolerância dos 10% sobre o peso bruto das viaturas", uma medida que penalizava os motoristas, uma classe muito explorada e "sem reforma".

Também as «Leis de trabalho» não viram a luz do dia. Tratava-se de uma reflexão da *Revista de Angola* de 11 de Novembro feita a partir de uma notícia de um jornal local onde se lia que "em Agosto passado se levantaram 1 121 autos de transgressão ao Estatuto do Trabalho" porque "o trabalhador estava a ser atingido, isto é, sonegado dos seus direitos".

SEGREDOS DO IMPÉRIO DA ILUSITÂNIA: A CENSURA NA METRÓPOLE E EM ANGOLA

De notar que o jornalista criticava duramente esta notícia do colega, a quem apelidava de "talentoso escriba", pois considerava que ele não tinha cuidado "de saber da razão ou fundamentos de muitas das transgressões registadas", até porque podia acontecer que os trabalhadores estivessem a receber "horas extraordinárias pelos trabalhos prestados".

A razão do corte talvez se tivesse ficado a dever à condenação que o artigo fazia da actuação das brigadas – excesso de zelo – ou ao facto de se levantar a hipótese de o Instituto do Trabalho se passar a chamar Instituto do Descanso.

Mais uma vez, eram os interesses instalados a mostrarem o seu incómodo sempre que não viam respeitado aquilo que consideravam seu privilégio. Nesta luta, era importante contar com os jornalistas e os jornais que patrocinavam porque, afinal, estes representavam uma forma de ganhar dinheiro fingindo que se perdia.

Quanto ao jornal *A Palavra* também se viu amputado, na edição de 3 de Novembro, de uma entrevista a C. Cristóvão de Sousa, "autor do livro Evolução do Marxismo Militante" e, em 9 de Novembro, da crónica de Renato Ramos sobre a "determinação governamental, ou pelo menos com o apoio das autoridades constituídas" que tinha decidido "eliminar pura e simplesmente, da outra margem do Cuanza, toda a bicharada que não seja selvagem", medida que prejudicava os criadores de gado que tinham "anos de instalação nos sítios de onde agora se têm de transferir".

Este jornal viu, ainda, cortada, uma reflexão intitulada «Os povos desejam a paz», no qual se dizia que "o povo americano, devidamente apoiado pelos povos de todo o Mundo, pede a retirada imediata das forças do seu país dos teatros de operações de guerra, existentes nos Laos, no Camboja e do Vietname" e a crónica de João Calcinhas sobre uma carta que recebera da instituição Paroquial de Assistência e Beneficência de Ruilhe, Braga, a solicitar um donativo para "a oferta de um carro ao bondoso Padre David que se encontra cansadíssimo e esgotado".

O articulista não foi meigo nas críticas, lembrou que "o Vaticano é dono da Alfa Romeo", sugeriu que se pedisse um "carrinho, mesmo dos mais modestos" ao Papa e recordou o estratagema das rifas graças ao qual "em Angola também há padres assim, e safam-se à brava todos os anos, mudando de carro tantas vezes quantas existe o sorteio".

Quanto ao *Lacrau* viu cortada uma resposta "como manda a sapatilha" de João Calcinhas "à tremendamente tenebrosa missiva do Presidente da Direcção do Clube Transmontano", um advogado com quem o jornalista se dispunha tecer argumentos mesmo não sendo advogado porque "por cada advogado vitorioso existe sempre um outro que perde" e era com esses 50% de probabilidades que João Calcinhas, um mestre do humor, contava.

O assunto prendia-se com uma terceira figura, o padre José Maria Pereira, que misturava "a sua condição de padre com a de radialista", e tinha processado o jorna-

336

lista, o qual afirmava que o processo seria falado "oportunamente, em local em que nem a Censura poderá evitar que as coisas se digam".

Afinal, a Censura actuou por antecipação.

Num estudo comparativo a nível regional, António Esperança não conseguiu publicar no jornal *O Comércio* de 9 de Novembro a sua crónica «E Salisbúria» na qual comparava os preços vigentes em Angola com os dos países vizinhos e denunciava que, na Rodésia, "um Peugeot 203 custa cerca de cinquenta mil escudos, em moeda portuguesa de Angola" e a cerveja não ia além dos "dezoito tostões o litro", apesar de a Rodésia ser "um território que enfrenta graves dificuldades sócio-políticas e, naturalmente, também económicas".

Nesta pasta figura, ainda, um artigo publicado na revista *Prisma* de Junho-Julho de 1971 apenas com ligeiros cortes – alguns dos quais foram considerados sem efeito – sobre «A Censura e os jornalistas».

Parece oportuno dizer que o director executivo da revista, António Palha, tinha escrito que "a Liberdade de Imprensa não é um benefício para os jornalistas" porque alguns deles até poderiam ter "de procurar novo emprego" se a lei fosse "respeitada em toda a sua latitude". Segundo ele, "a Liberdade de Imprensa interessa ao público" porque "a Censura age contra o direito do cidadão a ter acesso não contra o jornalista", que continuava a ter uma profissão. Assim, "para ele só existe verdadeiramente um drama: assistir impotente e angustiadamente à deformação da opinião pública".

Como o artigo sofreu cortes e alguns foram levantados não se pode dizer que a Comissão de Censura andava distraída ou não tinha prestado atenção ao teor do mesmo. Por isso, não é fácil justificar as razões que permitiram a sua publicação.

A *Notícia* viu cortados vários elementos, como a denúncia da forma como decorriam os exames de condução sempre que o examinador acordava "mal disposto" e sobre a satisfação do Governador-Geral pelo facto de poder afirmar que "a província ultrapassaria, pela primeira vez, os dez milhões de contos no seu orçamento".

Como é bom de ver, a segunda proibição não resultou da parte transcrita, mas do facto de o jornalista questionar "até que ponto é esta explosão possível". A "explosão" resultava do facto de "em sete anos, o governo, em Angola, quase (ou mais) que triplica as suas receitas".

Quanto ao *Diário de Luanda* não foi autorizado a noticiar, em 3 de Novembro, que havia «Dezenas de estudantes em situação desagradável». Tratava-se dos estudantes de Benguela que estavam a estudar na Metrópole e que, devido à suspensão de todas as transferências não prioritárias de Angola para a Metrópole, podiam ver-se obrigados a "pôr os livros no «prego»".

Era um critério muito discutível aquele que considerava como não prioritárias as transferências feitas pelos pais residentes em Angola e destinadas aos filhos que estudavam na Metrópole, critério, aliás, posto em causa em várias publicações, pois seria fácil aos organismos oficiais controlarem se as verbas a transferir se destinavam, efectivamente, a custear as despesas decorrentes da vida escolar de alunos afastados vários milhares de quilómetros das suas casas ou se podiam assumir uma forma ilícita de fuga de divisas.

Quando se afirma que a justiça é cega, não é este tipo de cegueira que está em causa.

2.2.2.11. Dezembro de 1971

Em Dezembro voltou a ser cumprida a regra que apontava para mais do que um envio mensal e o primeiro desses envios deu entrada no GNP, em 6 de Dezembro, através do ofício confidencial n.º 11934/1289/8/1.ª, guardado na caixa 20.

Os cortes eram relativos "ao período de 16 a 30 de Novembro" e o Ministro mandou arquivar o conteúdo em 16 de Dezembro, tal como o GNP sugerira a 14 do mesmo mês.

Mais uma vez a quantidade de artigos publicados depois de terem sido objecto de cortes e de sugestões – mais aqueles do que estas – foi enorme.

No que se refere às proibições, *A Palavra* viu cortados dois artigos na edição de 23 de Novembro.

O primeiro intitulado «Regressar» falava das duas espécies de metropolitanos que desembarcavam em Angola porque não se podia confundir aqueles que "carregam um garrafão, uma maleta e falam um português provinciano. São humildes, sãos. Boa gente" com os outros que se vestiam "bem, falam como se tivessem sotaque francês, são todos de boas famílias, muito ricos, optimamente relacionados".

De facto, enquanto os primeiros "vieram para trabalhar", os segundos "vieram experimentar uma terra porque a vida na sua não permite graças a ninguém", embora acabem por regressar "desiludidos" porque "afinal, não se chutam riquezas debaixo das pedras".

O segundo elemento proibido intitulava-se «À espera» e referia que na reunião do Conselho Legislativo, "o sr. José Vitorino da Fonte, o vogal das populações rurais do Uige" se queixara que as populações não podiam pagar os impostos porque "o seu café não foi suficientemente cotado embora a qualidade seja idêntica à do café das grandes fazendas onde são obrigados a pilar o mesmo".

O Presidente do Conselho prometia que o problema seria equacionado e o jornalista mostrava ansiedade sobre a forma como o assunto seria resolvido.

A Comissão de Censura não alimentou a sua curiosidade nem a dos leitores.

A Palavra também não pode publicar, embora não seja possível indicar em que data, um artigo «Luz no escuro – aproveitando o balanço» sobre o serviço de camionagem em Angola, pois "decorridos meia dúzia de anos sobre o desenvolvimento espectacular da camionagem, os problemas avolumam-se e indiciam, como se de um salto em piscina olímpica se tratasse, a queda malabarística para o charco".

A CENSURA EM ANGOLA NA FASE FINAL DO IMPÉRIO

Afinal, a colocação de asfalto não resolvera os problemas dos cada vez mais numerosos – essa era uma das razões do problema – leões da estrada.

A revista *Notícia* não publicou um texto de Edite Soeiro com fotos de António Capela sobre uma vivência na baía do Funchal onde um velho, que Capela estava a fotografar, fora levado por um agente da autoridade para se evitar que a imagem de um pedinte pudesse "impressionar mal o estrangeiro".

Na esquadra, aonde a jornalista fez questão de se dirigir, acabou por ser acusada de "especular com a pobreza" e de forjar o documento "com a esmola" dada ao velho.

Um regime habituado a desvirtuar a realidade conseguia ver más intenções até na dádiva de uma esmola.

Regressando aos problemas internos de Angola, em 30 de Novembro, a *Tribuna dos Musseques* levantara a hipótese de «Cólera em Novo Redondo?», mas a Comissão de Censura proibiu a notícia em 2 de Dezembro.

Também *A Província de Angola,* na edição de 25 de Novembro, foi proibida de publicar «Quem dá mais?», o reconto de uma vivência do jornalista que fora abordado para conseguir "3.500$00 da Metrópole" por alguém que tinha de liquidar algumas coisas que tinha comprado fora de Angola. O problema era que os "cauteleiros ou determinado barbeiro" queriam 20% para lhe arranjar o dinheiro. Por isso, já seria bom se o jornalista, "através das suas relações" se contentasse com 15%.

Era, novamente, a Economia paralela a ditar leis.

Depois, em 27 de Novembro, calhou a sorte – ou o azar – à crónica «Ao de leve... para todos a mesma lei...». Em causa estavam as vindas a Angola de "artistas ou pseudo-artistas" que levavam "mensalmente, centenas de contos, que fazem falta ao movimento fiduciário angolano". Na crónica voltava a falar-se da hipotética vinda de Roberto Carlos e de "um contrato que orça pelos 1.400 contos".

A edição de 30 de Novembro de *A Província de Angola* foi muito cortada porque o comentário de Valdemiro da E. Sousa «Chefes e atribuições» e a crónica de Xavier de Figueiredo «Tribuna» foram proibidos.

No primeiro caso, era a denúncia da omnipresença do chefe na tomada de decisões, mesmo que essa presença começasse "só depois das 10 horas".

No segundo caso era a falta das infra-estruturas de saúde que deveriam servir "muitos milhares de habitantes". De facto pôr um médico ginecologista ou pediatra a tratar uma luxação não parecia muito indicado.

O Comércio de 25 de Novembro, edição da manhã, não publicou «Conversas» sobre a necessidade de dizer de uma vez por todas a verdade do que se passava, mesmo que a conversa se desenrolasse numa família que contava com um tio filósofo.

Afinal «de filósofo e de louco todos temos um pouco». Só que há quem não se contente com o «pouco».

Na pasta 20 ainda consta uma notícia que foi cortada e que tem a indicação "Quanza Norte" e o título «Progresso da Província – Frutuosa actividade da Sociedade

Geral Sacramento Gaudêncio SARL», que dava conta de um pedido dessa sociedade para a instalação em Nova Lisboa de "uma fábrica de construção civil em materiais pré-fabricados com capacidade para 2.000.000 m2 de superfícies cobertas por ano com um investimento inicial de 60.000.000$00".

Além disso, a companhia estava a estudar a construção de uma sociedade de pesca com uma "importante companhia Congolesa para um investimento de cerca de 100.000.000$00", para além de estar em fase de finalização no que se referia aos "contractos já iniciados com vista ao fornecimento de peixe seco e ou outros produtos alimentares ao Congo Kinshasa".

Voltando ao pouco gosto poético da Comissão de Censura, em 30 de Novembro, a revista *Prisma* não publicou o poema de Eleutério das Rimas intitulado «Considerandos» e onde, no meio de alguma brejeirice, se podia ler "isto está de arrepiar" ou que "vamos gramando esta chatice/o melhor do menos mau".

Em 16 de Dezembro, através do ofício confidencial n.º 12264/1314/8-b/1.ª, que ainda consta na pasta 20, foram recepcionados no GNP os cortes respeitantes ao período "de 1 a 15 do mês em curso".

Sobre esse ofício está manuscrita a informação, datada de 27 de Dezembro, a exigir atenção para os artigos intitulados «Arroz Amargo»; «As Associações Económicas vão lançar uma campanha à escala nacional para se acabar com os regimes especiais de transferências» e «Tópicos da semana».

No que concerne ao artigo «Arroz Amargo», que tinha sido cortado no dia 11 de Dezembro no *Jornal de Benguela,* denunciava o facto de não haver "nem moeda única, nem livre curso da existência no que respeita à transferência de dinheiros". Além disso, Angola continuava "a suportar os elevados encargos e pesados impostos e contribuições", pois carecia "de produzir muito para fazer riqueza", razão pela qual precisava de importar "máquinas, tractores, homens, técnica e dinheiro". Só que para além de políticas que podiam estar bem no papel mas nunca resultavam na prática, a burocracia encarregava-se de exigir "mais papéis, mais tempo e mais paciência a desperdiçar" através de tudo "quanto se apresenta supérfluo e inútil, mas legal".

Mais do que burocracia, apetece escrever que se estava face a uma situação de «burrocracia».

Quanto ao artigo «As Associações Económicas vão lançar uma campanha à escala nacional para se acabar com os regimes especiais de transferências», cortado na edição de 4 de Dezembro de *A Província de Angola,* tratava-se de um longo texto que falava dos investimentos estrangeiros que tinham "a porta aberta", para "situações desonestas", como aquelas que foram denunciadas pelo eng.º Fernando Falcão sobre a não entrada em Angola de "todas as divisas que o Caminho de Ferro, com excepção de fretes que faz para o estrangeiro", do preço das mercadorias metropolitanas, de um sistema que "nem o próprio Governo Central sabe como há-de resolver", da "paternidade do sistema"....

A CENSURA EM ANGOLA NA FASE FINAL DO IMPÉRIO

Eram denúncias a mais para um regime pouco dado a críticas. Por isso, a edição da revista *Prisma* que fez a cobertura desta conferência de imprensa e pretendia reproduzir todo o discurso do Dr. Fernandes Vieira, o presidente da Direcção da ACL e do Gabinete de Estudos das Actividades Económicas de Angola, sofreu muitos cortes e foi amputado das 25 linhas da conclusão.

Em relação aos «Tópicos da semana», da edição de 12 de Dezembro do jornal *A Província de Angola,* publicado com cortes e sugestões, considerava certo "que o povo se sacrifique quando a Nação o exige", mas referia não ser fácil pedir compreensão "quando a uns se impõem sacrifícios e outros continuam a viver – e a beneficiar – de situações oligárquicas de excepção afrontosa".

Em causa estava o facto de os "Conselhos de Administração das empresas instaladas em Angola continuarem a viver «sacrificadamente» na Metrópole, auferindo os proventos que aqui conseguem", situação que era documentada com as extracções feitas no período de Janeiro-Fevereiro "do subsolo angolano" de onde tinham saído "859.124 toneladas de petróleo bruto" e "de minério de ferro 989.663 toneladas no valor de 208,3 mil contos".

Relativamente a outros cortes, *O Apostolado* de 10 de Dezembro foi impedido de publicar o artigo de Silva Vieira «A desgraça de chegar aos trinta e cinco anos», nova queixa sobre a idade limite para entrar no funcionalismo público porque o autor tomara o partido dos que se sentiam vítimas da discriminação e ousara questionar "se não é aos trinta e cinco anos que lhe faltam visão, experiência, forças e qualidades, porque é que a lei o coloca em situação vexatória, declarando-o, pela idade, inútil e incapaz?".

A investigação feita prova que este era um assunto muito criticado na Província, talvez porque o calendário não pára e todos os anos se encarregava de excluir um lote considerável de candidatos à entrada no funcionalismo público.

A Província de Angola foi proibida, em 8 de Dezembro, de publicar um artigo de Cartaxo e Trindade intitulado «Artes e letras – em torno de Angolismo», palavra que no texto dava lugar a "angolanismo" e que dava conta de que as "grandes revelações depois de 1960, na poesia, no conto e nas artes plásticas" eram uma "prova de uma maior consciencialização social".

No entanto, este texto não representava um elemento isolado, uma vez que fazia parte de uma polémica entre Cartaxo e Trindade e Orlando de Albuquerque. Aliás, a posição de Orlando de Albuquerque – que era bastante diferente da de Cartaxo e Trindade – também deveria figurar no mesmo número de jornal. Só que a decisão da Comissão de Censura foi salomónica.

Para o leitor, talvez interesse saber que Orlando de Albuquerque entendia que, no que dizia respeito ao angolanismo, não se estava a valorizar o papel da geração anterior e que Cartaxo era "bem intencionado" mas tinha conhecimentos "muito superficiais, apanhados, aqui e além, no convívio rápido das suas leituras e convivências".

Como é sabido, a censura não aceitava estas polémicas e, muito menos, a existência de um «angolanismo» ou de uma «angolanidade».

Depois, em 10 de Dezembro, o mesmo jornal foi impedido de dar conta de um campeonato brasileiro de cuspo à distância realizado em Campinas, talvez porque o autor – Zé da Ilha – quisesse 'importar' a ideia como forma de aproveitar "o cuspo que se consome em tantas reuniões disto e daquilo ...tantas vezes sem proveito".

Era o aproveitamento para a crítica interna de uma ideia estranha porque estrangeira e extravagante.

Nessa edição, uma reflexão «Horas mortas!» também foi totalmente cortada porque o jornalista fora longe de mais ao falar dos "furos" que fizera no "cinto por causa da política das contingências", ao pensar "em guerras, em fome, em luto, em miséria" e ao questionar como é que os apartamentos estavam ocupados apesar das rendas "elevadas".

Na realidade, era a denúncia de que só a alguns eram exigidos os esforços.

De registar que, ao mesmo tempo que lembrava as viagens à lua, o jornalista questionava "o que será de todos nós se não houver quem se debruce mais atentamente sobre os segredos das profundezas dos oceanos ... onde há preciosidades «guardadas» e bastante mais para dar de comer a todos nós".

Quase meio século passado e depois do desaparecimento do fascínio da lua, parece que em Portugal, apesar dos avisos de Adriano Moreira, o problema subsiste e o país não consegue abrir a sua «janela atlântica» de liberdade.

Cinco dias mais tarde, *A Província de Angola* publicou, embora com muitos cortes "a verde", na edição de 15 de Dezembro, «Para um dossier da frente leste – tudo começou em Teixeira de Sousa numa noite de Natal de há cinco anos», uma crónica importante para perceber a acção das tropas consideradas terroristas e das rivalidades entre elas.

Ainda em 15 de Dezembro, duas crónicas de António Gonçalves «Por que só para alguns?» e «Austeridade» foram proibidas, mas na revista *Notícia*.

Na primeira, em causa estava "a falta de meios legais de que [Luanda] dispõe para se defender da gula desmesurada de uns quantos especuladores", pois a lei da demolição de casas só se mostrava "rigorosa para gente modesta e não afectava tanto outra gente que não mostra por ela ponta de respeito".

Na segunda, era a "austeridade cambial" que tinha levado à suspensão "por dois anos" das licenças graciosas aos funcionários públicos", sem ter em conta que "a graciosa é parte integrante da remuneração a que tem direito um funcionário".

A *Notícia* ainda viu proibida uma carta assinada por António Fernandes Antunes que denunciava a falta de qualidade da assistência médica na Vila Artur de Paiva onde o hospital público, "o hospital de todos nós", que deveria contar com especialistas e equipamentos, não prestava um serviço que se pudesse comparar com aquele que era prestado num pequeno hospital particular pertença da Companhia Mineira do Lobito.

A revolta de Antunes era de tal ordem que não se limitou a enviar a carta apenas a um jornal.

No que concerne a homenagens póstumas, *A Palavra* não foi autorizada a publicar «Carta de Lisboa – Sinfonia de Abertura», uma homenagem a Artúrio F. Feijó, um "idealista" e "um simples e digno defensor dos princípios socialistas" que acabava de falecer, depois de uma vida "de muitas prisões, de muita fome, de grande miséria".

Como se comprova, a morte, mesmo suavizando alguns desencontros, não permite o acesso a certos direitos.

O mesmo, aliás, aconteceu quando quis publicar «À atenção do Senhor Governador-Geral», uma crítica que se prendia com a entrega do Cofre de Previdência dos Funcionários Públicos a uma comissão administrativa, que não cumpria os estatutos e atribuía casas sem ter em conta o "nível económico das pessoas que vão usufruir da benesse", acabando por beneficiar "pessoas que não precisam de ajuda quando a maioria dos subscritores do Cofre é gente necessitada".

Neste artigo, o autor cometeu a imprudência de escrever que "a mentalidade abúlica que nas últimas décadas foi criada no povo português deu origem a um fenómeno curioso e de certo modo paradoxal: a proliferação de ditadores" porque "cada um no exercício das suas funções é um ditador relativamente àqueles a quem pode ditar ordens".

Ainda relacionado com esta temática, *A Revista de Angola* viu cortado um texto sobre as dificuldades vividas pela Província. O texto tem vários títulos que, no entanto, podem ser vistos como os diferentes momentos de análise do problema e das possíveis soluções para o mesmo.

O problema era equacionado em «Remédios que matam» e dava conta do défice cambial da Província e do "remédio" prescrito pela Metrópole para "arrumar os atrasados". Depois apontava-se "uma solução aceitável" proposta pelo *Jornal Português de Economia e Finanças,* falava-se de "unidade nacional" para referir o regime de transferências, considerava-se que "afinal o problema não era tão grave, como se quis fazer crer" porque "o desnível, em 1970, fora de cerca de 5% em relação ao volume da cobertura saída" e terminava com a questão das "licenças graciosas", defendendo que deveriam ser banidas, pois representavam uma "tutela ou paternalismo de feição colonial", embora considerando que o funcionário deveria receber "em complemento do seu vencimento mensal, o correspondente ao que se despende com a sua licença graciosa".

O Comércio, por entre os habituais cortes e sugestões, não pode publicar, em 10 de Dezembro, «A universidade nova», um artigo baseado em Alain Touraine sobre o papel que deveria ser cometido à universidade, designadamente se esta deveria ser um "lugar de integração ou lugar de contestação".

Nas poucas universidades existentes em Portugal, a resposta parecia encontrada, embora fosse diferente de acordo com as perspectivas do Governo e dos estudantes.

Nesse mesmo dia, a crónica de António Esperança «Parábola» também foi interdita porque falava de um rei que perdeu uma guerra, que considerava ganha, porque os seus generais tinham alienado uma "aparente insignificância", ou seja, "que os quatro milhões de combatentes que o adversário opôs aos nossos sessenta eram suficientes para desequilibrar a balança".

Convenhamos que a parábola era de fácil descodificação e até algo exagerada no que concerne à razão entre as forças, porque a força média portuguesa nos três cenários de guerra andaria por volta dos 105 000 homens e os movimentos nacionalistas não dispunham de tantos milhões de combatentes.

Ainda a 10 de Dezembro, um artigo começou por ser suspenso, depois sofreu cortes e, finalmente, foi proibido. Tratava-se de uma reacção de *O Comércio* às críticas que lhe eram feitas pelo *Jornal do Comércio* de Lisboa que acusava a imprensa angolana de "parcimónia" na narração da obra feita e ignorava "os condicionalismos" a que essa imprensa estava submetida e "as barreiras" que não podia "transpor".

Era a imprensa metropolitana a falar de uma realidade que só conhecia à distância e de uma forma difusa.

O ano chegava ao fim, embora ainda faltassem os cortes relativos a Dezembro. O Império teimava em resistir a uma morte anunciada.

2.2.3. Ano de 1972

O ano de 1972 representa o último neste estudo de caso, situação que carece de explicação.

Assim, em 1972, mais exactamente em 5 de Maio de 1972, foi publicado o Decreto-Lei n.º 150/72 – a nova Lei de Imprensa que consta no *Suplemento* do *Diário do Governo* n.º 106 – e que estipulava o fim da censura prévia.

Ora, feito o estudo anterior a essa data, parece suficiente observar aquilo que se passou nos meses imediatamente subsequentes à data da entrada em vigor do Decreto-Lei n.º 150/72 para compreender se a censura efectivamente terminou ou se apenas se tratou de mais uma das «mudanças» em que a «Primavera marcelista» foi fértil. Por isso, o estudo se alongou por mais quatro meses, tempo julgado suficiente para justificar a afirmação feita na Introdução.

Afinal, a investigação 'concedeu' quase quatro anos a Marcello Caetano.

De registar que neste ano, o GNP alterou a sua estratégia porque o habitual apontamento que servia de resumo foi substituído por uma informação manuscrita no ofício e pela separação dos cortes que este organismo considerava que mereciam atenção ministerial.

Era uma forma de deixar o trabalho da leitura ao Ministro, embora não se perceba o alcance da medida numa década em que uma das frentes da guerra colonial estava perdida e as outras duas não davam tréguas. Por isso, a agenda do Ministro estava cada vez mais sobrecarregada.

2.2.3.1. Janeiro de 1972

A narração referente ao novo ano inicia-se com uma rectificação feita pelos serviços porque na caixa 20 de MU/GNP/Sr. 119 existe uma correcção feita em Lisboa em 20 de Janeiro de 1972.

Trata-se de uma nota na qual se indica que a pasta contém os jornais de Angola "enviados pelo Centro de Informação e Turismo de Angola para a Agência Geral do Ultramar com os n.ºs 6677 a 6720", mas depois foi inserida uma nota que dizia: "por erro feito em 27-12-71 verificaram-se o seguinte: n.º 6575 a 6622 e não 6522 (27-12-71); n.º 6623 a 6677 e não 6523 (7-1-72); n.º 6678 a 6720 (20-1-72)".

Quanto aos cortes efectuados pela Comissão de Censura, em 6 de Janeiro de 1972, foi recebido o ofício confidencial n.º 147/0009/8-B/1.ª com os cortes referentes ao período de "16 a 31 de Dezembro" e que está arquivado na pasta 20.

A informação sobre esses cortes, datada de 15 de Janeiro, julgou que mereciam atenção quatro elementos: três sobre os problemas de transferências e um sobre a "colaboração prestada pela Cabinda Gulf Oil a alguns chefes terroristas".

No ofício consta, ainda, uma informação manuscrita do GNP no sentido de "esclarecer o Governo-Geral de Angola de que a presença de chefes terroristas no rol dos accionistas da Gulf Oil Co. tem finalidade precisamente contrária à suposta no artigo censurado" porque visava "assegurar a presença de representantes seus nas assembleias gerais para tentarem dissuadir a companhia de colaborar com os portugueses no desenvolvimento de Angola".

O GNP tinha documentos que provavam ou testemunhavam essa postura nas Assembleias-Gerais.

As proibições referidas justificam prioridade de estudo.

Assim, a *Notícia* viu cortada uma carta de uma estudante de Angola, Maria Isabel, que cursava Arquitectura em Lisboa "porque não há Arquitectura em Luanda, onde tanta falta faz" e se via obrigada a estudar a crédito porque o pai, que estava estabelecido em Luanda, não podia fazer as transferências. Por isso, a estudante se via obrigada a trabalhar em «part-time» e a pedir dinheiro aos colegas.

De notar que a futura arquitecta não se coibia de mostrar o seu desejo de regressar a Angola mal terminasse o curso porque a vida na Metrópole não lhe deixava saudades.

O segundo elemento, da autoria de A. Crespo de Carvalho, foi cortado na edição de 28 de Dezembro do jornal *A Província de Angola* e o título dizia tudo «Escudos brancos – escudos pretos». O autor defendia que "o futuro económico é no Ultramar" e, por isso, se impunha "uma só moeda, uma só conta, um só erário, porque a moeda é uma das principais expressões da soberania e a Nação a queremos una e intemporal".

O terceiro elemento tinha por título «Três reparos de sentido colaborante», era assinado por João do Prado na *Revista de Angola* n.º 254 de 31 de Dezembro e em causa estavam três questões levantadas pelo jornalista em relação ao "novo Sistema de Pagamentos" e aos cinco escalões para as importações e à percentagem de cambiais que cabia a cada um deles.

Quanto ao quarto elemento, tinha sido proibido em 27 de Dezembro e deveria ter sido publicado em *A Palavra*. O título «MPLA e PAIGC (Guiné) são sócios da Cabinda Gulf?» levava o articulista a considerar, a partir de uma fotografia do encontro anual dos accionistas da Companhia, que "a Cabinda Gulf trai Angola fomentando aqui (e na Guiné também) o terrorismo", pois entre os accionistas figuravam Agostinho Neto e Amílcar Cabral.

Para além de recordar o boato segundo o qual "há uns seis anos" a Companhia "havia oferecido em bandeja 35 mil contos ao MPLA para que a actividade terrorista cessasse na zona de Cabinda a fim de que a exploração de petróleo se fizesse sem problemas", o jornalista considerava que a qualidade de accionistas dos chefes dos terroristas lhes permitia "alguns capitais para fomentarem a guerra nos territórios onde buscam esses dinheiros".

Como já foi dito, diferente era a interpretação do Gabinete dos Negócios Políticos.

Quanto aos restantes cortes relativos a este período estão dentro de um envelope da Comissão de Censura à Imprensa.

Assim, a rubrica «Pontos nos ii» foi cortada em 20 de Dezembro. A questão das transferências volta a ser o tema, até porque tinha sido chamada a Lisboa, "a convite do sr. Ministro do Ultramar" o Gabinete de Estudos Económicos, ou seja, a "formação de cúpula das actividades económicas da Província" e o Governador-Geral acabara de fazer uma comunicação à Província.

No que se refere à saúde, em 29 de Dezembro a *Notícia* foi impedida de publicar um texto de Ventura Martins sobre o banco de urgência do Hospital de S. Paulo, onde a alegria dos novos equipamentos foi seguida da desilusão resultante da existência de vencimentos em atraso, situação que conduzia à falta dos recursos humanos que o manuseamento dos equipamentos não dispensava.

Nesse mesmo dia e relativamente à questão das construções clandestinas, *A Província de Angola* teve de silenciar a notícia que dava conta de «Oito pessoas feridas durante as demolições do Prenda», assunto que não representava uma novidade na vida de Luanda.

Dentro do referido envelope estão cortes efectuados em Janeiro de 1972 e que, por isso, já dizem respeito a um envio posterior, ou seja, aquele que foi recebido em 21 de Janeiro através do ofício confidencial n.º 765/0075/ 8-B/1.ª e que está no fundo da pasta. Este ofício era acompanhado dos cortes feitos no "período de 1 a 15 do mês em curso".

A CENSURA EM ANGOLA NA FASE FINAL DO IMPÉRIO

De notar que, a exemplo do envio anterior, o GNP era do parecer que havia cortes que mereciam ser levados ao conhecimento do Ministro.

Foi o que se passou com «Antecipação ilegítima», publicado com pequenos cortes no *Diário de Luanda*, que prognosticava as dificuldades futuras e denunciava os abusos presentes, como o facto de "algumas empresas aumentarem preços de produtos que não sofreram novos encargos e prescindirem dos serviços de colaboradores, justificando este procedimento com as dificuldades futuras".

Afinal, as situações de crise também podem ser aproveitadas para um enriquecimento ilegítimo.

Ainda no que concerne à vida económica, *A Província de Angola* de 9 de Janeiro tinha sido objecto de vários cortes na rubrica «Tópicos de Domingo», que se debruçara sobre as palavras do Secretário Provincial de Planeamento, Costa Oliveira, relativamente à situação económica de Angola e, em «Tópicos da semana» de 16 de Janeiro, novamente sobre as "restrições promulgadas e o anunciado maior «aperto» nas transferências de Angola para a Metrópole".

Entre estes dois elementos, existe um corte total, feito a 14 de Janeiro, sobre os assuntos tratados na reunião de 7 de Janeiro da Associação Comercial Agrícola e Industrial do Huambo e a crónica de Fernando Barão, publicada em 15 de Janeiro apenas com o corte da expressão "ao filho de Angola", que voltava à questão da suspensão das férias na Metrópole para defender que não acreditava na medida, pois as férias continuariam, embora não se garantisse "a transferência dos vencimentos como até aqui se fazia" .

Ainda nessa edição foi proibida uma crónica de Carlos Morgado, na rubrica «Ao de leve» com o título «Ou comem todos...» , na qual era abordado o aumento do capital do Banco de Angola e a questão do "Banco Emissor estar a exigir o pagamento em escudos metropolitanos", situação que impedia os angolanos de subscreverem acções.

Afinal, não podiam «comer» todos, sendo que o infinito do verbo apontava para um risco muito fraco ou finito por parte dos investidores.

Ainda sobre a questão económica, a *Notícia* também quis dar conta das dificuldades das empresas devido ao facto de não estar normalizado o processo dos pagamentos interterritoriais e alertara para a hipótese de "algumas indústrias, que sabem gozar de primeira prioridade" já admitirem "para breve semi-paralização da sua actividade".

O mesmo se passou com um artigo que merecera alguns cortes antes de ser publicado na *Revista de Angola*. Tratava-se de um estudo cronológico da evolução da situação a partir de 1928, altura em que Vicente Ferreira tinha modificado o sistema monetário de Angola e que não deixava de fora o anúncio do aumento do capital social do banco de Angola "de 300 para 425 milhões de escudos com curso legal no Continente (Metrópole e Ilhas Adjacentes)", nem o previsível aumento do desemprego.

Relativamente a aspectos que decorriam da História e que tinham a ver com as prioridades da colonização, a edição da manhã do dia inicial do ano de 1972 do jornal

O Comércio foi amputada de uma crónica – muito irónica – de Moutinho Pereira sobre o "Monumento à Portugalidade", pois o autor classificava como "miudezas, sem brilho nem imponência" a realização de obras básicas – que, na verdade, ainda estavam por fazer, embora o jornalista ironizasse ao dá-las como concluídas – e 'aprovava' que se recordassem "os ilustríssimos vultos que outrora tanto fizeram por esta terra africana".

Nessa altura a epidemia de cólera alastrava e, por isso, era tema de frequentes notícias e cortes, como aconteceu ao *Diário de Luanda* de 3 de Janeiro que foi proibido de noticiar que «Benguela parece ter sido atingida».

O balanço de 1971 e o "facho escaldante de labaredas alterosas, quase sem um pequeno espaço livre para ser seguro" quisera iluminar *A Província de Angola* de 3 de Janeiro, mas a censura não ficou ofuscada com "um facho traduzindo uma urbe em convulsão, prenhe de incertezas, vestida de crepes, armada até aos dentes".

Ainda sobre a vida interna da Província, a *Notícia* não pode publicar, em 4 de Janeiro, uma extensa reportagem de José Sebag com fotos de Eduardo Guimarães sobre o problema das construções clandestinas em Angola e «Carne de luxo», um artigo sobre a carne de vaca que subia de categoria e, por isso, "a antiga de 1.ª, essa muda-se com armas e bagagens para alvos estabelecidos de preço livre".

Dentro de um outro envelope da Comissão de Censura de Angola figuram os cortes identificados como referentes ao período de 1 a 15 de Janeiro de 1972, embora tal não corresponda inteiramente à realidade, não só em função de uma informação anterior, mas também porque um dos artigos cortados, da autoria de João do Prado no *Jornal da Huíla,* tinha sido censurado em 22 de Dezembro de 1971. Tratava-se do artigo de opinião já referido sobre os cinco escalões para as importações e as respectivas percentagens de cambiais.

Ainda sobre essa questão, o *Lacrau* viu cortado, em 11 de Janeiro, um texto muito irónico que tinha um título parecido com a Salvé Rainha – «Eia pois, Angola minha» –, passagens a lembrar Camões – "Cesse, portanto, tudo o que a musa antiga canta, pois um tubérculo maior se alevanta!" – e terminava com um «slogan» revolucionário – "Unidos, venceremos!".

A Comissão de Censura não apreciou essa demonstração de cultura, de conhecimento religioso e de criatividade, até porque as fotografias do tubérculo, em várias posições, evidenciavam semelhanças com os órgãos sexuais masculinos.

Voltando à saúde, *A Palavra* não pode publicar a notícia sobre a ameaça de cólera que se abatia sobre "mais de trezentos mil luandenses", aqueles que iriam "levar o calor das suas palmas à inauguração das praças de luxo da sua Cidade" enquanto "o descaso dos homens" não tinha feito chegar às suas casas "os meios normais de saneamento. Nem água, nem esgotos, nem luz".

No dia 10, Renato Ramos retomou a temática dos problemas de Luanda e a caneta – verde – da Censura pouco deixou do seu texto «Porquê tanta raiva». Por esclarecer fica a questão de como foi possível deixar passar as frases finais: "Luanda com cólera,

a continuar assim terá um dia ela também de ser esterilizada pelo fogo, qual Sodoma moderna destruída por um deus de pacotilha. Mas os ratos morrerão com ela!".
Afinal, não era difícil identificar nem o 'deus' nem os 'ratos'.

Em 5 de Janeiro a *Notícia* não pode publicar uma carta de J. Marques, que, de Cabinda, queria apresentar a sua visão sobre «O problema da habitação», mais exactamente sobre a compra feita pela Junta Provisional de Habitação de "vários lotes de apartamentos à PRECOL, no Prenda em Luanda, destinados a funcionários públicos de modestos recursos". Só que "um desses apartamentos foi logo ocupado pelo Presidente da Junta", o anterior Presidente da Câmara de Nova Lisboa, cujo ordenado "devia ser superior a 20 contos por mês, além do carro e gasolina". Além disso, o Cofre dos Funcionários também distribuía casas "aos seus sócios por ordem de antiguidade e de inscrição". No entanto, ao contrário do estabelecido, não ganhava "quem tiver mais família a cargo e de mais baixo vencimento" porque se criara um novo critério, "serem amigos quase todos uns dos outros, colegas de curso do Presidente da Cofre".

Retomando a problemática da saúde, na edição de 10 de Janeiro, a *Notícia* não publicou a carta de António Fernando Antunes sobre a falta de qualidade dos "serviços de assistência médica de Vila Artur de Paiva", na qual, tendo por base uma experiência traumática, o autor aconselhava que se fizessem "de surpresa umas visitas de fiscalização" e se exigisse "mais higiene, mais eficiência".

Ainda sobre a saúde, o *Diário de Luanda* não publicou, na edição de 7 de Janeiro, um artigo a apelar à vacinação, pois estavam disponíveis "vinte e um postos de vacinação". A justificação estava escrita na prova presente à censura: "cortado após contacto telefónico com o Sr. Dr. Roxo", personalidade que não é identificada. Porém, conseguiu publicar com um ligeiro corte a notícia que dava conta que «O Conselho de Segurança da ONU vai reunir em Addis-Abeba no dia 28 a convite da Organização de Unidade Africana» – 15 de Janeiro.

No que concerne a aspectos de teor mais político, *A Província de Angola* de 7 de Janeiro não pode apresentar um artigo de Ernesto Mascarenhas sobre «A exportação de frutas e os transportes marítimos», na rubrica, «Do Zaire ao Cunene», no qual denunciava que nem sempre os serviços eram pagos em moeda local, como acontecia com a Companhia dos Caminhos de Ferro de Benguela que recebia "em libras, dólares e outras moedas estranhas à Província o pagamento dos serviços prestados dentro dela".

Depois, na edição de 8 de Janeiro, a crónica de E.F. Almeida sobre «Necessidade de uma política aérea» foi interdita porque a Comissão de Censura não aceitava que o autor dissesse que "numa nação que se designa de pluricontinental, seria lógico que se dedicasse especial cuidado e atenção à rede de transportes aéreos interligando as parcelas territoriais entre si".

Afinal, havia a transportadora oficial do Império – a TAP.

O mesmo periódico, em 9 de Janeiro, viu cortada a crónica «A Câmara de Luanda e a política Angola-Moçambique» onde o autor referia o bom relacionamento entre os órgãos dirigentes das duas Províncias, designadamente entre os Governadores--Gerais, lembrava a existência de "problemas de interesse" comum e afirmava que o seu "equacionamento será fim a alcançar tudo em benefício (interno e externo) dos dois territórios".

Finalmente, em 14 de Janeiro, não recebeu ordem para publicar a crónica de Pardo de Oliveira intitulada «Olhando o passado e o futuro», na qual se dizia que "o Ministério do Ultramar, tal como funciona, não tem hoje razão de existência e é apenas um sinal do tal paternalismo". O autor considerava que "nestas coisas e para a época actual ou se é carne ou peixe e o Ministério do Ultramar, hoje, não é uma coisa nem outra".

Silva Cunha ficaria, certamente, incomodado com a leitura deste artigo e, por isso, foi preferível arquivar o corte antes que o mesmo chegasse aos olhos ministeriais.

No que concerne aos aspectos económicos, a revista *Actualidade Económica* viu Koch Fritz cortar, em 13 de Janeiro, um longo estudo de quatro páginas que dava conta que «As percentagens máximas de lucro foram objecto de profundo estudo da Associação Comercial de Luanda».

O censor era da opinião que não se justificava tanta explicação.

2.2.3.2. Fevereiro de 1972

Em Fevereiro o Governador-Geral procedeu a dois envios de cortes da responsabilidade da Comissão de Censura. Assim, em 4 de Fevereiro, foram recepcionados os cortes "respeitantes ao período de 16 a 31 de Janeiro último" – ofício confidencial n.º 1214/0110/8-B/1.ª, arquivado na pasta 21 – e o GNP considerou que alguns cortes mereciam a atenção ministerial, sendo digno de registo a circunstância de todos os elementos cortados se debruçarem sobre a mesma temática, ou seja, a repercussão na vida económica de Angola das medidas tomadas em Lisboa sobre os pagamentos interterritoriais.

Assim, *A Província de Angola* tinha querido publicar, em 19 de Janeiro, «Cem comerciantes e industriais numa reunião na ASS. Comercial», assunto a que tentaria voltar, muito detalhadamente, na edição de 21 de Janeiro, na qual mencionava o envio de um telegrama ao Ministro do Ultramar para que este ficasse a par das preocupações dos empresários relativamente ao futuro de Angola.

Aliás, este jornal ainda faria novas tentativas de falar sobre este tema no artigo «A solução com moeda única» da autoria de Valdemir da Encarnação Sousa, na crónica de Calos Morgado na rubrica «Ao de leve», intitulada «Dinheiros e situações!!!» e no artigo de Fernando Barão «E a opinião pública?», sendo que estes três textos foram censurados no dia 31 de Janeiro e publicados – com os inevitáveis cortes – em 1 de Fevereiro.

A CENSURA EM ANGOLA NA FASE FINAL DO IMPÉRIO

Outros periódicos objecto de cortes sobre esta temática foram *A Palavra*, na entrevista feita ao eng. Cardoso e Cunha sobre a situação económica de Angola, e o *Diário de Luanda* de 29 de Janeiro, que deu voz à posição dos representantes das Actividades Económicas do Norte do Pais que tinham resolvido escrever a Marcello Caetano, parecendo dispensável mencionar o conteúdo da carta.

Quanto aos outros cortes que constam na pasta relativamente a este período, são sobretudo parciais, como aconteceu com a Lei Orgânica – *Notícia* – e com a reunião do deputado Barreto Lara com a informação angolana – *Semana Ilustrada, Revista de Angola, Notícia, A Palavra* e *Diário de Luanda* –, embora também haja cortes totais.

Relativamente a estes últimos, a investigação considera pertinente referir o artigo de P. Neiva «Problemas de Angola: a alienação do álcool», o comentário «O pagamento das passagens» de Valdemiro Sousa, nas edições de 18 e de 25 de Janeiro de *A Província de Angola* e o artigo «Conjuntura difícil» em *O Lobito* ou «Palavras claras de um Homem de Angola» no *Jornal da Huíla,* sendo que o homem era David Laima, deputado à Assembleia Nacional e Presidente do Conselho Geral do Sindicato Nacional dos Empregados do Comércio e da Indústria da Província de Angola (SNECIPA).

A Palavra também mereceu vários cortes totais. Assim, em 19 de Janeiro, o artigo de Togo Batalha «Um documento: cinco homens», um elogio de um documento produzido por ex-funcionários do Sindicato dos Bancários do Porto e "distribuído pelos Bancos, não às escuras, mas sim à luz clara do dia" foi proibido.

No dia seguinte, foi interdita a publicação de um discurso de José Baptista Borges na Associação Comercial de Luanda sobre a vida económica de Angola, discurso também cortado na edição de 20 de Janeiro de *A Província de Angola* na qual não saiu «Círculo vicioso», um comentário sobre as palavras do eng. António Castilho, presidente da Associação Industrial de Angola.

Sempre queixas e mais queixas sobretudo dos grandes interesses instalados, mas também de pequenos comerciantes.

No que se refere a outras temáticas, o *Diário de Luand*a não publicou, em 22 de Janeiro, um artigo intitulado «Apesar do apoio comunista aos movimentos terroristas em Angola melhorou a situação militar na província» porque essa era uma matéria alvo de duas censuras.

Quanto à revista *Notícia*, por entre cartas com motivos pessoais, como a confissão dos problemas de consciência de um dono que tinha levado uma cadelinha ao veterinário para que este lhe cortasse o rabo, operação que correra mal, voltava a denunciar problemas relativos a situações pouco claras, como a acumulação de um funcionário da Fazenda – identificado – que, dentro do seu horário de trabalho, exercia, simultaneamente, as funções de professor de Educação Física, ou a má actuação dos funcionários camarários, por exemplo, no caso das construções clandestinas.

Em 31 de Janeiro, o diário *A Província de Angola* não publicou «Angola progride mas... a hora é de aguardar: os sectores da actividade comercial que trabalhem as 4.ª e

5.ª prioridade, correm o risco de encerrar» e, no dia seguinte, foi informada do corte da proibição relativa à crónica de José de Almeida na rubrica «Retrovisor» um título muito de acordo com o título «Como há trinta anos!», que era como se estava e não apenas a sua terra, na Chieuma.

Em 17 de Fevereiro chegou o ofício confidencial n.º 1671/0152/8-B/1.ª – caixa 21 – com os cortes relativos ao "período de 10 a 15 do mês em curso" e a informação, datada de 28 de Fevereiro, foi no sentido de levar alguns dos cortes a conhecimento superior.

Em causa estava, por exemplo, o artigo cuja publicação J. Batel autorizara com cortes na rubrica «Nótula económica» da autoria de João do Prado, que não se coibira de escrever que sabia que o facto de se debruçar sobre o problema "não é do agrado de alguns próceres", no n.º 256 de 31 de Janeiro da *Revista de Angola*, pois o título era bem elucidativo «Transferências – prováveis consequências».

No mesmo grupo de elementos de que o Ministro deveria tomar conhecimento estava um pequeno corte na *Notícia*, ainda sobre a mesma temática, e um artigo «E o continente o conteúdo», cortado na edição de 10 de Fevereiro de *A Província de Angola*, no qual estava a resposta de Caetano a uma carta que recebera de um "dos intervenientes na reunião magna realizada na sede da União de Grémios de Comercialização do Porto" sobre a temática já mencionada e na qual Caetano afirmava que "a lei não é tão má como a pintam e a situação existente era insustentável".

Nessa mesma edição, figurava o artigo «A quem se compra o tabaco» de Pardo de Oliveira, publicado com ligeiros cortes porque em vez de 'Metrópole' escrevera 'Província Lusitana' ou 'a Lusitânia'.

Como se pode constatar praticamente todos os elementos levados a conhecimento superior eram, novamente, sobre a questão das transferências, pois a única excepção foi a crónica de Telles Mendes, cortada em 14 de Fevereiro, em *A Palavra* intitulada «No dealbar do Distrito do Cunene e por força da subversão, os Cuanhamas levantam um problema antigo criando uma guerra com chifres». Em causa estava a falta de concretização do plano do Cunene e o desespero de tribos habituadas à transumância, que não lidavam bem com "a míngua pluviométrica" e estavam "cansados de sentirem os revezes das grandes áreas que foram concedidas em demasia". Por isso, o Governador-Geral fora ao Sul para lhes tentar dizer "o contrário do que ainda não haviam entendido bem das bocas estranhas".

Não deve ter sido fácil a sua missão.

Retomando a questão económica, *A Palavra* foi proibida de publicar a «Última palavra» e «Moeda única» de António José Soares, tal como aconteceu à *Revista de Angola* no que concerne ao «Decreto das transferências».

Quanto à *Província de Angola* de 12 de Fevereiro, publicou com cortes «O problema das transferências – foi proveitosa a todos os títulos a reunião do Secretariado Provincial da Economia e da sua equipa de trabalho com os representantes das Actividades

Económicas de Cabinda» e o *Diário de Luanda* de 14 de Fevereiro, na rubrica «De vários quadrantes», o artigo «Um meio (fácil ou difícil) de melhorar a situação cambial».

No que se refere aos artigos proibidos que exigiam a leitura entre linhas, importa reter as opiniões da *Semana Ilustrada,* nas quais, talvez por ser Carnaval, o jornalista escrevera que o "angolar mal mascarado de escudo" ainda viria a "fazer a felicidade de muita gente".

Quanto aos cortes parciais, merece referência o artigo «Governar de mãos vazias – portas sem trancas não guardam riquezas» de *A Palavra* que propunha "ser de considerar a total canalização pelas vias cambiais dos dinheiros destinados à manutenção das Forças Armadas em Angola" e, ainda, "uma redução de pagamentos na Metrópole de dois terços das mensalidades dos militares aqui em comissão de serviço "só a permitindo, por exemplo, a quem tivesse lá familiares a seu cargo".

Talvez não seja abusivo afirmar que, mais do que uma forma de dividir os sacrifícios económicos por todos, esta sugestão representava uma tentativa de contribuir para desagregar o apoio militar ao regime.

Quantos aos cortes que não precisavam de ser levados a conhecimento superior, estão guardados num envelope em anexo ao ofício e dizem respeito, sobretudo, a artigos publicados com cortes, embora também haja várias proibições.

No que se refere aos artigos proibidos, o *Jornal da Huíla* não pode publicar uma notícia sobre a estratégia de luta que o IRA se propunha levar a cabo contra a presença inglesa na Irlanda do Norte e na pasta consta, ainda, um artigo cortado em 4 de Fevereiro e cuja origem não foi possível identificar, que dá conta da existência "no bairro Alvalade em Luanda" de uma escola "onde os alunos são agrupados consoante as possibilidades económicas paternais".

Aliás, a impossibilidade de identificar o jornal voltou a fazer-se sentir relativamente a um corte total feito em 11 de Fevereiro de uma transcrição de *O Comércio do Porto* de 25 de Janeiro sobre a aplicação do Decreto-lei n.º 478/71.

A proibição também recaiu na edição de 9 de Fevereiro de *A Província de Angola* sobre o artigo de Diamantino Maria relativo a um assunto já referido «Uma reunião na União de Grémios de Comerciantes do Porto sobre os pagamentos inter-territorias», a exemplo do que se passou com «As razões da razão», crónica assinada por Zé Povinho e cortada na revista *A Palavra* porque o signatário se queixava de que o supunham "inesgotável para todas as necessidades, ideias, ambições, inquéritos, congressos, desejos, alvitres e apetites", de tal forma que já não sabia quem era, onde estava e para onde ia.

Nunca o Zé Povinho tinha retratado o regime com tanta clareza...

No que diz respeito às importações, o *Lacrau* viu cortada uma notícia que dizia que «A montra de carne foi notícia» porque, por entre os elogios ao certame, ia deixando críticas, uma vez que defendia que com este tipo de realizações se poderia evitar "uma saída indevida de divisas pelo autoabastecimento maciço de gado, que já não precisa de ser importado, de origens as mais das vezes não confirmadas".

Para esta investigação assume especial destaque o artigo que não recebeu autorização de publicação na *Revista de Angola*, intitulado «Fraquezas da imprensa», um artigo curto mas incisivo e onde se denunciava que "se há jornais que desaparecem e se se agravam as dificuldades de vida dos que persistem em publicar-se, a culpa é essencialmente do Estado, que lhes move, talvez sem bem dar por isso, uma concorrência injusta e arrasante, embora não poucas vezes louve e enalteça a sua acção de interesse público e nacional". Em causa estava o facto de a Imprensa Nacional se ampliar constantemente "ao abrigo de benefícios especiais e de uma protecção para que se não vêem limites".

Cortados na íntegra foram, ainda, na edição de 7 de Fevereiro de *A Província de Angola*, o artigo «Angola com mais dez milhões de moedas de um escudo...», pois o jornalista considerava essas moedas como "uma irreverência que denota intolerância" porque nada iam resolver no que dizia respeito à justiça a que os habitantes de Angola se consideravam com direito, e a notícia que dava conta que, segundo o jornal londrino *Observer*, «A Scotland Yard com a colaboração da Interpol e a Polícia de Segurança Japonesa descobriram os assassinos de Mondlane». Os suspeitos eram Silvério Mungu "antigo secretário da administração na sede da Frelimo em Dar-es-Salam" e Lázaro Kavandame, "antigo secretário regional da Frelimo em Cabo Delgado".

Na notícia eram fornecidos muitos pormenores sobre o atentado, inclusivamente a proveniência dos materiais explosivos, e lamentava-se que nenhum dos suspeitos viesse a ser chamado à justiça, pois Mungu tinha sido assassinado e Kavandame estava a colaborar com as autoridades portuguesas.

Ainda nesse jornal, mas em 15 de Fevereiro, foi proibido o artigo «O impasse da contestação», da autoria de Hélder Freire, por ironizar que em Pereira d'Eça tudo tinha mudado "menos o progresso da terra".

Original forma de dizer que não era um novo penteado ou umas calças de ganga ou a passagem das quatro patas da tracção animal para as duas rodas da bicicleta que significavam, realmente, manifestações de um verdadeiro progresso.

Finalmente, a *Semana Ilustrada* também foi impedida de apresentar uma desenvolvida reportagem que tivera por base uma queixa de um leitor relativa a um bem de primeira necessidade, o leite, pois "o leite Nido de 5 libras, preparado na Inglaterra custa em Luanda 136$30 e o preparado na Metrópole custa 168$00".

O articulista procedeu a um estudo exaustivo para demonstrar a inexistência de lógica nos preços referidos, mas a Comissão de Censura não gostava de ver explicadas na praça pública as insuficiências e os erros nacionais, sobretudo quando se fazia referência a modelos que funcionavam muito melhor.

Afinal o «slogan» oficial apontava para a superioridade dos produtos nacionais.

2.2.3.3. Março de 1972

O estudo feito sobre a acção da censura em Março permitiu constatar que a imprensa de Angola estava cada vez mais crítica em relação aos privilégios detidos por algumas companhias e que a crise – que não era exclusiva de Angola – obrigava a questionar muitos aspectos da vida da Província e do Império.

Por isso, o número de cortes era cada vez mais numeroso numa tentativa de manter a Ilusitânia.

No que se refere à actividade da Comissão de Censura, em 6 de Março chegou o ofício confidencial n.º 2298/0237/8-B/1.ª, que consta na pasta 21 de MU/GNP/Sr. 119, com os cortes relativos "ao período de 16 a 29 de Fevereiro" sobre o qual o GNP escreveu uma informação no sentido de alguns dos cortes deverem ser levados a conhecimento superior.

Entre esses cortes constava um artigo intitulado «O problema das transferências», que tinha sido proibido no *Diário de Luanda* de 22 de Fevereiro, uma imagem de Marcello Caetano a serrar uma vaca com o serrote do Decreto 478, igualmente cortado no dia 22, e vários cortes feitos na entrevista conduzida por Ventura Martins ao Presidente do Gabinete de Estudos das Associações Económicas de Angola, Fernandes Vieira e que seria publicada na revista *Notícia* de 9 de Fevereiro.

Também foram objecto de alguns cortes a reportagem de Alberto Florindo com fotos de Eduardo Guimarães sobre o acidente que tinha atirado para o hospital "Maria João, a menina sinaleira", uma das crianças que se tornara Guarda Juvenil de Trânsito, uma iniciativa do «Lions Club», e que fora vítima da falta de civismo de um condutor – publicada na *Notícia* –; um artigo de A. Bobela Motta, na rubrica «Letras a desconto», sobre a falta de veterinários, pois em Angola só havia "um veterinário para cada cem mil cabeças de gado" e a notícia da chegada do Carnaval, apesar dos leitores não terem ficado a saber que "a «Alegria Américo Thomaz» veste luto nos dias tristes e a «Tristeza Marechal Carmona» não perde farra em dias de alegria!".

A Comissão de Censura não apreciou esta dupla antítese, ainda por cima com nomes de Presidentes da República.

Ainda no que diz respeito aos cortes levados a conhecimento superior, a *Notícia* voltaria a sentir o risco censório quando quis reproduzir um artigo do *Jornal do Congo* sobre a falta de "dignificação da tarefa" na função pública e no artigo «Quanto tempo», que se debruçava sobre o novo sistema de pagamentos interterritoriais e denunciava que o recurso às horas suplementares estava a transformar-se numa necessidade, sem ter em conta que "se se puxar demasiado a corda, a partir de determinada altura as pessoas passarão, certamente, a trabalhar pior. E ninguém ganhará nada com isso".

Era um alerta para o facto de as pessoas, para manterem o nível de vida, se verem obrigadas a trabalhar muito para além do horário até então normal.

Quanto aos artigos proibidos, mas que não foram presentes ao Ministro, não foi possível identificar a origem de um artigo cortado, em 16 de Fevereiro, que se debruçava sobre o problema das transferências e voltava a trazer à colação a decisão tomada por Armindo Monteiro "há trinta e cinco anos". Por isso, não admirava que houvesse pessoas em «Situação difícil», como acontecia com um funcionário público que tinha sido obrigado, por motivos de saúde, a fixar residência na Metrópole e não conseguia transferir "cerca de 80 contos" que tinha amealhado na terra onde "mourejou".

Curiosa a forma verbal porque a origem etimológica da mesma aponta para a ideia que os portugueses tinham dos mouros.

O Lobito, sempre muito atento aos problemas económicos da sua região e aos aspectos políticos da Província, foi objecto de várias proibições. Assim, em 16 de Fevereiro, não publicou um artigo muito bem fundamentado, principalmente no que dizia respeito ao petróleo, sobre o problema das transferências que considerava "encaminhado para a via da normalidade", nem uma rubrica onde comparava aquilo que se dizia e aquilo que se devia dizer, nem um artigo sobre o movimento do porto do Lobito.

Um exemplo do segundo corte permite aquilatar o grau de crítica que a censura não aceitava. Assim, "disse um político: Há uma esquerda possível" deveria, na óptica do jornal, dar lugar a "Disse um político: há uma direita impossível".

No dia seguinte, o mesmo jornal foi amputado de uma reflexão sobre a forma como se continuavam a repetir os erros do passado. Por isso, em Benguela, a Câmara Municipal, apesar de informada, não tomara os cuidados necessários para evitar a cólera.

A Província de Angola de 18 de Fevereiro também quisera falar de cólera, mas a censura não deixou passara a crónica intitulada «Vértice» da autoria de Hélder Freire, um autor confundido com as notícias contraditórias emanadas da Organização Mundial de Saúde (OMS) e do Delegado de Saúde de Luanda. Depois, em 20 de Fevereiro, não foi autorizada a dar à estampa a notícia de que o Dr. Eduardo dos Santos dera uma conferência na Escola Superior da Força Aérea sobre «profetismos africanos e situação colonial».

Oxalá o conferencista tenha lido *A política ultramarina* de Adriano Moreira de forma a evitar a confusão – que ainda persiste – entre situação e fenómeno colonial.

Quanto à revista *Notícia* de 21 de Fevereiro quis retomar a ideia de Hélder Pereira, mas foi impedida de publicar uma reportagem de José Sebag sobre as discrepâncias relativamente à existência de cólera em Luanda entre os relatórios da Organização Mundial da Saúde "na longínqua Genebra", que afirmavam que "Luanda estava livre da cólera", e os comunicados dos Serviços de Saúde da Província que falavam de uma "evolução favorável" da epidemia.

Ora, não parece possível que uma epidemia inexistente evoluísse favoravelmente...

No dia 26, a mesma revista não publicou uma longa entrevista com António Ramos Rosa e que abordava outros assuntos para além daquele que parecia ser o motivo da conversa, ou seja, a concessão do Prémio Nacional da Poesia a esse autor.

Esta revista também foi impedida de dar voz a um leitor do Cubal, Óscar Esteves, que queria falar de «Integração ou desintegração» e concluía que se estava a "cair num

angolanismo de ténue cariz separatista" e tudo devido ao problema decorrentes das "dificuldades de transferências cambiais".

Como se verifica, o signatário cometera duas imprudências ao usar os vocábulos «angolanismo» e «separatista».

Em 27 de Fevereiro, J. Batel cortou uma mensagem enviada pelo "escritor proletário" Cristóvão de Sousa ao semanário *A Palavra*, "o único jornal que conheço como filho legítimo da Verdade" sobre o que, na sua óptica, se estava a passar nos três palcos da guerra colonial.

Anexa a essa mensagem e como resposta à questão que lhe fora colocada sobre a conjuntura de então, estava uma carta que Cristóvão de Sousa enviara a Salazar em 13 de Julho de 1964, na qual explanava as suas ideias sobre a situação, mas que não produzira qualquer efeito.

Na verdade, ninguém minimamente conhecedor da realidade do Estado Novo acreditaria que Salazar desse ouvidos a um proletário assumido. Mais fácil seria que a PIDE quisesse saber «novidades» relacionadas com a forma como Cristóvão de Sousa se apresentava.

Finalmente, em 28 de Fevereiro, o *Jornal da Huíla* sofreu cortes na crónica «Honra sem proveito», uma denúncia de João do Prado sobre a falsidade de uma mudança prometida e novamente adiada porque não era pelo facto de o Governador-Geral passar a ter a designação de Ministro que deixava de estar subordinado ao verdadeiro Ministro.

Segundo o autor, mais uma vez Angola tinha ficado como "um mero papagaio de papel colorido presa a um cordel", embora a tentassem convencer que "tem asas e já pode e deve voar sozinha" e até se "assemelha a um moderno «Concorde» com a mais ampla autonomia".

Interessante forma de o autor dar asas à sua imaginação!

Em 23 de Março, chegaram os cortes "respeitantes ao período de 1 a 15 do mês em curso" – ofício confidencial n.º 3044/0294/8-B/1.ª, arquivado na pasta 21, e em 4 de Abril, o GNP fez uma informação que apontava para a necessidade de levar alguns desses cortes a conhecimento superior.

Porém, tratava-se de cortes quase todos relativos a artigos cuja publicação, depois de «purificada», acabaria por ser autorizada.

Quanto aos elementos proibidos, saliência para o artigo muito sugestivo – a começar pelo título – «Ave de rapina» de Pedro Bourbon em *A Palavra*, uma crítica sobre a forma como a TAP impedia "que as companhias aéreas de Angola e Moçambique alarguem os seus horizontes de voos numa limitação demasiada aos recursos internos das províncias".

Que forma sugestiva de baptizar um «monopólio voante»!

A questão da falta de liberdade da imprensa voltaria a ser barrada na edição de 4 de Março de *A Palavra*, publicação que viu um corte abater-se sobre uma reflexão destinada a mostrar as "dificuldades com que, constantemente, lutam aqueles que escrevem para os jornais" e que resultavam de "não terem uma noção exacta da lista dos intocáveis".

O artigo falava, ainda, sobre a actuação dos "comentadores da Imprensa e da rádio", onde "não há fifias nem dissonâncias. Não há falta de melodia nem desacerto no compasso. Tudo muito certinho. Tudo muito harmónico. Orquestração perfeita. Magnífica regência".

Face ao panorama traçado, o jornalista questionava se o facto de, após "uma amável reconciliação", a representação de Portugal junto da ONU ter sido elevada ao nível de embaixada não implicaria outra "música dos comentaristas".

A Palavra foi, ainda, proibida de publicar uma colectânea sobre vários assuntos relativos à vida na Província e que incluía os privilégios da TAP e a forma como o Presidente da Câmara de Luanda, Fernando Rebelo, "licenciado em veterinária" se assumia como o único "interlocutor válido" junto da OTAM, "a fazedora do plano director da cidade de Luanda".

Além disso, no plano das relações internacionais, viu totalmente cortado o elogio feito ao Ministro dos Negócios Estrangeiros do Japão que tinha admitido que "o Japão deveria pedir desculpa à China pelos erros do passado!".

Voltando às dificuldades económicas da Província, *O Lobito* não pode publicar, em 3 de Março, um artigo que dava conta da inevitabilidade de um encerramento muito próximo das casas comerciais "por falta de artigos" que não podiam receber.

As dificuldades também eram sentidas a nível individual, mas não convinha que o público tomasse conhecimento delas através da imprensa, até para evitar o surgimento de solidariedades horizontais que poderiam «degenerar» em manifestações nada do agrado oficial.

Quanto às situações individuais de injustiça, *A Província de Angola* de 4 de Março viu cortada a crónica «O drama do homem da bicicleta», da autoria de Carlos Morgado, sobre a apreensão da bicicleta a um trabalhador sem licença e que ganhava "só 600$00 por mês". Como a apreensão fora feita pela Polícia Municipal e o trabalhador não tinha dinheiro para resgatar a bicicleta, esta seria vendida em hasta pública, talvez a "algum amigo, algum familiar dum dos tais zeladores".

Aliás, Carlos Morgado veria outra crónica «A crise que se adivinha» cortada na edição de 12 de Março do mesmo jornal.

Quem mandava Morgado só ter caneta para narrar ou prognosticar dificuldades?!

Depois, em 7 de Março, *A Província de Angola* não deu voz ao artigo «A insignificância das minorias», uma reflexão sobre a forma como os governos nos "países de partido único" tratavam a oposição e, no dia seguinte, viu cortado o artigo de Ernesto Lara Filho na rubrica «Artes e letras» e intitulado «A terra dos homens» sobre a decadência do "proletariado branco e negro", atingido pelo desemprego, a febre amarela, o alcoolismo, a carestia de vida...

Ainda nesse mesmo dia e na mesma rubrica, o poema «Quero chamar-me navio» de Jorge Huet de Bacelar não viu a luz do dia por ser demasiado erótico para os ouvidos da censura, como se documenta pelos versos "se tuas pernas são molhes/teu sexo porto de abrigo/se a tempestade estalar/quero entrar por ti a dentro/ e agasalhar-me contigo".

De facto, era um poema capaz de fazer corar muito boa gente, embora pareça legítima a dúvida sobre se o rubor da face seria apenas motivado pela vergonha porque, no que diz respeito aos elementos de cariz sexual, nem sempre as virtudes públicas correspondem à realidade.

Aliás, na edição de 10 de Março da revista *Semana Ilustrada* foi proibida uma crónica que vale a pena recuperar.

A crónica intitulava-se «A liberdade de ler» e pertencia à rubrica «Cinco reis de prosa» e, ao contrário daquilo que o título parecia indiciar, não era mais uma queixa jornalística sobre a falta de Liberdade de Imprensa.

Na verdade, tratava-se de um relato feito pelo jornalista sobre algo que se passara com "jovem amigo prestes a casar". Como pessoa bem intencionada, o noivo procurara "adquirir para a sua futura esposa um bom livro sobre o sexo", uma busca infrutífera porque "não havia em livraria alguma".

Porém, menos infrutífera estava a ser a relação, pois o casal, mesmo sem a ajuda do livro, já tivera "dois robustos pimpolhos".

Afinal, sempre há coisas que se aprendem sem necessidade de ler.

A *Semana Ilustrada* sofreu outras proibições. Assim, não foi autorizada a publicar, em 9 de Março, um extenso estudo intitulado «Percentagens máximas de lucro», retirado do *Boletim da Associação Comercial do Lobito* e que mostrava o desacordo das Associações Económicas relativamente à estratégia de combater "o aumento do custo de vida" recorrendo ao "estabelecimento de percentagens máximas de lucro".

Como é bom de ver, os patrões consideravam que não deveriam ser eles a pagar a crise.

No dia 10 de Março, esta publicação seria, também, proibida de publicar o telegrama que essas Associações tinham enviado ao Ministro do Ultramar sobre o novo regime de pagamentos e que tinha sido "posto a circular no Boletim da Associação Comercial, Industrial e Agrícola do Lobito".

No que diz respeito ao plano internacional, a *Notícia* não pode publicar uma longa crónica sobre um filme visto pelo jornalista, intitulado «O pequeno grande homem» e que falava sobre a forma como Washington tratava a questão dos índios.

No que concerne à temática desta obra, importa regressar à *Semana Ilustrada* porque, em 13 de Março, ousou questionar a actuação dos serviços de censura, que, embora actuando "ao abrigo de instruções superiores", também se serviam de um critério pessoal que levava os censores a cortarem artigos nuns jornais, mas autorizando a sua publicação noutros.

O jornalista denunciava que "o diário Época [era] sucessor directo do *Diário da Manhã*. Mas essa circunstância de modo algum lhe estabelece prerrogativas perante os restantes órgãos de informação", até porque não podia haver "apenas um sector com liberdade para difundir a sua verdade".

De facto, não era fácil aceitar que "as simples transcrições de publicações brasileiras que se encontram livremente à venda no mercado angolano" fossem "pura e simplesmente cortadas pela censura quando apresentadas pelos órgãos da informação local".

Ainda nesse dia e no seguimento da queixa anterior, foi cortada uma opinião que usava "excertos de um artigo do Diário «Época»" sobre "a profusão de livros revolucionários, a sair constantemente das editoriais e a empanturrar as bancadas das livrarias". Porém, "no Ultramar ninguém deu por isso".

No que diz respeito aos elementos publicados depois de depurados por obra e graça da caneta censória, neste período houve bastantes, como se comprova pelo volumoso envelope onde estão guardados.

Destes artigos, a investigação releva, na edição de 10 de Março do *Diário de Luanda*, aqueles que falavam da forma diferente como os eleitos se envolviam no cumprimento da missão.

Assim, enquanto as intervenções de Barreto Lara na Assembleia Nacional eram marcadas pelas "fogosidade" e o "tom emocional", outro deputado, Sá Viana Rebelo, considerava que Luanda estava "ao nível de obscuros quimbos" devido à "obrigação da presença nas sessões camarárias de um administrador do concelho com funções fiscalizadoras".

De registar que neste segundo artigo foi cortado o período que retratava as estruturas administrativas, "estruturas que legalizam erros monstruosos, justificam a permanência de situações contrárias à lógica e nos fazem aceitar com naturalidade actuações noutras latitudes e em território nacional consideradas delituosas".

Relativamente aos aspectos económicos, merecem referência vários cortes sofridos pela *Notícia* de 15 de Março no artigo sobre o novo sistema de pagamentos, um sistema ao qual faltava "confiança", a exemplo daquilo que se passou com um artigo sobre o sistema cambial publicado na revista *Prisma* do mesmo dia.

Finalmente, *A Palavra* também sofreria cortes parciais na rubrica «Última palavra» sobre a dependência da Administração e das elites dirigentes da Província em relação a "ministérios, órgãos e entidades metropolitanas" e na parte relativa à denúncia de segregação racial feita num discurso pela "benévola deputada Sinclética Torres" na Assembleia Nacional, pois a deputada falara da existência de forças que consideravam que "a promoção do negro não deve ir ao ponto de competir com a do branco".

Eram as diferenças entre o Portugal real e aquele que oficialmente era definido como uno e multirracial.

2.2.3.4. Abril de 1972

Abril seguiu a regra dos dois envios mensais por parte do Governador-Geral, sendo que o primeiro dizia respeito à segunda quinzena do mês anterior e o segundo acompanhava os cortes efectuados pela Comissão de Censura na primeira quinzena do mês em estudo.

Tudo normal, tal como a presença – constante e cada vez mais acentuada – do lápis da censura.

Assim, em 12 de Abril, chegou o ofício confidencial n.º 3614/342/8-B/1.ª que está na caixa 21 com os cortes feitos no período "de 16 a 31 de Março último". Sobre o mesmo foi escrita, em 20 de Abril, uma informação no sentido de levar a conhecimento superior vários dos documentos recebidos.

O primeiro dos elementos que requeria atenção era um período num artigo de *A Palavra* sobre as "limitações e das responsabilidades perante o eleitorado" do deputado Barreto de Lara, no qual se deixou de poder ler "depois das declarações feitas sobre o assunto pelo Ministro do Ultramar, pelo Governador-Geral de Angola e por outros governantes, Barreto de Lara nem teve necessidade de improvisar". Em causa continuava a estar o novo sistema de pagamentos interterritoriais e a posição que Lara, durante a permanência em Luanda, prometera preparar ou improvisar sobre o assunto.

A presença de vozes mais sonantes e auto-autorizadas dispensava vozes menores.

O corte também atingira o longo artigo «Moeda e pagamentos interterritoriais» ao qual foi subtraído o subtítulo «Uma moeda que em duas décadas não valerá um décimo da de Angola e Moçambique» na *Revista de Angola* n.º 260 de 31 de Março, uma opinião do Dr. Crespo de Carvalho exposta no jornal *O Debate*. Nesse mesmo número da revista, a nótula económica de João do Prado intitulada «Perspectivas algo sombrias» viu ser-lhe cortada apenas a expressão sublinhada na frase "estas dificuldades, aliadas a outras, financeiras, fiscais e cambiais, que se têm vindo a criar e a amontoar, dão a este ano bissexto perspectivas um tanto sombrias" de forma a não dar a ideia de que novas dificuldades estavam a surgir.

Era sempre bom transmitir a ideia que a situação estava sob controlo e a evoluir favoravelmente, mesmo que a realidade teimasse em querer mostrar o contrário.

Pardo de Oliveira também viu cortada, na edição de 17 de Março de *A Província de Angola*, a frase final onde questionava se "não aparecerá quem seja capaz de o fazer?" no artigo «Revisão que se impõe», sobre a importância de apostar na "valorização do elemento humano" para que o país saísse do "subdesenvolvimento económico".

Ainda neste grupo de cortes, no jornal *A Província de Angola* de 23 de Março, estava um artigo de Humberto Lopes «O boomerang da Holanda», que apenas merecera a troca de "povo de Angola" por "povo português" e que só foi levado a conhecimento superior para que o Ministro visse que Humberto Lopes era contrário à interferência da Holanda na vida interna portuguesa e condenava o apoio holandês ao Movimento

SEGREDOS DO IMPÉRIO DA ILUSITÂNIA: A CENSURA NA METRÓPOLE E EM ANGOLA

de Libertação de Angola, até porque considerava que esse apoio se poderia voltar contra a Holanda, o maior importador de café de Angola, café que, em grande parte, era produzido "por portugueses de cor, pequenos, médios e grandes agricultores".

Na mesma edição sofreu cortes um artigo que denunciava alguns funcionários que tiravam "uma centena de contos por mês" devido à comparticipação nas multas. O título dizia tudo: «Procura-se moralizar a situação criada pelos avultados proventos auferidos pelos agentes de fiscalização».

Com este incentivo, não havia espaço para uma acção mais pedagógica junto dos faltosos.

Voltando a Humberto Lopes, a posição anteriormente referida não lhe rendeu grandes e duradouros dividendos porque, logo a seguir, mereceu vários cortes no artigo «O vazio das latas», no qual analisava "a instalação em Angola de indústrias novas com máquinas velhas" em vez de "unidades que trabalhem em qualidade e quantidade de forma a suprirem idênticos produtos importados e a economizar as divisas" de que Angola carecia para os "essenciais" – edição de 18 de Março de *A Província de Angola*.

Ainda sobre a vida económica, a revista *Actualidade Económica* também foi amputada de várias linhas no artigo «Intensificando as exportações» e viu proibido o comentário internacional «A moeda europeia em 1973?», que equacionava a criação de uma moeda para os dez países da CEE.

Quanto aos cortes totais que o GNP resolveu não levar ao conhecimento do Ministro, a *Semana Ilustrada* foi proibida de publicar um artigo de Rui Pimenta que falava de exorcismo "uma das primeiras quatro ordens que os padres católicos recebem" e contava um caso ocorrido no Paço de Benguela com uma jovem que sofria de epilepsia para mostrar que não era o diabo mas a doença que explicava o sofrimento da jovem. Por isso, com mais ou menos sessões de exorcismo, enquanto a doença não fosse tratada, os ataques de epilepsia voltariam.

Totalmente cortado foi o pormenorizado estudo de José Gonçalves sobre «Estado e sociedade num país multi-racial» que o n.º 56 da revista *Prisma* quisera publicar e no qual constava a denúncia do passivo do colonialismo, pois, por exemplo, o racismo na África do Sul "começou a desenvolver-se, a transmitir-se de geração em geração, graças a uma educação plena de preconceitos, uma estrutura social humilhante e uma política repressiva".

Proibidos foram igualmente, em 18 e 22 de Março, vários desenhos caricaturais com legendas não menos denunciantes, como "Beber vinho é dar de comer a meia dúzia de portugueses», entre os quais figurava o agente funerário tal a falta de qualidade da mistela que tinham convencionado baptizar como vinho.

Nesse grupo de cortes está uma carta escrita a partir de Luanda em 11 de Março e dirigida a Rola da Silva para o questionar sobre a veracidade de ter sido "transferido de castigo por causa das escritas nos jornais".

A CENSURA EM ANGOLA NA FASE FINAL DO IMPÉRIO

Rola da Silva esclareceu que a sua saída para Sá da Bandeira se ficara a dever a uma escolha pessoal "entre a carreira aduaneira e as outras hipóteses" e que, aliás, já tinha tomado a decisão de parar com as obrigações jornalísticas para "dar lugar aos novos", embora continuasse "como amigo de «A Palavra»", ajudando naquilo que lhe fosse pedido. Só ainda deixara de escrever para o jornal porque a sua vida se complicara e as despesas tinham aumentado e, por isso, continuaria por "mais uns tempos" e esclarecia que quando o abandono das lides jornalísticas fosse definitivo não seria necessário "inventar mais histórias".

O esclarecimento agradou à censura que o deixou publicar, embora tivesse riscado a parte da resposta onde Rola da Silva informava o autor da carta que, de facto, não era doutor, pois os doutores em Angola eram "os professores Lima de Carvalho, Nuno Grande e mais meia dúzia deles".

De facto, não tinha interesse dar a conhecer a pobreza intelectual da Província.

No que concerne à nova lei de imprensa, *O Lobito* foi impedido de publicar, em 17 de Março, uma reflexão sobre a forma como a abertura derivada da lei tinha sido acompanhada da "compra desenfreada de órgãos de informação pelos altos interesses da finança e, ainda, por elementos «apitados»", situação que "veio trazer aquilo que menos se pode ambicionar para um jornal: um regime de censura interna". Além disso, o autor referia a compra de "jornais por cifras que atingiram as centenas de milhar de contos", apesar de se dizer que a imprensa dava prejuízo, falava de um Sindicato de Jornalistas que aceitava uns e rejeitava outros e da hipótese de o Governo "instaurar a censura prévia", situação resumida na frase "quer dizer voltamos ao sistema anterior, vigorando o actual".

Era a famosa «Primavera marcelista» a que aludiam as palavras iniciais de Adriano Moreira na Introdução.

Ainda neste âmbito, *A Palavra* não foi autorizada a publicar «Antítese» uma reflexão sobre a liberalização "num país em que, recentemente, liberdade nem falada" e um artigo de opinião sobre a rubrica «Tópicos da Semana» do jornal *A Província de Angola*, louvada porque os trabalhos publicados, apesar de mostrarem "claramente as grilhetas entre que se move o respectivo autor" não padeciam "dos exageros reaccionários tão vulgares nalguns colaboradores" do jornal. Porém, como não há bela sem senão, o autor considerava "uma infelicidade tremenda o comentário à inauguração de um centro de estudos marxistas numa universidade católica", criação que o artigo de *A Palavra* elogiava porque "o surpreendente é a existência no mundo de universidades que ignorem o marxismo".

Ora, precisamente no jornal criticado, uma carta proveniente do Negache e assinada pelo leitor César Nogueira foi proibida na edição de 21 de Março. Em causa continuava a situação decorrente da falta de materiais que não podiam ser importados.

Quanto ao semanário *A Palavra* viu-se, ainda, impedido de publicar, em 24 de Março, a «guia de marcha» passada por Renato Ramos a Lourenço Pires, o dono das fábricas que vendiam a zurrapa ou "veneno engarrafado, transgredindo tudo quanto está legislado honestamente" e que estava a intoxicar Angola através das marcas Caxi, Bangasumo e Estrela Polar.

O jornalista, depois de recordar que nunca aceitara publicidade no jornal à mixórdia comercializada por Lourenço Pires, 'convidava-o' a reunir "o máximo de fundos", a ludibriar "o Conselho de Câmbios para a transferência do dinheiro" e a raspar-se para a sua terra porque em Angola não se safava mais, até porque não dava o exemplo já que preferia o whisky escocês às mistelas que produzia.

No que concerne à poesia, o *Diário de Luanda* tentou publicar, em 21 de Março, o poema «História», assinado por Fernando Alvarenga, mas a censura não se mostrou sensível às marcas das línguas locais "Ongolo utu ulu a tubite kilalu kili", tal como não aceitaria «O pomar das pitangueiras» de Ernesto Lara Filho, um poema que combinava a saudade com marcas de erotismo "os lábios sensuais daquela mulata que nunca mais encontrei" e o hábito das bebidas maceradas – edição de 28 de Março de *A Província de Angola*, edição onde a crónica «Os caboucos da cidade» quisera, em vão, falar de um país que "acordava de um longo sono".

Aliás, o assunto era recorrente na conjuntura de então, embora assumisse formas muito diversas na tentativa, geralmente sem resultado, de iludir a Comissão de Censura. Foi o que aconteceu com «Velha História» que *A Província de Angola* viu cortada em 29 de Março porque a «estória» do homem da trompete que aconselhava a continuar a dança enquanto o fogo afundava o navio era bem actual.

Afinal o homem do trompete era falso, tal como o regime que só procedia a alterações de nomes.

Por isso, não admira que continuasse a haver muitas reclamações, como se comprova pelo facto de a *Notícia* ter sido impedida de dar voz a denúncias de vários leitores, como aquela que foi feita por Bernardo João Pablo, alguém que recusava ser "anti-patriota" e que "apenas gostava imenso que as coisas corressem doutro modo mais decente", sobre a aposentação por incapacidade dos funcionários públicos que não gostavam do lugar para onde eram transferidos desde que tivessem "padrinhos que valem um dinheirão".

Aliás, o mesmo se passou relativamente a uma polémica entre os leitores devido ao facto de uma mestiça, Lydia Ferreira, ter ficado em terceiro lugar num concurso de beleza, situação que tinha sido objecto de críticas por parte de outra leitora, Meli Costa, ou no que concerne a uma carta proveniente de Vila Artur de Paiva e assinada por Hilário Cavala sobre a forma como o Delegado de Saúde se recusara a tratar um miúdo de um ano que estava em coma. Atitude ainda mais grave do que o facto de o servente da Delegacia de Saúde estar "ébrio" e o Delegado de Saúde ter chamado "desgraçado indígena, nem parece ser meio civilizado" ao pai da criança por ter tido a "coragem" de acordar o médico a meio da noite.

Aliás, os direitos que alguns médicos faziam questão de exigir – e exibir – também foram noticiados por V. Mendanha, embora já no período seguinte, em 2 de Abril, no *Diário de Luanda* porque o médico – o dr. XPTO – fizera questão de ridicularizar o jornalista por não saber que no Hospital de S. Paulo se entrava "pela direita e sai--se pela direita" porque a esquerda estava reservada para as personalidades como o referido clínico.

Nesse mesmo dia, o jornal viu cortado o título «Menos vinho da Metrópole para o Ultramar: a quebra das exportações metropolitanas foi, em 1971 de 30 milhões de litros».

No dia 30 de Março, *A Tribuna dos Musseques* não publicou o artigo «A TSF do sertão – ou a morte do chefe Nogueira», no qual era usada uma linguagem com muitas marcas de oralidade para retratar a vida dos cipaios.

Voltando aos relatórios, o segundo elemento chegou em 15 de Abril – ofício confidencial n.º 3807/352/8-B/1.ª, arquivado na caixa 22 – e os cortes diziam respeito ao "período de 1 a 15 do mês em curso", havendo alguns que, segundo o GNP, deveriam ser levados a conhecimento ministerial.

Estavam nesta condição três elementos publicados com cortes na *Província de Angola*.

Assim, na edição de 5 de Abril, figurava a reportagem sobre a «Assembleia-Geral dos lojistas» e a sua decisão de "pedir ao governo a suspensão do diploma sobre o tabelamento e margens de lucro". Nessa mesma edição sofreu cortes uma extensa reportagem sobre a guerra dos aerogramas com o subtítulo "Quando os CTT «rebentaram pelas costuras a criação do SPM foi prontamente encarada» e que dava conta da criação de "quatro estações e doze postos" que assegurariam "a cobertura da Província". No entanto, essa reportagem não precisou de ser presente ao Ministro.

Depois, no jornal de dia 12, constava uma entrevista feita ao eng. Carlos Abecasis, Presidente do Conselho de Administração da Companhia dos Diamantes de Angola. O jornalista escolheu para título «Na alternativa da extirpação do tráfico ilegal a Província teria arrecadado mais 300.000 contos de receitas públicas», situação que exigia mais controlo.

Finalmente, no dia 15, era Carlos Morgado que falava de um «Sindicalismo doente», pois tudo estava errado de base e havia "uma luta surda pela dirigência sindical como promoção social individual em detrimento do ideal corporativista".

Relativamente aos cortes que o GNP considerava não necessitarem de ser levados a conhecimento ministerial, *A Notícia* publicou com cortes feitos a 4 de Abril um texto de António Gonçalves com fotos de António Cruz sobre «O torneio da Páscoa mostrou», uma crítica ao seleccionador nacional de hóquei em patins, Guilhermino Rodrigues, que tinha ido a Luanda "disposto a mostrar que não precisa dos jogadores ultramarinos para nada. A Metrópole basta-se e não se justifica o encargo de transportar jogadores de tão longe"[205].

O mesmo se passou com «Explosão no Grafanil», que apenas mereceu pequenos cortes, apesar de a explosão ter acontecido "na área dos paióis do campo militar"[206], enquanto «Segurança pública» foi totalmente cortada na edição de 4 de Abril, uma reflexão que apontava para a falta de educação cívica e denunciava a forma como "dois guardas-nocturnos procediam à prisão de dois garotos", pois havia "a intenção clara de fazer mal".

O preço do leite voltou a estar em foco e a *Notícia* foi impedida de anunciar, em 5 de Abril, que a «Lacticínios do Cunene» tinha sido autorizada a importar "leite em pó para fabricação de queijo" ao preço de 28 escudos o quilo, embora "o leite em pó dinamarquês [fosse] vendido ao publico lisboeta a 16 escudos o quilo".

Era a vantagem de viver na Metrópole.

Esta revista também viu cortado um artigo sobre as situações derivadas da "explosão escolar" que levara à falta de livros – alguns ainda na alfândega – de docentes com a devida preparação e a situações caricatas como "uma professora licenciada em Germânicas que está a ensinar Ciências" e uma carta assinada pelo 1.º sargento da FAP, Carlos Sousa da Silva Nuno, que se queixava de haver "buracos nas malas dos correios" porque já tinham desaparecido "por três vezes" cartas que enviara para a família, "todas elas contendo uma ou duas fotografias".

Afinal, um primeiro-sargento não tinha direito a mala diplomática e as fotografias tornavam as cartas suspeitas, pois, naquela altura, até os leves e quase transparentes aerogramas serviam para enviar dinheiro.

Finalmente, o poema «Chagas de salitre» ficou na caneta porque começava da seguinte forma: "Olha-me este país a esboroar-se/ em chagas de salitre".

Não era só o país. Era um Império!

Quanto à *Palavra,* aproveitava a quadra para falar de «A Páscoa dos Evangélicos: a passagem para a eternidade» e Nunes Pereira só viu o lápis descer sobre a frase "onde a liberdade religiosa da Constituição Política não raro é negada".

Em Portugal e no seu Império havia outras liberdades igualmente negadas.

Esta revista também publicou, embora com ligeiros cortes, uma extensa reportagem sobre o funcionamento do Hospital Central de D. Maria Pia, uma reportagem que poderia ser feita "um dia qualquer, de uma qualquer semana de todos os meses" e que dava conta das condições desumanas daqueles que esperavam a consulta externa.

---

[205] *A Palavra* também se referiu ao torneio, embora se tivesse debruçado prioritariamente sobre o desenrolar dos jogos e dos resultados.
[206] Menos sorte teria *A Palavra* porque se ao texto apenas foi retirada a palavra "laconismo", o mesmo não se passou com duas das três fotos sem legenda que foram proibidas.

Aliás, muitos deles esperavam "esperançados mais no milagre de serem atendidos que no milagre de serem curados".

Afinal, se D. Maria tinha sido piedosa, o hospital que ostentava o seu nome não fazia questão de se mostrar tão humano.

Totalmente cortada foi, ainda na mesma publicação, a notícia que dava conta do voo inaugural do 747 da TAP, um voo "festejado como coisa rara, a exemplo do que se faz quando se inaugura um fontenário em terra seca" e que tinha privilegiado o Ultramar porque só este dispunha de "capacidade de lotar completamente aqueles aviões com capacidade a rondar os quatrocentos lugares".

Aliás, o mesmo destino teve uma crónica cortada a 12 de Abril sobre uma pretensa construção de uma cidade por parte de uma empresa que organizara uma festa de arromba para apresentação do seu projecto e, cinco anos depois, "apresentou a obra: uma moradia em transgressão, morada do presidente, etc".

A ironia voltou a ser uma constante em «Antítese: afinal eram seis», o comentário proibido a uma carta de um leitor, Carlos Santos, sobre a reunião em Lisboa e em simultâneo, não de três mas de seis Assembleias-Gerais de sociedades económicas de Angola, um bom exercício de criatividade sobre o protocolo, uma vez que a presença de tantos accionistas na capital do Império levantaria problemas, desde logo porque nem todos poderiam passar pela porta ao mesmo tempo.

A Palavra ainda foi proibida de publicar a crónica de Nunes Pereira «Última palavra» sobre o facto de considerar que pertencia a "um povo traído" porque "os poderes públicos, em qualquer sociedade mais ou menos democrática nada idêntica à imagem que traçam da nossa, reflectem ou deviam traduzir a vontade das massas".

O autor terminava com a frase "até que se cumpram as profecias das primeiras andorinhas da Primavera...", uma prova que o «Outono marcelista» ainda durava.

Em 13 de Abril, depois da suspensão, acabou por cair a proibição sobre o artigo que partia da convocatória da Assembleia Geral da Associação dos Lojistas para questionar se as suas pretensões e a sua exaltação satisfariam o governo.

Era o regresso às reclamações e, por isso, *A Semana Ilustrada* viu desaparecer uma parte considerável do texto sobre como «Defender a riqueza mineira de Angola (3)», novos conselhos dados sem terem sido solicitados.

Esta revista sofreu vários cortes e a proibição de apresentar duas imagens do assassinato de um guarda da PSP, José da Silva Martins, por um 'africano' – 'empregado' por sugestão da censura – que acabara de esfaquear o patrão.

Também a revista *Actualidade Económica* foi interdita de publicar «Preocupações justificadas» sobre o facto de a revista ousar antecipar os acontecimentos, como aconteceu com a previsão dos "desastrosos resultados da estiagem prolongada e generalizada que assolou praticamente toda a Província".

Tal como Savonarola, não era aconselhável falar de futuríveis.

Voltando ao jornal *A Província de Angola*, a crónica de Hélder Freire foi proibida na edição de 7 de Abril porque criticava a forma como se estava a promover Angola. De facto, pagar a viagem de avião e a permanência de uma professora "de um colégio britânico de Lisboa" não parecia servir de publicidade a Angola, pois a senhora não leccionava em Londres.

Nessa mesma edição foi totalmente cortado o artigo de P. Neiva na rubrica «Problemas de Angola» e intitulado «O recrutamento profissional», ou angariamento, uma forma ilícita de recrutamento feita pelos "agentes recrutadores das empresas". O autor explicava como se processava o processo através de recurso aos agentes de recrutador, os "comerciantes espalhados pelo mato" e defendia ser necessário"ter em conta a mentalidade do povo africano, tão prático e nada dado a abstracções" e que, por isso, gastava o dinheiro do angariamento em "gastos bem evitáveis e distorcidos" o que não aconteceria se "a mulher e os filhos recebessem mensalmente uma certa quantia através dos postos administrativos".

No dia seguinte, chegou a vez dos artigos de Valdemiro da Encarnação Sousa e de Ernesto Mascarenhas. O primeiro, intitulado «Benefícios necessários e justos», dava a opinião sobre a promoção de "um regime aduaneiro completamente liberalizado para Cabinda", numa altura em que "muitas mercadorias que são de importação" já faltavam no mercado. O segundo denunciava que «Entre a veterinária e a pecuária de Angola existe um fosso escuro» e dava exemplos que apontavam para o facto de "uma grande parte das alavancas da Administração Pública de Angola" estar "nas mãos de veterinários", mas "nunca a Pecuária de Angola esteve tão por baixo pelo menos por cá na Cela".

Ainda a 8 de Abril, *A Província de Angola* viu cortada uma reflexão denominada «O optimista», uma denúncia dos vários pontos que não funcionavam bem em Angola porque "ao optimista chegam as palavras", mesmo que falsas, como aconteceu quando a Rádio Clube de Benguela mandou uma equipa de reportagem ao aeroporto de Benguela esperar, em vão, um jumbo 747 da TAP, que não 'cabia' no aeroporto.

Depois, em 11 de Abril, não pode publicar as queixas do Presidente da Associação Comercial Agrícola e Comercial do Huambo que reclamava porque «Nem sempre as Associações Económicas são ouvidas em assuntos que directamente interessam aos seus componentes».

Era mais uma denúncia no sentido de negar a existência real de um corporativismo, mesmo que centralizado.

Finalmente, em15 de Abril, foi a vez de «A verdade» não conhecer a luz do dia, tal como se tinha verificado durante muito tempo relativamente a alguém que agora, finalmente, ia responder pelos seus actos. R. Sotto-Maior também acreditava que "tudo vem à tona". Podia era demorar.

Na pasta estão, ainda, vários desenhos – cuja proveniência não é passível de descodificação – que caricaturam a evolução da tracção animal e foram cortados em 4 de Abril porque demonstravam as várias formas de exploração.

Afinal, os carregadores e aqueles que eram carregados não sofriam alteração. O que mudava era a forma de transportar.

2.2.3.5. Maio de 1972

Em 5 de Maio de 1972, foi publicada a nova Lei da Imprensa, o Decreto-Lei n.º 150/72, que consta no *Suplemento* do *Diário do Governo* n.º 106 e a censura prévia foi abolida, embora a lei não fosse extensível a Angola. Como durante o mês de Maio foram recebidas em Lisboa duas remessas de cortes, a segunda das quais contendo cortes já posteriores à publicação da lei, talvez seja possível aquilatar se, mesmo assim, o Decreto-Lei n.º 150/72 representou realmente uma mudança a nível censório, ou seja, se a Comissão de Censura recebeu ordens no sentido de aligeirar a sua função.

No que diz respeito aos cortes efectuados antes da publicação da Lei de Imprensa, em 2 de Maio, foi recebido em Lisboa o ofício confidencial n.º 4305/400/8-B/1.ª, arquivado na caixa 22, com os cortes "respeitantes ao período de 16 a 30 de Abril", sobre o qual foi manuscrita a informação no sentido de levar alguns dos cortes a conhecimento superior. No entanto, esses documentos não estão separados dos restantes cortes, situação que dificulta a sua identificação.

De qualquer forma, face à investigação já feita, não parece abusivo concluir que o principal elemento que deveria ser levado a conhecimento ministerial se prendia com um artigo muito desenvolvido que a revista *Actualidade Económica* publicara com cortes e intitulado «Uvas ou manteiga».

Em causa estava o facto de produtos incluídos na primeira prioridade – como o leite e a manteiga – faltarem no mercado angolano, embora tal falta também resultasse do açambarcamento feito dos vendedores que guardavam os produtos em armazém para fazer subir os preços, como tinha acontecido com o leite "que há poucas semanas custava entre 90$00 e 100$00 a lata e apareceu recentemente à venda a 164$00".

Era a lei da oferta e da procura a ditar a sua regra e a mostrar que os escrúpulos nem sempre resistem face à possibilidade de um lucro suplementar.

Além disso, o escudo português de Angola não era aceite na Metrópole "quer por parte dos organismos oficiais, quer dos privados e da própria Banca".

Outro dos assuntos cujo conhecimento o Ministro não podia dispensar prendia-se com outro artigo da *Actualidade Económica* que dava conta que «Os suecos vão aprender agricultura em Portugal», palavras atribuídas ao director do jornal sueco *Land*. O articulista não se coibia de questionar as razões desse facto porque não percebia como é que a agricultura portuguesa estava tão desenvolvida e "a mesma agricultura, como actividade de expressão colectiva" fosse "a mais pobre, atrasada e menos produtiva de todo o conjunto nacional", como se provava pelo facto de "dois terços dos braços que anualmente emigram da Metrópole portuguesa para o estrangeiro" saírem "exactamente dos misteres agrícolas".

De facto, a grande maioria da mão-de-obra portuguesa que emigrava – legal ou clandestinamente – para França e para a Alemanha era pouco qualificada.

No que se refere aos artigos cortados integralmente, mas que talvez não justificassem a atenção ministerial, *A Província de Angola* teve vários.

Assim, ainda em 15 de Abril, a suspensão que incidia sobre o artigo «As populações desta progressiva terra [Vila da Cuma] desejam ver construído o hospital que lhe prometeram» passou a proibição.

Mais tarde, em 17 de Abril, uma das vítimas preferidas da Comissão de Censura, P. Cabral, não viu publicada a sua reflexão sobre os problemas do ensino na qual pretendia apontar «Para uma consciencialização dos professores em Angola na base: a escola». Nessa mesma edição, não apareceu a notícia, veiculada pela Reuter, segundo a qual «A Tanzânia acusa a aviação portuguesa de bombardear o seu território» onde tinham sede a Frelimo e a OUA.

Em 20 de Abril, foi a vez de ser permitida a publicação da notícia «Uma aparelhagem médica para os militares em Moçambique oferecida pelos sul-africanos», no valor de 60 mil rands, mas proibidas as notícias sobre as palavras do presidente do Comité de Descolonização da ONU, Salim A. Salim, na sequência da visita de três membros do comité às zonas controladas pelo PAIGC na Guiné e sobre a reacção da Tanzânia em relação "a alegados ataques" por parte de Portugal.

Ainda em 20 de Abril, não lhe foi permitido voltar à questão do "muro da burocracia ou da miséria" entre a veterinária e a pecuária, um artigo da responsabilidade de Ernesto Mascarenhas.

No dia seguinte, ficaram por narrar os «Distúrbios no Porto», assunto que parecia nada ter a ver com Angola, mas que, na perspectiva da censura, poderia vir a influenciar negativamente a Província porque esta vivia momentos difíceis e a manifestação no Porto fora contra "a carestia de vida" e para "pedir aumento de salários".

Em 28 de Abril, a ironia de Hélder Freire não passou porque sabia bem que os 600 contos que Amália Rodrigues ia ganhar a Angola não se destinavam a um investimento na Província, embora se mantivesse a "impossibilidade de os transferir" e, no dia seguinte, a «Ilegalidade» de R. Sotto-Maior não foi conhecida porque denunciava o problema das construções clandestinas perante "uma Câmara Municipal desautorizada".

Como é bom de ver, tratava-se da Câmara de Luanda e o assunto não tardaria a merecer novos desenvolvimentos.

A Palavra também foi vítima de muitas proibições, a começar por uma que se revela muito importante para esta obra.

Trata-se de uma carta assinada com as iniciais J.C. e dirigida a Rola da Silva para o aconselhar a não se meter com nada daquilo que interessa e para fazer "a apologia do nada, porque senão cortam-te tudo".

No meio de imagens sugestivas e exemplificativas daquilo sobre que convinha ou não falar, o articulista aconselhava-o a não defender "seja o que for" porque o seu nome convidava "a espingarda de dois canos" e lembrava que "ainda há bastilhas" e Rola da Silva já estava "velho demais" para usufruir "das incomodidades eternas que elas proporcionam".

Em momento anterior, Rola da Silva assumira no jornal que ainda escrevia porque tinha de pagar o hotel na cidade para onde fora transferido, Sá da Bandeira, e a casa em Luanda. Nesta carta, os conselhos dados por alguém que tratava o jornalista por tu parecem uma homenagem à luta de Rola da Silva e tanto podem ser vistos como uma sugestão para que continuasse a ser igual a si próprio, como para o avisar da importância de evitar represálias.

A exemplo de Fernão Lopes, deixo ao leitor a escolha da opção que lhe parecer mais consentânea com a situação.

Quanto às outras proibições, em 17 de Abril, na rubrica «Do quotidiano», o título «Quem foi?» quis contar o diferendo que opunha Nunes Pereira ao vice-presidente da Câmara de Luanda "a propósito dos charutos que os vereadores merecem ou não".

O jornalista mostrou-se muito crítico sobre o funcionamento da Câmara porque o vice era mais presidente, pois "tantas são as vezes que desempenha a presidência por impossibilidade do titular do lugar" e onde os vereadores eram homens bons, "pacatos, amigos da chinela ao domingo e do descanso pelo resto da semana", que tinham provocado o riso aquando da escolha porque "iriam lá fazer nada".

No mesmo dia, o lápis censório cortou por completo «Três sem trunfo», três crónicas sobre situações que só tinham em comum o ridículo proveniente da descontextualização ou da ignorância.

No primeiro caso, a ignorância de confundir as estrelas "com as sinalizações luminosas, coloridas, com que o navio da Capitania transmite as instruções para unidades da escolta" do Presidente da República de viagem ao Brasil. No segundo, a *gaffe* de um ministro francês que inaugurou uma ponte para ligar a Normandia ao Maine e vice-versa e, no terceiro, o «progresso» motivado pelas constantes idas de personalidades a Angola porque garantiam muitos postos de trabalho, tanto a nível da transportadora aérea como dos hotéis.

Ainda a 17 de Abril, voltou a ser cortada uma crónica que versava a administração de Luanda, onde a questão dos ordenados dos fiscais estava a ser estudada "HÁ MUITO" pelo presidente, a exemplo daquilo que se passava com outras questões às quais era dedicado muito tempo "com uma pedra em cima delas".

Finalmente, em 22 de Abril, a desavença na Câmara sobre se uma praça deveria continuar a ser "do Império" ou passar a ser "da Lusitânia", situação a fazer lembrar as discussões dos sábios de Bizâncio, mereceu a sugestão do cronista no sentido de "dividir o mal pelas aldeias", isto é, a praça passar a ser designada por "Praça do Império da Lusitânia".

O humor fino do cronista levou-o a sugerir aos vereadores que tentassem resolver uma questão que ainda continuava sem resposta e que se prendia com o sexo dos anjos.

No que concerne a outros aspectos da vida angolana, a gaveta foi o destino da crónica que ironizava sobre o facto de as assembleias-gerais das empresas sedeadas em Porto Amboim se realizarem em Lisboa por causa dos mosquitos. O jornalista lançava a hipótese de os accionistas também levarem para Lisboa "o café, os palmares e o resto" e ficarem por lá.

No que concerne à assistência médica, a 18 de Abril, foi proibido o artigo «O osso da questão» sobre o caso de uma criança que, apesar dos esforços – não apenas financeiros – do pai, não encontrara cura em Angola para o problema da sua perna e esperava a chamada de Pretória para a recuperação possível – quarenta por cento.

Mudando de publicação, A *Tribuna dos Musseques* foi proibida de colocar a hipótese de se ter verificado uma tentativa de angariamento clandestino de pessoal no Alto Hama, até porque denunciava que a fiscalização era difícil e o jornalista sabia da partida anual de centenas de indivíduos que voltavam "1 ou dois anos depois com algumas centenas de escudos".

Nesse período, a *Notícia* viu cortada uma breve reflexão sobre o fim da licença graciosa, no qual dizia que em Lisboa se pensava que "os angolanos reagiram da melhor forma" ao fim dessa licença e se prognosticava o comportamento numa altura em que as férias estavam a chegar e, em 22 de Abril, não publicou «Cunhas no ensino», uma denúncia vinda de Nova Lisboa, feita por um "estudante universitário no último ano de um curso superior" que não tinha sido colocado em lado nenhum e tivera de servir de "tapa-furos", situação que o levara à exaustão psíquica.

Aliás, também sobre o ensino quiseram falar José Marques dos Reis, de Caculo, para denunciar o que se passava "na Escola Técnica de Folgares" onde o Director não podia atender os encarregados de educação porque "tinha saído no dia anterior para a pesca" e Maria Eduarda Freitas da Silva, de Luanda, que fizera questão de denunciar "a situação do professor primário que trabalha em regime eventual" e que não recebia ordenado durante as férias grandes.

Para estes professores, as férias grandes, ao contrário do dinheiro, nunca mais acabavam. Que bom seria não haver férias!

No que se refere à conjuntura regional, o *Diário de Luanda* não pode publicar «Futebol entre ministros e diplomatas africanos», uma ideia do Ministro dos Negócios Estrangeiros do Uganda, com a particularidade de a receita do jogo reverter "para os movimentos de libertação".

Provavelmente, nunca o Estado Novo quis tanto que as bancadas de um estádio ficassem quase vazias.

A CENSURA EM ANGOLA NA FASE FINAL DO IMPÉRIO

No que concerne à imprensa local, *O Lobito* viu cortado, em 25 de Abril, um artigo sobre a visita presidencial ao Brasil e que apontava para a necessidade de uma comunidade luso-brasileira embora a frase "um Pai, que se preze, conduz sempre a candeia que iluminará o caminho do Filho" pareça algo deslocada da conjuntura de então.

Em 18 de Maio, o GNP recebeu o ofício confidencial n.º 4874/503/8-B/1.ª, que está na pasta 22 e que se fazia acompanhar dos cortes "respeitantes ao período de 1 a 15 do mês em curso", ou seja, os primeiros cortes depois da publicação da nova Lei de Imprensa.

A informação manuscrita voltou a ser no sentido de dar conhecimento superior de alguns desses cortes.

Assim, *A Palavra* de 9 de Maio não publicou «Serviço de emprego» sobre a actuação do Director do Serviço de Emprego de Angola, que estava mais preocupado com o desemprego na Metrópole porque "lá recrutou os futuros chefes, seus auxiliares directos, de lá mandou vir o motorista também particular e o futuro chefe dos condutores que irão servir nas viaturas dos serviços" e até o "chamado chefe do pessoal menor, o vulgar contínuo".

Afinal, a dificuldade de transferências não se aplicava às pessoas e muito menos se o sentido era da Metrópole para o Ultramar.

Em 12 de Maio, a mesma revista viu cortado um comentário sobre «O escudo de Angola» da autoria de Costa Ferreira, no qual era referido o descontentamento "geral" e se defendia que "o Governo da Nação tem de encontrar uma solução o mais rapidamente possível, antes que a situação se agrave"[207].

Além disso, não pode publicar uma reflexão sobre a construção de um "monumento ao prisioneiro político desconhecido", pois estes prisioneiros morriam "para a vida" porque não havia miséria que lhes não tocasse "a loucura, os piolhos, o corpo sujo, a alma dorida, os ossos espancados".

No entanto, se o «soldado desconhecido» teve direito ao seu monumento, o «prisioneiro político desconhecido» não mereceu tal honra porque o Estado Novo reservava essa designação apenas para os dissidentes do regime de Leste.

Também a *Semana Ilustrada* foi proibida de publicar, em 8 de Maio, uma opinião sobre a nova designação atribuída a Angola e a Moçambique porque "abraçar a designação «Estado» sem medidas políticas, administrativas e financeiras ao nível da actual situação é assemelhar-se, na verdade, à atitude dos republicanos de 1910: ficamos na mesma".

Ora, essa era a regra – com reduzidas excepções – do Estado Novo.

A revista *Actividade Económica*, em 9 de Maio, publicou, com um pequeno corte, o elogioso «No caminho do diálogo» sobre o esclarecimento, que fugia à regra, prestado pela Secretaria Provincial de Economia relativamente às suas actividades e "dos

---

[207] Este artigo também seria proibido na edição de 20 de Maio de *A Província de Angola*.

serviços que dela fazem parte" e, com muitos mais cortes, «Não há razões para deitar foguetes» sobre a divulgação do início das "negociações para a entrada do nosso País para o Mercado Comum Europeu".

O tempo não demorou a dar razão ao jornalista.

Há, ainda, outros elementos proibidos ou publicados com cortes na mesma revista, mas cuja leitura já não se revela possível.

Também *A Província de Angola*, na edição 8 de Maio, não publicou a rubrica «Tribuna» da responsabilidade de Xavier de Figueiredo que falava de dois assuntos: a renda de "uma centena de contos" mensais pagos por "uma repartição pública" de "parte de um imóvel particular da Avenida Marginal" e o desaparecimento do livro «História de Angola» do "rol de livros da 4.ª classe", amputando-se a História de Portugal "de uma amplitude que seria justo conferir-lhe", pois Angola tinha "a sua história, os seus heróis e pouco ou nada se sabe daquela ou destes".

Afinal, havia que respeitar a verdade oficial.

Depois, em 14 de Maio, viu cortados dois parágrafos que reproduziam as palavras de José Maria Machado Vaz sobre os pagamentos interterritoriais, pois considerava que "no Governo e nos principais departamentos do Estado há doutores a mais e homens práticos e realistas a menos".

Por explicar ficava a razão que levava as pessoas mais instruídas a perderem o sentido da realidade. Seria devido a um ensino ainda tão livresco?

Finalmente, a *Notícia* não pode publicar, em 10 de Maio, um estudo sobre os impostos que aí vinham porque alguns "custam a engolir". Era, ainda, a questão das importações e exportações.

Como se vê por estes exemplos, a censura mantinha-se e os temas cortados não apresentavam alteração – nem pequena nem grande – em relação ao período anterior.

No que concerne aos cortes que podiam passar sem serem presentes ao Ministro, a lista foi grande.

Assim, dos cortes totais importa referir que o jornal *Sul* foi proibido de publicar, em 2 de Maio, as desventuras de uma jovem de 16 anos, Clementina, que se prostituía com conhecimento do pai que "a obrigava a tomar" comprimidos anticoncepcionais, uma prova que havia – e continua a haver – pais que apenas o são biologicamente.

Este jornal viu, também, totalmente cortado o artigo de Augusto Santos que denunciava a inexistência em Angola de "tranquilidade e protecção ao trabalhador, na doença e na velhice" e que questionava "afinal que temos em troca do que pagamos?".

Talvez doença e despesas por conta própria com os cuidados médicos constituissem a resposta menos desejada na perspectiva da população, mas mais adequada face ao contexto.

Ainda no âmbito da imprensa regional, o *Jornal de Benguela* não deu voz, embora já em 28 de Abril, aos rumores que corriam relativamente à possibilidade de o hospital regional ir deixar de ser civil e passar a ser militar.

No que concerne à imprensa nacional, *A Província de Angola*, de 7 de Maio, não publicou "por falta de identificação" uma crónica que dava conta do desmoronar de "uma equipa famosa", pois quando surgiram dificuldades, "as coisas começaram a andar mal" e as saídas sucederam-se com a consequente passagem do responsável de "bestial" a "besta", mesmo sabendo-se que "sem ovos não se fazem omoletes".

De facto, tanto podia tratar-se de uma equipa de um qualquer clube desportivo como da equipa que assegurava a continuidade possível e penosa do regime da Constituição de 33.

Nesse mesmo dia, a crónica de José de Almeida também foi proibida porque constituía uma denúncia sobre a situação de quem tem "de ganhar a vida" e, por isso, prefere manter o salário do medo, "cala-se e sufoca-se, sem um desabafo".

Naquela conjuntura, tal como "em todas as situações, em todos os lugares, em todas as ocupações" existiam "montes de homens que auferem o salário do medo".

Ainda a 5 de Maio, «Vértice» de Hélder Freire foi silenciada, uma vez que analisava a crise angolana, dava conta da "expectativa angustiante" e, face ao avolumar de dificuldades, lançava a possibilidade de o consumidor não ficar "silencioso".

Em 11 de Maio, *A Província de Angola* não publicou «O insólito acontece», uma crónica de Nunes Torrão sobre um caso que mostrava que nem a imprensa regional da Metrópole aceitava o pagamento da assinatura em escudos angolanos.

Depois, em 13 de Maio, não foi autorizada a dar voz a João Coppeto e ao seu conto «O julgamento» de um arguido negro de 18 anos acusado de possuir liamba porque o polícia passou na rua, cheirou-lhe e, quando meteu "o nariz no buraco da fechadura", confirmou que se tratava de liamba.

Já no campo da realidade, em 15 de Maio, este jornal não noticiou «Atentados bombistas em Nova Iorque» que dava conta da explosão de duas bombas "na parada de um quartel do Exército de reserva", acto ainda sem explicação oficial, embora fosse possível que constituísse "uma manifestação contra a guerra do Vietname".

No que diz respeito a questões laborais, o *Diário de Luanda* de 4 de Maio viu-se impossibilitado de repor a verdade a respeito «das horas extraordinárias pagamento (judicial)» porque, afinal, Moutinho da Silveira descobrira que os trabalhadores da Metrópole podiam exigir no prazo de três anos o pagamento de horas extraordinárias à entidade patronal e, em Angola, só dispunham de um ano, depois de terem abdicado da isenção de prazo que gozavam até "6 de Outubro de 1966" para não disporem de uma situação privilegiada em relação aos trabalhadores da Metrópole.

O jornalista não compreendia que os trabalhadores angolanos, que tinham abdicado de um direito adquirido em nome da solidariedade nacional, não recebessem, agora, a mesma solidariedade por parte dos sindicatos metropolitanos, que tinham conseguido a extensão do período de um para três anos, mas só para os seus membros.

Relativamente aos aspectos militares e políticos, a edição de 12 de Maio do mesmo jornal não publicou «Atentado à bomba na messe dos oficiais americanos em Frankfort» e, em 14 de Maio, «Fulbert Youlou e Kwame N'Krumah – perfil de dois políticos africanos agora desaparecidos».

Apesar dos muitos cortes parciais, *A Palavra* só viu proibida uma crónica de J. Sebag, datada de 3 de Maio e que dava conta de uma "arreliadora irritação de pele" que estava a transformar-se em epidemia nos Açores. Sebag aproveitava para denunciar que ninguém parecia interessado em resolver a situação, questionava o que se passaria se a epidemia acontecesse em Angola, embora aproveitasse a narração para fazer referência à questão das importações.

Neste período, *A Tribuna dos Musseques*, de 4 de Maio não publicou «Crónicas do crepúsculo» sobre a imundice dos subúrbios de Luanda sempre que chovia, uma cidade onde as crianças chapinhavam nas poças e os automóveis mais pareciam barcos e, em 11 de Maio, uma carta sobre «Aspirações legítimas» e a que foi dado o subtítulo «Os professores de posto não podem ser contratados» na qual se questionava a razão pela qual "não será a lei em Angola idêntica à da Metrópole".

Talvez convenha esclarecer que, nessa altura, a situação do ensino na Metrópole estava longe de ser exemplar, pois muitos dos professores do Ensino Secundário não dispunham de habilitação própria e os numerosos regentes do Ensino Primário ainda não tinham sido chamados a completar a sua formação nas Escolas do Magistério Primário.

No que concerne a questões relativas ao desenvolvimento, a *Revista de Angola* viu cortado por Koch Fritz, em 12 de Maio, o artigo «Fomento Pecuário» porque denunciava a inexistência de "ideias assentes e seguras sobre o que se deve ou mais convém fazer" e a *Notícia* não publicou, em 2 de Maio, um apoio ao Governador-Geral que, em visita por Moçâmedes, proferira "algumas justas severidades sobre coisas irregulares que ali estavam a acontecer" relativamente "às concessões de terrenos para «farms»", embora a imprensa não tivesse feito eco dessas palavras de Rebocho Vaz, pois eram os grandes interesses que estavam em causa.

Apesar do elogio feito à iniciativa do Governador-Geral, a Comissão de Censura cortou o artigo porque não queria delegar as suas competências e reservava-se o monopólio da crítica aos órgãos da imprensa.

Relativamente à temática deste livro, importa dizer que a *Notícia* foi proibida de publicar «O Papa Alexandre VI e a Censura», uma súmula de cinco pensamentos de um Papa que defendia, por exemplo, que "o dever de censor é cortar, cortar, cortar; por mais que corte, ainda ficará demasiado" ou "o ideal é descobrir, nelas [obras literárias], intenções ainda quando o escritor não as tenha tido".

Afinal, a Comissão de Censura talvez fosse branda para este Papa que tinha vivido entre 1431 e 1503.

Aliás, em 10 de Maio, «Perguntas» que também se inserem no âmbito desta obra ficaram sem resposta. Em causa estava a entrada em vigor, em 1 de Junho, da nova Lei da Imprensa, facto que não deixava os jornalistas metropolitanos "largamente con-

A CENSURA EM ANGOLA NA FASE FINAL DO IMPÉRIO

tentes", pois " a Lei inicia a sua vida na condição de excepção de se manter o exame prévio", ou seja, "tudo na mesma, portanto, embora pior. As exigências (muitas) da nova Lei entrarão em vigor. A censura – que passará a chamar-se exame prévio – mantém-se", para além de não se saber se a lei seria "extensiva ao Ultramar".

Ainda em 10 de Maio a *Notícia* viu cortada «E na passada», uma breve mas profunda reflexão sobre se os barcos e os aviões que se abasteciam em Angola também pagavam na Província esses abastecimentos e, nesse mesmo dia, foi cortada a crónica «Momentoso, angustiante, o problema cambial» cujo conteúdo não é passível de descodificação face aos vários elementos conotativos apresentados numa viagem de "machimbombo": um lenço a acenar, um ardina coxo, um garoto que forrara o livro de leitura com muito cuidado....

Talvez, por isso, o autor tenha escrito "se perceberem a história do lenço a acenar, percebem muito bem porque é que a crónica tem o título que lá lhe puseram".

Como não percebi a história do lenço...

Mais fácil é explicar a proibição de «Cadé?» uma crónica desse mesmo dia que questionava onde estavam as promessas feitas aquando das cheias de Março de 1971 no Lobito, pois a "represa de agora, por detrás dos morros da Quileva, apresenta poucas garantias de resistência a quaisquer águas que se prezarem de impetuosas".

Eram os problemas que só ganhavam foros de notoriedade quando surgiam catástrofes. Por isso, não admira que, em 12 de Maio, a *Semana Ilustrada* tivesse sido amputada de «Sugestão ou talvez não...» que lançava a hipótese de a falta de médicos e enfermeiros poder ser solucionada com "o método de brigadas itinerantes no rastreio da doença".

Decididamente a prevenção não era o forte nem a aposta, mesmo que não prioritária, da administração colonial portuguesa.

Finalmente, "a revista de actualidades que mais fala de Angola" – *SI* – não pode dar conta de «Estranhas formas de educar». Em causa estava o Colégio Santo Condestável de Luanda onde o Director, Dr. Victor Ribeiro da Silva, pretendia que as suas alunas tivessem "para com ele determinadas liberdades que naturalmente repugnam a toda a rapariga respeitadora de si própria", pois, por exemplo, tinha retirado deliberadamente "as chaves do quarto de banho e lavabos das alunas" e entrava "ali a qualquer tempo e sem ao menos pedir licença".

Eram os abusos de poder a alimentarem as fantasias e os prazeres de uma mente a necessitar de educação, melhor, de tratamento.

2.2.3.6. Junho de 1972

No primeiro dia do mês entrou em vigor a tão apregoada Lei de Imprensa, ou seja, completava-se o processo iniciado ainda em 1971. No entanto, os cortes recebidos

SEGREDOS DO IMPÉRIO DA ILUSITÂNIA: A CENSURA NA METRÓPOLE E EM ANGOLA

em 8 de Junho, acompanhados do ofício confidencial n.º 5738/579/8-B/1.ª, pasta 23, diziam respeito a um período anterior, ou seja, " de 16 a 31 de Maio".

Alguns destes cortes foram levados a conhecimento superior, como foi o caso, por exemplo, de um artigo de Humberto Lopes publicado com cortes na edição de 23 de Maio de *A Província de Angola* e intitulado «Luz verde para o tabaco», que falava da hipótese de uma bonificação ao agricultor, "combustível a baixo preço", mas à custa do aumento do preço dos cigarros ao público.

Aliás, já em 18 de Maio, o mesmo jornal não pudera publicar o que se passava com a pesca de arrasto, uma questão que retivera os barcos na praia e exigira a intervenção do Governador-Geral, que afiançara aos pescadores que poderiam regressar ao mar "pois não seriam vítimas de qualquer intervenção policial".

Em 27 de Maio também a crónica de Rombert Soares «Açúcar e açucareiras» saíra com cortes, que, no entanto, não incidiram sobre a parte do texto onde se lia que, há poucos anos, em Angola eram necessários "150 homens para produzir 1000 toneladas de açúcar, enquanto na Austrália apenas careciam para igual produção de 15!", uma desatenção porque não era muito habitual a Comissão de Censura deixar passar dados relativos à falta de competitividade da produção nacional.

No último dia do mês, as «Palavras deitadas ao vento» de José de Almeida» cumpriram o destino previsto no título e os leitores não ficaram a saber que o Governador do Banco de Angola considerava que Angola poderia "por meio de iniciativas locais" dispensar as importações "originárias da Metrópole".

Só que faltava a "iniciativa estatal", "os adubos baratos", "as alfaias agrícolas emprestadas, ofertadas ou alugadas a preços" baixos...

Já em Junho, no dia 7, novo artigo de Humberto Lopes «Associação de consumidores? Porque não?!» foi publicado com ligeiro corte, a exemplo do que acontecera em 3 de Junho a um artigo que dava conta das preocupações do Rotary Clube de Benguela relativamente ao aumento do custo de vida.

Sempre as mesmas temáticas a marcarem a vida angolana e, por isso, o Ministro tomou, ainda, conhecimento de um extenso depoimento de António Moraes Sardinha sobre o problema cambial e que a censura tinha proibido, em 25 de Maio, na revista *Actualidade Económica*.

Na verdade, o Governo não se podia queixar de falta de sugestões. Coisa diferente seria dizer que o Poder Central considerava estes artigos e estudos como sugestões.

Quanto aos cortes totais que não foram presentes ao Ministro, a *Notícia* não publicou uma carta de Raquel Lacerda sobre «Ordenhar», uma denúncia de uma mãe que estava a alimentar os filhos a "chá e a sumos de fruta" face à carência de leite no mercado e que recusara a "manteiga da Cela" que umas tias lhe tinham querido enviar de Lisboa. De notar o conteúdo político da carta porque a signatária não culpava a vaca pela carência de leite, mas a ordenha excessiva.

Para bom leitor, estaria tudo dito!

A CENSURA EM ANGOLA NA FASE FINAL DO IMPÉRIO

Ainda nessa revista foi proibida a crónica «Absolutamente tabaco», que explicava que muitos residentes em Angola iriam deixar de fumar porque tinha surgido um argumento mais forte do que os malefícios do tabaco – o aumento do preço dos maços de cigarros.

Em 16 de Maio, *A Província de Angola* foi proibido de publicar um tema para meditar «Por lá reivindica-se por cá espera-se» para mostrar a diferença entre a agitação das massas em Lisboa e no Porto e a passividade que se verificava em Angola e, em 17 de Maio, não publicou a crónica de Eduardo Teófilo, «Uma voz no deserto», uma reflexão pessoal sobre "o poeta e pensador Mao-Tsé-Tung". O autor bem podia argumentar que não o moviam interesses políticos e ideológicos porque só o nome de Mao facilitava a acção da censura.

No que concerne à conjuntura regional e a aspectos relacionados com a guerra colonial, o *Diário de Luanda* viu cortada, em 17 de Maio, a notícia da descoberta do avião português abatido na fronteira da Tanzânia, elemento que remete para uma informação anterior.

Relativamente à conjuntura internacional, o mesmo jornal, na edição de 22 de Maio, não pode noticiar que tinha ocorrido uma explosão "causada por uma bomba" que tinha provocado "estragos no interior do Pentágono", até porque dizia que, de acordo com um "informador anónimo" fora deixada uma mensagem "numa cabine telefónica situada em frente da tipografia do jornal".

O atentado fora reivindicado por "um membro do grupo radical Weathermen" através de "um telefonema anónimo" para a redacção do *New York Post* e a guerra do Vietname voltava a ser a causa.

No entanto, no plano interno, era a questão das transferências que continuava na ordem do dia – melhor, dos dias, semanas e meses – e, por isso, *A Província de Angola* viu interdita, em 24 de Maio, «Dois dedos de conversa: fado, pão e circo», uma crónica de Fernando Barão que questionava a vinda de Amália Rodrigues a Angola porque no meio das dificuldades da Província, seria preferível virem "os produtos de que carecemos com urgência".

Afinal, nesta versão revisitada da Roma imperial, o fado e o circo não eram suficientes para aconchegarem o estômago, uma vez que não eram acompanhados da distribuição gratuita de pão.

Hélder Freire, em 26 de Maio, voltaria a denunciar que "de promessas anda o mundo cheio", mas "entretanto falta o leite, a manteiga, os alhos, etc, etc.".

O problema era a quantidade de «eteceteras» que não chegavam a Luanda ou que se revelavam insuficientes para suprir as necessidades de uma parte considerável da população.

Nessa mesma edição foi cortada a reflexão de Humberto Lopes «Continuidade ou evolução?» sobre as eleições presidenciais, na qual eram apontados possíveis sucessores para Américo Tomaz até porque se mantinham vivas "as tendências opostas entre os «ultras» e os «liberais» e os grupos periféricos que preconizam o abandono do Ultramar", posição que Humberto Lopes repudiava porque "a Metrópole pouco ou nada será sem as suas Províncias Ultramarinas" e não podia haver "o abandono inconsciente das províncias de África", coisa bem diferente da "liberalização da Administração que se pretende".

Aliás, neste jornal, embora já em 1 de Junho, isto é, no período seguinte, seria proibida uma nótula económica que "de económica não tem nada" onde o autor cometeria a ousadia de admitir que "o falecido presidente Salazar, cujo pensamento nem sempre nos convenceu, sem quebra de respeito pela sua inteligência e lucidez na condução do seu ideário político – nanja nosso" afirmara, em 23 de Novembro de 1932 que a crise mais grave era "a crise dos princípios informadores da vida económica".

Ora, o autor tinha lido a entrevista do Dr. Walter Marques, Secretário de Economia de Angola e nada percebera sem recorrer a um livrinho "chamado «ABC da Economia»".

Na impossibilidade/incapacidade de resolver os problemas, o Secretário optara pelo uso de um vocabulário de difícil descodificação, tão difícil como abastecer os mercados com os bens de primeira necessidade que continuavam a faltar.

Contra os primeiros – tímidos e até inconsequentes – esboços da Lusofonia quis falar *A Palavra* de 24 de Maio, mas não foi autorizada a publicar na rubrica «Verso e reverso» de Pedro Borbon, «Mendigos de milagre», um artigo de opinião que considerava que "a Comunidade Luso-brasileira, Camões, o Código Civil e o Ultramar custam muito dinheiro a todos nós", ou seja, "muitos contos do dinheiro público".

O mesmo destino teve a crónica deste jornalista «Força não é razão» na edição de 30 de Maio, que dava conta da demissão do Prof. Cruz Vidal do Instituto Superior de Ciências Económicas e Financeiras de Lisboa devido à entrada da "Força pública" no estabelecimento com o intuito de "debelar ou fazer abortar uma manifestação a que alguns alunos começavam a dar forma".

Era a palavra da força a calar a força da palavra!

Entretanto, *A Palavra* também foi proibida de dar voz a um pai amargurado por ter sido acusado pelo filho, aluno do Liceu Salvador Correia, de pertencer ao grupo que se apoderara de Angola "com martelo e estacas para espetar".

É que ele há 27 anos que mourejava para ter "cerca de 15 000 m2 de terreno comprado a prestações, tantas vezes pagas com enorme sacrifício e privações". Por isso, se sentia injustiçado e preocupado com os temas de conversa naquela manhã no liceu.

Na mesma publicação, Renato Ramos também não pode mostrar a sua revolta pelo presente que os funcionários municipais acabavam de dar ao Presidente cessante, Fernando Rebelo. Nada mais nada menos que "um relógio com uma bonita pulseira, um e outra, de ouro contrastado". Relógio que não tinha nada a ver "com horários de entradas e saídas" e não serviria para mostrar que "é chegada a hora de se acertarem os ponteiros do nosso município", um município onde não era preciso consultar os munícipes sobre quem era colocado à frente da Câmara.

Por isso, falar de Poder Local no Estado Novo é um eufemismo.

Voltando às temáticas economico-empresariais, em 25 de Maio foi suspenso e em 30 de Maio cortado por J. Batel, o artigo de Fernando Barão na *Semana Ilustrada* «A Companhia Angolana Alves Ferreira reage e pede solução urgente a uma situação injusta», que decorria da notícia do encerramento "decretado pela Administração" quando "todos os sectores de fabrico" tinham sido elogiados e até tinha aberto as portas da COALFA ao Instituto de Investigação Agronómica de Angola para "colaborar na formação de estudiosos" e pela perspectiva desses estudos servirem de "garantia ao público consumidor" sobre a qualidade "dos sumos que vende".

O jornalista defendia a posição da empresa e considerava que deveria ter havido algum "mal entendido" porque o encerramento "não foi pela má qualidade do produto mas por falta de elementos laboratoriais que, na realidade, existem".

Em sentido oposto, mas igualmente proibido, foi o artigo de João do Prado «O nosso protesto» no *Jornal da Huíla* porque considerava que o "quimbombo" fabricado pelos nativos "à base de farinha de milho" não era "mais prejudicial à saúde que os sumos fermentados, apenas com um cheirinho de frutas, e que se lhes vendem como sendo vinhos".

Por isso, protestava por terem demorado "10 anos" a encerrarem as fábricas, pois já havia "muitos milhares de contos gastos e direitos adquiridos e consolidados"[208].

Como se constata, dois jornalistas tinham visões completamente diferentes sobre um mesmo problema.

O *Jornal da Huíla* também foi impedido de publicar, a partir de *A Província de Angola*, uma breve «Associações prestimosas», uma crítica aos telegramas que a Associação Africana do Sul de Angola, que só era "conhecida, aliás, muito mal na capital do Huambo" e a Liga Nacional Africana "há longos anos em regime de comissão administrativa" tinham enviado ao Presidente do Conselho de visita ao Brasil e que tinham merecido os "protocolares agradecimentos".

No que concerne ao ensino, a *Notícia* viu cortada a carta de dois alunos de Moçâmedes sobre os problemas na Escola Industrial e Comercial Infante D. Henrique porque o edifício apresentava brechas que permitiam «vistoriar» "o movimento da secretaria e dos gabinetes" e uma "simples empregada de balcão de uma agência de viagens (sem habilitações oficiais ou reais para mais" era professora de Matemática.

De facto, a escola ameaçava mesmo "ruir" e não apenas a nível do edifício.

Outra carta proibida foi escrita por 5 alunos a quem tinha sido confiscada por um agente da polícia uma bola que, inadvertidamente, saltara para a rua durante a aula de ginástica. Na esquadra, os alunos queixavam-se dos modos dos polícias, da exigência

---

[208] Este artigo foi reproduzido – e proibido – na edição n.º 264 de 31 de Maio de 1972 da *Revista de Angola*.

do pagamento de uma multa para recuperarem a bola e de terem sido ameaçados de prisão se não se pusessem na rua.

Ainda no que diz respeito às cartas recebidas, por vezes, estas viravam-se contra a revista. Foi o caso de uma queixa enviada por um cabo – Viegas António João – da Companhia de Caçadores 102 que protestava contra a forma como Ventura Martins e Eduardo Baião tinham conseguido a reportagem sobre o crime do Dondo, pois o fotógrafo Baião mentira e dissera que pertencia "aos serviços do Arquivo de Identificação" como forma de escapar à necessidade de autorização das autoridades militares para tirar as fotografias.

Menos grave do ponto de vista deontológico e militar, embora preocupante para a manutenção dos bons costumes, era o correio sentimental.

Desta vez, do Cubal chegou o lamento de uma "rainha sem coroa" a quem os pais não deixavam ir viver com o seu primeiro amor, pois só a queriam ver sair de casa casada. Mais do que o tom ingenuamente desgostoso da jovem, talvez tenha sido a resposta a justificar a proibição, pois afirmava que "é proibido proibir!" e aconselhava a jovem a ser "corajosa e libertar-se de receios e pavores".

Nesta revista, a crónica «Da gente hospitalar» foi suspensa e acabou cortada em 26 de Maio por Koch Fritz porque mostrava, ironicamente, as mil maneiras de "rebentar a cabeça, de esfacelar braços e pernas, de partir costelas" ou até de "beber terebentina" só para ir ao hospital onde "o pessoal não recebia os seus vencimentos havia dois meses".

Era uma crónica triplamente crítica porque se servia da ironia para mostrar o estado de desespero da população, as condições de trabalho no hospital e o atraso nos salários do pessoal hospitalar.

Nesse mesmo dia, igual foi o destino de uma outra crónica irónica que falava de um "lord" que tinha entrado "em 1900 e tal numas Olimpíadas, ganhou umas corridas, ganhou, também, o direito vitalício de mandar palpites" e que conseguiu "o grande Prémio dos Empatas", agarrando-se a regras "que é onde as pessoas se agarram quando querem ganhar moralmente", mesmo que para tal tenham de pagar "almoços", fazer entrevistas, escrever cartas...

Qualquer semelhança com a actuação dos interesses instalados em Angola talvez não fosse mera coincidência.

No que diz respeito às rivalidades regionais, *O Lobito* foi proibido de publicar, em 25 de Maio, a notícia de que a Junta Autónoma de Estradas de Angola "por decisão governamental, informou os Municípios de Benguela e Lobito que as verbas e meios de trabalho previstos para a construção da via rápida entre as duas cidades" tinham sido "desviados para a abertura da estrada Benguela-Dombe Grande".

Com esta decisão, a Junta acabava de comprar uma guerra com o Lobito.

2.2.3.7. Julho de 1972

Julho corresponde ao último mês da pesquisa porque, como decorre do calendário, a Primavera termina a 21 de Junho e o relatório enviado por Rebocho Vaz chegou em 6 de Julho.

Trata-se do ofício confidencial n.º 6528/652/8-B/1.ª, arquivado na pasta 23 com os cortes referentes "ao mês de Junho último", ou seja, desta vez não foi mantida a regra de dois envios no mesmo mês.

O GNP julgou que nada de especial constava nos cortes feitos pela Comissão de Censura e o Ministro, em 26 de Julho, mandou proceder ao respectivo arquivamento.

A consulta da pasta permite verificar que, ainda em 31 de Maio, ou seja, no período anterior, *A Palavra* viu cortado o artigo «Caminho de ferro de Benguela» que a Comissão de Censura recebera no dia 29 de Maio. Em causa estavam as relações entre o CFB e o Fundo Cambial porque "muitas divisas escapam à disciplina provincial, como sejam remunerações pagas em Lisboa a pessoal, manutenção de dispendiosos escritórios na metrópole e pagamento de avultadas participações nos lucros da administração".

A censura não deixou passar, na edição de 13 de Junho de *A Província de Angola*, a ironia da crónica «Três retratos», de A. Bobella-Motta, que narrava a colocação de três retratos na cidade de Santa Comba: do Presidente do Conselho, do Ministro do Ultramar e do Governador-Geral, ou seja, "pela primeira vez, numa campanha eleitoral, são os retratos dos eleitores e não os dos candidatos, que figuram em cartazes publicitários"

Depois, em 14 de Junho, *A Província de Angola* foi proibida de brincar com a subida de taxas que iriam ficar "com umas barbas tão grandes, tão grandes, que vão chegar aos pés!!!" e, na mesma edição, não saiu «O que se passa com o Parque Nacional da Quiçama?», uma reflexão sobre a não entrada em vigor do despacho do governador--Geral no sentido da expropriação dos terrenos de uma empresa e a retirada escalonada do gado.

Em 15 de Junho, A. Bobella-Motta voltou a ser proibido de usar «Linguagem telegráfica», uma crítica camuflada à acção da censura, pois o jornalista servia-se do exemplo de um dos seus estúpidos patrões, "mais miserável do que o próprio Arpagão" e que cortava as palavras dos telegramas, chegando a "alterar, com os cortes, totalmente o sentido da mensagem", apenas porque "cada palavra custa cinquenta escudos". Segundo ele, os telegramas eram "só para mostrar que estamos preocupados".

O jornalista, embora sabendo que "num mundo em que se restringem todas as liberdades, é inteiramente livre ser-se estúpido", ficara preocupado.

A Província de Angola quis falar da nova lei de imprensa, na edição de 18 de Junho, mas a Comissão de Censura não deixou porque não era bom que o público soubesse que "o Governo não tinha formulado qualquer consulta prévia à Corporação de Imprensa, procedimento considerado pouco consentâneo com os princípios do Estado Corporativo".

O jornalista terminava com um desabafo: "Pelo andar da carruagem, ainda acabamos por ter saudades da Censura que, agora se passa a chamar «Leitura». A designação parece mais cultural mas a *acção* é menos *popular*".

Nessa mesma edição, Manuel de Resende viu cortado o artigo «Angola há 70 anos: actividades económicas e os seus capitais», no qual mostrava que "as épocas de crise se sucedem, infelizmente, através dos anos".

Este jornal, em 22 de Junho, não publicou outro artigo de Manuel Resende «A História repete-se» sobre a questão das transferências de fundos de todos aqueles que, como ele, ganhavam "em angolares, com filhos que comem escudos". O autor referia que "a balança com pesos da mesma nomenclatura teria mais viabilidade de se equilibrar".

De equilíbrios, mas entre a actividade pecuária e a preservação das espécies cinegéticas quis falar Francisco Ângela Dias Nóbrega, que escreveu de Luanda, em 8 de Junho, ao Director da *Semana Ilustrada*. Porém, em 16 de Junho, a censura proibiu a carta que criticava a contratação e as decisões de um "técnico estrangeiro" para os Serviços de Veterinária do Parque da Quiçama, pois este não percebia, por exemplo, que "motivos para Turismo há imensos, mas alimentos para satisfazer populações humanas não abundam por aí aos pontapés". Por isso, não se aconselhava "destruir 25 000 cabeças de gado, transformá-las em dinheiro e aumentar assim a conta bancária de uma Empresa ou de uma fundação".

Era um caso, segundo o signatário, de "subsistência humana" e até de perseguição por parte dos "protectores da Natureza" porque num parque com "um milhão de hectares" logo tinham decidido que a área onde "foram criadas condições através de muitos milhares de contos com o fim de desenvolver a criação de gado bovino" é que ficaria reservada a "criações faunísticas".

A Palavra também foi proibida, em 19 de Junho, de publicar a crónica de Pedro Bourbon «Homenagear quem e porquê?», uma crítica ao baile de homenagem que a Liga Nacional Africana fizera " às misses regionais angolanas", em vez de apostar "em finalidades do bem comum relativamente à África Nacional".

Afinal, as misses nada tinham feito por Angola a não ser "mostrar o corpo em passadeiras públicas".

Este assunto voltaria a ser proibido nas provas enviadas em 23 de Junho. Desta vez o título era «a Liga nunca deveria ser senil...» e o autor era Renato Ramos, que alertava para a urgência de "não se permitirem lá indivíduos que apenas querem o brilho pessoal, à custa de irmãos seus".

No que concerne às relações comerciais entre a Província e a Metrópole, em 5 de Junho, surgiu a voz de João Salgueiro, presidente da Junta de Investigação Científica e Tecnológica, mas a notícia «Não são as moedas diferentes que impedem o normal curso das transferências», foi proibida no diário *A Província de Angola* porque, para

A CENSURA EM ANGOLA NA FASE FINAL DO IMPÉRIO

ele, tudo resultava do "facto das balanças de pagamentos de Angola e Moçambique se encontrarem desequilibradas".

Depois, em 26 de Junho, o Director Renato Ramos receberia uma carta de um analista "embora em organismos particulares", Fernando Carlos de Andrade, que resolvera fazer, por conta própria a análise a "amostras das bebidas da Coalfa" porque estranhava que esta empresa não tivesse sido encerrada, a exemplo "das outras fábricas de Fermentados".

O resultado indicara que se tratava de "PRODUTO IMPRÓPRIO PARA CONSUMO" e, por isso, o signatário aventava a hipótese de estas fábricas se manterem em actividade "pelo facto de terem como sócio o sr. Eng. Martins, funcionário superior dos Serviços de Economia", mas que tinha sido "irradiado dos Rotários, organização que não admite desonestos"

De facto, um "vinho tinto" com uma "acidez total expressa em ácido sulfúrico" de "5,54 gramas/litro" era obra!

Mais tarde, em 28 de Junho, *A Palavra* não pode publicar uma crónica breve sobre a censura na qual se denunciava um terceiro critério de actuação a juntar ao "que superiormente está disposto e à disposição do censor de serviço".

O novo critério era a "altitude" porque só ele podia explicar que em Nova Lisboa e no Jornal *O Planalto* fosse "permitido que se publiquem fotografias de mulheres com os seios nus e em Luanda tal ser proibido".

Em 29 de Junho, a revista não deu voz a Togo Batalha e à sua «Carta de Lisboa», que queria apresentar a obra *Deportados* da autoria do seu amigo Dr. José Grácio Ribeiro "que esteve deportado em Timor" e que trabalhara com Togo Batalha "nas Juventudes Socialistas (Núcleo Central)", onde Togo fora "Secretário Geral".

Em 24 de Junho, o Dr. Luís Simões quis publicar, ainda na *Província de Angola*, «O Parque da Quiçama, futuro santuário», mas não teve sucesso.

Para registo fica a sua reacção positiva à "memorável resolução do Conselho de Protecção à Natureza" que, em 27 de Outubro de 1971, mandar expropriar a área da Empresa Pecuária da Barra e evacuar "todo o gado aí existente".

Quanto à *Tribuna dos Musseques* de 15 de Junho, o artigo de Adriano Sebastião foi autorizado desde que apresentasse "um título que condiga com a natureza do artigo". O título inicial era «Estará a preparação da nossa juventude a ser bem conduzida?» e o conteúdo prendia-se com a actuação dos Centros Secundários da Mocidade Portuguesa Feminina em Luanda, cidade onde, com excepção das "escolas de Óscar Ribas, Vicente Pereira, João Crisóstomo e Instituto Pio XII", os referidos centros tinham apresentado cantos, danças e peças com agrado geral.

Por isso, talvez o censor preferisse que o título pusesse a tónica nesse aspecto.

A *Revista de Angola* foi proibida de publicar, em 27 de Junho, a crónica «Algodão» que dava conta da "recente liberalização das exportações do algodão ultramarino" e da pretensão de Angola e de Moçambique para que todo esse algodão "absorvido pela indústria têxtil nacional" tivesse um "benefício de 3$00 por quilo", mas a Metrópole "através da comissão nomeada, desejou limitar essa melhoria a 1$45", apesar das cotações internacionais favoráveis.

Não admirava, por isso, que Angola se sentisse prejudicada, pois tinha de "facultar preços de excepção, normalmente mais baixos, nos fornecimentos à indústria nacional, e de dar preferência às suas manufacturas, mesmo que a preços mais elevados".

Em 30 de Junho, o coronel J. Batel cortou um extenso artigo intitulado «Questões de angolanidade e literatura» da autoria de Leonel Cosme, uma crítica à posição de Filipe Neiva sobre se já se poderia falar de um "romance angolano".

Cosme, recorrendo a Alfredo Margarido, era da opinião que "há muito existe o conjunto de significados – na vida e na literatura já produzida – necessários para caracterizar a expressão de uma personalidade colectiva, projectando um acervo de elementos comuns a diferentes membros do grupo social. É a este fenómeno que se chama <u>Angola</u> e à sua expressão literária, <u>literatura angolana</u>".

De referir que *A Notícia*, apesar dos muitos cortes, não parece ter justificado qualquer proibição durante o mês, uma excepção que confirma a regra.

A melhor forma de terminar esta investigação talvez seja dar voz a Antunes Ferreira – ao contrário daquilo que fez a Comissão de censura em 23 de Junho – e à crónica «Centros de interesse» que quis publicar na revista *A Palavra*.

Dizia Antunes Ferreira que Portugal iria ter uma "hermética eleição presidencial" e, por isso, já não restavam dúvidas – mesmo para aqueles que tinham acreditado – que "a «primavera» vislumbrada é morosa, é serôdia mesmo, avança (?) a ritmo que não interessa".

Esta investigação confirma.

CONCLUSÃO

Terminada a exposição, impõe-se, até para respeitar as normas relativas à estruturação de um trabalho que se pretende assumir como científico – coisa diferente seria dizer que o mesmo se destina apenas a cientistas sociais – uma breve conclusão.

Assim sendo, a primeira constatação a tirar da investigação aponta para uma ligação íntima e quase umbilical entre a censura e o atraso de Portugal e, por arrastamento, do seu Império.

De facto, a censura constituiu-se como um factor de isolamento do país e, por isso, contribuiu para o seu subdesenvolvimento, uma vez que fechou Portugal e as suas possessões a doutrinas e teorias para as quais o não julgava preparado.

Ora, esse paternalismo repressivo, essa condenação a uma menoridade que exigia tutela vigilante, assumiu uma forma endogâmica que fechou horizontes e levou a um «provincianismo do auto-centramento».

Se na segunda metade do século XX Churchill viu descer uma cortina de ferro sobre a Europa, desde Estetino no Báltico até Trieste no Adriático, em Portugal a censura cobriu a Metrópole e o Império de um manto escuro que dificultava – para não escrever impedia – a descoberta da realidade.

A primeira cortina seria levantada por força da queda de um muro e da consequente implosão de um bloco com muitas marcas de identificação com a Ilusitânia. A segunda cortina pareceu ter desaparecido – afinal nova forma de ilusão – quando os militares consideraram que já tinham concedido demasiado tempo a um regime avesso a mudanças que ultrapassassem a simples alteração das designações.

De facto, depois de um tempo de obscurantismo em que, de acordo com Santos (2007, pp. 48-49), Alves Redol dirigiu a biblioteca da União Desportiva Vila-franquense, uma biblioteca que "passou anos dividida por diversas casas de dirigentes associativos, que transportavam os volumes para a colectividade, um a um, à medida dos pedidos dos sócios[209]", seguiu-se um tempo de uma censura mais refinada e instruída.

No primeiro tempo, a censura procurava detectar as obras cuja retirada de circulação, na sua perspectiva, se impunha.

Na actualidade, a censura mudou de estratégia e tornou-se mais subtil com o intuito de passar despercebida, num apagamento intencional para que a Humanidade se julgue – ilusoriamente – detentora do poder de decisão.

Dom António Ferreira Gomes, no *pro memoria* enviado a Salazar, ao escrever, "insisto em que tudo isto é para mim um problema da Igreja, um problema «profissional» de bispo. Reconheço sem dúvida que se torna um tremendo problema da Nação", sabia bem que estava perante um problema de falta de autenticidade do regime.

Uma segunda constatação que releva desta investigação e que apresenta uma forte ligação com o ponto anterior prende-se com as temáticas que eram objecto de proibição, sobretudo a nível das publicações periódicas.

A temática da obra exige que se coloque em lugar de destaque as múltiplas referências à acção da censura e as frequentes queixas relativas à falta de Liberdade de Imprensa, situação ainda mais preocupante quando, durante a «Primavera marcelista», se «boatizou» a hipótese de passar a haver liberdade na Metrópole e de ser mantida a censura em Angola devido à guerra colonial ou de libertação.

Uma política altamente centralizada impôs o corte dos artigos, notícias e reportagens sobre todos os aspectos da conjuntura internacional que se revelassem susceptíveis de pôr em causa o modelo vigente. Além disso, a nível da Província, a Comissão de Censura esteve atenta às manifestações de índole política dos interesses antagónicos daqueles que pretendiam a autonomia de Angola e de outros que a recusavam ou estavam interessados na mesma desde que obedecesse a modelos – igualmente desfasados no tempo – existentes na região.

Numa época em que se confundia assistência voluntária com economia social, muitos dos assuntos cortados eram de cariz económico e constituíam denúncias da falta de investimento do Poder Central em Angola ou de abusos cometidos pelos grandes grupos económicos instalados no Ultramar, embora mereçam, igualmente, destaque as queixas feitas pelas populações relativamente a aspectos da vida quotidiana, como o aumento dos preços ou a carência de bens de primeira necessidade.

No período final da investigação, a questão das transferências de capitais e dos pagamentos interterritoriais quase que monopolizou os cortes e proibições.

Outra das temáticas objecto de frequentes cortes foi o mau funcionamento dos serviços de saúde em toda a Província, embora o destaque recaísse em Luanda, a montra do Poder e a pretensa emergência detectada por Freyre em visita anterior, sendo

---

[209] Como o autor afirma, só assim "foi possível por exemplo aos vilafranquenses lerem os *Esteiros* de Soeiro Pereira Gomes, ilustrados por Álvaro Cunhal, ou a Praça da Canção de Manuel Alegre".

CONCLUSÃO

que a insuficiência estrutural era agudizada por frequentes denúncias de falhas a nível do desempenho profissional, aspecto que remete para a impreparação ou falta de deontologia do elemento humano.

Aliás, a nível do exercício de funções públicas, eram frequentes os cortes de notícias que davam conta de abusos do poder, de compadrios, de excessos de zelo e de um fechar de olhos selectivo, tanto por parte dos órgãos dirigentes, como das autoridades que deviam regular o trânsito, ou daquelas a quem estava cometida a fiscalização das actividades económicas ou, ainda, de simples ou anónimos funcionários administrativos.

Outros problemas, como aquele que se prendia com o crescimento anárquico de Luanda, poderiam ser elencados, mas a lista apresentada parece suficiente.

Um terceiro elemento – ou um segundo aspecto do elemento anterior – que convém reter prende-se com a circunstância de algumas das obras terem sido proibidas de circular apenas na Metrópole ou, com mais frequência, somente nas Províncias Ultramarinas, dado que aponta para uma visão não homogénea do Império.

De facto, não parece fácil encontrar um critério diferente para justificar que um livro apenas fosse sujeito à proibição de circulação numa parcela do Império a não ser a assumpção da menoridade dos povos colonizados, sendo que, no que concerne a Angola, uma colónia de povoamento, mesmo os oriundos da Metrópole acabavam por se sentir portugueses de segunda ao serem obrigados a recorrer a terceiros – os amigos que estavam na Metrópole – para lhes fazerem chegar os livros proibidos na Província, mas de fácil aquisição nas livrarias metropolitanas.

Ainda neste ponto, a proibição de circulação em Angola de obras ligadas à temática do espiritismo parece indiciar o medo por parte dos censores de que povos com uma vivência animista constituíssem uma presa fácil para este tipo de livros.

Como o Conselho de Leitura escreveu, havia que ter em linha de conta as "condições ainda pouco evoluídas, sob o aspecto ético-religioso, da população e consequente ancestralidade fetichista", uma afirmação que faz lembrar Lenine, quando estabeleceu a censura como forma de combater essa forma elegante de implantar veneno na alma ainda ingénua e escura da grande massa do povo.

Na óptica do regime essa situação de atraso não se colocava na Metrópole, apesar da existência de um interior esquecido – a «Geografia da falta de oportunidades» – e, talvez por isso, como o Conselho de Leitura de Luanda se queixava, "muitos dos livros considerados inconvenientes pelo Conselho de Leitura em Angola só largos meses depois são proibidos pela Comissão Central de Censura em Lisboa".

Porém, isto não significava que o leitor metropolitano não fosse, igualmente, vítima de uma «menorização», como se comprova pela solução encontrada pelos poderes políticos face à reclamação apresentada pelo editor quando a obra *A vida sexual* de Egas Moniz foi proibida.

Talvez devido ao Nobel da medicina recebido pelo autor, a obra voltou a poder ser vendida desde que "sob requisição médica e, mais tarde, também dos advogados"[210], decisão que levou a que a referida edição do livro tivesse esgotado rapidamente e sem necessidade do médico Egas Moniz prescrever a sua leitura.

Porém, no que concerne à comunicação social, foi possível recolher no decurso da investigação depoimentos em clara contradição com a constatação anterior.

Assim, João Fernandes afirmou que a Direcção da revista *Notícia* apostava numa edição quase comum para Angola e para Lisboa, com a pequena diferença de a versão destinada a Lisboa dispor de quatro páginas próprias destinadas aos programas de televisão ou a qualquer acontecimento relativo à capital.

No entanto, quando chegavam a Lisboa os «astrolons» para passar à chapa e meter na máquina, era necessário serem presentes à censura e vinham com cortes, situação que obrigava Edite Soeiro a arranjar soluções para tapar esses cortes, enquanto, em Angola, desde sexta-feira que a revista circulava no Sul e apareceria no sábado em Luanda com os elementos a que o público metropolitano não teria acesso.

Por isso, Fernandes não tem dúvidas no que concerne à maior severidade da censura feita em Lisboa e dá o exemplo de uma notícia de sua autoria que saiu em Angola mas foi cortada em Lisboa porque no meio da lista dos accionistas do petróleo em Cabinda surgia o nome de Agostinho Neto.

Rodrigues Vaz concorda com esta afirmação e reconhece que a PIDE em Angola era mais tolerante, em relação à etnia branca, que na Metrópole e até mostrava alguma «consideração» por alguns jornalistas. Por exemplo, um poeta Fernando Alvarenga, que viveu muitos anos em Nova Lisboa, onde integrou o Grupo Literário Vector, deu uma entrevista ao jornal *O Diário* da Metrópole na qual afirmou que certas coisas não podiam sair no suplemento literário de *A Província de Angola*, mas já poderiam sair no suplemento do Rodrigues Vaz.

Também no que concerne à rádio, Carlos Barradas tem bem presente que o locutor Sebastião Coelho passava canções proibidas na Metrópole no programa «O café da noite», transmitido a partir dos Estúdios Norte no número 4 da Travessa da Sé e o mesmo acontecia com Brandão Lucas noutra emissora.

Um quarto elemento que merece reflexão prende-se com a qualidade – ou a falta dela – dos artigos, crónicas e livros retirados de circulação.

Assim, no que concerne aos dois primeiros, a heterogeneidade qualitativa foi manifesta porque se alguns textos proibidos revelavam elevada qualidade jornalística – designadamente as crónicas de Rola da Silva, João Fernandes, João do Prado, Humberto Lopes, Hélder Freire, Luís Vilela, António Gonçalves e os artigos de vários colaboradores, como Santos Neves e P. Cabral – outros havia onde era necessária uma

---

[210] Palavras de Egas Moniz no depoimento ao n.º 8216, II Série do jornal *República* em 28 de Outubro de 1953.

CONCLUSÃO

considerável dose de boa-vontade para descobrir algumas marcas – ainda que diminutas – de criatividade e de bom uso da língua .

No que dizia respeito aos livros, a situação não era muito diferente porque se havia obras, sobretudo de 'literatura de esquerda' – de proibição absoluta, pois não se enquadravam no modelo vigente – que justificavam a "compra clandestina, numa das livrarias da Rua Nova do Almada" ou em "Madrid, quando as viagens se proporcionavam" (Moreira, 2009, p. 74), não é menos verdade que, como afirma, Joaquim Carneiro, um dos sócios da septuagenária Livraria Portugal, situada a meio da rua do Carmo, era a PIDE que fazia a promoção de certos livros.

De facto, bastava o livreiro segredar aos clientes que tinha recebido um telefonema a dizer que um livro ia ser apreendido para, independentemente da qualidade ou do nome do autor, o mesmo desaparecer até ao meio-dia.

Como o fruto proibido é o mais apetecido, mesmo que o livro tivesse pouco interesse para alguns compradores, era suficiente a notícia da ordem de apreensão para que desaparecesse antes da chegada dos agentes.

Assim, quando uma editora estrangeira apresentou à livraria o catálogo da colecção Maspereau – só com livros políticos – e esta encomendou tudo, a chegada de tantos livros proibidos foi uma preocupação rapidamente resolvida pelo chefe. Para tal, bastou mandar expor os livros às 9 horas e retirar as sobras ao meio-dia. Às 11 horas já não havia nenhum!

Convém recordar – ou informar, no caso das gerações mais novas – que a Baixa, naquela altura, era o centro da actividade bancária, dos seguros, dos serviços públicos e no período do almoço, sobretudo entre as 11h e 30m e as 14 horas, as livrarias fervilhavam de clientes em busca de novidades e de um atendimento personalizado.

Talvez seja tempo de devolver a vida à Baixa e a Baixa a Lisboa para que alguns marcos da cultura portuguesa – como a Livraria Portugal – possam continuar a fazer parte do passado, mas também do presente e do futuro da cidade e do país.

Regressando à questão em análise, a pesquisa efectuada dá razão a Moreira e a Carneiro porque o número de obras apreendidas de autores soviéticos ou de teóricos e defensores de ideologias de esquerda e de estudiosos das temáticas da Ciência Política rivaliza com o número de livros de autores que, sem essa retirada de circulação, não teriam chegado ao conhecimento nem do grande público nem do investigador, que admite ter sido esta a primeira vez que contactou com vários dos títulos e autores – cujos nomes considera dever omitir – mandados apreender pela PIDE.

Finalmente, importa voltar à frase inicial da Introdução para justificar a afirmação feita e que ia no sentido de negar a existência real de uma «Primavera marcelista».

A investigação aponta, inequivocamente, no sentido de considerar que depois de um momento inicial durante o qual Angola não dispôs de uma Comissão de Censura suficientemente apetrechada para garantir a vigilância que interessava ao regime, os serviços de censura foram dotados, ainda durante a permanência de Salazar no cargo de Presidente do Conselho, de um novo organismo – o Conselho de Leitura – que procurava responder a essa limitação e assegurar que a censura prévia seria acompanhada de uma outra modalidade censória.

Que o Conselho de Leitura mostrou serviço não restam dúvidas, tal a quantidade de livros e revistas que foram apreendidos e objecto de leitura e apreciação. No entanto, a partir de certa altura – Outubro de 1969 – não figuram nas várias caixas quaisquer elementos derivados da actuação desse Conselho, situação que aponta para a suspensão da sua actividade e que poderia constituir um indício da mudança.

Porém, esta saída de cena do Conselho de Leitura não significou – bem pelo contrário – uma menor visibilidade da acção censória, como se comprova pelo facto de a caixa 15 de MU/GNP/Sr. 119 do AHU não ter sido suficiente para arquivar todos os cortes referentes a um único mês – Abril de 1971 –, pois alguns cortes relativos a esse período já figuravam na pasta anterior.

Como Marcello Caetano ocupou o Poder ainda em 1968, fica claro que, no que à Liberdade de Imprensa diz respeito, a denominada «Primavera marcelista» correspondeu a um Outono marcado por uma chuva – abundante e persistente – de cortes parciais e totais, ou, como se dizia num artigo cuja publicação não foi autorizada na edição de Junho-Julho de 1971 da revista *Prisma*, a «Primavera marcelista» "só serve para fazer desabrochar novas plantas e nada tem a ver com a selecção de sementes e a renovação pode representar apenas preferência por outros métodos sem fazer perder o controlo da acção"[211].

Essa foi a razão que motivou a escolha da data de 21 de Junho de 1972 para terminar a investigação porque era mais uma Primavera que chegava ao fim mas, ao contrário do calendário, não valia a pena esperar pelo Verão porque o "espírito cartesiano" de Marcello continuava a pensar que a Assembleia Nacional "funcionava para ratificar as decisões do governo"[212].

Por isso, o Outono continuaria e, na impossibilidade de ver florir a Primavera a caminho de um Verão de plenitude, as forças armadas ver-se-iam obrigadas a retirar a confiança ao regime. Mas isso são contas que já desfiei noutra ocasião.

Encerrada a pesquisa e feita a narração dos elementos recolhidos, parece conveniente voltar a Agostinho da Silva (2001, p. 27) e lembrar que, segundo ele, nós os portugueses "sempre fomos muito inclinados a falar bastante bem do que sabemos bastante mal".

Sem ambições no que concerne ao primeiro aspecto, espera-se que esta viagem sobre o Estado Novo possa ser vista como mais um modesto – mas não humilde – contributo para a descoberta da nossa História.

---

[211] Artigo proibido que consta na pasta 19 de MU/GNP/ Sr. 119.
[212] Ibidem.

CONCLUSÃO

À guisa de conclusão, a melhor síntese talvez seja uma frase de Egas Moniz que, sem desprimor para Dom António Ferreira Gomes, bem poderia ter sido escolhida como epígrafe: "a Censura domina e abafa o espírito da nação livre. Filha dilecta da ditadura é ela que faz as honras da casa[213].

[213] Entrevista concedida por Egas Moniz ao n.º 8216, II Série do jornal *República* em 28 de Outubro de 1953, precisamente um ano e seis dias antes de nascer este que agora faz questão de recordar a sua coragem.

BIBLIOGRAFIA

Afonso, A. (1996). Guerra colonial. In J. Medina (Coord.). *História de Portugal,* Vol. XII (pp. 355-356). Amadora: Clube internacional do livro.

Amaral, M.L. (1987). Grupos de interesse. In J. Miranda (Org.). *Nos dez anos da Constituição* (pp. 83-91). Lisboa: Casa da moeda.

Azevedo, C. (1999). *A censura de Salazar a Marcelo Caetano.* Lisboa: Caminho.

Bastos, J. (1926). *História da censura intelectual em Portugal (ensaio sobre a compreensão do pensamento português).* Coimbra: Imprensa da universidade.

Benoist, A. (2005). *Más allá de la derecha y de la izquierda.* Barcelona: Altera.

Berlin, I. (2006). *O poder das ideias.* Lisboa: Relógio D' Água.

Bethencourt, F. & Havik. P. (2004). A África e a Inquisição Portuguesa: novas perspectivas. In *Revista lusófona de ciência das religiões,* n.º 5/6, (21-27).

Bethencourt, F. (2000). Inquisição. In *Dicionário da história religiosa de Portugal,* Vol. II (pp. 447-453). Lisboa: Círculo de Leitores.

Blackburn, S. (2001). *Pense. Uma introdução à Filosofia.* Lisboa: Gradiva.

Caetano, M. (1974). *Depoimento.* Rio de Janeiro: Ed. Record.

Câmara Municipal de Lisboa [CML] (1996). *Relação das obras cuja circulação esteve proibida em Portugal durante o regime Salazar/Marcello Caetano.* Lisboa: Imprensa Municipal da Câmara Municipal de Lisboa/Biblioteca Museu República e Resistência.

Carrilho, M. (1999). *Portugal no contexto internacional – opinião pública, defesa e segurança.* Lisboa: Instituto da Defesa Nacional.

Cohen, D. (2009). *A prosperidade do vício: uma introdução (inquieta) à economia.* Lisboa: Texto & grafia, Lda.

Correia, P. P. (1991). *Descolonização de Angola – a jóia da coroa do império português.* Mem Martins: Inquérito.

Crato, N. (1992). *Comunicação social – a imprensa.* Lisboa: Editorial Presença.

Cristóvão, F. (2002). Os três círculos da Lusofonia. In *Revista Humanidades,* n.º de Setembro, (18-22).

Dalberg, J.E.E. (Lord Acton). (1913). *Letters of Lord Acton to Mary, daughter of the Right Hon. W.E. Gladstone.* London: Macmillan.

Duarte, A.S. (2009). *D. Manuel Martins – o bispo de todos.* Lisboa: Âncora.

Dupuy, J-P. (2001). *Ética e filosofia da acção*. Lisboa: Instituto Piaget.

Farinha, M.C.J.D. ((1990). *Os arquivos da Inquisição*. Lisboa: Arquivo Nacional da Torre do Tombo

Galvão, H. (1959). *Carta aberta a Salazar*. Rio de Janeiro: Comissão de Libertação Nacional.

Fernandes, F. & Villalobos, L. (2008). *Negócios vigiados*. Lisboa: Oficina do livro.

Gomes, J.C. (2006). Álvaro Salvação Barreto oficial e censor do salazarismo. In *Média & jornalismo (9)*, 57-88.

Herculano, A. (s.d). *História da origem e estabelecimento da Inquisição em Portugal*. Mem Martins: Europa-América.

Lopo, J.C. (1964). *Jornalismo de Angola. Subsídios para a sua História*. Luanda: Centro de Informação e Turismo de Angola

Madeira, J. (Coord.) (2007). *Vítimas de Salazar – Estado Novo e a violência política*. Lisboa: A esfera dos livros.

Mattoso, J. (1995). Inquisição em Portugal. In *Enciclopédia luso-brasileira de cultura*, vol. 10, (pp.1515-1522). Lisboa: Verbo.

Melo, A. (1974). *Colonialismo e lutas de libertação: 7 cadernos sobre a guerra colonial*. Lisboa: Afrontamento.

Mendonça, J.L.D.& Moreira, A.J. (1980). *História da Inquisição em Portugal*. Lisboa: Círculo de Leitores.

Monteiro, A. C. (1974). *O país do absurdo – textos políticos*. Lisboa: Ed. República.

Moreira, A. (2009). *A espuma do tempo. Memórias do tempo de vésperas*. Coimbra: Almedina.

Moreira, A. (2007). *A comunidade internacional em mudança*. Coimbra: Almedina.

Moreira, A. (2005a). *Teoria das relações internacionais*. Coimbra: Almedina.

Moreira, A. (2005b). *Notas do tempo perdido*. Lisboa: ISCSP/UTL.

Moreira, A. (2001). *Tempo de vésperas*. Lisboa: Editorial Notícias.

Moreira, A. (1977). *O novíssimo príncipe: análise da revolução*. Braga/Lisboa: Editorial Intervenção, Lda.

Moreira, A. (1956). *Política ultramarina*. Lisboa: Junta de Investigação do Ultramar, Centro de Estudos Políticos e Sociais.

Neves, F. S. (2005). *Do ecumenismo cristão ao ecunemismo universal*. Lisboa: Edições lusófonas.

Neves, F. S. (2000). *Para uma crítica da razão lusófona: onze teses sobre a CPLP e a Lusofonia*. Lisboa: Edições Universitárias Lusófonas.

Neves, F. S. (1975). *Negritude, independência, revolução*. Paris: Edições etc.

Neves, F. S. (1974). *Negritude e revolução em Angola*. Paris: Edições etc

Paulo, J. C. (1999). Da educação colonial portuguesa ao ensino no ultramar. In F. Bethencourt & K. Chaudhuri (1999). *História da expansão portuguesa*, Vol. 5, (pp. 304-333). Lisboa: Círculo de Leitores.

Peixe, J. & Fernandes, P. (1997). *A lei de imprensa*. Coimbra: Almedina.

Pinto, J.F. (2010). *O ultramar secreto e confidencial*. Coimbra: Almedina.

Pinto, J. F. (2007). *Adriano Moreira uma intervenção humanista*. Coimbra: Almedina.

Pires, J. C. (1977). Técnica do golpe de censura. In *E agora José?* (pp. 197-262). Lisboa: Moraes Ed.

Presidência do Conselho de Ministros [PCM] (1980). *A política de informação no regime fascista*. Mem Martins: Comissão do livro negro sobre o fascismo.

BIBLIOGRAFIA

Príncipe, C. (1979). *Os segredos da censura.* Lisboa: Caminho.

Reis, C. (1998). *Diálogos com José Saramago.* Lisboa: Caminho.

Ribeiro, F. A. (2008). Inspecção das bibliotecas e arquivos e a ideologia do Estado Novo. In http://ler.letras.up.pt/uploads/ficheiros/5136.pdf

Rodrigues, G. A. (1980). *Breve história da censura literária em Portugal.* Lisboa: ICALP.

Santos, A. C. (2007). *Proibido.* Lisboa: Guerra & paz.

Silva, A. (2001). *Ensaios sobre cultura e literatura portuguesa e brasileira II.* Lisboa: Âncora.

Silva, F. R. (2004). A Inquisição na Guiné, nas ilha de Cabo Verde e São Tomé e Príncipe. In *Revista lusófona de ciência das religiões,* n.º 5/6, (157-173).

Tali. J. M. (2001). *Dissidências e poder de estado: o MPLA perante si próprio (1962-1977). Vol.I: 1962-1974.* Luanda: Editorial Nzila.

Tengarrinha, J. (1993). *Da liberdade mitificada à liberdade subvertida.* Lisboa: Colibri.

Torres, A. (1991). *O império português entre o real e o imaginário.* Lisboa: Escher.

FONTES DIRECTAS

Arquivo Histórico Ultramarino
MU/GNP/ Sr. 119, 1.ª pasta; UM/GNP/ Sr. 119, 2.ª pasta; MU/GNP/ Sr. 119, 3.ª pasta;
MU/GNP/ Sr. 119, 4.ª pasta; MU/GNP/ Sr. 119, 5.ª pasta; MU/GNP/ Sr. 119, 6.ª pasta;
MU/GNP/ Sr. 119, 7.ª pasta; MU/GNP/ Sr. 119, 8.ª pasta; MU/GNP/ Sr. 119, 9.ª pasta;
MU/GNP/ Sr. 119, 10.ª pasta; MU/GNP/ Sr. 119, 11.ª pasta; MU/GNP/ Sr. 119, 12.ª pasta;
MU/GNP/ Sr. 119, 13.ª pasta; MU/GNP/ Sr. 119, 14.ª pasta; MU/GNP/ Sr. 119, 15.ª
pasta; MU/GNP/ Sr. 119, 16.ª pasta; MU/GNP/ Sr. 119, 17.ª pasta; MU/GNP/ Sr. 119,
18.ª pasta; MU/GNP/ Sr. 119, 19.ª pasta; MU/GNP/ Sr. 119, 20.ª pasta; MU/GNP/
Sr. 119, 21.ª pasta; MU/GNP/ Sr. 119, 22.ª pasta; MU/GNP/ Sr. 119, 23.ª pasta; MU/
GNP/ Sr. 119, 27.ª pasta.

Arquivo Histórico-Diplomático
PT/AHD/MU/GM/GNP/RNP/0110
PT/AHD/MU/GM/GNP/RNP/0109/08036

Torre do Tombo
Documento confidencial n.º 80/69 – CI (1), constante no volume V de *O arquivo da
PIDE/DGS na Torre do Tombo*
Livro II das Cartas, Alvarás, e Patentes; Livro da Chancelaria Mor da Corte e Reino
para o registo das Leis que nela se publicam, Livro 10, iniciado em 1766; Livro
da Chancelaria Mor da Corte e Reino para o registo das Leis que nela se publicam Livro 14, relativo ao período de 1977 a 1791; Maço 10 de Leis n.º 20 e Livro
16; Maço 10 de Leis n.º 16 e Livro 16; Maço 11 de Leis n.º 5 e Livro 18; Maço 10 de
Leis n.º 107 e Livro 17; Maço 17 de Leis n.º 8; Maço 19 de Leis n.º 58; Maço 21 de
Leis n.º 4; Maço 21 de Leis n.º 44; Ministério do Reino, Maço n.º 1; Ministério do
Reino, Maço 6 n.º 82 da Torre do Tombo "Ley porque se eregio a Meza dos Censores Regios"; Ministério do Reino, Maço actual n.º 1070, 1071, Maço 42, n.º 1-69,
caixa 44; Ministério do Reino, Maço n.º 1071; Ministério do Reino, Maço actual

n.º 1083, Maço 54, n.º 100-180, caixa 58 (ano de 1793); Ministério do Reino, Maço n.º 1121; Ministério do Reino, Maço n.º 1155.

Diários do Governo e da República

Diário do Governo n.º 253 de 24 de Outubro de 1840; *Diário do Governo n.º 121 de* 24 de Maio de 1851; *Diário do Governo n.º 155* de 18 de Julho de 1898; *Diário do Governo n.º 81* de 13 de Abril de 1907; *Diário do Governo n.º 136* de 21 de Junho de 1907; *Diário do Governo n.º 21 de* 28 de Outubro de 1910; *Diário do Governo n.º 159* de 9 de Julho de 1912; *Diário do Governo n.º 164* de 15 de Julho de 1912; *Diário do Governo n.º 224* de 30 de Novembro de 1914; *Diário do Governo n.º 47* de 16 de Março de 1916; *Diário do Governo n.º 59* de 28 de Março de 1916; *Diário do Governo n.º 62* de 31 de Março de 1916; *Diário do Governo n.º 143* de 5 de Julho de 1916; *Diário do Governo n.º 197* de 13 de Novembro de 1917; *Diário do Governo n.º 167* de 2 de Agosto de 1926; *Diário do Governo n.º 3* de 5 de Janeiro de 1927; *Diário do Governo n.º 114* de 3 de Junho de 1927; *Diário do Governo n.º 133* de 27 de Junho de 1927; *Diário do Governo n.º 63* de 17 de Março de 1928; *Diário do Governo n.º 147* de 30 de Julho de 1931; *Diário do Governo n.º 43* de 22 de Fevereiro de 1933; *Diário do Governo n.º 22* de 27 de Janeiro de 1937; *Diário do Governo n.º 222* de 21 de Setembro de 1939; *Diário do Governo n.º 65* de 19 de Março de 1940; *Diário do Governo n.º 185* de 30 de Agosto de 1943; *Diário do Governo n.º 37* de 23 de Fevereiro de 1944; *Diário do Governo n.º 260* de 24 de Novembro de 1944; *Diário do Governo n.º 57, de* 10 de Março de 1948; *Diário do Governo n.º 126* de 13 de Junho de 1949; *Diário do Governo n.º 119* de 21 de Maio *de 1970; Diário do Governo n.º 260* de 5 de Novembro de 1971; *Diário da República n.º 48* de 26 de Fevereiro de 1975; *Suplemento ao Diário do Governo n.º 106* de 5 de Maio de 1972.

Outras fontes

Nações Unidas [UNRIC] *Boletim do Centro de Informação Regional das Nações Unidas – UNRIC n.º 60,* Novembro/Dezembro de 2010.

[SCCIA]. *Manual dos serviços de centralização e coordenação de informações.*

Boletim Oficial de Angola de 1940

Boletim Oficial de Angola n.º 22 – I Série, de 30 de Maio de 1962

Webgrafia

http://ttonline.dgarq.gov.pt/PDF/ID/1/5/PT-TT-ID-1-5_47v_c0100.pdf.

http://ttonline.dgarq.gov.pt/PDF/ID/1/309/PT-TT-ID-1-309_290_c0587.pdf

http://ttonline.dgarq.gov.pt/PDF/ID/1/309/PT-TT-ID-1-309_318_c0643.pdf.

http://ttonline.dgarq.gov.pt/PDF/ID/1/309/PT-TT-ID-1-309_319v_c0646.pdf.

http://ttonline.dgarq.gov.pt/PDF/ID/1/309/PT-TT-ID-1-309_336_c0679.pdf.

http://ttonline.dgarq.gov.pt/PDF/ID/1/309/PT-TT-ID-1-309_357_c0721.pdf.

APÊNDICE

Balanço da Actividade do Conselho de Leitura em 1966

Mês	Livros apreendidos	Revistas apreendidas	Títulos inconvenientes	Títulos já proibidos
Janeiro	650	64	23	36
Fevereiro	372	198	8	51
Março	905	290	32	61
Abril	458	257	30	51
Maio	586	19	25	40
Junho	815	317	41	38
Julho	375	21	57	27
Agosto	508	16	28	78
Setembro	412	9	20	52
Outubro	494	12	30	65
Novembro	214	16	20	8
Dezembro	691	4	23	27

Fonte: MU/GNP/Sr. 119/ pasta 1

ÍNDICE GERAL

Prefácio	9
Introdução	11

CAPÍTULO I - A CENSURA EM PORTUGAL   35

1.1. A Censura da Responsabilidade da Inquisição ou do Tribunal do Santo Ofício	37
1.2. A Fase da Real Mesa Censória	46
1.3. A Fase da Real Mesa da Comissão Geral sobre o Exame e Censura dos Livros	55
1.4. A Fase do Liberalismo ou da Monarquia Constitucional	57
1.5. A Fase da I República e da Constituição de 1911	63
1.6. O Período da Ditadura Militar	67
1.7. O Estado Novo ou a Fase da Constituição de 1933	70
1.8. A Censura depois do 25 de Abril de 1974	82

CAPÍTULO II - A CENSURA EM ANGOLA NA FASE FINAL DO IMPÉRIO   85

2.1. A Década de 60	96
2.1.1. O ano de 1961	97
2.1.1.1.Junho de 1961	98
2.1.2. O ano de 1962	99
2.1.2.1. Fevereiro de 1962	99
2.1.2.2. Maio de 1962	100
2.1.3. O ano de 1963	100
2.1.3.1. Janeiro de 1963	100
2.1.3.2. Março de 1963	101
2.1.3.3. Outubro de 1963	102

2.1.3.4. Novembro de 1963	102
2.1.4. O ano de 1964	103
2.1.4.1. Janeiro de 1964	104
2.1.4.2. Fevereiro de 1964	104
2.1.4.3. Março de 1964	106
2.1.4.4. Abril de 1964	109
2.1.4.5. Junho de 1964	112
2.1.4.6. Dezembro de 1964	112
2.1.5. O ano de 1965	113
2.1.5.1. Janeiro de 1965	114
2.1.5.2. Fevereiro de 1965	115
2.1.5.3. Março de 1965	117
2.1.5.4. Abril de 1965	118
2.1.5.5. Maio de 1965	118
2.1.5.6. Novembro de 1965	123
2.1.6. O ano de 1966	127
2.1.6.1. Janeiro de 1966	127
2. 1.6.2. Fevereiro de 1966	130
2. 1.6.3. Março de 1966	131
2. 1.6.4. Abril de 1966	133
2. 1.6.5. Maio de 1966	136
2. 1.6.6. Junho de 1966	139
2. 1.6.7. Julho de 1966	142
2. 1.6.8. Agosto de 1966	144
2. 1.6.9. Setembro de 1966	146
2. 1.6.10. Outubro de 1966	149
2. 1.6.11. Novembro de 1966	150
2. 1.6.12. Dezembro de 1966	152
2.1.7. O ano de 1967	154
2.1.7.1. Janeiro de 1967	155
2.1.7.2. Fevereiro de 1967	158
2.1.7.3. Março de 1967	159
2.1.7.4. Abril de 1967	163
2.1.7.5. Maio de 1967	165
2.1.7.6. Julho de 1967	166
2.1.7.7. Agosto de 1967	167
2. 1.7.8. Outubro de 1967	168
2. 1.7.9. Novembro de 1967	171
2. 1.7.10. Dezembro de 1967	172
2.1.8. O ano de 1968	175

2.1.8.1. Janeiro de 1968	176
2.1.8.2. Fevereiro de 1968	179
2.1.8.3. Março de 1968	182
2.1.8.4. Abril de 1968	186
2.1.8.5. Maio de 1968	190
2.1.8.6. Junho de 1968	193
2.1.8.7. Julho de 1968	196
2.1.8.8. Agosto de 1968	199
2.1.8.9. Setembro de 1968	201
2.1.8.10. Outubro de 1968	203
2.1.8.11. Novembro de 1968	210
2.1.8.12. Dezembro de 1968	214
2.1.9. O ano de 1969	218
2.1.9.1. Janeiro de 1969	219
2.1.9.2. Fevereiro de 1969	224
2.1.9.3. Março de 1969	226
2.1.9.4. Abril de 1969	230
2.1.9.5. Maio de 1969	234
2.1.9.6. Junho de 1969	236
2.1.9.7. Julho de 1969	240
2.1.9.8. Agosto de 1969	243
2.1.9.9. Setembro de 1969	244
2.1.9.10. Outubro de 1969	249
2.1.9.11. Novembro de 1969	252
2.1.9.12. Dezembro de 1969	254
2.2. A década de 70	256
2.2.1. O ano de 1970	256
2.2.1.1 Janeiro de 1970	256
2.2.1.2. Março de 1970	259
2.2.1.3. Abril de 1970	261
2.2.1.4. Maio de 1970	265
2.2.1.5. Junho de 1970	268
2.2.1.6. Julho de 1970	274
2.2.1.7. Agosto de 1970	276
2.2.1.8. Outubro de 1970	281
2.2.1.9. Novembro de 1970	284
2.2.1.10. Dezembro de 1970	287
2.2.2. O ano de 1971	295
2.2.2.1. Janeiro de 1971	295
2.2.2.2. Fevereiro de 1971	297

2.2.2.3. Abril de 1971	300
2.2.2.4. Maio de 1971	306
2.2.2.5. Junho de 1971	313
2.2.2.6. Julho de 1971	318
2.2.2.7. Agosto de 1971	323
2.2.2.8. Setembro de 1971	326
2.2.2.9. Outubro de 1971	328
2.2.2.10. Novembro de 1971	333
2.2.2.11. Dezembro de 1971	338
2.2.3. O ano de 1972	344
2.2.3.1. Janeiro de 1972	345
2.2.3.2. Fevereiro de 1972	350
2.2.3.3. Março de 1972	355
2.2.3.4. Abril de 1972	361
2.2.3.5. Maio de 1972	369
2.2.3.6. Junho de 1972	377
2.2.3.7. Julho de 1972	383
CONCLUSÃO	387
BIBLIOGRAFIA	395
FONTES DIRECTAS	399
OUTRAS FONTES	400
WEBGRAFIA	400
APÊNDICE	401